河南省"十四五"普通高等教育规划教材

普通高校物流管理与工程类新形态教材

U0662493

物流运筹学

李冰◎主编

王洁方　宋爱峰◎副主编

清华大学出版社

北京

内 容 简 介

本书系统地介绍了物流管理中的运筹学原理、方法及其应用,不仅涵盖线性规划、对偶理论及灵敏度分析、图论、排队论、对策论等运筹学基本理论和工具,还结合案例详细介绍了运筹学在物流领域的具体应用,包括物流运输问题及应用、物流系统多目标决策问题、物资储运的整数规划模型、物流系统动态规划、物流设施建设项目的网络计划、物流存储问题及应用等内容。

本书结构清晰、内容精练,理论介绍逻辑缜密,案例引导贴切新颖,适合作为物流管理、交通运输、管理工程等专业的本科生或研究生教材,也可以作为其他相关专业和物流从业人员的参考用书。

图书在版编目(CIP)数据

物流运筹学 / 李冰主编. -- 北京 : 清华大学出版社,2025.5.
(普通高校物流管理与工程类新形态教材). -- ISBN 978-7-302-69338-3

Ⅰ. F252

中国国家版本馆 CIP 数据核字第 20258JB477 号

责任编辑:张　伟
封面设计:李召霞
责任校对:王荣静
责任印制:沈　露

出版发行:清华大学出版社
　　　网　　　址:https://www.tup.com.cn,https://www.wqxuetang.com
　　　地　　　址:北京清华大学学研大厦 A 座　　　邮　　编:100084
　　　社 总 机:010-83470000　　　邮　　购:010-62786544
　　　投稿与读者服务:010-62776969,c-service@tup.tsinghua.edu.cn
　　　质量反馈:010-62772015,zhiliang@tup.tsinghua.edu.cn
　　　课件下载:https://www.tup.com.cn,010-83470332
印 装 者:三河市少明印务有限公司
经　　销:全国新华书店
开　　本:185mm×260mm　　印　张:25　　　字　　数:578 千字
版　　次:2025 年 7 月第 1 版　　　印　　次:2025 年 7 月第 1 次印刷
定　　价:75.00 元

产品编号:106609-01

前言

在目前的全球经济版图中,物流已不再是简单的货物运输与存储,而是驱动企业竞争力提升、促进供应链协同优化、实现资源高效配置的核心力量。随着信息技术的飞速发展和市场需求的快速变化,物流行业正经历前所未有的变革与升级。

在此背景下,物流运筹学应运而生,它不仅是物流管理专业学生的必备教材,也是广大物流从业者提升专业技能、拓宽视野的重要参考。作为物流管理与运筹学(OR)交叉融合的产物,物流运筹学是一门运用数学方法、优化理论和计算机技术来解决物流系统中规划、设计、控制和优化等问题的综合性学科。它不仅关注物流活动的具体操作层面,如库存管理、运输调度、仓储等,更深入决策层面,通过构建数学模型、利用合理求解工具来辅助管理者作出科学、合理的决策。

本书按照物流专业规范,由长期在教学第一线从事教学工作的教师及业内专家合力编写而成。教材立足物流学科发展需要,面向物流管理等专业学生培养需求,具有鲜明的"系统性、实践性、易读性"的特点。

(1)系统性:本书从物流系统的整体视角出发,全面介绍了物流运筹学的基本理论、方法和应用,涵盖了物流管理的各个环节和运筹学的多个分支领域,形成了一个完整的知识体系。

(2)实践性:书中穿插了大量实际案例和练习题,通过案例分析帮助读者理解理论知识的应用场景,通过练习题巩固所学知识,提升解决实际问题的能力。

(3)易读性:本书力求用通俗易懂的语言阐述复杂的概念和方法,减少数学原理推导的冗杂介绍,增加图表和图示的使用,使读者能够轻松掌握物流运筹学的精髓。

参与本书编写工作的人员及分工如下:李冰(郑州大学管理学院)编写第四、五、七、九、十二章;王洁方(华北水利水电大学管理与经济学院)编写第一、二、六、十章;宋爱峰(华北水利水电大学管理与经济学院)编写第三、八、十一、十三章;郑州大学管理学院的余倩倩、史聪喜、彭静文参与了部分章节的资料收集、整理工作,在此对他们的帮助表示感谢。

在本书编写过程中，我们得到了众多同事和专家的支持，同时也参考了许多同行和专家的著作。在此，我们向所有给予帮助和支持的朋友、同事以及参考文献的作者致以诚挚的感谢。

由于编者水平有限，书中难免有不妥之处，恳请广大读者提出批评和指正，我们将不胜感激！

编　者

2024 年 10 月

目 录

第一章　绪论 ……………………………………………………… 1

第一节　运筹学的形成 ……………………………………… 1

第二节　运筹学的核心思想与理论 ………………………… 5

第三节　运筹学的工作步骤 ………………………………… 8

第四节　运筹学的研究内容 ………………………………… 12

第五节　运筹学的应用 ……………………………………… 13

本章小结 ……………………………………………………… 16

本章习题 ……………………………………………………… 16

即测即练 ……………………………………………………… 17

第二章　线性规划模型及求解 ………………………………… 18

第一节　物流管理中的线性规划模型 ……………………… 18

第二节　线性规划问题的图解法 …………………………… 25

第三节　线性规划标准型 …………………………………… 31

第四节　线性规划求解的单纯形法 ………………………… 35

本章小结 ……………………………………………………… 46

本章习题 ……………………………………………………… 47

即测即练 ……………………………………………………… 49

第三章　对偶理论与灵敏度分析 ……………………………… 50

第一节　单纯形法 …………………………………………… 50

第二节　改进单纯形法 ……………………………………… 56

第三节　对偶问题的提出 …………………………………… 61

第四节　原问题与对偶问题的关系 ………………………… 65

第五节　对偶问题的基本性质 ……………………………… 68

第六节　对偶问题的经济解释——影子价格 ……………… 73

第七节　对偶单纯形法 ……………………………………… 76

第八节　对偶问题在现代物流中的应用 …………………… 79

第九节　灵敏度分析 ……………………………………………………… 80
第十节　参数线性规划 …………………………………………………… 87
本章小结 …………………………………………………………………… 90
本章习题 …………………………………………………………………… 91
即测即练 …………………………………………………………………… 93

第四章　物流运输问题及应用 ……………………………………………… 94

第一节　物流运输问题的数学模型 ……………………………………… 94
第二节　产销平衡物流运输问题的表上作业法 ………………………… 96
第三节　产销不平衡的物流运输问题 …………………………………… 113
第四节　物流运输问题应用案例分析 …………………………………… 117
本章小结 …………………………………………………………………… 124
本章习题 …………………………………………………………………… 124
即测即练 …………………………………………………………………… 127

第五章　物流系统多目标决策问题 ……………………………………… 128

第一节　物流系统多目标决策的数学模型 ……………………………… 128
第二节　物流系统多目标决策模型的图解法 …………………………… 133
第三节　物流系统多目标决策模型的单纯形法 ………………………… 136
第四节　物流企业目标决策的灵敏度分析 ……………………………… 141
第五节　物流系统多目标决策的应用案例 ……………………………… 145
本章小结 …………………………………………………………………… 148
本章习题 …………………………………………………………………… 148
即测即练 …………………………………………………………………… 151

第六章　物资储运的整数规划模型 ……………………………………… 152

第一节　整数规划 ………………………………………………………… 152
第二节　分支定界法 ……………………………………………………… 154
第三节　0-1 整数规划与求解 …………………………………………… 159
第四节　指派问题与求解 ………………………………………………… 169
本章小结 …………………………………………………………………… 173
本章习题 …………………………………………………………………… 173
即测即练 …………………………………………………………………… 175

第七章　物流系统动态规划 ……………………………………………… 176

第一节　多阶段决策过程 ………………………………………………… 176
第二节　动态规划的基本概念和基本思想 ……………………………… 177
第三节　动态规划模型的建立与求解 …………………………………… 183

第四节　动态规划基本方程的分段求解算法 ┈┈┈┈┈┈┈┈┈┈ 189

第五节　动态规划的应用案例分析 ┈┈┈┈┈┈┈┈┈┈┈┈┈┈ 196

本章小结 ┈┈┈┈┈┈┈┈┈┈┈┈┈┈┈┈┈┈┈┈┈┈┈┈ 210

本章习题 ┈┈┈┈┈┈┈┈┈┈┈┈┈┈┈┈┈┈┈┈┈┈┈┈ 210

即测即练 ┈┈┈┈┈┈┈┈┈┈┈┈┈┈┈┈┈┈┈┈┈┈┈┈ 212

第八章　物流图论及应用 ┈┈┈┈┈┈┈┈┈┈┈┈┈┈┈┈┈┈┈ 213

第一节　图的基本知识 ┈┈┈┈┈┈┈┈┈┈┈┈┈┈┈┈┈┈ 213

第二节　欧拉图与中国邮递员问题 ┈┈┈┈┈┈┈┈┈┈┈┈┈ 215

第三节　树 ┈┈┈┈┈┈┈┈┈┈┈┈┈┈┈┈┈┈┈┈┈┈┈┈ 218

第四节　最短路(链)问题 ┈┈┈┈┈┈┈┈┈┈┈┈┈┈┈┈┈ 222

第五节　网络最大流问题 ┈┈┈┈┈┈┈┈┈┈┈┈┈┈┈┈┈ 228

第六节　最小费用流问题 ┈┈┈┈┈┈┈┈┈┈┈┈┈┈┈┈┈ 234

本章小结 ┈┈┈┈┈┈┈┈┈┈┈┈┈┈┈┈┈┈┈┈┈┈┈┈ 236

本章习题 ┈┈┈┈┈┈┈┈┈┈┈┈┈┈┈┈┈┈┈┈┈┈┈┈ 237

即测即练 ┈┈┈┈┈┈┈┈┈┈┈┈┈┈┈┈┈┈┈┈┈┈┈┈ 239

第九章　物流排队及应用 ┈┈┈┈┈┈┈┈┈┈┈┈┈┈┈┈┈┈┈ 240

第一节　物流排队 ┈┈┈┈┈┈┈┈┈┈┈┈┈┈┈┈┈┈┈┈ 240

第二节　物流排队系统的描述 ┈┈┈┈┈┈┈┈┈┈┈┈┈┈┈ 242

第三节　到达时间间隔分布和服务时间分布 ┈┈┈┈┈┈┈┈ 246

第四节　单服务台负指数分布物流排队系统 ┈┈┈┈┈┈┈┈ 252

第五节　多服务台负指数分布物流排队系统 ┈┈┈┈┈┈┈┈ 270

第六节　一般服务时间 $M/G/1$ 物流排队模型 ┈┈┈┈┈┈┈ 280

本章小结 ┈┈┈┈┈┈┈┈┈┈┈┈┈┈┈┈┈┈┈┈┈┈┈┈ 284

本章习题 ┈┈┈┈┈┈┈┈┈┈┈┈┈┈┈┈┈┈┈┈┈┈┈┈ 285

即测即练 ┈┈┈┈┈┈┈┈┈┈┈┈┈┈┈┈┈┈┈┈┈┈┈┈ 285

第十章　物流设施建设项目的网络计划 ┈┈┈┈┈┈┈┈┈┈┈┈ 286

第一节　网络图的基本概念与网络图的绘制 ┈┈┈┈┈┈┈┈ 286

第二节　物流设施建设项目网络计划的关键线路 ┈┈┈┈┈ 293

第三节　物流设施建设项目网络优化 ┈┈┈┈┈┈┈┈┈┈┈ 303

本章小结 ┈┈┈┈┈┈┈┈┈┈┈┈┈┈┈┈┈┈┈┈┈┈┈┈ 312

本章习题 ┈┈┈┈┈┈┈┈┈┈┈┈┈┈┈┈┈┈┈┈┈┈┈┈ 312

即测即练 ┈┈┈┈┈┈┈┈┈┈┈┈┈┈┈┈┈┈┈┈┈┈┈┈ 315

第十一章　物流存储问题及应用 ┈┈┈┈┈┈┈┈┈┈┈┈┈┈┈ 316

第一节　物流存储问题的提出 ┈┈┈┈┈┈┈┈┈┈┈┈┈┈┈ 316

第二节 确定型物流存储模型 …………………………………… 322
第三节 单周期的随机型物流存储模型 …………………………… 332
第四节 案例分析:库存管理的重要性 …………………………… 336
本章小结 …………………………………………………………… 340
本章习题 …………………………………………………………… 341
即测即练 …………………………………………………………… 342

第十二章 物流企业竞争的对策论应用 …………………………… 343
第一节 物流企业竞争的对策概念 ………………………………… 343
第二节 矩阵对策的最优纯策略 …………………………………… 348
第三节 矩阵对策的混合策略 ……………………………………… 353
第四节 矩阵对策的解法 …………………………………………… 364
本章小结 …………………………………………………………… 368
本章习题 …………………………………………………………… 368
即测即练 …………………………………………………………… 369

第十三章 物流决策分析 …………………………………………… 370
第一节 概述 ………………………………………………………… 370
第二节 不确定型物流决策 ………………………………………… 375
第三节 风险物流决策 ……………………………………………… 379
本章小结 …………………………………………………………… 388
本章习题 …………………………………………………………… 388
即测即练 …………………………………………………………… 389

参考文献 …………………………………………………………… 390

第一章

绪　　论

作为一门应用数学和管理学的交叉学科,运筹学专注于通过系统分析、建立数学模型和寻求最优解来辅助复杂决策过程。它广泛应用于供应链管理、物流管理、军事战略、生产计划、资源管理、投资决策等多个领域,旨在实现资源的最优配置和效率的最大化。运筹学不仅提供了解决现实问题的有效工具,还推动了管理科学和决策科学的发展,是现代管理理论和实践不可或缺的一部分。

第一节　运筹学的形成

一、中国早期运筹思想萌芽

运筹学强调对资源的合理利用、对局势的精准判断和对目标的明确追求,在中国古代兵法、农业生产等领域有着深厚的思想根基。

（一）中国古代兵法中的运筹思想

1. 知彼知己,百战不殆

"知彼知己"意味着对敌我双方的力量、部署、意图乃至心理状态有清晰的认识。这种认识不仅仅是表面上的信息收集,更在于对信息的深入分析和准确判断,从而揭示出隐藏在表象之下的本质规律。做到"知彼知己",指挥官能够制定出符合实际情况的战略战术,确保在战场上占据主动,实现"百战不殆"的目标。"百战不殆"则强调了战略执行的连续性和有效性,它要求决策者在面对挑战和变化时,能够迅速调整策略,保持灵活性和适应性。

2. 上下同欲,将帅同心

上下同欲,将帅同心是团队凝聚力和战斗力的源泉,深刻体现了在复杂多变的环境中,通过内部的高度一致性和协作精神来达成目标。上下同欲强调的是团队内部成员之间目标的一致性,意味着从将领到士兵都拥有共同的战斗意志和胜利信念,他们心往一处想、劲往一处使,形成强大的凝聚力和执行力。这种一致性使军队在面对困难和挑战时能够保持坚定的信念和统一的行动,从而克服一切障碍,取得最终的胜利。将帅同心进一步强调了领导层之间的团结协作,意味着军队指挥者在战略决策、战术执行、资源配置等方面能够保持高度一致,形成强大的领导力和战斗力。

3. 兵无常势,水无常形

"兵无常势,水无常形"这一思想源自《孙子兵法》,强调了战争中的不确定性和多变性,要求指挥者必须根据战场形势的瞬息万变,及时调整战略战术,以达到克敌制胜的目的。"兵无常势"意味着战争中没有固定不变的态势和模式,每一场战争都有其独特的环境、条件和背景,因此不能简单地套用过去的经验或固定的战术,指挥者必须根据实际情

1

况,灵活制定战略,因势利导,随机应变。而"水无常形"则进一步强调了战争的流动性,战争就像水一样没有固定的形态,随时都在变化。战争中的战机稍纵即逝,指挥者必须像水一样灵活多变,适应不同的地形、气候和敌情,不断变换战术和策略,以应对不断变化的战场形势。

(二)中国古代农业生产中的运筹思想

1. 牛耕和铁农具的推广

春秋后期,牛耕出现,并逐步普及;战国时期,铁农具得到普遍推广。牛耕和铁农具的推广大大提高了农业生产效率,通过改进生产工具,农民能够更有效地利用土地资源,提高单位面积的产量。

2. 耕作制度的改进

随着生产工具的进步,耕作制度也不断完善。例如,两汉时期以一年一熟为主,而到了宋朝以后,江南地区逐渐形成了稳定的一年两熟制,甚至有些地方形成了一年三熟制。这种耕作制度的改进,充分利用了土地资源和气候条件,提高了土地的复种指数和总产量。

3. 水利灌溉的筹划

中国古代修建了许多著名的水利工程,如战国时期的都江堰,汉朝的漕渠、白渠和龙首渠等。这些工程的建设,不仅解决了农田灌溉问题,还改善了农业生产条件,提高了农作物的产量和质量。

4. 粮食调运与存储

中国古代长期以来重视粮食的调运与存储问题。例如,汉宣帝时期推行常平仓制度,通过粮食储备与价格调控缓解了长安的粮食供应压力,间接减少了因长途调粮产生的资源消耗。这种合理的资源配置方式,确保了粮食的稳定供应,减少了运输成本,提高了农业生产的经济效益。

二、西方早期运筹思想

(一)古希腊时期的军事运筹

在西方,运筹思想的产生和运用可以追溯到公元前3世纪。古希腊大数学家阿基米德为叙拉古国王希伦二世设计防御工事,抵御罗马进攻,展示了运筹思想在军事防御中的初步应用。

除了阿基米德以外,在古希腊的同时期,还有其他学者也在运筹学思想的发展中起到了重要作用。例如,欧几里得是古希腊几何学的奠基者,他通过其著作《几何原本》系统化了几何学的基本定理和推导方法,展示了严密的逻辑推理和数学证明的能力。尽管欧几里得的主要贡献在理论数学方面,但他的方法论为后来运筹学的模型化和决策分析提供了基础。

(二)文艺复兴时期的科学探索

文艺复兴时期,特别是15—16世纪,不仅是艺术与文化复兴的黄金时代,同时也是科学与数学迅速发展的时期。数学家们开始探索更复杂的代数问题,如尼科洛·丰坦纳·

塔尔塔利亚(Niccolò Fontana Tartaglia)和吉罗拉莫·卡尔达诺(Girolamo Cardano)在16世纪初的解决立方方程的竞争中,展示了数学方法和技术的优势。他们的研究不仅在学术上产生了影响,也对后来的运筹学和现代数学产生了深远的影响。

文艺复兴时期的工程技术和城市规划也为运筹学的发展提供了实际场景。安德烈亚·帕拉第奥(Andrea Palladio)作为一位杰出的建筑师,不仅在建筑设计中运用了几何学原理和比例法则,还通过优化建筑结构和空间布局,为后来运筹学理论的发展提供了重要实践案例。帕拉第奥的作品展示了如何通过数学和几何学的应用,改善建筑的功能性和美学效果,这对现代建筑和城市规划的理论与实践都具有指导意义。

文艺复兴时期的战术和战略也开始引入数学的元素。尼可罗·马基雅维利(Niccolò Machiavelli)在其著作《战争艺术》中,探讨了战争策略的数学原理和优化方法。马基雅维利的理论不仅影响了当时的军事思想,也为后来运筹学在军事应用方面的发展奠定了基础。

三、运筹学的形成与发展

(一)第二次世界大战的推动

第二次世界大战期间,英国皇家空军为了正确运用新研制的雷达系统应对德国飞机的空袭,组织了一批科学家进行新战术实验和战术效率的研究。这些科学家组成的小组被称为空军部运筹学小组,他们的工作被称为"Operational Research"(运筹学),这就是OR这个名词的起源。对探测、信息传递、作战指挥战斗机与防空火力协调等研究取得成功,大大提高了英国本土的防空能力,不久以后在对抗德国对英伦三岛的狂轰滥炸中,该研究发挥了极大的作用。1939—1940年,该项研究扩大到海军和陆军,并出现对未来的战斗进行预测,以供决策之用。鉴于其在战争中发挥的重要作用,后来发展到每一个英军指挥部都成立运筹学小组。1942年美国和加拿大也都相继成立运筹学小组,研究并解决战争提出的运筹学课题。这些小组在确定扩建舰队规模、开展反潜艇战的侦察和组织有效的对敌轰炸等方面,做了大量研究,为取得反法西斯战争的胜利及运筹学有关分支的建立作出了贡献。其中最出色的工作之一是美国协助英国打破了德国对英吉利海峡的海上封锁。研究所提出的两条重要建议是:将反潜攻击由反潜艇投掷水雷改为飞机投掷深水炸弹,起爆深度由100米改为25米左右,即当德方潜艇刚下潜时进行攻击;运送物资的船队及护航舰艇的编队由小规模、多批次改为大规模、少批次,且在受敌机攻击时,采取大船急转向和小船慢转向的逃避方法,结果,德国潜艇被摧毁的数量增加到400%,运输船只中弹的数量由47%下降到29%,从而打破了德国的封锁,并且重创了德国潜艇部队。第二次世界大战结束时,英、美及加拿大军队中的运筹学工作者已超过了700人。

英国战斗机中队援法决策是第二次世界大战期间的一个著名战例。当时,第二次世界大战开始不久,德军突破马其诺防线,法军节节败退,英国参与抗德,派遣十几个战斗机中队在法国国土上空与德国空军作战,指挥与维护均在法国进行。由于战斗损失惨重,法国总理要求增援10个中队,时任英国首相的丘吉尔准备同意该请求。英国运筹学学者的快速研究结果表明:在当时的环境下,当损失率、补充率为现行水平时,只要两周时间,英国的援法战斗机就一架都不存在了。运筹学学者以简明的图表、明确的分析结果说服了丘吉尔,最后丘吉尔决定:不再增换新的战斗机中队,还将在法的英国战斗机大部分撤回本土,并以本土为基地继续抗德,使局面出现了很大改观。

(二)第二次世界大战后的扩展

第二次世界大战后,随着工业的复苏和科技的进步,运筹学开始向更广泛的应用领域扩展。管理科学的概念逐渐形成,运筹学作为其核心组成部分之一,得到了进一步的发展和认可。在这个阶段,运筹学方法开始在工业管理、生产调度、库存管理、运输网络优化等方面得到广泛应用。特别是线性规划和动态规划等方法的发展,使复杂的生产系统可以通过数学模型进行优化和控制,从而提高生产效率和资源利用率。此外,运筹学在交通运输、城市规划和公共服务管理等领域的应用也逐渐扩展。例如,交通流量优化、航空航线规划、公共交通调度等问题,都成为运筹学研究和实践的重要内容。

(1)学科体系的建立:第二次世界大战后,运筹学逐渐从军事领域扩展到工业和商业领域,学者们开始将数学模型和优化方法应用于解决生产调度、库存管理、运输规划等实际问题。运筹学逐渐形成了独立的学科体系,涵盖了线性规划、动态规划、排队论、模拟等诸多分支。

(2)重要理论与方法的发展:线性规划是运筹学最重要的一个分支,由乔治·B.丹齐格(George B. Dantzig)在 1947 年提出,其还给出了至今仍被广泛应用的单纯形法(Simplex Method)。其他如整数规划、动态规划等理论也相继发展,为运筹学的广泛应用提供了坚实的理论基础。排队论、存储论、对策论等分支也逐渐形成并应用于各个领域。

(3)学术组织与期刊的兴起:随着运筹学的发展,专业学术团体迅速增多,更多的期刊创办,运筹学书籍也大量出版。这些学术组织和期刊为运筹学的研究者提供了交流和分享的平台,促进了运筹学的学术繁荣和进步。

(三)普及与迅速发展

(1)应用领域的拓展:20 世纪 50 年代以来,运筹学的应用领域得到了进一步拓展,除了传统的军事、工业和商业领域外,其还开始应用于城市交通、环境保护、国民经济计划等更加广泛的领域。这些领域的应用不仅提高了相关领域的运营效率和管理水平,也为运筹学的发展提供了更多的实践机会和数据支持。

(2)技术创新的推动:计算机技术的快速发展和普及为运筹学的研究和应用提供了新的机遇。第三代电子数字计算机的出现使运筹学能够用来研究一些大的复杂的系统。大数据、云计算、人工智能等新技术的发展也为运筹学提供了新的研究工具和方法,推动了运筹学的技术创新和进步。

(3)国际交流与合作:运筹学的国际交流与合作也日益频繁。通过与国际同行的交流与合作,运筹学研究者能够吸收借鉴国际先进经验和技术成果,推动自身的创新与发展。同时,国际交流也促进了运筹学在全球范围内的普及和应用,提高了运筹学的国际影响力和竞争力。

运筹学经历了从早期思想萌芽到第二次世界大战期间的快速发展,再到战后的广泛应用和与现代技术的融合,成为一个跨学科、多领域的重要学科。

第二节　运筹学的核心思想与理论

一、运筹学的定义

运筹学直译为运作研究,是一门应用科学,主要运用现有的科学技术知识和数学方法,对经济管理、工程技术、国防安全等领域中的复杂问题进行定量分析,为决策者提供最优或次优的决策方案,以实现资源的有效配置和系统的最优运行。运筹学广泛应用于生产、管理、经济、军事、物流、建筑、能源等多个领域。

运筹学作为一门不断发展的学科,其研究内容和应用范围在不断扩展,至今没有一个统一且确切的定义。英国运筹学会认为运筹学是运用科学的方法,解决工业、商业、政府和国防事业中,由人、机器、材料、资金等构成的大型系统管理中所出现的复杂问题的一门学科。它的一个显著特点是科学地建立系统模型和机会与风险的评价体系去预测和比较不同的决策与控制方法的结果。美国运筹学先驱 P. M. 莫尔斯(P. M. Morse)等对其定义为:运筹学是一种向行政领导提供定量材料,使他们能对所负责的行动作出最好决策的科学方法。后来,这一定义逐渐演变为"运筹学是一种适用于系统运行的方法和工具,它是一种科学方法,它能为运行管理人员的问题提供最合适的解答"。我国学者许国志认为运筹学是研究事物活动规律的科学,即研究如何把事情做好,亦称"事理学",强调事物的活动有其规律可进行研究,这些规律统称为"事理"。《辞海》(1979 年版)对运筹学的释义为:运筹学主要研究经济活动与军事活动中能用数量来表达的有关应用、筹划与管理方面的问题。它根据问题的要求,通过数学的分析与运算,作出综合性的合理安排,以达到较经济、较有效地使用人力和物力。现代管理学视角认为运筹学是现代管理学的一门重要专业基础课,其主要目的是在决策时为管理人员提供科学依据,是实现有效管理、正确决策和现代化管理的重要方法之一。它利用统计学、数学模型和算法等方法,去寻找复杂问题中的最佳或近似最佳的解答。

综合以上多种定义,可以将运筹学概括为:运筹学是一门应用科学,它广泛运用现有的科学技术知识和数学方法,对经济管理、工程技术、国防安全等领域中的复杂问题进行建模、分析和优化,为决策者提供定量依据和最优或次优的决策方案。其目标是实现资源的有效配置和系统的最优运行,提高决策的科学性和管理的效率。

运筹学的研究对象是人参与的系统,方法是科学,目标是最优化。在实际应用中,运筹学强调多学科交叉和定量分析,但同时也需要综合考虑定性因素。它通过建立数学模型和进行定量分析,帮助决策者更好地理解问题、预测结果和制定决策,以实现系统的整体优化。

二、运筹学的理论及分支

运筹学通过数学方法和现代计算技术来解决优化问题,即在给定的约束条件下,从所有可行的方案中寻求最优解(或满意解)。它是应用数学和形式科学的跨学科结合,利用统计学、数学模型和算法等方法,对人力、物力、财力等资源进行统筹安排,以期实现最高效率、最低成本或最大效益等目标。具体来说，运筹学的理论及分支包括以下几个方面。

（一）系统化思考和系统优化

系统化思考和系统优化是运筹学的核心之一，强调在决策过程中将问题视为一个整体系统来分析和优化。这一原则体现了运筹学的独特之处，其不仅仅关注单一部分的优化，而是考虑各种因素之间的复杂关系和相互影响。在实际应用中，系统化思考意味着从宏观的角度审视问题，而不是仅仅关注局部的细节或单一的指标。这种全局的视角能够帮助决策者理解问题的全貌，确保所制定的决策不仅仅在局部范围内有效，更在整体系统中实现最佳化的目标。

首先，系统化思考要求深入分析问题的结构和组成部分。运筹学家会探索问题背后的各种因素和变量，理解它们如何相互作用和影响。例如，在生产调度问题中，除了考虑单个生产线的效率，还需考虑不同生产线之间的协调和资源共享，以最大化整体生产效率。其次，系统化思考强调综合性的决策制定。这意味着决策者需要权衡不同的目标和约束条件，以找到一个全局上最为优化的解决方案。举例来说，在供应链管理中，决策者需要平衡库存成本、运输成本、客户服务水平等多个因素，以确保整体供应链的效率和竞争力。此外，系统化思考还强调对系统动态变化的响应能力。现实世界中的环境和条件经常变化，运筹学的方法论要求决策者能够及时调整和优化决策，以适应新的情况和挑战。例如，在市场营销中，需根据市场反馈和竞争动态调整产品定价和促销策略，以最大限度地满足消费者需求并提升市场份额。最后，系统化思考还强调长期效果和可持续发展。运筹学家在考虑问题时不仅要解决当前的挑战，还要预见未来可能出现的问题，并通过长远规划和策略来保证系统的可持续性和稳定性。

（二）数学建模

数学建模是运筹学的核心技术之一，其在解决复杂问题时发挥着至关重要的作用。数学建模的基本思想是将现实世界中的问题抽象成数学形式，以便利用数学方法和工具进行分析和解决。这种抽象过程包括确定问题的目标、明确约束条件以及定义决策变量等步骤，通过这些步骤建立的数学模型能够准确地描述问题的本质和复杂性。

在数学建模中，常用的技术和方法包括线性规划、整数规划、动态规划、排队论等。这些方法不仅能够帮助运筹学家量化问题的各个方面，还能够为问题的优化和决策提供数学支持。例如，线性规划适用于那些目标和约束条件具有线性关系的问题，而整数规划扩展到变量必须是整数的情况，动态规划则专注于具有重叠子问题和最优子结构特征的问题，等等。

数学建模的过程不仅仅是简单的数学表达，更是对问题深入理解和分析的体现。通过数学建模，运筹学家能够在面对复杂、多变的实际问题时，利用数学的力量找到最佳的解决方案。因此，数学建模作为运筹学的核心技术之一，对于提升问题解决能力和决策质量具有重要意义。

（三）优化理论

优化理论是运筹学的重要分支，它致力于寻找最优解或接近最优解的方法。优化问题广泛存在于各个领域，如生产调度、资源分配、交通规划等。在这些问题中，通常存在多个决策变量和复杂的约束条件,运筹学家的任务是设计出一种有效的方法来优化目标函数的值。

优化理论涵盖了多种数学优化技术和算法,每种技术都有其适用的场景和特点。例如,线性规划适用于线性关系的优化问题,非线性规划适用于目标函数或约束条件存在非线性关系的问题,动态规划适用于具有最优子结构的问题,贪婪算法适用于求解部分优化问题,等等。这些技术不仅能够帮助找到最优解决方案,还能够在实际应用中提高资源利用率、降低成本、提升效率等。

优化理论的发展和应用不断推动着运筹学在各个领域的应用和影响。通过优化理论,运筹学家能够在处理复杂问题时,系统地评估和比较不同的解决方案,从而选择出最适合的方案。因此,优化理论作为运筹学的重要组成部分,为解决现实世界中的各种复杂问题提供了坚实的理论基础和实际操作指导。

(四)决策分析

决策分析是运筹学的一个重要分支,旨在帮助决策者在不确定和复杂的环境中作出最佳决策。在现实生活中,决策往往伴随着各种风险和不确定性,这就需要决策者运用科学方法和工具来评估和分析决策的后果及其可能的影响。

决策分析涉及多种技术和方法,包括风险分析、灵敏度分析(sensitivity analysis)、决策树分析等。这些技术和方法能够帮助决策者识别潜在的风险因素,评估不同决策选择的潜在结果,并量化决策的概率性和影响性。例如,风险分析可以帮助决策者理解各种决策方案可能面临的风险和机会,从而有针对性地制定应对策略。

决策分析的目的不仅在于提供决策支持,还在于帮助决策者厘清复杂问题的逻辑结构和关键因素。通过决策分析,运筹学家能够为决策者提供客观、科学的数据支持,降低决策中的主观性和盲目性,从而提升决策的质量和效果。

综上所述,决策分析不仅关注问题的量化分析和科学评估,还能够在复杂和不确定的环境中为决策者提供有效的决策支持,从而帮助其作出更明智和有效的决策。

三、运筹学的特点

(一)综合性与多学科

运筹学通常涉及多个学科领域的知识和技术,如数学、工程学、经济学、计算机科学等。这种跨学科的特性使运筹学能够综合运用不同学科的方法和工具,以解决复杂问题并优化决策。

在实际应用中,综合性与多学科的特点能够帮助运筹学家应对现实世界中的复杂性和挑战。例如,在制造业中,运筹学家可能需要结合工程学的生产流程知识、经济学的成本效益分析、计算机科学的优化算法等,来优化生产计划和资源利用。在交通运输领域,运筹学家则可以利用地理信息系统、交通流理论、数学优化方法等,来优化交通流量和减少拥堵。综合性与多学科的特点使得运筹学不仅仅是一门理论学科,更是一种实践导向的方法论。通过综合运用不同学科的知识和技术,运筹学家能够开发出创新的解决方案,应对不同领域中的具体问题,并在实践中不断优化和改进这些解决方案。此外,运筹学的发展也促进了不同学科的交叉互动和合作。例如,运筹学家与工程师、经济学家、计算机科学家等专家密切合作,解决复杂的现实问题,推动了相关领域的进步和创新。综合来看,运筹学作为一门综合性和多学科的学科,通过系统化思考和系统优化、数学建模、优化理论和决策分析等方法,不仅能够帮助理解和解决复杂的现实世界问题,还能够促进各个学科之间的交流与合作,为社会经济发展提供有力支持和智力引导。

(二) 实时性和动态性

在运筹学中,实时性和动态性是解决现实世界复杂问题的关键因素之一。这两个概念强调了对信息的及时获取和对环境变化的快速响应能力。

实时性指的是能够即时获取和处理最新的数据和信息。在运筹学中,实时数据的使用使决策者能够基于当前的状态和趋势作出更精确和有效的决策。例如,制造业中的生产调度可以根据实时生产线数据来调整工序和资源分配,以最大化效率和降低成本。实时性的应用不仅限于数据的获取,还包括决策模型和算法的实时更新和调整。这种能力使运筹学家能够在动态和不确定的环境中进行快速优化和反应,确保决策的准确性和有效性。

动态性强调了问题和环境的变化性。现实世界中的许多问题都是动态的,受到多种因素影响并随时间变化。运筹学家需要建立灵活的模型和策略,以应对这种变化并进行动态调整。例如,在交通运输管理中,交通流量和道路条件会随时间和事件的变化而变化。运筹学家利用动态规划和实时数据分析来优化交通流量,及时调整路线和信号控制,以应对交通拥堵和事故影响。

实时性和动态性在运筹学的应用中常常是密不可分的。通过结合实时数据的获取和分析能力,以及动态问题建模和优化算法,运筹学家能够在复杂和变化的环境中作出更为精确和高效的决策。总体而言,对实时性和动态性的强调使得运筹学不仅仅是静态问题的解决方案提供者,更是适应和应对动态变化的有效工具。这种能力不仅提高了决策的响应速度和准确性,还为各行业带来了更强大的竞争优势和持续的改进潜力。

第三节　运筹学的工作步骤

运筹学的工作步骤是一个系统而严谨的过程,旨在通过数学方法和工具解决复杂的实际问题,提供最优的决策方案,其可以归纳为以下几个阶段。

一、提出和形成问题

运筹学工作的第一步——提出和形成问题。这是一个至关重要的阶段,它奠定了整个运筹分析过程的基础。这一过程不仅要求清晰、明确地界定问题的本质和目标,还需要全面、深入地收集和分析与问题相关的所有信息,以确保后续建模和求解工作的准确性和有效性。

提出和形成问题首先意味着要精确界定问题的核心目标和期望达成的效果。这通常涉及对问题背景的深入理解,包括其历史背景、现状以及未来可能的发展趋势。

接下来,需要广泛收集与问题相关的各种信息,包括但不限于资源状况、市场需求、技术条件、政策法规等。这些信息是构建数学模型和制订解决方案的重要基础。在收集信息的过程中，需要注意信息的准确性和完整性，避免因为信息缺失或错误而导致后续工作的偏差。同时，还需要对信息进行筛选和整理，剔除冗余和无关的信息，提炼出对问题解决有实质性帮助的关键要素。

在确定了问题的目标和收集了足够的信息之后，进一步需要识别并确定问题的约束条件。这些约束条件可能是资源的限制（如原材料、设备、人力等）、技术的要求（如生产工艺、质量标准等）、市场的需求（如产品种类、数量、交货期等）以及政策法规的约束（如环保标准、安全生产规定等）。识别并确定这些约束条件对于构建符合实际情况的数学模型至关重要。在此过程中，需要特别注意约束条件的全面性和准确性，确保没有遗漏任何重要的约束条件，并且对每个约束条件都有清晰、明确的描述和界定。

此外，在提出和形成问题的过程中，还需要识别出问题中的可控变量和参数。这些变量和参数是后续数学建模和求解过程中的关键元素，它们的取值将直接影响解决方案的优劣。因此，在识别这些变量和参数时，需要充分考虑其在实际问题中的重要性和可操作性，并尽可能减少冗余和不必要的变量，以降低模型的复杂度。

二、问题建模

运筹学工作的第二步——问题建模。这是将实际问题抽象化、数学化的关键环节。它要求我们将从第一步中收集到的信息、明确的目标和约束条件转化为一个或多个数学模型，以便通过数学方法进行分析和求解。这一过程不仅考验我们对问题本质的把握能力，还考验我们的数学素养和建模技巧。

问题建模首先需要深入理解问题的内在逻辑和关键要素，对实际问题的复杂性和多样性进行简化和抽象。这包括识别出问题中的核心变量、参数以及它们之间的关系，这些关系可能是线性的、非线性的、离散的或连续的。同时，还需要考虑如何将问题的目标和约束条件转化为数学表达式或不等式，以便在模型中体现。

在建模过程中，选择合适的数学方法和工具至关重要。根据问题的性质和特点，我们可以选择线性规划、整数规划、动态规划、网络流、图论、排队论等多种数学方法和工具。每种方法和工具都有其独特的优势和适用范围，因此我们需要根据问题的具体情况进行权衡和选择。例如，在资源分配问题中，线性规划可能是一个合适的选择；而在路径规划或网络设计问题中，图论和网络流方法可能更为有效。

在建立模型时，我们还需要注意模型的假设和简化。由于实际问题的复杂性，我们往往无法直接建立一个完全精确的数学模型。因此，在建模过程中，我们需要对问题进行适当的假设和简化，以便模型更加易于处理和理解。然而，这些假设和简化必须基于合理的依据和充分的理由，不能随意或过度简化，以免模型失去其实际意义和应用价值。

此外，在建立模型时，我们还需要注意模型的灵活性和可扩展性。由于实际问题的复杂性和多变性，我们建立的模型可能需要不断进行调整和优化。因此，我们需要确保模型具有一定的灵活性和可扩展性，以便在后续的分析和求解过程中方便地添加新的变量、参数或约束条件，或者修改现有的模型结构和参数设置。

三、模型求解

运筹学工作的第三步——模型求解。这是将数学模型转化为实际解决方案的关键步骤。在这一阶段,需要运用数学算法、计算机技术或专业软件来求解已建立的数学模型,以找到满足问题目标和约束条件的最优解或满意解。模型求解不仅要求具备扎实的数学基础和计算能力,还需要掌握先进的求解技术和方法,以应对复杂多变的实际问题。

求解阶段首先需要根据数学模型的特点和求解目标选择合适的求解算法。对于线性规划问题,可以采用单纯形法、内点法(Interior Point Methods)等经典算法;对于整数规划问题,则可能需要用到分支定界法(Branch and Bound)、割平面法或启发式算法等。此外,随着计算机技术的不断发展,许多专业的运筹学软件如 CPLEX、Gurobi、LINGO 等也应运而生,它们提供了丰富的求解算法和友好的用户界面,极大地简化了求解过程。

在求解过程中,需要注意算法的选择和参数的调整。不同的算法对同一问题的求解效果可能大相径庭,需要根据问题的具体情况和求解目标进行权衡和选择。同时,算法的性能还受到参数设置的影响,如收敛精度、迭代次数等,合理的参数设置可以显著提高求解效率和质量。

除了算法和参数的选择外,求解过程中还需要注意数据的输入和预处理。数据是求解的基础,其准确性和完整性直接影响到求解结果的可靠性。因此,在输入数据之前,需要对数据进行仔细的检查和清洗,确保数据的准确性和一致性。此外,对于大规模或复杂的数据集,还需要进行适当的预处理,如数据压缩、降维等,以提高求解效率。

在求解过程中,还需要关注求解结果的验证和评估。求解结果必须满足问题的所有约束条件,并尽可能接近或达到问题的目标。因此,在得到求解结果后,我们需要进行验证和评估,检查其是否满足问题的要求和期望。如果求解结果不符合要求或存在误差,我们需要对算法、参数或数据等进行调整和优化,以重新进行求解。

四、解的检验与评估

运筹学工作的第四步——解的检验与评估。这是至关重要的步骤,它直接关系到所求得解的可靠性、有效性和实用性。解的检验与评估不仅仅是对求解过程和结果的简单复核,更是对模型与现实问题契合度的一次深度考察。

在检验与评估过程中,我们需要从多个维度对解进行审视。首先,要确保求解步骤和程序的正确性,这包括检查算法的选择是否恰当、参数的设定是否合理、计算过程是否无误等。其次,要验证解是否满足模型的所有约束条件,确保解在数学逻辑上的正确性。更重要的是,要评估解是否符合问题的实际情况和需求,包括解的合理性、经济性和可行性等方面。最后,也需要从精确度、可靠性、实用性等多个角度评估解的质量。评估解的质量有助于判断解是否满足实际需求,并为后续步骤提供决策支持。

在解的检验与评估阶段,还需要注意以下几点。

(1) 全面性:在检验过程中,要全面考虑问题的各个方面,避免遗漏重要信息或约束条件。

(2) 客观性:保持客观公正的态度,不受主观偏见或预设结论的影响。

（3）灵活性：根据实际情况和需要，灵活调整检验方法和标准，确保检验的有效性和针对性。

（4）反馈机制：建立有效的反馈机制，及时将检验结果和问题反馈给相关人员和部门，以便进行后续的处理和改进。

通过以上步骤和注意事项的严格执行，可以大大提高解的检验质量，确保得到的解是可靠、有效且符合实际问题需求的。

五、解的控制

运筹学工作的第五步——解的控制。这是确保求解结果在实际应用中的稳定性和有效性的重要环节。一旦通过解的检验与评估，确认其满足问题的约束条件和目标要求，就需要对解进行持续的控制，以应对实际应用中可能出现的各种变化和挑战。

解的控制主要包括两个方面：一是监控解的稳定性，即观察解在外部环境或内部条件发生变化时是否仍能保持其有效性；二是调整解的适应性，即根据实际需要或新的信息对解进行必要的修改和优化。为了有效实施解的控制，可以采取以下措施。

（1）建立监控体系：构建一套完善的监控体系，对解的应用过程进行实时跟踪和记录，及时发现并识别潜在的问题和风险。

（2）设定预警机制：设定合理的预警指标和阈值，当解的性能或效果偏离预期时，能够自动触发预警信号，提醒相关人员采取应对措施。

（3）定期评估：定期对解的应用效果进行评估，与预期目标进行对比分析，评估解的适应性和有效性。

（4）灵活调整：根据评估结果和实际情况，灵活调整解的参数、结构或策略，以适应新的需求和环境变化。

六、解的实施

运筹学工作的第六步——解的实施。这是将运筹学求解结果转化为实际行动或决策的关键步骤。在这一阶段，需要将解的具体内容转化为可操作的方案或计划，并付诸实施。

解的实施包括以下几个步骤：①制订实施计划：根据解的内容和要求，制订详细的实施计划，明确实施的目标、步骤、时间表和资源需求等。②组织资源：根据实施计划的要求，组织必要的人力、物力、财力和技术资源，为实施工作提供有力保障。③执行实施计划：按照实施计划的要求和步骤，有序地执行各项工作任务，确保实施过程的顺利进行。④监控实施效果：对实施过程进行实时监控和评估，及时发现并解决问题，确保实施效果符合预期目标。⑤总结反馈：在实施结束后，对实施过程和实施效果进行总结和反馈，提炼经验教训，为今后的工作提供参考和借鉴。

在解的实施阶段，还需要注意以下几点。

（1）明确性和可操作性：实施计划要具有明确性和可操作性，确保相关人员能够清晰地了解各自的职责和任务。

（2）协调性：实施过程中要加强各部门和人员之间的协调配合，确保各项工作的顺利衔接和推进。

（3）灵活性：面对实施过程中可能出现的问题和变化，要保持灵活应变的能力，及时调整实施计划和策略。

（4）效果评估：实施结束后要对实施效果进行全面评估，以客观评价解的实际效果和价值。

（5）持续改进：根据实施效果和反馈意见，不断总结经验教训，对解和实施过程进行持续改进和优化。

第四节　运筹学的研究内容

运筹学作为一门应用数学领域的学科，其研究内容广泛且深入，主要关注如何通过数学模型和优化方法来解决实际问题，以达到资源的最优配置和效益的最大化。

一、规划论

规划论是运筹学的核心部分，主要研究在给定条件下如何寻求最优解的问题。根据条件和目标函数的不同，规划论可以分为以下几种类型。

（1）线性规划：研究如何在一系列线性等式或不等式约束条件下，找到线性目标函数的最大值或最小值。线性规划问题在生产计划、库存管理、交通调度等领域有广泛应用。

（2）非线性规划：当目标函数或约束条件为非线性时，使用非线性规划来求最优解。非线性规划问题通常比线性规划问题复杂，解决这类问题常常需要使用到特殊的算法和数值方法。

（3）整数规划：研究在决策变量必须是整数（如人数、机器数等）的情况下，如何找到最优解。整数规划问题在制造业、电力系统、网络优化等领域有重要应用。

（4）动态规划：处理多阶段决策过程，在每个阶段都需要作出选择，并考虑到之前阶段的选择对当前阶段的影响。动态规划常用于资源分配、存货控制等领域。

二、排队论与库存管理

（1）排队论：研究排队系统中顾客到达、服务时间、队列长度等问题，以提高系统的效率和客户满意度。排队论在交通运输、医院、银行等领域有广泛应用。通过排队论，可以优化服务流程、减少等待时间、提高服务效率。

（2）库存管理：研究如何在库存成本和缺货成本之间作出平衡，以达到最优的库存管理效果。库存管理理论包括经济订货量模型、安全库存等概念。通过库存管理，可以降低库存成本，减少缺货风险，提高供应链的整体效率。

三、网络优化与图论

（1）网络优化：研究如何在网络中分配资源以最小化成本或最大化效益，如最短路径问题、最小生成树问题等。网络优化在物流管理、交通调度、电力系统等领域有重要应用。通过网络优化,可以优化资源配置、降低运输成本、提高系统整体效益。

（2）图论：研究如何通过图模型来解决实际问题,如最短路径、最小生成树、网络流等问题。图论为许多实际问题提供了有效的解决工具,如路径规划、网络设计、社交网络分析等。

四、决策分析与对策论

（1）决策分析：通过构建决策树等工具来分析决策过程中的各种可能性和结果,帮助决策者作出更好的选择。决策分析在企业管理、金融投资等领域有广泛应用。通过决策分析,可以评估不同决策方案的风险和收益,选择最优的决策方案。

（2）对策论（博弈论）：研究在多个决策者互相竞争或合作的情况下,如何作出最优决策。对策论在经济学、政治学、生物学等多个领域都有应用。通过对策论,可以分析不同决策者的行为模式和策略选择,预测市场趋势和决策效果。

五、其他领域

除了上述主要领域外,运筹学还涉及可靠性理论、模拟与仿真、质量控制等多个方面。这些领域的研究为运筹学提供了更广泛的应用场景和更深入的理论支持。

第五节 运筹学的应用

早期运筹学集中应用在军事领域,第二次世界大战之后,运筹学的应用广泛且深入,涵盖了多个领域。

一、供应链管理

运筹学在供应链网络设计与优化中发挥着核心作用。它运用数学模型和算法,综合考虑供应链中的各个环节,如供应商、制造商、分销商和最终用户,以及物流、信息流和资金流等因素,进行整体规划和优化。通过构建供应链网络设计模型,企业可以评估不同供应链结构对成本、响应时间和灵活性的影响,从而选择最佳的供应链网络布局。此外,运筹学还可以帮助企业在供应链网络中进行资源分配和风险管理,确保供应链的稳健性和可持续性。

库存管理是供应链管理中的重要环节,也是运筹学研究的重点之一。运筹学通过构建库存管理模型,如经济订货量模型、报童模型等,帮助企业确定最佳的库存水平和再订货点,以平衡库存成本和缺货风险。同时,运筹学还可以结合需求预测、供应不确定性和库存策略等因素,对库存进行动态调整和优化。此外,随着电子商务和大数据技术的发展,运筹学在库存管理中还涉及更复杂的场景,如多品种、多批次、多仓库的库存优化问题。

运输与物流是供应链中连接各个环节的关键环节,也是运筹学在供应链管理中研究的重要内容。运筹学通过构建运输路径优化模型、车辆调度模型等,帮助企业确定最佳的运输路线和物流方案,以降低成本、缩短运输时间和提高客户满意度。在运输与物流优化中,运筹学还需要考虑多种因素,如交通状况、货物特性、车辆载重限制和运输成本等。此外,随着物联网、人工智能等技术的发展,运筹学在运输与物流优化中还可以实现更智能化的决策支持,如实时跟踪、智能调度和预测分析等。

二、生产计划

在生产计划的制订过程中,运筹学通过线性规划与整数规划等数学方法,为企业提供了精准的资源分配与优化方案。这些方法不仅帮助企业充分考虑生产能力、库存水平、交货期等约束条件,还通过求解算法得出最优的资源配置策略,确保在满足市场需求的同时,最大化利润并最小化成本。通过运筹学的应用,企业能够高效利用有限资源,提升整体运营效率。

运筹学在生产调度与排程中发挥着关键作用。通过构建网络流模型等复杂系统,运筹学能够优化生产过程中的工序流程,确保产品在工厂内的顺畅流动。此外,启发式算法如遗传算法、模拟退火等的应用,使生产调度问题得以有效解决,帮助企业找到接近最优的生产排程方案。这些智能化手段不仅缩短了生产周期,还提高了生产灵活性和响应速度,为企业赢得了市场竞争的先机。

三、市场营销

在市场营销中,运筹学通过数理统计和决策分析等方法,为企业提供了精准的市场需求预测和定价策略支持。利用回归分析、时间序列分析等技术,企业可以基于历史销售数据,对未来的市场需求进行准确预测,从而制订合理的生产计划和库存策略,避免需求缺口和滞销风险。同时,运筹学中的边际成本定价法通过分析产品的边际成本和市场需求弹性,帮助企业制定最优价格策略,实现利润最大化与市场竞争力的平衡。这些应用不仅提升了市场营销的决策效率,还增强了企业的市场竞争力。

运筹学在市场营销中还广泛应用于广告和促销策略的优化。通过营销响应模型,企业可以分析不同广告渠道的效果和投入成本,找到最具性价比的广告策略,最大化广告的影响力。在促销策略方面,运筹学方法能够优化促销时机、幅度和方式,提升销售效果。例如,在媒体选择问题上,企业可以利用线性规划模型,将有限的广告预算分配到各种广告媒体上,以实现宣传范围、频率和质量的最大化。这种基于运筹学的优化方法,使得企业的市场营销活动更加高效、精准,有助于提升品牌形象和市场占有率。

四、金融行业

面对复杂多变的金融市场,金融机构需要精准地评估和管理各类风险,如市场风险、信用风险和操作风险等。运筹学通过构建风险评估模型,运用量化分析技术,如蒙特卡罗模拟、随机模型等,对风险进行精确测量和预测。这些模型不仅考虑了历史数据和市场趋势,还融入了复杂的数学算法和统计方法,帮助金融机构制定出科学合理的风险管理策略,有效降低潜在损失,保障资产安全。

在资产配置和投资组合优化方面,运筹学通过构建多目标规划模型,综合考虑投资者的风险偏好、收益目标和市场约束条件,制订出最优的投资组合方案。这些方案不仅能够在保证一定风险水平的前提下实现收益最大化,还能够通过动态调整投资组合的构成,及时应对市场变化,提升整体投资绩效。同时,运筹学还广泛应用于金融衍生品定价和交易策略设计中,通过复杂的数学模型和算法,对金融产品的内在价值和市场走势进行精准预测,为金融机构和投资者提供有力的决策支持。

五、交通运输

通过运用运筹学中的算法和模型,交通运输公司能够计算出最优的送货路线,从而节省时间和成本。例如,货运公司可以利用运筹学算法规划出最经济的运输路径,降低空驶率和燃油消耗。同时,在城市交通管理中,运筹学也发挥着重要作用。通过建立交通流模型,交通管理部门可以预测交通流量,提出并实施优化交通流的措施,如分时段限行、交通信号灯同步控制等,以缓解交通拥堵,提高道路通行效率。这些应用不仅提升了交通运输的效率和安全性,还促进了城市交通的可持续发展。

在购票优化方面,航空公司等交通运输企业可以利用运筹学算法来制定最佳的票价和座位分配策略,以最大化收益并提升客户满意度。通过精细化的市场分析和预测,企业能够更准确地把握市场需求,制定出更具竞争力的票价策略。在车队管理方面,运筹学帮助运输公司优化车辆调度和装载规划,降低车辆空驶率,提高车辆利用率。通过实时监控车辆运行状况和数据分析,企业能够更高效地管理车队,减少运营成本,提升整体运营效率。这些应用不仅为企业带来了经济效益,还提升了交通运输行业的整体服务水平。

六、人力资源管理

在人力资源规划中,运筹学通过运用时间序列分析、回归分析等数学方法,精准预测组织未来的人力资源需求,并结合内部供给分析,确保供需平衡。它帮助管理者制订出科学合理的招聘、培训和退休计划,以优化人力资源配置,为组织的长远发展奠定坚实基础。

面对复杂的招聘市场和多样化的岗位需求,运筹学为招聘与配置提供了科学指导。通过决策树、随机过程等模型,优化招聘渠道和策略,降低招聘成本的同时提高招聘效率。此外,针对组织内部岗位需求,运用线性规划等运筹学方法,实现人员的最优配置,确保每个岗位都能得到最适合的人才,提升组织整体效能。

培训与开发是提升员工能力和组织竞争力的重要途径。运筹学在培训需求分析中发挥作用,通过数据分析识别员工的培训需求,确保培训内容与员工发展及组织目标相契合。同时,在培训效果评估中,运用模糊综合评价、数据包络分析等方法,科学评估培训成效,为持续改进培训方案提供有力支持。

七、能源领域

运筹学通过构建精细的数学模型和优化算法,深入研究能源系统的各个环节。从产能规划到能源供应链优化,再到电网布局与分配,运筹学不仅帮助能源企业提高生产效率、降低成本,还确保了能源供应的稳定性和经济性。其强大的数据分析和决策支持能力,为能源行业的可持续发展奠定了坚实基础。

面对新能源的快速发展和环保需求的日益增长,运筹学在新能源开发与利用方面也展现出独特的优势。通过建立新能源规划模型,运筹学能够精准评估新能源资源的潜力和开发条件,为新能源项目的布局提供科学依据。同时,在新能源并网与优化方面,运筹学通过优化并网策略和调度方案,确保了新能源的高效并网和稳定运行,推动了能源结构的转型和升级。这些研究内容不仅促进了新能源产业的健康发展,也为实现全球能源低碳转型贡献了力量。

八、物流管理

运筹学在物流管理中的应用极为广泛,显著提升了物流效率并降低了运营成本。在物流网络优化方面,运筹学通过建立数学模型,综合考虑市场需求、交通条件、成本效益等因素,帮助企业确定最佳的设施选址和布局方案,从而最小化运输距离,优化供应链效率。例如,某物流公司通过运筹学分析,重新规划了仓库和配送中心的位置,使得整体物流网络更加紧凑高效,显著降低了运输成本。在路径规划方面,运筹学运用线性规划、整数规划、遗传算法等方法,为车辆规划出最优的行驶路线,确保在满足时间窗口、车辆容量等约束条件的前提下,实现运输成本的最小化或运输时间的最短化。比如,某快递公司利用运筹学算法,对每日的货物配送路线进行动态优化,有效避开了交通拥堵路段,大幅提高了配送效率。在运输调度方面,通过运筹学模型,物流企业可以建立科学的运输调度系统,优化车辆调度规划、装卸等流程,降低物流成本。例如,某大型物流公司采用运筹学算法,实现了对运输车辆的智能调度,不仅降低了车辆空驶率,还提高了整体运输效率。在仓储设施布局方面,运筹学帮助仓储管理人员分析货物种类、数量、流量等因素,结合仓库大小、形状等限制条件,优化仓库布局和储存策略,提高仓库的存储能力和操作效率。例如,某电商公司利用运筹学技术重新规划仓库布局,使得货物存取更加便捷,有效缩短了库存周转时间。

此外,运筹学在库存管理中也发挥着重要作用。通过建立库存控制模型,如经济批量模型、ABC 分类法等,运筹学帮助企业确定合理的库存水平和再订货点,平衡库存成本和服务水平。同时,运筹学还提供了多种需求预测模型,如时间序列模型、回归模型等,帮助企业准确预测未来需求,降低库存积压和缺货风险。

本 章 小 结

本章主要对中国古代兵法与农业生产中的运筹思想、西方早期运筹思想以及运筹学的定义、特点、工作步骤、研究内容、应用领域等进行了介绍。运筹学作为一门综合性和多学科的学科,通过系统化思考和系统优化、数学建模、优化理论和决策分析等方法,不仅能够帮助理解和解决复杂的现实世界问题,还能够促进各个学科的交流与合作,为社会经济发展提供有力支持和智力引导。

本 章 习 题

1. 运筹学的形成经历了哪些主要的历史阶段?
2. 简述中国古代兵法中的运筹思想,并列举至少两个具体策略。

3. 运筹学如何在中国古代农业生产中得到应用？举例说明。

4. 第二次世界大战对运筹学的形成有何推动作用？

5. 简述运筹学的概念与特点。

6. 运筹学的研究对象和方法是什么？它们如何帮助解决实际问题？

7. 运筹学的核心思想是什么？

8. 运筹学中的"系统化思考"具体指什么？它为何重要？

9. 说明运筹学的工作步骤。

10. 运筹学的主要研究内容和分支有哪些？

11. 查阅相关资料，说明运筹学在物流设施建设项目方面的应用。

即 测 即 练

第二章

线性规划模型及求解

物流管理在现代社会经济发展中扮演着至关重要的角色,尤其是在资源有限、竞争激烈的市场环境下。面对复杂的物流网络和多变的市场需求,企业需要采用科学的管理方法来优化资源配置、降低成本、提高效率。线性规划作为一种强有力的数学工具,为物流管理提供了有效的决策支持。通过构建线性规划模型,企业能够精确计算出在不同约束条件下实现最优目标的最佳方案,从而在激烈的市场竞争中占据有利地位。

第一节 物流管理中的线性规划模型

一、线性规划的产生和发展

(一)线性规划的产生

线性规划作为一种数学优化方法,可以追溯到 20 世纪初,但真正的形成和应用主要是在 20 世纪 40 年代。当时,在实际问题中遇到了大量的线性优化问题,如生产计划、货物运输等,这些问题需要在满足一定约束条件下,最大化或最小化一个线性目标函数。然而,传统的数学方法难以有效解决这些问题,因此需要寻求新的解决方案。在此背景下,线性规划作为一种新的数学方法应运而生。线性规划指约束条件为线性等式或不等式,目标函数为线性函数的规划模型。它是数学规划中研究较早、发展较快、应用广泛、方法较成熟的一个重要分支,英文简写 LP。

1947 年,美国数学家丹齐格提出了线性规划的第一套系统解法,即"单纯形法"。这一方法的提出,奠定了线性规划的理论基础,并使线性规划问题得以有效求解。20 世纪 50 年代后期,相关学者对线性规划进行大量的理论研究,并涌现出一大批新的算法。其中,最经典的算法是单纯形法。此后,线性规划理论不断发展,逐渐成为现代优化理论的重要组成部分。

(二)线性规划的发展

1. 早期萌芽阶段(20 世纪初至 1946 年)

此阶段,线性规划的概念尚未明确提出,但相关的线性优化思想已经开始萌芽。数学家和工程师们开始探索如何在线性约束条件下求解最优解的问题。这一时期,线性规划的理论基础尚未形成,但为后续的发展奠定了基础。

2. 创立与初步发展阶段(1946 年至 20 世纪 50 年代)

1946 年,丹齐格提出了线性规划的概念,他在 1947 年发明的单纯形法,成为求解线性规划问题的经典算法。单纯形法通过迭代方式在可行域的顶点中寻找最优解,为线性规划的广泛应用提供了有力工具。随着线性规划在实际问题中的成功应用,其理论体系也初步建立,包括目标函数、决策变量、约束条件等基本概念的形成。

3. 中期成熟与拓展阶段（20 世纪 50 年代至 70 年代末）

在单纯形法的基础上,学者们不断对其进行优化和改进,提高了求解效率和稳定性。同时,内点法得到初步应用,并且涌现出了分解算法等新的求解算法。电子计算机技术的兴起和发展,给线性规划问题的求解带来了极大的便利。计算机可以快速地执行复杂的数学运算和算法迭代,使求解大规模线性规划问题成为可能。线性规划的应用领域不断扩展,从最初的军事、经济领域逐渐渗透到工程技术、科学研究等多个领域。对偶理论、灵敏度分析等理论研究的深入发展,为线性规划的应用提供了更加全面和准确的信息支持。

4. 现代创新与广泛应用阶段（20 世纪 80 年代至今）

内点法等的重大突破,以及并行与分布式算法等新型算法的出现和发展,进一步提高和扩大了线性规划问题的求解效率和规模。高性能计算平台、云计算等现代计算机技术的应用,为线性规划问题的求解提供了更加强大的支持。CPLEX、Gurobi、XPRESS 等专业的线性规划软件与工具的涌现,使非专业人士也能方便地使用线性规划方法进行问题求解。

二、物流管理中的线性规划问题

在物流管理中,线性规划的应用非常广泛,它能够帮助企业解决一系列复杂而关键的资源配置和决策问题。

（一）资源分配与库存管理

物流管理中的资源分配与库存管理是一个至关重要的环节。在资源有限的情况下,企业需要精确地决定如何分配这些资源,以支持其生产、运输和仓储等物流活动。线性规划模型可以帮助企业优化这一过程,通过设定决策变量（如原材料的采购量、仓储空间的分配等）,并考虑各种约束条件（如资源总量的限制、库存成本的考量等）,来找到最小化总成本或最大化利润的最佳方案。这种优化不仅有助于降低企业的运营成本,还能确保资源的有效利用,从而提升企业的竞争力。

企业拥有多种运输工具（如卡车、火车、船舶等）,需要将这些工具分配给不同的运输任务。通过线性规划模型,企业可以考虑不同运输工具的容量、速度、成本等因素,以及运输任务的紧急程度、目的地等约束条件,从而制订出最优的运输工具分配方案。

在仓储管理中,企业可能面临多个产品同时存储的问题。通过线性规划模型,企业可以根据产品的存储需求、库存周转率、仓储成本等因素,优化仓储空间的布局和利用,以减少库存积压和浪费。

在面临多种产品的库存管理问题时,企业可以利用线性规划模型来综合考虑不同产品的库存成本、需求预测、库存周转率等因素,从而制定出最优的库存策略。例如,通过优化不同产品的采购量和补货周期,企业可以降低库存成本并提高资金利用效率。

（二）运输路径优化

在物流管理中,运输路径的选择对运输成本和时间具有显著影响。线性规划可以帮助企业确定最优的运输路径和方式,以最小化运输成本和时间。通过设定决策变量（如运输路径、运输方式等），并考虑运输时间、运输能力等约束条件，企业可以构建线性规划模型，找到最佳的运输方案。这不仅有助于降低企业的运输成本，还能提高运输效率，确保货物及时、准确地送达客户手中。

某物流公司需要为多个客户提供货物运输服务，每个客户有不同的位置、需求量和时间窗口要求。公司可以通过构建线性规划模型来优化运输路径，确保在满足所有客户需求的同时最小化运输成本和时间。通过求解模型，公司可以得到每辆车的具体行驶路线、装载量以及预计到达时间等信息，从而高效地组织运输活动。

（三）仓储布局与订单履行

仓储布局与订单履行直接关系到企业的运营效率、成本控制和客户满意度。在给定的资源和需求约束条件下，仓储布局与订单履行涉及如何合理地规划和安排仓库内的储存空间，以及如何高效地处理订单，以实现成本最小化、服务质量和速度最优化等目标。线性规划可以帮助企业优化仓储设施的布局和订单履行流程，以提高订单处理效率和降低运营成本。目标函数需考虑多个方面，如总成本、订单履行时间、客户满意度等。通过设定决策变量（如货架的摆放、货物的存储位置、订单履行方式等），并考虑仓储设施的容量和限制、订单处理的效率要求等约束条件，企业可以构建线性规划模型，找到最佳的仓储布局和订单履行方案。这种优化有助于减少订单处理时间、降低仓储运营成本，并提高客户满意度。

（四）供应链协同与优化

供应链协同是指供应链中各节点企业（如供应商、制造商、分销商、零售商等）为了实现共同目标而进行的协调与合作。通过协同工作，企业可以共享信息、资源和风险，提高供应链的响应速度和灵活性。供应链优化则是在满足客户需求的前提下，通过合理配置资源、优化流程等手段，降低供应链的运营成本，提高供应链的整体绩效。

在供应链管理中，企业需要与供应商、分销商等合作伙伴协同工作，以实现整个供应链的效率和成本优化。通过设定决策变量（如订单的分配和调度、供应链的协同策略等），并考虑供应链合作伙伴的能力和限制、供应链的稳定性和可靠性要求等约束条件，企业可以构建线性规划模型，找到最佳的供应链协同和优化方案。这种协同和优化有助于降低整个供应链的运营成本，提高供应链的效率和可靠性，并增强企业与合作伙伴之间的合作关系。

（五）配送中心选址

配送中心选址问题是物流管理中一个至关重要的决策问题，它涉及在多个候选地点中选择一个或多个地点作为配送中心，以最小化物流成本、提高配送效率并满足客户需求。选址决策需要综合考虑多个因素，如地理位置、交通条件、土地成本、劳动力成本、市场需求分布等。配送中心选址问题的目标函数通常设定为最小化总成本，该总成本可能包括建设成本、运营成本（如运输成本、仓储成本、人力成本等）以及由于选址不当导致的额外成本（如延误成本、库存持有成本等），并通过设定决策变量[选址决策（通常是 0-1 变量），配送中心规模或容量]和考虑容量约束、成本约束、时间约束、地理位置和交通约束、政策和法规约束等约束条件，建立线性规划模型，以找到最优的选址方案。这种优化选址决策可以帮助企业降低物流成本、提高配送效率并满足客户需求。

三、线性规划的三要素及其表达

（一）决策变量

决策变量是决策问题中待定的量值，是线性规划模型中的基本未知量。决策变量的取值一般为非负，代表了决策方案中的某个具体数值或量，如运输量、销售量、投资额等。决策变量是线性规划模型的基础，所有的约束条件和目标函数都是基于决策变量来构建的。

（二）约束条件

约束条件是指决策变量在取值时必须满足的各种资源条件或限制条件。约束条件通常表现为一组线性(不)等式，这些(不)等式限定了决策变量的取值范围，以确保决策方案的可行性。约束条件保障了线性规划模型的解在实际应用中是有意义的，避免了无效或不可行的解。

（三）目标函数

目标函数是决策者希望实现的目标，是决策变量的线性函数表达式。目标函数可以是求极大值或极小值，代表了决策方案中的某个优化目标，如最大化利润、最小化成本等。目标函数是线性规划模型优化的核心，通过求解目标函数的最优值，可以得到满足约束条件的最佳决策方案。

综上所述，线性规划的三要素是决策变量、约束条件和目标函数。这三个要素相互关联、相互作用，共同构成了线性规划模型的基本框架。

（四）线性规划三要素的表达

目标函数数学表达：设 z 为选定的某个效益量度(总效益指标)，c_j 为每一单位的 x_j 所提供的效益，x_j 为 j 项活动的水平(决策变量)，则目标函数的线性表达式为：$z = c_1 x_1 + c_2 x_2 + \cdots + c_n x_n$。

约束条件数学表达：约束条件通常由一组线性等式或不等式表示。设 a_{ij} 为 i 项资源被每单位 j 项活动所消耗(或使用)的量，b_i 为 i 项资源在分配时可被利用的量，则约束条件可以表示为：$\sum_{j=1}^{n} a_{ij} x_j \leqslant b_i (i = 1, 2, \cdots, m)$。

决策变量数学表达：在标准形式中，所有的决策变量都大于等于 0，即 $x_j \geqslant 0 (j = 1, 2, \cdots, n)$。这是因为在大多数实际问题中，决策变量的取值通常是非负的(non-negativity constraints)。

以下通过几个实例，详细阐述线性规划的三个要素。

实例1

库 存 管 理

在库存管理中，决策变量通常代表每种商品的库存量。例如，一个零售商面临多种商品的库存管理问题，每种商品的进货成本、销售价格和存储成本都不同。此时，决策变量可以设为每种商品的库存量。目标函数是库存管理中所追求的最优指标，通常是总成本的最小化。总成本包括进货成本、存储成本和缺货成本等。在这个例子中，目标函数即为所有商品的总成本。约束条件限制了决策变量的取值范围，反映了问题的实际限制。在库存管理中，约束条件可能包括库存容量限制、销售需求等。通过设定这些约束条件，可以确保库存策略既满足实际需求又符合资源限制。

某企业销售三种产品 A、B、C，每种产品的市场需求、补货成本、库存持有成本等已知。企业需要在满足仓库存储容量限制和客户需求的前提下，制定最优的库存策略，以最小化总库存成本。

（1）确定决策变量：x_1、x_2、x_3 分别表示产品 A、B、C 的库存量。

（2）建立约束条件：

仓库存储容量限制：$x_1 + x_2 + x_3 \leqslant$ 仓库总容量。

客户需求满足：每种产品的库存量需满足一定周期内的需求。

其他可能的约束条件，如补货周期、订单成本等。

（3）构建目标函数：最小化总库存成本＝库存持有成本＋缺货成本。

实例2

运 输 优 化

在运输优化中，决策变量通常代表从某个仓库向某个客户运输的货物量。例如，一家物流公司需要从多个仓库向多个客户配送货物，此时决策变量就是从每个仓库向每个客户运输的货物量。目标函数是运输优化中所追求的最优指标，通常是总运输成本的最小化。总运输成本包括车辆使用成本、人工成本等。在这个例子中，目标函数即为运输路径的总成本。约束条件在运输优化中同样重要，其可能包括库存限制、需求限制、车辆容量限制等。这些约束条件确保了运输计划既满足客户需求，又符合实际资源限制。

假设有三个供应地 A、B、C 和三个需求地 X、Y、Z，每个供应地和需求地之间的运输成本以及每个供应地的供应量和每个需求地的需求量都是已知的。我们需要制订一个运输方案，以最小化总运输成本。

（1）确定决策变量：$x_{ij}(i=1,2,3; j=1,2,3)$，表示从供应地 i 到需求地 j 的运输量。

（2）建立约束条件：

供应能力约束：$\sum_j x_{1j} \leqslant$ 供应量 A，$\sum_j x_{2j} \leqslant$ 供应量 B，$\sum_j x_{3j} \leqslant$ 供应量 C。

需求满足约束：$\sum_i x_{i1} \geqslant$ 需求量 X，$\sum_i x_{i2} \geqslant$ 需求量 Y，$\sum_i x_{i3} \geqslant$ 需求量 Z。

非负约束：$x_{ij} \geqslant 0$。

（3）构建目标函数：最小化 $Z = \sum_i \sum_j c_{ij} x_{ij}$。

实例3

配 送 计 划

在配送计划中，决策变量通常包括每辆车的配送路线和配送量。例如，配送中心需要向多个零售商配送货物，此时决策变量就是每辆车的配送路径和配送量。目标函数是配送计划中所追求的最优指标,通常是总配送成本的最小化。总配送成本包括车辆使用成本、人工成本等。在这个例子中,目标函数即为所有配送车辆的总成本。约束条件在配送计划中同样关键,其可能包括车辆容量限制、配送时间要求等。这些约束条件确保了配送计划既高效又符合实际条件。

假设某物流公司有两个配送中心 A 和 B,需要为三个客户 C、D、E 提供配送服务。每个客户的地理位置、需求量和收货时间都不同,同时配送中心和客户之间的单位配送成本也已知。需要制订一个配送计划,以最小化总配送成本。

(1)确定决策变量:x_{AC}、x_{AD}、x_{AE}、x_{BC}、x_{BD}、x_{BE},分别表示从配送中心 A 到客户 C、D、E 的配送量,以及从配送中心 B 到客户 C、D、E 的配送量。

(2)建立约束条件:

配送中心库存量限制:$\sum x_{Aj} \leqslant$ 库存量 A,$\sum x_{Bj} \leqslant$ 库存量 $B(j=C,D,E)$。

客户需求满足:$\sum x_{iC} =$ 需求量 C,$\sum x_{iD} =$ 需求量 D,$\sum x_{iE} =$ 需求量 $E(i=A,B)$。

其他可能的约束,如运输工具装载能力限制等。

(3)构建目标函数:最小化 $Z = c_{AC}x_{AC} + c_{AD}x_{AD} + c_{AE}x_{AE} + c_{BC}x_{BC} + c_{BD}x_{BD} + c_{BE}x_{BE}$。

综上所述,通过合理地设定线性规划三要素,我们可以建立符合实际问题的线性规划模型,并利用求解工具求解模型以得到最优的决策方案。这不仅可以降低物流成本、提高物流效率,还可以提升物流服务的质量和客户满意度。

四、线性规划模型的数学表达

线性规划模型的一般形式为

$$\max(\min)z = c_1 x_1 + c_2 x_2 + \cdots + c_n x_n \tag{2-1}$$

$$\text{s. t.} \begin{cases} a_{11}x_1 + a_{12}x_2 + \cdots + a_{1n}x_n \leqslant (=, \geqslant)b_1 \\ a_{21}x_1 + a_{22}x_2 + \cdots + a_{2n}x_n \leqslant (=, \geqslant)b_2 \\ \vdots \\ a_{m1}x_1 + a_{m2}x_2 + \cdots + a_{mn}x_n \leqslant (=, \geqslant)b_m \\ x_1, x_2, \cdots, x_n \geqslant 0 \end{cases} \tag{2-2}$$

线性规划模型还有如下几种书写形式。

(1)简写形式:

$$\max(\min)z = \sum_{j=1}^{n} c_j x_j$$

$$\text{s. t.} \begin{cases} \sum_{j=1}^{n} a_{ij}x_j \leqslant (\geqslant, =)b_i, & i=1,2,\cdots,m \\ x_j \geqslant 0, & j=1,2,\cdots,n \end{cases} \tag{2-3}$$

(2)向量形式:

$$\max(\min)z = \boldsymbol{CX}$$

$$\text{s. t.} \begin{cases} \sum_{j=1}^{n} \boldsymbol{P}_j x_j \geqslant (\leqslant, =)\boldsymbol{b} \\ \boldsymbol{X} \geqslant 0 \end{cases} \tag{2-4}$$

式(2-4)中，$C=(c_1,c_2,\cdots,c_n)$，$X=\begin{bmatrix} x_1 \\ x_2 \\ \vdots \\ x_n \end{bmatrix}$，$P_j=\begin{bmatrix} a_{1j} \\ a_{2j} \\ \vdots \\ a_{mj} \end{bmatrix}$，$b=\begin{bmatrix} b_1 \\ b_2 \\ \vdots \\ b_m \end{bmatrix}$

（3）矩阵和向量形式：

$$\max(\min)z=CX$$

$$\text{s.t.}\begin{cases} AX \leqslant (=,\geqslant)b \\ X \geqslant 0 \end{cases}$$

$$A=\begin{bmatrix} a_{11} & a_{12} & \cdots & a_{1n} \\ a_{21} & a_{22} & \cdots & a_{2n} \\ \vdots & \vdots & & \vdots \\ a_{m1} & a_{m2} & \cdots & a_{mn} \end{bmatrix} \tag{2-5}$$

A 称为约束方程组（约束条件）的系数矩阵。

例 2-1　某物流公司负责从三个供应商 A、B、C 向两个客户 X、Y 运输货物。各种货物的供应量、需求量以及运输成本如表 2-1 所示。

表 2-1　供需成本表

供应商	客户		供应量
	X	Y	
A	2	4	100
B	3	1	150
C	1.5	2.5	150
需求量	200	200	400

目标：最小化总运输成本（Z）。

决策变量：设 x_{ij} 表示从供应商 i 运往客户 j 的货物数量（单位：吨）。

约束条件：供应量不超过供应商的提供量：$x_{ij} \leqslant \text{supply}_i$；

需求量至少要满足客户需求：$x_{ij} \geqslant \text{demand}_j$；

变量非负：$x_{ij} \geqslant 0$。

线性规划模型为

$$\min Z=2x_{AX}+4x_{AY}+3x_{BX}+x_{BY}+1.5x_{CX}+2.5x_{CY}$$

$$\text{s.t.}\begin{cases} x_{AX}+x_{AY} \leqslant 100 \\ x_{BX}+x_{BY} \leqslant 150 \\ x_{CX}+x_{CY} \leqslant 150 \\ x_{AX}+x_{BX}+x_{CX} \geqslant 200 \\ x_{AY}+x_{BY}+x_{CY} \geqslant 200 \\ x_{ij} \geqslant 0 \text{ 对于所有 } i,j \end{cases}$$

通过求解上述线性规划问题，可以得到最优的运输方案和最小的总运输成本。

例 2-2　现有一企业要生产 A、B 两种商品,已知生产单位商品所需的电量和工时,如表 2-2 所示。问:如何安排生产可以使企业获取最大利润?

表 2-2　生产计划表

商品种类	单位用煤量/吨	单位用电量/(千瓦·时)	单位工时/工作日	单位获利/万元
商品 A	9	4	3	7
商品 B	4	5	10	12
可供资源	360	200	300	

解:这个问题可以用以下的线性规划模型来描述。

设 x_1,x_2 分别表示在计划期内商品 A、B 的产量。x_1,x_2 取值受到煤量、电量和工时的限制。若用 z 表示利润,这时 $z = 7x_1 + 12x_2$,上述问题要求获取最大利润,即 $\max z$,由此得线性规划模型为

$$\max z = 7x_1 + 12x_2$$

$$\mathrm{s.\,t.} \begin{cases} 9x_1 + 4x_2 \leqslant 360 \\ 4x_1 + 5x_2 \leqslant 200 \\ 3x_1 + 10x_2 \leqslant 300 \\ x_1, x_2 \geqslant 0 \end{cases}$$

第二节　线性规划问题的图解法

一、基本概念

约束条件:线性规划问题中的一系列不等式或等式,用于限制决策变量的取值范围。在图解法中,这些约束条件被转化为平面或空间中的直线或超平面,形成可行域。

目标函数:表示线性规划问题优化目标的数学表达式。在图解法中,目标函数被转化为一系列平行线(对于求最大值或最小值问题),这些平行线与可行域的交点即为候选最优解。

可行域:满足所有约束条件的决策变量取值范围在图形上的表示。在二维平面上,可行域通常是一个多边形区域;在三维空间中,则可能是一个多面体或其他形状的区域。

可行解:在线性规划问题中,满足所有约束条件的解(即决策变量的取值组合)被称为可行解。所有可行解构成的集合也被称为可行域。在二维空间中,可行解可以表示为平面上的一个点;在多维空间中,则表示为多维空间中的一个点。

最优解:在满足所有约束条件的前提下,使目标函数取得最大值或最小值(根据问题要求而定)的决策变量的取值。在图解法中,最优解通常位于可行域的某个顶点上,这是因为线性规划问题的可行域是凸区域,而目标函数的等值线(或超平面)在移动过程中与可行域的交点即为候选最优解,最终的最优解则是这些交点中使目标函数取得最优值的点。

最优值:将最优解代入目标函数后计算得到的目标函数值。它代表了线性规划问题

在给定约束条件下的最优目标值。

二、图解法的原理与步骤

(一)图解法的基本原理

通过几何作图的方式,在平面上(针对两个变量的线性规划问题)或空间中(针对三个及以上变量的线性规划问题,但实际操作中通常限于两个或三个变量)直观地表示出线性规划问题的约束条件和目标函数,进而通过观察和分析图形的性质来求解最优解。

(二)建立坐标系与约束条件的图形表示

1. 建立坐标系

为了在图形上直观地表示决策变量、约束条件和目标函数,需要建立一个合适的坐标系。对于只有两个决策变量的线性规划问题,通常选择这两个决策变量作为坐标轴(例如,x 轴和 y 轴),分别代表两个决策变量的取值。标出坐标原点,并确定坐标轴的指向和单位长度。通常,坐标原点代表决策变量的零值点,坐标轴的正方向代表决策变量的增加方向。在二维平面上,以两个决策变量为坐标轴建立平面直角坐标系。这样,坐标系上的每一个点都对应着决策变量的一个可能取值组合。

2. 约束条件的图形表示

首先,明确线性规划问题中的约束条件。约束条件通常是一组线性不等式或等式,它们限定了决策变量的取值范围。

其次,绘制约束直线或边界。①确定直线方程:对于每一个约束条件(无论是等式还是不等式),都需要先将其转化为直线方程的形式。例如,对于不等式约束"$2x_1 + x_2 \leqslant 8$",可以将其视为直线"$2x_1 + x_2 = 8$"的左侧区域(包括边界)。②绘制直线:在平面直角坐标系中,根据直线方程绘制出对应的直线。通常可以使用两点法、斜率截距法或其他方法来确定直线的位置。③确定半平面:对于不等式约束,需要确定直线所代表的半平面。

最后,确定可行域。①绘制所有约束条件的直线或边界:重复上述步骤,为每一个约束条件绘制出对应的直线或边界。②找出交集区域:在坐标系中,找出所有约束条件直线或边界所围成的交集区域。这个区域就是满足所有约束条件的决策变量的取值范围,即可行域。③考虑非负条件:如果问题中还包括决策变量的非负条件(如 $x_1, x_2 \geqslant 0$),则需要在可行域中进一步排除所有使决策变量取负值的点。这通常意味着可行域将限制在第一象限(或更高维空间中的相应部分)。

(三)绘制目标函数等值线

在图解法中,绘制目标函数等值线是一个关键步骤,它有助于我们直观地理解目标函数在可行域内的变化,并找到使目标函数达到最优值的点。

1. 等值线

等值线是目标函数值相等的所有点的集合,这些点连接成线(在二维空间中)或面(在三维及以上空间中)。我们主要讨论二维空间的情况。等值线是一系列平行的直线。这些直线的斜率由目标函数的系数决定,而直线在坐标系中的位置则由目标函数值 Z 的具体取值决定。当 Z 取不同值时,我们得到不同的等值线,这些等值线在坐标系中平行排列。

2. 目标函数等值线绘制方法

确定等值线方程：对于目标函数，需要找到一系列使目标函数值相等的点，这些点构成了目标函数的等值线。对于线性目标函数，等值线将是一组平行直线（对于最大化问题）或一组斜率相反的平行直线（对于最小化问题）。例如，对于目标函数 $\max Z = 2x_1 + 3x_2$，我们可以令 $Z = k$（其中 k 为常数），从而得到等值线方程 $2x_1 + 3x_2 = k$。通过改变 k 的值，我们可以得到一系列平行的等值线。

绘制等值线：在平面直角坐标系中，根据等值线方程绘制出对应的直线。由于等值线是一组平行直线，只需要绘制出其中具有代表性的几条即可。通常会选择从原点出发的等值线开始绘制，并逐渐增大或减小 k 的值，以覆盖整个可行域。

观察与分析：绘制完等值线后，需要观察这些等值线与可行域的交点。对于最大化问题，最后一条与可行域相切（或在可行域内部）的等值线对应的 Z 值将是目标函数的最大值；对于最小化问题，则是第一条与可行域相切（或在可行域内部）的等值线对应的 Z 值。

通过绘制目标函数等值线，可以直观地看到目标函数值在决策空间中的分布情况，以及如何通过调整决策变量的值来改变目标函数的值。这为我们寻找最优解提供了重要的视觉辅助和直观理解。在图解法中，目标函数等值线是连接数学理论与实际应用的桥梁之一。

（四）寻找最优解

（1）平移等值线找交点。首先，选择一个初始的 k 值（通常选择 0 或目标函数中的某个特殊值），并绘制出对应的等值线。这条等值线将作为我们平移的起点。其次，根据问题的类型（最大化或最小化），确定等值线的平移方向。对于最大化问题，需要将等值线向目标函数值增大的方向平移；对于最小化问题，则需要向目标函数值减小的方向平移。在平移过程中，我们观察等值线与可行域的交点。随着等值线的移动，这些交点会发生变化，需要记录下所有可能的交点。

（2）判断最优解的位置。对于仅含两个变量的线性规划问题，其最优解（如果存在）通常位于可行域的边界上，更具体地说，是可行域的某个顶点上。这是因为线性规划问题的目标函数是线性的，而可行域则是由一系列线性约束条件围成的凸区域。在这样的区域中，目标函数的最大值或最小值必然会在边界上达到，且由于边界是由直线段组成的，所以最优解最终会落在某个顶点上。在平移等值线的过程中，当等值线与可行域的边界相交时，需要特别关注这些交点，这些交点可能是最优解的候选点。对于每个交点，需要验证其是否满足所有约束条件。只有满足所有约束条件的交点才是可能的最优解。随着等值线的平移，观察其与可行域的交点。这些交点中，使目标函数值达到最大（或最小）的交点即为最优解。

线性规划问题的图解法求解步骤主要适用于含有两个决策变量的线性规划问题。综上所述，图解法的求解步骤如下：①建立数学模型。将线性规划问题转化为数学表达式，明确决策变量、约束条件和目标函数。②绘制约束条件图。在平面或空间中绘制出所有约束条件对应的直线（或超平面），形成可行域。③绘制目标函数图。根据目标函数绘制出一系列平行线（或超平面），并观察这些平行线（或超平面）与可行域的交点情况。④确定最优解。通过移动目标函数的等值线（或超平面），找到与可行域相交且使目标函数取得最优值的点作为最优解。⑤计算最优值。将最优解代入目标函数，计算得到最优值。

例 2-3 用图解法求例 2-2 中线性规划模型的解。

$$\max z = 7x_1 + 12x_2$$

$$\text{s. t.} \begin{cases} 9x_1 + 4x_2 \leqslant 360 \\ 4x_1 + 5x_2 \leqslant 200 \\ 3x_1 + 10x_2 \leqslant 300 \\ x_1, x_2 \geqslant 0 \end{cases}$$

解:(1) 作出直角坐标系。

(2) 在直角坐标系中,作出约束条件对应的几何平面,各约束条件对应的几何平面的公共部分,称为可行域。显然,本线性规划模型的可行域见图 2-1 中的阴影部分。阴影区域中的每一个点(包括边界点)都是这个线性规划问题的解(称可行解)。

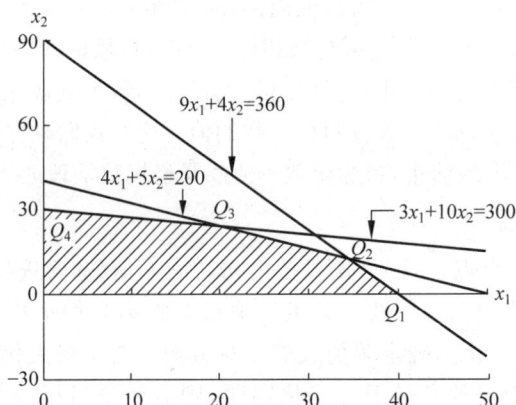

图 2-1 可行域示意图

(3) 分析目标函数 $z = 7x_1 + 12x_2$。在坐标平面内,它可表示为以 z 为参数的一组平行线 $x_2 = -\dfrac{7}{12}x_1 + \dfrac{1}{12}z$,见图 2-2 中的虚线部分。位于同一虚线上的点,具有相同的目标函数值,因而称它为"等值线"。当 z 值由小变大时,直线 $x_2 = -\dfrac{7}{12}x_1 + \dfrac{1}{12}z$ 沿其法线方向向右上方移动。当移动到 Q_3 点时,z 值在可行域边界上实现最大化(图 2-2),这就得到

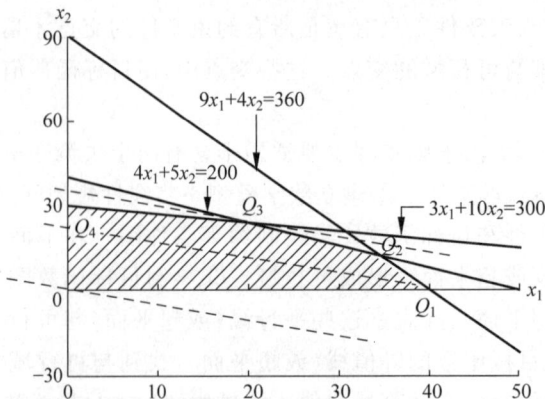

图 2-2 图解法

了上述模型的最优解 Q_3，Q_3 点的坐标为 $(20,24)$。于是可计算出满足所有约束条件的最大值 $z=428$。

三、图解法的特殊情况

（一）多重最优解

多重最优解（也称为无穷多最优解）指的是存在多个解都能使目标函数达到最优值的情况。这通常发生在目标函数的等值线与可行域的某个边界（如一条线段或射线）完全重合或平行时。在线性规划问题中，如果目标函数在可行域内的某条直线段或更高维的面上达到最优值，并且这条直线段或面上的所有点都满足最优条件，那么称该问题存在多重最优解或无穷多最优解。

例 2-4　将例 2-3 中的目标函数变为 $z=4x_1+5x_2$ 再求解。

解：按上述步骤作图，得出可行域。以 z 为参数的等值线与约束条件 $4x_1+5x_2 \leqslant 200$ 的边界直线平行。当 z 值由小变大时，等值线与线段 Q_2Q_3 重合（图 2-3），继续移动则会离开可行域，这表明线段 Q_2Q_3 上任意一点都使目标函数 z 取得相同的最大值，于是，该线性规划问题有无限多个解，我们称之为多重最优解。

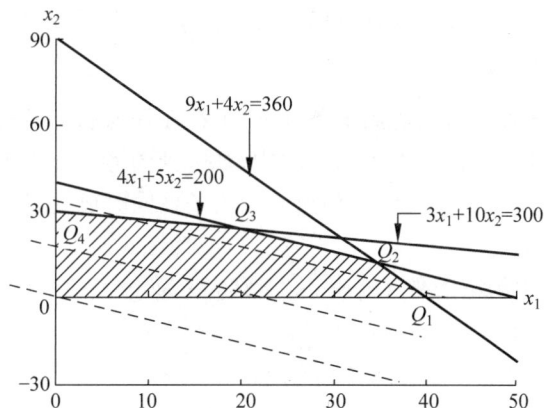

图 2-3　图解法的多重最优解情况

（二）可行解区域无界

可行解区域无界通常发生在约束条件不足以限制决策变量的取值范围，导致可行域在某一方向上无限延伸时。在线性规划问题中，如果可行域在某一方向没有边界限制，即决策变量可以无限增大或减小而不违反任何约束条件，那么称该可行解区域为无界。

例 2-5　若不考虑实际约束，将例 2-3 仅看作线性规划问题，目标函数不变，约束条件的符号均变换方向，再用图解法对其求解。

$$\max z = 7x_1 + 12x_2$$

$$\text{s.t.} \begin{cases} 9x_1 + 4x_2 \geqslant 360 \\ 4x_1 + 5x_2 \geqslant 200 \\ 3x_1 + 10x_2 \geqslant 300 \\ x_1, x_2 \geqslant 0 \end{cases}$$

解：见图 2-4，从图中可以看出，可行域阴影部分无界。

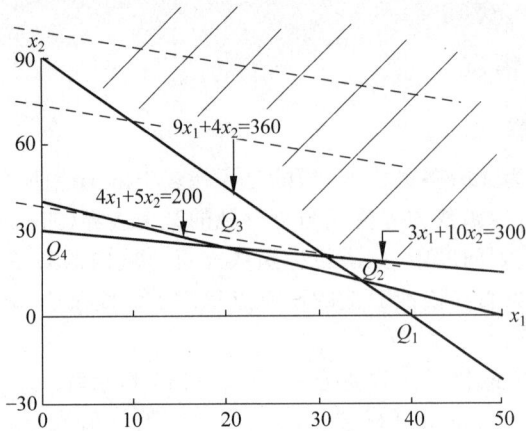

图 2-4　图解法的无界解情况

再观察目标函数 $x_2 = -\frac{7}{12}x_1 + \frac{1}{12}z$，沿其法线方向作等值线向上移动，目标函数值可以增到无穷大，故其无最优解。（若目标函数求极小值，由题可知其最优解在 Q_2 点。）

（三）无可行解区域

无可行解区域意味着在给定的约束条件下，不存在任何满足所有条件的解，即决策变量的取值范围被完全排除。在线性规划问题中，如果所有给定的约束条件都无法同时满足，即不存在任何决策变量的取值能够使所有约束条件同时成立，那么称该问题没有可行解，或者说可行解区域为空集。

例 2-6　将例 2-5 中约束条件 $4x_1 + 5x_2 \geqslant 200$ 变为 $4x_1 + 5x_2 \leqslant 200$ 再求解。

$$\max z = 7x_1 + 12x_2$$

$$\text{s.t.} \begin{cases} 9x_1 + 4x_2 \geqslant 360 \\ 4x_1 + 5x_2 \leqslant 200 \\ 3x_1 + 10x_2 \geqslant 300 \\ x_1, x_2 \geqslant 0 \end{cases}$$

解：见图 2-5，从图中可以看出，同时满足 4 个不等式的点集不存在，所以没有可行域，当然也没有可行解。

四、图解法的优点与局限性

（一）图解法的优点

1. 直观性

图解法将线性规划问题的决策变量、目标函数和约束条件直接绘制在图形上（如直角坐标系或立体坐标系），使得问题的解空间、可行域以及目标函数的变动趋势一目了然。通过观察和操作图形，可以更容易地理解线性规划的基本原理和求解思路，尤其适合初学者。

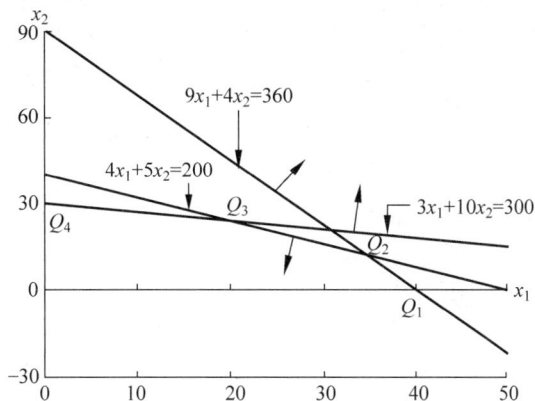

图 2-5　图解法的无可行解情况

2. 特定情况下的有效性

对于只有两个或三个变量的线性规划问题,图解法是一种非常有效且快速的求解方法。通过绘制图形和观察,可以迅速找到最优解或验证解的存在性。在图解法中,通过观察图形的形状和边界,可以直观地判断线性规划问题的解是否唯一解、无穷多个解、无界解或无可行解等性质。

(二)图解法的局限性

1. 适用范围有限

图解法一般只能用于处理两个或三个变量的线性规划问题。当变量数量增多时,绘制图形和观察的难度将大大增加,甚至变得不可行。对于包含大量变量和复杂约束条件的线性规划问题,图解法无法直接应用,需要采用其他更高效的求解方法,如单纯形法。

2. 精度和效率问题

图解法的精度受到绘图精度的限制。在绘制图形时,可能由于手绘或软件绘图的误差而导致结果不准确。图解法的效率也受到观察者能力的限制。在观察图形时,观察者需要具备一定的几何直观和空间想象能力,否则可能难以准确判断最优解的位置。

3. 缺乏自动化

图解法通常需要手动绘制图形和进行观察,缺乏自动化处理的能力。在处理大规模或高精度的线性规划问题时,这种手动操作可能会变得烦琐且容易出错。

第三节　线性规划标准型

一、线性规划标准型的具体内容

(一)标准型的特点

线性规划标准型(standard form of linear programming)是线性规划模型的一种标准形式,其定义主要包括以下几个方面。

（1）目标函数为极大化（maximization）类型。在一些文献中，也可能通过转化为极小化问题来处理，但标准型通常指极大化。

（2）所有的约束条件都是等式约束（equality constraints）形式。在实际问题中，如果遇到不等式约束（如"≤"或"≥"），可以通过引入松弛变量（slack variables）或剩余变量（surplus variables）将其转化为等式约束。

（3）约束方程右端的常数项都是非负的。

（4）所有决策变量都是非负的。这意味着变量的取值被限制在 0 和正数之间。

线性规划问题的标准型为

$$\begin{cases} a_{11}x_1 + a_{12}x_2 + \cdots + a_{1n}x_n = b_1 \\ a_{21}x_1 + a_{22}x_2 + \cdots + a_{2n}x_n = b_2 \\ \quad\quad\quad \vdots \\ a_{m1}x_1 + a_{m2}x_2 + \cdots + a_{mn}x_n = b_m \\ x_1, x_2, \cdots, x_n \geqslant 0 \end{cases} \quad\quad (2\text{-}6)$$

这种标准型为线性规划问题的求解提供了统一的框架，使各种线性规划算法能够直接应用于这类问题。在实际应用中，如果问题不满足标准型的要求，通常需要通过数学变换（如添加松弛变量或剩余变量、改变目标函数的符号等）将其转化为标准型。

（二）标准型变换

通过以下变换，我们很容易把线性规划的一般形式化为标准形式。

（1）若要求目标函数实现最小化，即 $\min z = CX$，这时只需将目标函数最小化变换为目标函数最大化，即令 $z' = -z$，于是得到 $\max z' = -CX$。

（2）约束方程为不等式。这里有两种情况：一种是约束方程为"≤"不等式，则可在"≤"不等式的左端加入非负变量（称为松弛变量），把原"≤"不等式变为等式；另一种是约束方程为"≥"不等式，则可在"≥"不等式的左端减去一个非负变量（称剩余变量），把不等式约束条件变为等式约束条件。

（3）标准形式中规定各约束条件的右端项 $b_i \geqslant 0$，否则等式两端乘以"−1"。

（4）决策变量小于零时，直接乘上"−1"，构造新的决策变量；当决策变量可正可负时，将其写为两个新构造的非负决策变量之差。

（三）标准化过程的意义

标准型提供了统一的数学框架，使各种形式的线性规划问题都可以转化为这种形式进行求解。这大大简化了问题的处理过程，因为不同的线性规划问题在转化为标准型后，可以使用相同的算法进行求解。

许多高效的求解算法，如单纯形法和内点法，都是基于标准型设计的。这些算法在求解大规模线性规划问题时表现出色，能够在多项式时间内找到最优解或近似最优解。

标准型为线性规划问题的理论研究提供了坚实的基础。许多重要的概念和性质，如凸性、对偶性、分解等，都是在标准型的框架下得到深入研究和发展的。这些理论成果不仅丰富了线性规划的理论体系，也为其他优化问题的研究提供了有益的借鉴。

线性规划问题的标准型在实际应用中具有广泛的适用性。许多实际问题,如资源分配、生产计划、运输问题等,都可以转化为线性规划问题进行求解。通过将这些实际问题转化为标准型,可以利用现有的求解算法和工具进行高效求解,从而为企业和管理者提供科学的决策支持。

二、目标函数的标准化

(一)目标函数最小化的转换

最小化问题的定义:线性规划问题中,目标函数有时需要求解最小值,即形式为 $\min z = c_1 x_1 + c_2 x_2 + \cdots + c_n x_n$。然而,在线性规划的标准型中,通常要求目标函数为最大化形式。

最小化转最大化的数学方法:为了将最小化问题转化为最大化问题,我们可以采用简单的数学变换,即对目标函数乘上"-1"。

原问题:$\min z = c_1 x_1 + c_2 x_2 + \cdots + c_n x_n$。

转换后:$\max Z = -c_1 x_1 - c_2 x_2 - \cdots - c_n x_n$,其中,$Z$ 是新定义的目标函数,用于表示最大化问题。

需注意到,目标函数转换后,所有目标函数的系数都变为相反数。虽然目标函数的值在数值上发生了变化(从最小值变为相反数的最大值),但最优解(即决策变量的取值)在转换前后是相同的。

(二)案例分析:库存管理中的成本最小化目标函数构建——线性规划模型标准型

某制造公司专门生产一种畅销产品,其库存管理面临月需求量波动和成本控制的双重挑战。为了优化库存管理,公司决定采用线性规划模型来最小化库存总成本。该模型需要考虑产品的生产成本、库存持有成本(不考虑缺货成本)。仅建立目标函数的标准化模型。

设 x_i 为第 i 个月的生产量(单位:件),I_i 为第 i 个月末的库存量(单位:件)。每生产一件产品的固定成本为 c_p(单位:元),每月每件产品的库存持有成本为 c_h(单位:元/月)。约束条件需考虑到库存平衡约束:第 i 个月的库存量等于前一个月的库存量加上本月的生产量再减去本月的需求量 D_i。库存量、生产量非负。

目标函数:最小化库存总成本,包括生产成本和库存持有成本。目标函数可以表示为:$\min c = \sum_{i=1}^{n} (c_p x_i + c_h I_i)$。其中,$n$ 是考虑的月份数。

为了将上述目标函数转化为线性规划模型的标准型,我们需要进行一些变换。目标函数已经是线性的,但我们需要确保它是最大化形式。在本案例中,它是最小化形式,需要进一步转换。只需将目标函数两端同乘"-1"即可转化为标准型,目标函数的标准化模型如下。

$$\max C = \sum_{i=1}^{n} (-c_p x_i - c_h I_i)$$

三、约束条件的标准化

为了使用标准算法(如单纯形法)求解线性规划问题,约束条件需要被转化为标准形式。这包括将不等式约束转化为等式约束,并确保所有变量和常数项均为非负。

(一)约束条件的标准化处理

在标准型中,所有决策变量都必须是非负的。如果原始问题中存在非负性约束违反的情况(即存在负变量),则需要进行变量替换以消除负变量。

变量替换法:对于任一负变量 x_i(其中 $x_i < 0$ 在原始问题中可能成立),可以引入一个新变量 x_i',并令 $x_i = -x_i'$。这样,新变量 x_i' 将是非负的,并且可以在模型中代替 x_i。同时,需要在目标函数和所有包含 x_i 的约束条件中进行相应的替换,注意替换时正负号的调整。

松弛变量法:松弛变量法用于将不等式约束转化为等式约束。对于任一不等式约束(如 $ax \leqslant b$),可以引入一个非负松弛变量 s,并将不等式改写为等式 $ax + s = b$。这里,s 代表了不等式左侧与右侧之间的"松弛量"。如果 $s > 0$,则说明原不等式约束没有紧束力,即存在额外的资源或空间未被利用。

(二)约束条件的标准化具体步骤

(1)识别不等式约束:列出所有不等式约束。

(2)引入松弛变量:对每一个不等式约束,引入一个非负松弛变量。

(3)改写等式:将不等式约束改写为包含松弛变量的等式约束。

(4)调整目标函数:在目标函数中,通常将松弛变量的系数设为0,因为它们不影响目标函数的优化方向。

(5)检查并调整:确保所有变量(包括新引入的松弛变量)均为非负,并检查目标函数和约束条件是否已正确改写。

例 2-7　按上述步骤标准化以下线性规划模型。

$$\max z = 2x - 3y$$

约束条件:

$$s.t. \begin{cases} x + y \geqslant 10 \\ x - 2y \leqslant 4 \\ x, y \geqslant 0 \end{cases}$$

解:标准化过程:

不等式约束转换:

对于 $x + y \geqslant 10$,引入松弛变量 s_1,得 $x + y - s_1 = 10$,其中 $s_1 \geqslant 0$。

对于 $x - 2y \leqslant 4$,改写为 $x - 2y + s_2 = 4$,其中 $s_2 \geqslant 0$(注意这里实际是引入剩余变量,但为了统一处理,也可以视为松弛变量的一种)。

检查非负性:所有变量 x, y, s_1, s_2 均为非负。

通过上述步骤,原始模型中约束条件被转化为标准型。

(三)不等式约束的方向统一

两边同乘负一的方法:在将非标准型的线性规划问题转换为标准型时,不等式约束的方向(即"≤"和"≥")需要统一,一种常用的方法是两边同乘负一(注意同时改变不等号的方向)。

在将不等式约束转换为等式约束时,通常需要引入松弛变量或剩余变量。这些新引入的变量在目标函数中的系数通常为0,且它们本身必须是非负的。

松弛变量:用于将"≤"不等式转换为等式。例如,$a_1x_1 + a_2x_2 + \cdots + a_nx_n \leqslant b$ 可以转换为 $a_1x_1 + a_2x_2 + \cdots + a_nx_n + s = b$,其中 $s \geqslant 0$ 是松弛变量。

剩余变量:用于将"≥"不等式转换为等式。例如,$a_1x_1 + a_2x_2 + \cdots + a_nx_n \geqslant b$ 可以转换为 $a_1x_1 + a_2x_2 + \cdots + a_nx_n - s = b$,其中 $s \geqslant 0$ 是剩余变量。

在转换目标函数时,约束条件(包括等式约束和不等式约束)保持不变。线性规划标准型要求所有决策变量必须非负。如果原问题中存在无约束的决策变量,需要先将其转化为非负约束的形式(如通过引入两个非负变量来表示一个无约束变量)。

例 2-8 将下述线性规划问题化为标准型(涉及目标函数和约束条件的标准化)。

$$\min z = -8x_1 + 3x_2 - 2x_3$$

$$\text{s. t.} \begin{cases} x_1 + x_2 + 2x_3 \leqslant 8 \\ x_1 - x_2 + x_3 \geqslant 2 \\ -3x_1 + x_2 + 2x_3 = 5 \\ x_1, x_2 \geqslant 0 \end{cases}$$

解:

(1) 令 $z' = -z$,把求 $\min z$ 改为求 $\max z'$;

(2) 在第一个约束不等式"≤"的左端加入松弛变量 s_1;

(3) 在第二个约束不等式"≥"的左端减去剩余变量 s_2;

(4) 用 $s_3 - s_4$ 替换 x_3,其中 $s_3, s_4 \geqslant 0$。

可得到该问题的标准型

$$\max z' = 8x_1 - 3x_2 + 2(s_3 - s_4) + 0s_1 + 0s_2$$

$$\text{s. t.} \begin{cases} x_1 + x_2 + 2(s_3 - s_4) + s_1 = 8 \\ x_1 - x_2 + (s_3 - s_4) - s_2 = 2 \\ -3x_1 + x_2 + 2(s_3 - s_4) = 5 \\ x_1, x_2, s_1, s_2, s_3, s_4 \geqslant 0 \end{cases}$$

第四节　线性规划求解的单纯形法

一、单纯形法的原理

(一)线性规划解的概念

对于线性规划的标准型

$$\max z = \sum_{j=1}^{n} c_j x_j \tag{2-7}$$

$$\text{s. t.} \begin{cases} \displaystyle\sum_{j=1}^{n} a_{ij}x_j = b_i & (i=1,2,\cdots,m) \\ x_j \geqslant 0 \end{cases} \tag{2-8}$$

可行解：满足约束条件式(2-8)的解 $\boldsymbol{X} = (x_1, x_2, \cdots, x_n)^{\mathrm{T}}$，称为线性规划问题的可行解，全部可行解的集合称为可行域。

最优解：使目标函数(2-7)达到最大值的可行解。

基：设 $\boldsymbol{A}$ 是约束方程组的 $m \times n$ 维系数矩阵（设 $n > m$），其秩为 m。$\boldsymbol{B}$ 是矩阵 $\boldsymbol{A}$ 中 $m \times m$ 阶满秩子矩阵（$|\boldsymbol{B}| \neq 0$），则称 $\boldsymbol{B}$ 是线性规划问题的一个基。

基变量和非基变量：矩阵 $\boldsymbol{B}$ 是一个基，则其由 m 个线性独立的列向量组成。

$$\boldsymbol{B} = (\boldsymbol{P}_1, \cdots, \boldsymbol{P}_j, \cdots, \boldsymbol{P}_m)$$

称 $\boldsymbol{P}_j(j=1,2,\cdots,m)$ 为基向量，与基向量 $\boldsymbol{P}_j$ 相应的变量为基变量，否则称为非基变量。

基解：令所有非基变量 $x_{m+1} = x_{m+2} = x_n = 0$，又因为有 $|\boldsymbol{B}| \neq 0$，则由 m 个约束方程可解出 m 个基变量的唯一解 $\boldsymbol{X}_B = (x_1, x_2, \cdots, x_m)$，称 $\boldsymbol{X}_B = (x_1, x_2, \cdots, x_m, 0, \cdots, 0)$ 为线性规划模型的基解。

基可行解：满足变量非负约束条件的基解。

可行基：对应于基可行解的基。

在介绍单纯形法之前，给出如下几个定理（证明略）。

(1) 若线性规划模型存在可行解，则其可行域是凸集。

(2) 线性规划模型的基可行解对应于线性规划问题可行域的顶点。

(3) 若线性规划问题有最优解，一定存在一个基可行解是最优解，即最优解必定在可行域的某顶点上。

（二）单纯形法迭代原理

上面指出如果线性规划问题存在最优解，一定有一个基可行解是最优解。单纯形法本质上是一种迭代法，它先找出一个基可行解，判断其是否为最优解，如为否，则转换到相邻的基可行解，并使目标函数值不断增大，直到找到最优解。

1. 确定初始基可行解

对于标准型的线性规划问题

$$\max z = \sum_{j=1}^{n} c_j x_j$$

$$\text{s. t.} \begin{cases} \displaystyle\sum_{j=1}^{n} P_j x_j = \boldsymbol{b} \\ x_j \geqslant 0 (j=1,2,\cdots,n) \end{cases} \tag{2-9}$$

在约束条件式(2-9)的变量系数矩阵中总会有一个单位矩阵

$$(\boldsymbol{P}_1, \boldsymbol{P}_2, \cdots, \boldsymbol{P}_m) = \begin{bmatrix} 1 & 0 & \cdots & 0 \\ 0 & 1 & \cdots & 0 \\ \vdots & \vdots & & \vdots \\ 0 & 0 & \cdots & 1 \end{bmatrix} \tag{2-10}$$

当线性规划的约束条件均为"≤"时，其松弛变量 $x_{s1},\cdots,x_{sm}$ 的系数矩阵即为单位矩阵。对约束条件≥或＝的情况，为了便于找到初始基可行解，可以构造人工基，人为产生一个单位矩阵。

人工基即人工变量，亦称人造变量，是在求解线性规划问题时人为加入的变量。它们主要用于在单纯形法的迭代过程中，帮助构造一个初始的可行基，从而开始迭代过程。其作用：①构造初始可行基：当线性规划问题的约束方程组无法直接形成单位矩阵作为初始基时，人工变量被用来补充单位向量的不足，从而构造出一个初始的可行基。②辅助求解：在迭代过程中，人工变量作为基变量参与计算，但随着迭代的进行，它们会逐渐被替换为非人工变量，直到最终解中不再包含人工变量。

式(2-10)中 $\boldsymbol{P}_1,\boldsymbol{P}_2,\cdots,\boldsymbol{P}_m$ 称为基向量，其对应的变量 $x_1,\cdots,x_m$ 称为基变量，模型中的其他变量 $x_{m+1},x_{m+2},\cdots,x_n$ 称为非基变量。令所有非基变量等于零，即可找到一个解：

$$\boldsymbol{X} = (x_1,\cdots,x_m,x_{m+1},\cdots,x_n)^{\mathrm{T}} = (b_1,\cdots,b_m,0,\cdots,0)^{\mathrm{T}}$$

因为有 $\boldsymbol{b} \geqslant 0$，故 $\boldsymbol{X}$ 满足非负约束条件，是一个基可行解。

2. 最优性检验与解的判别

将基可行解 $\boldsymbol{X}^{(0)}$ 和 $\boldsymbol{X}^{(1)}$ 分别代入目标函数得

$$z^{(0)} = \sum_{i=1}^{m} c_i x_i^0$$

$$
\begin{aligned}
z^{(1)} &= \sum_{i=1}^{m} c_i (x_i^0 - \theta a_{ij}) + \theta c_j \\
&= \sum_{i=1}^{m} c_i x_i^0 + \theta \left(c_j - \sum_{i=1}^{m} c_i a_{ij} \right) \\
&= z^{(0)} + \theta \left(c_j - \sum_{i=1}^{m} c_i a_{ij} \right)
\end{aligned}
\tag{2-11}
$$

式(2-11)中因 $\theta > 0$ 为给定，所以只要有 $\left(c_j - \sum_{i=1}^{m} c_i a_{ij} \right) > 0$，就有 $z^{(1)} > z^{(0)}$。 $\left(c_j - \sum_{i=1}^{m} c_i a_{ij} \right)$ 通常简写为 $c_j - z_j$ 或 σ_j，它是对线性规划问题的解进行最优性检验的标志，称为检验系数。

(1) 当所有的 $\sigma_j \leqslant 0$ 时，表明现有顶点(基可行解)的目标函数值比相邻各顶点(基可行解)的目标函数值都大，根据线性规划问题的可行域是凸集的证明及凸集的性质，可以判定现有顶点对应的基可行解即为最优解。

(2) 若 $\boldsymbol{X}_{(0)} = (b_1',\cdots,b_m',0,\cdots,0)^{\mathrm{T}}$ 为一个基可行解，对于一切 $j = m+1,\cdots,n$，有 $\sigma_j \leqslant 0$，又存在某个非基变量的检验数 $\sigma_{m+k} = 0$，则线性规划问题有无穷多最优解。

(3) 若 $\boldsymbol{X}_{(0)} = (b_1',\cdots,b_m',0,\cdots,0)^{\mathrm{T}}$ 为一个基可行解，有一个 $\sigma_{m+k} > 0$，并且 $a_{i,m+k} \leqslant 0$，那么该线性规划问题具有无界解(或称无最优解)。

3. 解的改进

若初始基可行解 $X_{(0)}$ 不是最优解及不能判别无界,需要找一个新的基可行解,具体做法是从原可行基中换一个列向量,得到一个新的可行基,这称为基变换。为了换基,先要确定换入变量,再确定换出变量,让它们相应的系数列向量进行对换,就得到一个新的基可行解。

1) 换入变量的确定

由式(2-11)看到,当某些 $\sigma_j > 0$ 时,x_j 增加则目标函数值还可以增大,这时要将某个非基变量 x_j 换到基变量中去(称为换入变量)。为了使目标函数值增加得快,从直观上一般选 $\sigma_j > 0$ 中的大者,即 $\sigma_k = \max_j \{\sigma_j | \sigma_j > 0\}$,则对应的 x_k 为换入变量。

2) 换出变量的确定

设 $P_1, P_2, \cdots, P_m$ 是一组线性独立的向量,它们对应的基可行解是 $X^{(0)}$。将它代入约束方程组,得到

$$\sum_{i=1}^{m} x_i^{(0)} P_i = b$$

其他向量 P_j 都可以用 $P_1, P_2, \cdots, P_m$ 线性表示,若确定非基变量 P_j 为换入变量,必然可以找到一组不全为 0 的数($i = 1, 2, \cdots, m$)使得

$$P_j - \sum_{i=1}^{m} a_{ij} P_i = 0 \tag{2-12}$$

将式(2-12)乘上一个正的数 θ 得

$$\theta \left(P_j - \sum_{i=1}^{m} a_{ij} P_i \right) = 0 \tag{2-13}$$

经整理后得到:

$$\sum_{i=1}^{m} (x_i^0 - \theta a_{ij}) P_i + \theta P_j = b \tag{2-14}$$

由式(2-14)找到满足约束方程组 $\sum_{j=1}^{n} P_j x_j = b$ 的另一个点 $X^{(1)}$,有

$$X^{(1)} = (x_1^0 - \theta a_{1j}, \cdots, x_m^0 - \theta a_{mj}, 0, \cdots, \theta, \cdots, 0)^{\mathrm{T}}$$

其中,θ 是 $X^{(1)}$ 的第 j 个坐标的值。要使 $X^{(1)}$ 是一个基可行解,因规定 $\theta > 0$,故对所有 $i = 1, \cdots, m$,应存在

$$x_i^0 - \theta a_{ij} \geqslant 0 \tag{2-15}$$

令这 m 个不等式中至少有一个等号成立。因为当 $a_{ij} \leqslant 0$ 时,式(2-15)显然成立,故可令

$$\theta = \min_i \left\{ \frac{x_i^0}{a_{ij}} \,\Big|\, a_{ij} > 0 \right\} = \frac{x_l^0}{a_{lj}} \tag{2-16}$$

显然,$X^{(1)}$ 是一个可行解。

与变量 $x_1, \cdots, x_{l-1}, x_{l+1}, \cdots, x_m$ 对应的向量经重新排列后加上 b 列有如下形式矩阵(不含 b 列)和增广矩阵(含 b 列):

$$\begin{bmatrix} \boldsymbol{P}_1 & \boldsymbol{P}_2 & \cdots & \boldsymbol{P}_{l-1} & \boldsymbol{P}_j & \boldsymbol{P}_{l+1} & \cdots & \boldsymbol{P}_m & \boldsymbol{b} \\ 1 & 0 & \cdots & 0 & a_{1j} & 0 & \cdots & 0 & b_1 \\ 0 & 1 & \cdots & 0 & a_{2j} & 0 & \cdots & 0 & b_2 \\ \vdots & \vdots & & \vdots & \vdots & \vdots & & \vdots & \vdots \\ 0 & 0 & \cdots & 1 & a_{l-1,j} & 0 & \cdots & 0 & b_{l-1} \\ 0 & 0 & \cdots & 0 & a_{lj} & 0 & \cdots & 0 & b_l \\ 0 & 0 & \cdots & 0 & a_{l+1,j} & 1 & \cdots & 0 & b_{l+1} \\ \vdots & \vdots & & \vdots & \vdots & \vdots & & \vdots & \vdots \\ 0 & 0 & \cdots & 0 & a_{mj} & 0 & \cdots & 1 & b_m \end{bmatrix}$$

因 $a_{lj} > 0$，故由上述矩阵元素组成的行列式不为零，$\boldsymbol{P}_1, \boldsymbol{P}_2, \cdots, \boldsymbol{P}_{l-1}, \boldsymbol{P}_j, \boldsymbol{P}_{l+1}, \cdots, \boldsymbol{P}_m$ 是一个基。

将上述增广矩阵中第 l 行乘以 $\left(\dfrac{1}{a_{ij}}\right)$，再分别乘以 $(-a_{ij})(i=1, \cdots, l-1, l+1, \cdots, m)$ 加到各行上，则增广矩阵左半部分变为单位矩阵。又因 $b_l / a_{lj} = \theta$，故

$$\boldsymbol{b} = (b_1 - \theta a_{1j}, \quad \cdots, \quad b_{l-1} - \theta a_{l-1,j}, \quad \theta, \quad b_{l+1} - \theta a_{l+1,j}, \quad \cdots, \quad b_m - \theta a_{mj})^{\mathrm{T}}$$

由此，$\boldsymbol{X}^{(1)}$ 是同 $\boldsymbol{X}^{(0)}$ 相邻的基可行解，且由基向量组成的矩阵仍为单位矩阵。

二、单纯形法计算步骤

根据以上讲述的原理，单纯形法的计算步骤如下。

第一步：求初始基可行解，列出初始单纯形表。

对于非标准型的线性规划问题首先要化成标准形式。总可以设法使约束方程的系数矩阵中包含一个单位矩阵（$\boldsymbol{P}_1, \boldsymbol{P}_2, \cdots, \boldsymbol{P}_m$），以此作为基求出问题的一个初始基可行解。

为了书写规范和便于计算，对单纯形法的计算设计了一种专门表格，称为单纯形表（表 2-3）。

表 2-3 单纯形表

$\boldsymbol{C}_B$	基	$\boldsymbol{b}$	c_j x_1	$\cdots$	c_m x_m	$\cdots$	c_j x_j	$\cdots$	c_n x_n
c_1	x_1	b_1	1	$\cdots$	0	$\cdots$	a_{1j}	$\cdots$	a_{1n}
c_2	x_2	b_2	0	$\cdots$	0	$\cdots$	a_{2j}	$\cdots$	a_{2n}
$\vdots$	$\vdots$	$\vdots$	$\vdots$		$\vdots$		$\vdots$		$\vdots$
c_m	x_m	b_m	0	$\cdots$	1	$\cdots$	a_{mj}	$\cdots$	a_{mn}
$c_j - z_j$			0	$\cdots$	0	$\cdots$	$c_j - \sum\limits_{i=1}^{m} c_i a_{ij}$	$\cdots$	$c_n - \sum\limits_{i=1}^{m} c_i a_{in}$

单纯形表结构为：表的第 2 列至第 3 列列出基可行解中的基变量及其取值。接下来列出问题中所有变量，基变量下面列是单位矩阵，非基变量 x_j 下面数字是向量 $\boldsymbol{P}_j$ 表示为基向量线性组合时的系数。因 $\boldsymbol{P}_1, \cdots, \boldsymbol{P}_m$ 是单位向量，故有 $\boldsymbol{P}_j = a_{1j}\boldsymbol{P}_1 + a_{2j}\boldsymbol{P}_2 + \cdots + a_{mj}\boldsymbol{P}_m$。

表 2-3 最上端的一行数是各变量在目标函数中的系数值,最左端一列数是与各基变量对应的目标函数中的系数值 C_B。对 x_j,将它下面这一列数字与 C_B 中同行的数字分别相乘,再用它上端的 c_j 值减去上述乘积之和有

$$\sigma_j = c_j - \sum_{i=1}^{m} c_i a_{ij} \tag{2-17}$$

第二步:最优性检验。

如表 2-3 中所有检验数 $c_j - z_j \leqslant 0$,且基变量中不含人工变量,表中的基可行解即为最优解,计算结束。对于基变量中含人工变量时的解的最优性检验将在后面讨论。当表 2-3 中存在 $c_j - z_j > 0$ 时,如有 $P_j \leqslant 0$,则问题为无界解,计算结束;否则转下一步。

第三步:从一个基可行解转到相邻的目标函数值更大的基可行解,列出新的单纯形表。

(1)根据 $\sigma_k = \max_j \{\sigma_j | \sigma_j > 0\}$,确定 x_k 为换入变量。

(2)按 θ 规则计算 $\theta = \min \left\{ \dfrac{b_i}{a_{ik}} \middle| a_{ik} > 0 \right\} = \dfrac{b_l}{a_{lk}}$,确定 x_l 是换出变量。

以 a_{lk} 为主元素进行迭代,把 x_k 所对应的列向量

$$P_k = \begin{bmatrix} a_{1k} \\ a_{2k} \\ \vdots \\ a_{lk} \\ \vdots \\ a_{mk} \end{bmatrix} \text{变换为} \begin{bmatrix} 0 \\ 0 \\ \vdots \\ 1 \\ \vdots \\ 0 \end{bmatrix}$$

将基变量中的 x_l 换成 x_k,得到新的单纯形表。

第四步:重复第二步和第三步,直到计算结束。

例 2-9　对例 2-2 运用单纯形法进行求解。

$$\max z = 7x_1 + 12x_2$$

$$\text{s. t.} \begin{cases} 9x_1 + 4x_2 \leqslant 360 \\ 4x_1 + 5x_2 \leqslant 200 \\ 3x_1 + 10x_2 \leqslant 300 \\ x_1, x_2 \geqslant 0 \end{cases}$$

解:首先把上述问题化为标准型。

$$\max z = 7x_1 + 12x_2$$

$$\text{s. t.} \begin{cases} 9x_1 + 4x_2 + x_3 = 360 \\ 4x_1 + 5x_2 + x_4 = 200 \\ 3x_1 + 10x_2 + x_5 = 300 \\ x_1, x_2 \geqslant 0 \end{cases}$$

取松弛变量 x_3, x_4, x_5 为基变量,其对应的单位矩阵构成基,这就得到一个初始基可行解 $X = (0, 0, 360, 200, 300)^T$。

以此作出初始单纯形表,见表 2-4。

表 2-4　初始单纯形表(例 2-9)

	c_j		7	12	0	0	0
C_B	基	b	x_1	x_2	x_3	x_4	x_5
0	x_3	360	9	4	1	0	0
0	x_4	200	4	5	0	1	0
0	x_5	300	3	[10]	0	0	1
	c_j-z_j		7	12	0	0	0

因表 2-4 中有大于零的检验数,故表中基可行解不是最优解。因 $\sigma_1 < \sigma_2$,故确定 x_2 为换入变量。根据 θ 规则,将 b 列和 x_2 列的同行数字相除得

$$\theta = \min\left(\frac{360}{4},\frac{200}{5},\frac{300}{10}\right) = \frac{300}{10} = 30$$

由此,10 为主元素,作为标志对主元素 10 加上方括号,主元素所在行基变量 x_5 为换出变量。用 x_2 替换基变量 x_5,得到一个新的基 P_3,P_4,P_2,按上述单纯形法计算第三步,可以找到新的基可行解,并列出新的单纯形表,见表 2-5。

表 2-5　新的单纯形表(例 2-9)

	c_j		7	12	0	0	0
C_B	基	b	x_1	x_2	x_3	x_4	x_5
0	x_3	240	39/5	0	1	0	$-2/5$
0	x_4	50	[5/2]	0	0	1	$-1/2$
12	x_2	30	3/10	1	0	0	1/10
	c_j-z_j		17/5	0	0	0	$-6/5$

由于表 2-5 中还存在大于零的检验数 σ_1,故重复上述步骤得表 2-6。表 2-6 中所有 σ_j $\leqslant 0$,且基变量中不含人工变量,故表中的基可行解 $\mathbf{X} = (20,24,84,0,0)^{\mathrm{T}}$ 为最优解,代入目标函数得 $z=428$。

表 2-6　最终单纯形表(例 2-9)

	$c_j \rightarrow$		7	12	0	0	0
C_B	基	b	x_1	x_2	x_3	x_4	x_5
0	x_3	84	0	0	1	$-78/25$	29/25
7	x_1	20	1	0	0	2/5	$-1/5$
12	x_2	24	0	1	0	$-3/25$	4/25
	c_j-z_j		0	0	0	$-34/25$	$-13/25$

例 2-10　对例 2-4 运用单纯形法进行求解。

$$\max z = 4x_1 + 5x_2$$

$$\text{s. t.} \begin{cases} 9x_1 + 4x_2 \leqslant 360 \\ 4x_1 + 5x_2 \leqslant 200 \\ 3x_1 + 10x_2 \leqslant 300 \\ x_1, x_2 \geqslant 0 \end{cases}$$

解：首先把上述问题化为标准型。

$$\max z = 4x_1 + 5x_2$$

$$\text{s. t.} \begin{cases} 9x_1 + 4x_2 + x_3 = 360 \\ 4x_1 + 5x_2 + x_4 = 200 \\ 3x_1 + 10x_2 + x_5 = 300 \\ x_1, x_2, x_3, x_4, x_5 \geqslant 0 \end{cases}$$

取松弛变量 x_3, x_4, x_5 为基变量，其对应的单位矩阵构成基，这就得到一个初始基可行解 $\boldsymbol{X} = (0, 0, 360, 200, 300)^{\mathrm{T}}$。

以此作出初始单纯形表，见表 2-7。

表 2-7　初始单纯形表（例 2-10）

C_B	基	b	x_1	x_2	x_3	x_4	x_5
	c_j		4	5	0	0	0
0	x_3	360	9	4	1	0	0
0	x_4	200	4	5	0	1	0
0	x_5	300	3	[10]	0	0	1
	$c_j - z_j$		4	5	0	0	0

因表 2-7 中有大于零的检验数，故表中基可行解不是最优解。因 $\sigma_1 < \sigma_2$，故确定 x_2 为换入变量。根据 θ 规则，将 b 列和 x_2 列的同行数字相除得

$$\theta = \min\left(\frac{360}{4}, \frac{200}{5}, \frac{300}{10}\right) = \frac{300}{10} = 30$$

由此，10 为主元素，作为标志对主元素 10 加上方括号，主元素所在行基变量 x_5 为换出变量。用 x_2 替换基变量 x_5，得到一个新的基 $\boldsymbol{P}_3, \boldsymbol{P}_4, \boldsymbol{P}_2$，可以找到新的基可行解，并列出新的单纯形表，见表 2-8。

表 2-8　新的单纯形表（例 2-10）

C_B	基	b	x_1	x_2	x_3	x_4	x_5
	c_j		4	5	0	0	0
0	x_3	240	39/5	0	1	0	-2/5
0	x_4	50	[5/2]	0	0	1	-1/2
5	x_2	30	3/10	1	0	0	1/10
	$c_j - z_j$		5/2	0	0	0	-1/2

由于表 2-8 中还存在大于零的检验数 σ_1，故重复上述步骤得表 2-9。表 2-9 中所有 $\sigma_j \leqslant 0$，故表中的基可行解 $\boldsymbol{X} = (20, 24, 84, 0, 0)^{\mathrm{T}}$ 为最优解，代入目标函数得 $\max z = 200$。

表 2-9　最终单纯形表(例 2-10)

C_B	$c_j \rightarrow$ 基	b	4 x_1	5 x_2	0 x_3	0 x_4	0 x_5
0	x_3	84	0	0	1	$-78/25$	$29/25$
4	x_1	20	1	0	0	$2/5$	$-1/5$
5	x_2	24	0	1	0	$-3/25$	$4/25$
	$c_j - z_j$		0	0	0	-1	0

注意本题在例 2-4 中已运用图解法进行求解,已知本题有多重最优解,观察表 2-9,与前面的不同就是非基变量中至少有一个检验数取值为 0,其他非基变量检验数均小于 0。这也是运用单纯形法求解线性规划问题解情况的判断依据。

例 2-11　对例 2-6 运用单纯形法进行求解。

$$\max z = 7x_1 + 12x_2$$

$$\text{s. t.} \begin{cases} 9x_1 + 4x_2 \geqslant 360 \\ 4x_1 + 5x_2 \leqslant 200 \\ 3x_1 + 10x_2 \geqslant 300 \\ x_1, x_2 \geqslant 0 \end{cases}$$

解:首先把上述问题化为标准型。

$$\max z = 7x_1 + 12x_2 - Mx_6 - Mx_7$$

$$\text{s. t.} \begin{cases} 9x_1 + 4x_2 - x_3 + x_6 = 360 \\ 4x_1 + 5x_2 + x_4 = 200 \\ 3x_1 + 10x_2 - x_5 + x_7 = 300 \\ x_1, x_2, x_3, x_4, x_5, x_6, x_7 \geqslant 0 \end{cases}$$

取添加松弛变量及人工变量 x_4, x_6, x_7 为基变量,其对应的单位矩阵构成基,这就得到一个初始基可行解 $\boldsymbol{X} = (0,0,0,200,0,360,300)^{\mathrm{T}}$。

以此作出初始单纯形表,见表 2-10。

表 2-10　初始单纯形表(例 2-11)

C_B	c_j 基	b	7 x_1	12 x_2	0 x_3	0 x_4	0 x_5	$-M$ x_6	$-M$ x_7
$-M$	x_6	360	9	4	-1	0	0	1	0
0	x_4	200	4	5	0	1	0	0	0
$-M$	x_7	300	3	[10]	0	0	-1	0	1
	$c_j - z_j$		$7 + 12M$	$12 + 14M$	$-M$	0	$-M$	0	0

因表 2-10 中有大于零的检验数,故表中基可行解不是最优解。因 $\sigma_1 < \sigma_2$,故确定 x_2 为换入变量。根据 θ 规则,将 $\boldsymbol{b}$ 列和 x_2 列的同行数字相除得

$$\theta = \min\left(\frac{360}{4}, \frac{200}{5}, \frac{300}{10}\right) = \frac{300}{10} = 30$$

由此,10 为主元素,作为标志对主元素 10 加上方括号,主元素所在行基变量 x_7 为换出变量。用 x_2 替换基变量 x_7,得到一个新的基 $\boldsymbol{P}_6,\boldsymbol{P}_4,\boldsymbol{P}_7$,可以找到新的基可行解,并列出新的单纯形表,见表 2-11。

表 2-11　第 1 次迭代后的单纯形表(例 2-11)

C_B	基	b	7 x_1	12 x_2	0 x_3	0 x_4	0 x_5	$-M$ x_6	$-M$ x_7
$-M$	x_6	240	39/5	0	-1	0	2/5	1	$-2/5$
0	x_4	50	[5/2]	0	0	1	1/2	0	$-1/2$
12	x_2	30	3/10	1	0	0	$-1/10$	0	1/10
	c_j-z_j		$17/5+39M/5$	0	$-M$	0	$6/5+2M/5$	0	$-7M/5-6/5$

由于表 2-11 中还存在大于零(较大)的检验数 σ_1,故重复上述步骤得表 2-12、表 2-13。

表 2-12　第 2 次迭代后的单纯形表(例 2-11)

C_B	基	b	7 x_1	12 x_2	0 x_3	0 x_4	0 x_5	$-M$ x_6	$-M$ x_7
$-M$	x_6	84	0	0	-1	$-78/25$	$-29/25$	1	[29/25]
7	x_1	20	1	0	0	2/5	1/5	0	$-1/5$
12	x_2	24	0	1	0	$-3/25$	$-4/25$	0	4/25
	c_j-z_j		0	0	$-M$	$-34/25-78M/25$	$13/25-29M/25$	0	$-13/25+4M/25$

表 2-13　最终单纯形表(例 2-11)

C_B	基	b	7 x_1	12 x_2	0 x_3	0 x_4	0 x_5	$-M$ x_6	$-M$ x_7
$-M$	x_7	84	0	0	$-25/29$	$-78/29$	-1	25/29	1
7	x_1	20	1	0	$-5/29$	$-4/29$	0	5/29	0
12	x_2	24	0	1	4/29	9/29	0	$-4/29$	0
	c_j-z_j		0	0	$-25M/29-13/29$	$-80/29-78M/29$	$-M$	$13/29-4/29M$	0

表 2-13 中所有 $\sigma_j \leqslant 0$,故表中的基可行解 $\boldsymbol{X}=(20,24,0,0,0,0,84)^{\mathrm{T}}$ 为最优解,由于引入的人工变量不能作为基变量取值求解,故本题无可行解。

运用单纯形法对线性规划问题解的情况判断依据如下。

(1)当所有非基变量的检验数都小于零,则原问题有唯一最优解。

(2)当所有非基变量的检验数都小于等于零,注意有等于零的检验数,则有无穷多个最优解。

(3)当任意一个大于零的非基变量的检验数,其对应的 a_{ik}(求最小比值的分母)都小于等于零时,则原问题有无界解。

（4）添加人工变量后的问题，当所有非基变量的检验数都小于等于零，而基变量中有人工变量时，则原问题无可行解。

三、含人工变量的单纯形法求解

运筹学中的大 M 法（Big M Method），也称为惩罚因子法（Penalty Factor Method），是线性规划问题求解中的一种重要方法，尤其适用于约束条件中含有等式约束或大于型不等式约束的线性规划问题，这也正是引入人工变量的情形，适用于求解含人工变量的线性规划问题。

大 M 法通过在目标函数中引入一个非常大的正数 M（通常称为"大 M"），来构造一个辅助的线性规划问题，从而将原问题转化为可以使用单纯形法求解的形式。在极大化问题中，M 被赋予负的系数并添加到人工变量的目标函数项中；在极小化问题中，M 被赋予正的系数。M 的作用是惩罚人工变量，使其在求解过程中尽可能地取值为零。

含人工变量的单纯形法求解步骤如下。

（1）引入人工变量。对于每个不等式约束（如"$\leqslant$"或"$\geqslant$"），引入一个或多个非负的人工变量，将其转化为等式约束。

（2）构造辅助问题。在目标函数中添加包含 M 的项，以惩罚人工变量。对于极大化问题，目标函数变为原目标函数减去 M 乘以人工变量之和；对于极小化问题，则加上 M 乘以人工变量之和。

（3）应用单纯形法。将构造的辅助问题应用单纯形法进行求解。在迭代过程中，由于 M 的值非常大，人工变量的检验数会非常大（或非常小），因此它们会优先被选中出基（即变为非基变量）。

（4）迭代求解。继续迭代，直到所有人工变量都变为非基变量（即其值都为 0），此时找到了原问题的一个初始基可行解。如果此解不是最优解，则继续迭代，直至所有检验数都小于等于 0（对于极大化问题）或大于等于 0（对于极小化问题），从而求得最优解。

（5）恢复原始问题。在找到最优解后，去掉人工变量和 M 项，恢复原始的目标函数和约束条件。

例 2-12 用大 M 法求解下面线性规划问题：

$$\min z = -3x_1 + x_2 + x_3$$

$$\text{s. t.} \begin{cases} x_1 - 2x_2 + x_3 \leqslant 11 \\ -4x_1 + x_2 + 2x_3 \geqslant 3 \\ -2x_1 + x_3 = 1 \\ x_1, x_2, x_3 \geqslant 0 \end{cases}$$

解：先将原问题化为标准型。

$$\min z = -3x_1 + x_2 + x_3 + 0x_4 + 0x_5 + Mx_6 + Mx_7$$

$$\text{s. t.} \begin{cases} x_1 - 2x_2 + x_3 + x_4 = 11 \\ -4x_1 + x_2 + 2x_3 - x_5 + x_6 = 3 \\ -2x_1 + x_3 + x_7 = 1 \\ x_1, x_2, x_3, x_4, x_5, x_6, x_7 \geqslant 0 \end{cases}$$

下面用单纯形表(表 2-14～表 2-17)进行计算。

表 2-14　初始单纯形表(例 2-12)

C_B	基	b	x_1	x_2	x_3	x_4	x_5	x_6	x_7
	$c_j \rightarrow$		-3	1	1	0	0	M	M
0	x_4	11	1	-2	1	1	0	0	0
M	x_6	3	-4	1	2	0	-1	1	0
M	x_7	1	-2	0	$[1]$	0	0	0	1
	$c_j - z_j$		$-3+6M$	$1-M$	$1-3M$	0	M	0	0

表 2-15　第 1 次迭代后的单纯形表(例 2-12)

C_B	基	b	x_1	x_2	x_3	x_4	x_5	x_6	x_7
	$c_j \rightarrow$		-3	1	1	0	0	M	M
0	x_4	10	3	-2	0	1	0	0	-1
M	x_6	1	0	$[1]$	0	0	-1	1	-2
1	x_3	1	-2	0	1	0	0	0	1
	$c_j - z_j$		-1	$1-M$	0	0	M	0	$3M-1$

表 2-16　第 2 次迭代后的单纯形表(例 2-12)

C_B	基	b	x_1	x_2	x_3	x_4	x_5	x_6	x_7
	$c_j \rightarrow$		-3	1	1	0	0	M	M
0	x_4	12	$[3]$	0	0	1	-2	2	-5
1	x_2	1	0	1	0	0	-1	1	-2
1	x_3	1	-2	0	1	0	0	0	1
	$c_j - z_j$		-1	0	0	0	1	$M-1$	$M+1$

表 2-17　最终单纯形表(例 2-12)

C_B	基	b	x_1	x_2	x_3	x_4	x_5	x_6	x_7
	$c_j \rightarrow$		-3	1	1	0	0	M	M
-3	x_1	4	1	0	0	$\frac{1}{3}$	$-\frac{2}{3}$	$\frac{2}{3}$	$-\frac{5}{3}$
1	x_2	1	0	1	0	0	-1	1	-2
1	x_3	9	0	0	1	$\frac{2}{3}$	$-\frac{4}{3}$	$\frac{4}{3}$	$-\frac{7}{3}$
	$c_j - z_j$		0	0	0	$\frac{1}{3}$	$\frac{1}{3}$	$M-\frac{1}{3}$	$M-\frac{2}{3}$

由表 2-17 所示最终单纯形表可得最优解为

$$x_1 = 4, x_2 = 1, x_3 = 9, x_4 = x_5 = x_6 = x_7 = 0$$

最优目标函数值 $z = -2$。

本 章 小 结

本章介绍了物流管理中存在的典型线性规划问题,并对线性规划的三要素进行了举例说明,进而阐述了线性规划模型的数学表达式。对线性规划的经典求解算法——图解法和单纯形法进行介绍。

本 章 习 题

1. 某工厂明年根据合同,每个季度末向销售公司提供产品,有关信息见表2-18。若当季生产的产品过多,季末有积余,则一个季度每积压1吨产品需支付存储费0.2万元。现该厂考虑明年的最佳生产方案,使该厂在完成合同的情况下,全年的生产费用最低。试建立线性规划模型。

表2-18 习题1有关信息

季度 j	生产能力 a_j/吨	生产成本 d_j/(万元/吨)	需求量 b_j/吨
1	30	15.0	20
2	40	14.0	20
3	20	15.3	30
4	10	14.8	10

2. 某厂在今后4个月内需租用仓库堆存货物。已知各个月所需的仓库面积数。又知,合同租借期限越长,场地租借费用享受的折扣越大。有关数据如表2-19所示。

表2-19 习题2有关数据

月份 i	1	2	3	4
所需场地面积/百平方米	15	10	20	12
合同租借期限	1个月	2个月	3个月	4个月
租借费用/(元/百米)	2 800	4 500	6 000	7 300

租借仓库的合同每月初都可办理,每份合同应具体说明租借的场地面积数和租借期限。工厂在任何一个月初办理签约时,可签一份合同,也可同时签若干份租借场地面积数和租借期限不同的合同。为使所付的场地总租借费用最小,试建立一个线性规划模型。

3. 某宾馆24小时所需服务员的人数如表2-20所示。每个服务员每天连续工作8小时。在满足以上条件的情况下,如何安排服务人数以使人员成本最低?建立该问题的线性规划模型。

表2-20 某宾馆24小时所需服务员的人数

时　　间	所需服务人员最少数量/人	时　　间	所需服务人员最少数量/人
2:00—6:00	40	14:00—18:00	70
6:00—10:00	80	18:00—22:00	120
10:00—14:00	100	22:00 至次日 2:00	40

4. 一个投资者打算对他的10万元进行投资,有两种投资方案可供选择:第一种投资保证每1元投资一年后可赚7角钱,第二种投资保证每1元投资两年后可赚2元,但对第

二种投资,投资时间必须是两年的倍数才行。为了使投资者在第三年年底赚到的钱最多,他应该怎样投资?将这个问题表示成一个线性规划问题。

5. 用图解法求解下列线性规划问题。

(1) max $z = 2x_1 + 3x_2$

$$\text{s. t.} \begin{cases} x_1 + 2x_2 \leqslant 8 \\ 4x_1 \leqslant 16 \\ 4x_2 \leqslant 12 \\ x_1, x_2 \geqslant 0 \end{cases}$$

(2) max $z = 3x_1 + 6x_2$

$$\text{s. t.} \begin{cases} x_1 - x_2 \geqslant -2 \\ x_1 + 2x_2 \leqslant 6 \\ x_1, x_2 \geqslant 0 \end{cases}$$

6. 将下列线性规划问题化为标准型。

(1) min $z = x_1 + x_2 - 2x_3$

$$\text{s. t.} \begin{cases} x_1 + x_2 - 2x_3 \leqslant 4 \\ x_1 - x_2 - 5x_3 \geqslant 6 \\ x_1 - x_2 - x_3 \geqslant -2 \\ x_1 \geqslant 0, x_3 \leqslant 0 \end{cases}$$

(2) min $z = 2x_1 - x_2 + x_3$

$$\text{s. t.} \begin{cases} x_1 + x_2 + x_3 \leqslant 2 \\ -x_1 + x_2 - x_3 \geqslant -2 \\ x_1 + 2x_2 - x_3 = 5 \\ x_1 \geqslant 0, x_2 \geqslant 0 \end{cases}$$

7. 用单纯形法求解下列线性规划问题。

(1) max $z = x_1 + x_2$

$$\text{s. t.} \begin{cases} 3x_1 + 4x_2 \leqslant 10 \\ 3x_1 + x_2 \leqslant 12 \\ x_1, x_2 \geqslant 0 \end{cases}$$

(2) min $z = 10x_1 + 15x_2 + 12x_3$

$$\text{s. t.} \begin{cases} x_1 + 2x_2 + 3x_3 \leqslant 100 \\ 2x_1 + 3x_2 + x_3 \leqslant 150 \\ x_1, x_2, x_3 \geqslant 0 \end{cases}$$

(3) min $z = -2x_1 - x_2$

$$\text{s. t.} \begin{cases} x_1 - x_2 \leqslant 6 \\ x_1 + x_2 \leqslant 10 \\ 4x_1 \leqslant 16 \\ 3x_2 \leqslant 12 \\ x_1, x_2 \geqslant 0 \end{cases}$$

(4) $\max z = x_1 + 2x_2$

$$\text{s.t.} \begin{cases} -x_1 + 2x_2 \leqslant 4 \\ x_1 + x_2 \leqslant 12 \\ x_1 - x_2 \leqslant 2 \\ x_1, x_2 \geqslant 0 \end{cases}$$

8. 将下列线性规划问题转化为标准型,再运用单纯形法进行求解。

(1) $\min z = x_1 + 3x_2$

$$\text{s.t.} \begin{cases} x_1 + 2x_2 \leqslant 10 \\ x_1 + x_2 \geqslant 1 \\ x_2 \leqslant 4 \\ x_1, x_2 \geqslant 0 \end{cases}$$

(2) $\max z = 2x_1 + 3x_2 + x_3$

$$\text{s.t.} \begin{cases} x_1 + x_2 \leqslant 6 \\ x_1 + 2x_2 - x_3 \geqslant 8 \\ x_1 + x_3 = 3 \\ x_1, x_2, x_3 \geqslant 0 \end{cases}$$

9. 含人工变量的单纯形法求解线性规划问题。

$$\min z = x_1 + 2x_2 - 3x_3$$

$$\text{s.t.} \begin{cases} x_1 + 2x_2 - x_3 \leqslant 5 \\ 2x_1 + 3x_2 - x_3 \geqslant 6 \\ -x_1 - x_2 + x_3 \geqslant -2 \\ x_1 \geqslant 0, x_3 \leqslant 0 \end{cases}$$

10. 某公司有产品 A、B、C 分别为 1 200 件、800 件和 650 件,拟调往甲、乙、丙三地的仓储超市。已知甲、乙、丙三地对上述产品的总需求分别为 900 件、800 件和 1 000 件。各产品在各地销售每件的获利如表 2-21 所示。问:公司应如何安排调运计划,才能获利最大?建立该问题的数学模型并运用单纯形法求解。

表 2-21　各产品在各地销售每件的获利

地区	A	B	C
甲	260	300	400
乙	210	250	550
丙	180	400	350

即 测 即 练

第三章

对偶理论与灵敏度分析

对偶理论在现代物流中作为优化工具,通过揭示资源分配与成本效益之间的内在联系,为物流策略的制定提供了独特的视角和解决方案。而灵敏度分析则进一步增强了物流决策的灵活性,通过量化评估外部因素变化对物流系统最优解的影响,帮助企业在复杂多变的市场环境中迅速调整策略,确保物流运作的高效与稳定。它们共同提升了物流管理的科学性和抗风险能力。

第一节　单纯形法

一、单纯形法的定义

单纯形法是一种解决线性规划问题的经典算法,它通过迭代寻找基本可行解,并逐步向最优解靠近,最终在有限步骤内确定问题的最优解或判断问题无最优解。这种方法适用于各种线性规划问题,具有较强的通用性。

二、单纯形法的思想

由多个变量所组成的不等式组的可行域在 n 维空间内是一个凸多面体,该多面体的每一个顶点均对应于一个基本可行解。单纯形法的基本思路是首先选定可行域内的一个基本可行解(即凸多面体的一个顶点)作为起点,随后逐步转换至其他基本可行解(即相邻顶点),同时确保目标函数值在此过程中实现非减增长。这一过程持续进行,直至目标函数达到其最大值点,此时所对应的基本可行解即为所求的最优解。

三、单纯形法的原理

构造初始可行基⇒得到初始基可行解(顶点)⇒最优性检验:判断是否最优解⇒基变换⇒迭代运算,保证目标函数值更优。

(一) 构造初始可行基

构造初始可行基的三种方式:

(1) 直接观察一个可行基 $|\boldsymbol{B}| = 0$;

(2) ≤约束,加松弛变量;

(3) ≥约束,加人工变量。

(二) 得到初始基可行解

使基变量由所有非基变量来表示,并且使所有非基变量等于 0,则得到初始基可行解。

（三）最优性检验：判断是否最优解

在线性规划问题的求解过程中，其解集可能展现出四种不同形态：唯一确定的最优解、存在无穷多个等价最优解、目标函数值无界的解集，以及不存在任何可行解的情况。有一套解的判别准则可以准确判断并区分这些解的类型。

将基变量用非基变量表示的表达式代入目标函数当中，去判断目标函数中是否还存在着非基变量的系数为正数，即是否需要继续换基。

推导过程：

$$\max z = \sum_{j=1}^{n} c_j x_j$$

$$\text{s. t.} \begin{cases} \sum_{j=1}^{n} p_j x_j = \boldsymbol{b} \\ x_j \geqslant 0 \quad j = 1, 2, \cdots, n \end{cases}$$

$$x_j = b_j - \sum_{j=m+1}^{n} a_{ij} x_j, \quad i = 1, 2, \cdots, m$$

将 x_j 代入目标函数可得

$$z = \sum_{i=1}^{m} c_i b_i + \sum_{j=m+1}^{n} \left(c_i - \sum_{i=1}^{m} c_i a_{ij} \right) x_j$$

令 $z_0 = \sum_{i=1}^{m} c_i b_i$，$z_j = \sum_{i=1}^{m} c_i a_{ij}$，则

$$z = z_0 + \sum_{j=m+1}^{n} (c_i - z_j) x_j$$

再令 $\sigma_j = c_i - z_j$，$j = m+1, \cdots, n$，则

$$z = z_0 + \sum_{j=m+1}^{n} \sigma_j x_j$$

（1）当所有 $\sigma_j \leqslant 0$，且当前顶点（或称为基可行解）所对应的目标函数值已达到最大值，则此顶点即为所求的最优解。

（2）当所有 $\sigma_j \leqslant 0$，若存在某个非基变量 x_j 的检验数为 0，则表明在另一顶点处目标函数同样能达到最大值。这意味着，连接这两个顶点的线段上所有点构成最优解集，即存在无穷多最优解。当所有非基变量的 $\sigma_j < 0$ 时，则确定了唯一最优解。

（3）若存在某个 $\sigma_j > 0$，而其对应的非基向量所有分量均非正（即 $p_j \leqslant 0$），则 $x_j = b_j - \sum_{j=m+1}^{n} a_{ij} x_j, i = 1, 2, \cdots, m$ 的表达式可以推断，该线性规划问题有无界解。

（四）基变换

在通过最优性检验确认初始可行解非最优，且问题并非无解的情况下，需采取进一步措施以寻找更优的可行解。这一过程涉及基变换，具体步骤如下。

（1）确定换入变量和换出变量（与上步骤所用目标函数值与约束条件相同）。

① 换入变量：

$$z = \sum_{i=1}^{m} c_i b_i + \sum_{j=m+1}^{n} \left(c_i - \sum_{i=1}^{m} c_i a_{ij} \right) x_j$$

$$z = z_0 + \sum_{j=m+1}^{n} \sigma_j x_j$$

若 $\max(\sigma_j > 0) = \sigma_{m+t}$（取最大值更快逼近最优解），则 σ_{m+t} 对应的 x_{m+t} 作为换入变量。

② 换出变量：

$$\theta = \min \left\{ \frac{x_i^0}{a_{i,m+t}} \mid a_{i,m+t} > 0 \right\}, \quad i = 1, 2, \cdots, m$$

同时假设第一个分量的不等式计算使得 θ 取最小值：

$$\theta = \min \left\{ \frac{x_i^0}{a_{i,m+t}} \mid a_{i,m+t} > 0 \right\} = \frac{x_l^0}{a_{l,m+t}}$$

则其对应的 x_l 为换出变量。

（2）确定主元。主元的选择通常基于换入变量与换出变量在约束矩阵中的对应元素，旨在通过行变换简化计算过程。选定主元后，将该主元所在行的元素调整为 1，同时确保该列（除主元外）的其余元素全部变为 0。这一过程确保了基变换后，新的基向量组仍具有线性无关性。

（3）完成上述步骤后，即可获得一个新的可行基。基于这个新的可行基，可以进一步评估目标函数值，并重复最优性检验及基变换过程（如必要），直至找到最优解或满足其他停止准则。

（五）迭代运算

在完成上一个步骤后，更新 σ_j，判断是否需要继续迭代。判断条件为是否满足以下条件之一。

（1）找到最优解：所有 $\sigma_j \leqslant 0$。

（2）问题无界：存在 $\sigma_j > 0$，且对应列的所有 $a_{ij} \leqslant 0$。

（3）无可行解：在寻找初始基可行解时发现无解。

判断之后，如果需要，则进行迭代运算，重复步骤（二）～（四）；否则，运算终止在步骤（四）。

四、单纯形法的矩阵描述

（一）定义

单纯形法的矩阵描述是指将线性规划问题转化为矩阵形式，以便算法的运算和计算机的实现。在这个描述中，线性规划问题的目标函数和约束条件都被表示为矩阵和向量的形式。

（二）将基本的线性规划问题转换为单纯形法的矩阵描述

将基本线性规划问题转换为单纯形法矩阵描述的过程，可以简化为以下几个步骤。

（1）定义决策变量：根据问题的需求，确定需要优化的变量。

（2）建立目标函数：根据问题的目标，确定目标函数的表达式。

（3）确定约束条件：根据问题的限制，列出所有约束条件的表达式。

（4）构造初始单纯形表：将目标函数和约束条件转化为矩阵形式，构造出初始单纯形表。

（5）进行单纯形法迭代：通过不断调整决策变量的值，找到最优解。

推导过程如下。

设线性规划问题：

$$\max z = \boldsymbol{CX}$$

$$\text{s. t.} \begin{cases} \boldsymbol{AX} = \boldsymbol{b} \\ \boldsymbol{X} \geqslant 0 \end{cases}$$

不妨设初始可行基 $\boldsymbol{B}$ 为

$$\boldsymbol{B} = (\boldsymbol{P}_1, \boldsymbol{P}_2, \cdots, \boldsymbol{P}_m)$$

则系数矩阵 $\boldsymbol{A}$ 可写成

$$\boldsymbol{A} = (\boldsymbol{P}_1, \cdots, \boldsymbol{P}_m, \boldsymbol{P}_{m+1}, \cdots, \boldsymbol{P}_n) = (\boldsymbol{B} : \boldsymbol{N})$$

$$\boldsymbol{X} = \begin{pmatrix} \boldsymbol{x}_B \\ \boldsymbol{x}_N \end{pmatrix}, \quad \boldsymbol{C} = (\boldsymbol{C}_B, \boldsymbol{C}_N)$$

则约束方程组可写成

$$\boldsymbol{AX} = \boldsymbol{b} \Rightarrow (\boldsymbol{B} : \boldsymbol{N}) \begin{pmatrix} \boldsymbol{x}_B \\ \boldsymbol{x}_N \end{pmatrix}$$

$$= \boldsymbol{B} \boldsymbol{x}_B + \boldsymbol{N} \boldsymbol{x}_N = \boldsymbol{b}$$

$$\Rightarrow \boldsymbol{x}_B = \boldsymbol{B}^{-1}(\boldsymbol{b} - \boldsymbol{N} \boldsymbol{x}_N) = \boldsymbol{B}^{-1} \boldsymbol{b} - \boldsymbol{B}^{-1} \boldsymbol{N} \boldsymbol{x}_N$$

设 $x\boldsymbol{N} = 0$，得当前基可行解：

$$\boldsymbol{x}_B = \boldsymbol{B}^{-1} \boldsymbol{b}$$

则目标函数可写成

$$z = (\boldsymbol{C}_B, \boldsymbol{C}_N) \begin{pmatrix} \boldsymbol{x}_B \\ \boldsymbol{x}_N \end{pmatrix} = \boldsymbol{C}_B \boldsymbol{x}_B + \boldsymbol{C}_N \boldsymbol{x}_N$$

$$= \boldsymbol{C}_B \boldsymbol{B}^{-1} \boldsymbol{b} + (\boldsymbol{C}_N - \boldsymbol{C}_B \boldsymbol{B}^{-1} \boldsymbol{N}) \boldsymbol{x}_N$$

注：$\boldsymbol{C}_N - \boldsymbol{C}_B \boldsymbol{B}^{-1} \boldsymbol{N}$ 是非基变量的检验数。

设 $x\boldsymbol{N} = 0$，得当前目标值：

$$z_0 = \boldsymbol{C}_B \boldsymbol{B}^{-1} \boldsymbol{b}$$

此时线性规划问题可等价写成

$$\max z = \boldsymbol{C}_B \boldsymbol{B}^{-1} \boldsymbol{b} + (\boldsymbol{C}_N - \boldsymbol{C}_B \boldsymbol{B}^{-1} \boldsymbol{N}) \boldsymbol{x}_N$$

$$\text{s. t.} \begin{cases} \boldsymbol{x}_B + \boldsymbol{B}^{-1} \boldsymbol{N} \boldsymbol{x}_N = \boldsymbol{B}^{-1} \boldsymbol{b} \\ \boldsymbol{x}_B, \boldsymbol{x}_N \geqslant 0 \end{cases}$$

此表达形式为线性规划对应于基 $\boldsymbol{B}$ 的典型形式（典式）。

此时检验数为

$$\boldsymbol{\sigma}_N = \boldsymbol{C}_N - \boldsymbol{C}_B \boldsymbol{B}^{-1} \boldsymbol{N} = (c_{m+1}, \cdots, c_n) - \boldsymbol{C}_B (\boldsymbol{B}^{-1} p_{m+1}, \cdots, \boldsymbol{B}^{-1} p_n)$$

$$\sigma_{m+1} = c_{m+1} - \boldsymbol{C}_B \boldsymbol{B}^{-1} p_{m+1}$$

则当前非基变量对应的检验数可写成

$$\sigma_n = c_n - \boldsymbol{C}_B \boldsymbol{B}^{-1} p_n$$

则矩阵描述时各项的表达公式：

$$\begin{cases} \boldsymbol{x}_B = \boldsymbol{B}^{-1} \boldsymbol{b} \\ \boldsymbol{N} = \boldsymbol{B}^{-1} \boldsymbol{N} \\ \boldsymbol{\sigma}_N = \boldsymbol{C}_N - \boldsymbol{C}_B \boldsymbol{B}^{-1} \boldsymbol{N} \\ z_0 = \boldsymbol{C}_B \boldsymbol{B}^{-1} \boldsymbol{b} \end{cases}$$

由以上推导的表达公式可知，当已得到一个问题的可行基 $\boldsymbol{B}$ 时，我们可以计算出其逆矩阵 $\boldsymbol{B}^{-1}$，根据逆矩阵与这些表达公式可以得到 $\boldsymbol{x}_B$、$\boldsymbol{N}$、$\boldsymbol{\sigma}_N$ 以及 z_0 的值。

同时，将 z 和 $\boldsymbol{x}$ 看成未知量：

$$\boldsymbol{B}^{-1} \boldsymbol{b} = 0z + \boldsymbol{E} \boldsymbol{x}_B + \boldsymbol{B}^{-1} \boldsymbol{N} \boldsymbol{x}_N$$

$$-\boldsymbol{C}_B \boldsymbol{B}^{-1} \boldsymbol{b} = -z + 0\boldsymbol{x}_B + (\boldsymbol{C}_N - \boldsymbol{C}_B \boldsymbol{B}^{-1} \boldsymbol{N}) \boldsymbol{x}_N$$

写成矩阵形式：

$$\begin{bmatrix} \boldsymbol{B}^{-1} \boldsymbol{b} \\ -\boldsymbol{C}_B \boldsymbol{B}^{-1} \boldsymbol{b} \end{bmatrix} = \begin{bmatrix} 0 & \boldsymbol{E} & \boldsymbol{B}^{-1} \boldsymbol{N} \\ -1 & 0 & \boldsymbol{C}_N - \boldsymbol{C}_B \boldsymbol{B}^{-1} \boldsymbol{N} \end{bmatrix} \begin{bmatrix} z \\ \boldsymbol{x}_B \\ \boldsymbol{x}_N \end{bmatrix}$$

把系数凑到一个表上叫作单纯形表，为

$$\boldsymbol{T}(\boldsymbol{B}) = \begin{array}{c} \boldsymbol{x}_B \\ -z \end{array} \begin{pmatrix} \boldsymbol{B}^{-1} \boldsymbol{b} & -\boldsymbol{C}_B \boldsymbol{B}^{-1} \boldsymbol{b} & \boldsymbol{B}^{-1} \boldsymbol{N} \\ -\boldsymbol{C}_B \boldsymbol{B}^{-1} \boldsymbol{b} & 0 & \boldsymbol{C}_N - \boldsymbol{C}_B \boldsymbol{B}^{-1} \boldsymbol{N} \end{pmatrix}$$

式中，$\boldsymbol{B}^{-1} \boldsymbol{b}$ 为常数列；$\boldsymbol{C}_B \boldsymbol{B}^{-1} \boldsymbol{b}$ 为目标函数值；$\boldsymbol{C}_N - \boldsymbol{C}_B \boldsymbol{B}^{-1} \boldsymbol{N}$ 为检验数。

五、单纯形法矩阵描述的计算过程——以非标准型为例

首先，设线性规划问题：

$$\max = \boldsymbol{C} \boldsymbol{X}$$

$$\text{s. t.} \begin{cases} \boldsymbol{A} \boldsymbol{X} \leqslant \boldsymbol{b} \\ \boldsymbol{X} \geqslant 0 \end{cases}$$

步骤 1：化为标准型。化标准型有两种方式：①如果约束条件是≤，则引入松弛变量 $\boldsymbol{X}_s$。②如果约束条件是≥，则引入剩余变量 $\boldsymbol{X}_r$。

$$\max = \boldsymbol{C} \boldsymbol{X} + 0 \boldsymbol{X}_s$$

$$\text{s. t.} \begin{cases} \boldsymbol{A} \boldsymbol{X} + 1 \boldsymbol{X}_s = \boldsymbol{b} \\ \boldsymbol{X} \geqslant 0, \boldsymbol{X}_s \geqslant 0 \end{cases}$$

步骤 2：选取一个初始可行基 $\boldsymbol{B}$，并且对标准式进行拆分。

$$\max z = \boldsymbol{C}_B \boldsymbol{X}_B + \boldsymbol{C}_N \boldsymbol{X}_N + 0 \boldsymbol{X}_s$$

$$\text{s. t.} \begin{cases} \boldsymbol{C}_B \boldsymbol{X}_B + \boldsymbol{C}_N \boldsymbol{X}_N + 1 \boldsymbol{X}_s = \boldsymbol{B}^{-1} \boldsymbol{b} \\ \boldsymbol{X}_B, \boldsymbol{X}_N, \boldsymbol{X}_s \geqslant 0 \end{cases}$$

步骤 3：求其 $\boldsymbol{T}(\boldsymbol{B})$，并且列出初始单纯形表（单纯形表易于计算）（表 3-1）。

表 3-1　初始单纯形表 1

价值系数→			C_B	C_N	0
基变量的价值系数	基变量	等式右边 RHS	X_B	X_N	X_s
C_B	X_B	$B^{-1}b$	I	$B^{-1}N$	B^{-1}
检验数			0	$C_N-C_BB^{-1}N$	$-C_BB^{-1}I$

步骤 4：最优性检验。若 $\sigma=C-C_BB^{-1}N\leqslant0$（若初始单纯形表中基变量对应的检验数全部等于 0，并且所有非基变量对应的检验数均小于或者等于 0），即线性规划求得最优解，否则进行下一步。

步骤 5：无界性检验。若 $\sigma_j<0$，且 $B^{-1}P_j\leqslant0$，则目标函数无上界（只要存在一列即无界），否则转为下一步。

步骤 6：确定主元，首先分别确定换入变量和换出变量。换入变量所在的行和换出变量所在的列相交位置，即为主元所在位置。

（1）换入变量：若 $\max(\sigma_j>0)=\sigma_{m+t}$（取最大值更快逼近最优解），则 σ_{m+t} 对应的 x_{m+t} 作为换入变量。

（2）换出变量：$\theta=\min\left\{\dfrac{x_i^0}{a_{i,m+t}}\Big|a_{i,m+t}>0\right\}=\dfrac{x_l^0}{a_{l,m+t}}$，其对应的 x_l 为换出变量。

步骤 7：换基迭代。利用线性代数的初等行变换使主元变为 1，并且主元所在列的其他元素均为 0，会得到一个新的基，转到步骤 3，重复以上步骤，直到满足条件。

例 3-1　用单纯形法求最优解：

$$\max z=x_1+2x_2$$

$$\text{s. t.}\begin{cases}x_1+x_3=4\\x_2+x_4=3\\x_1+2x_2+x_5=8\\x_j\geqslant0,(j=1,2,3,4,5)\end{cases}$$

解：取初始可行基：$B=(P_3,P_4,P_5)$，则计算出 $T(B)$，并画出单纯形表（表 3-2）。

表 3-2　单纯形表

C_B	X_B	Bb^{-1}	x_1	x_2	x_3	x_4	x_5	θ
	$c_j\rightarrow$		1	2	0	0	0	
0	x_3	4	1	0	1	0	0	—
0	x_4	3	0	1	0	1	0	3
0	x_5	8	1	2	0	0	1	4
	c_j-z_j		1	2	0	0	0	
				一次迭代				
C_B	X_B	Bb^{-1}	x_1	x_2	x_3	x_4	x_5	θ
0	x_3	4	1	0	1	0	0	4
2	x_2	3	0	1	0	1	0	—
0	x_5	2	1	0	0	-2	1	2
	c_j-z_j		1	0	0	-2	0	

续表

			二次迭代				
C_B	X_B	Bb^{-1}	x_1	x_2	x_3	x_4	x_5
0	x_3	2	0	0	1	2	-1
2	x_2	3	0	1	0	1	0
1	x_1	2	1	0	0	-2	1
$c_j - z_j$			0	0	0	0	-1

因为 $c_j - z_j$ 全部小于等于 0，所以求得最优解 $x^* = (2,3,2,0,0)$，最优目标函数值 $\max z = 8$。

第二节 改进单纯形法

上述单纯形法没有明确阐述如何取得一个初始可行基，对于简单的问题，可以轻易看出或者做一些计算就确定选定的一个基是否为初始可行基，但对一些规模较大的问题，用计算方法就很困难了，无法用上述单纯形法进行计算。

根据以上单纯形法存在的问题，我们对单纯形法进行进一步讨论，分为大 M 法和两阶段法。

引入标准型问题进行推导：

$$\max Z = c_1 x_1 + c_2 x_2 + \cdots + c_n x_n$$

$$\text{s. t.} \begin{cases} a_{11} x_1 + a_{12} x_2 + \cdots + a_{1n} x_n = b_1 \\ a_{21} x_1 + a_{22} x_2 + \cdots + a_{2n} x_n = b_2 \\ \qquad\qquad \vdots \\ a_{m1} x_1 + a_{n2} x_2 + \cdots + a_{nn} x_n = b_m \\ x_1, x_2, \cdots, x_n \geqslant 0 \end{cases}$$

一、大 M 法

（一）大 M 法的定义

大 M 法通过引入一个任意大的正数 M（注意 M 不是无穷大），来构造辅助线性规划问题，从而将原问题转化为可以用单纯形法求解的形式。M 主要是作为惩罚因子，以确保在求解过程中，引入的人工变量尽可能取值为零，从而找到原问题的初始可行解。

（二）大 M 法的步骤

大 M 法的基本步骤如下。

（1）对于线性规划问题中的不等式约束，通过引入非负的松弛变量将其转化为等式约束，而对于已经是等式形式的约束条件，则无须进行此操作。

（2）当线性规划问题的等式约束条件无法直接构成初始基（即系数矩阵中不包含单位矩阵）时，我们需要通过向问题中引入人工变量来构造一个这样的初始基，以便于应用单纯形法求解。

$$s.t. \begin{cases} a_{11}x_1 + a_{12}x_2 + \cdots + a_{1n}x_n + x_{n+1} = b_1 \\ a_{21}x_1 + a_{22}x_2 + \cdots + a_{2n}x_n + x_{n+2} = b_2 \\ \qquad\qquad\qquad \vdots \\ a_{m1}x_1 + a_{m2}x_2 + \cdots + a_{mn}x_n + x_{n+m} = b_m \\ x_1, x_2, \cdots, x_n, \cdots, x_{n+m} \geqslant 0 \end{cases}$$

（3）令人工变量在目标函数中的系数为 $-M$，其中 M 为任意大的正数。

由于目标函数中添加了人工变量，并且其系数为 $-M$，所以要使目标函数达到最优，人工变量不能大于 0，同时，若此线性规划问题有最优解，则其人工变量最终都得成为非基变量。

$$\max Z = c_1x_1 + c_2x_2 + \cdots + c_nx_n - Mx_{n+1} - Mx_{n+2} - Mx_{n+m}$$

$$s.t. \begin{cases} a_{11}x_1 + a_{12}x_2 + \cdots + a_{1n}x_n + x_{n+1} = b_1 \\ a_{21}x_1 + a_{22}x_2 + \cdots + a_{2n}x_n + x_{n+2} = b_2 \\ \qquad\qquad\qquad \vdots \\ a_{m1}x_1 + a_{m2}x_2 + \cdots + a_{mn}x_n + x_{n+m} = b_m \\ x_1, x_2, \cdots, x_n, \cdots, x_{n+m} \geqslant 0 \end{cases}$$

例 3-2　用大 M 法求解下面线性规划问题：

$$\max z = 3x_1 - x_2 - x_3$$

$$s.t. \begin{cases} x_1 - 2x_2 + x_3 \leqslant 11 \\ -4x_1 + 1x_2 + 2x_3 \geqslant 3 \\ -2x_1 + x_3 = 1 \\ x_1, x_2, x_3 \geqslant 0 \end{cases}$$

（1）线性规划标准形式：

$$\max z = 3x_1 - x_2 - x_3$$

$$s.t. \begin{cases} x_1 - 2x_2 + x_3 + x_4 = 11 \\ -4x_1 + 1x_2 + 2x_3 - x_5 = 3 \\ -2x_1 + x_3 = 1 \\ x_1, x_2, x_3 \geqslant 0 \end{cases}$$

（2）添加人工变量，构造初始可行基。由于在约束条件中无法找到初始可行基 **B**，所以需要添加人工变量 x_6、x_7。

$$\max z = 3x_1 - x_2 - x_3 + 0x_4 + 0x_5 - Mx_6 - Mx_7$$

$$s.t. \begin{cases} x_1 - 2x_2 + x_3 + x_4 = 11 \\ -4x_1 + 1x_2 + 2x_3 - x_5 + x_6 = 3 \\ -2x_1 + x_3 + x_7 = 1 \\ x_1, x_2, x_3 \geqslant 0 \end{cases}$$

其中，M 为任意大的正数。

（3）列初步单纯形表（表 3-3）。

表 3-3　初步单纯形表（例 3-2）

c_j			3	−1	−1	0	0	−M	−M	
c_B	x_B	b	x_1	x_2	x_3	x_4	x_5	x_6	x_7	θ_i
0	x_4	11	1	−2	1	1	0	0	0	11
−M	x_6	3	−4	1	2	0	−1	1	0	3/2
−M	x_7	1	−2	0	1	0	0	0	1	1
σ_j			3−6M	−1+M	−1+3M	0	−M	0	0	

（4）迭代。由于初步单纯形表中检验数存在大于 0 的情况，所以我们需要对单纯形表进行迭代，直到单纯形表的检验数全部小于或者等于 0（表 3-4）。

表 3-4　单纯形表的迭代（例 3-2）

c_j			3	−1	−1	0	0	−M	−M	
c_B	x_B	b	x_1	x_2	x_3	x_4	x_5	x_6	x_7	θ_i
0	x_4	10	3	−2	0	1	0	0	−1	—
−M	x_6	1	0	1	0	0	−1	1	−2	1
−1	x_3	1	−2	0	1	0	0	0	1	—
σ_j			1	−1+M	0	0	−M	0	1−3M	

再次迭代

c_j			3	−1	−1	0	0	−M	−M	
c_B	x_B	b	x_1	x_2	x_3	x_4	x_5	x_6	x_7	θ_i
0	x_4	12	3	0	0	1	−2	3	−5	4
−1	x_2	1	0	1	0	0	−1	1	−2	—
−1	x_3	1	−2	0	1	0	0	0	1	—
σ_j			1	0	0	0	−1	−M+1	−M−1	

再次迭代

c_j			3	−1	−1	0	0	−M	−M
c_B	x_B	b	x_1	x_2	x_3	x_4	x_5	x_6	x_7
3	x_1	4	1	0	0	1/3	−2/3	1	−5/3
−1	x_2	1	0	1	0	0	−1	1	−2
−1	x_3	9	0	0	1	2/3	−4/3	2	−3/7
σ_j			0	0	0	−1/3	−1/3	−M+1/3	−M+2/3

此时，单纯形表中所有的检验数均为非正，且人工变量均为非基变量，所以可得目标函数的最优解。

$$\boldsymbol{X}^* = (4,1,9,0,0,0,0)^\mathrm{T}$$
$$Z^* = 2$$

（三）大 M 法存在的缺点

大 M 法需要引入人工变量，这增加了问题的计算量，并可能使问题变得更加复杂。此外，M 的选择对迭代效率和数值计算的精度有一定影响，需要在实际应用中根据具体

问题来选择适当的 M 值。使用大 M 法处理人工变量,在手工计算线性规划问题时不会造成困扰。然而,当与计算机结合求解时,这种方法可能会出现问题,因为在计算机中,M 的值只能输入机器能够表示的最大数值。如果 M 过大,可能会导致线性规划模型失真;而如果 M 过小,则可能无法发挥其应有的作用。因此,在计算机辅助的线性规划求解过程中,需要谨慎选择 M 的取值,以确保求解的准确性和效率。

二、两阶段法

(一)两阶段法的定义

两阶段法是一种用于解决线性规划问题的策略,特别是在处理具有大量约束条件的复杂问题时。这种方法将问题分成两个阶段来解决。

第一阶段:构造一个初始的基本可行解。这个阶段不一定要找到最优解,而是要确保所选的解满足所有约束条件,并且是最优的。第二阶段:利用第一阶段得到的基本可行解,应用单纯形法来找到最优解。在这个阶段,算法会继续优化目标函数,直到找到全局最优解。

(二)两阶段法的优势

两阶段法的优势在于,它可以在不牺牲解的质量的情况下,显著降低计算的复杂性。第一阶段确保了解的可行性,并为第二阶段的优化提供了良好的起点。这种方法在处理大规模线性规划问题时尤其有用,因为它减少了在每次迭代中需要考虑的变量和约束的数量。

(三)两阶段法的过程

第一阶段:在线性规划问题的原始约束条件中加入人工变量构造辅助问题,同时构造一个含有人工变量的目标函数,并实现目标函数最小化。

设线性规划问题标准型为 (P) 问题

$$\max z = c_1 x_1 + c_2 x_2 + \cdots + c_n x_n$$

$$(P)\text{s. t.} \begin{cases} a_{11} x_1 + a_{12} x_2 + \cdots + a_{1n} x_n \leqslant b_1 \\ a_{21} x_1 + a_{22} x_2 + \cdots + a_{2n} x_n \leqslant b_2 \\ \qquad\qquad\qquad \vdots \\ a_{m1} x_1 + a_{m2} x_2 + \cdots + a_{mn} x_n \leqslant b_m \\ x_1, x_2, \cdots, x_n \geqslant 0 \end{cases}$$

首先引进人工变量 $(x_{n+1}, x_{n+2}, \cdots, x_{n+m})^{\mathrm{T}}$,构造辅助问题 (P^*)。

$$\min w = 0x_1 + 0x_2 + \cdots + 0x_n + x_{n+1} + x_{n+2} + \cdots + x_{n+m}$$

$$(P^*)\text{s. t.} \begin{cases} a_{11} x_1 + a_{12} x_2 + \cdots + a_{1n} x_n + x_{n+1} = b_1 \\ a_{21} x_1 + a_{22} x_2 + \cdots + a_{2n} x_n + x_{n+2} = b_2 \\ \qquad\qquad\qquad \vdots \\ a_{m1} x_1 + a_{m2} x_2 + \cdots + a_{mn} x_n + x_{n+m} = b_m \\ x_1, x_2, \cdots, x_n, \cdots, x_{n+m} \geqslant 0 \end{cases}$$

求解辅助问题 (P^*)。若辅助问题的最优基 $\boldsymbol{B}$ 全部在 (P) 问题的 $\boldsymbol{A}$ 中,即 x_{n+1},$x_{n+2}, \cdots, x_{n+m}$ 全部是非基变量,全部取值为 0,则 $\boldsymbol{B}$ 为 (P) 问题的初始可行基,进入下一阶段进行运算求解;若存在人工变量求解后仍为非负,则 (P) 问题无可行解。

当第一阶段的最终单纯形表中最优解不包含任何人工变量作为基变量,则找到了原问题的初始可行基 **B**,则可以在第一阶段的基础上进行第二阶段的计算,若最终单纯形表中仍存在人工变量不为 0 的情况,则此线性规划问题无解。

第二阶段:在第一阶段求得的最终单纯形表中删去人工变量并且将表中目标函数的系数换成原问题的系数,作为第二阶段的初始单纯形表,再继续求解(P)问题,得到(P)问题的最优基和最优解。

例 3-3 用两阶段法求解下面线性规划问题:

$$\max z = 3x_1 - x_2 - x_3$$

$$\text{s. t.} \begin{cases} x_1 - 2x_2 + x_3 \leqslant 11 \\ -4x_1 + 1x_2 + 2x_3 \geqslant 3 \\ -2x_1 + x_3 = 1 \\ x_1, x_2, x_3 \geqslant 0 \end{cases}$$

(1)添加人工变量,给出第一阶段的数学模型,并列出初步单纯形表。

$$\min w = x_6 + x_7$$

$$\text{s. t.} \begin{cases} x_1 - 2x_2 + x_3 + x_4 = 11 \\ -4x_1 + 1x_2 + 2x_3 - x_5 + x_6 = 3 \\ -2x_1 + x_3 + x_7 = 1 \\ x_j \geqslant 0, j = 1, 2, \cdots, 7 \end{cases}$$

初步单纯形表见表 3-5。

表 3-5 初步单纯形表(例 3-3)

	c_j		3	-1	-1	0	0	$-M$	$-M$	
c_B	x_B	b	x_1	x_2	x_3	x_4	x_5	x_6	x_7	θ
0	x_4	11	1	-2	1	1	0	0	0	11
1	x_6	3	-4	1	2	0	-1	1	0	3/2
1	x_7	1	-2	0	1	0	0	0	1	1
	σ_j		6	-1	-3	0	1	0	0	

因为检验数存在小于 0 的情况,所以需要对单纯形表进行迭代,直到单纯形表中所有检验数都大于或者等于 0(表 3-6)。

表 3-6 单纯形表的迭代(例 3-3)

迭代第一次										
	c_j		3	-1	-1	0	0	$-M$	$-M$	
c_B	x_B	b	x_1	x_2	x_3	x_4	x_5	x_6	x_7	θ
0	x_4	10	3	-2	0	1	0	0	-1	—
1	x_6	1	0	1	0	0	-1	1	-2	1
0	x_3	1	-2	0	1	0	0	0	1	—
	σ_j		0	-1	0	0	1	0	3	

			迭代第二次							
	c_j		3	-1	-1	0	0	$-M$	$-M$	
c_B	x_B	b	x_1	x_2	x_3	x_4	x_5	x_6	x_7	θ
0	x_4	12	3	0	0	1	-2	2	-5	
0	x_2	1	0	1	0	0	-1	1	-2	
0	x_3	1	-2	0	1	0	0	0	1	
	σ_j		0	0	0	0	1	1	1	

此时单纯形表中所有检验数均大于或者等于 0，所以求得最优解和最优基：

$$\boldsymbol{X}^* = (0,1,1,12,0,0,0)^{\mathrm{T}}$$

$$w = 0$$

（2）删去人工变量，并且更改单纯形表，将原问题中的目标函数的系数（表 3-7）迭代，见表 3-8。

表 3-7　原问题中的目标函数的系数

	c_j		3	-1	-1	0	0	
c_B	x_B	b	x_1	x_2	x_3	x_4	x_5	θ
0	x_4	12	3	0	0	1	-2	4
-1	x_2	1	0	1	0	0	-1	—
-1	x_3	1	-2	0	1	0	0	—
	σ_j		1	0	0	0	-1	

表 3-8　迭代后的单纯形表（例 3-3）

	c_j		3	-1	-1	0	0	
c_B	x_B	b	x_1	x_2	x_3	x_4	x_5	θ
3	x_1	4	1	0	0	1/3	$-2/3$	
-1	x_2	1	0	1	0	0	-1	
-1	x_3	9	0	0	1	2/3	$-4/3$	
	σ_j		0	0	0	$-1/3$	$-1/3$	

此时单纯形表中所有检验数均小于或者等于 0，所以求得最优解和最优基：

$$\boldsymbol{X}^* = (4,1,9,0,0,0,0)^{\mathrm{T}}$$

$$Z^* = 2$$

第三节　对偶问题的提出

一、经济分析中的对偶问题

经济分析中的对偶问题是指在经济学中，当使用优化问题求解资源分配时，原问题与对偶问题的解之间存在一种密切的关系。对偶问题在经济学中具有重要的应用价值,它可以用来解决一些常见的经济问题,如资源分配、生产与消费均衡等。

具体来说,对偶问题的求解方法是在原问题的基础上构建一个等价的优化问题,其解的结构和性质与原问题的解密切相关。对偶问题的优点在于,它不仅可以用来求解单个优化问题,还可以在更大的系统中将不同的优化目标整合起来,并且还可以帮助我们找到最优解中潜在的约束条件和参数之间的平衡点。

在实际应用中,对偶问题被广泛应用于经济政策的制定、资源配置的优化、市场均衡的分析等领域。通过求解对偶问题,可以更全面地考虑各种因素,避免决策过程中的偏见和不足,从而提高决策的科学性和合理性。

总之,经济分析中的对偶问题是一个重要的经济学概念,它有助于我们更好地理解和解决经济问题,为经济决策提供更有价值的参考。

二、对偶问题研究的对象

对偶问题研究的对象通常包括资源分配、生产与消费均衡、市场均衡等多个方面。具体来说,对偶问题可以应用于不同领域的资源分配问题,如能源、水资源、土地资源等,以及生产与消费的均衡问题,如生产计划、库存管理、价格制定等。此外,对偶问题还可以用于分析市场均衡,通过考虑各种市场参与者的行为和需求,以及市场规则和政策的影响,更准确地预测市场发展趋势。

三、对偶问题的定义

在优化理论的框架下,存在一类特殊的问题配对,即所谓的对偶问题,它们虽形式各异,却蕴含了相同的实质内容,只是从不同的视角和表述方式出发进行阐述。通过某种数学变换或转换关系,将原始问题重新表述为另一个问题,通常具有一些特定的性质或特征。

四、提出对偶问题的推导过程

假设企业有 m 种资源用于生产 n 种产品,c_j 表示单位 j 产品的产值;a_{ij} 表示生产单位 j 产品需 i 资源的数量;x_j 表示第 j 种产品的生产数量$(j=1,2,\cdots,n)$;b_i 表示各种资源的拥有量$(i=1,2,\cdots,m)$。为使企业产值最大,可将上述问题建立线性规划模型为(P)

$$\max z = c_1 x_1 + c_2 x_2 + \cdots + c_n x_n$$

$$(P)\,\text{s.t.}\begin{cases} a_{11}x_1 + a_{12}x_2 + \cdots + a_{1n}x_n \leqslant b_1 \\ a_{21}x_1 + a_{22}x_2 + \cdots + a_{2n}x_n \leqslant b_2 \\ \qquad\qquad\vdots \\ a_{m1}x_1 + a_{m2}x_2 + \cdots + a_{mn}x_n \leqslant b_m \\ x_j \geqslant 0, (j=1,2,\cdots,n) \end{cases}$$

从另一个角度提出一个问题:假定有一个企业想要收购此企业的全部资源,则需要付出多少代价才能达到目的?

设:y_i 表示收买该企业一单位 i 资源付出的代价$(i=1,2,\cdots,m)$;y_i 不是市场价格,它包括固定资产、人力资源、名牌效应、商标等,是影子价格。

令:$\boldsymbol{Y} = (y_1, y_2, \cdots, y_m)$,$\boldsymbol{b} = (b_1, b_2, \cdots, b_m)^{\mathrm{T}}$,则

$$(y_1, y_2, \cdots, y_m)(b_1, b_2, \cdots, b_m)^{\mathrm{T}} = \boldsymbol{Y}\boldsymbol{b} = \text{总代价}$$

$$(y_1, y_2, \cdots, y_m)(a_{1j}, a_{2j}, \cdots, a_{mj})^{\mathrm{T}} = \boldsymbol{Y}\boldsymbol{P}_j = \text{单位 } j \text{ 产品的代价}$$

对买方来说,希望付出的总代价最小:

$$\min w = b_1 y_1 + b_2 y_2 + \cdots + b_m y_m = \sum_{i=1}^{m} b_i y_i$$

对卖方来说,放弃自己生产活动的条件是,对同等资源让出所获得的收益大于或等于该企业自己组织生产活动的产值。

模型为

$$\min w = b_1 y_1 + b_2 y_2 + \cdots + b_m y_m$$

$$(D)\,\text{s. t.} \begin{cases} a_{11} y_1 + a_{12} y_2 + \cdots + a_{1n} y_m \leqslant c_1 \\ a_{21} y_1 + a_{22} y_2 + \cdots + a_{2n} y_m \leqslant c_1 \\ \qquad\qquad\qquad\vdots \\ a_{n1} y_1 + a_{n2} y_2 + \cdots + a_{mn} y_m \leqslant c_n \\ y_i \geqslant 0, (i = 1, 2, \cdots, m) \end{cases}$$

将问题 (D) 称为问题 (P) 的对偶问题,其矩阵形式如下:

$$\min w = \boldsymbol{Y}\boldsymbol{b}$$

$$\text{s. t.} \begin{cases} \boldsymbol{Y}\boldsymbol{A} \geqslant \boldsymbol{C} \\ \boldsymbol{Y} \geqslant 0 \end{cases}$$

其中,$\boldsymbol{Y}$ 是行向量,由于矩阵不满足交换律,不能写成 $\boldsymbol{A}\boldsymbol{Y}$ 和 $\boldsymbol{b}\boldsymbol{Y}$ 的形式。

线性规划的对偶问题也可以从数学角度推导出来。将问题 (P) 转化为标准形式,并写成矩阵形式:

$$\max z = \boldsymbol{C}\boldsymbol{X}$$

$$(P')\,\text{s. t.} \begin{cases} \boldsymbol{A}_i \boldsymbol{x} + \boldsymbol{E} \boldsymbol{x}_s = \boldsymbol{b} \\ \boldsymbol{x}, \boldsymbol{x}_s \geqslant 0 \end{cases}$$

其中,$\boldsymbol{x}_s$ 是原问题对应的各松弛变量,注意到约束方程的系数矩阵是 $(\boldsymbol{A}, \boldsymbol{E})$,对于上述问题的单纯形表为

$$T'_p(\boldsymbol{B}) = \begin{array}{c} \boldsymbol{x}_B \\ -z \end{array} \begin{pmatrix} \boldsymbol{B}^{-1}\boldsymbol{b} & \boldsymbol{B}^{-1}\boldsymbol{A} & \boldsymbol{B}^{-1}\boldsymbol{E} \\ -\boldsymbol{C}_B\boldsymbol{B}^{-1}\boldsymbol{b} & \boldsymbol{C} - \boldsymbol{C}_B\boldsymbol{B}^{-1}\boldsymbol{A} & 0 - \boldsymbol{C}_B\boldsymbol{B}^{-1}\boldsymbol{E} \end{pmatrix}$$

令 $\boldsymbol{Y} = \boldsymbol{C}_B \boldsymbol{B}^{-1} = (y_1, y_2, \cdots, y_m)$ 实质上是对偶变量。

$$T'_p(\boldsymbol{B}) = \begin{array}{c} \boldsymbol{x}_B \\ -z \end{array} \begin{pmatrix} \boldsymbol{B}^{-1}\boldsymbol{b} & \boldsymbol{B}^{-1}\boldsymbol{A} & \boldsymbol{B}^{-1} \\ -\boldsymbol{Y}\boldsymbol{b} & \boldsymbol{C} - \boldsymbol{Y}\boldsymbol{A} & -\boldsymbol{Y} \end{pmatrix}$$

$\boldsymbol{Y} = \boldsymbol{C}_B \boldsymbol{B}^{-1}$ 是一个桥梁,当检验数全部小于等于 0($\boldsymbol{C} - \boldsymbol{C}_B\boldsymbol{B}^{-1}\boldsymbol{A} \leqslant 0$)时,有

$$\begin{cases} \boldsymbol{Y}\boldsymbol{A} \geqslant 0 \\ \boldsymbol{Y} \geqslant 0 \end{cases}$$

满足对偶问题的约束条件,把原问题(P)的约束条件 $YA \geqslant C$ 右乘 x,得 $YAx \geqslant Cx$,又因为 $Ax \leqslant b$,则有 $Yb \geqslant YAx \geqslant Cx$。当原问题($P$)存在最大值时,则 Yb 有下界,即存在下面的对偶问题(D)。对偶问题为我们提供了求解原问题(P)的一种新途径。

引例说明提出对偶问题的推导过程。

例 3-4　华北公司利用现有的资源生产两种产品,有关数据见表 3-9。

表 3-9　两种产品的有关数据

项　　目	产品 Ⅰ	产品 Ⅱ	资源限量
设备 A	0	5	15 时
设备 B	6	2	24 时
调试工序	1	1	5 时
利润/元	2	1	

华北公司考虑:如何安排生产,使获利最多?

解:设:Ⅰ产量——x_1 件,Ⅱ产量——x_2 件:

$$\max z = 2x_1 + x_2$$

$$\text{s. t.} \begin{cases} 5x_2 \leqslant 15 \\ 6x_1 + 2x_2 \leqslant 24 \\ x_1 + x_2 \leqslant 5 \\ x_1, x_2 \geqslant 0 \end{cases}$$

假设:

收购方:本公司至少付出多少代价才能成功使华北公司放弃自己生产并且让出资源。

华北公司:出让代价应不低于同等数量的资源自己生产的利润。

设收购方收购价格如下:

$$\text{设备 } A \text{——} y_1 \text{ 元 / 时}$$
$$\text{设备 } B \text{——} y_2 \text{ 元 / 时}$$
$$\text{调试工序 ——} y_3 \text{ 元 / 时}$$

华北公司能接受的条件:

(1) 单位产品 Ⅰ 资源出租收入不低于 2 元:$6y_2 + y_3 \geqslant 2$。

(2) 单位产品 Ⅱ 资源出租收入不低于 1 元:$5y_1 + 2y_2 + y_3 \geqslant 1$。

收购方意愿:

$$\min w = 15y_1 + 24y_2 + 5y_3$$

$$\text{s. t.} \begin{cases} 6y_2 + y_3 \geqslant 2 \\ 5y_1 + 2y_2 + y_3 \geqslant 1 \\ y_1, y_2, y_3 \geqslant 0 \end{cases}$$

所以根据例子可以总结原问题与对偶问题的关系:

原问题		对偶问题
max $z = CX$	$\Rightarrow$	min $w = Yb$
s. t. $\begin{cases} AX \leqslant b \\ X \geqslant 0 \end{cases}$		s. t. $\begin{cases} YA \geqslant C \\ Y \geqslant 0 \end{cases}$

从而分析出原问题与对偶问题的关系转换的特点。

(1) max↔min。

(2) 资源向量 b ↔价值向量 C。

(3) 一个约束↔一个变量。

(4) max z 的"$\leqslant$"约束↔min w 的"$\geqslant$"约束。

(5) 变量都是非负限制。

第四节　原问题与对偶问题的关系

一、对称形式的对偶线性规划

（一）对称形式的对偶问题的两种情形

情形 1：

原问题		对偶问题
max $z = CX$	$\Leftrightarrow$	min $w = Yb$
s. t. $\begin{cases} AX \leqslant b \\ X \geqslant 0 \end{cases}$		s. t. $\begin{cases} YA \geqslant C \\ Y \geqslant 0 \end{cases}$

情形 2：

原问题		对偶问题
max $z = CX$	$\Leftrightarrow$	min $w = Yb$
s. t. $\begin{cases} AX \geqslant b \\ X \geqslant 0 \end{cases}$		s. t. $\begin{cases} YA \geqslant C \\ Y \leqslant 0 \end{cases}$

（二）关系总结

(1) 原问题的约束个数等于对偶问题变量的个数。

(2) 原问题的目标函数系数对应于对偶问题右端项。

(3) 原问题右端项对应于对偶问题的目标函数系数。

(4) 原问题的约束矩阵转置就是对偶问题的约束矩阵。

(5) 原问题是求最大问题,对偶问题是求最小问题。

(6) 原问题不等式约束符号为"$\leqslant$",对偶问题不等式约束符号为"$\geqslant$"。

（三）例题分析

例 3-5 写出下列线性规划的对偶问题：

$$\max z = 3x_1 - 2x_2 + x_3$$

$$\text{s. t.} \begin{cases} 2x_1 + 3x_3 \leqslant 5 \\ 4x_2 - x_3 = 4 \\ 2x_1 - 3x_2 + 2x_3 \geqslant 10 \\ x_j \geqslant 0 (j = 1, 2, 3) \end{cases}$$

解：对原问题的约束条件进行调整，全部转化为 $\leqslant$ 的形式。

$$4x_2 - x_3 = 4 \text{ 可以写成 } 4x_2 - x_3 \leqslant 4 \text{ 和 } -4x_2 + x_3 \leqslant -4$$

$$2x_1 - 3x_2 + 2x_3 \geqslant 10 \text{ 可以写成 } -2x_1 + 3x_2 - 2x_3 \leqslant -10$$

所以原问题的约束条件变为

$$\text{s. t.} \begin{cases} 2x_1 + 3x_3 \leqslant 5 \\ 4x_2 - x_3 \leqslant 4 \\ -4x_2 + x_3 \leqslant -4 \\ -2x_1 + 3x_2 - 2x_3 \leqslant -10 \\ x_j \geqslant 0 (j = 1, 2, 3) \end{cases}$$

根据对称型问题的关系可写出原问题的对偶问题：

$$\min w = 5y_1 + 4y_2 - 4y_3 - 10y_4$$

$$\text{s. t.} \begin{cases} 2y_1 - 2y_3 \geqslant 3 \\ 4y_2 - 4y_3 + 3y_4 \geqslant -2 \\ 3y_1 - y_2 + y_3 - 2y_4 \geqslant 1 \\ y_j \geqslant 0 (j = 1, 2, 3, 4) \end{cases}$$

二、非对称形式的对偶线性规划

在实际应用中，我们遇到非对称形式的线性规划问题的频率要远高于对称形式的线性规划问题。虽然我们可以将遇到的非对称形式的线性规划问题的约束条件换成对称形式的线性规划问题的约束条件，再根据对称形式的对偶线性规划的互化规则，求出原问题的对偶问题，但是运算过程过于烦琐，所以为了简化过程，提出了非对称形式的对偶线性规划的互化规则。

（一）约束条件是等式的转化推导过程

目前已经总结了在约束条件是不等式的情况下，如何实现对偶问题与原问题之间的转化，接下来进一步扩展这一讨论，详细阐述当原问题的约束条件变为等式时，这一转化过程的推导逻辑。

推导过程：

原问题		对偶问题
$\max z = CX$	$\Leftrightarrow$	$\min \omega = Yb$
s. t. $\begin{cases} AX = b \\ X \geqslant 0 \end{cases}$		s. t. $\begin{cases} YA \geqslant C \\ Y \text{ 无约束} \end{cases}$

推导过程：

$\max z = CX$		$\max z = CX$		$\min w = (Y_1, Y_2) \cdot \begin{bmatrix} b \\ -b \end{bmatrix}$		$\min w = (Y_1, -Y_2)b$
$\begin{cases} AX \geqslant b \\ AX \leqslant b \\ X \geqslant 0 \end{cases}$	$\Rightarrow$	$\begin{cases} \begin{bmatrix} A \\ -A \end{bmatrix} X \leqslant \begin{bmatrix} b \\ -b \end{bmatrix} \\ X \geqslant 0 \end{cases}$	$\Rightarrow$	$\begin{cases} (Y_1, Y_2) \cdot \begin{bmatrix} A \\ -A \end{bmatrix} \geqslant C \\ Y_1 \geqslant 0, Y_2 \geqslant 0 \end{cases}$	$\Rightarrow$	$\begin{cases} (Y_1, -Y_2) \cdot A \geqslant C \\ Y_1 \geqslant 0, Y_2 \geqslant 0 \end{cases}$

令 $Y = (Y_1, -Y_2)$，得对偶问题为

$$\min w = Yb$$
$$\text{s. t.} \begin{cases} YA \geqslant C \\ Y \text{ 无约束} \end{cases}$$

（二）非对称型线性规划问题的互化规则

目标函数 max z		目标函数 min w
n 个约束	$\leftrightarrow$	n 个变量
约束 $\leqslant 0$	$\leftrightarrow$	变量 $\geqslant 0$
约束 $\geqslant 0$	$\leftrightarrow$	变量 $\leqslant 0$
约束 $=$	$\leftrightarrow$	自由变量
m 个约束	$\leftrightarrow$	m 个变量
变量 $\geqslant 0$	$\leftrightarrow$	约束 $\geqslant 0$
变量 $\leqslant 0$	$\leftrightarrow$	约束 $\leqslant 0$
自由变量	$\leftrightarrow$	约束 $=$
目标函数的价值向量	$\leftrightarrow$	约束条件的资源向量
约束条件的资源向量	$\leftrightarrow$	目标函数的价值向量

例 3-6 已知线性规划问题如下，写出对偶问题：

$$\min z = 2x_1 + 3x_2 - 5x_3 + x_4$$
$$\text{s. t.} \begin{cases} x_1 + x_2 - 3x_3 + x_4 \geqslant 5 \\ 2x_1 + 2x_3 - x_4 \leqslant 5 \\ x_2 + x_3 + x_4 = 6 \\ x_1 \leqslant 0; \ x_2, x_3 \geqslant 0; \ x_4 \text{ 无约束} \end{cases}$$

解：其对偶问题如下：

$$\max w = 5y_1 + 5y_2 + 6y_3$$

$$\text{s. t.}\begin{cases} 2y_1 + 2y_2 \geqslant 2 \\ y_1 + y_3 \leqslant 3 \\ -3y_1 + 2y_2 + y_3 \leqslant -5 \\ y_1 - y_2 + y_3 = 1 \\ y_1 \geqslant 0;\ y_2 \leqslant 0;\ y_3\ \text{无约束} \end{cases}$$

第五节　对偶问题的基本性质

在下面的讨论中,假定一堆对称型的线性规划问题(P)、(D)为

原问题		对偶问题
$\max z = CX$	$\Leftrightarrow$	$\min w = Yb$
$(P)\,\text{s. t.}\begin{cases} AX \leqslant b \\ X \geqslant 0 \end{cases}$		$(D)\,\text{s. t.}\begin{cases} YA \geqslant C \\ Y \geqslant 0 \end{cases}$

一、对称性定理

对偶问题的对偶是原问题。

证明:

将对偶问题(D)化为标准对称型

$$\max(-w) = -Yb$$

$$\text{s. t.}\begin{cases} -YA \leqslant -C \\ Y \geqslant 0 \end{cases}$$

再根据标准对称型写出对偶

$$\min(-w') = -CX$$

$$\text{s. t.}\begin{cases} -AX \geqslant -b \\ X \geqslant 0 \end{cases}$$

最终由 $\min(-w') = -\min w' = -\max z$ 得

$$\max z = CX$$

$$\text{s. t.}\begin{cases} AX \leqslant b \\ X \geqslant 0 \end{cases}$$

二、弱对偶性定理

在线性规划的对偶理论中,若 $\overline{X}$ 是原问题(P)的可行解,$\overline{Y}$ 是对偶问题(D)的可行解,则原问题的目标函数在 $\overline{X}$ 处的取值应小于或等于对偶问题的目标函数在 $\overline{Y}$ 处的取值与原问题约束条件右侧向量 b 的点积。这一关系可以表示为:$C\overline{X} \leqslant \overline{Y}b$。其中,$C$ 是原问题目标函数中的系数向量,b 是原问题约束条件中的右侧向量。

证明如下。

因为 $\overline{X}$ 是原问题 (P) 的可行解,则

$$A\overline{X} \leqslant b$$

若 $\overline{Y}$ 是给定的一组值,设它是对偶问题 (D) 的可行解,将 $\overline{Y}$ 左乘上式有

$$\overline{Y}A\overline{X} \leqslant \overline{Y}b$$

又因为原问题 (P) 的对偶问题 (D) 为

$$\min w = bY$$

$$\text{s. t.} \begin{cases} YA \geqslant C \\ Y \geqslant 0 \end{cases}$$

$\overline{Y}$ 是对偶问题 (D) 的可行解,则

$$\overline{Y}A \geqslant C$$

将 $\overline{X}$ 右乘上式有

$$\overline{Y}A\overline{X} \geqslant C\overline{X}$$

则

$$C\overline{X} \leqslant \overline{Y}A\overline{X}\overline{X} \leqslant \overline{Y}b$$

则 $C\overline{X} \leqslant \overline{Y}b$。

三、无界性定理

(一)分类

(1) 若原问题 (P) 为无界解,则其对偶问题 (D) 无可行解。

(2) 若对偶问题 (D) 为无界解,则其原问题 (P) 无可行解。

(二)证明

根据弱对偶性可知:

若 X 是原问题 (P) 的可行解,C 是对偶问题的可行解,则 $C\overline{X} \leqslant \overline{Y}b$。

∴ 原问题 (P) 为无可行解时,则对偶问题 (D) 或无界解或无可行解。

∴ 对偶问题 (D) 为无可行解时,则原问题 (P) 或无界解或无可行解。

从弱对偶性和无界性可得到以下重要结论。

(1) 对于极大化的原问题,其任意可行解所达成的目标函数值,均构成对偶问题最优解所对应目标函数值的下界。

(2) 对于极小化的对偶问题,其任意可行解所表示的目标函数值,均构成原问题最优目标函数值的上界。

四、最优性定理

若 $\hat{X}$ 是原问题 (P) 的可行解,$\hat{Y}$ 是对偶问题 (D) 的可行解,当 $C\hat{X} = \hat{Y}b$ 时,$\hat{X},\hat{Y}$ 是最优解。

证明:$C\hat{X} = \hat{Y}b$。

根据弱对偶性,对于对偶问题的所有可行解 $\overline{Y}$ 有 $C\hat{X} \leqslant \overline{Y}b$,

$$\therefore C\hat{X} = \hat{Y}b \leqslant \overline{Y}b$$

$\hat{Y}$ 是对偶问题所有可行解中使目标函数值达到最小的解,所以 $\hat{Y}$ 是对偶问题的最优解。

同理,对于原问题的所有可行解 $\overline{X}$ 有

$$C\overline{X} \leqslant \hat{Y}b = C\hat{X}$$

$\hat{X}$ 是原问题所有可行解中使目标函数值达到最大的解,所以 $\hat{X}$ 是原问题的最优解。

五、对偶定理(强对偶性)

若原问题(P)有最优解,那么对偶问题(D)也有最优解;且目标函数值相等。

若对偶问题(D)有最优解,那么原问题(P)也有最优解;且目标函数值相等。

前半部分证明:设 $\hat{X}$ 是原问题(P)的最优解,它对应的基矩阵 B 必存在:

$$C - C_B B^{-1} A \leqslant 0$$

令 $\hat{Y} = C_B B^{-1}$,则 $\hat{Y}A \geqslant C$。

此时,$\hat{Y}$ 是对偶问题(D)的可行解,使 $w = \hat{Y}b = C_B B^{-1}b$。

又因为,$\hat{X}$ 是原问题(P)的最优解,则原问题(P)的目标函数值为:$z = C\hat{X} = C_B B^{-1}b$,

$$\therefore C\hat{X} = \hat{Y}b$$

可见,$\hat{Y}$ 是对偶问题(D)的最优解。

六、松紧定理、互补松弛定理

(一)定义

变量松,指变量严格 >0 或 <0;

变量紧,指变量 $=0$;

约束松,指约束为严格不等式($>$ 或 $<$);

约束紧,指约束为等式($=$)。

(二)定理内容

设:$A = (p_1, p_2, \cdots, p_n) = (A_1, A_2, \cdots, A_m)^{\mathrm{T}}$

$$\max z = CX$$
$$(P)\,\text{s. t.} \begin{cases} A_i x \leqslant b_i, i = 1, 2, \cdots, m \\ x \geqslant 0 \end{cases}$$

$$\min w = Yb$$
$$(D)\,\text{s. t.} \begin{cases} YP_j \geqslant C_j, j = 1, 2, \cdots, m \\ Y \geqslant 0 \end{cases}$$

若 $\hat{X},\hat{Y}$ 分别是原问题(P)和对偶问题(D)的最优解,则有下面的结论。

(1) 若某 $x_j^* > 0$[最优解中的某个分量,称 x_j^* 对(P)问题是松的],则 $Y^* P_j = C_j$,[称 y_i^* 对(D)问题是紧的];

(2) 若某 $Y^* P_j > C_j$(松的),则 $x_j^* = 0$(紧的);

(3) 若某 $y_i^* > 0$(松的),则 $A_i x^* = b_i$(紧的);

(4) 若某 $A_i x^* < b_i$(松的),则 $y_i^* = 0$(紧的)。

(三) 证明过程

由强对偶性定理可知,$Y^* b = Y^* A x^* = C x^*$,则有 $Y^* A x^* - C x^* = 0$,其中 $Y^* A - C \geqslant 0$;$x^* \geqslant 0$,即有 $(Y^* P_j - C_j) x_j^* = 0, j = 1, 2, \cdots, n$。

若 $x_j^* > 0$,则 $Y^* P_j - C_j = 0$;

若 $Y^* P_j > C_j$,则 $x_j^* = 0$。

可由松到紧,但不能由紧到松。(3)(4)同理可证。

在线性规划问题的求解过程中,达到最优解时,对偶变量与约束条件之间的关系展现出一种明确的互补性。具体而言,若某一约束条件对应的对偶变量在最优解中取得非零值,则此约束条件在原问题中必然表现为严格等式,即其必须被精确满足而无任何松弛。相反,若原问题中的某约束条件以严格不等式的形式出现,则根据对偶理论的互补性原理,其对应的对偶变量在最优解中必定为零,表明该不等式约束在优化过程中并未起到推动目标函数最优化的直接作用。

七、原问题的检验数与对偶问题的解的关系

(1) 线性规划的一个基 B(可为非可行基)的 $T(B)$ 的检验数(可正可负),对应着对偶问题的一个基本解。

(2) 线性规划的一个正则基 B(检验数全部 $\leqslant 0$)的 $T(B)$ 的检验数对应着对偶问题的一个基本可行解。

(3) 线性规划的一个最优基($C - C_B B^{-1} A \leqslant 0$,$-C_B B^{-1} \leqslant 0$,$B^{-1} b \geqslant 0$),$T(B)$ 的检验数对应其对偶问题的一个基本最优解。

证明:由(P)、(D)可写为

$$\max z = Cx$$

$$(P_s) \text{s. t.} \begin{cases} Ax + Ex_s = b \\ x, x_s \geqslant 0 \end{cases}$$

$$\min w = Yb$$

$$(D_s) \text{s. t.} \begin{cases} YA - Y_s = C \\ Y, Y_s \geqslant 0 \end{cases}$$

计算(P_s)问题的最终单纯形表如表 3-10 所示。

表 3-10 计算(P_s)问题的最终单纯形表

价值系数→			C_B	C_N	0
基变量的价值系数	基变量	等式右边 RHS	X_B	X_N	X_s
C_B	X_B	$B^{-1}b$	I	$B^{-1}N$	B^{-1}
$-C_B B^{-1}b = -z$			0	$C_N - C_B B^{-1}N$	$-C_B B^{-1}$

可得(P_s)问题的检验数。又由(D_s)的约束条件：

令 $Y_s = (Y_s', Y_s'')$ 得 $Y(B-N) - (Y_s', Y_s'') = (C_B, C_N)$

即

$$\begin{cases} YB - Y_s' = C_B \\ YN - Y_s'' = C_N \end{cases}$$

把 $Y = C_B B^{-1}$ 代入得

$$\begin{cases} C_B B^{-1} B - Y_s' = C_B \\ C_B B^{-1} N - Y_s'' = C_N \end{cases}$$

则

$$\begin{cases} Y_s' = 0 \\ Y_s'' = C_B B^{-1} N - C_N \\ Y = C_B B^{-1} \end{cases}$$

推理可得表 3-11 所示单纯形表。

表 3-11 推理得到的单纯形表

价值系数→			C_B	C_N	0
基变量的价值系数	基变量	等式右边 RHS	X_B	X_N	X_s
C_B	X_B	$B^{-1}b$	I	$B^{-1}N$	B^{-1}
$-C_B B^{-1}b = -z$			0	$C_N - C_B B^{-1}N$	$-C_B B^{-1}$
			Y_s'	$-Y_s''$	$-Y$

八、存在性定理

原问题与对偶问题之间的关系：

max z	↔	min w
有最优解	↔	有最优解
有可行解但无上界	↔	无可行解
无可行解	↔	有可行解但无上界
无可行解	↔	无可行解

例 3-7　已知

$$\max z = 3x_1 + 6x_2 + 2x_3 + 2x_4$$

$$(P)\,\text{s.t.}\begin{cases} x_1 + 3x_2 + x_4 \leqslant 8 \\ 2x_1 + x_2 \leqslant 6 \\ x_2 + x_3 + x_4 \leqslant 3 \\ x_1 + x_2 + x_3 \leqslant 6 \\ x_1, x_2, x_3, x_4 \geqslant 0 \end{cases}$$

(1) 写出 (P) 问题的对偶问题 (D)：

$$\min w = 8y_1 + 6y_2 + 3y_3 + 6y_4$$

$$(D)\,\text{s.t.}\begin{cases} y_1 + 2y_2 + y_4 \geqslant 3 \\ 3y_1 + y_2 + y_3 + y_4 \geqslant 6 \\ y_3 + y_4 \geqslant 2 \\ 4y_1 + y_3 \geqslant 2 \\ y_1, y_2, y_3, y_4 \geqslant 0 \end{cases}$$

(2) 当 (P) 的最优解为 $\boldsymbol{x}^* = (2,2,1,0)^{\mathrm{T}}$ 时，由松紧定理求 (D) 的最优解。

由松紧定理可知，因为 $x_1^*, x_2^*, x_3^* > 0$，所以称 x_1^*, x_2^*, x_3^* 对 (P) 问题是松的，则

$$\begin{cases} y_1 + 2y_2 + y_4 = 3 \\ 3y_1 + y_2 + y_3 + y_4 = 6 \\ y_3 + y_4 = 2 \end{cases}$$

把 $\boldsymbol{x}^* = (2,2,1,0)^{\mathrm{T}}$ 代入 $x_1 + x_2 + x_3 \leqslant 6$ 得到 $x_1 + x_2 + x_3 = 5 \leqslant 6$，是松的，所以 $y_4^* = 0$。

求得：$y_1^* = 1, y_2^* = 1, y_3^* = 2, y_4^* = 0$。

所以 (D) 的最优解为 $\boldsymbol{Y}^* = (1,1,2,0)$。

第六节　对偶问题的经济解释——影子价格

思考：在单纯形法的迭代进程中，目标函数值 z 由表达式 $C_B B^{-1} b$ 给出，同时检验数等于 $C_N - C_B B^{-1} N$，观察此两者，我们不难发现共同项 $C_B B^{-1}$ 在其中扮演了核心角色。那么 $C_B B^{-1}$ 在问题中有什么实际意义？

迭代后的单纯形表见表 3-12。

表 3-12　迭代后的单纯形表 1

价值系数→			C_B	C_N	0
基变量的价值系数	基变量	等式右边 RHS	X_B	X_N	X_s
C_B	X_B	$B^{-1}b$	I	$B^{-1}N$	B^{-1}
检验数			0	$C_N - C_B B^{-1} N$	$-C_B B^{-1}$

一、定义

（一）单纯形乘子 Y 的定义

单纯形乘子 Y：$Y = C_B B^{-1}$ 表示单位资源转换成利润的效率。其推导过程如下。

将线性规划原问题的最优解 $x_j^*(j = 1, 2, \cdots, n)$ 以及对偶问题的最优解 $y_i^*(i = 1, 2, \cdots, n)$ 代入各自目标函数后有

$$z^* = \sum_{j=1}^{n} c_j x_j^* = \sum_{i=1}^{m} b_i y_i^* = w^*$$

式中，b_i 为原问题约束条件的右端常数项，表示第 i 种资源所具备的总量。

设 B 是 $\{\max z = CX \mid AX \leqslant b, X \geqslant 0\}$ 的最优基，得

$$z^* = C_B B^{-1} b = Y^* b \Rightarrow \frac{\partial z^*}{\partial b} = C_B B^{-1} = Y^*$$

$C_B B^{-1}$ 表示单位资源转换成利润的效率，即对偶问题中的变量是资源变化引起的原问题最优目标函数值变化的比值。

注：原问题目标函数的量纲不同，其经济意义也不同，相应乘子的经济意义也不同，且有不同的名称。

（二）影子价格的定义

第 i 种资源每增加一个单位，目标函数的最优值会随之改变，其改变量被定义为该资源的影子价格 y_i^*，$\frac{\partial z}{\partial b_i} = y_i^*(i = 1, \cdots, m)$ 为 i 资源的影子价格。

影子价格，作为对单位第 i 种资源在最优利用状态下的经济估值，并非直接源自市场机制的交易价格，而是基于该资源在生产过程中实际贡献的评估结果。这种评估方式旨在揭示资源真实的经济价值，以区别于市场直接决定的交易价格，故称为影子价格（或影子价值），在特定语境下，也可能被称作影子利润、最优估算成本等。

二、影子价格的经济意义

（1）影子价格是一种边际价格，反映资源对目标函数的边际贡献。

$$z^* = \sum_{j=1}^{n} c_j x_j^* = \sum_{i=1}^{m} b_i y_i^* = w^*$$

$$\frac{\partial z^*}{\partial b_i} = y_i^*$$

在资源达到最优配置的生产环境下，y_i^* 的值等同于目标函数 z 随第 i 种资源 b_i 每增加一个单位所产生的增值量。

资源影子价格不同，对目标函数值的贡献也不同。随着资源增加，可行域也发生变化；当某资源量不断增加超过某值时，需要重新计算目标函数的最优解。这在后面灵敏度分析中继续讨论。

（2）影子价格反映资源的稀缺程度。

根据互补松弛性，有 $\hat{Y} X_s = 0$ 和 $Y_s \hat{X} = 0$。

当 $\sum\limits_{j=1}^{n} a_{ij}\hat{x}_i < \boldsymbol{b}$ 时, $\hat{y}_i = 0$;

当 $\hat{y}_i > 0$ 时, $\sum\limits_{j=1}^{n} a_{ij}\hat{x}_i = \boldsymbol{b}$。

① 当生产流程中存在某种资源未被充分有效利用时,其对应的影子价格将体现为零。

② 若某种资源的影子价格非零,则意味着该资源已经在生产过程中消耗完。

例如:

$$y_1^* = 1.5 \Leftrightarrow x_3 = 0 \Leftrightarrow 设备$$
$$y_2^* = 0.125 \Leftrightarrow x_4 = 0 \Leftrightarrow 原材料 A$$
$$y_3^* = 1.5 \Leftrightarrow x_5 = 0 \Leftrightarrow 原材料 B$$

③ 设备的影子价格不为零,表明设备台时在生产中已耗费完毕。

④ 原材料 A 的影子价格不为零,表明原材料 A 在生产中已耗费完毕。

⑤ 原材料 B 的影子价格为零,表明原材料 B 在生产中未得到充分利用。

(3) 影子价格又是一种机会成本,反映资源的边际使用价值。

资源的市场价格作为已知且相对稳定的数据,其波动性较小;而资源的影子价格,则是资源所有者基于资源实际利用状况而设定的一个内部定价机制,其值具有不确定性,高度依赖于资源的配置效率。受到企业生产任务的调整、产品结构的变革等因素的影响,资源的影子价格会动态变化,以反映资源的实际价值贡献。

在纯粹的市场经济环境中,企业会根据资源的市场价格与影子价格的相对关系作出买卖决策。具体而言,例如,当第二种资源的市场单价低于 0.125 元时,企业会视为买入良机;相反,若市场价格超越了资源的影子价格,则企业倾向于将此类资源售出,以实现利润最大化。这种资源的买卖行为会进一步影响资源的供需平衡,从而促使影子价格发生变动,直至达到与市场价格相均衡的状态,此时市场处于稳定平衡之中。

在优化资源配置的过程中,线性规划问题的求解主要聚焦于确定资源的最优分配策略,以实现资源效益的最大化;而对偶问题的求解,则是从另一个角度——资源的合理估价出发,通过评估资源的潜在价值来指导资源的有效利用。这种估价机制不仅关乎资源的直接成本,更深刻地体现了资源在生产过程中的边际贡献与整体效益,是实现资源优化配置的重要工具。

从影子价格的含义考察单纯形表的检验数的经济意义:

$$\sigma_j = c_j - \boldsymbol{C}_B \boldsymbol{B}^{-1} \boldsymbol{P}_j = c_j - \sum_{i=1}^{m} y_i a_{ij}$$

式中, c_j 为第 j 种产品的价值; $\sum\limits_{i=1}^{m} y_i a_{ij}$ 为生产第 j 种产品所消耗各项资源的影子价格的总和(即隐含成本)。

可见,产品价值>隐含成本,则可生产产品;否则不生产产品。

(4) 影子价格可作为资源分配的一个指标,应把紧缺资源优先分配给影子价格高的产品。

第七节　对偶单纯形法

一、对偶单纯形法的定义

对偶单纯形法以确保对偶问题解的可行性为起点，通过一系列的迭代过程，逐步探索并逼近原始问题的最优解，在整个迭代循环中，该方法严格保持对偶解的有效性，同时致力于提升原始问题解的可行性，直至达成原始问题最优性的充分条件。

二、优缺点

（一）优点

对偶单纯形法显著的优势在于其无须引入额外的人工变量，从而降低了模型的复杂度。在变量数量超过约束条件的情境下，该方法能够显著减少迭代次数，提升求解效率。此外，在灵敏度分析领域，对偶单纯形法展现出独特的适用性，它常被用于处理简化问题，为分析提供了更为便捷和高效的途径。

（二）缺点

对偶单纯形法在应用时亦面临一定挑战。具体而言，要求初始单纯形表中直接呈现对偶问题的基可行解，这一条件对于多数线性规划问题而言难以自然满足，通常需要额外的预处理步骤。因此，在实际操作中，对偶单纯形法往往不作为独立的求解策略使用，而是结合其他方法共同作用于复杂问题的求解过程中。

三、基本思路

原问题每次迭代的单纯形表的检验数行对应其对偶问题的一个基解。

原问题	对偶问题
$\max z = CX$	$\min w = Yb$
s.t. $\begin{cases} AX + X_s = b \\ X, X_s \geqslant 0 \end{cases}$	s.t. $\begin{cases} YA - Y_s = C \\ Y, Y_s \geqslant 0 \end{cases}$

原问题与对偶问题的单纯形法迭代对应表如表 3-13 所示。

表 3-13　原问题与对偶问题的单纯形法迭代对应表

决策变量	X_B	X_N	X_s
检验数	0	$C_N - C_B B^{-1} N$	$-C_B B^{-1} I$
对应	$-Y_{s1}$	$-Y_{s2}$	$-Y$

对偶单纯形法的基本思路为

原问题可行性条件	$\tilde{b}=\boldsymbol{B}^{-1}\boldsymbol{b}\geqslant 0$		对偶问题最优性条件
	$\Downarrow$	$\Uparrow$	
原问题最优性条件	$\boldsymbol{C}-\boldsymbol{C}_B\boldsymbol{B}^{-1}\boldsymbol{A}\leqslant 0$		对偶问题可行性条件

四、依据定理

最优性定理、对偶定理。

五、对偶单纯形法的计算步骤

（一）对线性规划进行变换

使列出的初始单纯形表的所有检验数非正,得到对偶问题的基可行解。

（二）检查基变量对应的 b 列的值

(1) 若都为负,检验数为非正,则已得到原问题和对偶问题的最优解,停止计算;

(2) 若存在至少一个负分量,检验数保持非正,那么进行基变换。

（三）确定换出变量

$$\min\{(\boldsymbol{B}^{-1}\boldsymbol{b})_i \mid (\boldsymbol{B}^{-1}\boldsymbol{b})_i < 0\} = (\boldsymbol{B}^{-1}\boldsymbol{b})_l$$

对应的 x_l 为换出变量。

（四）确定换入变量

在单纯形表中检查 x_l 所在行的各系数 a_{ij}, $j=1,\cdots,n$。若所有的 $a_{ij}\geqslant 0$,则无可行解,停止计算;若存在 $a_{ij}<0$,计算 $\theta=\min\limits_{j}\left\{\dfrac{\sigma_j}{a_{lj}}\Big|a_{lj}<0\right\}=\dfrac{\sigma_k}{a_{lk}}$,对应的 x_k 为换入变量。这样才能保持得到的对偶问题解仍可行。

（五）迭代运算

(1) 以 a_{lk} 为主元素,按原单纯形表的初等行变换计算在表中进行迭代运算。

(2) 重复以上步骤,直到两问题都得到最优解。

例 3-8 用对偶单纯形法求解线性规划问题:

$$\min w = 15y_1 + 24y_2 + 5y_3$$
$$\text{s.t.}\begin{cases}6y_2 + y_3 \geqslant 2\\5y_1 + 2y_2 + y_3 \geqslant 1\\y_1, y_2, y_3 \geqslant 0\end{cases}$$

第一步:将极小化问题化成极大化问题:

$$\max z = -15y_1 - 24y_2 - 5y_3 + 0y_4 + 0y_5$$
$$\text{s.t.}\begin{cases}-6y_2 - y_3 + y_4 = -2\\-5y_1 - 2y_2 - y_3 + y_5 = 1\\y_1, y_2, y_3, y_4, y_5 \geqslant 0\end{cases}$$

第二步：初始单纯形表的所有检验数非正，得到对偶问题的基可行解，但是 b 的取值存在小于 0 的情况，需要继续计算出换入变量和换出变量再进行迭代，直到所有 b 取值大于 0（表 3-14）。

表 3-14　对偶单纯形法

C_B	Y_B	b	y_1	y_2	y_3	y_4	y_5
	$c_j \rightarrow$		-15	-24	-5	0	0
0	y_4	-2	0	-6	-1	1	0
0	y_5	-1	-5	-2	-1	0	1
	$c_j - z_j$		-15	-24	-5	0	0
-24	y_2	$1/3$	0	1	$1/6$	$-1/6$	0
0	y_5	$-1/3$	-5	0	$-2/3$	$-1/3$	1
	$c_j - z_j$		-15	0	-1	-4	0
-24	y_2	$1/4$	$-5/4$	1	0	$-1/4$	$1/4$
-5	y_3	$1/2$	$15/2$	0	1	$1/2$	$-3/2$
	$c_j - z_j$		$-15/2$	0	0	$-7/2$	$-3/2$
	对偶问题的可行解					x_1^*	x_2^*

$$\therefore \boldsymbol{Y}^* = \left(0, \frac{1}{4}, \frac{1}{2}, 0, 0\right)^{\mathrm{T}}$$

$$z^* = -\frac{17}{2} \quad \therefore w^* = \frac{17}{2}$$

六、对偶单纯形法的应用

（1）当 $\min\{\boldsymbol{CX} \mid \boldsymbol{AX} \geqslant \boldsymbol{b}, \boldsymbol{X} \geqslant 0, \boldsymbol{C} \geqslant 0\}$ 时，用对偶单纯形法迭代计算。

（2）求 $\max\{\boldsymbol{CX} \mid \boldsymbol{AX} = \boldsymbol{b}^{(t)}, \boldsymbol{X} \geqslant 0, t = 1, \cdots, p\}$ 的一组规划。

先求得 $\boldsymbol{b}^{(1)}$ 的最优基单纯形表。

$$T(\boldsymbol{B}^{(1)}) = \left\{ \begin{array}{cc} \boldsymbol{B}^{-1}\boldsymbol{b}^{(1)} & \boldsymbol{B}^{-1}\boldsymbol{A} \\ -\boldsymbol{C}_B\boldsymbol{B}^{-1}\boldsymbol{b}^{(1)} & \boldsymbol{C} - \boldsymbol{C}_B\boldsymbol{B}^{-1}\boldsymbol{A} \end{array} \right\}$$

可得一个可行基满足对偶单纯形法的条件，当计算 $\boldsymbol{b}^{(2)}$，可在上述表 $T(\boldsymbol{B}^{(1)})$ 的基础上继续计算。

$$T(\boldsymbol{B}^{(2)}) = \left\{ \begin{array}{cc} \boldsymbol{B}^{-1}\boldsymbol{b}^{(2)} & \boldsymbol{B}^{-1}\boldsymbol{A} \\ -\boldsymbol{C}_B\boldsymbol{B}^{-1}\boldsymbol{b}^{(2)} & \boldsymbol{C} - \boldsymbol{C}_B\boldsymbol{B}^{-1}\boldsymbol{A} \end{array} \right\}$$

用对偶单纯形法迭代计算 $\boldsymbol{B}^{-1}\boldsymbol{b}^{(2)} \geqslant 0$ 时，得 $\boldsymbol{b}^{(2)}$ 的最优基单纯形表，依次进行，即可求出 $t = 1, \cdots, p$ 的所有最优解。

（3）当已求得最优基单纯形表 $T(\boldsymbol{B}^{(*)})$ 时，又增加一个新的约束：

$$a_{m+1}x_1 + \cdots + a_{m+n}x_n \leqslant b_{m+1}$$

可在 $T(\boldsymbol{B}^{(*)})$ 中最下面增加一行。

第八节 对偶问题在现代物流中的应用

对偶问题在现代物流中的应用主要体现在优化资源配置、降低成本和提高效率等方面。虽然直接关于对偶问题在现代物流中具体应用的详细案例可能较为少见,但可以从对偶问题的本质和优化理论的角度出发,探讨其在现代物流中可能的应用场景。

对偶问题在现代物流中的应用主要体现在资源分配、路径规划和库存控制等方面。通过利用对偶理论中的优化方法和技巧,物流企业可以从不同角度审视物流问题,从而找到更优的解决方案。这些应用不仅有助于提高物流效率和服务质量,还有助于降低物流成本和提高企业的竞争力。接下来将阐述对偶问题在现代物流中三个方面的应用场景。

一、资源分配优化

(一)作用

1. 转化视角,深入理解问题

对偶理论通过构建原始问题的对偶问题,为资源分配问题提供了另一种审视角度。原始问题通常关注于如何最大化资源利用效率或最小化成本,而对偶问题则关注于如何为资源设定合理的价格或成本,以引导资源的有效分配。这种转化有助于深入理解资源分配问题的本质,发现潜在的优化空间。

2. 影子价格与资源稀缺性

在对偶问题中,影子价格(也称为对偶变量)是衡量资源稀缺性和价值的重要指标。影子价格反映了资源在当前分配方案下的边际价值,即每增加一个单位资源所能带来的额外收益或节省的成本。通过计算和分析影子价格,物流企业可以识别出哪些资源是稀缺的、哪些资源是过剩的,从而作出更加合理的资源分配决策。

3. 优化资源配置策略

基于对偶理论,物流企业可以制定出更加优化的资源配置策略。具体来说,企业可以根据资源的影子价格来设定资源的优先级和分配顺序。对于影子价格较高的资源(即稀缺资源),企业应优先保证其供应,以满足关键物流活动的需求;对于影子价格较低的资源(即过剩资源),企业则可以考虑通过租赁、出售或调整生产计划等方式来优化资源配置。

(二)实际应用案例

假设某物流企业拥有一定数量的运输车辆和驾驶员资源,需要完成多个运输任务。为了优化资源配置,企业可以构建以下对偶问题。

原始问题:如何分配运输车辆和驾驶员以最小化总运输成本(包括车辆成本、驾驶员成本、燃油成本等)。

对偶问题:如何为每种资源(如车辆、驾驶员)设定合理的价格(即影子价格),以引导资源的有效分配,使得总运输成本最低。

通过求解对偶问题,企业可以获得每种资源的影子价格。然后,企业可以根据这些影子价格来制定资源配置策略。例如,对于影子价格较高的车辆资源,企业应优先保证其利用率,避免闲置浪费;对于影子价格较低的驾驶员资源,企业则可以考虑通过增加培训、提升技能等方式来提升其价值。

二、成本最小化

在物流成本管理中,对偶问题同样具有重要应用价值。通过构建成本最小化模型,企业可以识别出哪些环节的成本过高,进而采取措施进行改进。对偶理论可以帮助企业从多个角度审视成本结构,找到降低成本的有效途径。

例如,假设一家跨国物流公司面临运输成本不断上升的问题。为了降低运输成本,公司可以利用对偶理论构建成本最小化模型。该模型将原问题(如何安排运输计划以满足客户需求)转化为对偶问题(如何调整运输策略,使得总成本最低)。通过求解对偶问题,公司发现某些运输线路的成本过高,主要是因为中转次数过多或运输方式选择不当。基于这些发现,公司调整了运输策略,减少了中转次数,并选择了更经济的运输方式,从而成功降低了运输成本。

三、供应链管理

在供应链管理中,对偶问题同样发挥着重要作用。供应链是一个复杂的系统,涉及多个环节和多个参与方。通过对偶理论,企业可以构建供应链优化模型,实现供应链各环节之间的协同和高效运作。

例如,假设一家电子产品制造商需要确保其供应链的高效运作,以满足市场需求。为了优化供应链管理,制造商利用对偶理论构建了供应链优化模型。该模型将原问题(如何安排生产计划、采购计划和物流计划以满足市场需求)转化为对偶问题(如何调整供应链策略,使得总成本最低且响应速度最快)。通过求解对偶问题,制造商发现了供应链中的瓶颈环节,并采取了相应措施进行改进。

第九节　灵敏度分析

一、灵敏度分析的定义

灵敏度分析是一种研究与分析系统(或模型)的状态或输出对系统参数或周围条件变化敏感程度的方法。具体来说,它涉及通过改变模型(或公式)中的某个或某些参数,观察这些变化如何影响模型的输出结果,从而评估模型对这些参数变化的敏感程度。

二、灵敏度分析研究的问题

在线性规划问题中,市场条件的波动会影响目标函数系数 c_j 的变动,而工艺技术条件的革新则引发约束矩阵中元素 a_{ij} 的改变,此外,资源投入与经济效益之间的权衡决定了常数项 b_i 的设定。探讨这些参数变动对原最优解的影响,构成了灵敏度分析的核心问题,具体涵盖以下三大维度。

（1）当目标函数或约束条件中的任一或多个系数发生变动时,原线性规划问题的最优解将如何随之调整?

（2）确定参数的哪些变化范围能够维持原最优解的有效性,即在此范围内,尽管参数有所波动,但无须重新求解即可确认原解的最优性。

（3）若因参数变动导致最优解发生改变,如何采用高效、简化的方法迅速求解新的最优解?

三、灵敏度分析的两个方法

（一）图解法

图解法只适用两个变量的情况。

（二）对偶理论

下面利用单纯形表进行分析。

推导原理:

$$
\begin{aligned}
\tilde{\boldsymbol{b}} &= \boldsymbol{B}^{-1}\boldsymbol{b} & \Delta\tilde{\boldsymbol{b}} &= \boldsymbol{B}^{-1}\Delta\boldsymbol{b} \\
\tilde{\boldsymbol{P}} &= \boldsymbol{B}^{-1}\boldsymbol{P} & \Delta\tilde{\boldsymbol{P}} &= \boldsymbol{B}^{-1}\Delta\boldsymbol{P} \\
\tilde{\sigma}_j &= c_j - \boldsymbol{C}\boldsymbol{B}^{-1}\boldsymbol{P}_j = c_j - \boldsymbol{Y}^*\boldsymbol{P}_j
\end{aligned}
$$

$$\max z = \boldsymbol{C}_B\boldsymbol{X}_B + \boldsymbol{C}_N\boldsymbol{X}_N + 0\boldsymbol{X}_s$$

$$\text{s. t.} \begin{cases} \boldsymbol{C}_B\boldsymbol{X}_B + \boldsymbol{C}_N\boldsymbol{X}_N + 1\boldsymbol{X}_s = \boldsymbol{B}^{-1}\boldsymbol{b} \\ \boldsymbol{X}_B, \boldsymbol{X}_N, \boldsymbol{X}_s \geqslant 0 \end{cases}$$

初始单纯形表见表 3-15,迭代后的单纯形表见表 3-16。

表 3-15　初始单纯形表 2

价值系数→			$\boldsymbol{C}_B$	$\boldsymbol{C}_N$	0
基变量的价值系数	基变量	等式右边 RHS	$\boldsymbol{X}_B$	$\boldsymbol{X}_N$	$\boldsymbol{X}_s$
0	$\boldsymbol{X}_s$	$\boldsymbol{b}$	$\boldsymbol{B}$	$\boldsymbol{N}$	$\boldsymbol{I}$
检验数			$\boldsymbol{C}_B$	$\boldsymbol{C}_N$	0

表 3-16　迭代后的单纯形表 2

价值系数→			$\boldsymbol{C}_B$	$\boldsymbol{C}_N$	0
基变量的价值系数	基变量	等式右边 RHS	$\boldsymbol{X}_B$	$\boldsymbol{X}_N$	$\boldsymbol{X}_s$
$\boldsymbol{C}_B$	$\boldsymbol{X}_B$	$\boldsymbol{B}^{-1}\boldsymbol{b}$	$\boldsymbol{I}$	$\boldsymbol{B}^{-1}\boldsymbol{N}$	$\boldsymbol{B}^{-1}$
检验数			0	$\boldsymbol{C}_N - \boldsymbol{C}_B\boldsymbol{B}^{-1}\boldsymbol{N}$	$-\boldsymbol{C}_B\boldsymbol{B}^{-1}\boldsymbol{I}$

$$Z_1 = \boldsymbol{C}_B\boldsymbol{B}^{-1}\boldsymbol{b}$$

$$\theta = \min\left(\frac{(\boldsymbol{B}^{-1}\boldsymbol{b})_i}{(\boldsymbol{B}^{-1}\boldsymbol{P}_j)_i} \middle| (\boldsymbol{B}^{-1}\boldsymbol{P}_j)_i > 0\right)$$

单纯形法迭代过程中真正用到的数字只有基变量的值、非基变量的检验数和换入变量的系数列向量。

矩阵描述时各项的表达公式：

$$
\begin{cases}
X_B = B^{-1}b \\
N = B^{-1}N \\
\sigma_N = C_N - C_B B^{-1} N \\
z_0 = C_B B^{-1} b
\end{cases}
$$

当已知一个线性规划的可行基 B 时，先求出 B^{-1}，再用这些运算公式可得到单纯形法所要求的结果。

既然每次迭代都与当前可行基 B 有关，则各系数的变化只需要在最终单纯形表中进行检查和分析。

原问题与对偶问题的可行性判断及迭代方法对照表如表 3-17 所示。

表 3-17　原问题与对偶问题的可行性判断及迭代方法对照表

原问题	对偶问题	结论或继续计算的步骤
可行解	可行解	问题的最优解或最优基不变
可行解	非可行解	用单纯形法继续迭代
非可行解	可行解	用对偶单纯形法继续迭代
非可行解	非可行解	编制新的单纯形表重新计算

四、灵敏度分析的步骤

（1）将参数的改变通过计算反映到最终单纯形表中来。

（2）检查原问题是否仍为可行解。

（3）检查对偶问题是否仍为可行解。

（4）按表 3-17 所列情况得出结论或者继续计算的步骤。

五、目标函数的灵敏度分析

目标函数的灵敏度分析就是分析 c_j 的变化对问题最优解的影响。

c_j 的变化只影响 $\sigma_j = c_j - z_j$ 的变化。

下面列出两种情况下的计算步骤。

（1）当 c_j 的变化有具体数值的时候，将 c_j 变化后的数值代入最终单纯形表中，若最终单纯形表 σ_j 发生变化，则继续将最终单纯形表迭代，直到 $\sigma_j \leqslant 0$。

（2）分析 c_j 变化但不影响最优解的 γ 的取值范围的步骤：

① c_j 的变化仅影响 σ_j（检验数）的变化；

② 在最终单纯形表中求出变化的 σ_j，公式为 $\tilde{\sigma}_j = c_j - CB^{-1}P_j = c_j - Y^* P_j$；

③ 原最优解不变，即 $\sigma_j \leqslant 0$；

④ 由上述不等式求出 γ 的范围。

例 3-9 某工厂生产甲、乙两类商品,均需经历金工与装配两大生产阶段。在一周内,工厂为这两类商品分配的总工作时间限制为:金工环节 80 小时,装配环节 100 小时。具体而言,生产单件甲商品消耗 4 小时金工时间与 2 小时装配时间,而生产单件乙商品则需 2 小时金工时间与 4 小时装配时间。经济效益分析显示,甲、乙两类商品的单件利润分别为 10 元和 8 元。现需制订一周内的生产计划,以最大化总收益,并探讨目标函数中甲商品利润系数 C_1 的灵敏度,即分析 C_1 在何种数值范围内变动时,最优生产计划保持不变。

解:设生产甲商品 x_1 件,生产乙商品 x_2 件。建立数学模型:

$$\max z = 10x_1 + 8x_2$$

$$\text{s. t.} \begin{cases} 4x_1 + 2x_2 \leqslant 80 \\ 2x_1 + 4x_2 \leqslant 100 \\ x_1, x_2 \geqslant 0 \end{cases}$$

第一步:化为标准型,引入松弛变量:

$$\max z = 10x_1 + 8x_2$$

$$\text{s. t.} \begin{cases} 4x_1 + 2x_2 + x_3 = 80 \\ 2x_1 + 4x_2 + x_4 = 100 \\ x_1, x_2, x_3, x_4 \geqslant 0 \end{cases}$$

可知初始可行基 $\boldsymbol{B} = (\boldsymbol{P}_3, \boldsymbol{P}_4)$。

第二步:列出初步单纯形表(表 3-18)。

表 3-18 单纯形表的迭代(例 3-9)

C_B	X_B	b_j	$c_j \rightarrow$ 10	8	0	0	
			x_1	x_2	x_3	x_4	θ
0	x_3	80	4	2	1	0	20
0	x_4	100	2	4	0	1	50
	σ_j		10	8	0	0	

第一次迭代

C_B	X_B	b_j	$c_j \rightarrow$ 10	8	0	0	
			x_1	x_2	x_3	x_4	θ
10	x_1	20	1	1/2	1/4	0	40
0	x_4	60	0	3	$-1/2$	1	20
	σ_j		0	3	$-5/2$	0	

第二次迭代

C_B	X_B	b_j	$c_j \rightarrow$ 10	8	0	0	
			x_1	x_2	x_3	x_4	θ
10	x_1	10	1	0	1/3	$-1/6$	
8	x_2	20	0	1	$-1/6$	1/3	
	σ_j		0	0	-2	-1	

所有检验数均小于等于 0，求得最优解。

假设 C_1 变化 γ 时，最优解仍保持不变。

先将 $C_1 = 8 + \gamma$ 代入最终单纯形表中得到表 3-19。

表 3-19   将 $C_1 = 8 + \gamma$ 代入后的单纯形表

C_B	X_B	b_j	x_1	x_2	x_3	x_4
	$c_j \rightarrow$		$10+\gamma$	8	0	0
$10+\gamma$	x_1	10	1	0	$1/3$	$-1/6$
8	x_2	20	0	1	$-1/6$	$1/3$
	σ_j		0	0	$-\dfrac{10+\gamma}{3}+\dfrac{8}{6}$	$\dfrac{10+\gamma}{6}-\dfrac{8}{3}$

要想最优解不变，得

$$\sigma_3 = -\frac{10+\gamma}{3} + \frac{8}{6} \leqslant 0$$

$$\sigma_4 = \frac{10+\gamma}{6} - \frac{8}{3} \leqslant 0$$

所以

$$-6 \leqslant \gamma \leqslant 6$$

当 $4 \leqslant C_1 \leqslant 16$ 时，原问题的最优解不会变。

六、约束方程系数的灵敏度分析

约束方程右端常数项 b_i 的变化，实质上反映了可利用资源量的动态调整。

分析 b_i 的变化所用到的公式：

$$\tilde{b} = B^{-1}b \qquad\qquad \Delta\tilde{b} = B^{-1}\Delta b$$

b_i 的变化仅影响 $\tilde{b}_i = B^{-1}b$，即原最优解的可行性。

（1）变化的两种情况。

① 可行性不变，则原最优解不变。

② 可行性改变，则原最优解改变，用对偶单纯形法，找出最优解。

（2）做题步骤。

① 当 b_i 的变化有具体数值的时候，将 b_i 变化后的数值代入最终单纯形表中，若最终单纯形表中计算 $b_i < 0$，则用对偶单纯形法，找出最优解。

② 分析 b_i 变化但不影响最优解的 γ 的取值范围的步骤：b_i 的变化仅影响基变量值的变化；在最终单纯形表中求出变化的 b_i；原最优解不变，即 $b_i \geqslant 0$；由上述不等式求出 γ 的范围。

例 3-10   对例 3-9 中的 b_1 进行灵敏度分析。

解：

$$\tilde{b} = \boldsymbol{B}^{-1}\boldsymbol{b} = \begin{pmatrix} 1/3 & -1/6 \\ -1/6 & 1/3 \end{pmatrix}\begin{pmatrix} b_1 \\ 100 \end{pmatrix} = \begin{pmatrix} \dfrac{b_1}{3} - \dfrac{100}{6} \\[2mm] -\dfrac{b_1}{6} + \dfrac{100}{3} \end{pmatrix} \geqslant \begin{pmatrix} 0 \\ 0 \end{pmatrix}$$

可得

$$\begin{cases} -\dfrac{b_1}{6} + \dfrac{100}{3} \geqslant 0 \\[3mm] \dfrac{b_1}{3} - \dfrac{100}{6} \geqslant 0 \end{cases} \Rightarrow 50 \leqslant b_1 \leqslant 200$$

所以当 $50 \leqslant b_1 \leqslant 200$ 时,原问题的最优解不变。

七、约束方程系数的灵敏度分析

下面分析 a_{ij} 的变化,有两种情况。

(1) 增加一种新产品,即增加一个新变量 x_j。

解题步骤：

① 计算 $\tilde{\sigma}_j = c_j - z_j = c_j - \boldsymbol{Y}^* \boldsymbol{P}_j$;

② 计算 $\widetilde{\boldsymbol{P}}_j = \boldsymbol{B}^{-1} \boldsymbol{P}_j$;

③ 若 $\tilde{\sigma}_j \leqslant 0$,则原最优解不变;

④ 若 $\tilde{\sigma}_j > 0$,则按单纯形表继续迭代计算,找出最优解。

(2) 原问题的工艺系数发生改变。

若 a_{ij} 对应的变量 x_j 为基变量,$\boldsymbol{B}$ 将改变。

① 迭代后原问题和对偶问题都是可行解。

② 原问题和对偶问题均非可行解时,需引入人工变量求出可行解,再用单纯形法求解。

解题步骤：

① 计算 $\tilde{\sigma}_j = c_j - z_j = c_j - \boldsymbol{Y}^* \boldsymbol{P}_j$。

② 计算 $\widetilde{\boldsymbol{P}}_j = \boldsymbol{B}^{-1} \boldsymbol{P}_j$。

③ 将改进的工艺系数换入和原本的工艺系数换出,按单纯形表继续迭代计算,找出最优解。若计算中存在 $\tilde{\sigma}_j > 0$ 和 $b_i < 0$,则需要将 $b_i < 0$ 所在的约束条件加负号并且引入人工变量再进行迭代。

例 3-11 若将例 3-9 中的非基变量列 x_3 系数变为 $\boldsymbol{B}^{-1}\begin{pmatrix} 6 \\ 0 \end{pmatrix}$,则最优解是否会改变?

解：因为 x_3 是非基变量,只影响检验数的值。

$$\sigma_3 = c_3 - \boldsymbol{Y}^* \boldsymbol{P}_3 = 0 - (2,1)\begin{pmatrix} 6 \\ 0 \end{pmatrix} = -12 \leqslant 0$$

所以原线性规划问题的最优解不变。

例 3-12　若将例 3-9 中的线性规划问题增加新的变量 x_5，$\begin{pmatrix} c_5 \\ a_{15} \\ a_{25} \end{pmatrix} = \begin{pmatrix} 9 \\ 2 \\ 6 \end{pmatrix}$，判断第五列新商品是否投产。

计算 $\widetilde{\boldsymbol{P}}_j = \boldsymbol{B}^{-1} \boldsymbol{P}_j$：计算 $\widetilde{\boldsymbol{P}}_5 = \boldsymbol{B}^{-1} \boldsymbol{P}_5 = \begin{pmatrix} 1/3 & -1/6 \\ -1/6 & 1/3 \end{pmatrix} \begin{pmatrix} 2 \\ 6 \end{pmatrix} = \begin{pmatrix} 1/3 \\ 5/3 \end{pmatrix}$。

计算 $\tilde{\sigma}_j = c_j - z_j = c_j - \boldsymbol{Y}^* \boldsymbol{P}_j$，得

$$\tilde{\sigma}_5 = c_5 - \boldsymbol{Y}^* \boldsymbol{P}_5 = 9 - (2,1) \begin{pmatrix} 2 \\ 6 \end{pmatrix} = -1 \leqslant 0$$

所以第五列商品可以投入生产。

八、增加新的约束条件的灵敏度分析

增加一个约束条件，相当于增添一道工序。其步骤为：将最优解代入新的约束中，若满足要求，则原最优解不变；若不满足要求，则原最优解改变，将新增的约束条件添入最终的单纯形表中继续分析。

例 3-13　将例 3-9 中的约束条件增加一个：$6x_1 + 4x_2 \leqslant 100$（材料约束）并进行灵敏度分析。

解：上述最优解是 $\boldsymbol{x}^* = (10,8,0,0)$，可知 $x_1 = 10$，$x_2 = 8$，代入新的约束条件得 $60 + 32 < 100$，所以最优解不变。

九、灵敏度分析在物流领域的应用

灵敏度分析在物流领域的应用广泛且深入，主要体现在以下几个方面。

（一）物流网络设计与优化

在物流网络设计中，灵敏度分析可以帮助评估不同参数变化对物流网络性能的影响。例如，分析不同节点位置、运输路线或库存策略变化时，物流总成本、运输时间和客户满意度等关键指标的变化情况。通过灵敏度分析，物流企业可以识别出对物流网络性能影响最大的因素，从而优化网络布局和资源配置，提高物流效率和服务质量。

（二）运输路径规划

在运输路径规划中，灵敏度分析可以评估不同交通状况、天气条件或车辆载重限制等因素对运输路径选择的影响。通过模拟这些因素的变化，物流企业可以预测不同路径下的运输成本、时间和风险，并据此制订最优的运输方案。此外，灵敏度分析还可以帮助物流企业评估运输路径的稳健性，即在面对不确定因素时，运输方案是否仍然有效。

（三）库存管理与补货策略

在库存管理中，灵敏度分析可以评估不同库存策略对库存成本、缺货风险和客户服务水平的影响。例如，分析安全库存水平、补货周期或订货量等参数变化时，库存成本和服务水平的变化情况。通过灵敏度分析，物流企业可以找到最优的库存策略，以平衡库存成本和客户服务水平之间的关系。同时，灵敏度分析还可以帮助物流企业评估库存策略的

稳健性,以应对市场需求和供应条件的不确定性。

(四)物流成本控制

在物流成本控制方面,灵敏度分析可以评估不同成本因素对总物流成本的影响程度。通过计算各成本因素对物流总成本的贡献率或灵敏度系数,物流企业可以识别出成本控制的关键环节和潜力点。例如,分析运输成本、仓储成本或管理成本等因素变化时,物流总成本的变化情况。通过灵敏度分析,物流企业可以制订针对性的成本控制措施,降低物流成本并提升盈利能力。

(五)物流决策支持

在物流决策过程中,灵敏度分析可以作为一种重要的决策支持工具。通过模拟不同决策方案下的物流系统运行状态和性能指标变化情况,物流企业可以评估不同决策方案的优劣和可行性。同时,灵敏度分析还可以帮助物流企业识别出决策过程中的不确定因素和风险点,并制订相应的风险应对措施。这有助于物流企业作出更加科学、合理和稳健的决策。

第十节 参数线性规划

一、定义

参数线性规划研究的是线性规划问题中的系数(如目标函数的系数、约束条件的系数等)作为参数,在特定范围内变化时,如何求解这些问题以及这些参数变化对最优解的影响。其目的是在参数发生连续性变化时,能够高效地分析和求解线性规划问题的最优解,而无须对每一个参数值都重新进行完整的计算。

二、参数线性规划与灵敏度分析的区别

参数线性规划与灵敏度分析在运筹学领域中都是重要的分析工具,但它们在研究目的、方法及应用场景上存在明显的区别。

首先,参数线性规划主要关注于线性规划问题中参数(如目标函数系数、约束条件中的常数项等)的线性变化情况。这些参数不是固定的常数,而是在一定范围内变化,参数线性规划的目的是研究这些参数变化对线性规划问题最优解的影响。这种方法特别适用于那些参数随时间或其他因素发生连续变化的场景,如生产计划中的原材料价格、市场需求量等。通过参数线性规划,可以了解参数变化对最优解的具体影响,为决策者提供更为灵活的决策支持。

相比之下,灵敏度分析则是一种更为广泛的研究方法,它不仅仅局限于线性规划问题,也适用于其他类型的优化问题。灵敏度分析主要关注于系统或模型的状态或输出对参数变化的敏感程度。它通过分析参数在一定范围内的微小变化对系统最优解或状态的影响,来评估系统的稳健性和可靠性。灵敏度分析有助于识别出对系统影响较大的关键参数,从而为决策者提供有针对性的决策建议。

三、参数线性规划研究的问题

参数线性规划的研究内容可以归纳为以下几个方面。

（1）参数变化对最优解的影响：参数线性规划通过设定参数的变化范围，并观察系统最优解在该范围内的变化情况，来揭示参数变化对最优解的具体影响。这有助于决策者了解在不同参数取值下，系统性能如何变化，从而制订更为灵活的决策方案。

（2）最优解的稳定性分析：在参数线性规划中，还需要研究最优解的稳定性，即当参数发生微小变化时，最优解是否仍然保持最优，或者最优解的变化是否在可接受的范围内。这有助于评估系统的稳健性和可靠性。

（3）临界点的确定：参数线性规划的一个重要任务是确定导致最优解发生变化的临界点。这些临界点是参数变化过程中，系统性能发生显著变化的点。通过确定这些临界点，可以更加精确地了解参数变化对系统性能的影响。

（4）求解方法的优化：参数线性规划的研究还涉及求解方法的优化。由于参数的变化可能导致最优解的变化，因此需要寻找高效的求解方法，以便在参数变化时快速求出新的最优解。这包括利用已有的最优解信息来加速求解过程，以及开发新的求解算法等。

在解决实际问题时，线性规划模型中的目标函数系数 C 与约束条件常数 b 常呈现非固定性，随一系列动态因素波动。例如，目标函数中的价格系数 C 可能随原材料成本波动（如价格升降百分比）而调整；同样，约束条件右侧的常数 b 也可能受原材料生产增长速率等参数变化的影响。这种涉及变量系数或约束条件的数学模型，构成了我们研究的"参数化规划"范畴。

针对参数化规划，核心目标是确定在参数变化的合理区间内，如何有效地求解模型以获取最优解。这意味着，我们不再局限于固定的数学模型参数，而是利用灵活的参数化方法，根据实际发生的经济指标（如目标函数系数的变动）或资源约束的更新（如约束条件右端常数的变化），动态调整并确定最优策略。下面我们就讨论这两种情况的单参数线性规划问题的解法。

（一）目标函数的系数含有参数

目标函数系数含参数的线性规划（以前 n 个 c 只有一个 c_j 变化，现在 n 个 c 都可以改变）：

$$\max z = (C + \lambda C^*)x$$
$$\text{s. t.} \begin{cases} Ax = b \\ x \geqslant 0 \end{cases}$$

其中，λ 为参数 C^* 的变化矩阵。

例 3-14　分析 λ 值变化时下述参数规划问题最优解的变化。

$$\max z = (-6+\lambda)x_1 + (-5+\lambda)x_2 + (3-\lambda)x_3 + (4-\lambda)x_4$$

$$\text{s. t.} \begin{cases} x_1 - x_2 - x_3 + x_5 = 1 \\ -x_1 + x_2 - x_4 + x_6 = 1 \\ -x_2 + x_3 + x_7 = 1 \\ x_j \geqslant 0, \quad j = 1, 2, \cdots, 7 \end{cases}$$

解：取可行基 $B_1 = (P_5, P_6, P_7)$，求得单纯形表（表 3-20）。

表 3-20　求得的单纯形表（例 3-14）

	$c_j \rightarrow$		$-6+\lambda$	$-5+\lambda$	$3-\lambda$	$4-\lambda$	0	0	0
C_B	X_B	$B^{-1}b$	x_1	x_2	x_3	x_4	x_5	x_6	x_7
0	x_5	1	1	-1	-1	0	1	0	0
0	x_6	1	-1	$1*2$	0	-1	0	1	0
0	x_7	1	0	-1	1	0	0	0	1
	$c_j - z_j$		$-6+\lambda$	$-5+\lambda$	$3-\lambda$	$4-\lambda$	0	0	0

$-6+\lambda \leqslant 0, -5+\lambda \leqslant 0, 3-\lambda \leqslant 0, 4-\lambda \leqslant 0$；

$\lambda \in [4,5]$，最优解不变，$x^* = (0,0,0,0,1,1,1)^{\mathrm{T}}$，最优值 $z_{\max}^* = 0$。

先考虑 $\lambda < 4$ 时，由无界性定理 $\sigma_4 > 0$，$B^{-1}P_4 \leqslant 0$，该问题无上界，则 $\lambda \in (-\infty, 4]$ 时，该线性规划问题无最优解。再考虑 $\lambda > 5$ 时，则 x_2 这一列被破坏，见表 3-21。

表 3-21　迭代过程（例 3-14）

	$c_j \rightarrow$		$-6+\lambda$	$-5+\lambda$	$3-\lambda$	$4-\lambda$	0	0	0
C_B	X_B	$B^{-1}b$	x_1	x_2	x_3	x_4	x_5	x_6	x_7
0	x_5	2	0	0	-1	-1	1	1	0
$-5+\lambda$	x_2	1	-1	1	0	-1	0	1	0
0	x_7	2	-1	0	1	-1	0	1	1
	$c_j - z_j$		$-11+2\lambda$	0	$-3-\lambda$	-1	0	0	0

$-11+2\lambda \leqslant 0, 3-\lambda \leqslant 0, \lambda > 5, \lambda \in (5,5.5)$ 时，该线性规划问题的最优解 $x^* = (0, 1, 0, 0, 2, 0, 2)^{\mathrm{T}}$，最优值为：$f_{\max}^* = -5+\lambda$；再考虑 $\lambda > 5.5$ 时，$\sigma_1 > 0$，$B^{-1}P_1 \leqslant 0$，该线性规划问题无上界，则 $\lambda \in (5.5, +\infty)$ 无最优解。

这就研究了参数 $\lambda \in (-\infty, +\infty)$ 变化时，引起最优解的变化情况以及对应的最优值的变化情况。

（二）约束方程右端项含有参数

常数项 b 含参数的线性规划：

$$\max f = Cx$$
$$\text{s. t.} \begin{cases} Ax = b + \lambda b^* \\ x \geqslant 0 \end{cases}$$

其中，λ 为参数 b^* 变数，前提为 $\sigma \leqslant 0$ 时，要使基 B 为最优基，必须满足：

$$B^{-1}b^* = B^{-1}(b + \lambda b^*) \geqslant 0$$

例 3-15　分析 λ 值变化时下述参数规划问题最优解的变化：

$$\max f(\lambda) = 5x_1 + 3x_2$$
$$\text{s. t.} \begin{cases} x_1 + x_2 \geqslant 10 - \lambda \\ x_1 \leqslant 4 - 2\lambda \\ x_1 \geqslant 0, x_2 \geqslant 0 \end{cases}$$

解：先令 $\lambda = 0$（目的是使 $C - C_B B^{-1} A \leqslant 0$），求最优基 $T(B)$，见表 3-22。

表 3-22　求得的单纯形表（例 3-15）

C_B	X_B	$B^{-1}b$	$c_j \to$ 5 x_1	3 x_2	0 x_3	0 x_4
3	x_2	6	0	1	1	-1
5	x_1	4	1	0	0	1
	$c_j - z_j$		0	0	-3	-2

把参数加入表 3-22 中得 $T(B)$，见表 3-23。

表 3-23　迭代过程（例 3-15）

C_B	X_B	$B^{-1}b$	$c_j \to$ 5 x_1	3 x_2	0 x_3	0 x_4
3	x_2	$6 + \lambda$	0	1	1	-1
5	x_1	$4 - 2\lambda$	1	0	0	1
	$c_j - z_j$		0	0	-3	-2

$$\lambda B^{-1} b^* = \lambda \begin{pmatrix} 1 & -1 \\ 0 & 1 \end{pmatrix} \begin{pmatrix} -1 \\ -2 \end{pmatrix} = \begin{pmatrix} 1 \\ -2 \end{pmatrix}$$

$$\lambda C_B B^{-1} b^* = \lambda (3,5) \begin{pmatrix} -1 \\ -2 \end{pmatrix} = -7\lambda$$

$6 + \lambda \geqslant 0, 4 - 2\lambda \geqslant 0$，即当 $\lambda \in [-6, 2]$ 时，最优基不变，最优解 $x^* = (4 - 2\lambda, 6 + \lambda, 0, 0)^T$，最优值 $f_{\max}^* = 38 - 7\lambda$。当 $\lambda < -6$ 时，通过单纯形表计算得表 3-24。

表 3-24　求得的结果表

C_B	X_B	$B^{-1}b$	$c_j \to$ 5 x_1	3 x_2	0 x_3	0 x_4
0	x_4	$-6 - \lambda$	0	-1	-1	1
5	x_1	$10 - \lambda$	1	1	1	0
	$c_j - z_j$		0	-2	-5	0

$-6 - \lambda \geqslant 0, 10 - \lambda \geqslant 0$；$\lambda \in (-\infty, -6)$ 时，最优基不变，最优解 $x^* = (10 - \lambda, 0, 0, -6 - \lambda)^T$，最优值 $f_{\max}^* = 50 - 5\lambda$。

当 $\lambda > 2$ 时，看 $T(B_1)$。$b'_{20} < 0, b'_{2j} \geqslant 0 (j = 1, 2, 3, 4)$，该问题无可行解，矛盾方程。

本 章 小 结

本章首先提出解决线性规划问题的单纯形法，并进一步提出单纯形法的矩阵描述和改进的单纯形法，矩阵描述是将线性规划问题转化为矩阵形式，以便算法的运算和计算机的实现。改进的单纯形法分为大 M 法和两阶段法,目的是解决一类不存在明显可行基的线性规划问题。其次提出对偶理论和灵敏度分析,线性规划的对偶理论提供了一种理解和解决线性优化问题的新视角,而灵敏度分析则提供了评估模型参数变动影响的工具。通过对偶理论和灵敏度分析,我们可以更好地理解和应对实际生产、管理中的各种优化挑战。此外,对偶理论为物流优化提供了全新的视角,它揭示了物流系统中成本与效益之间的内在联系,帮助管理者从更深层次理解问题,制订更加科学合理的决策方案。而灵敏度分析则如同物流系统的"晴雨表",能够实时评估市场波动、成本变化等因素对物流系统的影响,为管理者提供及时的风险预警和应对策略,确保物流网络在不确定环境中依然能够稳健运行。

本 章 习 题

1. 判断下列说法是否正确。

(1) 任何线性规划问题存在并具有唯一的对偶问题。

(2) 对偶问题的对偶问题一定是原问题。

(3) 根据对偶问题的性质,当原问题为无界解时,其对偶问题无可行解;相反,当对偶问题无可行解时,其原问题具有无界解。

(4) 若线性规划的原问题有无穷多最优解,则其对偶问题也一定具有无穷多最优解。

(5) 若线性规划问题中的 b_i, c_j 值同时发生变化,反映到最终单纯形表中,不会出现原问题与对偶问题均为非可行解的情况。

(6) 应用对偶单纯形法计算时,若单纯形表中某一基变量 $x_i < 0$,又由于 x 所在行的元素全部大于或等于零,则可以判断其对偶问题具有无界解。

(7) 若某种资源的影子价格等于 k,在其他条件不变的情况下,当该种资源增加 5 个单位时,相应的目标函数值将增大 $5k$。

(8) 已知 y_i 为线性规划的对偶问题的最优解,若 $y_i > 0$,说明在最优生产计划中第 i 种资源已经耗尽;若 $y_i = 0$,说明在最优生产计划中第 i 种资源一定有剩余。

2. 已知线性规划问题:

$$\max z = x_1 + x_2$$
$$\text{s. t.} \begin{cases} -x_1 + x_2 - x_3 \leqslant 2 \\ -x_1 + x_2 - x_3 \leqslant 1 \\ x_1, x_2, x_3 \geqslant 0 \end{cases}$$

试根据对偶问题性质证明上述线性规划问题目标函数值无界。

3. 用对偶单纯形法求解下列线性规划问题。

(1) $\min z = 4x_1 + 12x_2 + 18x_3$

$$\text{s. t.} \begin{cases} -x_1 + 3x_3 \geqslant 3 \\ 2x_2 + 2x_3 \geqslant 5 \\ x_1, x_2, x_3 \geqslant 0 \end{cases}$$

(2) $\min z = 5x_1 + 2x_2 + 3x_3$

$$\text{s. t.} \begin{cases} 3x_1 + x_2 + 2x_3 \geqslant 4 \\ 6x_1 + 3x_2 + 5x_3 \geqslant 10 \\ x_1, x_2, x_3 \geqslant 0 \end{cases}$$

4. 已知表 3-25 为求解某线性规划问题的最终单纯形表,表中 x_4, x_5 为松弛变量,问题的约束为 $\leqslant$ 形式。

表 3-25 求解某线性规划问题的最终单纯形表

	z	x_1	x_2	x_3	x_4	x_5	RHS
z	1	0	4	0	4	2	
X_3		0	1/2	1	1/2	0	5/2
X_1		1	-1/2	0	-1/6	13	5/2

(1) 写出原线性规划问题。

(2) 写出原问题的对偶问题。

(3) 直接由原问题的最终单纯形表写出对偶问题的最优解。

5. 已知线性规划问题:

$$\max z = 2x_1 - x_2 + x_3$$

$$\text{s. t.} \begin{cases} x_1 + x_2 + x_3 \leqslant 6 \\ -x_1 + 2x_2 \leqslant 4 \\ x_1, x_2, x_3 \geqslant 0 \end{cases}$$

先用单纯形法求出最优解,再分析在下列条件单独变化的情况下最优解的变化。

(1) 目标函数变为 $\max z = 2x_1 + 3x_2 + x_3$。

(2) 约束右端项由 $\binom{6}{4}$ 变为 $\binom{3}{4}$。

(3) 增添一个新的约束条件 $-x_1 + x_3 \geqslant 2$。

6. 某厂生产 A、B、C 三种产品,其所需劳动力、材料等有关数据见表 3-26。要求: ①确定利润最大的产品生产计划。②产品 A 的利润在什么范围内变动时,上述最优生产计划不变? ③如果设计一种新产品 D,单件劳动力消耗为 8 单位,材料消耗为 2 单位,每件可获利 3 元,该种产品是否值得生产? ④如果劳动力数量不增,材料不足时可从市场购买,每单位 0.4 元,该厂要不要购进原材料扩大生产? 以购多少为宜? ⑤由于某种原因该厂决定暂停 A 产品的生产,试重新确定该厂的最优生产计划。

表 3-26 三种产品所需劳动力、材料等有关数据

项 目	产 品			可用量/单位
	A	B	C	
劳动力	6	3	5	45
材料	3	4	5	30
产品利润/(元/件)	3	1	4	

即 测 即 练

第四章 物流运输问题及应用

前面讨论了一般线性规划问题的单纯形法求解。但实际工作中,往往碰到有些线性规划问题,它们的约束条件方程组的系数矩阵具有特殊的结构,这就有可能找到比单纯形法更为简单的求解方法,从而节约计算时间和费用。本章讨论的物流运输问题就是属于这样一类特殊的线性规划问题。

在生产和日常生活中,人们常需要将某些物品(包括人们自身)由一个空间位置移动到另外一个空间位置,这就产生了运输。随着社会和经济的发展,"运输"变得越来越复杂,运输量有时非常大,科学组织运输显得十分必要。

第一节 物流运输问题的数学模型

一、物流运输问题及其数学模型

经济建设中,经常碰到大宗物资调运问题:利用现有的交通运输网络,将煤炭、钢铁、木材、粮食等物资,从生产地运往消费地,使得总运费最小。

用数学语言对上述问题进行描述:

(1) 有 m 个生产地 $A_i(i=1,2,\cdots,m)$,供应量分别为 $a_i(i=1,2,\cdots,m)$;

(2) 有 n 个消费地 $B_j(j=1,2,\cdots,n)$,需求量分别为 $b_j(j=1,2,\cdots,n)$;

(3) 单位物资从 A_i 到 B_j 的运价为 c_{ij}。

将上述数据汇总,如表 4-1 所示。

表 4-1 A_m 到 B_n 的产销量及运价汇总表

产地	销 地				产量
	B_1	B_2	$\cdots$	B_n	
A_1	x_{11} c_{11}	x_{12} c_{12}	$\cdots$	x_{1n} c_{1n}	a_1
A_2	x_{21} c_{21}	x_{22} c_{22}	$\cdots$	x_{2n} c_{2n}	a_2
$\cdots$	$\cdots$	$\cdots$	$\cdots$	$\cdots$	$\cdots$
A_m	x_{m1} c_{m1}	x_{m2} c_{m2}	$\cdots$	x_{mn} c_{mn}	a_m
销量	b_1	b_2	$\cdots$	b_n	

若用 x_{ij} 表示从 A_i 到 B_j 的运量,要得出总运费最小的调运方案,可建立如下数学模型:

94

$$\min z = \sum_{i=1}^{m} \sum_{j=1}^{n} c_{ij} x_{ij}$$

$$\text{s.t.} \begin{cases} \sum_{j=1}^{n} x_{ij} = a_i, & i = 1, \cdots, m \\ \sum_{i=1}^{m} x_{ij} = b_j, & j = 1, \cdots, n \\ x_{ij} \geqslant 0 \end{cases} \quad (4\text{-}1)$$

这就是物流运输问题的数学模型。

如果物流运输问题中,总产量等于总销量,即有

$$\sum_{i=1}^{m} a_i = \sum_{j=1}^{n} b_j \quad (4\text{-}2)$$

则称为产销平衡物流运输问题;反之,则称为产销不平衡物流运输问题。

二、物流运输问题数学模型的特点

如式(4-1)所示的物流运输问题的数学模型,具有如下特点。

(1) 共有 $m \times n$ 个变量、$m+n$ 个约束条件,且 $m+n$ 个约束条件均为等式。

(2) 物流运输问题约束条件的系数矩阵中对应于变量 x_{ij} 的系数向量 $\boldsymbol{P}_{ij} = (0, \cdots, 1, \cdots, 0, \cdots, 1, \cdots, 0)^{\mathrm{T}}$,其分量中除第 i 个和第 $m+j$ 个为 1 以外,其余的都为 0。

$$\begin{array}{c} x_{11} \ x_{12} \ \cdots \ x_{1n} \ x_{21} \ x_{22} \ \cdots \ x_{2n} \ \cdots \ x_{m1} \ x_{m2} \ \cdots \ x_{mn} \\ \left. \begin{pmatrix} 1 & 1 & \cdots & 1 & & & & & & & & & \\ & & & & 1 & 1 & \cdots & 1 & & & & & \\ & & & & & & & & \vdots & & & & \\ & & & & & & & & & 1 & 1 & \cdots & 1 \\ 1 & & & & 1 & & & & & 1 & & & \\ & 1 & & & & 1 & & & & & 1 & & \\ & \cdots & & & & \cdots & & & & & \cdots & & \\ & & & 1 & & & & 1 & & & & & 1 \end{pmatrix} \right. \begin{array}{l} \\ \left.\vphantom{\begin{matrix}1\\1\\1\\1\end{matrix}}\right\} m \text{ 行} \\ \\ \left.\vphantom{\begin{matrix}1\\1\\1\\1\end{matrix}}\right\} n \text{ 行} \\ \end{array} \end{array} \quad (4\text{-}3)$$

① 约束条件系数矩阵的元素为 0 或 1;

② 约束条件系数矩阵的每一列有两个非 0 元素,对应于每一个变量的前 m 个约束条件中出现一次,后 n 个约束条件中也出现一次。

(3) 在产销平衡物流运输问题的模型中最多只有 $m+n-1$ 个约束条件方程独立。

证明:

前 m 个约束条件方程之和为

$$\sum_{i=1}^{m} \sum_{j=1}^{n} x_{ij} = \sum_{i=1}^{m} a_i \quad (4\text{-}4)$$

后 n 个约束条件方程之和为

$$\sum_{j=1}^{n} \sum_{i=1}^{m} x_{ij} = \sum_{j=1}^{n} b_j \quad (4\text{-}5)$$

而 $\sum_{i=1}^{m} a_i = \sum_{j=1}^{n} b_j$，故模型中最多只有 $m+n-1$ 个约束条件方程独立，即系数矩阵的秩 $\leqslant m+n-1$。

（4）对于产销平衡物流运输问题，必有有限最优解。

证明：设 $\sum_{i=1}^{m} a_i = \sum_{j=1}^{n} b_j = Q$，令变量 $x_{ij} = \dfrac{a_i b_j}{Q}$，$i=1,\cdots,m$；$j=1,\cdots,n$。

$$\because \sum_{j=1}^{n} x_{ij} = \sum_{j=1}^{n} \frac{a_i b_j}{Q} = \frac{a_i}{Q} \sum_{j=1}^{n} b_j = \frac{a_i}{Q} \times Q = a_i \qquad (4\text{-}6)$$

$$\sum_{i=1}^{m} x_{ij} = \sum_{i=1}^{m} \frac{a_i b_j}{Q} = \frac{b_j}{Q} \sum_{i=1}^{m} a_i = \frac{b_j}{Q} \times Q = b_j \qquad (4\text{-}7)$$

$$\therefore x_{ij} = \frac{a_i b_j}{Q} \qquad (4\text{-}8)$$

又因为

$$x_{ij} = \frac{a_i b_j}{Q} \geqslant 0$$

$\therefore x_{ij} = \dfrac{a_i b_j}{Q}$，$i=1,\cdots,m$；$j=1,\cdots,n$ 为可行解。

由此可知：产销平衡物流运输问题，存在可行解。

则 x_{ij} 满足所有约束条件，且 $x_{ij} \geqslant 0$，故 x_{ij} 为问题的可行解。

又因为 $0 \leqslant x_{ij} \leqslant \min(a_i, b_j)$，故问题的目标函数有上界值，所以运输问题必然存在最优解。

第二节　产销平衡物流运输问题的表上作业法

表上作业法是单纯形法在求解物流运输问题时的一种简化方法，其实质是单纯形法。表上作业法的步骤如下。

（1）找出初始基可行解：在 $m \times n$ 产销平衡表中给出 $m+n-1$ 个数字格（数字格对应基变量）。

（2）求非基变量的检验数：在表上计算空格（空格对应非基变量）的检验数，判别是否达到最优解。

（3）确定换入变量和换出变量，找出新的基可行解：在表上用闭回路法（Cycle Method）调整。

（4）重复（2）～（3）直到达到最优解。

一、初始基可行解的确定

（一）西北角法

思路：优先考虑位于运输表中西北角上空格的供销业务。

步骤：

(1) 在(A_1, B_1)格中填入$x_{11}=\min(a_1, b_1)$。

(2) 若$x_{11}=a_1$，则产地A_1的可供物品已用完（划去该元素所在的行），且B_1的需求量由b_1减少为b_1-a_1。

(3) 若$x_{11}=b_1$，则销地B_1的需求已全部满足（划去该元素所在的列），且A_1的可供量由a_1减少为a_1-b_1。

(4) 运输表中尚未划去的部分中，左上角格子为(A_1, B_2)或(A_2, B_1)。

(5) 重复(2)和(3)的过程。

(6) 表中每填入一个数字，就划去一行或一列，表中共有m行、n列，总共可划$m+n$条直线。

(7) 当表中只剩一个元素时，在表上填写这个数字，并同时划去一行和一列。

例 4-1 某部门有 3 个生产同类产品的工厂（产地），生产的产品由 4 个销售点（销地）出售，各工厂的生产量、各销售点的销售量（假设单位均为吨）以及各工厂到各销售点的单位运价（元/吨）示于表 4-2 中，要求利用西北角法求解初始调运方案。

表 4-2　各工厂产量、各销地销量及各工厂到销地的单位运价

产地	销地				产量
	B_1	B_2	B_3	B_4	
A_1	3	11	3	10	7
A_2	1	9	2	8	4
A_3	7	4	10	5	9
销量	3	6	5	6	

解：因为产地总产量＝销地的总销量，故问题为一产销平衡问题。

(1) 考虑位于运输表中西北角上空格A_1B_1的供销业务（表 4-3）。

表 4-3　西北角法求解初始调运方案过程表 1

产地	销地					产量
	B_1	B_2	B_3	B_4		
A_1	3	3	11	3	10	$7-3=4$
A_2		1	9	2	8	4
A_3		7	4	10	5	9
销量	$3-3=0$		6	5	6	

(2) 考虑运输表中西北角上空格A_1B_2的供销业务（表 4-4）。

(3) 考虑运输表中西北角上空格A_2B_2的供销业务（表 4-5）。

表 4-4　西北角法求解初始调运方案过程表 2

产地	销地				产量
	B_1	B_2	B_3	B_4	
A_1	3　3	4　11	3	10	4−4=0
A_2	1	9	2	8	4
A_3	7	4	10	5	9
销量	0	6−4=2	5	6	

表 4-5　西北角法求解初始调运方案过程表 3

产地	销地				产量
	B_1	B_2	B_3	B_4	
A_1	3　3	4　11	3	10	0
A_2	1	2　9	2	8	4−2=2
A_3	7	4	10	5	9
销量	0	2−2=0	5	6	

（4）考虑运输表中西北角上空格 A_2B_3 的供销业务（表 4-6）。

表 4-6　西北角法求解初始调运方案过程表 4

产地	销地				产量
	B_1	B_2	B_3	B_4	
A_1	3　3	4　11	3	10	0
A_2	1	2　9	2　2	8	2−2=0
A_3	7	4	10	5	9
销量	0	0	5−2=3	6	

（5）考虑运输表中西北角上空格 A_3B_3 的供销业务（表 4-7）。

（6）A_3B_4 为最后一个空格，填入数字后，同时划去 A_3 行和 B_4 列（表 4-8）。

至此得到调运基可行解：$x_{11}=3$，$x_{12}=4$，$x_{22}=2$，$x_{23}=2$，$x_{33}=3$，$x_{34}=6$，其他变量全等于 0，即由 A_1 运 3 个单位物品至 B_1，运 4 个单位物品至 B_2；由 A_2 运 2 个单位物品至 B_2，运 2 个单位物品至 B_3；由 A_3 运 3 个单位物品至 B_3，运 6 个单位物品至 B_4。总运输费用：

$$z=3\times3+4\times11+2\times9+2\times2+3\times10+6\times5=135$$

表 4-7　西北角法求解初始调运方案过程表 5

产地	销地				产量
	B_1	B_2	B_3	B_4	
A_1	3 ⌐3⌐	4 ⌐11⌐	⌐3⌐	⌐10⌐	0
A_2	⌐1⌐	2 ⌐9⌐	2 ⌐2⌐	⌐8⌐	0
A_3	⌐7⌐	⌐4⌐	3 ⌐10⌐	⌐5⌐	9－3＝6
销量	0	0	3－3＝0	6	

表 4-8　西北角法求解初始调运方案过程表 6

产地	销地				产量
	B_1	B_2	B_3	B_4	
A_1	3 ⌐3⌐	4 ⌐11⌐	⌐3⌐	⌐10⌐	0
A_2	⌐1⌐	2 ⌐9⌐	2 ⌐2⌐	⌐8⌐	0
A_3	⌐7⌐	⌐4⌐	3 ⌐10⌐	6 ⌐5⌐	6－6＝0
销量	0	0	0	6－6＝0	

（二）最小元素法

思路：优先考虑具有最小运价的供销业务。

步骤如下。

（1）对所有 i 和 j，找出 $c_{i_0 j_0} = \min(c_{ij})$，并将 $x_{i_0 j_0} = \min(a_{i_0}, b_{j_0})$ 的物资量由 A_{i_0} 供应给 B_{j_0}；

（2）若 $x_{i_0 j_0} = a_{i_0}$，则产地 A_{i_0} 的可供物品已用完（划去该元素所在的行），且 B_{j_0} 的需求量由 b_{j_0} 减少为 $b_{j_0} - a_{i_0}$；

（3）若 $x_{i_0 j_0} = b_{j_0}$，则销地 B_{j_0} 的需求已全部满足（划去该元素所在的列），且 A_{i_0} 的可供量由 a_{i_0} 减少为 $a_{i_0} - b_{j_0}$；

（4）重复（2）和（3）的过程；

（5）表中每填入一个数字，就划去一行或一列，表中共有 m 行、n 列，总共可划 $m+n$ 条直线；

（6）当表中只剩一个元素时，在表上填写这个数字，并同时划去一行和一列。

最小元素法的缺点：按某一最小运价优先安排物品调运时，可能导致其他供销点对之间运费很高，从而使得总运费很高。

例 4-2　用最小元素法求解例 4-1 的初始调运方案。

解：（1）最小运价的供销业务对为 A_2B_1（表 4-9）。

表 4-9　最小元素法求解初始调运方案过程表 1

产地	销　地				产量
	B_1	B_2	B_3	B_4	
A_1	3	11	3	10	7
A_2	3　1	9	2	8	4－3＝1
A_3	7	4	10	5	9
销量	3－3＝0	6	5	6	

（2）最小运价的供销业务对为 A_2B_3（表 4-10）。

表 4-10　最小元素法求解初始调运方案过程表 2

产地	销　地				产量
	B_1	B_2	B_3	B_4	
A_1	3	11	3	10	7
A_2	3　1	9	1　2	8	1－1＝0
A_3	7	4	10	5	9
销量	0	6	5－1＝4	6	

（3）最小运价的供销业务对为 A_1B_3（表 4-11）。

表 4-11　最小元素法求解初始调运方案过程表 3

产地	销　地				产量
	B_1	B_2	B_3	B_4	
A_1	3	11	4　3	10	7－4＝3
A_2	3　1	9	1　2	8	0
A_3	7	4	10	5	9
销量	0	6	4－4＝0	6	

（4）最小运价的供销业务对为 A_3B_2（表 4-12）。

（5）最小运价的供销业务对为 A_3B_4（表 4-13）。

（6）A_1B_4 为最后一个空格，填入数字后，同时划去 A_1 行和 B_4 列（表 4-14）。

表 4-12　最小元素法求解初始调运方案过程表 4

产地	销地 B₁	销地 B₂	销地 B₃	销地 B₄	产量
A_1	3	11 　4	3	10	3
A_2	3 　1	9 　1	2	8	0
A_3	7 　6	4	10	5	9－6＝3
销量	0	6－6＝0	0	6	

表 4-13　最小元素法求解初始调运方案过程表 5

产地	销地 B₁	销地 B₂	销地 B₃	销地 B₄	产量
A_1	3	11 　4	3	10	3
A_2	3 　1	9 　1	2	8	0
A_3	7 　6	4	10 　3	5	3－3＝0
销量	0	0	0	6－3＝3	

表 4-14　最小元素法求解初始调运方案过程表 6

产地	销地 B₁	销地 B₂	销地 B₃	销地 B₄	产量
A_1	3	11 　4	3 　3	10	3－3＝0
A_2	3 　1	9 　1	2	8	0
A_3	7 　6	4	10 　3	5	3－3＝0
销量	0	0	0	3－3＝0	

至此得到初始调运基可行解：

$$x_{13}=4,x_{14}=3,x_{21}=3,x_{23}=1,x_{32}=6,x_{34}=3$$

其他变量全等于 0，即由 A_1 运 4 个单位物品至 B_3，运 3 个单位物品至 B_4；由 A_2 运 3 个单位物品至 B_1，运 1 个单位物品至 B_3；由 A_3 运 6 个单位物品至 B_2，运 3 个单位物品至 B_4。总运输费用：

$$z=4\times3+3\times10+3\times1+1\times2+6\times4+3\times5=86$$

（三）伏格尔法

罚数：针对每一个产地或销地，最小运价和次小运价之差称为该产地或销地的罚数。

若罚数大,则不按最小运价安排运输时造成的运费损失也大,故应尽量按最小运价安排运输;若罚数小,则不按最小运价安排运输时造成的运费损失也小。

思路:优先考虑罚数大的产地或销地,并按最小运价安排调运。

步骤如下。

(1) 计算每一行和每一列的次小运价和最小运价的差值,并称为行罚数和列罚数;

(2) 将算出的行罚数填入表中右侧的行罚数栏;

(3) 将算出的列罚数填入表中下边的列罚数栏;

(4) 从行罚数和列罚数中选出最大者,并选择它所在行或列中的最小元素;

(5) 按最小元素法进行。

伏格尔法(Vogel Method)给出的初始解比最小元素法更接近最优解。

例 4-3　用伏格尔法求解例 4-1 的初始调运方案。

解:计算各产地和销地的差值(罚数),如表 4-15 所示。

表 4-15　伏格尔法求解初始调运方案过程表 1

产地	销　地				产量	行差值
	B_1	B_2	B_3	B_4		
A_1	3	11	3	10	7	0
A_2	1	9	2	8	4	1
A_3	7	4	10	5	9	1
销量	3	6	5	6		
列差值	2	5	1	3		

(1) 差值最大的为 B_2 列,B_2 列中最小运价所对应的供销业务对为 A_3B_2(表 4-16)。

表 4-16　伏格尔法求解初始调运方案过程表 2

产地	销　地				产量	行差值
	B_1	B_2	B_3	B_4		
A_1	3	11	3	10	7	0
A_2	1	9	2	8	4	1
A_3	7	6　4	10	5	9-6=3	1
销量	3	6-6=0	5	6		
列差值	2	5	1	3		

(2) 重新计算差值,差值最大的为 B_4 列,B_4 列中最小运价所对应的供销业务对为 A_3B_4(表 4-17)。

表 4-17　伏格尔法求解初始调运方案过程表 3

产地	销地				产量	行差值
	B_1	B_2	B_3	B_4		
A_1	3	11	3	10	7	0
A_2	1	9	2	8	4	1
A_3	7	6　4	10	3　5	3-3=0	
销量	3	0	5	6-3=3		
列差值	2		1	2		

（3）重新计算差值，差值最大的为 B_1 列，B_1 列中最小运价所对应的供销业务对为 A_2B_1（表 4-18）。

表 4-18　伏格尔法求解初始调运方案过程表 4

产地	销地				产量	行差值
	B_1	B_2	B_3	B_4		
A_1	3	11	3	10	7	7
A_2	3　1	9	2	8	4-3=1	6
A_3	7	6　4	10	3　5	0	
销量	3-3=0	0	5	3		
列差值			1	2		

（4）重新计算差值，差值最大的为 A_1 行，A_1 行中最小运价所对应的供销业务对为 A_1B_3（表 4-19）。

表 4-19　伏格尔法求解初始调运方案过程表 5

产地	销地				产量	行差值
	B_1	B_2	B_3	B_4		
A_1	3	11	5　3	10	7-5=2	10
A_2	3　1	9	2	8	1	8
A_3	7	6　4	10	3　5	0	
销量	0	0	5-5=0	3		
列差值			2			

（5）重新计算差值，差值最大的为 A_1 行，A_1 行中最小运价所对应的供销业务对为 A_1B_4（表 4-20）。

表 4-20　伏格尔法求解初始调运方案过程表 6

产地	销地				产量	行差值
	B_1	B_2	B_3	B_4		
A_1	3	11	5　3	2　10	2－2＝0	
A_2	3　1	9	2	8	1	8
A_3	7	6　4	~~10~~	3　5		
销量	0	0	0	3－2＝1		
列差值				8		

（6）重新计算差值，差值最大的为 A_2 行，A_2 行中最小运价所对应的供销业务对为 A_2B_4（表 4-21）。

表 4-21　伏格尔法求解初始调运方案过程表 7

产地	销地				产量	行差值
	B_1	B_2	B_3	B_4		
A_1	3	11	5　3	2　10	~~2－2＝0~~	
A_2	3　1	9	2	1　8	1－1＝0	
A_3	7	6　4	~~10~~	3　5	0	
销量	0	0	0	1－1＝0		
列差值						

至此得到初始调运基可行解：

$$x_{13}＝5, x_{14}＝2, x_{21}＝3, x_{24}＝1, x_{32}＝6, x_{34}＝3$$

其他变量全等于 0，即由 A_1 运 5 个单位物品至 B_3，运 2 个单位物品至 B_4；由 A_2 运 3 个单位物品至 B_1，运 1 个单位物品至 B_4；由 A_3 运 6 个单位物品至 B_2，运 3 个单位物品至 B_4。总运输费用：

$$z＝5×3+2×10+3×1+1×8+6×4+3×5＝85$$

比较上述三种方法给出的初始基可行解，以伏格尔法给出的解的目标函数值最小，最小元素法次之，西北角法的解的目标函数值最大。

二、最优解的判别

得到了物流运输问题的初始基可行解之后，即应对这个解进行最优性判别，看它是不是最优解。下面介绍两种常用的方法：闭回路法和对偶变量法（Dual Variable Method）。

（一）闭回路法

1. 关于闭回路的定义和性质

定义 4-1 凡能排成 $x_{i_1 j_1}, x_{i_1 j_2}, x_{i_2 j_2}, x_{i_2 j_3}, \cdots, x_{i_s j_s}, x_{i_s j_1}$ 形式的变量的集合称为一个闭回路。如表 4-22 中变量 $x_{11}, x_{13}, x_{23}, x_{21}$ 构成闭回路。

表 4-22　变量 $x_{11}, x_{13}, x_{23}, x_{21}$ 构成闭回路表

产地	销地 B_1	B_2	B_3	B_4	产量
A_1	3	11	4　3	3　10	7
A_2	3　1	9	1　2	8	4
A_3	7	6　4	10	3　5	9
销量	3	6	5	6	

如表 4-23 中变量 $x_{22}, x_{23}, x_{13}, x_{34}, x_{32}$ 构成闭回路。

表 4-23　变量 $x_{22}, x_{23}, x_{13}, x_{34}, x_{32}$ 构成闭回路表

产地	销地 B_1	B_2	B_3	B_4	产量
A_1	3	11	4　3	3　10	7
A_2	3　1	(1)　9	1　2	8	4
A_3	7	6　4	10	3　5	9
销量	3	6	5	6	

2. 寻找闭回路的方法

寻找闭回路的方法：从某一空格出发，用水平或垂直线向前划，当碰到一数字格时转 90 度，继续向前，直到回到起始空格。

利用西北角法、最小元素法、伏格尔法得出的物流运输问题的初始调运方案中，数字格对应着基变量（数字格共有 $m+n-1$ 个），空格对应着非基变量。从任一空格出发，寻找闭回路，则该闭回路上除了出发位置为空格外，其他位置均为数字格，这样的闭回路是存在的且是唯一的。

3. 检验数的计算方法

利用闭回路计算空格检验数：闭回路中第奇数次顶点的运价总和与第偶数次顶点的运价总和之差，称为对应于空格的检验数。

表 4-24 中，计算空格 $A_1 B_1$ 的检验数：

$$\sigma_{11} = c_{11} + c_{23} - c_{13} - c_{21} = 3 + 2 - 3 - 1 = 1$$

表 4-24 闭回路法计算检验数过程表 1

产地	销 地				产量
	B_1	B_2	B_3	B_4	
A_1	(1) 3	11 4	3 3	10	7
A_2	3 1	9 1	2	8	4
A_3	7 6	4	10 3	5	9
销量	3	6	5	6	

表 4-25 中,计算空格 $A_1 B_2$ 的检验数:

$$\sigma_{12} = c_{12} + c_{34} - c_{14} - c_{32} = 11 + 5 - 10 - 4 = 2$$

表 4-25 闭回路法计算检验数过程表 2

产地	销 地				产量
	B_1	B_2	B_3	B_4	
A_1	3	(2) 11 4	3 3	10	7
A_2	3 1	9 1	2	8	4
A_3	7 6	4	10 3	5	9
销量	3	6	5	6	

表 4-26 中,计算空格 $A_2 B_2$ 的检验数:

$$\sigma_{22} = c_{22} + c_{13} + c_{34} - c_{23} - c_{14} - c_{32} = 9 + 3 + 5 - 2 - 10 - 4 = 1$$

表 4-26 闭回路法计算检验数过程表 3

产地	销 地				产量
	B_1	B_2	B_3	B_4	
A_1	3	11	4 3 3	10	7
A_2	3 1	(1) 9 1	2	8	4
A_3	7 6	4	10 3	5	9
销量	3	6	5	6	

4. 闭回路法的缺点

用闭回路法判定一个运输方案是否为最优方案,需要找出所有空格的闭回路,并计算出其检验数。当空格数目很大时,计算检验数的工作十分繁重。

(二)对偶变量法或位势法

设 $u_1, u_2, \cdots, u_m$ 分别表示前 m 个约束条件等式对应的对偶变量,$v_1, v_2, \cdots, v_n$ 分别表示后 n 个约束条件等式对应的对偶变量,即有对偶变量向量为

$$\boldsymbol{Y} = (u_1, u_2, \cdots, u_m; v_1, v_2, \cdots, v_n)$$

则物流运输问题的对偶问题为

$$\max z' = \sum_{i=1}^{m} a_i \boldsymbol{u}_i + \sum_{j=1}^{n} b_j \boldsymbol{v}_j$$

$$\text{s.t.} \begin{cases} \boldsymbol{u}_i + \boldsymbol{v}_j \leqslant c_{ij}, i = 1, \cdots, m; j = 1, \cdots, n \\ \boldsymbol{u}, \boldsymbol{v} \text{ 的符号不限} \end{cases} \tag{4-9}$$

设 σ_{ij} 为原问题决策变量 x_{ij} 的检验数,则

$$\sigma_{ij} = c_{ij} - \boldsymbol{C}_B \boldsymbol{B}^{-1} \boldsymbol{P}_{ij} = c_{ij} - \boldsymbol{Y} \boldsymbol{P}_{ij} \tag{4-10}$$

因为

$$\boldsymbol{Y} = (u_1, u_2, \cdots, u_m; v_1, v_2, \cdots, v_n), \quad \boldsymbol{P}_{ij} = \begin{bmatrix} 0 \\ \vdots \\ 1(\text{第 } i \text{ 行}) \\ \vdots \\ 0 \\ \vdots \\ 1(\text{第 } m+j \text{ 行}) \\ \vdots \\ 0 \end{bmatrix} \tag{4-11}$$

故

$$\sigma_{ij} = c_{ij} - (\boldsymbol{u}_i + \boldsymbol{v}_j) \tag{4-12}$$

由西北角法、最小元素法或伏格尔法已经得出物流运输问题的一个基可行解,即 $(x_{i_1 j_1}, x_{i_2 j_2}, x_{i_3 j_3}, x_{i_4 j_4}, \cdots, x_{i_s j_s})$,$s = m+n-1$,而基变量的检验数 $\sigma_{ij} = 0$,从而可得

$$\begin{cases} u_{i_1} + v_{j_1} = c_{i_1 j_1} \\ \vdots \\ u_{i_s} + v_{j_s} = c_{i_s j_s} \end{cases} \tag{4-13}$$

该方程组有 $m+n-1$ 个方程、$m+n$ 个变量,变量数比方程数多一个,故解不唯一。方程组的解称为位势。

在实际求解位势值时,为了计算简便,常任意指定某一位势等于一个较小的整数或零。

例 4-4 用位势法对表 4-27 给出的物流运输问题解做最优性检验。

表 4-27　物流运输问题初始解表

产地	销　地				产量
	B_1	B_2	B_3	B_4	
A_1	3	11	4　3	3　10	7
A_2	3　1	9	1　2	8	4
A_3	7	6　4	10	3　5	9
销量	3	6	5	6	

解：（1）计算位势（表 4-28）。

表 4-28　位势表

产地	销　地				产量	u_i
	B_1	B_2	B_3	B_4		
A_1			4　3	3　10	7	u_1
A_2	3　1		1　2		4	u_2
A_3		6　4		3　5	9	u_3
销量	3	6	5	6		
v_j	v_1	v_2	v_3	v_4		

$$\begin{cases} u_1+v_3=3 \\ u_1+v_4=10 \\ u_2+v_1=1 \\ u_2+v_3=2 \\ u_3+v_2=4 \\ u_3+v_4=5 \end{cases} \rightarrow 令\ u_1=0，求得\ u_2=-1，u_3=-5，v_1=2，v_2=9，v_3=3，v_4=10。$$

物流运输问题解对应位势数表见表 4-29。

表 4-29　物流运输问题解对应位势数表

产地	销　地				产量	u_i
	B_1	B_2	B_3	B_4		
A_1			4　3	3　10	7	0
A_2	3　1		1　2		4	-1

产地	销 地				产量	u_i
	B_1	B_2	B_3	B_4		
A_3		6 [4]		3 [5]	9	−5
销量	3	6	5	6		
v_j	2	9	3	10		

（2）计算空格的检验数。利用式（4-12）计算空格检验数，见表 4-30。

表 4-30　位势法计算空格检验数表

产地	销 地				产量	u_i
	B_1	B_2	B_3	B_4		
A_1	(1) [3]	(2) [11]	4 [3]	3 [10]	7	0
A_2	3 [1]	(1) [9]	1 [2]	(−1) [8]	4	−1
A_3	(10) [7]	6 [4]	(12) [10]	3 [5]	9	−5
销量	3	6	5	6		
v_j	2	9	3	10		

三、初始基可行解的改进

步骤如下。

（1）若表中空格处的检验数均非负，则当前解已经达到最优。

（2）确定换入变量：若表中存在检验数为负的空格，则将此空格所对应的变量作为换入变量；若存在多个检验数为负的空格，则选择检验数最小的空格。

（3）若表中存在检验数为负的空格，则从该空格出发，寻找闭回路，并使得该闭回路上除了出发顶点为空格外，其他顶点均为数字格。

（4）确定换出变量：在闭回路上的偶数顶点中寻找运输量最小的顶点，并以该顶点所对应的变量为换出变量。

（5）迭代：在该闭回路上所有奇数顶点处的运输量增加这一数值，所有偶数顶点处的运输量减去这一数值，从而得出一新的运输方案。

例 4-5　在表 4-30 的基础上，对解进一步改进，直到求出问题的最优解。

解：（1）解的改进。从 A_2B_4 出发，寻找闭回路，见表 4-31。

闭回路的偶数顶点中最小运输量的顶点为数字格 A_2B_3，其运输量 $x_{23}=1$，在此闭回路的所有奇数顶点处增加这一数值，所有偶数顶点处减去这一数值，从而得出一新的运输方案，见表 4-32。

（2）重新计算位势值，并计算空格处检验数。计算结果见表 4-33。

表 4-31　从 A_2B_4 出发形成的闭回路表

产地	B₁	B₂	B₃	B₄	产量	u_i
A_1	(1)　3	(2)　11	4　3	3　10	7	0
A_2	3　1	(1)　9	1　2	(−1)　8	4	−1
A_3	(10)　7	6　4	(12)　10	3　5	9	−5
销量	3	6	5	6		
v_j	2	9	3	10		

表 4-32　解改进之后形成的新运输方案表

产地	B₁	B₂	B₃	B₄	产量	u_i
A_1	(1)　3	(2)　11	4+1　3	3−1　10	7	0
A_2	3　1	(1)　9	1−1　2	+1　8　(−1)	4	−1
A_3	(10)　7	6　4	(12)　10	3　5	9	−5
销量	3	6	5	6		
v_j	2	9	3	10		

表 4-33　解改进之后新的位势值及空格检验数表

产地	B₁	B₂	B₃	B₄	产量	u_i
A_1	(0)　3	(2)　11	5　3	2　10	7	0
A_2	3　1	(2)　9	(1)　2	8	4	−2
A_3	(9)　7	6　4	(12)　10	3　5	9	−5
销量	3	6	5	6		
v_j	3	9	3	10		

表 4-33 中所有空格处的检验数均非负,由此可知,当前解已经达到最优。

至此得到初始调运基可行解:

$$x_{13}=5,x_{14}=2,x_{21}=3,x_{24}=1,x_{32}=6,x_{34}=3$$

其他变量全等于 0,即由 A_1 运 5 个单位物品至 B_3,运 2 个单位物品至 B_4;由 A_2 运 3 个单位物品至 B_1,运 1 个单位物品至 B_4;由 A_3 运 6 个单位物品至 B_2,运 3 个单位物

品至 B_4。总运输费用：

$$z = 5 \times 3 + 2 \times 10 + 3 \times 1 + 1 \times 8 + 6 \times 4 + 3 \times 5 = 85$$

四、表上作业法的有关问题说明

（一）无穷多最优解的情况

当迭代到物流运输问题的最优解时，如果某非基变量的检验数等于 0，则说明该物流运输问题有无穷多最优解。

（二）退化问题的情况

1. 退化现象的第一种情况

确定初始基可行解时，若在 (i,j) 填入数字（不是最后一个数字格），出现 A_i 的余量＝B_j 的余量，此时就出现了退化现象。针对这种情况，在填入该数字后，选择划去 A_i 行，同时令 B_j 的余量＝0，但不划去 B_j 列；或选择划去 B_j 列，同时令 A_i 的余量＝0，但不划去 A_i 行。

例 4-6　表 4-34 给出了各产地和各销地的产量和销量，以及各产地至各销地的单位运价，试用最小元素法求最优解。

表 4-34　各产地产量、各销地销量及各产地到销地的单位运价

产地	销地				产量
	B_1	B_2	B_3	B_4	
A_1	3	11	4	5	7
A_2	7	7	3	8	4
A_3	1	2	10	6	9
销量	3	6	5	6	

解：（1）最小运价的供销业务对为 A_3B_1（表 4-35）。

表 4-35　最小元素法求最优解过程表 1

产地	销地				产量
	B_1	B_2	B_3	B_4	
A_1	3	11	4	5	7
A_2	7	7	3	8	4
A_3	3　1	2	10	6	9－3＝6
销量	3－3＝0	6	5	6	

（2）最小运价的供销业务对为 A_3B_2，因为 A_3 的余量＝B_2 的余量＝6，出现退化现象，在 A_3B_2 中填入 6，这里选择划去 A_3 行，同时令 B_2 的余量＝0，但不划去 B_2 列（表 4-36）。

表 4-36　最小元素法求最优解过程表 2

产地	销地				产量
	B_1	B_2	B_3	B_4	
A_1	3	11	4	5	7
A_2	7	7	3	8	4
A_3	3 ⎵ 1	6 ⎵ 2	10	6	6－6＝0
销量	0	6－6＝0	5	6	

（3）最小运价的供销业务对为 A_2B_3（表 4-37）。

表 4-37　最小元素法求最优解过程表 3

产地	销地				产量
	B_1	B_2	B_3	B_4	
A_1	3	11	4	5	7
A_2	7	7	4	8	4－4＝0
A_3	3 ⎵ 1	6 ⎵ 2	10	6	0
销量	0	0	5－4＝1	6	

（4）最小运价的供销业务对为 A_1B_3（表 4-38）。

表 4-38　最小元素法求最优解过程表 4

产地	销地				产量
	B_1	B_2	B_3	B_4	
A_1	3	11	1 ⎵ 4	5	7－1＝6
A_2	7	7	4 ⎵ 3	8	0
A_3	3 ⎵ 1	6 ⎵ 2	10	6	0
销量	0	0	1－1＝0	6	

（5）最小运价的供销业务对为 A_1B_4，因为 A_1 的余量＝B_4 的余量＝6，出现退化现象，

在 A_1B_4 中填入 6,这里选择划去 B_4 列,同时令 A_1 的余量=0,但不划去 A_1 行(表 4-39)。

表 4-39　最小元素法求最优解过程表 5

产地	销地				产量
	B_1	B_2	B_3	B_4	
A_1	3	11	1　4　6	5	6−6=0
A_2	7	7	4　3	8	0
A_3	3　1	6　2	10	6	0
销量	0	0	0	6−6=0	

(6) A_1B_2 为最后一个空格,填入 0,同时划去 A_1 行和 B_2 列(表 4-40)。

表 4-40　最小元素法求最优解过程表 6

产地	销地				产量
	B_1	B_2	B_3	B_4	
A_1	3　0	11　1	4　6	5	0
A_2	7	7	4　3	8	0
A_3	3　1	6　2	10	6	0
销量	0	0	0	6−6=0	

2. 退化现象的第二种情况

在求出所有空格的检验数后,对解进行改进时,从检验数为负的空格出发,寻找闭回路,若闭回路的偶数顶点中运输量最小的顶点有两个,则任选一个变量为换出变量,另一个变量仍保留为基变量,只是该基变量为 0。

第三节　产销不平衡的物流运输问题

表上作业法的使用前提是:总产量=总销量。但在许多实际物流运输问题中,总产量≠总销量,该类问题称为产销不平衡物流运输问题。产销不平衡物流运输问题的解决方法:将产销不平衡物流运输问题转化为产销平衡物流运输问题,再利用表上作业法求解。

一、不平衡物流运输问题的数学模型

(一)总产量>总销量的情况

如果总产量>总销量,即

$$\sum_{i=1}^{m} a_i > \sum_{j=1}^{n} b_j \tag{4-14}$$

物流运输问题的数学模型可写成

$$\min z = \sum_{i=1}^{m} \sum_{j=1}^{n} c_{ij} x_{ij}$$

$$\text{s. t.} \begin{cases} \sum_{j=1}^{n} x_{ij} \leqslant a_i, i = 1, \cdots, m \\ \sum_{i=1}^{m} x_{ij} = b_j, j = 1, \cdots, n \\ x_{ij} \geqslant 0 \end{cases} \tag{4-15}$$

（二）总产量＜总销量的情况

如果总产量＜总销量，即

$$\sum_{i=1}^{m} a_i < \sum_{j=1}^{n} b_j \tag{4-16}$$

物流运输问题的数学模型可写成

$$\min z = \sum_{i=1}^{m} \sum_{j=1}^{n} c_{ij} x_{ij}$$

$$\text{s. t.} \begin{cases} \sum_{j=1}^{n} x_{ij} = a_i, i = 1, \cdots, m \\ \sum_{i=1}^{m} x_{ij} < b_j, j = 1, \cdots, n \\ x_{ij} \geqslant 0 \end{cases} \tag{4-17}$$

二、不平衡物流运输问题的求解

（一）总产量＞总销量的情况

为了将问题转化为总产量＝总销量的产销平衡物流运输问题，并利用表上作业法对问题进行求解，可增加一个假想销地 B_{n+1}：

（1）B_{n+1} 地的销量为 $b_{n+1} = \sum_{i=1}^{m} a_i - \sum_{j=1}^{n} b_j$；

（2）$c_{i,n+1} = 0, i = 1, \cdots, m$。（原因：销地 B_{n+1} 实际上并不存在，因而运往销地 B_{n+1} 的物资实际上就是在产地 A_i 存储起来。）

从而问题的模型变为

$$\min z = \sum_{i=1}^{m} \sum_{j=1}^{n+1} c_{ij} x_{ij}$$

$$\text{s. t.} \begin{cases} \sum_{j=1}^{n+1} x_{ij} = a_i, \quad i = 1, \cdots, m \\ \sum_{i=1}^{m} x_{ij} = b_j, \quad j = 1, \cdots, n+1 \\ x_{ij} \geqslant 0 \end{cases} \tag{4-18}$$

该模型为产销平衡问题模型，从而建立运输表（表4-41）。利用求解产销平衡物流运输问题的表上作业法进行求解。

表 4-41　产地 A_m 到销地 B_{n+1} 的运输表

产地	销　地				产量
	B_1	$\cdots$	B_n	B_{n+1}^{*}（储存）	
A_1	x_{11} $\boxed{c_{11}}$	$\cdots$	x_{1n} $\boxed{c_{1n}}$	$x_{1,n+1}$ $\boxed{0}$	a_1
$\cdots$	$\cdots$	$\cdots$	$\cdots$	$\cdots$	$\cdots$
A_m	x_{m1} $\boxed{c_{m1}}$	$\cdots$	x_{mn} $\boxed{c_{mn}}$	$x_{m,n+1}$ $\boxed{0}$	a_m
销量	b_1	$\cdots$	b_n	$\sum\limits_{i=1}^{m}a_i-\sum\limits_{j=1}^{n}b_j$	

（二）总产量＜总销量的情况

为了将问题转化为总产量＝总销量的产销平衡问题并利用表上作业法对问题进行求解，可增加一个假想产地 A_{m+1}：

（1）A_{m+1} 地的产量为 $a_{m+1}=\sum\limits_{j=1}^{n}b_j-\sum\limits_{i=1}^{m}a_i$；

（2）$c_{m+1,j}=0,i=1,\cdots,n$。（原因：产地 A_{m+1} 实际上并不存在，因而由产地 A_{m+1} 运出的物资实际上就是各销地 B_j 所需物资的欠缺额。）

从而问题的模型变为

$$\min z=\sum_{i=1}^{m+1}\sum_{j=1}^{n}c_{ij}x_{ij}$$

$$\text{s. t.}\begin{cases}\sum\limits_{j=1}^{n}x_{ij}=a_i, & i=1,\cdots,m+1\\\sum\limits_{i=1}^{m+1}x_{ij}=b_j, & j=1,\cdots,n\\x_{ij}\geqslant 0\end{cases}\tag{4-19}$$

该模型为产销平衡问题模型，从而建立运输表（表4-42）。利用求解产销平衡物流运输问题的表上作业法进行求解。

表 4-42　产地 A_{m+1} 到销地 B_n 的运输表

产地	销　地				产量
	B_1	$B_{2'}$	$\cdots$	B_n	
A_1	x_{11} $\boxed{c_{11}}$	x_{12} $\boxed{c_{12}}$	$\cdots$	$x_{1,n}$ $\boxed{c_{1n}}$	a_1
$\cdots$	$\cdots$	$\cdots$	$\cdots$	$\cdots$	$\cdots$

产地	销 地				产量
	B_1	B_2	$\cdots$	B_n	
A_m	x_{m1} 　c_{m1}	x_{m2} 　c_{m2}	$\cdots$	$x_{m,n}$ 　$c_{m,n}$	a_m
A_{m+1}^{*}（欠缺）	$x_{m+1,1}$ 　0	$x_{m+1,2}$ 　0	$\cdots$	$x_{m+1,n}$ 　$c_{m+1,n}$	$\sum\limits_{j=1}^{n} b_j - \sum\limits_{i=1}^{m} a_i$
销量	b_1	b_2	$\cdots$	b_n	

例 4-7 某市有三个造纸厂 A_1,A_2 和 A_3,其纸产量分别为 8、5、9 个单位,有 4 个集中用户 B_1,B_2,B_3 和 B_4,其需用量分别为 4、3、5、6 个单位。由各造纸厂到各用户的单位运价见表 4-43,请确定总运费最少的调运方案。

表 4-43　各造纸厂到各用户的初始调运方案表

产地	销 地				产量
	B_1	B_2	B_3	B_4	
A_1	3	12	3	4	8
A_2	11	2	5	9	5
A_3	6	7	1	5	9
销量	4	3	5	6	

解：由于总产量 22 大于总销量 18,故本问题是个产销不平衡物流运输问题。为用表上作业法求解,需增加一假想销地 B_5,该假想销地 B_5 的假想销量 = 22 − 18 = 4,且由各产地运往假想销地的单位运价均为 0,从而将运输表转化为表 4-44 的形式,再利用表上作业法求解。

表 4-44　增加假想销地的产销平衡调运方案表

产地	销 地					产量
	B_1	B_2	B_3	B_4	B_5	
A_1	3	12	3	4	0	8
A_2	11	2	5	9	0	5
A_3	6	7	1	5	0	9
销量	4	3	5	6	4	

第四节　物流运输问题应用案例分析

因为在变量个数相等的情况下,表上作业法的计算远比单纯形法简单,所以在解决实际问题时,人们常常尽可能把某些线性规划问题转化为物流运输问题的数学模型。下面介绍几个典型的例子。

例 4-8　有 3 个化肥厂(A、B、C)供应 4 个地区(I、II、III、IV)的农用化肥。各化肥厂年产量和各地区的需求量与单位化肥的运价如表 4-45 所示。求运费最省的调拨方案。

表 4-45　各化肥厂年产量和各地区的需求量与单位化肥的运价表

化肥厂	需求地				产量/万吨
	I	II	III	IV	
A	16	13	22	17	50
B	14	13	19	15	60
C	19	20	23	—	50
最低需求/万吨	30	70	0	10	
最高需求/万吨	50	70	30	不限	

解:总产量＝50＋60＋50＝160 万吨,最低需求量＝30＋70＋0＋10＝110 万吨,最高需求量＝50＋70＋30＋无限＝无限。

因为:

IV 地区最多能分配到的化肥数量＝总产量－I 地区最低需求量－II 地区最低需求量－III 地区最低需求量＝160－30－70－0＝60(万吨)

所以:IV 地区最多能分配到 60 万吨化肥,即 IV 地区的最高需求为 60 万吨。

从而物流运输问题变为表 4-46 的形式。

表 4-46　各化肥厂到各需求地的初始调运方案表

化肥厂	需求地				产量/万吨
	I	II	III	IV	
A	16	13	22	17	50
B	14	13	19	15	60
C	19	20	23	—	50
最低需求/万吨	30	70	0	10	
最高需求/万吨	50	70	30	60	

因为各地区的需求量包括最低需求和最高需求两部分,最低需求是必须被满足的,最高需求可以不被满足,故必须将最低需求和最高需求分开表示,见表 4-47。

表 4-47   各化肥厂到各需求地的最低需求和最高需求表

Ⅰ		Ⅱ		Ⅲ		Ⅳ	
Ⅰ′	Ⅰ″	Ⅱ′	Ⅱ″	Ⅲ′	Ⅲ″	Ⅳ′	Ⅳ″
30	20	70	0	0	30	10	50
50		70		30		60	

由表 4-47 看出,需求地由 4 个地区(Ⅰ、Ⅱ、Ⅲ、Ⅳ)转化为 8 个地区,分别为 Ⅰ′、Ⅰ″、Ⅱ′、Ⅱ″、Ⅲ′、Ⅲ″、Ⅳ′、Ⅳ″,其中地区 Ⅰ′、Ⅱ′、Ⅲ′、Ⅳ′的需求是必须满足的,地区 Ⅰ″、Ⅱ″、Ⅲ″、Ⅳ″的需求是可以不被满足的。

从而运输表可转化为表 4-48 的形式。

表 4-48   各化肥厂到各需求地的物流运输表 1

化肥厂	需求地								产量
	Ⅰ′	Ⅰ″	Ⅱ′	Ⅱ″	Ⅲ′	Ⅲ″	Ⅳ′	Ⅳ″	
A	16	16	13	13	22	22	17	17	50
B	14	14	13	13	19	19	15	15	60
C	19	19	20	20	23	23	—	—	50
需求量	30	20	70	0	0	30	10	50	

分析表 4-48 形式的物流运输问题,其中需求地 Ⅱ″和 Ⅲ′的需求量为 0,故将其删去对于问题的求解不产生任何影响,从而运输表简化为表 4-49 的形式。

表 4-49   各化肥厂到各需求地的物流运输表 2

化肥厂	需求地						产量
	Ⅰ′	Ⅰ″	Ⅱ′	Ⅲ″	Ⅳ′	Ⅳ″	
A	16	16	13	22	17	17	50
B	14	14	13	19	15	15	60
C	19	19	20	23	—	—	50
需求量	30	20	70	30	10	50	

分析表 4-49 形式的物流运输问题,总产量=160<总需求量=210,为产销不平衡物流运输问题,需增加虚拟化肥厂 D,其产量=210-160=50(万吨)。

表 4-49 中的需求地共有 6 个,分别为 Ⅰ′、Ⅰ″、Ⅱ′、Ⅲ″、Ⅳ′、Ⅳ″,其中 Ⅰ′、Ⅱ′、Ⅳ′此 3

个需求地的需求是必须被满足的,故此 3 个需求地不能由虚拟化肥厂调运,由虚拟化肥厂调运的运价为 M;而Ⅰ″、Ⅲ″、Ⅳ″此 3 个需求地的需求不是必须被满足的,故此 3 个需求地可以由虚拟化肥厂调运,由虚拟化肥厂调运的运价为 0。

从而建立问题的物流运输表(表 4-50)。

表 4-50　各化肥厂到各需求地的物流运输表 3

化肥厂	需求地						产量
	Ⅰ′	Ⅰ″	Ⅱ′	Ⅲ″	Ⅳ′	Ⅳ″	
A	16	16	13	22	17	17	50
B	14	14	13	19	15	15	60
C	19	19	20	23	—	—	50
D	M	0	M	0	M	0	50
需求量	30	20	70	30	10	50	

该问题转化为产销平衡的物流运输问题,利用表上作业法求出问题的最优解,见表 4-51。

表 4-51　各化肥厂到各需求地的物流运输最优解表

化肥厂	需求地						产量
	Ⅰ′	Ⅰ″	Ⅱ′	Ⅲ″	Ⅳ′	Ⅳ″	
A	16	16	50　13	22	17	17	50
B	14	14	20　13	19	10　15	30　15	60
C	30　19	20　19	0　20	23	—	—	50
D	M	0	M	30　0	M	20　0	50
需求量	30	20	70	30	10	50	

例 4-9　已知某企业各季度的生产能力与每季度交货量和每台设备的生产成本,见表 4-52。

表 4-52　某企业各季度的生产能力与每季度交货量和每台设备的生产成本

季度	生产能力/台	交货量/台	生产成本/万元
Ⅰ	25	10	10.8
Ⅱ	35	15	11.1
Ⅲ	30	25	11.0
Ⅳ	10	20	11.3

如果企业生产出来的设备当季不交货,则每台每个季度的存储维护费用为 0.15 万元。在满足合同的条件下,企业如何安排生产计划,才能使年生产和存储维护的总费用最低?

解:设 x_{ij} 表示第 i 季度生产第 j 季度交货的设备台数。

每季度生产的用于当季度和以后各季度交货的设备数不可能超过该季度的生产能力,需满足以下条件:

$$\text{s.t.} \begin{cases} x_{11}+x_{12}+x_{13}+x_{14} \leqslant 25 \\ x_{22}+x_{23}+x_{24} \leqslant 35 \\ x_{33}+x_{34} \leqslant 30 \\ x_{44} \leqslant 10 \end{cases}$$

根据合同要求,必须满足:

$$\text{s.t.} \begin{cases} x_{11}=10 \\ x_{12}+x_{22}=15 \\ x_{13}+x_{23}+x_{33}=25 \\ x_{14}+x_{24}+x_{34}+x_{44}=20 \end{cases}$$

设备的存储维护成本 $=0.15 \times (x_{12}+x_{23}+x_{34})+0.15 \times 2 \times (x_{13}+x_{24})+0.15 \times 3 \times x_{14}$

设备的生产成本 $=0.18 \times (x_{11}+x_{12}+x_{13}+x_{14})+11.1 \times (x_{22}+x_{23}+x_{24})+11 \times (x_{33}+x_{34})+11.3 \times x_{44}$

利用单纯形法求解上述问题计算工作量很大。考虑将其转化为物流运输问题。

设 c_{ij} 表示第 i 季度生产第 j 季度交货的设备的单位总成本(包括生产成本、存储维护成本),其值见表 4-53。

表 4-53　第 i 季度生产第 j 季度交货的设备的单位总成本表

i	j			
	I	II	III	IV
I	10.8	$10.8+0.15 \times 1$	$10.8+0.15 \times 2$	$10.8+0.15 \times 3$
II		11.1	$11.1+0.15 \times 1$	$11.1+0.15 \times 2$
III			11	$11+0.15 \times 1$
IV				11.3

设 a_i 表示第 i 季度的生产能力,b_j 表示第 j 季度的合同供货量,则问题可表述成物流运输问题的形式,见表 4-54。

表 4-54　某企业各季度的生产能力和合同供货量的物流运输问题形式表

产地	销　地				产量
	I	II	III	IV	
I	10.8	10.95	11.1	11.25	25
II	M	11.1	11.25	11.4	35

产地	销地				产量
	I	II	III	IV	
III	M	M	11	11.15	30
IV	M	M	M	11.3	10
销量	10	15	25	20	

问题的总产量＝100＞总需求量＝70,为产销不平衡物流运输问题,故需增加虚拟销地 V,其需求量＝30,由各产地运往销地 V 的运价均为 0,从而转变为平衡问题,如表 4-55 所示。

表 4-55　某企业各季度的生产能力和合同供货量的产销平衡表

产地	销地					产量
	I	II	III	IV	V	
I	10.8	10.95	11.1	11.25	0	25
II	M	11.1	11.25	11.4	0	35
III	M	M	11	11.15	0	30
IV	M	M	M	11.3	0	10
销量	10	15	25	20	30	

利用表上作业法求出问题的最优解,见表 4-56。

表 4-56　某企业各季度的生产能力和合同供货量的最优解表

产地	销地					产量
	I	II	III	IV	V	
I	10　10.8	15　10.95	0　11.1	11.25	0	25
II	M	11.1	5　11.25	11.4	30　0	35
III	M	M	20　11	10　11.15	0	30
IV	M	M	M	10　11.3	0	10
销量	10	15	25	20	30	

例 4-10　产地到销地的最优调运方案表见表 4-57。

表 4-57　产地到销地的最优调运方案表

产地	销　地				产量
	B_1	B_2	B_3	B_4	
A_1	10	5 □1	20	10 □11	15
A_2	0 □12	10 □7	15 □9	20	25
A_3	5 □2	14	16	18	5
销量	5	15	15	10	

（1）$A_2 \rightarrow B_2$ 的单位运价 c_{22} 在什么范围变化时，最优调运方案不变？

（2）$A_2 \rightarrow B_4$ 的单位运价 c_{24} 变为何值时，有无穷多最优调运方案？至少再写出一个最优调运方案。

解：先求第一个问题：

（1）计算最优调运方案下的位势值，见表 4-58。

表 4-58　产地到销地最优调运方案的位势值表

产地	销　地				产量	u_i
	B_1	B_2	B_3	B_4		
A_1	10	5 □1	20	10 □11	15	0
A_2	0 □12	10 □c_{22}	15 □9	20	25	$c_{22}-1$
A_3	5 □2	14	16	18	5	$c_{22}-11$
销量	5	15	15	10		
v_j	$13-c_{22}$	1	$10-c_{22}$	11		

（2）计算最优调运方案下的非基变量检验数，见表 4-59。

表 4-59　产地到销地最优调运方案的非基变量检验数表

产地	销　地				产量	u_i
	B_1	B_2	B_3	B_4		
A_1	$(c_{22}-3)$ □10	5 □1	$(c_{22}+10)$ □20	10 □11	15	0
A_2	0 □12	10 □c_{22}	15 □9	$(10-c_{22})$ □20	25	$c_{22}-1$
A_3	5 □2	$(24-c_{22})$ □14	(17) □16	$(18-c_{22})$ □18	5	$c_{22}-11$
销量	5	15	15	10		
v_j	$13-c_{22}$	1	$10-c_{22}$	11		

(3) 如最优调运方案不变,则非基变量检验数均应≥0。

$$
\begin{cases}
c_{22} - 3 \geqslant 0 \\
10 + c_{22} \geqslant 0 \\
10 - c_{22} \geqslant 0 \rightarrow 3 \leqslant c_{22} \leqslant 10 \\
24 - c_{22} \geqslant 0 \\
18 - c_{22} \geqslant 0
\end{cases}
$$

再求第二个问题:

(1) 计算最优调运方案下的位势值,如表 4-60 所示。

表 4-60　第二个问题最优调运方案的位势值表

产地	销　地				产量	u_i
	B_1	B_2	B_3	B_4		
A_1	10 5	1	20	11 10	15	0
A_2	12 0	7 10	9 15	c_{24}	25	6
A_3	2 5	14	16	18	5	−4
销量	5	15	15	10		
v_j	6	1	3	11		

(2) 计算非基变量检验数,如表 4-61 所示。

表 4-61　第二个问题最优调运方案的非基变量检验数表

产地	销　地				产量	u_i
	B_1	B_2	B_3	B_4		
A_1	(4)　10	5　1	(17)　20	10　11	15	0
A_2	0　12	10　7	15　9	$(c_{24}-17)$　c_{24}	25	6
A_3	5　2	(17)　14	(17)　16	(11)　18	5	−4
销量	5	15	15	10		
v_j	6	1	3	11		

(3) $c_{24} - 17 = 0$ 时,空格(非基变量)检验数为 0,问题有无穷多最优解,即 $c_{24} = 17$ 时,问题有无穷多最优解。

以 x_{24} 为换入变量,寻找闭回路 $x_{24} x_{14} x_{12} x_{22}$,对解进行改进,从而得到一个新的解,如表 4-62 所示。

表 4-62　第二个问题最优调运方案的改进解表

产地	销　地				产量	u_i
	B_1	B_2	B_3	B_4		
A_1	(4)　10	15　1	(17)　20	11	15	0
A_2	0　12	10　7	15　9	10　c_{24}	25	6
A_3	5　2	(17)　14	(17)　16	(11)　18	5	−4
销量	5	15	15	10		
v_j	6	1	3	11		

本 章 小 结

本章对物流运输问题的数学模型、产销平衡物流运输问题的表上作业法、产销不平衡的物流运输问题进行了详细阐述，最后对物流运输问题进行应用案例分析。

本 章 习 题

1. 物流运输问题的数学模型具有什么特征？

2. 物流运输问题的基可行解应满足什么条件？将其填入运输表中时有什么体现？并说明在迭代计算过程中对它的要求。

3. 试对给出物流运输问题初始基可行解的西北角法、最小元素法和伏格尔法进行比较，分析给出的解之质量不同的原因。

4. 详细说明用位势法（对偶变量法）求检验数的原理。

5. 用表上作业法求解物流运输问题时，在什么情况下会出现退化解？当出现退化解时应如何处理？

6. 表 4-63 和表 4-64 中给出的调运方案可否作为表上作业法迭代时的基可行解？为什么？

表 4-63　调运方案（1）

产地	销　地				产量
	B_1	B_2	B_3	B_4	
A_1	0	15			15
A_2			15	10	25
A_3	5				5
销量	5	15	15	10	

表 4-64　调运方案（2）

产地	销地					产量
	B_1	B_2	B_3	B_4	B_5	
A_1	150			250		400
A_2		200	300			500
A_3			250		50	300
A_4	90	210				300
A_5				80	20	100
销量	240	410	550	330	70	

7. 表 4-65 和表 4-66 分别给出了各产地和各销地的产量和销量，以及各产地至各销地的单位运价，试用表上作业法求最优解。

表 4-65　各产地和各销地的产量和销量及各产地至各销地的单位运价（1）

产地	销地				产量
	B_1	B_2	B_3	B_4	
A_1	4	1	4	6	8
A_2	1	2	5	0	8
A_3	3	7	5	1	4
销量	6	5	6	3	

表 4-66　各产地和各销地的产量和销量及各产地至各销地的单位运价（2）

产地	销地				产量
	B_1	B_2	B_3	B_4	
A_1	9	3	8	7	3
A_2	4	9	4	5	3
A_3	5	7	6	2	5
销量	1	3	2	5	

8. 试求表 4-67 给出的产销不平衡物流运输问题的最优解。

表 4-67　产销不平衡物流运输问题表

产地	销地				产量
	B_1	B_2	B_3	B_4	
A_1	3	7	6	4	5
A_2	2	4	3	2	2
A_3	4	3	8	5	6
销量	3	3	2	2	

9. 某市有三个面粉厂,它们供给三个面食加工厂所需的面粉。各面粉厂的产量、各面食加工厂加工面粉的能力、各面食加工厂和各面粉厂之间的单位运价,均示于表 4-68 中。假定在面食加工厂 A、B、C 制作单位面粉食品的利润分别为 12 元、16 元和 11 元,试确定使总效益最大的面粉分配计划(假定面粉厂和面食加工厂都属于同一个主管单位)。

表 4-68　习题 9 已知信息

面粉厂	面食加工厂			面粉厂产量
	A	B	C	
Ⅰ	3	10	2	8
Ⅱ	4	11	8	10
Ⅲ	8	11	4	4
面食加工厂需量	8	5	6	22

10. 表 4-69 示出一个物流运输问题及它的一个解,试回答以下问题。

表 4-69　物流运输问题及它的一个解

产地	销地				产量
	B_1	B_2	B_3	B_4	
A_1	4	5　1	3　4	6	8
A_2	8　1	2	6	2　1	10
A_3	3	7	3　5	1　1	4
销量	8	5	6	3	22

(1) 表 4-69 中给出的解是否为最优解?请用位势法进行检验。

(2) 若价值系数 c_{24} 由 1 变为 3,所给的解是否仍为最优解?若不是,请求出最优解。

（3）若所有价值系数均增加 1,最优解是否改变？为什么？

（4）若所有价值系数均乘以 2,最优解是否改变？为什么？

（5）写出该物流运输问题的对偶问题,并给出其对偶问题的最优解。

即 测 即 练

第五章

物流系统多目标决策问题

物流系统多目标决策是为了适应物流企业经营管理中多目标需要而逐步发展起来的,是在物流企业决策者规定若干指标值及要求实现这些指标的先后顺序后,在给定有限资源条件下,求得总的偏离指标值为最小的方案,称这些方案为满意方案。物流系统多目标决策模型能更确切地描述和解决经营管理中的许多实际问题,为企业节约财富,提高经济效益。

第一节 物流系统多目标决策的数学模型

为了具体说明物流系统多目标决策在处理问题方法上的特点,首先通过例子来介绍物流系统多目标决策的概念及数学模型。

一、物流系统多目标决策的提出

例 5-1 某物流企业运输 Ⅰ、Ⅱ 两种产品,有关数据如表 5-1 所示。试求获利最大的运输方案。

表 5-1 某物流企业两种产品的有关数据

产品及运输量	原材料/千克	运输设备/小时	运输利润/(元/件)
Ⅰ	2	1	8
Ⅱ	1	2	10
运输量	11	10	

解:设 x_1、x_2 分别表示产品 Ⅰ、Ⅱ 的运输量,则建立问题的线性规划模型为

$$\max z = 8x_1 + 10x_2$$

$$\text{s. t.} \begin{cases} 2x_1 + x_2 \leqslant 11 \\ x_1 + 2x_2 \leqslant 10 \\ x_1, x_2 \geqslant 0 \end{cases}$$

用图解法求得最优决策方案为:$x_1 = 4, x_2 = 3, z = 62$。

从线性规划的角度来看,问题已经得到了圆满解决。但站在物流企业领导进行决策的立场上,问题没有这么简单,决策时还需要考虑一系列其他问题。

(1)计划问题要满足多方面的要求,其实际上是一个多目标决策问题:①财务部门希望利润尽可能大;②物资部门希望材料消耗尽可能少;③销售部门希望运输的品种尽可能多;④计划部门希望有尽可能大的批量,以便于安排运输。由于需要用线性规划来

128

处理,所以计划人员不得不从众多目标要求中硬性地选择其一,作为线性规划的目标函数。但这种做法的后果就是:①严重违背了某些部门的愿望,因而使运输计划的实施受到影响;②一开始由于多方面矛盾而无法从多个目标中选出一个目标出来。

(2) 线性规划有最优解的必要条件是其可行解集非空,即各约束条件彼此相容,而实际问题有时不能满足这样的要求。例如:运输计划中,由于资金限制,原材料最大运输量不能满足计划运输量时,从供给和需求两方面产生的约束条件就是彼此不相容的;或者由于设备维修、能源供应、其他产品生产需要等原因,计划期内可以提供的运输设备工时不能满足计划运输量工时需要时,也会产生彼此不相容的情况。

(3) 线性规划解的可行性和最优性具有十分明确的意义,但那都是针对特定数学模型而言的。在实际问题中,物流企业的决策者在做决策时,往往还会对它做某种调整和修改,其原因可能是数学模型相对于实际问题的近似性。这种近似性一方面来自建模时对实际问题的抽象过程;另一方面是由于物流企业的决策者在做最优决策时还会碰到一些建模时未考虑到的新情况。因此,物流企业的决策者需要计划人员提供的不是严格的数学上的最优解,而是可以帮助作出最优决策的参考性的计划,或是提供多种计划方案,供最终决策时选择。

上述分析表明:同任何其他决策工具一样,线性规划并不是完美无缺的,在处理实际问题时,线性规划存在着由其"刚性"本质所注定的某些固有的局限性。现代物流的决策强调定量分析和定性分析的结合,强调硬技术和软技术的结合,强调矛盾和冲突的合理性,强调妥协和让步的必要性,线性规划无法满足这些要求。

多目标决策的有关概念和数学模型是在 1961 年由美国学者亚伯拉罕·查恩斯(Abraham Charnes)和威廉·W.库珀(William W.Cooper)首次在《管理模型及线性规划的工业应用》一书中提出的。当时是作为解一个没有可行解的线性规划的一种方法而引入的。这种方法把规划问题表述为尽可能地接近预期的目标。1965 年,尤吉·艾吉里(Yuji Ijiri)在处理多目标问题分析各类目标的重要性时,引入赋予各目标一个优先因子及加权系数等概念,并进一步完善了多目标决策的数学模型。

多目标决策在处理实际决策问题时具有如下特点:一是承认各项决策要求(即使是冲突的)的存在有其合理性;二是在做最终决策时,不强调其绝对意义上的最优性。由于多目标决策一定程度上弥补了线性规划的上述局限性,因此,多目标决策被认为是一种较之线性规划更接近于实际决策过程的决策工具。

例 5-2 某物流企业运输Ⅰ、Ⅱ两种产品,有关数据如表 5-1 所示。试求运输方案,要求物流企业的决策人员制订运输方案时考虑如下意见:①由于产品Ⅰ销售疲软,故希望产品Ⅰ的运输量不超过产品Ⅱ的运输量;②原材料严重短缺,运输中应避免过量消耗;③尽可能充分利用运输设备台时;④计划运输利润可能达到并超过 56 元。

分析: 面对这些意见,物流企业的决策人员需要会同有关各方做进一步的协调,最后达成一致意见:①原材料使用限额不得突破;②产品Ⅰ运量要求必须优先考虑;③运输设备工时问题其次考虑;④最后考虑运输利润要求。

类似上述这样存在多个目标的决策问题,称为多目标决策问题。

二、物流系统多目标决策的概念

（一）偏差变量

正偏差变量表示物流企业的决策值超过目标值的部分，记为 d^+。

负偏差变量表示物流企业的决策值未达到目标值的部分，记为 d^-。

因为物流企业的决策值不可能既超过目标值，同时又未达到目标值，所以 d^+ 和 d^- 存在如下关系：

（1） $d^+>0,d^-=0$（决策值超过目标值）；

（2） $d^+=0,d^->0$（决策值未达到目标值）；

（3） $d^++d^-=0$（决策值等于目标值）。

（二）绝对约束和目标约束

（1）绝对约束：必须严格满足的约束条件。绝对约束是硬约束，不能满足这些约束条件的解为非可行解。例如：线性规划问题中的所有约束条件。

（2）目标约束：目标约束是多目标决策特有的。目标约束是软约束，在达到此目标值时允许发生正偏差或负偏差，因此在这些约束的左端要加入正偏差、负偏差变量，其约束右端项是要追求的目标值。

（三）优先因子和权系数

一个物流企业的规划问题常常有若干个目标，企业的决策者要求达到这些目标时，有主次或轻重缓急的不同。这种不同目标的主次、轻重差别有两种：第一，绝对的差别，以优先因子来区别；第二，相对的差别：以权系数来区别。

1. 优先因子

优先因子用 P_k 来表示。只有在高级优先因子对应的物流企业的目标已满足的基础上，才能考虑低级优先因子对应的目标。在考虑低级优先因子对应的目标时，绝对不允许违背已经满足的高级优先因子对应的目标。

优先因子间的关系为

$$P_k > P_{k+1}$$

P_k 对应的目标相对 P_{k+1} 对应的目标具有绝对的优先性。

多目标决策中，通常把绝对约束作为最高优先级来考虑。

2. 权系数

权系数用 ω_j 来表示。多个物流企业的目标具有相同的优先因子时，它们的重要性可用权系数的不同来表示。权系数由物流企业的决策者按具体情况而定。

（四）多目标决策的目标函数

物流系统多目标决策的目标函数又称为准则函数或达成函数。物流系统多目标决策的目标函数由各目标约束的偏差变量、各目标约束相应的优先因子、各目标约束相应的权系数共同构成。

当每一目标值确定后，物流企业的决策者要求尽可能缩小偏离目标值，所以多目标决策模型的目标函数只能是极小化,其基本形式有三种。

(1) 要求恰好达到目标值。这时,决策值超过目标值或不足目标值都是不希望的,即正、负偏差变量都要尽可能地小:

$$\min z = f(d^+ + d^-) \tag{5-1}$$

(2) 要求不超过目标值。这时,允许达不到目标值,但不希望超过目标值,即正偏差变量要尽可能地小:

$$\min z = f(d^+) \tag{5-2}$$

(3) 要求不低于目标值。这时,允许超过目标值,但不希望低于目标值,即负偏差变量要尽可能地小:

$$\min z = f(d^-) \tag{5-3}$$

除上述三种基本表达式外,多目标决策模型的目标函数还可以有其他表达式,如

$$\min z = f(d^- - d^+)$$
$$\min z = f(d^+ - d^-)$$

但这些形式的目标函数很少使用。

三、物流系统多目标决策数学模型的构建

下面通过例子引入物流系统多目标决策的数学模型。

例 5-3 对例 5-2 的问题,物流企业的决策人员会同有关各方做进一步的协调,最后达成一致意见,设立以下要求,并排序如下:①原材料严重短缺,运输中应避免过量消耗;②由于产品Ⅰ销售疲软,故希望产品Ⅰ的运输量不超过产品Ⅱ的运输量;③尽可能充分利用运输设备台时;④计划运输利润可能达到并超过 56 元。根据上述目标,制订运输方案。

解:设 x_1、x_2 分别表示产品Ⅰ、Ⅱ的运输量。在建立问题的数学模型之前,首先对四个目标进行逐一分析。

要求①:该要求的目标是运输产品Ⅰ和产品Ⅱ所消耗的原材料严格不超过供给量 11,不允许有任何偏差,因为原材料严重短缺,从而该目标只能表述为一个绝对约束:

$$2x_1 + x_2 \leqslant 11$$

要求②:该要求的目标是产品Ⅰ运输量尽量不要超过产品Ⅱ运输量,从而该目标可表述为

$$\min z = \boldsymbol{P}_1 d_1^+ \tag{5-4}$$

该目标要求允许有偏差,从而该要求应表述为目标约束:

允许产品Ⅰ运输量略超过产品Ⅱ的运输量:$x_1 - x_2 = 0 + d_1^+$,其中 $d_1^+ > 0, d_1^- = 0$;

允许产品Ⅰ运输量略少于产品Ⅱ的运输量:$x_1 - x_2 = 0 - d_1^-$,其中 $d_1^- > 0, d_1^+ = 0$。

综合上述两种情况,可表述为式(5-5)的形式:

$$x_1 - x_2 = 0 + d_1^+ - d_1^- \tag{5-5}$$

将正、负偏差变量移到等式左端,从而该目标约束变为式(5-6)的形式:

$$x_1 - x_2 + d_1^- - d_1^+ = 0 \tag{5-6}$$

要求③:该要求的目标是运输产品Ⅰ和产品Ⅱ所消耗的总运输设备台时数尽可能等

于 10,从而该目标可表述为

$$\min z = \boldsymbol{P}_2(d_2^- + d_2^+) \tag{5-7}$$

该目标要求允许有偏差,从而该要求应表述为目标约束:

允许所消耗的总运输设备台时数略超过 10:$x_1 + 2x_2 = 10 + d_1^+$,其中 $d_1^+ > 0, d_1^- = 0$;

允许所消耗的总运输设备台时数略少于 10:$x_1 + 2x_2 = 10 - d_1^-$,其中 $d_1^- > 0, d_1^+ = 0$。

综合上述两种情况,可表述为式(5-8)的形式:

$$x_1 + 2x_2 = 10 + d_2^+ - d_2^- \tag{5-8}$$

将正、负偏差变量移到等式左端,从而该目标约束变为式(5-9)的形式:

$$x_1 + 2x_2 + d_2^- - d_2^+ = 10 \tag{5-9}$$

要求④:该要求的目标是运输产品Ⅰ和产品Ⅱ所创造的运输总利润尽可能超过 56,从而该目标可表述为

$$\min z = \boldsymbol{P}_3 d_3^- \tag{5-10}$$

该目标要求允许有偏差,从而该要求应表述为目标约束:

允许所创造的运输总利润略超过 56:$8x_1 + 10x_2 = 56 + d_1^+$,其中 $d_1^+ > 0, d_1^- = 0$;

允许所创造的运输总利润略少于 56:$8x_1 + 10x_2 = 56 - d_1^-$,其中 $d_1^- > 0, d_1^+ = 0$。

综合上述两种情况,可表述为式(5-11)的形式:

$$8x_1 + 10x_2 = 56 + d_2^+ - d_2^- \tag{5-11}$$

将正、负偏差变量移到等式左端,从而该目标约束变为式(5-12)的形式:

$$8x_1 + 10x_2 + d_2^- - d_2^+ = 56 \tag{5-12}$$

通过上述分析,建立问题的模型如式(5-13)所示:

$$\min z = \boldsymbol{P}_1 d_1^+ + \boldsymbol{P}_2(d_2^- + d_2^+) + \boldsymbol{P}_3 d_3^-$$

$$\text{s.t.} \begin{cases} 2x_1 + x_2 \leqslant 11 \\ x_1 - x_2 + d_1^- - d_1^+ = 0 \\ x_1 + 2x_2 + d_2^- - d_2^+ = 10 \\ 8x_1 + 10x_2 + d_3^- - d_3^+ = 56 \\ x_1, x_2, d_i^-, d_i^+ \geqslant 0, i = 1, 2, 3 \end{cases} \tag{5-13}$$

根据题意,$\boldsymbol{P}_1$ 为两种产品运输量要求的优先因子;$\boldsymbol{P}_2$ 为运输设备台时数要求的优先因子;$\boldsymbol{P}_3$ 为运输利润要求的优先因子,它们应该满足 $\boldsymbol{P}_1 > \boldsymbol{P}_2 > \boldsymbol{P}_3$。

多目标决策数学模型的一般形式为

$$\min z = \sum_{l=1}^{L} \boldsymbol{P}_l \sum_{k=1}^{K} (\omega_{lk}^- d_k^- + \omega_{lk}^+ d_k^+)$$

$$\text{s.t.} \begin{cases} \sum_{j=1}^{n} c_{kj} x_j + d_k^- - d_k^+ = g_k, k = 1, \cdots, K \\ \sum_{j=1}^{n} a_{ij} x_j \leqslant (=, \geqslant) b_i \\ x_j \geqslant 0 \\ d_k^-, d_k^+ \geqslant 0, k = 1, \cdots, K \end{cases} \tag{5-14}$$

模型亦可表述为

$$\min\left\{P_l \sum_{k=1}^{K} (\omega_{lk}^- d_k^- + \omega_{lk}^+ d_k^+), l=1,2,\cdots,L\right\}$$

$$\text{s.t.} \begin{cases} \sum_{j=1}^{n} c_{kj}x_j + d_k^- - d_k^+ = g_k, k=1,\cdots,K \\ \sum_{j=1}^{n} a_{ij}x_j \leqslant (=,\geqslant) b_i \\ x_j \geqslant 0 \\ d_k^-, d_k^+ \geqslant 0, k=1,\cdots,K \end{cases} \tag{5-15}$$

模型中 g_k 为第 k 个目标约束的预期目标值，ω_{lk}^- 和 ω_{lk}^+ 为 P_l 优先因子对应各目标的权系数。

在建立多目标决策数学模型时，需要确定预期目标值、优先级和权系数等，应当综合运用各种决策技术，尽可能地降低主观片面性。

第二节　物流系统多目标决策模型的图解法

对于具有两个决策变量的多目标决策模型，可以用图解法来分析求解。

在用图解法求解多目标决策模型时，首先必须满足所有绝对约束。在此基础上，再按照优先级从高到低的顺序，逐个地考虑各个目标约束。一般地，若优先因子 P_j 对应的解空间为 R_j，则优先因子 P_{j+1} 对应的解空间为 R_{j+1}，考虑 $R_{j+1} \subseteq R_j$，若 $R_j \neq 0$，而 $R_{j+1} = \varnothing$，则 R_j 中的解为多目标决策模型的满意解，它只能保证满足 $P_1, P_2, \cdots, P_j$ 级目标，而不保证满足其后的各级目标。

一、图解法的步骤

（1）在平面直角坐标系内画出由绝对约束和非负条件所组成的公共取值范围。

（2）按优先因子的高低，依次在平面直角坐标系内画出目标约束所组成的公共取值范围：①令正、负偏差变量等于 0，画出相应直线；②在直线旁标出正、负偏差变量所示方向；③正、负偏差变量表示直线可以沿正、负偏差变量所示方向平移。

（3）根据目标函数中的优先因子来分析求解。

二、最终解是最优解的情况

例 5-4　用图解法求解下述多目标决策模型。

$$\min z = P_1 d_1^+ + P_2(d_2^- + d_2^+) + P_3 d_3^-$$

$$\text{s.t.} \begin{cases} 2x_1 + x_2 \leqslant 11 \\ x_1 - x_2 + d_1^- - d_1^+ = 0 \\ x_1 + 2x_2 + d_2^- - d_2^+ = 10 \\ 8x_1 + 10x_2 + d_3^- - d_3^+ = 56 \\ x_1, x_2, d_i^-, d_i^+ \geqslant 0, i=1,2,3 \end{cases}$$

解：(1) 画出绝对约束和非负条件所围成的取值范围。

将绝对约束 $2x_1+x_2 \leqslant 11$ 标示在图中，如图 5-1 所示。

(2) 按优先因子的高低，画出目标约束所围成的取值范围。

① 目标约束：$x_1-x_2+d_1^--d_1^+=0 \to x_2=x_1+d_1^--d_1^+$。

绘制直线 $x_2=x_1$，标示在图 5-2 中，如 OC 所示，与 AB 相交于 C 点。d_1^- 表示向左上角平移，d_1^+ 表示向右下角平移。

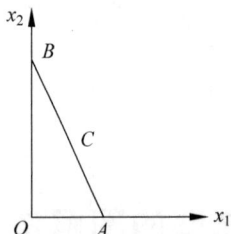

图 5-1　绝对约束 $2x_1+x_2 \leqslant 11$ 取值范围图　　图 5-2　目标约束按优先因子高低的取值范围图

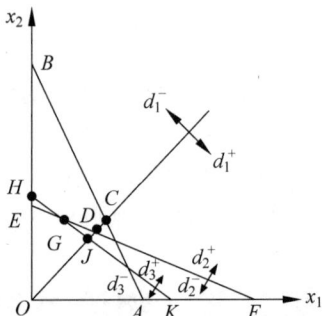

② 目标约束：$x_1+2x_2+d_2^--d_2^+=10 \to x_2=-\dfrac{1}{2}x_1+5-\dfrac{1}{2}d_2^-+\dfrac{1}{2}d_2^+$。

绘制直线 $x_2=-\dfrac{1}{2}x_1+5$，标示在图 5-2 中，如 EF 所示，与 OC 相交于 D 点。d_2^+ 表示向右上角平移，d_2^- 表示向左下角平移。

③ 目标约束：$8x_1+10x_2+d_3^--d_3^+=56 \to x_2=-\dfrac{4}{5}x_1+\dfrac{28}{5}-\dfrac{1}{10}d_3^-+\dfrac{1}{10}d_3^+$。

绘制直线 $x_2=-\dfrac{4}{5}x_1+\dfrac{28}{5}$，标示在图 5-2 中，如 HK 所示，与 OC 相交于 J 点，与 EF 相交于 G 点。d_3^+ 表示向右上角平移，d_3^- 表示向左下角平移。

(3) 根据目标函数中的优先因子来分析求解。

① $\min z=\boldsymbol{P}_1 d_1^+$，$x_1-x_2+d_1^--d_1^+=0$。

其表示直线 $x_2=x_1$ 左上角的部分，此时满足 $d_1^+=0$，从而公共取值范围为：OBC。

② $\min z=\boldsymbol{P}_2(d_2^-+d_2^+)$，$x_1+2x_2+d_2^--d_2^+=10$。

其表示直线 $x_2=-\dfrac{1}{2}x_1+5$ 上的部分，此时满足 $d_2^-+d_2^+=0$，从而公共取值范围为：线段 ED。

③ $\min z=\boldsymbol{P}_3 d_3^-$，$8x_1+10x_2+d_3^--d_3^+=56$。

其表示直线 $x_2=-\dfrac{4}{5}x_1+\dfrac{28}{5}$ 的右上角部分，此时满足 $d_3^-=0$，从而公共取值范围为：线段 GD。

从而位于线段 GD 上的点都是问题的最终解。

可求得 G 的坐标为 $(2,4)$，D 的坐标为 $\left(\dfrac{10}{3},\dfrac{10}{3}\right)$，从而 G 和 D 的凸组合均是多目标决策模型的最终解。

在本例中，依次先后满足了 $d_1^+=0$、$d_2^-+d_2^+=0$、$d_3^-=0$，因而 $z^*=0$，问题的最终解是最优解。

但在大多数物流企业的问题中并非如此，会出现某些约束得不到满足，故将多目标决策模型的最优解称为满意解。

三、最终解不是最优解的情况

例 5-5 某物流公司负责运输 A 和 B 两种产品。每周市场的 A 产品运输量为 30 台，每台可获利 40 元；每周市场的 B 产品运输量为 24 台，每台可获利 80 元。每运输一台产品需占用运输车辆 1 小时，运输车辆每周计划开动 40 小时。该公司确定的目标如下。第一优先级：运输车辆每周计划开动时间不少于 40 小时。第二优先级：允许运输车辆加班，但加班时间每周尽量不超过 10 小时。第三优先级：运输产品数量不少于市场需求量。因 B 产品利润高，取其权系数为 2。建立问题模型，并求解 A 产品和 B 产品的运输量。

解：设 x_1、x_2 分别表示 B 产品和 A 产品产量。

(1) 运输车辆每周计划开动时间不少于 40 小时：
$$\min z = \boldsymbol{P}_1 d_1^-,\quad x_1+x_2+d_1^--d_1^+=40$$

(2) 允许运输车辆加班，但加班时间每周尽量不超过 10 小时：
$$\min z = \boldsymbol{P}_2 d_2^+,\quad x_1+x_2+d_2^--d_2^+=50$$

(3) 运输 B 产品数量不少于市场需求量，且权系数为 2：
$$\min z = \boldsymbol{P}_3(2d_3^-),\quad x_1+d_3^--d_3^+=24$$

(4) 运输 A 产品数量不少于市场需求量，且权系数为 1：
$$\min z = \boldsymbol{P}_3 d_4^-,\quad x_2+d_4^--d_4^+=30$$

从而建立问题的模型如下：
$$\min z = \boldsymbol{P}_1 d_1^- + \boldsymbol{P}_2 d_2^+ + \boldsymbol{P}_3(2d_3^- + d_4^-)$$
$$\text{s. t.}\begin{cases} x_1+x_2+d_1^--d_1^+=40 \\ x_1+x_2+d_2^--d_2^+=50 \\ x_1+d_3^--d_3^+=24 \\ x_2+d_4^--d_4^+=30 \\ x_1,x_2,d_i^-,d_i^+ \geqslant 0,\quad i=1,2,3,4 \end{cases}$$

下面利用图解法对上述模型进行求解。

(1) $\min z = \boldsymbol{P}_1 d_1^- + \boldsymbol{P}_2 d_2^+$，$x_1+x_2+d_1^--d_1^+=40$，$x_1+x_2+d_2^--d_2^+=50$ 表示直线 $x_2=40-x_1$ 和直线 $x_2=50-x_1$ 之间的部分，此时满足 $d_1^-=0$，$d_2^+=0$，从而公共取值范围为 $ABCD$，如图 5-3 所示。

(2) $\min z = \boldsymbol{P}_3(2d_3^-)$，$x_1+d_3^--d_3^+=24$ 表示直线 $x_1=24$ 右边的部分，此时满足

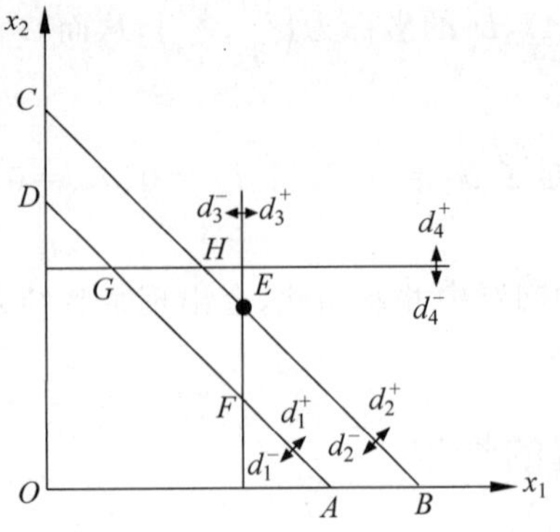

图 5-3 模型按图解法求解出的取值范围图

$d_3^- = 0$，从而公共取值范围为 $ABEF$。

（3）$\min z = \boldsymbol{P}_3(d_4^-)$，$x_2 + d_4^- - d_4^+ = 30$ 表示直线 $x_2 = 30$ 上边的部分，此时满足 $d_4^- = 0$。而在 $ABEF$ 中无法满足 $d_4^- = 0$，所以只能在 $ABEF$ 中取一点，使 d_4^- 尽可能小。在 $ABEF$ 中只有取 E 点才可使 d_4^- 最小。

故 E 点为满意解，$E = (24,26)$。

此例中约束 $\min z = \boldsymbol{P}_3(d_4^-)$，$x_2 + d_4^- - d_4^+ = 30$ 没有得到满足。因此，问题的最终解只是满意解而不是最优解。

第三节 物流系统多目标决策模型的单纯形法

多目标决策的数学模型结构与线性规划的数学模型结构形式上没有本质区别，所以可用单纯形法求解。

一、多目标决策模型的单纯形法特点

考虑多目标决策的数学模型的一些特点，做如下规定。

（1）多目标决策的目标函数为极小化，所以检验数<0 的非基变量应该作为换入变量，所有检验数均≥0 时，问题达到最优解。

（2）因非基变量的检验数中含有不同等级的优先因子，所以检验数的正、负首先决定于优先因子。

二、多目标决策模型的规划单纯形法步骤

（1）建立初始单纯形表。

（2）在表中将检验数行按优先因子个数分别列成 K 行（K 为优先因子数）。

（3）计算检验数，并按优先因子顺序排成 K 行。

① 将检验数为负数的非基变量作为换入变量。

② 如果存在多个检验数为负数的非基变量，则选择检验数最小的非基变量作为换入变量。

③ 所有检验数都满足非负要求时,停止运算:如果检验数的各优先因子行均为非负,则最终解也为最优解;如果检验数的各优先因子行有负、有正,则最终解为满意解。

（4）按最小比值规则确定换出变量,若有两个或两个以上最小比值,选取有较高优先因子的变量为换出变量。

（5）按单纯形法进行旋转运算,建立新单纯形表,返回步骤(3)。

三、最终解是最优解的情况

例 5-6 用单纯形法求解下列多目标决策问题。

$$\min z = \boldsymbol{P}_1 d_1^+ + \boldsymbol{P}_2(d_2^- + d_2^+) + \boldsymbol{P}_3 d_3^-$$

$$\text{s. t.} \begin{cases} 2x_1 + x_2 \leqslant 11 \\ x_1 - x_2 + d_1^- - d_1^+ = 0 \\ x_1 + 2x_2 + d_2^- - d_2^+ = 10 \\ 8x_1 + 10x_2 + d_3^- - d_3^+ = 56 \\ x_1, x_2, d_i^-, d_i^+ \geqslant 0, i = 1, 2, 3 \end{cases}$$

解：将多目标决策问题的模型化为标准型。

$$\min z = \boldsymbol{P}_1 d_1^+ + \boldsymbol{P}_2(d_2^- + d_2^+) + \boldsymbol{P}_3 d_3^-$$

$$\text{s. t.} \begin{cases} 2x_1 + x_2 + x_3 = 11 \\ x_1 - x_2 + d_1^- - d_1^+ = 0 \\ x_1 + 2x_2 + d_2^- - d_2^+ = 10 \\ 8x_1 + 10x_2 + d_3^- - d_3^+ = 56 \\ x_1, x_2, x_3, d_i^-, d_i^+ \geqslant 0, \quad i = 1, 2, 3 \end{cases}$$

（1）取 x_3, d_1^-, d_2^-, d_3^- 为基变量,并列出初始单纯形表,见表 5-2。

表 5-2 最终解是最优解时单纯形法求解多目标决策问题过程表 1

c_j			0	0	0	0	$\boldsymbol{P}_1$	$\boldsymbol{P}_2$	$\boldsymbol{P}_3$	$\boldsymbol{P}_4$	0	θ
$\boldsymbol{C}_B$	$\boldsymbol{X}_B$	b	x_1	x_2	x_3	d_1^-	d_1^+	d_2^-	d_2^+	d_3^-	d_3^+	
0	x_3	11	2	1	1	0	0	0	0	0	0	11/1
0	d_1^-	0	1	−1	0	1	−1	0	0	0	0	—
$\boldsymbol{P}_2$	d_2^-	10	1	[2]	0	0	0	1	−1	0	0	10/2
$\boldsymbol{P}_3$	d_3^-	56	8	10	0	0	0	0	0	1	−1	56/10
		$\boldsymbol{P}_1$	0	0	0	0	1	0	0	0	0	
$c_j - z_j$		$\boldsymbol{P}_2$	−1	−2	0	0	0	0	2	0	0	
		$\boldsymbol{P}_3$	−8	−10	0	0	0	0	0	0	1	

（2）x_2 换入,d_2^- 换出,得到新的单纯形表,见表 5-3。

（3）x_1 换入,d_3^- 换出,得到新的单纯形表,见表 5-4。

表 5-3   最终解是最优解时单纯形法求解多目标决策问题过程表 2

	c_j		0	0	0	0	$\boldsymbol{P}_1$	$\boldsymbol{P}_2$	$\boldsymbol{P}_3$	$\boldsymbol{P}_4$	0	θ
$\boldsymbol{C}_B$	$\boldsymbol{X}_B$	b	x_1	x_2	x_3	d_1^-	d_1^+	d_2^-	d_2^+	d_3^-	d_3^+	
0	x_3	6	3/2	0	1	0	0	$-1/2$	1/2	0	0	4
0	d_1^-	5	3/2	0	0	1	-1	1/2	$-1/2$	0	0	10/3
0	x_2	5	1/2	1	0	0	0	1/2	$-1/2$	0	0	10
$\boldsymbol{P}_3$	d_3^-	6	[3]	0	0	0	0	-5	5	1	-1	6/3
		$\boldsymbol{P}_1$	0	0	0	0	1	0	0	0	0	
c_j-z_j		$\boldsymbol{P}_2$	0	0	0	0	0	1	1	0	0	
		$\boldsymbol{P}_3$	-3	0	0	0	0	5	-5	0	1	

表 5-4   最终解是最优解时单纯形法求解多目标决策问题过程表 3

	c_j		0	0	0	0	$\boldsymbol{P}_1$	$\boldsymbol{P}_2$	$\boldsymbol{P}_3$	$\boldsymbol{P}_4$	0	θ
$\boldsymbol{C}_B$	$\boldsymbol{X}_B$	b	x_1	x_2	x_3	d_1^-	d_1^+	d_2^-	d_2^+	d_3^-	d_3^+	
0	x_3	3	0	0	1	0	0	2	-2	$-1/2$	1/2	
0	d_1^-	2	0	0	0	1	-1	3	-3	$-1/2$	1/2	
0	x_2	4	0	1	0	0	0	4/3	$-4/3$	$-1/6$	1/6	
0	x_1	2	1	0	0	0	0	$-5/3$	5/3	1/3	$-1/3$	
		$\boldsymbol{P}_1$	0	0	0	0	1	0	0	0	0	
c_j-z_j		$\boldsymbol{P}_2$	0	0	0	0	0	1	1	0	0	
		$\boldsymbol{P}_3$	0	0	0	0	0	0	0	1	0	

所有检验数均为正,达到最终解,又因为检验数的各优先因子行均为非负,所以最终解为最优解: $\boldsymbol{X}^* = (x_1^*, x_2^*) = (2,4)$。

下面来分析该最终解为最优解。

(1) 从最终单纯形表中可以看到:所有非基变量的检验数都已非负。该解是问题的最优解,因为所有目标均已满足(从检验数行可以看出)。

(2) 从检验数行可以看出:

① 优先因子 $\boldsymbol{P}_1$、$\boldsymbol{P}_2$、$\boldsymbol{P}_3$ 的系数均为非负数:表明优先因子 $\boldsymbol{P}_1$、$\boldsymbol{P}_2$、$\boldsymbol{P}_3$ 的各目标均已满足;

② 优先因子 $\boldsymbol{P}_1$ 的目标 $\min z = \boldsymbol{P}_1 d_1^+$:

∵ $d_1^+ = 0$ ∴ $d_1^+ \to 0$ 的目标已实现

③ 优先因子 $\boldsymbol{P}_2$ 的目标 $\min z = \boldsymbol{P}_2 (d_2^- + d_2^+)$:

∵ $d_2^- = 0, d_2^+ = 0$ ∴ $d_2^- + d_2^+ \to 0$ 的目标已实现

优先因子 $\boldsymbol{P}_3$ 的目标 $\min z = \boldsymbol{P}_3 d_3^-$:

∵ $d_3^- = 0$ ∴ $d_3^- \to 0$ 的目标已实现

该最终解能满足所有目标,所以该解为最优解。又因为非基变量 d_3^+ 的检验数为 0,表示问题有多重解,将 d_3^+ 作为换入变量,计算检验数,见表 5-5。

表 5-5　最终解是最优解时求解最终单纯形表检验数过程表 1

	c_j		0	0	0	0	P_1	P_2	P_3	P_4	0	θ
C_B	X_B	b	x_1	x_2	x_3	d_1^-	d_1^+	d_2^-	d_2^+	d_3^-	d_3^+	
0	x_3	3	0	0	1	0	0	2	-2	$-1/2$	$1/2$	6
0	d_1^-	2	0	0	0	1	-1	3	-3	$-1/2$	$1/2$	4
0	x_2	4	0	1	0	0	0	$4/3$	$-4/3$	$-1/6$	$1/6$	24
0	x_1	2	1	0	0	0	0	$-5/3$	$5/3$	$1/3$	$-1/3$	—
		P_1	0	0	0	0	1	0	0	0	0	
c_j-z_j		P_2	0	0	0	0	0	1	1	0	0	
		P_3	0	0	0	0	0	0	0	1	0	

将 d_3^+ 换入,d_1^- 换出,得到新的单纯形表,见表 5-6。

表 5-6　最终解是最优解时求解最终单纯形表检验数过程表 2

	c_j		0	0	0	0	P_1	P_2	P_3	P_4	0	θ
C_B	X_B	b	x_1	x_2	x_3	d_1^-	d_1^+	d_2^-	d_2^+	d_3^-	d_3^+	
0	x_3	1	0	0	1	-1	1	-1	1	0	0	
0	d_3^+	4	0	0	0	2	-2	6	-6	-1	1	
0	x_2	$10/3$	0	1	0	$-1/3$	$1/3$	$1/3$	$-1/3$	0	0	
0	x_1	$10/3$	1	0	0	$2/3$	$2/3$	$1/3$	$-1/3$	0	0	
		P_1	0	0	0	0	1	0	0	0	0	
c_j-z_j		P_2	0	0	0	0	0	1	1	0	0	
		P_3	0	0	0	0	0	0	0	1	0	

所有检验数均为正,达到最优解,最优解为

$$X^* = (x_1^*, x_2^*) = \left(\frac{10}{3}, \frac{10}{3}\right)$$

四、最终解是满意解的情况

例 5-7　用单纯形法求解下列多目标决策模型。

$$\min z = P_1 d_1^- + P_2 d_2^+ + P_3(5d_3^- + 3d_4^-) + P_4 d_1^+$$

$$\text{s. t.} \begin{cases} x_1 + 2x_2 + d_1^- - d_1^+ = 6 \\ x_1 + 2x_2 + d_2^- - d_2^+ = 9 \\ x_1 - 2x_2 + d_3^- - d_3^+ = 4 \\ x_2 + d_4^- - d_4^+ = 2 \\ x_1, x_2, d_i^-, d_i^+ \geqslant 0, i = 1, 2, 3, 4 \end{cases}$$

解:(1) 取 d_1^-、d_2^-、d_3^-、d_4^- 为基变量,并列出初始单纯形表,见表 5-7。

(2) 经多次迭代得到最终单纯形表,见表 5-8。

表 5-7　最终解是满意解时求解最终单纯形表检验数过程表 1

	c_j		0	0	P_1	P_4	0	P_2	$5P_3$	0	$3P_3$	0	θ
C_B	X_B	b	x_1	x_2	d_1^-	d_1^+	d_2^-	d_2^+	d_3^-	d_3^+	d_4^-	d_4^+	
P_1	d_1^-	6	1	2	1	-1	0	0	0	0	0	0	3
0	d_2^-	9	1	2	0	0	1	-1	0	0	0	0	9/2
$5P_3$	d_3^-	4	1	-2	0	0	0	0	1	-1	0	0	—
$3P_3$	d_4^-	2	0	[1]	0	0	0	0	0	0	1	-1	2
		P_1	-1	-2	0	1	0	0	0	0	0	0	
c_j-z_j		P_2	0	0	0	0	0	1	0	0	0	0	
		P_3	-5	7	0	0	0	0	0	5	0	3	
		P_4	0	0	0	1	0	0	0	0	0	0	

表 5-8　最终解是满意解时求解最终单纯形表检验数过程表 2

	c_j		0	0	P_1	P_4	0	P_2	$5P_3$	0	$3P_3$	0	θ
C_B	X_B	b	x_1	x_2	d_1^-	d_1^+	d_2^-	d_2^+	d_3^-	d_3^+	d_4^-	d_4^+	
0	x_1	13/2	1	0	0	0	1/2	$-1/2$	1/2	$-1/2$	0	0	
P_4	d_1^+	3	1	0	-1	1	1	-1	0	0	0	0	
$3P_3$	d_4^-	3/4	1	0	0	0	$-1/4$	1/4	1/4	$-1/4$	1	-1	
0	x_2	5/4	0	1	0	0	1/4	$-1/4$	$-1/4$	1/4	0	0	
		P_1	0	0	1	0	0	0	0	0	0	0	
c_j-z_j		P_2	0	0	0	0	0	1	0	0	0	0	
		P_3	0	0	0	0	3/4	$-3/4$	17/4	3/4	0	3	
		P_4	0	0	1	0	-1	1	0	0	0	0	

　　所有检验数均为正,达到最终解,又因为检验数的各优先因子行有正有负,所以最终解为满意解:

$$\boldsymbol{X}^* = (x_1^*, x_2^*) = \left(\frac{13}{2}, \frac{5}{4}\right)$$

　　下面来分析该最终解为满意解,而不是最优解。

　　(1) 从最终单纯形表中可以看到:所有非基变量的检验数都已非负。该解只是问题的满意解,它没有满足所有目标要求(从检验数行可以看出)。

　　(2) 从检验数行可以看出:

　　① 优先因子 P_1 和 P_2 的系数均为正数:表明优先因子 P_1 和 P_2 的各目标均已满足。

　　② 优先因子 P_3 的系数还有负数:表明优先因子 P_3 的各目标并未全部满足。

　　优先因子 P_3 的目标 $\min z = P_3(5d_3^- + 3d_4^-)$:

　　$\because d_3^- = 0$　　$\therefore d_3^- \to 0$ 的目标已实现

　　$\because d_4^- = \dfrac{3}{4}$　　$\therefore d_4^- \to 0$ 的目标未实现

　　③ 优先因子 P_4 的系数还有负数:表明优先因子 P_4 的各目标并未全部满足。

优先因子 P_3 的目标 $\min z = P_4 d_1^+$：

$\because d_1^+ = 3 \qquad \therefore d_1^+ \to 0$ 的目标未实现

第四节　物流企业目标决策的灵敏度分析

物流系统多目标决策的灵敏度分析方法与线性规划相似,除了分析各项系数的变化之外,还有优先因子和权系数的变化问题。

一、多目标决策模型中的右端常数影响分析

例 5-8　已知某物流系统多目标决策模型：

$$\min z = P_1 d_1^- + P_2 d_4^+ + P_3 (5d_3^- + 3d_4^-) + P_3 (3d_2^+ + 5d_3^+)$$

$$\text{s. t.} \begin{cases} x_1 + x_2 + d_1^- - d_1^+ = 80 \\ x_1 + d_2^- - d_2^+ = 70 \\ x_2 + d_3^- - d_3^+ = 45 \\ d_1^+ + d_4^- - d_4^+ = 10 \\ x_1, x_2, d_i^-, d_i^+ \geqslant 0, \quad i = 1,2,3,4 \end{cases}$$

最终单纯形表见表 5-9。若第一个目标约束的右端项变为 120,原满意解发生什么样的变化?

表 5-9　例 5-8 的最终单纯形表

	c_j		0	0	P_1	0	$5P_3$	$3P_3$	$3P_3$	$5P_3$	0	P_2
C_B	X_B	b	x_1	x_2	d_1^-	d_1^+	d_2^-	d_2^+	d_3^-	d_3^+	d_4^-	d_4^+
0	x_2	45	0	1	0	0	0	0	1	−1	0	0
0	x_1	70	1	0	0	0	1	−1	0	0	0	0
0	d_1^+	35	0	0	−1	1	1	−1	1	−1	0	0
0	d_4^-	10	0	0	0	0	0	0	0	0	1	−1
		P_1	0	0	1	0	0	0	0	0	0	0
$c_j - z_j$		P_2	0	0	0	0	0	0	0	0	0	1
		P_3	0	0	0	0	5	3	3	5	0	0

解：

$$\boldsymbol{B}^{-1} = \begin{bmatrix} 0 & 0 & 1 & 0 \\ 0 & 1 & 0 & 0 \\ -1 & 1 & 1 & 0 \\ 0 & 0 & 0 & 1 \end{bmatrix}, \quad \Delta\boldsymbol{b} = \begin{bmatrix} 40 \\ 0 \\ 0 \\ 0 \end{bmatrix}, \quad \boldsymbol{B}^{-1}\Delta\boldsymbol{b} = \begin{bmatrix} 0 \\ 0 \\ -40 \\ 0 \end{bmatrix}$$

$$\boldsymbol{b} + \boldsymbol{B}^{-1}\Delta\boldsymbol{b} = \begin{bmatrix} 45 \\ 70 \\ 35 \\ 10 \end{bmatrix} + \begin{bmatrix} 0 \\ 0 \\ -40 \\ 0 \end{bmatrix} = \begin{bmatrix} 45 \\ 70 \\ -5 \\ 10 \end{bmatrix}$$

将其反映到最终单纯形表中,见表 5-10。

表 5-10 例 5-8 的调整后的最终单纯形表

c_j			0	0	P_1	0	$5P_3$	$3P_3$	$3P_3$	$5P_3$	0	P_2
C_B	X_B	b	x_1	x_2	d_1^-	d_1^+	d_2^-	d_2^+	d_3^-	d_3^+	d_4^-	d_4^+
0	x_2	45	0	1	0	0	0	0	1	-1	0	0
0	x_1	70	1	0	0	0	1	-1	0	0	0	0
0	d_1^+	-5	0	0	-1	1	1	-1	1	-1	0	0
0	d_4^-	10	0	0	0	0	0	0	0	0	1	-1
		P_1	0	0	1	0	0	0	0	0	0	0
$c_j - z_j$		P_2	0	0	0	0	0	0	0	0	0	1
		P_3	0	0	0	0	5	3	3	5	0	0

出现了第三种情况(原问题不可行,对偶问题可行),利用对偶单纯形法求解。

因为基变量 $d_1^+ = -5$,故应将 d_1^+ 作为换出变量。

利用最小比值原则确定换入变量: $\min\left\{\dfrac{-P_1}{-1}, \dfrac{-3P_3}{-1}, \dfrac{-5P_3}{-1}\right\} = \min\{P_1, 3P_3, 5P_3\} = 3P_3$。

由此可知,d_2^+ 为换入变量。

以 d_1^+ 为换出变量,d_2^+ 为换入变量,进行旋转运算,见表 5-11。

表 5-11 例 5-8 的对偶单纯形法表

c_j			0	0	P_1	0	$5P_3$	$3P_3$	$3P_3$	$5P_3$	0	P_2
C_B	X_B	b	x_1	x_2	d_1^-	d_1^+	d_2^-	d_2^+	d_3^-	d_3^+	d_4^-	d_4^+
0	x_2	45	0	1	0	0	0	0	1	-1	0	0
0	x_1	75	1	0	1	-1	0	0	-1	1	0	0
$3P_3$	d_2^+	5	0	0	1	-1	-1	1	-1	1	0	0
0	d_4^-	10	0	0	0	0	0	0	0	0	1	-1
		P_1	0	0	1	0	1	0	0	0	0	0
$c_j - z_j$		P_2	0	0	0	0	0	0	0	0	0	1
		P_3	0	0	-3	3	8	0	6	2	0	0

得到物流企业的满意解为

$$X^* = (x_1^*, x_2^*) = (75, 45)$$

二、多目标决策模型中的优先因子影响分析

例 5-9 已知某多目标决策模型:

$$\min z = P_1 d_1^- + P_2 d_2^+ + P_3 (5d_3^- + 3d_4^-) + P_4 d_1^+$$

$$\text{s. t.} \begin{cases} x_1 + 2x_2 + d_1^- - d_1^+ = 6 \\ x_1 + 2x_2 + d_2^- - d_2^+ = 9 \\ x_1 - 2x_2 + d_3^- - d_3^+ = 4 \\ x_2 + d_4^- - d_4^+ = 2 \\ x_1, x_2, d_i^-, d_i^+ \geqslant 0, i = 1, 2, 3, 4 \end{cases}$$

最终单纯形表见表 5-12。

表 5-12 例 5-9 的最终单纯形表

	c_j		0	0	P_1	P_4	0	P_2	$5P_3$	0	$3P_3$	0
C_B	X_B	b	x_1	x_2	d_1^-	d_1^+	d_2^-	d_2^+	d_3^-	d_3^+	d_4^-	d_4^+
0	x_1	13/2	1	0	0	0	1/2	-1/2	1/2	-1/2	0	0
P_4	d_1^+	3	1	0	-1	1	1	-1	0	0	0	0
$3P_3$	d_4^-	3/4	1	0	0	0	-1/4	1/4	1/4	-1/4	1	-1
0	x_2	5/4	0	1	0	0	1/4	-1/4	-1/4	1/4	0	0
		P_1	0	0	1	0	0	0	0	0	0	0
$c_j - z_j$		P_2	0	0	0	0	0	1	0	0	0	0
		P_3	0	0	0	0	3/4	-3/4	17/4	3/4	0	3
		P_4	0	0	1	0	-1	1	0	0	0	0

求目标函数变为 $\min z = P_1 d_1^- + P_2 d_2^+ + P_3 d_1^+ + P_4(5d_3^- + 3d_4^-)$ 后问题的满意解。

解：目标函数的变化仅影响各变量的检验数。因此，只需考察检验数的变化即可。

分析：变化后的目标函数只是将原目标函数的 P_3 和 P_4 优先因子顺序改变了一下。

处理方法：将原多目标决策模型的最终单纯形表的目标函数行（c_j 行）作出相应调整，并重新计算检验数。

最终单纯形表转变为表 5-13 的形式。

表 5-13 重新计算检验数后的例 5-9 的最终单纯形表

	c_j		0	0	P_1	P_3	0	P_2	$5P_4$	0	$3P_4$	0	θ
C_B	X_B	b	x_1	x_2	d_1^-	d_1^+	d_2^-	d_2^+	d_3^-	d_3^+	d_4^-	d_4^+	
0	x_1	13/2	1	0	0	0	1/2	-1/2	1/2	0	-1/2	0	13
P_3	d_1^+	3	1	0	-1	1	[1]	-1	0	0	0	0	3
$3P_4$	d_4^-	3/4	1	0	0	0	-1/4	1/4	1/4	-1	-1/4	1	—
0	x_2	5/4	0	1	0	0	1/4	-1/4	-1/4	0	1/4	0	5
		P_1	0	0	1	0	0	0	0	0	0	0	
$c_j - z_j$		P_2	0	0	0	0	0	1	0	0	0	0	
		P_3	0	0	1	0	-1	1	0	0	0	0	
		P_4	0	0	0	0	3/4	-3/4	17/4	3/4	3	0	

非基变量 d_2^- 为换入变量，基变量 d_1^+ 为换出变量，进行旋转运算，得到新的单纯形表，见表 5-14。

表 5-14 例 5-9 的新单纯形表

	c_j		0	0	P_1	P_3	0	P_2	$5P_4$	0	$3P_4$	0	θ
C_B	X_B	b	x_1	x_2	d_1^-	d_1^+	d_2^-	d_2^+	d_3^-	d_3^+	d_4^-	d_4^+	
0	x_1	5	1	0	1/2	-1/2	0	0	1/2	-1/2	0	0	5
0	d_2^-	3	0	0	-1	1	1	-1	0	0	0	0	3
$3P_4$	d_4^-	3/2	0	0	-1/4	1/4	0	0	1/4	-1/4	1	-1	3/2
0	x_2	1/2	0	1	1/4	-1/4	0	0	-1/4	1/4	0	0	1/2

C_B	X_B	b	0	0	P_1	P_3	0	P_2	$5P_4$	0	$3P_4$	0	θ
			x_1	x_2	d_1^-	d_1^+	d_2^-	d_2^+	d_3^-	d_3^+	d_4^-	d_4^+	
		P_1	0	0	1	0	0	0	0	0	0	0	
$c_j - z_j$		P_2	0	0	0	0	0	1	0	0	0	0	
		P_3	0	0	0	1	0	0	0	0	0	0	
		P_4	0	0	3/4	−3/4	0	0	17/4	3/4	0	3	

得到物流企业的满意解为

$$X^* = (x_1^*, x_2^*) = \left(5, \frac{1}{2}\right)$$

三、多目标决策模型中的权系数影响分析

例 5-10 已知多目标决策模型

$$\min z = P_1 d_1^- + P_2 d_2^+ + P_3(5d_3^- + 3d_4^-) + P_4 d_1^+$$

$$\text{s. t.} \begin{cases} x_1 + 2x_2 + d_1^- - d_1^+ = 6 \\ x_1 + 2x_2 + d_2^- - d_2^+ = 9 \\ x_1 - 2x_2 + d_3^- - d_3^+ = 4 \\ x_2 + d_4^- - d_4^+ = 2 \\ x_1, x_2, d_i^-, d_i^+ \geqslant 0, i = 1, 2, 3, 4 \end{cases}$$

其最终单纯形表见表 5-15。

表 5-15 例 5-10 的最终单纯形表

C_B	X_B	b	0	0	P_1	P_4	0	P_2	$5P_3$	0	$3P_3$	0
			x_1	x_2	d_1^-	d_1^+	d_2^-	d_2^+	d_3^-	d_3^+	d_4^-	d_4^+
0	x_1	13/2	1	0	0	0	1/2	−1/2	1/2	−1/2	0	0
P_4	d_1^+	3	1	0	−1	1	1	−1	0	0	0	0
$3P_3$	d_4^-	3/4	1	0	0	0	−1/4	1/4	1/4	−1/4	1	−1
0	x_2	5/4	0	1	0	0	1/4	−1/4	−1/4	1/4	0	0
		P_1	0	0	1	0	0	0	0	0	0	0
$c_j - z_j$		P_2	0	0	0	0	0	1	0	0	0	0
		P_3	0	0	0	0	3/4	−3/4	17/4	3/4	0	3
		P_4	0	0	1	0	−1	1	0	0	0	0

求目标函数变为 $\min z = P_1 d_1^- + P_2 d_2^+ + P_3(W_1 d_3^- + W_2 d_4^-) + P_4 d_1^+ (W_1, W_2 > 0)$ 后问题的满意解。

解：目标函数的变化仅影响各变量的检验数。因此，只需考察检验数的变化即可。

分析：变化后的目标函数只是将原目标函数的 P_3 优先因子中两目标的权系数改变了一下。

处理方法：将原多目标决策模型的最终单纯形表的目标函数行（c_j 行）作出相应调

整,并重新计算检验数。

最终单纯形表转变为表 5-16 的形式。

表 5-16　重新计算检验数后的例 5-10 的最终单纯形表

	c_j		0	0	P_1	P_4	0	P_2	W_1P_3	0	W_2P_3	0
C_B	X_B	b	x_1	x_2	d_1^-	d_1^+	d_2^-	d_2^+	d_3^-	d_3^+	d_4^-	d_4^+
0	x_1	13/2	1	0	0	0	1/2	$-1/2$	1/2	$-1/2$	0	0
P_4	d_1^+	3	1	0	-1	1	1	-1	0	0	0	0
W_2P_3	d_4^-	3/4	1	0	0	0	$-1/4$	1/4	1/4	$-1/4$	1	-1
0	x_2	5/4	0	1	0	0	1/4	$-1/4$	$-1/4$	1/4	0	0
		P_1	0	0	1	0	0	0	0	0	0	0
		P_2	0	0	0	0	0	1	0	0	0	0
c_j-z_j		P_3	0	0	0	0	$W_2/4$	$-W_2/4$	$W_1-W_2/4$	$W_2/4$	0	W_2
		P_4	0	0	1	0	-1	1	0	0	0	0

由此可知：

$W_1-W_2/4>0$ 时,原解不变,仍为 $x_1=13/2,x_2=5/4$。

$W_1-W_2/4<0$ 时,利用单纯形法继续求解,可得新的满意解 $x_1=5,x_2=2$。

$W_1-W_2/4=0$ 时,$x_1=13/2,x_2=5/4$ 和 $x_1=5,x_2=2$ 均为满意解。

第五节　物流系统多目标决策的应用案例

多目标决策模型是一种十分有用的工具,具有广泛的实际应用。

例 5-11　已知有三个产地给四个销地供应某种产品,产销地之间的供需量和单位运价如表 5-17 所示。

表 5-17　产销地之间的供需量和单位运价表

产地	销　　地				产量
	B_1	B_2	B_3	B_4	
A_1	5	2	6	7	300
A_2	3	5	4	6	200
A_3	4	5	2	3	400
销量	200	100	450	250	900/1 000

有关部门在研究调运方案时,依次考虑以下七项目标,并规定其相应的优先等级。

P_1：B_4 是重点保证单位,必须满足其全部需要。

P_2：A_3 向 B_1 提供的产量不少于 100。

P_3：每个销地的供应量不小于其需求量的80%。

P_4：所定调运方案的总运费不超过最小运费调运方案的10%。

P_5：因路段的问题，尽量避免安排将 A_2 的产品运往 B_4。

P_6：给 B_1 和 B_3 的供应率要尽可能相同。

P_7：力求总运费最省。

试求满意的调运方案。

解：(1) 各产地运出的产品总量不能超过各产地的总产量，该组约束为绝对约束，不允许有偏差。

$$\text{s. t.} \begin{cases} x_{11} + x_{12} + x_{13} + x_{14} \leqslant 300 \\ x_{21} + x_{22} + x_{23} + x_{24} \leqslant 200 \\ x_{31} + x_{32} + x_{33} + x_{34} \leqslant 400 \end{cases}$$

(2) P_1 为目标约束。销地 B_1、B_2、B_3 的需求量均允许有偏差，但 B_4 是重点保证单位，应最大限度予以满足。

$$\min z = P_1 d_4^-$$

$$\text{s. t.} \begin{cases} x_{11} + x_{21} + x_{31} + d_1^- - d_1^+ = 200 \\ x_{12} + x_{22} + x_{32} + d_2^- - d_2^+ = 100 \\ x_{13} + x_{23} + x_{33} + d_3^- - d_3^+ = 450 \\ x_{14} + x_{24} + x_{34} + d_4^- - d_4^+ = 250 \end{cases}$$

(3) P_2 为目标约束。产地 A_3 向 B_1 提供的产量应不少于100。

$$\min z = P_2 d_5^-, \quad x_{31} + d_5^- - d_5^+ = 100$$

(4) P_3 为目标约束。

由各产地运往销地 B_1 的产品的总运量应不小于销地 B_1 的总需求量的80%；

由各产地运往销地 B_2 的产品的总运量应不小于销地 B_2 的总需求量的80%；

由各产地运往销地 B_3 的产品的总运量应不小于销地 B_3 的总需求量的80%；

由各产地运往销地 B_4 的产品的总运量应不小于销地 B_4 的总需求量的80%。

$$\min z = P_3 (d_6^- + d_7^- + d_8^- + d_9^-)$$

$$\text{s. t.} \begin{cases} x_{11} + x_{21} + x_{31} + d_6^- - d_6^+ = 200 \times 0.8 \\ x_{12} + x_{22} + x_{32} + d_7^- - d_7^+ = 100 \times 0.8 \\ x_{13} + x_{23} + x_{33} + d_8^- - d_8^+ = 450 \times 0.8 \\ x_{14} + x_{24} + x_{34} + d_9^- - d_9^+ = 250 \times 0.8 \end{cases}$$

(5) P_4 为目标约束。所定调运方案的总运费不超过最小运费调运方案的10%。

$$\min z = P_4 d_{10}^+, \quad \sum_{i=1}^{3} \sum_{j=1}^{4} c_{ij} x_{ij} + d_{10}^- - d_{10}^+ = 2\,950 \times (1 + 10\%)$$

(6) P_5 为目标约束。因路段的问题，尽量避免安排将 A_2 的产品运往 B_4。

$$\min z = P_5 d_{11}^+, \quad x_{24} + d_{11}^- - d_{11}^+ = 0$$

（7）$\boldsymbol{P}_6$ 为目标约束。给 B_1 和 B_3 的供应率要尽可能相同。

$$\min z = \boldsymbol{P}_6(d_{12}^- + d_{12}^+),\ (x_{11}+x_{21}+x_{31}) - \frac{200}{450}(x_{13}+x_{23}+x_{33}) + d_{12}^- - d_{12}^+ = 0$$

（8）$\boldsymbol{P}_7$ 为目标约束。该问题为不平衡运输问题，增加虚拟产地 A_4，令其产量为 100，转化为平衡问题，再用表上作业法求得最小运费调运方案，见表 5-18。

表 5-18　表上作业法求得的产销地之间的最小运费调运方案表

产地	销地				产量
	B_1	B_2	B_3	B_4	
A_1	200 ⌐5	100 ⌐2	⌐6	⌐7	300
A_2	0 ⌐3	⌐5	200 ⌐4	⌐6	200
A_3	⌐4	⌐5	250 ⌐2	150 ⌐3	400
A_4	⌐0	⌐0	⌐0	100 ⌐0	100
销量	200	100	450	250	1 000/1 000

该最小运费调运方案的总运费为 2 950 元。

目标 $\boldsymbol{P}_7$ 是力求总运费最省，在尽量满足上述六个条件的前提下，使得总运费尽量等于 2 950 元。

$$\min z = \boldsymbol{P}_7 d_{13}^+,\quad \sum_{i=1}^{3}\sum_{j=1}^{4} c_{ij}x_{ij} + d_{13}^- - d_{13}^+ = 2\,950$$

问题的目标函数为

$$\min z = \boldsymbol{P}_1 d_4^- + \boldsymbol{P}_2 d_5^- + \boldsymbol{P}_3(d_6^- + d_7^- + d_8^- + d_9^-) + \boldsymbol{P}_4 d_{10}^+ +$$
$$\boldsymbol{P}_5 d_{11}^+ + \boldsymbol{P}_6(d_{12}^- + d_{12}^+) + \boldsymbol{P}_7 d_{13}^+$$

利用单纯形法，求得满意调运方案，见表 5-19。

表 5-19　单纯形法求得的产销地之间的满意调运方案表

产地	销地				产量
	B_1	B_2	B_3	B_4	
A_1	⌐5	100 ⌐2	⌐6	200 ⌐7	300
A_2	90 ⌐3	⌐5	110 ⌐4	⌐6	200
A_3	100 ⌐4	⌐5	250 ⌐2	50 ⌐3	400
A_4	10 ⌐0	⌐0	90 ⌐0	⌐0	100
销量	200	100	450	250	1 000/1 000

总运费为

$$C = 3 \times 90 + 4 \times 100 + 2 \times 100 + 4 \times 110 + 2 \times 250 + 7 \times 200 + 3 \times 50$$
$$= 3\,360(元)$$

例 5-12 若用以下表达式作为多目标决策模型的目标函数,试述其逻辑是否正确。

(1) $\max z = d^- + d^+$。

(2) $\max z = d^- - d^+$。

(3) $\min z = d^- + d^+$。

(4) $\min z = d^- - d^+$。

解：决策值超过目标值：$d^+ > 0, d^- = 0$；决策值未达到目标值：$d^+ = 0, d^- > 0$；决策值等于目标值：$d^+ = 0, d^- = 0$。

(1) 逻辑关系不正确。要使 $d^- + d^+$ 尽量大,则 d^- 和 d^+ 都必须尽量大。而由 d^- 和 d^+ 的含义可知,d^- 和 d^+ 的变化方向相反,故 $\max z = d^- + d^+$ 无实际意义。

(2) 逻辑关系正确。要使 $d^- - d^+$ 尽量大,则 d^- 应尽量大,d^+ 应尽量小。故只需 d^- 尽量大,而此时 d^+ 必然等于 0,即满足要求。

(3) 逻辑关系正确。要使 $d^- + d^+$ 尽量小,则 d^- 和 d^+ 都必须尽量小。故只需 $d^- = 0, d^+ = 0$ 即满足要求。

(4) 逻辑关系正确。要使 $d^- - d^+$ 尽量小,则 d^- 应尽量小,d^+ 应尽量大。故只需 d^+ 尽量大,而此时 d^- 必然等于 0,即满足要求。

本 章 小 结

本章对物流系统多目标决策的数学模型、物流系统多目标决策模型的图解法、物流系统多目标决策模型的单纯形法、物流企业目标决策的灵敏度分析进行了详细阐述,最后对物流系统多目标决策模型进行应用案例分析。

本 章 习 题

1. 用图解法解下列多目标决策问题:

(1) $\min z = \boldsymbol{P}_1 d_1^- + \boldsymbol{P}_2 (2d_3^+ + d_2^+) + \boldsymbol{P}_3 d_1^+$

$$\text{s. t.} \begin{cases} 2x_1 + x_2 + d_1^- - d_1^+ = 150 \\ x_1 + d_2^- - d_2^+ = 40 \\ x_2 + d_3^- - d_3^+ = 40 \\ x_1, x_2, d_i^-, d_i^+ \geq 0, \quad i = 1, 2, 3 \end{cases}$$

(2) $\min z = \boldsymbol{P}_1 (d_3^+ + d_4^+) + \boldsymbol{P}_2 d_1^+ + \boldsymbol{P}_3 d_2^- + \boldsymbol{P}_4 (d_3^- + 1.5d_4^-)$

$$\text{s. t.} \begin{cases} x_1 + x_2 + d_1^- - d_1^+ = 40 \\ x_1 + x_2 + d_2^- - d_2^+ = 100 \\ x_1 + d_3^- - d_3^+ = 30 \\ x_2 + d_4^- - d_4^+ = 15 \\ x_1, x_2, d_i^-, d_i^+ \geq 0, \quad i = 1, 2, 3, 4 \end{cases}$$

2. 用单纯形法解下列多目标决策问题：

(1) $\min z = \boldsymbol{P}_1(d_1^- + d_1^+) + \boldsymbol{P}_2 d_2^- + \boldsymbol{P}_3 d_3^- + \boldsymbol{P}_4(5d_3^+ + 3d_2^+)$

$$\text{s. t.} \begin{cases} x_1 + x_2 + d_1^- - d_1^+ = 800 \\ 5x_1 + d_2^- - d_2^+ = 2\,500 \\ 3x_2 + d_3^- - d_3^+ = 1\,400 \\ x_1, x_2, d_i^-, d_i^+ \geqslant 0, \quad i = 1,2,3,4 \end{cases}$$

(2) $\min z = \boldsymbol{P}_1(d_1^- + d_1^+) + \boldsymbol{P}_2 d_2^- + \boldsymbol{P}_3 d_3^- + \boldsymbol{P}_4(5d_3^+ + 3d_2^+)$

$$\text{s. t.} \begin{cases} x_1 + x_2 + d_1^- - d_1^+ = 80 \\ x_1 + x_2 + d_2^- - d_2^+ = 90 \\ x_1 + d_3^- - d_3^+ = 70 \\ x_2 + d_4^- - d_4^+ = 45 \\ x_1, x_2, d_i^-, d_i^+ \geqslant 0, \quad i = 1,2,3,4 \end{cases}$$

3. 对于多目标决策问题：

$\min z = \boldsymbol{P}_1 d_1^- + \boldsymbol{P}_2 d_4^+ + \boldsymbol{P}_3(5d_2^- + 3d_3^-) + \boldsymbol{P}_4(3d_2^+ + 5d_3^+)$

$$\text{s. t.} \begin{cases} x_1 + x_2 + d_1^- - d_1^+ = 80 \\ x_1 + d_2^- - d_2^+ = 70 \\ x_2 + d_3^- - d_3^+ = 45 \\ d_1^+ + d_4^- - d_4^+ = 10 \\ x_1, x_2, d_i^-, d_i^+ \geqslant 0, \quad i = 1,2,3,4 \end{cases}$$

(1) 用单纯形法求问题的满意解；

(2) 若目标函数变为

$$\min z = \boldsymbol{P}_1 d_1^- + \boldsymbol{P}_2(5d_2^- + 3d_3^-) + \boldsymbol{P}_3(3d_2^+ + 5d_3^+) + \boldsymbol{P}_4 d_4^+$$

则满意解有什么变化？

(3) 分别对第二和第三优先级各目标权系数做灵敏度分析。

4. 某成品酒有三种商标（红、黄、蓝），都是由三种原料酒（等级Ⅰ、Ⅱ、Ⅲ）兑制而成。三种等级的原料酒的日供应量和成本见表 5-20，三种商标的成品酒的兑制要求和售价见表 5-21。决策者规定：首先必须严格按规定比例兑制各商标的酒；其次是获利最大；最后是红商标的酒每天至少生产 2 000 千克。试列出该问题的数学模型。

表 5-20 三种等级的原料酒的日供应量和成本

等级	日供应量/千克	成本/(元/千克)
Ⅰ	1 500	6
Ⅱ	2 000	4.5
Ⅲ	1 000	3

表 5-21   三种商标的成品酒的兑制要求和售价

商标	兑制要求	售价(元/千克)
红	Ⅲ少于 10％ Ⅰ多于 50％	5.5
黄	Ⅲ少于 70％ Ⅰ多于 20％	5.0
蓝	Ⅲ少于 50％ Ⅰ多于 10％	4.8

5. 公司决定使用 1 000 万元新产品开发基金开发 A、B、C 三种新产品。经预测,开发 A、B、C 三种新产品的投资利润率分别为 5％、7％、10％。由于新产品开发有一定风险,公司研究后确定了下列优先顺序目标:第一,A 产品至少投资 300 万元;第二,为分散投资风险,任何一种新产品的开发投资不超过开发基金总额的 35％;第三,至少留有10％的开发基金,以备急用;第四,使总的投资利润最大。试建立投资分配方案的多目标决策模型。

6. 已知单位牛奶、牛肉、鸡蛋中的维生素及胆固醇含量等有关数据,见表 5-22。如果只考虑这三种食物,并且设立了下列三个目标:第一,满足三种维生素的每日最小需要量;第二,使每日摄入的胆固醇最少;第三,使每日购买食品的费用最少,要求建立问题的多目标决策模型。

表 5-22   单位牛奶、牛肉、鸡蛋中的维生素及胆固醇含量等有关数据

项　　目	牛奶(500 g)	牛肉(500 g)	鸡蛋(500 g)	每日最小需要量
维生素 A/mg	1	1	10	1
维生素 C/mg	100	10	10	30
维生素 D/mg	10	100	10	10
胆固醇/单位	70	50	120	
费用/元	1.5	8	4	

7. 美林电器公司生产彩色电视机,公司有甲、乙两条生产线,甲生产线每小时生产 2台,乙生产线每小时生产 1.5 台。甲、乙两条生产线每周正常工作时间都是 40 小时。据估计,每台彩色电视机的利润是 100 元。公司经理有下列目标和优先权结构。

P_1:每周生产 180 台彩色电视机。

P_2:限制甲生产线的加班时间为 10 小时。

P_3:保证甲、乙生产线的正常生产,避免停工(根据两条生产线的生产率不同给予不同的权)。

P_4:对甲、乙两生产线的加班时间之和加以限制(根据加班的相对费用给予权,假定两队的代价是一样的)。

要求:

(1) 建立问题的多目标决策模型。

(2) 如果公司经理把每周获得利润 19 000 元作为第一优先目标,上述 4 个目标往后

顺延,模型会怎样改变?

(3)如果公司经理只有一个利润最大的目标,同时要满足甲、乙两条生产线正常开工。重新建立多目标决策模型。

8.金源公司生产三种产品,其整个计划期分为三个阶段。现需编制生产计划,确定各个阶段各种产品的生产数量。

计划受市场需求、设备台时、财务资金、稀有材料供应、生产费用等方面条件的约束,有关数据见表5-23和表5-24。假设计划期初及期末各种产品的库存量皆为零。

表 5-23　习题 8 已知数据(1)

阶　段	A	B	C
1	500	750	900
2	680	800	800
3	800	950	1 000

表 5-24　习题 8 已知数据(2)

项　目	每台产品资源消耗(占用)量			每阶段资源消耗(占用)限额
	A	B	C	
设备工作台时/小时	2.0	1.0	3.1	5 000
流动资金占用量/元	40	20	55	93 000
稀有材料消耗量/千克	0.8	0.6	1.2	2 100
每阶段产品库存费用/元	1.0	0.5	1.5	200

公司设定以下 5 个优先等级的目标:

P_1:及时供货,保证需求,尽量减少缺货,并且产品 C 及时供货的重要性相当于产品 A、B 的 2 倍;

P_2:尽量使加工设备负荷均衡;

P_3:流动资金占用量不超过限额;

P_4:稀有材料消耗量不超过限额;

P_5:产品的库存费用不超过限额。

要求建立多目标决策模型。

即 测 即 练

第六章

物资储运的整数规划模型

　　整数在规划模型中扮演着重要角色,因为它能够直接反映现实世界中的许多量化现象。在物资储运中,货物的数量、车辆的数量、装载的货物量等通常都是整数,因为不能分割单个的货物或车辆,也不能有"部分"的车辆或"小数部分"的货物。通过设定整数决策变量(如车辆数量、货物分配量等),整数规划模型能够确保决策结果符合实际情况,避免非整数解可能带来的操作难题。

第一节　整　数　规　划

一、整数规划问题

　　整数规划是运筹学的一个重要分支,它要求决策变量的取值必须为整数,这使它特别适用于那些在实际应用中需要取整数值的决策问题。整数规划可以追溯到 20 世纪 50 年代,当时运筹学的创始人和单纯形法的发明者丹齐格首先提出了可以用变量来刻画最优化模型中的固定费用、变量上界、半连续变量和非凸分片线性函数等,他对旅行售货员问题(Traveling Salesman Problem,TSP)的研究成为后来分支定界法和现代混合整数规划算法的开端。

　　物资储运中,许多决策问题都涉及整数规划,以下几个场景是整数规划对物资储运问题的展开描述。

(一)车辆路径问题

　　车辆路径问题(Vehicle Routing Problem,VRP)是物资储运中最常见的整数规划问题之一。它涉及如何为客户安排车辆的行驶路线,以满足他们的需求,并最小化总成本(如行驶距离、时间、油耗等)。在 VRP 中,决策变量通常是车辆的行驶路线,这些变量必须是整数,因为不能分割路线或车辆。

(二)库存控制问题

　　库存控制问题也是物资储运中的一个重要应用领域。它涉及如何确定每个时期的补货量以最小化库存成本(如缺货成本、持有成本等)。在这个问题中,决策变量是各个时期的补货量,这些变量也必须是整数,因为不能补非整数数量的商品。

(三)运输网络设计问题

　　运输网络设计问题涉及如何规划运输网络(如仓库位置、运输路线等),以最小化整个网络的运输成本,并满足一定的服务水平要求。在这个问题中,决策变量可能包括仓库的位置、运输路线的选择等,这些变量都需要是整数或整数集合。

（四）装载优化问题

装载优化问题涉及如何优化货车的装载方式，以最大化装载量并减少运输成本。在这个问题中，决策变量通常是每个货车装载的货物种类和数量，这些变量也必须是整数。

（五）货源分配问题

物流企业需要根据不同地区的销售情况，合理分配货源。整数规划可以根据历史销售数据、市场预测等因素，计算出不同地区的销售量和需求量，并将其转化为数学模型，从而确定最佳货源分配方案。决策变量取整数值，这符合实际物流操作中货物通常以整数单位（如箱、件）进行分配和运输的实际情况。

整数规划可以看作是线性规划的一种特殊形式。在线性规划中，决策变量可以是任意实数，而在整数规划中，决策变量必须是整数。线性规划提供了整数规划的理论基础，许多整数规划问题是通过求解相应的线性规划问题来找到初始可行解或最优边界的。整数变量的特性使得整数规划问题比线性规划问题更加复杂。整数变量不能取小数或分数值，这导致了解空间的不连续性，即解空间是离散的而不是连续的。整数规划问题往往比线性规划问题更难求解，特别是当问题规模较大时，计算复杂度和求解时间都会显著增加。

二、整数规划建模

（1）确定决策变量。根据问题需求确定决策变量，这些变量将用于构建目标函数和约束条件。决策变量通常是整数，例如要决定运输多少件货物，决策变量可以是 x_i，表示第 i 种货物的运输件数。在某些情况下，决策变量也可能是布尔变量（0 或 1）。

（2）建立目标函数。根据问题目标建立目标函数，通常是最小化或最大化某个经济指标，如最大化利润或最小化成本。

（3）设置约束条件。约束条件反映了决策变量必须遵守的限制，根据问题限制条件设置约束条件，包括等式约束和不等式约束。

例 6-1　假定装到船上的货物有五种，各种货物的单位重量和单位体积以及它们相应的价值如表 6-1 所示。假设船的最大载重量和容积分别是 $W = 112$ 吨和 $V = 109$ 立方米。现在要确定怎样装运货物才可使装运的价值最大。把这个问题表示成整数规划模型。

表 6-1　各种货物的单位重量和单位体积以及它们相应的价值

货物 i	W_i/吨	V_i/立方米	r_i	货物 i	W_i/吨	V_i/立方米	r_i
1	5	1	4	4	2	5	5
2	8	8	7	5	7	4	4
3	3	6	6				

解：设 x_i 表示第 i 种货物装运的单位数量（此处应为非负整数），这是一个整数规划问题，用数学式可表示为

$$\max z = 4x_1 + 7x_2 + 6x_3 + 5x_4 + 4x_5$$

约束条件为

$$\text{s. t.} \begin{cases} 5x_1 + 8x_2 + 3x_3 + 2x_4 + 7x_5 \leqslant 112 \\ x_1 + 8x_2 + 6x_3 + 5x_4 + 4x_5 \leqslant 109 \\ x_1, x_2, x_3, x_4, x_5 \geqslant 0 \\ x_1, x_2, x_3, x_4, x_5 \text{ 为整数} \end{cases}$$

由上述式子可知,整数规划问题和线性规划问题的区别在于最后的决策变量取值的限定。由此我们可知一般整数规划模型可表示如下:

$$\max(\min)z = \sum_{j=1}^{n} c_j x_j$$

$$\text{s. t.} \begin{cases} \sum_{j=1}^{n} a_{ij} x_j \leqslant (=, \geqslant) b_i \, (i = 1, 2, \cdots, m) \\ x_j \geqslant 0 \, (j = 1, 2, \cdots, n) \\ x_1, x_2, \cdots, x_n \text{ 中部分或全部为整数} \end{cases}$$

对整数规划,不能先作为一般线性规划问题求解后,再利用四舍五入的方法获得整数解,因为这种办法常常得不到整数规划的最优解,甚至根本不是可行解。因此有必要对整数规划的解法进行专门研究。

三、求解算法

由于整数规划问题是一个非线性、离散的优化问题,其求解相对复杂。常用的求解方法包括分支定界法、割平面法、隐枚举法、蒙特卡罗法和混合整数线性规划法等。这些方法通过遍历候选整数解空间或引入额外的约束来逐步逼近最优解。

(1)分支定界法。该方法通过不断分支和定界来缩小搜索范围,直至找到最优整数解。在物资储运问题中,该方法常用于解决车辆路径问题和装载优化问题等。步骤:首先解决不考虑整数约束的线性规划问题(即松弛问题),然后根据非整数解进行分支,并在每个分支上添加整数约束条件进行求解。通过不断比较各分支的最优解和当前已知最优解,逐步缩小搜索范围,直至找到最优整数解。

(2)割平面法。该方法通过求解原问题的松弛问题,并根据非整数解添加新的线性不等式约束(割平面),逐步缩小可行域,直到找到整数解。该方法在解决混合整数规划问题时尤为有效。

(3)隐枚举法。该方法通过隐式地枚举所有可能的整数解来找到最优。对于 0-1 整数规划问题,隐枚举法通常比显式枚举法更为高效。

(4)蒙特卡罗法。该方法通过随机抽样来近似求解整数规划问题。虽然它不能保证找到最优解,但在某些情况下可以快速得到一个满意的解。

(5)混合整数线性规划法。该方法利用商业求解器(如 CPLEX、Gurobi 等)进行求解,这些求解器结合了多种算法和策略来高效地处理混合整数线性规划问题。

第二节 分支定界法

在线性规划问题中,变量在一个连续的范围内取值,因此可行解有无限多个。但在整数规划问题中变量只能取离散的整数值,可行解的总数是有限的。从有限多的可行解中寻找最优解的最直观也最简单的方法就是枚举法：把问题的解全部列举出来比较，找出最优解。对于小型的问题，变量很少，可行的整数组合数也很小时，这个方法是可行的，也是有效的。但对于大型的问题，可行的整数组合数是很大的，使用枚举法便失去意义。分支定界法是整数规划的一种有效求解方法。这种方法特别适用于求解整数规划问题，包括纯整数规划问题和混合整数规划问题。

一、相关概念

分支是将当前问题分解为一系列子问题的过程。在分支定界法中，通常从原问题开始，通过选择某个变量（或一组变量）的某个值来生成多个子问题。每个子问题都是原问题的一个简化版本，但具有不同的约束条件或目标函数值。通过分支，算法能够系统地探索问题的解空间，逐步缩小搜索范围，直至找到最优解。

定界是指为每个子问题（或节点）计算一个界限（上界或下界），以评估其解的质量。这个界限通常是一个估计值，表示该子问题可能达到的最优解的目标函数值。定界规则用于剪枝，即排除那些不可能产生比当前已知最优解更好的解的分支。这可以显著减少计算量，提高算法的效率。

剪枝是根据定界规则排除不可能产生最优解的分支的过程。如果一个子问题的界限（上界或下界）不满足某个条件（例如，对于最小化问题，子问题的上界大于或等于当前已知最优解的下界），则可以认为该子问题不可能产生更优的解，因此可以将其剪枝。通过剪枝，算法能够避免不必要的计算，更快地找到最优解。

在分支定界法中，每个子问题都被视为一个节点。节点之间通过分支相连，形成一个搜索树（或搜索图）。搜索树中的每个节点都代表了一个待解决的子问题。节点是算法进行搜索和定界的基本单位。通过对节点的遍历和剪枝，算法能够系统地探索解空间。

分支定界法是一种通过将问题分解为若干个子问题（即"分枝"），并对这些子问题进行逐一求解，同时利用一定的定界规则来剪枝（即排除不可能得到最优解的分支），从而减少计算量，提高求解效率的算法。分支定界法将问题的可行解空间反复地分割为越来越小的子集（称为分支），并对每个子集内的解集计算一个目标下界（对于最小值问题）或上界（对于最大值问题）。在每次分支后，凡是界限超出已知可行解集目标值的那些子集不再进一步分支（称为剪枝），从而缩小搜索范围，提高求解效率。

二、基本步骤

分支定界法以求相应的线性规划的最优解为出发点（后文称这样的问题为 A，原问题相应的线性规划问题为 B），如果该解不符合整数条件，就将原问题分解成几部分，B_1，B_2，$\cdots$，B_n，每部分都增加约束条件，即变量为整数条件，这样就缩小了原来的可行域。这就说明整数规划 A 的最优解不会更优于相应的线性规划 B 的最优解，那么，B 的目标函数的最大值就成为 A 的最优目标函数值 z^* 的上界，记为 $\bar{z}$。而 A 的任意可行解的目标函数值将是 z^* 的下界，记为 $\underline{z}$。分支定界法就是利用这个性质将 B 的可行域分成子区域，逐步减小和增大 $\underline{z}$，最终求得 z^*。现以例 6-2 来说明这个方法的具体步骤。

例 6-2 某物流公司拟托运甲、乙两种货物，每箱的体积、重量、可获利润以及托运限制如表 6-2 所示,问:两种货物各托运多少箱,可使获得利润为最大?

表 6-2　两种货物的相关数据

货物及托运限制	体积/立方分米	重量/千克	利润/元
甲	6	2	12
乙	4	5	10
托运限制	24	10	

解:其对应的线性规划问题是

$$\max z = 12x_1 + 10x_2$$
$$\text{s. t.} \begin{cases} 6x_1 + 4x_2 \leqslant 24 \\ 2x_1 + 5x_2 \leqslant 10 \\ x_1, x_2 \geqslant 0 \text{ 且为整数} \end{cases}$$

去掉整数限制:

$$\max z = 12x_1 + 10x_2$$
$$\text{s. t.} \begin{cases} 6x_1 + 4x_2 \leqslant 24 \\ 2x_1 + 5x_2 \leqslant 10 \\ x_1, x_2 \geqslant 0 \end{cases}$$

图 6-1 所示为线性规划求解结果(图解法)。

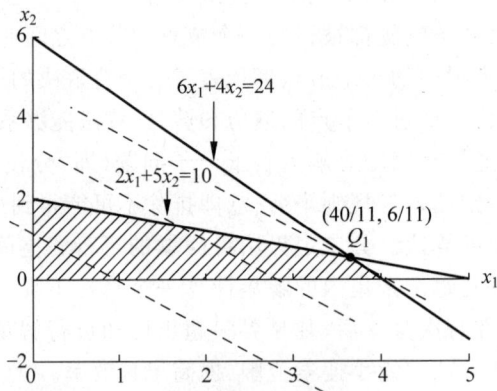

图 6-1　例 6-2 线性规划的图解法

最优解为 $x_1 = 40/11, x_2 = 6/11$,目标函数 $z_0 = 540/11$,就是图 6-1 中的交点,显然 x_1, x_2 都不是整数,所以不符合原问题约束条件的整数要求。这时 z_0 是问题 A 最优目标函数值 z^* 的上界,即 $\bar{z} = z_0 = 540/11$。而 $x_1 = 0, x_2 = 0$ 是 A 的整数可行解,此时 $z = 0$,它是 z^* 的下界,即 $\underline{z} = z = 0$,则 $0 \leqslant z^* \leqslant 540/11$。

首先,选择其中一个非整数的变量(可以任选),如选 $x_1 = 40/11$,对原问题来讲,最优整数解 x_1 一定是 $x_1 \leqslant 3$ 和 $x_1 \geqslant 4$ 的(因在 3 和 4 之间不符合整数条件),将其作为两个约束条件加入原问题中,于是把原问题分解为两个子问题 B_1 和 B_2(即两支)。

分支 1 整数规划:添加 $x_1 \leqslant 3$ 约束。

$$\max z = 12x_1 + 10x_2$$

$$\text{s. t.} \begin{cases} 6x_1 + 4x_2 \leqslant 24 \\ 2x_1 + 5x_2 \leqslant 10 \\ x_1 \leqslant 3 \\ x_1, x_2 \geqslant 0 \end{cases}$$

分支 2 整数规划：添加 $x_1 \geqslant 4$ 约束。

$$\max z = 12x_1 + 10x_2$$

$$\text{s. t.} \begin{cases} 6x_1 + 4x_2 \leqslant 24 \\ 2x_1 + 5x_2 \leqslant 10 \\ x_1 \geqslant 4 \\ x_1, x_2 \geqslant 0 \end{cases}$$

这样就将一个线性规划分解成了两个问题分支，分别找两个分支问题的所有整数解。

整数规划的整数解肯定在上述两个分支之一中，中间将一部分可行域排除在外了，就是图 6-2 中两个带箭头直线之间的可行域部分，被排除掉的部分肯定没有整数解，都是小数。

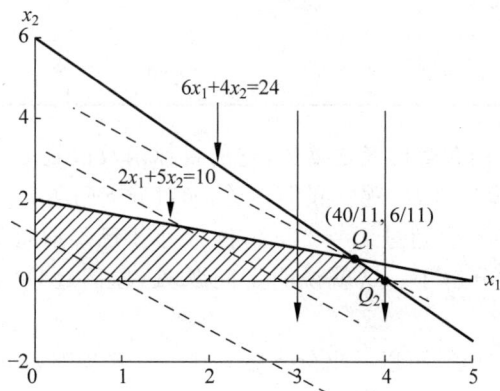

图 6-2　例 6-2 第一次分支的图解法

解问题 B_1 和 B_2，称此为第一次迭代，求得最优解（表 6-3）。

表 6-3　例 6-2 的最优解

问题	问题 B_1	问题 B_2
解题结果	$z_1 = 44$ $x_1 = 3$ $x_2 = 4/5$	$z_2 = 48$ $x_1 = 4$ $x_2 = 0$

问题 B_1 和 B_2 的解中 B_1 分支的 x_2 不是整数，但 B_1 中目标函数值 z_1 小于 B_2 中目标函数值 z_2，并且 B_2 的解中 x_1 和 x_2 都取整数，符合约束条件，因此不必再对问题 B_1 和 B_2 进行分解并迭代，此时，因 $z_2 > z_1$，故将 $\bar{z}$ 改为 48，得 $0 \leqslant z^* \leqslant 48$。

选择另一个非整数的变量 $x_2 = 6/11$，先将问题分解为问题 B_3 和 B_4，分别增加约束

条件 $x_2 \leqslant 0$ 和 $x_2 \geqslant 1$,即在图 6-2 中再舍去 $0 < x_2 < 1$ 之间的区域,见图 6-3。不考虑整数条件,问题 B_3 和 B_4 解题结果见表 6-4。

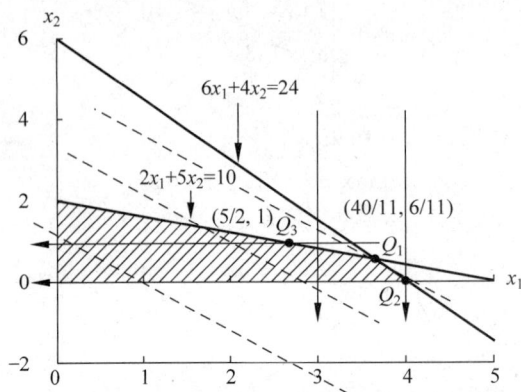

图 6-3　例 6-2 第二次分支的图解法

表 6-4　问题 B_3 和 B_4 解题结果

问　　题	B_3	B_4
解题结果	$z_3 = 48$ $x_1 = 4$ $x_2 = 0$	$z_4 = 44$ $x_1 = 5/2$ $x_2 = 1$

可以看出,问题 B_3 的解都已经是整数,它的目标函数值是 $z_3 = 48$。问题 B_4 最优解仍不是整数,要不要继续分解 B_4 呢?我们知道,如对分支问题 B_4 继续分解,它的后继问题的解所对应的 z 值绝不会超过 $z_4 = 44$,而 44 又小于已经取得的最优值 48,所以问题 B_4 可以舍去,不必再做分解了。这就说明了问题 A(原问题)的最优整数解是 $x_1 = 4$,$x_2 = 0$,且 $\max z = 48$。

总结该例题的求解过程,可以看出分支定界法的一般步骤如下。

(1) 称整数规划问题为 A,称相应的线性规划问题(即不考虑整数条件)为 B,求解 B。

(2) 如问题 B 没有可行解,即停止,这时问题 A 也没有可行解。

(3) 如求得问题 B 的最优解满足整数条件,它就是问题 A 的最优解,否则转入下一步。

(4) 取 B 的最优目标函数值为 $\bar{z}$,用观察法求 A 的一个整数可行解所对应的目标函数值为 $\underline{z}$,用 z^* 表示 A 的最优目标函数值,使 $\underline{z} \leqslant z^* \leqslant \bar{z}$,进行迭代运算。

(5) 在问题 B 的解中,任选一个不符合整数条件的变量 x_j,其值为 b_j,按:①$x_j \leqslant$ 小于 b_j 的最大整数;②$x_j \geqslant$ 大于 b_j 的最小整数,各增加一个约束条件,将问题 B 分支为 B_1 和 B_2 两个后继问题,不考虑整数问题对其求解。找出最优目标函数值最大者作为新 $\bar{z}$,从已符合整数条件的各分支中找出目标函数值最大者作为新 $\underline{z}$(若无作用,$\underline{z}$ 则为 0)。

(6) 各分支的最优目标函数值中若有小于 $\underline{z}$ 者则去掉此分支,若有大于 $\underline{z}$ 者且不符合整数条件,则重复步骤(5),直到 $z^* = \underline{z}$。

三、特点与优势

(1) 系统性。分支定界法通过系统地将原始问题分解为一系列子问题,并逐个求解这些子问题,从而确保找到全局最优解(如果存在的话)。它不会错过任何可能的解,也不会陷入局部最优的陷阱。

(2) 剪枝效率。该算法的核心在于利用定界规则来剪枝,即排除那些不可能包含最优解的分支。这种剪枝策略显著减少了需要求解的子问题数量,从而提高了算法的效率。在某些情况下,剪枝可以极大地减少计算量,使原本看似不可解的问题变得可解。

(3) 灵活性。分支定界法可以灵活地应用于不同类型的最优化问题,包括整数规划、混合整数规划、组合优化等。通过调整分支策略、定界规则和搜索策略,该算法可以适应不同问题的具体特点,从而获得更好的求解效果。

(4) 启发式与精确性结合。在分支定界法中,定界规则的设定往往依赖于启发式信息,这些启发式信息可以帮助算法更快地找到好的解或剪去无用的分支。然而,算法本身仍然保持精确性,即最终找到的解一定是全局最优解(如果问题有解的话)。分支定界法是将启发式方法与精确算法相结合的优秀代表。

(5) 计算资源需求。虽然分支定界法在理论上可以保证找到最优解,但其计算资源需求(如时间、内存等)可能随着问题规模的增大而急剧增加。特别是当问题规模非常大时,可能需要大量的计算资源和时间才能找到最优解。因此,在实际应用中,需要根据问题的具体规模和求解需求来评估分支定界法的可行性和效率。

(6) 并行计算潜力。分支定界法的"分枝"特性使它具有较高的并行计算潜力。在并行计算环境中,可以同时求解多个子问题,从而进一步缩短求解时间。这对于处理大规模优化问题尤为重要。

分支定界法可以在搜索空间很大的情况下快速找到最优解。其通过剪枝可以减少不必要的计算,提高求解效率。其适用于求解离散变量问题,这是很多其他算法难以做到的。但当搜索空间过于复杂时,剪枝的效果可能不明显,导致计算效率下降。对于某些问题,分支定界法的实现可能相对复杂,需要较高的编程技巧。

第三节　0-1 整数规划与求解

0-1 整数规划是一种特殊的整数规划方法。这种方法在物资储运领域具有广泛的应用,特别是在路线规划、车辆调度、货物装载等方面。

一、定义与特点

0-1 整数规划,又称二进制规划或零一规划,是指决策变量仅取值 0 或 1 的一类特殊的整数规划。许多管理问题无法归结为线性规划的数学模型,但可以通过设置这样的逻辑变量,很方便地建立整数规划问题的数学模型,从而把有各种情况需要分别讨论的线性规划问题统一在一个问题中讨论。在物资储运领域,这类规划常用于解决如路径选择、运输方式选择、货物装载优化等决策问题。通过将决策变量设定为 0 或 1,可以表示是否选择某个路径、是否采用某种运输方式或是否装载某种货物等。

一般的 0-1 整数规划模型如下：

$$\max(\min)z = \sum_{j=1}^{n} c_j x_j$$

$$\text{s. t.} \begin{cases} \sum_{j=1}^{n} a_{ij}x_j \leqslant (=, \geqslant)b_i & i=1,2,\cdots,m \\ x_j = 0 \text{ 或 } 1 & j=1,2,\cdots,n \end{cases}$$

0-1 整数规划的决策变量只能取 0 或 1,这种限制使问题在求解时具有特殊的性质。由于变量取值仅为 0 或 1,因此可以方便地描述逻辑关系和约束条件,如互斥关系、包含关系等。在物资储运中,这可以用于表示不同运输方式之间的互斥性、不同路径之间的选择关系等。

针对 0-1 整数规划问题,有多种求解方法,如隐枚举法、匈牙利法[Hungarian Algorithm,用于解决指派问题(Assignment Problem)]等。这些方法可以根据问题的具体特点和规模进行选择和调整,以提高求解效率和质量。由于 0-1 整数规划问题的解空间是离散的,且随着变量数量的增加,解空间会呈指数级增长,因此这类问题的计算复杂度通常较高。在实际应用中,需要根据问题的规模和复杂度来选择合适的求解方法和算法。

二、应用范围

(一) 路径优化与车辆调度

在物资储运中,路径优化是一个核心问题。0-1 整数规划可以帮助确定最佳的运输路线,以最小化运输成本、时间或能耗。例如,在 GPS(全球定位系统)路径规划中,可以通过 0-1 变量表示是否选择某条路径,从而找到最优的行驶路线。在车辆调度中,同样需要构建 0-1 整数规划模型。模型中的决策变量用于表示车辆是否被分配执行某个任务;目标函数则用于描述优化目标,如最小化车辆使用数量、最小化车辆行驶时间等;约束条件则用于保证车辆调度的合理性和可行性,如车辆数量限制、任务时间窗限制等。

(二) 仓储搬运管理

仓库的布局也可以通过 0-1 整数规划进行优化。0-1 整数规划可用于仓库的货位分配和通道规划。通过定义决策变量(如货位是否被占用、通道是否开放等),并设置目标函数(如最小化搬运距离、最大化存储密度等),可以构建出仓库布局优化的数学模型。求解该模型,可以得到最优的货位分配和通道规划方案,从而提高仓库的运作效率。例如,可以决定哪些区域用于存储特定类型的货物,以提高仓库的存储效率和货物取出的速度。

(三) 物流网络设计

物流网络设计是物流系统规划与优化的重要组成部分,它涉及物流节点(如仓库、配送中心等)的选址、数量、规模以及节点之间的连接关系等。在物流网络设计中,0-1 整数规划常用于解决选址问题、路径优化问题等离散优化问题。在选址决策中,可以定义决策变量为节点是否被选中(取值为 0 或 1);在运输路径选择中,可以定义决策变量为不同路径的运输量(或运输次数)是否为正整数(虽然严格意义上不是 0-1 变量,但可通过引入额外的 0-1 变量进行转换)。

(四) 配送与指派问题

以某物流公司为例,该公司需要为多个客户提供配送服务。首先,公司可以运用 0-1 整数规划方法构建 VRP 模型,确定最优的车辆行驶路线。然后,针对每辆车的装载问题,再次运用 0-1 整数规划方法确定最优的装载方案。最后,在任务分派阶段,公司可以根据执行者的能力和任务的时间窗要求,运用 0-1 整数规划方法将任务分配给合适的执行者。通过这一系列优化过程,公司可以显著降低运输成本、提高配送效率并提升客户满意度。

三、建模步骤

(一) 确定决策变量

首先,需要明确哪些变量是决策变量,且这些变量只能取 0 或 1。在物资储运中,这些变量通常表示是否选择某种运输方式、是否经过某个节点、是否选择某个供应商、是否选择某个方案、是否进行某项投资等。例如,设 x_j 为 0-1 变量,其中,$x_j=1$ 表示选择第 j 种运输方式,$x_j=0$ 表示不选择。

(二) 确定目标函数

根据物资储运问题的实际需求,定义目标函数。这通常是最大化利润、最小化成本、最小化时间或满足其他特定的业务目标。例如,目标函数可以是总运输成本的最小化,表示为 $\min \sum c_j x_j$,其中 c_j 表示第 j 种运输方式的成本。

(三) 确定约束条件

根据物资储运问题的实际情况,列出所有相关的约束条件。这些约束条件可能包括运输能力限制、时间窗口限制、成本预算限制等。例如,运输车辆的载重限制可以表示为 $\sum w_i x_{ij} \leqslant W_j$,其中,$w_i$ 表示第 i 个货物的重量,x_{ij} 表示第 i 个货物是否由第 j 辆车运输,W_j 表示第 j 辆车的载重限制。

如果问题中存在互斥的约束条件(即多种选择中只能选择一种),可以通过引入额外的 0-1 变量和足够大的常数 M 来构造新的约束条件。例如,在多种运输方式中选择一种时,可以设 y_j 为 0-1 变量,并构造约束条件 $\sum y_j = 1$ 和 $a_{ij} x_i \leqslant b_j + (1-y_j)M$,其中 a_{ij} 和 b_j 分别表示第 i 种货物使用第 j 种运输方式时的相关参数和限制。

(四) 构建数学模型

将前面定义的决策变量、目标函数和约束条件整合在一起,形成完整的 0-1 整数规划数学模型。

(五) 求解模型

根据模型的复杂性和求解规模,选择合适的求解方法。对于较小的 0-1 整数规划问题,可以采用枚举法或隐枚举法求解;对于较大的问题,则可能需要采用割平面法或现代优化算法(如遗传算法、模拟退火算法等)进行求解。数学规划求解软件(如 CPLEX、

Gurobi、LINGO、MATLAB 的 Optimization Toolbox 等）通常提供了丰富的算法库和高效的求解器，能够自动处理复杂的 0-1 整数规划问题。

（六）分析结果并作出决策

根据求解工具输出的结果，分析各决策变量的取值情况，并解读其对物流运输方案的具体影响。基于分析结果，制订详细的物流运输实施计划，包括运输方式的选择、运输路线的规划、运输时间的安排等。对制订的实施计划进行风险评估和效益分析，确保方案的可行性和有效性。

四、求解 0-1 整数规划的隐枚举法

和求解一般整数规划问题一样，解 0-1 整数规划问题最容易想到的方法就是枚举法，它的基本思路是从所有变量等于零出发，依次指定一些变量为 1，直至得到一个可行解，并将它作为目前最好的可行解。此后，依次检查变量等于 0 或 1 的某些组合，以便使目前最好的可行解不断加以改进，最终获得最优解。这种方法需要检查变量取值的 2^n 个组合。当变量个数 n 较大（例如 $n>10$ 时），这几乎是不可能的。隐枚举法不同于枚举法，它不需要将所有可行的变量组合一一列举。它通过分析、判断，排除了许多变量组合作为最优解的可能性，也就是说，它们被隐含枚举了，隐枚举法由此得名。分支定界法也是一种隐枚举法。当然，对有些问题隐枚举法并不适用，所以有时枚举法还是必要的。下面举例说明一种解 0-1 整数规划问题的隐枚举法。

例 6-3 某长输管道泵站配有 6 台输油泵，串联使用。现要求泵站工作点为 $Q=2\,000$ 立方米/小时，$H=550$ 米。当输油量为 $Q=2\,000$ 立方米/小时时，各台泵的扬程及相应的功率见表 6-5。

表 6-5　各台泵的扬程及相应的功率

泵号	1	2	3	4	5	6
扬程/米	60	90	180	180	200	200
功率/千瓦	365	530	1 000	1 020	1 100	1 150

试确定一个该长输管道最优泵组合方案，使所耗的总功率最小。

解：建立数学模型。根据题意设

$$x_j = \begin{cases} 0 & \text{未使用组合泵 } j \\ 1 & \text{使用组合泵 } j \end{cases} \quad j=1,2,3,4,5,6$$

则 0-1 整数规划模型如下：

$$\min z = 365x_1 + 530x_2 + 1\,000x_3 + 1\,020x_4 + 1\,100x_5 + 1\,150x_6$$

$$\text{s.t.} \begin{cases} 60x_1 + 90x_2 + 180x_3 + 180x_4 + 200x_5 + 200x_6 \geqslant 550 & ① \\ x_1,x_2,x_3,x_4,x_5,x_6 = 0 \text{ 或 } 1 & ② \end{cases}$$

先通过试探的方法找一个可行解，容易看出 $(x_1,x_2,x_3,x_4,x_5,x_6)=(1,1,1,1,1,1)$ 就是满足约束条件①的一个可行解，也是目标函数值最大解。算出相应的目标函数值 $z=5\,165$。

对于极小化问题,当然希望$z < \bar{z}$,于是增加一个约束条件:

$$365x_1 + 530x_2 + 1\,000x_3 + 1\,020x_4 + 1\,100x_5 + 1\,150x_6 \leqslant 5\,165 \qquad ◎$$

把后加的条件称为过滤条件。

新构成的数学模型如下:

$$\min z = 365x_1 + 530x_2 + 1\,000x_3 + 1\,020x_4 + 1\,100x_5 + 1\,150x_6$$

$$365x_1 + 530x_2 + 1\,000x_3 + 1\,020x_4 + 1\,100x_5 + 1\,150x_6 \leqslant 5\,165 \qquad ◎$$

s. t. $\begin{cases} 60x_1 + 90x_2 + 180x_3 + 180x_4 + 200x_5 + 200x_6 \geqslant 550 & ① \\ x_1, x_2, x_3, x_4, x_5, x_6 = 0 \quad \text{或} \quad 1 & ② \end{cases}$

用全部枚举的方法,6 个变量共有 $2^6 = 64$ 个解,原来两个约束条件,共需 128 次运算。现在增加了过滤条件◎,将 3 个约束条件按◎～②顺序排好,如表 6-6 所示,逐个地检验各个变量值的组合是否满足约束条件◎和约束条件①。若某一个条件不满足,则记作"×",否则记作"√"。凡是不满足条件◎的组合肯定不是最优解,其余的①无须再做检验,因此减少了求最优解所需的计算。

表 6-6 例 6-3 隐枚举法求解结果

点$(x_1, x_2, x_3, x_4, x_5, x_6)$	条 件 是(√)否(×)		
	◎	①	z 值
(1,1,1,1,1,1)	5 165(√)	910(√)	5 165
(1,1,1,1,1,0)	4 015(√)	710(√)	4 015
(1,1,1,1,0,1)	4 065(×)		
(1,1,1,0,1,1)	4 141(×)		
(1,1,0,1,1,1)	4 165(×)		
(1,0,1,1,1,1)	4 635(×)		
(0,1,1,1,1,1)	4 800(×)		
(1,1,1,1,0,0)	2 915(√)	510(×)	
(1,1,1,0,1,0)	2 991(√)	530(×)	
(1,1,0,1,1,0)	3 015(√)	530(×)	
(1,0,1,1,1,0)	3 485(√)	620(√)	3 485
(0,1,1,1,1,0)	3 650(×)		
(1,1,1,0,0,1)	3 041(√)	530(×)	
(1,1,0,1,0,1)	3 065(√)	530(×)	
(1,0,1,1,0,1)	3 535(×)		
(0,1,1,1,0,1)	3 700(×)		
(1,1,0,0,1,1)	3 141(√)	550(√)	3 141
(1,0,1,0,1,1)	3 611(×)		
(0,1,1,0,1,1)	3 776(×)		
(1,0,0,1,1,1)	3 635(×)		
(0,1,0,1,1,1)	3 800(×)		
(0,0,1,1,1,1)	4 270(×)		
(1,1,1,0,0,0)	1 891(√)	330(×)	

续表

点$(x_1,x_2,x_3,x_4,x_5,x_6)$	条 件 是($\sqrt{}$)否($\times$)		z 值
	◎	①	
$(1,1,0,1,0,0)$	1 915($\sqrt{}$)	330($\times$)	
$(1,1,0,0,1,0)$	1 991($\sqrt{}$)	350($\times$)	
$(1,1,0,0,0,1)$	2 041($\sqrt{}$)	350($\times$)	
$(1,0,1,1,0,0)$	2 385($\sqrt{}$)	420($\times$)	
$(1,0,1,0,1,0)$	2 461($\sqrt{}$)	440($\times$)	
$(1,0,1,0,0,1)$	2 511($\sqrt{}$)	440($\times$)	
$(1,0,0,1,1,0)$	2 485($\sqrt{}$)	440($\times$)	
$(1,0,0,1,0,1)$	2 535($\sqrt{}$)	440($\times$)	
$(1,0,0,0,1,1)$	2 611($\sqrt{}$)	460($\times$)	
$(0,1,1,1,0,0)$	2 550($\sqrt{}$)	450($\times$)	
$(0,1,1,0,1,0)$	2 626($\sqrt{}$)	470($\times$)	
$(0,1,1,0,0,1)$	2 676($\sqrt{}$)	470($\times$)	
$(0,1,0,1,1,0)$	2 650($\sqrt{}$)	470($\times$)	
$(0,1,0,1,0,1)$	2 700($\sqrt{}$)	470($\times$)	
$(0,1,0,0,1,1)$	2 776($\sqrt{}$)	490($\times$)	
$(0,0,1,1,1,0)$	3 120($\sqrt{}$)	560($\sqrt{}$)	3 120
$(0,0,1,1,0,1)$	3 170($\times$)		
$(0,0,1,0,1,1)$	3 246($\times$)		
$(0,0,0,1,1,1)$	3 270($\times$)		
$(1,1,0,0,0,0)$	895($\sqrt{}$)	150($\times$)	
$(1,0,1,0,0,0)$	1 365($\sqrt{}$)	240($\times$)	
$(1,0,0,1,0,0)$	1 389($\sqrt{}$)	240($\times$)	
$(1,0,0,0,1,0)$	1 465($\sqrt{}$)	260($\times$)	
$(1,0,0,0,0,1)$	1 515($\sqrt{}$)	260($\times$)	
$(0,1,1,0,0,0)$	1 530($\sqrt{}$)	270($\times$)	
$(0,1,0,1,0,0)$	1 554($\sqrt{}$)	270($\times$)	
$(0,1,0,0,1,0)$	1 630($\sqrt{}$)	290($\times$)	
$(0,1,0,0,0,1)$	1 680($\sqrt{}$)	290($\times$)	
$(0,0,1,1,0,0)$	2 024($\sqrt{}$)	360($\times$)	
$(0,0,1,0,1,0)$	2 100($\sqrt{}$)	380($\times$)	
$(0,0,1,0,0,1)$	2 150($\sqrt{}$)	380($\times$)	
$(0,0,0,1,1,0)$	2 124($\sqrt{}$)	380($\times$)	
$(0,0,0,1,0,1)$	2 174($\sqrt{}$)	380($\times$)	
$(0,0,0,0,1,1)$	2 250($\sqrt{}$)	400($\times$)	
$(1,0,0,0,0,0)$	365($\sqrt{}$)	60($\times$)	
$(0,1,0,0,0,0)$	530($\sqrt{}$)	90($\times$)	
$(0,0,1,0,0,0)$	1 000($\sqrt{}$)	180($\times$)	
$(0,0,0,1,0,0)$	1 024($\sqrt{}$)	180($\times$)	
$(0,0,0,0,1,0)$	1 100($\sqrt{}$)	200($\times$)	
$(0,0,0,0,0,1)$	1 150($\sqrt{}$)	200($\times$)	
$(0,0,0,0,0,0)$	0($\sqrt{}$)	0($\times$)	

某一组合是可行解,且目标函数值已过滤条件◎右边的 z 值,则应立即修改过滤条件◎,使其右边的值为迄今为止最小者。比如变量值组合$(0,0,0,1,1,1)$是可行解,其 z 值为 3 270,则修改条件◎,使得

$$365x_1 + 530x_2 + 1\,000x_3 + 1\,020x_4 + 1\,100x_5 + 1\,150x_6 < 3\,270 \qquad ◎$$

同时将值 3 270 填在表 6-6 中 z 值列的相应位置上,如此按照上述步骤继续检验其余各种组合,直到最后求得最优解:

$$(x_1, x_2, x_3, x_4, x_5, x_6) = (0,0,1,1,1,0) \quad \min z = 3\,120$$

由上可知,本例实际做了 112 次运算。

通过以上计算过程可知,在最优泵组合方案中,选择 3、4、5 三个台泵进行输油泵的组合使用,所耗的总功率最小且 $\min z = 3\,120$。

一般情况下,隐枚举法的验算次数会少于全部枚举法所需的运算次数。对于上例求极小值问题,还可以先计算出各种变量下的 z 值,然后按由小至大的顺序,将各变量组合逐一代入约束条件检验,第一个满足条件的变量组合就是最优解,这样步骤会更少。

五、求解 0-1 整数规划的割平面法

割平面法是 1958 年由 R. E. 高莫利(R. E. Gomory)提出来的,它的基本思想是在与整数规划问题相对应的线性规划问题中依次引进线性约束条件,使问题的可行域逐步缩小。在求解过程中,首先不考虑变量 x_i 是整数这一条件,增加的线性约束条件使原可行域切掉一部分,切掉的部分中只包含非整数解,这个方法的关键是怎样找到适当的割平面,满足使可行域缩小又不切掉整数解的条件。

下面以实例说明割平面法的求解过程。

例 6-4

$$\max z = 7x_1 + 9x_2$$

$$\text{s. t.}\begin{cases} -x_1 + 3x_2 \leqslant 6 \\ 7x_1 + x_2 \leqslant 35 \\ x_1, x_2 \geqslant 0 \text{ 且为整数} \end{cases}$$

解:首先不考虑整数约束,用单纯形法求解相应的线性规划问题 B,得最终单纯形表,如表 6-7 所示。

表 6-7　例 6-4 的最终单纯形表

$c_j \rightarrow$		7	9	0	0	
C_B	X_B	x_1	x_2	x_3	x_4	b
9	x_2	0	1	7/22	1/22	7/2
7	x_1	1	0	$-1/22$	3/22	9/2
$c_j - z_j$		0	0	$-28/11$	$-15/11$	

线性规划 B 的最优解为

$$x_1 = 9/2, x_2 = 7/2, x_3 = x_4 = 0, \max z = 63$$

由最终单纯形表得

$$x_2 + \frac{7}{22}x_3 + \frac{1}{22}x_4 = \frac{7}{2} \tag{6-1}$$

将系数和常数项分解成整数和非负真分数之和,式(6-1)化为

$$x_2 + \frac{7}{22}x_3 + \frac{1}{22}x_4 = 3 + \frac{1}{2}$$

移项后得

$$x_2 - 3 = \frac{1}{2} - \left(\frac{7}{22}x_3 + \frac{1}{22}x_4\right)$$

现考虑整数条件,由于 x_1、x_2 为非负整数,由条件式(6-1)知 x_3、x_4 也为非负整数。在上式中左边为整数,右边为正数,要使等式成立则等式右边必小于等于零,也就是整数约束条件可由下式来代替:

$$\frac{1}{2} - \left(\frac{7}{22}x_3 + \frac{1}{22}x_4\right) \leqslant 0$$

即

$$\frac{7}{22}x_3 + \frac{1}{22}x_4 \geqslant \frac{1}{2} \rightarrow -\frac{7}{22}x_3 - \frac{1}{22}x_4 \leqslant -\frac{1}{2}$$

这就是割平面方程,将它作为约束条件,加到相应线性规划 B 中,得到问题 B_1。

$$B_1: \max z = 7x_1 + 9x_2$$

$$\text{s. t.} \begin{cases} -x_1 + 3x_2 \leqslant 6 \\ 7x_1 + x_2 \leqslant 35 \\ -\dfrac{7}{22}x_3 - \dfrac{1}{22}x_4 \leqslant -\dfrac{1}{2} \\ x_1, x_2, x_3, x_4 \geqslant 0 \end{cases}$$

因

$$\begin{cases} x_3 = 6 + x_1 - 3x_2 \\ x_4 = 35 - x_2 - 7x_1 \end{cases}$$

则约束方程 $-\dfrac{7}{22}x_3 - \dfrac{1}{22}x_4 \leqslant -\dfrac{1}{2}$ 变为 $x_2 \leqslant 3$。

从图 6-4 中可见,割平面方程只割去相应线性规划问题可行域的部分非整数解,原来的整数解全部保留。

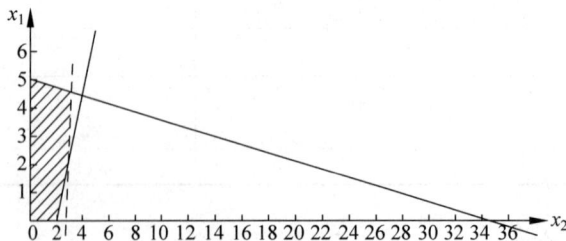

图 6-4　割平面法求解

对该模型 B_1 不需要重新求解,只要把增加的约束条件加到 B 问题的最优单纯形表中(表 6-8)。

表 6-8　B 问题的最优单纯形表

$c_j \rightarrow$		7	9	0	0	0	b
C_B	X_B	x_1	x_2	x_3	x_4	x_5	
9	x_2	0	1	7/22	1/22	0	7/2
7	x_1	1	0	$-1/22$	3/22	0	9/2
0	x_5	0	0	$-7/22^*$	$-1/22$	1	$-1/2$
$c_j - z_j$		0	0	$-28/11$	$-15/11$	0	

注:* 代表经 θ 规则,确定 * 所在行基变量为换出变量。

这时得到的为非可行解,用对偶单纯形法进行求解。

选择 x_5 作为换出变量。

$$\theta = \min\left\{ \frac{c_j - z_j}{a_{lj}} \middle| a_{lj} < 0 \right\} = \min\left\{ \frac{-28/11}{-7/22}, \frac{-15/11}{-1/22} \right\}$$
$$= \min\{8, 30\} = 8$$

所以 x_3 作为换入变量,进行迭代得到表 6-9 所示结果。

表 6-9　x_3 作为换入变量进行迭代的结果

7	9	0	0	0	b
x_1	x_2	x_3	x_4	x_5	
0	1	0	0	1	3
1	0	0	1/7	$-1/7$	32/7
0	0	1	1/7	$-22/7$	11/7
0	0	0	-1	-8	

由计算结果知还没有得到整数解,重新寻找割平面方程。

由 x_1 行得

$$x_1 + \frac{1}{7}x_4 - \frac{1}{7}x_5 = \frac{32}{7}$$

将系数和常数项分解成整数和非负真分数之和:

$$x_1 + \frac{1}{7}x_4 - x_5 + \frac{6}{7}x_5 = 4 + \frac{4}{7}$$

移项得

$$x_1 - x_5 - 4 = \frac{4}{7} - \left(\frac{1}{7}x_4 + \frac{6}{7}x_5 \right)$$

得到新的约束条件:

$$-\frac{1}{7}x_4 - \frac{6}{7}x_5 \leqslant -\frac{4}{7}$$

$$-\frac{1}{7}x_4 - \frac{6}{7}x_5 + x_6 = -\frac{4}{7}$$

在 B_1 的最优单纯形表中加上此约束,用对偶单纯形法求解,见表 6-10。

表 6-10　用对偶单纯形法求得的结果

C_B	X_B	$c_j \to$ 7	9	0	0	0	0	b
		x_1	x_2	x_3	x_4	x_5	x_6	
9	x_2	0	1	0	0	1	0	3
7	x_1	1	0	0	1/7	$-1/7$	0	32/7
0	x_3	0	0	1	1/7	$-22/7$	0	11/7
0	x_6	0	0	0	$-1/7^*$	$-6/7$	1	$-4/7$
	$c_j - z_j$	0	0	0	-1	-8	0	
9	x_2	0	1	0	0	1	0	3
7	x_1	1	0	0	0	-1	1	4
0	x_3	0	0	1	0	-4	1	1
0	x_4	0	0	0	1	6	-7	4
	$c_j - z_j$	0	0	0	0	-2	-7	

则最优解为 $x_1^* = 4, x_2^* = 3$,最优目标函数值为 $z^* = 55$。

由上例求解过程,归纳割平面法求解步骤如下。

第一步:不考虑整数约束,求相应线性规划问题 B 的最优解。若最优解恰为整数,则停止计算;若最优解不为整数,进入第二步。

第二步:寻找割平面方程。

(1) 令 x_i 为相应线性规划最优解中不符合整数条件的一个基变量,由最终单纯形表得到:

$$x_i + \sum_k a_{ik} x_k = b_i$$

(2) 将 b_i 和 a_{ik} 都分解成整数部分 N 与非负真分数 f 之和:

$$b_i = N_i + f_i, \quad 0 < f_i < 1$$
$$a_{ik} = N_{ik} + f_{ik}, 0 \leqslant f_{ik} < 1$$

N 表示不超过 b 的最大整数:

如 $b = 3.30$,则 $N = 3, f = 0.30$;

若 $b = -1.23$,则 $N = -2, f = 0.77$。

将 b_i, a_{ik} 代入得到:

$$x_i + \sum_k N_{ik} x_k - N_i = f_i - \sum_k f_{ik} x_k$$

(3) 得到割平面方程:

$$f_i - \sum_k f_{ik} x_k \leqslant 0$$

第三步:把割平面方程加入相应线性规划 B 的最终单纯形表中,用对偶单纯形法求解。若解为非负整数解,则停止计算,得到最优整数解;若得到的解不是非负整数解,重复第二步过程,重新计算。

第四节　指派问题与求解

指派问题是一种特殊的整数线性规划问题,它涉及将一组资源(例如运输车辆、工人、机器等)分配给一组任务,目的是在满足某些约束条件的同时最小化总成本或最大化总收益。

一、指派问题描述

在物流活动中,经常会遇到这样的情况:有 n 项运输任务需要完成,同时有 n 辆车(或其他运输工具)可承担这些任务。由于车型、载重、司机对道路的熟悉程度以及任务的具体要求(如时间限制、货物特性等)不同,每辆车完成每项任务的效率、费用或时间也会有所不同。因此,需要解决的是分别指派每辆车去完成哪项运输任务,以使得整体效率最高、费用最小或时间最短。

二、指派问题求解——匈牙利法

由指派问题模型可以看出,它是 0-1 整数规划模型的特殊情形,也是运输问题的特殊情形,即 $m=n$,$a_i=b_i=1$,因此求解指派问题时既可采用整数规划的求解方法也可采用 0-1 整数规划和运输问题的求解方法。由于指派问题的特殊性,它有独特的简便求解方法。这个解法就是匈牙利法,该方法是哈罗德·库恩(Harold Kuhn)在 1955 年提出,因引用了匈牙利数学家 D. 康尼格(D. König)一个关于矩阵中零元素的原理而得名。匈牙利法是解决指派问题的一种有效方法,特别适用于成本矩阵为方阵且成本可以表示为距离、时间或费用等可加性度量的情况。

指派问题匈牙利法的求解步骤如下。

(一)构建系数矩阵

首先,将每个人完成每项任务的成本构建成一个 $n \times n$ 的系数矩阵 C,其中 C_{ij} 表示第 i 个人完成第 j 项任务的成本,此操作针对求最小值不需做改动。若求最大值,需要构造缩减矩阵,即在系数矩阵 C_{ij} 的基础上,求出最大数值与各项数值之差,组成新的矩阵。

(二)使行列出现 0 元素

为了使问题简化,需要对系数矩阵 C 进行变换,使得变换后的矩阵 B 中每行每列都至少有一个 0 元素。这一步骤分为两步。

行变换:对于矩阵 C 的每一行,找到该行的最小元素,并从该行的每个元素中减去这个最小元素。这样,每行都会至少有一个 0 元素。

列变换:在行变换的基础上,对于矩阵的每一列,找到该列的最小元素(注意这里的最小元素是在行变换后的矩阵中找的),并从该列的每个元素中减去这个最小元素。这样,每列也会至少有一个 0 元素。

需要注意的是,行列变换的顺序不能颠倒,且变换过程中要保证矩阵中的元素始终为非负数。

（三）试指派

在变换后的矩阵 B 中,尝试找到尽可能多的独立 0 元素(即位于不同行不同列的 0 元素)。如果能找到 n 个独立 0 元素,则这些 0 元素对应的分配方案就是最优解。其具体步骤如下。

定位独立 0 元素:从矩阵 B 的第一行开始,找到第一个 0 元素,并将其对应的行和列标记为已选择(可以使用打钩或画线的方式)。然后,在剩下的行和列中继续寻找独立 0 元素,并重复上述标记过程。

检查是否完成指派:如果找到了 n 个独立 0 元素,则这些元素对应的分配方案就是最优解。此时,可以结束试指派过程。

调整矩阵:如果找到的独立 0 元素数量少于 n 个,则需要调整矩阵 B 以寻找更多的独立 0 元素。调整的方法通常是通过增大或减小某些元素的值来创造新的 0 元素,同时保持矩阵中的元素始终为非负数。

（四）覆盖与调整

如果通过试指派未能找到 n 个独立 0 元素,则需要使用覆盖与调整的技巧来进一步求解。其具体步骤如下。

打钩与画线:对没有独立 0 元素的行打钩,并对这些行中 0 元素所在的列也打钩。然后,对打钩的列中有独立 0 元素的行也打钩(但之前已经打钩的行不再重复打钩)。最后,对未打钩的行画线,对打钩的列也画线。这样,所有的 0 元素都会被三条线(两条横线和一条纵线)覆盖。

寻找最小元素:在未被覆盖的元素中找到一个最小值,然后将这个最小值从所有未画线的行中减去,同时在所有画线的列中加上这个最小值。这样,可以创造更多的 0 元素,并可能使之前被覆盖的 0 元素变为独立的 0 元素。

重复试指派:在调整后的矩阵上重复试指派过程,直到找到 n 个独立 0 元素或确定无法找到。

（五）确定最优解

如果最终找到了 n 个独立 0 元素,则这些 0 元素对应的分配方案就是最优解。在解矩阵 X 中,将对应位置的元素设为1(表示指派成功),其余位置的元素设为0(表示未指派)。

三、实际应用

现有 5 项运输工作 A、B、C、D、E,需分配甲、乙、丙、丁、戊 5 名司机去完成,每名司机只能完成一项运输工作,每项运输工作只能由一名司机去完成,5 名司机分别完成各项运输工作所需的费用如表 6-11 所示。问: 如何分配工作才能使费用最省?

表 6-11　5 名司机分别完成各项运输工作所需的费用

司机	A	B	C	D	E
甲	9	7	11	10	13
乙	10	13	8	12	10

司机	A	B	C	D	E
丙	8	5	4	6	9
丁	10	6	9	12	9
戊	5	7	8	6	12

解：第一步：根据表 6-11 所给的数据，作出系数矩阵 C，使系数矩阵中出现 0 元素。

（1）从系数矩阵每行元素中减去该行的最小元素 7,8,4,6,5。

（2）从所得矩阵的各列中减去该列的最小元素 0,0,0,1,2。

至此，每一行（列）都有 0 元素。所作矩阵及其变换如下：

$$C_{ij} = \begin{bmatrix} 9 & 7 & 11 & 10 & 13 \\ 10 & 13 & 8 & 12 & 10 \\ 8 & 5 & 4 & 6 & 9 \\ 10 & 6 & 9 & 12 & 9 \\ 5 & 7 & 8 & 6 & 12 \end{bmatrix} \rightarrow \begin{bmatrix} 9 & 7 & 11 & 10 & 13 \\ 10 & 13 & 8 & 12 & 10 \\ 8 & 5 & 4 & 6 & 9 \\ 10 & 6 & 9 & 12 & 9 \\ 5 & 7 & 8 & 6 & 12 \end{bmatrix} \begin{matrix} -7 \\ -8 \\ -4 \\ -6 \\ -5 \end{matrix} \rightarrow \begin{bmatrix} 2 & 0 & 4 & 3 & 6 \\ 2 & 5 & 0 & 4 & 2 \\ 4 & 1 & 0 & 2 & 5 \\ 4 & 0 & 3 & 6 & 3 \\ 0 & 2 & 3 & 1 & 7 \end{bmatrix}$$

$$\rightarrow \begin{bmatrix} 2 & 0 & 4 & 3 & 6 \\ 2 & 5 & 0 & 4 & 2 \\ 4 & 1 & 0 & 2 & 5 \\ 4 & 0 & 3 & 6 & 3 \\ 0 & 2 & 3 & 1 & 7 \end{bmatrix} \rightarrow \begin{bmatrix} 2 & 0 & 4 & 2 & 4 \\ 2 & 5 & 0 & 3 & 0 \\ 4 & 1 & 0 & 1 & 3 \\ 4 & 0 & 3 & 5 & 1 \\ 0 & 2 & 3 & 0 & 5 \end{bmatrix}$$
$$\begin{matrix} -1 & -2 \end{matrix}$$

第二步：检验是否有足够的 0 元素用于分配。首先，第 1、3、4 行只有一个 0，将其圈出，但第 1、4 行所在列相同，只能圈出一个。将它们 0 所在列的其他 0 元素划去（共有 2 个），用 ⊗ 表示；这样第 2 行只有一个 0，我们再将它圈出，第 2 行 0 所在列没有其他 0 元素，自然不用划；并将第 5 行 0 所在列的其他 0 元素划去（只有 1 个），用 ⊗ 表示；第 1 列有 1 个 0，将其圈出，则划去第 5 行中另一个 0 元素。这样矩阵中所有的 0 元素全部被圈出或划去。可以看出，圈出的 0 元素有 4 个，而矩阵阶数为 5，故需继续变换。

$$\begin{bmatrix} 2 & (0) & 4 & 2 & 4 \\ 2 & 5 & \otimes & 3 & 0 \\ 4 & 1 & (0) & 1 & 3 \\ 4 & \otimes & 3 & 5 & 1 \\ 0 & 2 & 3 & 0 & 5 \end{bmatrix} \rightarrow \begin{bmatrix} 2 & (0) & 4 & 2 & 4 \\ 2 & 5 & \otimes & 3 & (0) \\ 4 & 1 & (0) & 1 & 3 \\ 4 & \otimes & 3 & 5 & 1 \\ 0 & 2 & 3 & 0 & 5 \end{bmatrix} \rightarrow \begin{bmatrix} 2 & (0) & 4 & 2 & 4 \\ 2 & 5 & \otimes & 3 & (0) \\ 4 & 1 & (0) & 1 & 3 \\ 4 & \otimes & 3 & 5 & 1 \\ (0) & 2 & 3 & \otimes & 5 \end{bmatrix}$$

第三步：作能覆盖所有 0 元素的最少数的直线集合。对没有圈 0 的第 4 行打√，对已打√的第 4 行中所有含 0 元素的列（仅第 2 列）打√，再对第 2 列中有圈 0 的第 1 行打√，此时该行已没有 0 元素，于是我们对没有打√的行画一横线，有打√的列画一纵线，这就得到覆盖所有 0 元素的最少直线数，过程如下：

$$
\begin{bmatrix}
2 & (0) & 4 & 2 & 4 \\
2 & 5 & \otimes & 3 & (0) \\
4 & 1 & (0) & 1 & 3 \\
4 & \otimes & 3 & 5 & 1 \\
(0) & 2 & 3 & \otimes & 5
\end{bmatrix}
\rightarrow
\begin{bmatrix}
2 & (0) & 4 & 2 & 4 \\
2 & 5 & \otimes & 3 & (0) \\
4 & 1 & (0) & 1 & 3 \\
4 & \otimes & 3 & 5 & 1 \\
(0) & 2 & 3 & \otimes & 5
\end{bmatrix}
\rightarrow
\begin{bmatrix}
2 & (0) & 4 & 2 & 4 \\
2 & 5 & \otimes & 3 & (0) \\
4 & 1 & (0) & 1 & 3 \\
4 & \otimes & 3 & 5 & 1 \\
(0) & 2 & 3 & \otimes & 5
\end{bmatrix}
$$

第四步：增加 0 元素。从未被覆盖的元素中找出最小的元素 1,对打√行各元素都减去 1;对打√列,各元素都加上 1,得到新矩阵。

$$
\begin{bmatrix}
2 & 0 & 4 & 2 & 4 \\
2 & 5 & 0 & 3 & 0 \\
4 & 1 & 0 & 1 & 3 \\
4 & 0 & 3 & 5 & 1 \\
0 & 2 & 3 & 0 & 5
\end{bmatrix}
\rightarrow
\begin{bmatrix}
1 & -1 & 3 & 1 & 3 \\
2 & 5 & 0 & 3 & 0 \\
4 & 1 & 0 & 1 & 3 \\
3 & -1 & 2 & 4 & 0 \\
0 & 2 & 3 & 0 & 5
\end{bmatrix}
\rightarrow
\begin{bmatrix}
1 & 0 & 3 & 1 & 3 \\
2 & 6 & 0 & 3 & 0 \\
4 & 2 & 0 & 1 & 3 \\
3 & 0 & 2 & 4 & 0 \\
0 & 3 & 3 & 0 & 5
\end{bmatrix}
$$

对新矩阵再进行指派,只找到 4 个位于不同行、不同列的 0 元素,而矩阵阶数为 5,故仍需继续变换增加 0 元素,若 0 元素的个数等于矩阵阶数则求解完成。我们就以这样的元素对应 $x_{ij}=1$,令其余 $x_{ij}=0$,即得问题的最优解。

$$
\begin{bmatrix}
1 & (0) & 3 & 1 & 3 \\
2 & 6 & \otimes & 3 & (0) \\
4 & 2 & (0) & 1 & 3 \\
3 & \otimes & 2 & 4 & \otimes \\
\otimes & 3 & 3 & (0) & 5
\end{bmatrix}
\rightarrow
\begin{bmatrix}
1 & 0 & 3 & 1 & 3 \\
2 & 6 & 0 & 3 & 0 \\
4 & 2 & 0 & 1 & 3 \\
3 & 0 & 2 & 4 & 0 \\
0 & 3 & 3 & 0 & 5
\end{bmatrix}
\rightarrow
\begin{bmatrix}
0 & 0 & 3 & 0 & 3 \\
1 & 6 & 0 & 2 & 0 \\
3 & 2 & 0 & 0 & 3 \\
2 & 0 & 2 & 3 & 0 \\
0 & 4 & 4 & 0 & 6
\end{bmatrix}
$$

$$
\rightarrow
\begin{bmatrix}
(0) & \otimes & 3 & \otimes & 3 \\
1 & 6 & \otimes & 2 & (0) \\
3 & 2 & (0) & \otimes & 3 \\
2 & (0) & 2 & 3 & \otimes \\
\otimes & 4 & 4 & (0) & 6
\end{bmatrix}
即
\begin{bmatrix}
1 & 0 & 0 & 0 & 0 \\
0 & 0 & 0 & 0 & 1 \\
0 & 0 & 1 & 0 & 0 \\
0 & 1 & 0 & 0 & 0 \\
0 & 0 & 0 & 1 & 0
\end{bmatrix}
$$

得最优方案为 A 分配给甲,B 分配给丁,C 分配给丙,D 分配给戊,E 分配给乙。

将该解代入目标函数得

$$\min c = 9x_{11} + 10x_{25} + 4x_{33} + 6x_{42} + 6x_{54} = 9 + 10 + 4 + 6 + 6 = 35$$

这个问题有多个最优解,例如

$$
\begin{bmatrix}
\otimes & \otimes & 3 & (0) & 3 \\
1 & 6 & 0 & 2 & (0) \\
3 & 2 & (0) & \otimes & 3 \\
2 & (0) & 2 & 3 & \otimes \\
(0) & 4 & 4 & \otimes & 6
\end{bmatrix}
或
\begin{bmatrix}
\otimes & (0) & 3 & \otimes & 3 \\
1 & 6 & (0) & 2 & \otimes \\
3 & 2 & \otimes & (0) & 3 \\
2 & \otimes & 2 & 3 & (0) \\
(0) & 4 & 4 & \otimes & 6
\end{bmatrix}
$$

即 $\begin{bmatrix} 0 & 0 & 0 & 1 & 0 \\ 0 & 0 & 0 & 0 & 1 \\ 0 & 0 & 1 & 0 & 0 \\ 0 & 1 & 0 & 0 & 0 \\ 1 & 0 & 0 & 0 & 0 \end{bmatrix}$ 或 $\begin{bmatrix} 0 & 1 & 0 & 0 & 0 \\ 0 & 0 & 1 & 0 & 0 \\ 0 & 0 & 0 & 1 & 0 \\ 0 & 0 & 0 & 0 & 1 \\ 1 & 0 & 0 & 1 & 0 \end{bmatrix}$ 也是最优解。

一般来说,在分配问题的效益矩阵经过变换后得到的缩减矩阵中,若同行和同列都有两个或两个以上的 0 元素,可以任选一行(列)中某一个 0 元素进行分配,同时覆盖同行(列)中的其他 0 元素,这时会出现多种最优解。

本 章 小 结

本章阐述了整数规划问题的特点及在物流管理中的应用,重点介绍了整数规划模型的分支定界法、割平面法、隐枚举法以及指派问题的匈牙利求解算法。整数规划是特殊的线性规划,其对决策变量取整数的设定符合管理实践中的许多问题,具有广阔的应用领域。

本 章 习 题

1. 设有 m 个某种物资的生产点,其中第 i 个点($i=1,\cdots,m$)的产量为 a_i。该种物资销往 n 个需求点,其中第 j 个需求点所需量为 b_j($j=1,\cdots,n$)。已知 $\sum_i a_i \geqslant \sum_j b_j$。又知从各生产点往需求点发运时,均需经过 p 个中间编组站之一转运,若启用第 k 个中间编组站,不管转运量多少,均发生固定费用 f,而第 k 个中间编组站转运最大容量限制为 q_k($k=1,\cdots,p$)。用 c_{ik} 和 c_{kj} 分别表示从 i 到 k 和从 k 到 j 的单位物资的运输费用,试确定一个使总费用最小的该种物资的调运方案。

2. 某科学实验卫星拟从下列仪器装置中选若干件装上。有关数据资料见表 6-12。

表 6-12 习题 2 有关数据资料

仪器装置代号	体积	质量	实验中的价值
A_1	v_1	w_1	c_1
A_2	v_2	w_2	c_2
A_3	v_3	w_3	c_3
A_4	v_4	w_4	c_4
A_5	v_5	w_5	c_5
A_6	v_6	w_6	c_6

要求:①装入卫星的仪器装置总体积不超过 V,总质量不超过 W;②A_1 与 A_3 最多安装一件;③A_2 与 A_4 至少安装一件;④A_5 同 A_6 或者都安上,或者都不安。总的目的是装上去的仪器装置使该科学卫星发挥最大的实验价值。试建立这个问题的整数规划模型。

3. 某钻井队要从 10 个可供选择的井位中确定 5 个钻井探油,使总的钻探费用最小。

若 10 个井位的代号为 $s_1, s_2, \cdots, s_{10}$，相应的钻探费用为 $c_1, c_2, \cdots, c_{10}$，并且井位选择上要满足下列限制条件：①或选择 s_1 和 s_7，或选择 s_8；②选择了 s_3 或 s_4 就不能选择 s_5，反过来也一样；③在 s_5, s_6, s_7, s_8 中最多只能选两个，试建立这个问题的整数规划模型。

4. 某航空公司经营 A、B、C 三个城市之间的航线，这些航线每天班机起飞时间与到达时间如表 6-13 所示。

表 6-13　各航线每天班机起飞时间与到达时间

航班号	起飞城市	起飞时间	到达城市	到达时间
101	A	9:00	B	12:00
102	A	10:00	B	13:00
103	A	15:00	B	18:00
104	A	20:00	C	24:00
105	A	22:00	C	2:00
106	B	4:00	A	7:00
107	B	11:00	A	14:00
108	B	15:00	A	18:00
109	C	7:00	A	11:00
110	C	15:00	A	19:00
111	B	13:00	C	18:00
112	B	18:00	C	23:00
113	C	15:00	B	20:00
114	C	7:00	B	12:00

设飞机在机场停留的损失费用大致与停留时间的平方成正比，又每架飞机从降落到下班起飞至少需要 2 小时准备时间，试决定一个使停留费用损失最小的飞行方案。

5. 用割平面法求解下列整数规划问题：
$$\max z = 7x_1 + 9x_2$$
$$\text{s. t.} \begin{cases} -x_1 + 3x_2 \leqslant 6 \\ 7x_1 + x_2 \leqslant 35 \\ x_1, x_2 \geqslant 0 \text{ 且为整数} \end{cases}$$
$$\min z = 4x_1 + 5x_2$$
$$\text{s. t.} \begin{cases} 3x_1 + 2x_2 \geqslant 7 \\ x_1 + 4x_2 \geqslant 5 \\ 3x_1 + x_2 \geqslant 2 \\ x_1, x_2 \geqslant 0 \text{ 且为整数} \end{cases}$$

6. 用分支定界法求解整数规划：
$$\max z = 3x_1 + 2x_2$$
$$\text{s. t.} \begin{cases} 2x_1 + 3x_2 \leqslant 14 \\ x_1 + 0.5x_2 \leqslant 4.5 \\ x_1, x_2 \geqslant 0 \\ x_1, x_2 \text{ 为整数} \end{cases}$$

7. 用隐枚举法求解整数规划：

$$\max z = 4x_1 + 3x_2 + 2x_3$$

$$\text{s. t.} \begin{cases} 2x_1 - 5x_2 + 3x_3 \leqslant 4 \\ 4x_1 + x_2 + 3x_3 \geqslant 3 \\ x_2 + x_3 \geqslant 1 \\ x_1, x_2, x_3 = 0 \text{ 或 } 1 \end{cases}$$

即 测 即 练

第七章

物流系统动态规划

物流企业生产和经营管理过程中的生产和存储、资源分配、投资与装载等问题往往属于多阶段决策过程。针对这类问题，可以应用物流系统动态规划的基本思想，将需要求解的问题分解成若干个子问题，通过求解子问题，帮助物流企业合理安排生产、库存、运输，降低成本费用，提高生产和经营管理的整体效率。

第一节　多阶段决策过程

一、多阶段决策过程的基本概念

生产和存储、资源分配、投资与装载等物流活动，往往可以按时间顺序分解成若干个相互联系的阶段，称为"时段"，而每一个阶段都要作出决策，当每个阶段的决策都确定后，就形成一个决策序列，因而也就决定了整个过程的一条活动路线。这种由前后相互联系、具有链状结构的多个生产与存储的阶段所组成的活动过程，称为多阶段决策过程，也称为序贯决策过程，如图 7-1 所示。

图 7-1　多阶段决策过程

二、多阶段决策过程最优化

多阶段决策过程最优化的目标是达到整个物流活动过程总体效果最优。由于各段决策间有机地联系着，本段决策的执行将影响下一段的决策，以至于影响总体效果，所以物流活动的决策者在每段决策时不应仅考虑本阶段最优，还应考虑对最终目标的影响，从而作出对全局来讲最优的决策。

三、多阶段决策过程的动态规划方法

在物流活动的多阶段决策过程最优化问题中，各个阶段采取的决策，一般来说是与时间有关的，决策依赖于当前的状态，又随即引起状态的转移，一个决策序列就是在变化的状态中产生的，有"动态"的含义，因此把处理它的方法称为动态规划方法。

除了多阶段决策过程最优化问题用物流活动的动态规划方法解决之外，一些与时间没有关系的静态规划（如线性规划、非线性规划等）问题，只要人为地引进"时间"因素，也可视为多阶段决策过程最优化问题，用动态规划方法去处理。

多阶段决策过程最优化问题很多，现举以下几个例子。

例 7-1 生产与存储问题

某工厂每月供应市场一定数量的产品，并将所余产品存入仓库。一般某月适当增加产量可降低生产成本，但超产部分存入仓库会增加存储费用。要求确定一个逐月的生产计划，在满足需求条件下，使一年的生产成本与存储费用之和最小。

显然，可以把每个月作为一个阶段，全年分为 12 个阶段逐次决策。

例 7-2 投资决策问题

某公司现有资金 Q 万元，在今后 5 年内给 A,B,C,D 共 4 个项目投资，这些项目投资的回收期限、回报率均不相同，问：该公司应如何确定这些项目每年的投资额，使到第 5 年末拥有资金的本利总额最大？

这是一个 5 阶段决策问题。

例 7-3 设备更新问题

物流企业在使用设备时都要考虑设备的更新问题，因为设备越陈旧所需的维修费用越多，但购买新设备则要一次性支出较多的费用。现某物流企业要决定一台设备未来 8 年的更新计划，已预测了第 j 年购买设备价格为 K_j，设 G_j 为设备经过 j 年后的残值，C_j 为设备连续使用 $j-1$ 年后在第 j 年的维修费 $(j=1,2,\cdots,8)$，问：在哪年更新设备可使总费用最小？

这是一个 8 阶段决策问题，每年年初作出决策，是继续使用设备，还是购买新设备。更多的例子将在后面结合求解介绍。

第二节　动态规划的基本概念和基本思想

一、动态规划的基本概念

使用动态规划方法解决多阶段决策过程问题，首先要将实际问题写成动态规划模型，此时就要用到几个概念，下面结合例题说明这些概念。

例 7-4 最短路线问题

如图 7-2 所示，给定一个线路网络图，要从 A 地向 G 地铺设一条输油管道，各点间连线上的数字表示距离，选择什么路线，可使总距离最短？

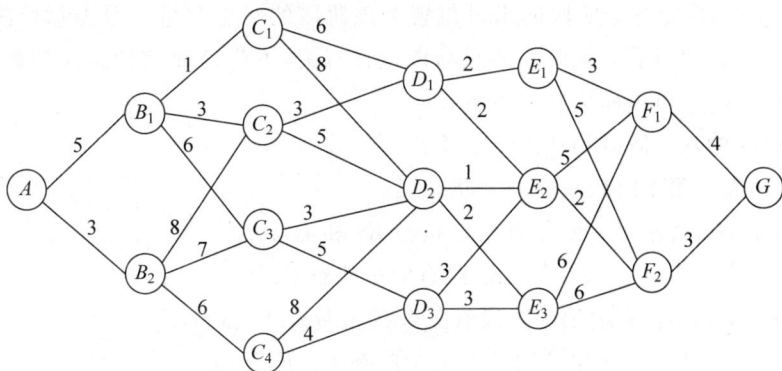

图 7-2　线路网络图

（一）阶段

1. 阶段的求解次序

为了把问题转化为多阶段决策过程，一般根据时间或空间的自然特征将问题分解成若干个互相联系的阶段，以便按一定的次序去求解。

在例 7-4 中，从 A 到 G 可以分成六个阶段：

(1) 从 A 到 B 阶段(B 有两种选择 B_1，B_2)；

(2) 从 B 到 C 阶段(C 有四种选择 C_1，C_2，C_3，C_4)；

(3) 从 C 到 D 阶段(D 有三种选择 D_1，D_2，D_3)；

(4) 从 D 到 E 阶段(E 有三种选择 E_1，E_2，E_3)；

(5) 从 E 到 F 阶段(F 有两种选择 F_1，F_2)；

(6) 从 F 到 G 阶段。

2. 阶段变量

描述阶段的变量称为阶段变量，常用字母 k 表示第 k 阶段。在例 7-4 中，从 A 到 G 的六个阶段，可以用阶段变量表示，分别记为 $k=1,2,3,4,5,6$。

（二）状态

1. 状态的基本概念

状态是指各阶段开始时所处的自然状况或客观条件。通常一个阶段有若干个状态。

2. 状态变量

描述各阶段状态的变量称为状态变量，常用 s_k 来表示第 k 阶段的状态变量。

3. 状态变量集合

各阶段状态变量的集合称为状态变量集合，常用 S_k 来表示第 k 阶段状态变量 s_k 的取值集合。

4. 状态变量的无后效性（马尔科夫性）

如果某阶段状态确定，则以后各阶段的决策仅同该阶段的状态有关，而同该阶段以前各阶段的状态无关（即仅仅根据该阶段的状态就可以对以后各阶段进行决策了）。要注意的是，如果所选择的状态变量不满足无后效性，则不能构造动态规划模型。

在例 7-4 中，设定每个阶段的出发位置为该阶段的状态变量。因为每个阶段的出发位置选定后，该位置以后的铺管路线只与该位置有关，不受以前铺管路线的影响，所以满足状态的无后效性，可以作为状态变量。

从 A 到 G 的六个阶段的状态分别为：

$S_1=\{A\}$ 表示第 1 阶段只有一个状态 A；

$S_2=\{B_1,B_2\}$ 表示第 2 阶段有两个状态 B_1 和 B_2；

$S_3=\{C_1,C_2,C_3,C_4\}$ 表示第 3 阶段有四个状态 C_1，C_2，C_3 和 C_4；

$S_4=\{D_1,D_2,D_3\}$ 表示第 4 阶段有三个状态 D_1，D_2 和 D_3；

$S_5=\{E_1,E_2,E_3\}$ 表示第 5 阶段有三个状态 E_1，E_2 和 E_3；

$S_6=\{F_1,F_2\}$ 表示第 6 阶段有两个状态 F_1 和 F_2。

（三）决策

1. 决策的基本概念

当某阶段的状态确定以后,就可以作出不同的决定(或选择),从而确定下一阶段的状态,这种决定称为决策。

2. 决策变量

描述决策的变量称为决策变量,常用 $u_k(s_k)$ 表示第 k 阶段状态为 s_k 时的决策变量,它是状态变量的函数。

3. 允许决策集合

决策变量的取值范围称为允许决策集合,常用 $D_k(s_k)$ 表示第 k 阶段状态为 s_k 时的允许决策集合,显然 $u_k(s_k) \in D_k(s_k)$。

在例 7-4 中,从第 2 阶段的状态 B_1 出发,可选择下一阶段的 C_1, C_2, C_3,即允许决策集合为:$D_2(B_1) = \{C_1, C_2, C_3\}$;若选择点 C_2,则该决策可表示为:$u_2(B_1) = C_2$。

（四）策略

1. 全过程

一个 n 阶段决策过程,从第 1 阶段开始到第 n 阶段终止的过程称为全过程。

2. 后部子过程或 k 子过程

一个 n 阶段决策过程,从第 k 阶段到第 n 阶段的过程称为后部子过程或 k 子过程。

3. 全过程策略（简称策略）

一个 n 阶段决策过程,从第 1 阶段开始到第 n 阶段为止的各阶段的决策按顺序排列组成的集合 $\{u_1(s_1), \cdots, u_n(s_n)\}$ 称为全过程策略,记作 $p_{1,n}(s_1)$,即

$$p_{1,n}(s_1) = \{u_1(s_1), u_2(s_2), \cdots, u_n(s_n)\} = \{s_1, u_1, s_2, u_2, \cdots, s_n, u_n, s_{n+1}\}$$

4. 后部子过程策略或 k 子过程策略（简称子策略）

一个 n 阶段决策过程,从第 k 阶段到第 n 阶段的各阶段的决策按顺序排列组成的集合 $\{u_k(s_k), \cdots, u_n(s_n)\}$ 称为后部子过程策略或 k 子过程策略,记作 $p_{k,n}(s_k)$,即

$$p_{k,n}(s_k) = \{u_k(s_k), u_{k+1}(s_{k+1}), \cdots, u_n(s_n)\} = \{s_k, u_k, s_{k+1}, u_{k+1}, \cdots, s_n, u_n, s_{n+1}\}$$

5. 允许策略集合

在实际问题中,可供选择的策略有一定的范围,此范围称为允许策略集合。

6. 最优策略

从允许策略集合中找出达到最优效果的策略称为最优策略。

（五）状态转移方程

状态转移方程是确定过程由一个阶段的状态到下一个阶段的状态的演变过程。动态规划中,本阶段的状态往往是上一阶段状态和上一阶段决策的结果。

如果给定了第 k 阶段的状态 s_k,本阶段决策为 $u_k(s_k)$,则第 $k+1$ 阶段的状态 s_{k+1} 也就完全确定,它们的关系可用式(7-1)表示:

$$s_{k+1} = T_k(s_k, u_k(s_k)) \tag{7-1}$$

由于式(7-1)表示了由 k 阶段到 $k+1$ 阶段的状态转移规律,所以称其为状态转移方程,其中 T_k 称为状态转移函数。

例 7-4 中,状态转移方程为

$$s_{k+1} = u_k(s_k)$$

（六）指针函数

1. 指针函数的基本概念

用于衡量所选定策略优劣的数量指针称为指针函数,它分为阶段指针函数和过程指针函数。

不同的问题中,指针函数的含义是不同的,它可能是距离、利润、成本、产量或资源消耗等。在例 7-4 中,在最短路线问题中指针函数表示距离。

2. 阶段指针函数

阶段指针函数是指第 k 阶段,从状态 s_k 出发,采取决策 u_k 时的效益,用 $v_k = (s_k, u_k)$ 表示。

在例 7-4 中,第 k 阶段的指针函数表示第 k 阶段由点 s_k 到点 $u_k(s_k) = s_{k+1}$ 的距离,记为 $d_k = (s_k, u_k)$。

3. 过程指针函数

过程指针函数是指一个从第 k 阶段到第 n 阶段的 k 子过程,从状态 s_k 出发,采取策略 $p_{k,n}(s_k)$ 时的效益,用 $V_{k,n}(s_k, p_{k,n})$ 表示。

在例 7-4 中,过程指针函数表示在第 k 阶段由点 s_k 至终点 G 的距离,记为 $V_{k,n}(s_k, u_k, \cdots, s_{n+1})$。

4. 过程指针函数的性质

构成动态规划模型的过程指针函数,应具有可分离性,并满足递推关系,即 $V_{k,n}$ 可以表示为 s_k、u_k、$V_{k+1,n}$ 的函数,记为

$$V_{k,n}(s_k, u_k, \cdots, s_{n+1}) = \phi_k[s_k, u_k, V_{k+1,n}(s_{k+1}, u_{k+1}, \cdots, s_{n+1})] \tag{7-2}$$

5. 过程指针函数的常用形式

（1）过程指针函数为阶段指针函数的和形式,如式(7-3)所示。

$$V_{k,n}(s_k, u_k, \cdots, s_{n+1}) = \sum_{j=k}^{n} v_j(s_j, u_j) \tag{7-3}$$

其中,$v_j(s_j, u_j)$ 表示第 j 阶段的阶段指针函数值。式(7-3)可写成式(7-4)的形式:

$$V_{k,n}(s_k, u_k, \cdots, s_{n+1}) = v_k(s_k, u_k) + V_{k+1,n}(s_{k+1}, u_{k+1}, \cdots, s_{n+1}) \tag{7-4}$$

由式(7-4)可知,该形式的过程指针函数具有可分离性,并满足递推关系。

（2）过程指针函数为阶段指针函数的积形式,如式(7-5)所示。

$$V_{k,n}(s_k, u_k, \cdots, s_{n+1}) = \prod_{j=k}^{n} v_j(s_j, u_j) \tag{7-5}$$

式(7-5)可写成式(7-6)的形式:

$$V_{k,n}(s_k, u_k, \cdots, s_{n+1}) = v_k(s_k, u_k) V_{k+1,n}(s_{k+1}, u_{k+1}, \cdots, s_{n+1}) \tag{7-6}$$

由式(7-6)可知,该形式的过程指针函数具有可分离性,并满足递推关系。

在例 7-4 中,过程指针函数可表示为阶段指针函数的和形式:

$$V_{k,n}(s_k, u_k, \cdots, s_{n+1}) = d_k(s_k, u_k) + V_{k+1,n}(s_{k+1}, u_{k+1}, \cdots, s_{n+1})$$

(七) 最优指针函数

最优指针函数是指过程指针函数的最优值,记为 $f_k(s_k)$,如式(7-7)所示,它表示从第 k 阶段的状态 s_k 开始,到第 n 阶段终止的 k 子过程,采取最优策略 $p^*_{k,n}(s_k)$ 时的最佳效益值。

$$f_k(s_k) \underset{\{u_k,\cdots,s_{n+1}\}}{\mathrm{opt}} V_{k,n}(s_k,u_k,\cdots,s_{n+1}) = \begin{cases} \max\{V_{k,n}(s_k,u_k,\cdots,s_{n+1})\} \\ \min\{V_{k,n}(s_k,u_k,\cdots,s_{n+1})\} \end{cases} \quad (7-7)$$

式中,opt(optimum)表示最优化,根据具体问题取 min 或 max。

例 7-4 中,最优指针函数 $f_k(s_k)$ 表示从第 k 阶段点 s_k 到终点 G 的最短距离。如 $f_4(D_1)$ 表示从第 4 阶段中的点 D_1 到点 G 的最短距离。

二、动态规划的基本思想

下面结合例 7-4 最短路线问题介绍动态规划的基本思想。

为了求出最短路线,一种简单的方法是求出所有从 A 至 G 的可能铺设的路长并加以比较,这种方法称为穷举法。不难知道,当问题的段数很多、各段的状态也很多时,穷举法的计算量会大大增加,甚至使求优成为不可能。下面介绍动态规划方法。

注意本方法是从过程的最后一段开始,用逆序递推方法求解,逐步求出各段各点到终点 G 的最短路线,最后求得点 A 到点 G 的最短路线。

第一步:当 $k=7$,$S_7=\{G\} \rightarrow f_7(G)=0$。

第二步:当 $k=6$,$S_6=\{F_1,F_2\} \rightarrow$

$s_6=F_1$ 时:$f_6(F_1)=d_6(F_1,G)+f_7(G)=4+0=4 \rightarrow F_1$ 到 G 最短距离为 4,$u_6(F_1)=G$,$s_7=G$,线路为 F_1G。

$s_6=F_2$ 时:$f_6(F_2)=d_6(F_2,G)+f_7(G)=3+0=3 \rightarrow F_2$ 到 G 最短距离为 3,$u_6(F_2)=G$,$s_7=G$,线路为 F_2G。

第三步:当 $k=5$,$S_5=\{E_1,E_2,E_3\} \rightarrow$

$s_5=E_1$ 时:$f_5(E_1)=\min\begin{Bmatrix} d_5(E_1,F_1)+f_6(F_1) \\ d_5(E_1,F_2)+f_6(F_2) \end{Bmatrix}=\min\begin{Bmatrix} 3+4 \\ 5+3 \end{Bmatrix}=7 \rightarrow E_1$ 到 G 最短距离为 7,$u_5(E_1)=F_1$,$s_6=F_1$,线路为 E_1F_1G。

$s_5=E_2$ 时:$f_5(E_2)=\min\begin{Bmatrix} d_5(E_2,F_1)+f_6(F_1) \\ d_5(E_2,F_2)+f_6(F_2) \end{Bmatrix}=\min\begin{Bmatrix} 5+4 \\ 2+3 \end{Bmatrix}=5 \rightarrow E_2$ 到 G 最短距离为 5,$u_5(E_2)=F_2$,$s_6=F_2$,线路为 E_2F_2G。

$s_5=E_3$ 时:$f_5(E_3)=\min\begin{Bmatrix} d_5(E_3,F_1)+f_6(F_1) \\ d_5(E_3,F_2)+f_6(F_2) \end{Bmatrix}=\min\begin{Bmatrix} 6+4 \\ 6+3 \end{Bmatrix}=9 \rightarrow E_3$ 到 G 最短距离为 9,$u_5(E_3)=F_2$,$s_6=F_2$,线路为 E_3F_2G。

第四步:当 $k=4$,$S_4=\{D_1,D_2,D_3\} \rightarrow$

$s_4=D_1$ 时:$f_4(D_1)=\min\begin{Bmatrix} d_4(D_1,E_1)+f_5(E_1) \\ d_4(D_1,E_2)+f_5(E_2) \end{Bmatrix}=\min\begin{Bmatrix} 2+7 \\ 2+5 \end{Bmatrix}=7 \rightarrow D_1$ 到 G 最短距离为 7,$u_4(D_1)=E_2$,$s_5=E_2$,线路为 $D_1E_2F_2G$。

$$s_4 = D_2 \text{ 时}: f_4(D_2) = \min \begin{Bmatrix} d_4(D_2,E_2)+f_5(E_2) \\ d_4(D_2,E_3)+f_5(E_3) \end{Bmatrix} = \min \begin{Bmatrix} 1+5 \\ 2+9 \end{Bmatrix} = 6 \rightarrow D_2 \text{ 到 } G \text{ 最短}$$

距离为 6，$u_4(D_2)=E_2$，$s_5=E_2$，线路为 $D_2 E_2 F_2 G$。

$$s_4 = D_3 \text{ 时}: f_4(D_3) = \min \begin{Bmatrix} d_4(D_3,E_2)+f_5(E_2) \\ d_4(D_3,E_3)+f_5(E_3) \end{Bmatrix} = \min \begin{Bmatrix} 3+5 \\ 3+9 \end{Bmatrix} = 8 \rightarrow D_3 \text{ 到 } G \text{ 最短}$$

距离为 8，$u_4(D_3)=E_2$，$s_5=E_2$，线路为 $D_3 E_2 F_2 G$。

第五步：当 $k=3$，$S_3=\{C_1,C_2,C_3,C_4\} \rightarrow$

$$s_3 = C_1 \text{ 时}: f_3(C_1) = \min \begin{Bmatrix} d_3(C_1,D_1)+f_4(D_1) \\ d_3(C_1,D_2)+f_4(D_2) \end{Bmatrix} = \min \begin{Bmatrix} 6+7 \\ 8+6 \end{Bmatrix} = 13 \rightarrow C_1 \text{ 到 } G \text{ 最短}$$

距离为 13，$u_3(C_1)=D_1$，$s_4=D_1$，线路为 $C_1 D_1 E_2 F_2 G$。

$$s_3 = C_2 \text{ 时}: f_3(C_2) = \min \begin{Bmatrix} d_3(C_2,D_1)+f_4(D_1) \\ d_3(C_2,D_2)+f_4(D_2) \end{Bmatrix} = \min \begin{Bmatrix} 3+7 \\ 5+6 \end{Bmatrix} = 10 \rightarrow C_2 \text{ 到 } G \text{ 最短}$$

距离为 10，$u_3(C_2)=D_1$，$s_4=D_1$，线路为 $C_2 D_1 E_2 F_2 G$。

$$s_3 = C_3 \text{ 时}: f_3(C_3) = \min \begin{Bmatrix} d_3(C_3,D_2)+f_4(D_2) \\ d_3(C_3,D_3)+f_4(D_3) \end{Bmatrix} = \min \begin{Bmatrix} 3+6 \\ 5+8 \end{Bmatrix} = 9 \rightarrow C_3 \text{ 到 } G \text{ 最短}$$

距离为 9，$u_3(C_3)=D_2$，$s_4=D_2$，线路为 $C_3 D_2 E_2 F_2 G$。

$$s_3 = C_4 \text{ 时}: f_3(C_4) = \min \begin{Bmatrix} d_3(C_4,D_2)+f_4(D_2) \\ d_3(C_4,D_3)+f_4(D_3) \end{Bmatrix} = \min \begin{Bmatrix} 8+6 \\ 4+8 \end{Bmatrix} = 12 \rightarrow C_4 \text{ 到 } G \text{ 最短}$$

距离为 12，$u_3(C_4)=D_3$，$s_4=D_3$，线路为 $C_4 D_3 E_2 F_2 G$。

第六步：当 $k=2$，$S_2=\{B_1,B_2\} \rightarrow$

$$s_2 = B_1 \text{ 时}: f_2(B_1) = \min \begin{Bmatrix} d_2(B_1,C_1)+f_3(C_1) \\ d_2(B_1,C_2)+f_3(C_2) \\ d_2(B_1,C_3)+f_3(C_3) \end{Bmatrix} = \min \begin{Bmatrix} 1+13 \\ 3+10 \\ 6+9 \end{Bmatrix} = 13 \rightarrow B_1 \text{ 到 } G \text{ 最}$$

短距离为 13，$u_2(B_1)=C_2$，$s_3=C_2$，线路为 $B_1 C_2 D_1 E_2 F_2 G$。

$$s_2 = B_2 \text{ 时}: f_2(B_2) = \min \begin{Bmatrix} d_2(B_2,C_2)+f_3(C_2) \\ d_2(B_2,C_3)+f_3(C_3) \\ d_2(B_2,C_4)+f_3(C_4) \end{Bmatrix} = \min \begin{Bmatrix} 8+10 \\ 7+9 \\ 6+12 \end{Bmatrix} = 16 \rightarrow B_2 \text{ 到 } G \text{ 最}$$

短距离为 16，$u_2(B_2)=C_3$，$s_3=C_3$，线路为 $B_2 C_3 D_2 E_2 F_2 G$。

第七步：当 $k=1$，$S_1=\{A\} \rightarrow$

$$s_1 = A \text{ 时}: f_1(A) = \min \begin{Bmatrix} d_1(A,B_1)+f_2(B_1) \\ d_1(A,B_2)+f_2(B_2) \end{Bmatrix} = \min \begin{Bmatrix} 5+13 \\ 3+16 \end{Bmatrix} = 18 \rightarrow A \text{ 到 } G \text{ 最短距}$$

离为 18，$u_1(A)=B_1$，$s_2=B_1$，线路为 $A B_1 C_2 D_1 E_2 F_2 G$。

最优决策 $=\{s_1,u_1,s_2,u_2,s_3,u_3,s_4,u_4,s_5,u_5,s_6,u_6,s_7\}$

$$=\{s_1=A, u_1(A)=B_1, s_2=B_1, u_2(B_1)=C_2, s_3=C_2, u_3(C_2)=D_1,$$

$$s_4=D_1, u_4(D_1)=E_2, s_5=E_2, u_5(E_2)=F_2, s_6=F_2, u_6(F_2)=G, s_7=G\}$$

整个问题的求解过程可用图 7-3 形象地表示出来。

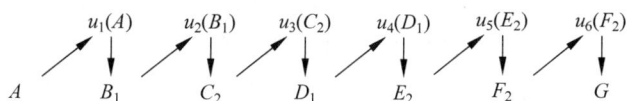

图 7-3　整个问题的求解过程

从上面的计算过程中可以看出,在求解的各个阶段,利用了 k 阶段与 $k+1$ 阶段的递推关系,如式(7-8)所示。

$$\begin{cases} f_k(s_k) = \min\{v_k(s_k, u_k(s_k)) + f_{k+1}(s_k)\}, k = 6,5,4,3,2,1 \\ f_7(s_7) = f_7(G) = 0 \end{cases} \tag{7-8}$$

这种递推关系称为动态规划的基本方程,其中第二个式子称为边界条件。

一般形式的 k 阶段与 $k+1$ 阶段的动态规划基本方程可以写成式(7-9)的形式。

$$\begin{cases} f_k(s_k) = \mathrm{opt}\{v_k(s_k, u_k(s_k)) + f_{k+1}(s_k)\}, k = n, n-1, \cdots, 1 \\ f_{n+1}(s_{n+1}) = 0 \end{cases} \tag{7-9}$$

现在把动态规划方法的基本思想总结如下。

(1) 将多阶段决策过程划分阶段,恰当地选取状态变量 s_k、决策变量 $u_k(s_k)$、最优指针函数 $f_k(s_k)$,从而把问题化成一族同类型的子问题,然后逐个求解。

(2) 求解时从边界条件开始,按逆过程行进方向(或顺过程行进方向),逐段递推寻优。在求解每个子问题时,都要使用它前面已求出的子问题的最优结果,依次进行,最后一个子问题所得的最优解,就是整个问题的最优解。

(3) 动态规划方法是既把当前一段与未来各段分开,又把当前效益和未来效益结合起来考虑的一种最优化方法,因此每段的最优决策选取是从全局考虑的,与该段的最优选择一般是不同的。

(4) 在求解整个问题的最优策略时,由于初始状态是已知的,而每段的决策都是该段状态的函数,故最优策略所经过的各段状态便可逐次变换得到,从而确定最优路线。

第三节　动态规划模型的建立与求解

一、动态规划模型的建立

建立动态规划模型的关键如下。

(1) 识别问题的多阶段特性,按时间或空间的先后顺序适当地划分为满足递推关系的若干阶段,对非时序的静态问题要人为地赋予“时段”的概念。

(2) 正确选择状态变量,使其具备:

① 各阶段的状态变量取值,能直接或间接地确定,且能够描述过程的演变。

② 状态变量满足无后效性。

例如,著名的“货郎担问题”:有 N 个城镇,要求一个送货员从某城镇出发,到各城镇去送货,每个城镇去且仅去一次,最后回到原来的出发城镇,求最短路线。这个问题如果像前面处理最短路线问题一样,把城镇位置作为状态变量,显然不满足无后效性,而需把含该城镇在内及以前走过的全部城镇的集合定义为状态,才能实现无后效性。

(3) 根据状态变量与决策变量的含义,正确写出状态转移方程 $s_{k+1}=T_k(s_k,u_k)$。

(4) 根据题意确定过程指针函数 $V_{k,n}$、最优指针函数 $f_k(s_k)$ 和第 k 阶段的阶段指针函数 $d_k(s_k,u_k)$ 的含义。

(5) 正确列出最优指针函数的递推关系及边界条件,即动态规划基本方程。

下面以资源分配问题为例介绍动态规划的建模条件及解法。资源分配问题是动态规划的典型应用之一,资源可以是资金、原材料、设备、动力等,资源分配就是将一定数量的一种或几种资源恰当地分配给若干使用者,以获得最大效益。

例 7-5　某公司有资金 10 万元,若投资于项目 $i(i=1,2,3)$ 的投资额为 x_i,其收益分别为 $g_1(x_1)=4x_1,g_1(x_2)=9x_2,g_3(x_3)=2x_3^2$,问:应如何分配投资额才能使总收益最大?

解:(1) 建立问题的静态模型。这是一个与时间无明显关系的静态最优化问题,可列出其静态模型:

$$\max z=4x_1+9x_2+2x_3^2$$
$$\mathrm{s.t.}\begin{cases}x_1+x_2+x_3=10\\x_i\geqslant 0\quad(i=1,2,3)\end{cases}$$

(2) 将问题转化为多阶段决策过程。为了应用动态规划方法求解,需要人为地赋予它"时段"。把问题划分为 3 个阶段,每个阶段只确定对一个项目的投资金额,首先考虑对项目 1 投资,然后考虑对项目 2 投资,最后考虑对项目 3 投资。每个阶段只决定对一个项目应投资的金额,这样问题转化为一个 3 段决策过程。

(3) 选择决策变量。因为 x_i 为每阶段的投资额,故第 k 阶段的决策变量定义为 $u_k=x_k$,表示第 k 阶段确定的投资额,$k=1,2,3$。

(4) 选择状态变量。状态变量一般为随递推过程变化的量,这里选取每阶段可供使用的资金数量,故第 k 阶段的状态变量定义为 s_k,表示第 k 阶段到第 3 阶段可供投资使用的资金总数量。(满足无后效性)

$$s_1=10,s_2=s_1-u_1,s_3=s_2-u_2$$

即

$$s_1=10,s_2=s_1-x_1,s_3=s_2-x_2$$

(5) 写出状态转移方程。状态转移方程为

$$s_{k+1}=s_k-x_k$$

(6) 选择过程指针函数。$V_{k,3}$ 表示从第 k 阶段的状态 s_k 开始,到第 3 阶段,采取投资策略 $(x_k,\cdots,x_3)$ 时所创造的收益。该过程指针函数可表示为阶段指针函数 $g_i(x_i)$ 的和形式。

$$V_{k,3}=\sum_{i=k}^{3}g_i(x_i),k=1,2,3\text{(满足分离性和递推关系)}$$

(7) 选择最优指针函数。$f_k(s_k)$ 表示从第 k 阶段的状态 s_k 开始,到第 3 阶段,采取最优投资策略 $(x_k,\cdots,x_3)$ 时所创造的收益。

$$f_k(s_k) = \max V_{k,3}(x_k, \cdots, x_3)$$

(8) 确定动态规划的基本方程：

$$\begin{cases} f_k(s_k) = \max_{0 \leqslant x_k \leqslant s_k} \{g_k(x_k) + f_{k+1}(s_{k+1})\}, k = 3, 2, 1 \\ f_4(s_4) = 0 \end{cases}$$

二、逆序解法和顺序解法

动态规划的求解有两种基本方法：逆序解法(后向动态规划方法)和顺序解法(前向动态规划方法)。

(一) 逆序解法(后向动态规划方法)

1. 定义

寻优的方向与多阶段决策过程的实际行进方向相反,从最后一阶段开始计算,逐段前推,计算前一阶段要用到后一阶段的计算结果,第一阶段的计算结果就是全过程的最优结果。

2. 基本方程

第 k 阶段与第 $k+1$ 阶段的递推关系为

$$\begin{cases} f_k(s_k) = \text{opt}\{v_k(s_k, u_k(s_k)) + f_{k+1}(s_{k+1})\}, k = n, n-1, \cdots, 1 \\ f_{n+1}(s_{n+1}) = 0 \end{cases}$$

3. 算例

例 7-4 所使用的解法,其寻优的方向与多阶段决策过程的实际行进方向相反,从最后一段开始计算逐段前推,求得全过程的最优策略,为逆序解法。

(二) 顺序解法(前向动态规划方法)

1. 定义

寻优的方向与多阶段决策过程的实际行进方向相同,从第一阶段开始计算,逐段后推,计算后一阶段要用到前一阶段的计算结果,最后一阶段的计算结果就是全过程的最优结果。

2. 基本方程

第 k 阶段与第 $k+1$ 阶段的递推关系为

$$\begin{cases} f_k(s_{k+1}) = \text{opt}\{d_k(s_{k+1}, u_k(s_{k+1})) + f_{k-1}(s_k)\}, k = 1, 2, \cdots, n \\ f_0(s_1) = 0 \end{cases}$$

3. 算例

这里再次用例 7-4 来说明顺序解法。

解：

第一步：当 $k = 0$, $S_1 = \{A\} \rightarrow f_0(A) = 0$。

第二步：当 $k = 1$, $S_2 = \{B_1, B_2\} \rightarrow$

$s_2 = B_1$ 时：$f_1(B_1) = d_1(B_1, A) + f_0(A) = 5 + 0 = 5 \rightarrow B_1$ 到 A 最短距离为 5,决策

为 $u_1(B_1)=A$，$s_1=A$，线路为 B_1A。

$s_2=B_2$ 时：$f_1(B_2)=d_1(B_2,A)+f_0(A)=3+0=3\to B_2$ 到 A 最短距离为 3，$u_1(B_2)=A$，$s_1=A$，线路为 B_2A。

第三步：当 $k=2$，$S_3=\{C_1,C_2,C_3,C_4\}\to$

$s_3=C_1$ 时：$f_2(C_1)=d_2(C_1,B_1)+f_1(B_1)=1+5=6\to C_1$ 到 A 最短距离为 6，$u_2(C_1)=B_1$，$s_2=B_1$，线路为 C_1B_1A。

$s_3=C_2$ 时：$f_2(C_2)=\min\begin{Bmatrix}d_2(C_2,B_1)+f_1(B_1)\\d_2(C_2,B_2)+f_1(B_2)\end{Bmatrix}=\min\begin{Bmatrix}3+5\\8+3\end{Bmatrix}=8\to C_2$ 到 A 最短

距离为 8，$u_2(C_2)=B_1$，$s_2=B_1$，线路为 C_2B_1A。

$s_3=C_3$ 时：$f_2(C_3)=\min\begin{Bmatrix}d_2(C_3,B_1)+f_1(B_1)\\d_2(C_3,B_2)+f_1(B_2)\end{Bmatrix}=\min\begin{Bmatrix}6+5\\7+3\end{Bmatrix}=10\to C_3$ 到 A 最短

距离为 10，$u_2(C_3)=B_2$，$s_2=B_2$，线路为 C_3B_2A。

$s_3=C_4$ 时：$f_2(C_4)=d_2(C_4,B_2)+f_1(B_2)=6+3=9\to C_4$ 到 A 最短距离为 9，$u_2(C_4)=B_2$，$s_2=B_2$，线路为 C_4B_2A。

第四步：当 $k=3$，$S_4=\{D_1,D_2,D_3\}\to$

$s_4=D_1$ 时：$f_3(D_1)=\min\begin{Bmatrix}d_3(D_1,C_1)+f_2(C_1)\\d_3(D_1,C_2)+f_2(C_2)\end{Bmatrix}=\min\begin{Bmatrix}6+6\\3+8\end{Bmatrix}=11\to D_1$ 到 A 最短

距离为 11，$u_3(D_1)=C_2$，$s_3=C_2$，线路为 $D_1C_2B_1A$。

$s_4=D_2$ 时：$f_3(D_2)=\min\begin{Bmatrix}d_3(D_2,C_1)+f_2(C_1)\\d_3(D_2,C_2)+f_2(C_2)\\d_3(D_2,C_3)+f_2(C_3)\\d_3(D_2,C_4)+f_2(C_4)\end{Bmatrix}=\min\begin{Bmatrix}8+6\\5+8\\3+10\\8+9\end{Bmatrix}=13\to D_2$ 到 A 最

短距离为 13，$u_3(D_2)=C_2$，$s_3=C_2$，线路为 $D_2C_2B_1A$ 或 $u_3(D_2)=C_3$，$s_3=C_3$，线路为 $D_2C_3B_2A$。

$s_4=D_3$ 时：$\min\begin{Bmatrix}d_3(D_3,C_3)+f_2(C_3)\\d_3(D_3,C_4)+f_2(C_4)\end{Bmatrix}=\min\begin{Bmatrix}5+10\\4+9\end{Bmatrix}=13\to D_3$ 到 A 最短距离为

13，$u_3(D_3)=C_3$，$s_3=C_3$，线路为 $D_3C_3B_2A$ 或 $u_3(D_3)=C_4$，$s_3=C_4$，线路为 $D_3C_4B_2A$。

第五步：当 $k=4$，$S_5=\{E_1,E_2,E_3\}\to$

$s_5=E_1$ 时：$f_4(E_1)=d_4(E_1,D_1)+f_3(D_1)=2+11=13\to E_1$ 到 A 最短距离为 13，$u_4(E_1)=D_1$，$s_4=D_1$，线路为 $E_1D_1C_2B_1G$。

$s_5=E_2$ 时：$f_4(E_2)=\min\begin{Bmatrix}d_4(E_2,D_1)+f_3(D_1)\\d_4(E_2,D_2)+f_3(D_2)\\d_4(E_2,D_3)+f_3(D_3)\end{Bmatrix}=\min\begin{Bmatrix}2+11\\1+13\\3+13\end{Bmatrix}=13\to E_2$ 到 A 最

短距离为 13，$u_4(E_2)=D_1$，$s_4=D_1$，线路为 $E_2D_1C_2B_1A$。

$s_5=E_3$ 时：$f_4(E_3)=\min\begin{Bmatrix}d_4(E_3,D_2)+f_3(D_2)\\d_4(E_3,D_3)+f_3(D_3)\end{Bmatrix}=\min\begin{Bmatrix}2+13\\3+13\end{Bmatrix}=15\to E_3$ 到 A 最

短距离为 15，$u_4(E_3)=D_2$，$s_4=D_2$，线路为 $E_3D_2C_2B_1A$ 或 $E_3D_2C_3B_2A$。

第六步：当 $k=5, S_6=\{F_1, F_2\}\rightarrow$

$s_6=F_1$ 时：$f_5(F_1)=\min\begin{Bmatrix}d_5(F_1,E_1)+f_4(E_1)\\d_5(F_1,E_2)+f_4(E_2)\\d_5(F_1,E_3)+f_4(E_3)\end{Bmatrix}=\min\begin{Bmatrix}3+13\\5+13\\6+15\end{Bmatrix}=16\rightarrow F_1$ 到 A 最

短距离为 $16, u_5(F_1)=E_1, s_5=E_1$，线路为 $F_1E_1D_1C_2B_1G$。

$s_6=F_2$ 时：$f_5(F_2)=\min\begin{Bmatrix}d_5(F_2,E_1)+f_4(E_1)\\d_5(F_2,E_2)+f_4(E_2)\\d_5(F_2,E_3)+f_4(E_3)\end{Bmatrix}=\min\begin{Bmatrix}5+13\\2+13\\6+15\end{Bmatrix}=15\rightarrow F_2$ 到 A 最

短距离为 15，决策为 $u_5(F_2)=E_2, s_5=E_2$，线路为 $F_2E_2D_1C_2B_1A$。

第七步：当 $k=6, S_7=\{G\}\rightarrow$

$s_7=G$ 时：$f_6(G)=\min\begin{Bmatrix}d_6(G,F_1)+f_5(F_1)\\d_6(G,F_2)+f_5(F_2)\end{Bmatrix}=\min\begin{Bmatrix}4+16\\3+15\end{Bmatrix}=18\rightarrow G$ 到 A 最短距

离为 18，决策为 $u_6(G)=F_2, s_6=F_2$，线路为 $GF_2E_2D_1C_2B_1A$。

最优决策 $=\{s_1, u_1, s_2, u_2, s_3, u_3, s_4, u_4, s_5, u_5, s_6, u_6, s_7\}$

$\qquad =\{s_1=A, u_1(A)=B_1, s_2=B_1, u_2(B_1)=C_2, s_3=C_2, u_3(C_2)=D_1,$

$s_4=D_1, u_4(D_1)=E_2, s_5=E_2, u_5(E_2)=F_2, s_6=F_2, u_6(F_2)=G, s_7=G\}$

求解过程分析：

从上面的计算过程中可以看出，在求解的各个阶段，利用了 k 阶段与 $k+1$ 阶段的递推关系：

$$\begin{cases}f_k(s_{k+1})=\min\{v_k(s_{k+1}, u_k(s_{k+1}))+f_{k-1}(s_k)\}, & k=1,2,\cdots,6\\f_0(s_1)=0\end{cases}$$

（三）顺序解法和逆序解法的使用

顺序解法和逆序解法本质上并无区别，一般来说：

（1）当终止状态给定时，用顺序解法；

（2）当初始状态给定时，用逆序解法；

（3）当定了一个初始状态与一个终止状态，两种方法均可使用；

（4）当终止状态为多个时，求出到达不同终止状态的最优指针函数值，选取最优指针函数值最优的终点状态；

（5）当初始状态为多个时，求出从不同初始状态出发的最优指针函数值，选取最优指针函数值最优的初始状态。

针对问题的不同特点，灵活地选用两种方法之一，可以使求解过程简化。

（四）顺序解法和逆序解法的区别

使用顺序解法和逆序解法为问题建立模型时，要注意以下区别。

1. 状态转移方式不同

顺序解法如图 7-4 所示。

（1）第 k 阶段的输入状态为 s_k，决策为 $u_k\rightarrow$输出状态为 s_{k+1}。

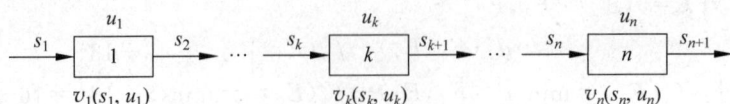

图 7-4   顺序解法

（2）状态转移方程为：$s_{k+1}=T_k(s_k,u_k)$，称为状态 s_k 到 s_{k+1} 的顺序状态转移方程。

（3）阶段指针函数为：$v_k(s_k,u_k)$。

逆序解法如图 7-5 所示。

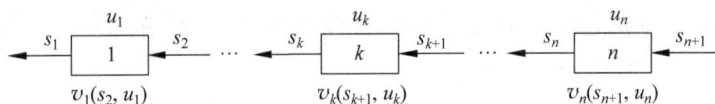

图 7-5   逆序解法

（1）第 k 阶段的输入状态为 s_{k+1}，决策为 u_k→输出状态为 s_k。

（2）状态转移方程为：$s_k=T_k(s_{k+1},u_k)$，称为状态 s_{k+1} 到 s_k 的逆序状态转移方程。

（3）阶段指针函数为：$v_k(s_{k+1},u_k)$。

2. 指针函数定义不同

（1）逆序解法。

① 阶段指针函数：$v_k(s_k,u_k)$ 表示从第 k 阶段的状态 s_k 开始，采取策略 u_k 时的效益指标值。

② 过程指针函数：$V_{k,n}$ 表示从第 k 阶段的状态 s_k 开始，到第 n 阶段，采取策略 $\{s_k,u_k,s_{k+1},u_{k+1},\cdots,s_n,u_n,s_{n+1}\}$ 时的效益指标值。

当过程指针函数为阶段指针函数的和形式时：$V_{k,n}=\sum_{j=k}^{n}v_j(s_j,u_j)$。

当过程指针函数为阶段指针函数的积形式时：$V_{k,n}=\prod_{j=k}^{n}v_j(s_j,u_j)$。

③ 最优指针函数：$f_k(s_k)$ 表示从第 k 阶段的状态 s_k 开始，到最后一阶段，采取最优策略时的数量指标值。$f_1(s_1)$ 为整体最优效益函数值。

$$f_k(s_k)=\mathrm{opt}\,V_{k,n}=\mathrm{opt}\left\{\sum_{j=k}^{n}v_j(s_j,u_j)\right\}$$

（2）顺序解法。

① 阶段指针函数：$v_k(s_{k+1},u_k)$ 表示从第 $k+1$ 阶段的状态 s_{k+1} 开始，采取策略 u_k 时的效益指标值。

② 过程指针函数：$V_{1,k}$ 表示从第 1 阶段开始到第 $k+1$ 阶段的状态 s_{k+1}，采取策略 $\{s_0,s_1,u_1,s_2,u_2,\cdots,s_k,u_k,s_{k+1}\}$ 时的效益指标值。

当过程指针函数为阶段指针函数的和形式时：$V_{1,k}=\sum_{j=1}^{k}v_j(s_{j+1},u_j)$。

当过程指针函数为阶段指针函数的积形式时：$V_{1,k}=\prod_{j=1}^{k}v_j(s_{j+1},u_j)$。

③ 最优指针函数：$f_k(s_{k+1})$表示从第 1 阶段开始到第 $k+1$ 阶段的状态 s_{k+1}，采取最优策略时的数量指标值。$f_n(s_{n+1})$ 为整体最优效益函数值。

$$f_k(s_{k+1}) = \text{opt } V_{1,k} = \text{opt} \left\{ \sum_{j=1}^{k} v_j(s_{j+1}, u_j) \right\}$$

3. 基本方程形式不同

（1）逆序解法。

① 当过程指针函数为阶段指针函数的和形式时，即 $V_{k,n} = \sum_{j=k}^{n} v_j(s_j, u_j)$：

$$\begin{cases} f_k(s_k) = \text{opt}\{v_k(s_k, u_k) + f_{k+1}(s_{k+1})\}, k = n, n-1, \cdots, 1 \\ f_{n+1}(s_{n+1}) = 0 \end{cases}$$

② 当过程指针函数为阶段指针函数的积形式时，即 $V_{k,n} = \prod_{j=k}^{n} v_j(s_j, u_j)$：

$$\begin{cases} f_k(s_k) = \text{opt}\{v_k(s_k, u_k) \cdot f_{k+1}(s_{k+1})\}, k = n, n-1, \cdots, 1 \\ f_{n+1}(s_{n+1}) = 1 \end{cases}$$

（2）顺序解法。

① 当过程指针函数为阶段指针函数的和形式时，即 $V_{1,k} = \sum_{j=1}^{k} v_j(s_{j+1}, u_j)$：

$$\begin{cases} f_k(s_{k+1}) = \text{opt}\{v_k(s_{k+1}, u_k) + f_{k-1}(s_k)\}, k = 1, 2, \cdots, n \\ f_0(s_1) = 0 \end{cases}$$

② 当过程指针函数为阶段指针函数的积形式时，即 $V_{1,k} = \prod_{j=1}^{k} v_j(s_{j+1}, u_j)$：

$$\begin{cases} f_k(s_{k+1}) = \text{opt}\{v_k(s_{k+1}, u_k) \cdot f_{k-1}(s_k)\}, k = 1, 2, \cdots, n \\ f_0(s_1) = 1 \end{cases}$$

第四节　动态规划基本方程的分段求解算法

动态规划模型建立后，对基本方程分段求解，不像线性规划那样有固定的解法，必须根据具体问题的特点，结合数学技巧灵活求解，大体有以下方法。

一、动态规划的逆序解法

当动态规划模型中状态变量与决策变量为连续变量，就要根据方程的具体情况灵活选取求解方法，如经典解析方法、线性规划方法、非线性规划方法或其他数值计算方法等。如在例 7-5 中，状态变量与决策变量均可取连续值而不是离散值，所以每阶段求优时不能用穷举法处理。下面用逆序解法来求解例 7-5。

解：经前面的分析，该问题可转化为一个 3 阶段的决策过程。

决策变量 u_k 表示第 k 阶段确定的投资额，$u_k = x_k$，$k = 1, 2, 3$。

状态变量 s_k 表示第 k 阶段到第 3 阶段可供投资使用的资金总数量。

状态转移方程为

$$s_{k+1} = s_k - x_k$$

过程指针函数可表示为阶段指针函数 $g_i(x_i)$ 的和形式。

第一步：当 $k=4$，$S_4 = \{s_4\} \rightarrow f_4(s_4) = 0$

第二步：当 $k=3$，$S_3 = \{s_3\} \rightarrow$

$$f_3(s_3) = \max_{0 \leqslant x_3 \leqslant s_3} \{g_3(x_3) + f_4(s_4)\} = \max_{0 \leqslant x_3 \leqslant s_3} \{2x_3^2 + 0\} = \max_{0 \leqslant x_3 \leqslant s_3} 2x_3^2 = 2s_3^2$$

$$\rightarrow u_3(s_3) = x_3 = s_3$$

第三步：当 $k=2$，$S_2 = \{s_2\} \rightarrow$

$$f_2(s_2) = \max_{0 \leqslant x_2 \leqslant s_2} \{g_2(x_2) + f_3(s_3)\} = \max_{0 \leqslant x_2 \leqslant s_2} \{9x_2 + 2s_3^2\} = \max_{0 \leqslant x_2 \leqslant s_2} \{9x_2 + 2(s_2 - x_2)^2\}$$

问题：$\max Z(x_2) = 9x_2 + 2(s_2 - x_2)^2$

$\because \dfrac{\partial Z}{\partial x_2} = 0 \rightarrow 9 - 4(s_2 - x_2) = 0 \rightarrow x_2 = s_2 - \dfrac{9}{4}$

又 $\because \dfrac{\partial^2 Z}{\partial x_2^2} = 4 > 0$

$\therefore x_2 = s_2 - \dfrac{9}{4}$ 不是极大值点，舍去。

故极大值只能在 $x_2 = 0$ 或 $x_2 = s_2$ 处取得。

$$x_2 = 0 \rightarrow f_2(s_2) = 2s_2^2 ; \quad x_2 = s_2 \rightarrow f_2(s_2) = 9s_2$$

(1) 如果 $x_2 = 0$ 为极大值点，即 $2s_2^2 > 9s_2 \rightarrow s_2 > \dfrac{9}{2}$：

$$f_2(s_2) = \max_{0 \leqslant x_2 \leqslant s_2} \{9x_2 + 2(s_2 - x_2)^2\} = 2s_2^2$$

$$\rightarrow u_2(s_2) = x_2 = 0$$

(2) 如果 $x_2 = s_2$ 为极大值点，即 $2s_2^2 < 9s_2 \rightarrow s_2 < \dfrac{9}{2}$：

$$f_2(s_2) = \max_{0 \leqslant x_2 \leqslant s_2} \{9x_2 + 2(s_2 - x_2)^2\} = 9s_2$$

$$\rightarrow u_2(s_2) = x_2 = s_2$$

第四步：当 $k=1$，$S_1 = \{s_1\} \rightarrow$

$$f_1(s_1) = \max_{0 \leqslant x_1 \leqslant s_1} \{g_1(x_1) + f_2(s_2)\} = \max_{0 \leqslant x_1 \leqslant s_1} \{4x_1 + f_2(s_2)\}$$

(1) $f_2(s_2) = 2s_2^2$ 时：$s_2 > \dfrac{9}{2}$，$u_2(s_2) = x_2 = 0$

$$f_1(s_1) = \max_{0 \leqslant x_1 \leqslant s_1} \{4x_1 + 2s_2^2\} = \max_{0 \leqslant x_1 \leqslant s_1} \{4x_1 + 2(s_1 - x_1)^2\}$$

问题：$\max Z(x_1) = 4x_1 + 2(s_1 - x_1)^2$

$\because \dfrac{\partial Z}{\partial x_1} = 0 \rightarrow 4 - 4(s_1 - x_1) = 0 \rightarrow x_1 = s_1 - 1$

又 $\because \dfrac{\partial^2 Z}{\partial x_1^2} = 4 > 0$

$\therefore x_1 = s_1 - 1$, 不是极大值点, 舍去。

故极大值只能在 $x_1 = 0$ 或 $x_1 = s_1$ 处取得。

$$x_1 = 0 \to f_1(s_1) = 2s_1^2 ; \quad x_1 = s_1 \to f_1(s_1) = 4s_1$$

① 如果 $x_1 = 0$ 为极大值点, 即 $2s_1^2 > 4s_1 \to s_1 > 2$:

$$f_1(s_1) = \max_{0 \leqslant x_1 \leqslant s_1} \{4x_1 + 2(s_1 - x_1)^2\} = 2s_1^2$$

$$\to u_1(s_1) = x_1 = 0$$

最优策略为: $\{s_1 = 10, x_1 = 0, s_2 = 10, x_2 = 0, s_3 = 10, x_3 = s_3 = 10\}$ → 该策略中状态 $s_1 = 10$ 同 $s_1 > 2$ 不矛盾; $s_2 = 10$ 同 $s_2 > \dfrac{9}{2}$ 不矛盾, 为最优策略。

② 如果 $x_1 = s_1$ 为极大值点, 即 $2s_1^2 < 4s_1 \to s_1 < 2$:

$$f_1(s_1) = \max_{0 \leqslant x_1 \leqslant s_1} \{4x_1 + 2(s_1 - x_1)^2\} = 4s_1$$

$$\to u_1(s_1) = x_1 = s_1 = 10$$

最优策略为: $\{s_1 = 10, x_1 = 10, s_2 = 0, x_2 = 0, s_3 = 0, x_3 = s_3 = 0\}$ → 该策略中状态 $s_1 = 10$ 同 $s_1 < 2$ 矛盾; $s_2 = 0$ 同 $s_2 > \dfrac{9}{2}$ 矛盾, 故该策略舍去。

(2) $f_2(s_2) = 9s_2$ 时: $s_2 < \dfrac{9}{2}$, $u_2(s_2) = x_2 = s_2$

$$f_1(s_1) = \max_{0 \leqslant x_1 \leqslant s_1} \{4x_1 + 9s_2\} = \max_{0 \leqslant x_1 \leqslant s_1} \{4x_1 + 9(s_1 - x_1)\}$$

$$= \max_{0 \leqslant x_1 \leqslant s_1} \{9s_1 - 5x_1\} = 9s_1 \to u_1(s_1) = x_1 = 0$$

最优策略为: $\{s_1 = 10, x_1 = 0, s_2 = 10, x_2 = 0, s_3 = 10, x_3 = s_3 = 10\}$ → 该策略中状态 $s_2 = 10$ 同 $s_2 < \dfrac{9}{2}$ 矛盾, 故该策略舍去。

综上所述, 最优策略为 $\{s_1 = 10, x_1 = 0, s_2 = 10, x_2 = 0, s_3 = 10, x_3 = s_3 = 10\}$, 即全部资金均投于第 3 个项目。

二、动态规划的顺序解法

下面用顺序解法来求解例 7-5。

解: 该问题可转化为一个 3 阶段的决策过程。

(1) 建立模型。

① 选择决策变量。

$u_k = x_k$ 表示第 k 阶段确定的投资额。

$$u_k = x_k, k = 1, 2, 3$$

② 选择状态变量。

s_{k+1} 表示第 1 阶段到第 k 阶段的总投资额。(满足无后效性)

设状态变量为 s_1、s_2、s_3、s_4: $s_1 = s_2 - x_1 = 0$; $s_2 = s_3 - x_2$; $s_3 = s_4 - x_3$; $s_4 = 10$

→ $0 \leqslant x_1 \leqslant s_2$、$0 \leqslant x_2 \leqslant s_3$、$0 \leqslant x_3 \leqslant s_4$

③ 状态转移方程。

$$s_k = s_{k+1} - x_k$$

④ 选择指针函数。

$V_{1,k}$ 表示从第 1 阶段到第 k 阶段的总投资额为 s_{k+1} 时,采取投资策略$(x_1,\cdots,x_k)$所创造的收益。

$$V_{1,k} \sum_{i=1}^{k} g_i(x_i), k=1,2,3(满足分离性和递推关系)$$

⑤ 选择最优指针函数。

$f_k(s_{k+1})$表示从第 1 阶段到第 k 阶段的总投资额为 s_{k+1} 时,采取最优投资策略$(x_1,\cdots,x_k)$所创造的收益。

$$f_k(s_{k+1}) = \max V_{1,k}(x_1,\cdots,x_k)$$

⑥ 确定动态规划的基本方程。

$$\begin{cases} f_k(s_{k+1}) = \max_{0 \leqslant x_k \leqslant s_{k+1}} \{g_k(x_k) + f_{k-1}(s_k)\}, \quad k=1,2,3 \\ f_0(s_1) = 0 \end{cases}$$

(2) 顺序解法。

第一步:当 $k=0,S_1=\{s_1\} \rightarrow f_0(s_1)=0$

第二步:当 $k=1,S_2=\{s_2\} \rightarrow$

$$f_1(s_2) = \max_{0 \leqslant x_1 \leqslant s_2} \{g_1(x_1) + f_0(s_1)\} = \max_{0 \leqslant x_1 \leqslant s_2} \{4x_1 + 0\} = \max_{0 \leqslant x_1 \leqslant s_2} 4x_1 = 4s_2$$

$$\rightarrow u_1(s_2) = x_1 = s_2$$

第三步:当 $k=2,S_3=\{s_3\} \rightarrow$

$$f_2(s_3) = \max_{0 \leqslant x_2 \leqslant s_3} \{g_2(x_2) + f_1(s_2)\} = \max_{0 \leqslant x_2 \leqslant s_3} \{9x_2 + 4s_2\}$$
$$= \max_{0 \leqslant x_2 \leqslant s_3} \{9x_2 + 4(s_3 - x_2)\} = \max_{0 \leqslant x_2 \leqslant s_3} \{4s_3 + 5x_2\} = 4s_3 + 5s_3 = 9s_3$$

$$\rightarrow u_2(s_3) = x_2 = s_3$$

第四步:当 $k=3,S_4=\{s_4\} \rightarrow$

$$f_3(s_4) = \max_{0 \leqslant x_3 \leqslant s_4} \{g_3(x_3) + f_2(s_3)\} = \max_{0 \leqslant x_3 \leqslant s_4} \{2x_3^2 + 9s_3\}$$
$$= \max_{0 \leqslant x_3 \leqslant s_4} \{2x_3^2 + 9(s_4 - x_3)\}$$

问题:$\max Z(x_3) = 2x_3^2 + 9(s_4 - x_3)$

$\because \dfrac{\partial Z}{\partial x_3} = 0 \rightarrow 4x_3 - 9 = 0 \rightarrow x_3 = \dfrac{9}{4}$

又 $\because \dfrac{\partial^2 Z}{\partial x_3^2} = 4 > 0$

$\therefore x_3 = \dfrac{9}{4}$ 不是极大值点,舍去。

故极大值只能在 $x_3 = 0$ 或 $x_3 = s_4$ 处取得。

$$x_3 = 0 \rightarrow f_3(s_4) = 9s_4; \ x_3 = s_4 \rightarrow f_3(s_4) = 2s_4^2$$

① 如果 $x_3 = 0$ 为极大值点,即 $9s_4 > 2s_4^2 \to s_4 < \dfrac{9}{2}$:

$$f_3(s_4) = \max_{0 \leqslant x_3 \leqslant s_4} \{2x_3^2 + 9(s_4 - x_3)\} = 9s_4$$

$$\to u_3(s_4) = x_3 = 0$$

最优策略为:$\{s_1 = 0, x_1 = s_2 = 0, s_2 = 0, x_2 = s_3 = 10, s_3 = 10, x_3 = 0, s_4 = 10\}$

$\to$该策略中状态 $s_4 = 10$ 同 $s_4 < \dfrac{9}{2}$ 矛盾,故该策略舍去。

② 如果 $x_3 = s_4$ 为极大值点,即 $9s_4 < 2s_4^2 \to s_4 > \dfrac{9}{2}$:

$$f_3(s_4) = \max_{0 \leqslant x_3 \leqslant s_4} \{2x_3^2 + 9(s_4 - x_3)\} = 2s_4^2$$

$$\to u_3(s_4) = x_3 = s_4$$

最优策略为:$\{s_1 = 0, x_1 = s_2 = 0, s_2 = 0, x_2 = s_3 = 0, s_3 = 0, x_3 = s_4 = 10, s_4 = 10\}$

$\to$该策略中状态 $s_4 = 10$ 同 $s_4 > \dfrac{9}{2}$ 不矛盾,为最优策略。

综上所述,最优投资策略与逆序解法结果相同,只投资于项目 3。比较两种解法的过程,可以发现,对于本题而言,顺序解法比逆序解法简单。

下面对其他形式的连续变量问题的动态规划解法进一步举例说明。

例 7-6 用动态规划逆序解法求解:

$$\max z = x_1 x_2^2 x_3$$

$$\text{s.t.} \begin{cases} x_1 + x_2 + x_3 = c \\ x_i \geqslant 0, i = 1, 2, 3 \end{cases}$$

解:令 $g_1(x_1) = x_1, g_2(x_2) = x_2^2, g_3(x_3) = x_3$。

过程指针函数为阶段指针函数的积形式。

设状态变量为 s_1、s_2、s_3、s_4:$s_1 = c$;$s_2 = s_1 - x_1$;$s_3 = s_2 - x_2$;$s_4 = s_3 - x_3 = 0$

$\to 0 \leqslant x_1 \leqslant s_1, 0 \leqslant x_2 \leqslant s_2, 0 \leqslant x_3 \leqslant s_3$

第一步:当 $k = 4, S_4 = \{s_4\} \to f_4(s_4) = 1$

第二步:当 $k = 3, S_3 = \{s_3\} \to$

$$f_3(s_3) = \max_{0 \leqslant x_3 \leqslant s_3} \{g_3(x_3)f_4(s_4)\} = \max_{0 \leqslant x_3 \leqslant s_3} \{x_3 \cdot 1\} = \max_{0 \leqslant x_3 \leqslant s_3} x_3 = s_3$$

$\to u_3(s_3) = x_3 = s_3$

第三步:当 $k = 2, S_2 = \{s_2\} \to$

$$f_2(s_2) = \max_{0 \leqslant x_2 \leqslant s_2} \{g_2(x_2)f_3(s_3)\} = \max_{0 \leqslant x_2 \leqslant s_2} \{x_2^2 \cdot s_3\} = \max_{0 \leqslant x_2 \leqslant s_2} \{x_2^2 \cdot (s_2 - x_2)\}$$

问题:$\max Z(x_2) = x_2^2 \cdot (s_2 - x_2)$

$\because \dfrac{\partial Z}{\partial x_2} = 0 \to 2s_2 x_2 - 3x_2^2 = 0 \to x_2 = 0$ 或 $x_2 = \dfrac{2}{3}s_2$

又$\because \dfrac{\partial^2 Z}{\partial x_2^2} = 2s_2 - 6x_2$

当 $x_2 = 0$ 时：$\dfrac{\partial^2 Z}{\partial x_2^2} = 2s_2 > 0$，不是极大值点，舍去。

当 $x_2 = \dfrac{2}{3}s_2$ 时：$\dfrac{\partial^2 Z}{\partial x_2^2} = -2s_2 < 0$，为极大值点。

$$x_2 = \frac{2}{3}s_2 \to f_3(s_4) = \frac{4}{27}s_2^3$$

$$\to u_2(s_2) = x_2 = \frac{2}{3}s_2$$

第四步：当 $k = 1$，$S_1 = \{s_1\} \to$

$$f_1(s_1) = \max_{0 \leqslant x_1 \leqslant s_1}\{g_1(x_1) \cdot f_2(s_2)\} = \max_{0 \leqslant x_1 \leqslant s_1}\left\{x_1 \cdot \frac{4}{27}s_2^3\right\} = \max_{0 \leqslant x_1 \leqslant s_1}\left\{x_1 \cdot \frac{4}{27}(s_1 - x_1)^3\right\}$$

问题：$\max Z(x_1) = \dfrac{4}{27}x_1 \cdot (s_1 - x_1)^3$

$\because \dfrac{\partial Z}{\partial x_1} = 0 \to \dfrac{4}{27}(s_1 - x_1)^2(s_1 - 4x_1) = 0 \to x_1 = s_1$ 或 $x_1 = \dfrac{1}{4}s_1$

又 $\because \dfrac{\partial^2 Z}{\partial x_1^2} = -\dfrac{8}{9}(s_1 - x_1)(s_1 - 2x_1)$

当 $x_1 = s_1$ 时：$\dfrac{\partial^2 Z}{\partial x_1^2} = 0$，不是极大值点，舍去。

当 $x_1 = \dfrac{1}{4}s_1$ 时：$\dfrac{\partial^2 Z}{\partial x_2^2} = -\dfrac{1}{3}s_1^2 < 0$，为极大值点。

$$x_1 = \frac{1}{4}s_1 \to f_1(s_1) = \frac{1}{64}s_1^4$$

$$\to u_1(s_1) = x_1 = \frac{1}{4}s_1 = \frac{1}{4}c$$

最优策略为

$$\left\{s_1 = c, x_1 = \frac{1}{4}c, s_2 = \frac{3}{4}c, x_2 = \frac{2}{3}s_2 = \frac{1}{2}c, s_3 = \frac{1}{4}c, x_3 = s_3 = \frac{1}{4}c, s_4 = 0\right\}$$

最优解为

$$x_1 = \frac{1}{4}c, \quad x_2 = \frac{1}{2}c, \quad x_3 = \frac{1}{4}c$$

例 7-7　用动态规划顺序解法求解：

$$\max z = 4x_1^2 - x_2^2 + 2x_3^2 + 12$$

$$\text{s. t.} \begin{cases} 3x_1 + 2x_2 + x_3 \leqslant 9 \\ x_i \geqslant 0, \quad i = 1, 2, 3 \end{cases}$$

解：令 $g_1(x_1) = 4x_1^2$，$g_2(x_2) = -x_2^2$，$g_3(x_3) = 2x_3^2 + 12$。

过程指针函数为阶段指针函数的和形式。

设状态变量为 s_1、s_2、s_3、s_4：$s_1 = s_2 - 3x_1 = 0$；$s_2 = s_3 - 2x_2$；$s_3 = s_4 - x_3$；$s_4 \leqslant 9$

$\to 0 \leqslant 3x_1 \leqslant s_2$、$0 \leqslant 2x_2 \leqslant s_3$、$0 \leqslant x_3 \leqslant s_4$

$$\to 0 \leqslant x_1 \leqslant \frac{1}{3}s_2 \text{、} 0 \leqslant x_2 \leqslant \frac{1}{2}s_3 \text{、} 0 \leqslant x_3 \leqslant s_4$$

第一步：当 $k=0$，$S_1=\{s_1\} \to f_0(s_1)=0$

第二步：当 $k=1$，$S_2=\{s_2\} \to$

$$f_1(s_2) = \max_{0 \leqslant x_1 \leqslant \frac{1}{3}s_2} \{g_1(x_1)+f_0(s_1)\} = \max_{0 \leqslant x_1 \leqslant \frac{1}{3}s_2} \{4x_1^2+0\} = \max_{0 \leqslant x_1 \leqslant \frac{1}{3}s_2} 4x_1^2 = \frac{4}{9}s_2^2$$

$$\to u_1(s_2)=x_1=\frac{1}{3}s_2$$

第三步：当 $k=2$，$S_3=\{s_3\} \to$

$$f_2(s_3) = \max_{0 \leqslant x_2 \leqslant \frac{1}{2}s_3} \{g_2(x_2)+f_1(s_2)\} = \max_{0 \leqslant x_2 \leqslant \frac{1}{2}s_3} \left\{-x_2^2+\frac{4}{9}s_2^2\right\}$$

$$= \max_{0 \leqslant x_2 \leqslant \frac{1}{2}s_3} \left\{-x_2^2+\frac{4}{9}(s_3-2x_2)^2\right\} = \max_{0 \leqslant x_2 \leqslant \frac{1}{2}s_3} \left\{\frac{4}{9}s_3^2+\frac{7}{9}x_2^2-\frac{16}{9}s_3x_2\right\}$$

问题：$\max Z(x_2) = \frac{4}{9}s_3^2+\frac{7}{9}x_2^2-\frac{16}{9}s_3x_2$

$$\because \frac{\partial Z}{\partial x_2}=0 \to \frac{14}{9}x_2-\frac{16}{9}s_3=0 \to x_2=\frac{8}{7}s_3$$

$$\text{又} \because \frac{\partial^2 Z}{\partial x_2^2}=\frac{14}{9}>0$$

$\therefore x_2=\frac{8}{7}s_3$ 不是极大值点，舍去。

故极大值只能在 $x_2=0$ 或 $x_2=\frac{1}{2}s_3$ 处取得。

$$x_2=0 \to f_2(s_3)=\frac{4}{9}s_3^2; \quad x_2=\frac{1}{2}s_3 \to f_2(s_3)=-\frac{1}{4}s_3^2<0$$

$\therefore x_2=0$ 为极大值点，$f_3(s_4)=\frac{4}{9}s_3^2$

$$\to u_2(s_3)=x_2=0$$

第四步：当 $k=3$，$S_4=\{s_4\} \to$

$$f_3(s_4) = \max_{0 \leqslant x_3 \leqslant s_4} \{g_3(x_3)+f_2(s_3)\} = \max_{0 \leqslant x_3 \leqslant s_4} \left\{2x_3^2+12+\frac{4}{9}s_3^2\right\}$$

$$= \max_{0 \leqslant x_3 \leqslant s_4} \left\{2x_3^2+12+\frac{4}{9}(s_4-x_3)^2\right\}$$

问题：$\max Z(x_3) = 2x_3^2+12+\frac{4}{9}(s_4-x_3)^2$

$$\because \frac{\partial Z}{\partial x_3}=0 \to \frac{44}{9}x_3-\frac{8}{9}s_4=0 \to x_3=\frac{2}{11}s_4$$

$$\text{又} \because \frac{\partial^2 Z}{\partial x_3^2}=\frac{44}{9}>0$$

$\therefore x_3 = \dfrac{2}{11} s_4$ 不是极大值点,舍去。

故极大值只能在 $x_3 = 0$ 或 $x_3 = s_4$ 处取得。

$x_3 = 0 \rightarrow f_3(s_4) = \dfrac{4}{9} s_4^2 + 12$；$x_3 = s_4 \rightarrow f_3(s_4) = 2 s_4^2 + 12$

$\because \dfrac{4}{9} s_4^2 + 12 < 2 s_4^2 + 12$

$\therefore x_3 = s_4$ 为极大值点,$f_3(s_4) = 2 s_4^2 + 12$

$\rightarrow u_3(s_4) = x_3 = s_4$

问题:$\max\limits_{0 \leqslant s_4 \leqslant 9} f_3(s_4) = 2 s_4^2 + 12$

当 $s_4 = 9$ 时,$f_3(s_4)$ 达到最大值,$f_3(s_4) = 174$。

所以可得

$$u_3(s_4) = x_3 = s_4 = 9$$

最优策略为

$$\left\{ s_1 = 0, x_1 = \dfrac{1}{3} s_2 = 0, s_2 = 0, x_2 = 0, s_3 = 0, x_3 = s_4 = 9, s_4 = 9 \right\}$$

最优解为

$$x_1 = 0, \quad x_2 = 0, \quad x_3 = 9$$

第五节　动态规划的应用案例分析

除了最优路径问题、资源分配问题外,动态规划在物流生产经营中还有许多应用,本节主要通过一些经典例子来说明这方面的应用。

一、背包问题

(一) 定义

一旅行者携带背包去登山,已知他所能承受的背包重量限度为 a 千克,现有 n 种物品要装入背包,第 i 种物品的单件重量为 a_i 千克,其价值是携带数量 x_i 的函数 $c_i(x_i)$ $(i = 1, 2, \cdots, n)$,问:旅行者如何选择携带各种物品的件数,以使总价值最大?

(二) 背包问题的静态模型

设 x_i 为第 i 种物品装入的件数,则背包问题可归结为如式(7-10)所示的整数规划模型:

$$\max z = \sum_{i=1}^{n} c_i(x_i)$$

$$\text{s. t.} \begin{cases} a_1 x_1 + a_2 x_2 + \cdots + a_n x_n \leqslant a \\ x_i \geqslant 0 \text{ 且为整数}(i = 1, 2, \cdots, n) \end{cases} \tag{7-10}$$

当 x_i 仅表示装入(取 1)和不装(取 0)第 i 种物品,则本模型就是 0-1 背包问题。

（三）意义

背包问题等同于车、船、飞机等工具的最优装载问题。

背包问题还可以用于解下料问题、投资决策问题等，有着广泛的实用意义。

（四）背包问题的动态规划解法

1. 选择阶段变量

阶段 k：将装包的物品按其种类 $1,2,\cdots,n$ 排序；将整个装包过程划分为 n 个阶段，每个阶段装一种物品，$k=1,2,\cdots,n$。（第 k 阶段只能装第 k 种物品）

2. 选择决策变量

$u_k=x_k$ 表示第 k 阶段装入第 k 种物品的件数，$k=1,2,\cdots,n$。

3. 选择状态变量

s_{k+1} 表示第 1 阶段到第 k 阶段，装入背包的前 k 种物品的总重量。（满足无后效性）

设状态变量为 $s_1 、 s_2 、 \cdots 、 s_n 、 s_{n+1}$：$s_1=s_2-a_1x_1=0$；$s_2=s_3-a_2x_2$；$\cdots$；$s_{n+1}\leqslant a$

$\rightarrow 0\leqslant a_1x_1\leqslant s_2$ 且为整数，$0\leqslant a_2x_2\leqslant s_3$ 且为整数，$\cdots,0\leqslant a_nx_n\leqslant s_{n+1}$ 且为整数

$\rightarrow x_1=0,1,\cdots,[s_2/a_1]$，$x_2=0,1,\cdots,[s_3/a_2]$，$\cdots,x_n=0,1,\cdots,[s_{n+1}/a_n]$

$\rightarrow x_k$ 为整数，且 $0\leqslant x_k\leqslant[s_{k+1}/a_k]$

4. 状态转移方程

$$s_k=s_{k+1}-a_kx_k$$

5. 选择指针函数

$V_{1,k}$ 表示从第 1 阶段到第 k 阶段装入背包的前 k 种物品的总重量为 s_{k+1} 时，采取装包策略 $(x_1,\cdots,x_k)$ 所创造的收益。

$$V_{1,k}=\sum_{i=1}^{k}c_i(x_i),k=1,2,\cdots,n\text{（满足分离性和递推关系）}$$

6. 选择最优指针函数

$f_k(s_{k+1})$ 表示从第 1 阶段到第 k 阶段装入背包的前 k 种物品的总重量为 s_{k+1} 时，采取最优装包策略 $(x_1,\cdots,x_k)$ 所创造的收益。

$$f_k(s_{k+1})=\max V_{1,k}(x_1,\cdots,x_k)$$

7. 确定动态规划的基本方程

动态规划基本方程如式（7-11）所示。

$$\begin{cases} f_k(s_{k+1})=\max\limits_{x_k=0,1,\cdots,[s_{k+1}/a_k]}\{c_k(x_k)+f_{k-1}(s_k)\}, & k=1,2,\cdots,n \\ f_0(s_1)=0 \end{cases} \tag{7-11}$$

用动态规划顺序解法逐步计算出 $f_1(s_2),f_2(s_3),\cdots,f_n(s_{n+1})$ 及相应的决策函数 $x_1(s_2),x_2(s_3),\cdots,x_n(s_{n+1})$，最后得到的 $f_n(a)$ 即为所求的最大价值，相应的最优策略则由反推计算得出。

（五）背包问题在最优装载问题方面的应用

例 7-8 一辆最大货运量为 10 吨的卡车，用以装载三种货物，每种货物的单位重量及单位价值如表 7-1 所示，如何装载可使总价值最大？

表 7-1　每种货物的单位重量及单位价值

货物编号 i	1	2	3
单位重量/吨	3	4	5
单位价值 c_i	4	5	6

解：

（1）建立问题的静态模型。设第 i 种货物装载的件数为 $x_i(i=1,2,3)$，则问题可表示为

$$\max z = 4x_1 + 5x_2 + 6x_3$$

$$\text{s. t.} \begin{cases} 3x_1 + 4x_2 + 5x_3 \leqslant 10 \\ x_i \geqslant 0 \text{ 且为整数}(i=1,2,3) \end{cases}$$

（2）顺序解法。

令 $g_1(x_1)=4x_1, g_2(x_2)=5x_2, g_3(x_3)=6x_3$

过程指针函数为阶段指针函数的和形式。

设状态变量为 s_1、s_2、s_3、s_4：$s_1=s_2-3x_1=0$；$s_2=s_3-4x_2$；$s_3=s_4-5x_3$；$s_4\leqslant10$

$\rightarrow 0\leqslant3x_1\leqslant s_2$ 且为整数、$0\leqslant4x_2\leqslant s_3$ 且为整数、$0\leqslant5x_3\leqslant s_4$ 且为整数

$\rightarrow x_1=0,1,\cdots,[s_2/3], x_2=0,1,\cdots,[s_3/4], x_3=0,1,\cdots,[s_4/5]$

第一步：当 $k=0, S_1=\{s_1\} \rightarrow f_0(s_1)=0$

第二步：当 $k=1, S_2=\{s_2\} \rightarrow$

$$f_1(s_2) = \max_{\substack{0\leqslant x_1\leqslant\left[\frac{1}{3}s_2\right] \\ x_1\text{为整数}}} \{g_1(x_1)+f_0(s_1)\} = \max_{\substack{0\leqslant x_1\leqslant\left[\frac{1}{3}s_2\right] \\ x_1\text{为整数}}} 4x_1 = 4\left[\frac{s_2}{3}\right]$$

$$\rightarrow u_1(s_2)=x_1=\left[\frac{s_2}{3}\right]$$

第三步：当 $k=2, S_3=\{s_3\} \rightarrow$

$$f_2(s_3) = \max_{\substack{0\leqslant x_2\leqslant\left[\frac{s_3}{4}\right] \\ x_2\text{为整数}}} \{g_2(x_2)+f_1(s_2)\} = \max_{\substack{0\leqslant x_2\leqslant\left[\frac{s_3}{4}\right] \\ x_2\text{为整数}}} \left\{5x_2+4\left[\frac{s_2}{3}\right]\right\}$$

$$= \max_{\substack{0\leqslant x_2\leqslant\left[\frac{s_3}{4}\right] \\ x_2\text{为整数}}} \left\{5x_2+4\left[\frac{s_3-4x_2}{3}\right]\right\}$$

因为 x_2 为离散变量，故可用枚举法找出 x_2 的最大值，见表 7-2。

表 7-2　枚举法找出的 x_2 最大值表

s_2	0	1	2	3	4		5		6		7		8			9			10		
x_2	0	0	0	0	0	1	0	1	0	1	0	1	0	1	2	0	1	2	0	1	2
$[(s_3-4x_2)/3]$	0	0	0	1	1	0	0	0	2	0	1	1	2	1	0	3	1	0	3	2	0
$f_2(s_3)$	0	0	0	4	4	5	0	5	8	5	4	9	8	9	10	12	9	10	12	13	10

$$\therefore x_2 = 1 \text{ 为极大值点} \rightarrow f_2(s_3) = 5 + 4\left[\frac{s_3 - 4}{3}\right]$$

$$\rightarrow u_2(s_3) = x_2 = 1$$

第四步：当 $k=3$，$S_4 = \{s_4\} \rightarrow$

$$f_3(s_4) = \max_{\substack{0 \leqslant x_3 \leqslant \left[\frac{s_4}{5}\right] \\ x_3 \text{ 为整数}}} \{g_3(x_3) + f_2(s_3)\} = \max_{\substack{0 \leqslant x_3 \leqslant \left[\frac{s_4}{5}\right] \\ x_3 \text{ 为整数}}} \left\{6x_3 + 5 + 4\left[\frac{s_3 - 4}{3}\right]\right\}$$

$$= \max_{\substack{0 \leqslant x_3 \leqslant \left[\frac{s_4}{5}\right] \\ x_3 \text{ 为整数}}} \left\{6x_3 + 5 + 4\left[\frac{s_4 - 5x_3 - 4}{3}\right]\right\}$$

因为 x_3 为离散变量，故可用枚举法找出 x_3 的最大值，见表7-3。

表7-3 枚举法找出的 x_3 最大值表

s_4	0	1	2	3	4	5	6		7	8		9		10		
x_3	0	0	0	0	0	0	1	0	1	0	1	0	1	0	1	2
$f_3(s_4)$	—	—	—	—	5	5	—	5	9	—	9	—	9	—	13	5	—

$$\therefore x_3 = 0 \text{ 为极大值点} \rightarrow f_3(s_4) = 5 + 4\left[\frac{s_4 - 4}{3}\right]$$

$$\rightarrow u_3(s_4) = x_3 = 0$$

问题：$\max\limits_{0 \leqslant s_4 \leqslant 10} f_3(s_4) = 5 + 4\left[\frac{s_4 - 4}{3}\right]$

当 $s_4 = 10$ 时，$f_3(s_4)$ 达到最大值，$f_3(s_4) = 13$。

所以可得

$$u_3(s_4) = x_3 = s_4 = 9$$

最优策略为

$$\left\{ s_1 = 0, x_1 = \left[\frac{s_2}{3}\right] = 2, s_2 = 6, x_2 = 1, s_3 = 10, x_3 = 0, s_4 = 10 \right\}$$

最优解为

$$x_1 = 2, x_2 = 1, x_3 = 0$$

当约束条件不止一个时，就是多维背包问题，其解法与一维背包问题类似，只是状态变量是多维的。

二、设备更新问题

（一）定义

企业经常会遇到一台设备应该使用多少年更新最合适的问题。一般来说，一台设备在比较新时，年运转量大，经济收入高，故障少，维修费用少，但随着使用年限的增加，年运转量减少，因而收入减少，故障变多，维修费用增加。如果更新可提高年净收入，但是当年要支出一笔数额较大的购买费。

设备更新问题的一般提法：在已知一台设备的效益函数 $r(t)$、维修费用函数 $u(t)$ 及更新费用函数 $c(t)$ 条件下，要求在 n 年内的每年年初作出决策，是继续使用旧设备还是更换一台新的，使 n 年总效益最大。

设 $r_k(t)$：在第 k 年设备已使用过 t 年（或称役龄为 t 年），再使用 1 年时的效益。

$u_k(t)$：在第 k 年设备役龄为 t 年，再使用 1 年时的维修费用。

$c_k(t)$：在第 k 年卖掉一台役龄为 t 年的设备，买进一台新设备的更新净费用。

α 为折扣因子（$0 \leqslant \alpha \leqslant 1$），表示 1 年以后的单位收入价值相当于现年的 α 单位。

（二）设备更新问题的动态规划解法

下面建立动态规划模型。

1. 选择阶段变量

阶段 k 表示计划使用该设备的年限数，$k = 1, 2, \cdots, n$。

2. 选择决策变量

x_k 表示第 k 年更新（replacement），或是保留使用旧设备（keep），分别用 R 与 K 表示。

3. 选择状态变量

s_k 表示第 k 年年初，设备已使用过的年数，即役龄。

4. 状态转移方程

$$s_{k+1} = \begin{cases} s_k + 1 & \text{当 } x_k = K \\ 1 & \text{当 } x_k = R \end{cases}$$

5. 阶段指针函数

$v_k(s_k, u_k)$ 表示第 k 年更新设备或保留使用旧设备后，再使用 1 年时所创造的净收益。

$$v_k(s_k, x_k) = \begin{cases} r_k(s_k) - u_k(s_k) & \text{当 } x_k = K \\ r_k(0) - u_k(0) - c_k(s_k) & \text{当 } x_k = R \end{cases}$$

6. 过程指针函数

$V_{k,n}$ 表示第 k 年年初，使用 1 台已经用了 s_k 年的设备，到第 n 年年末的净收益值。

$$V_{k,n} = \sum_{k=1}^{n} v_k(s_k, x_k) \quad (k = 1, 2, \cdots, n)$$

7. 最优指针函数

$f_k(s_k)$ 表示第 k 年年初，使用 1 台已经用了 s_k 年的设备，到第 n 年年末的最大收益值。

8. 确定动态规划的基本方程

动态规划的基本方程如式（7-12）所示。

$$\begin{cases} f_k(s_k) = \max_{x_k = K \text{ 或 } R} \{ v_j(s_k, x_k) + \alpha f_{k+1}(s_{k+1}) \} & k = n, n-1, \cdots, 1 \\ f_{n+1}(s_{n+1}) = 0 \end{cases} \tag{7-12}$$

例 7-9　设某台设备的年效益及年均维修费与更新净费用如表 7-4 所示。试确定今

后 5 年内的更新策略,使总收益最大。(设 $\alpha=1$)

表 7-4 某台设备的年效益及年均维修费与更新净费用

项　　目	役龄					
	0 年	1 年	2 年	3 年	4 年	5 年
效益 $r_k(t)$/万元	5	4.5	4	3.75	3	2.5
维修费 $u_k(t)$/万元	0.5	1	1.5	2	2.5	3
更新费 $c_k(t)$/万元	0.5	1.5	2.2	2.5	3	3.5

解:建立动态规划模型,$n=5$。

第一步:当 $k=5$ 时,

$$f_5(s_5)=\max\begin{cases} r_5(s_5)-u_5(s_5) & \text{当 } x_5=K \\ r_5(0)-u_5(0)-c_5(s_5) & \text{当 } x_5=R \end{cases}$$

状态变量 s_5 可取 $1,2,3,4$。

$s_5=1$ 时:$f_5(1)=\max\begin{cases} r_5(1)-u_5(1) \\ r_5(0)-u_5(0)-c_5(1) \end{cases}=\max\begin{cases} 4.5-1 \\ 5-0.5-1.5 \end{cases}=3.5\rightarrow x_5=K$

$s_5=2$ 时:$f_5(1)=\max\begin{cases} r_5(2)-u_5(2) \\ r_5(0)-u_5(0)-c_5(2) \end{cases}=\max\begin{cases} 4-1.5 \\ 5-0.5-2.2 \end{cases}=2.5\rightarrow x_5=K$

$s_5=3$ 时:$f_5(1)=\max\begin{cases} r_5(3)-u_5(3) \\ r_5(0)-u_5(0)-c_5(3) \end{cases}=\max\begin{cases} 3.75-2 \\ 5-0.5-2.5 \end{cases}=2\rightarrow x_5=R$

$s_5=4$ 时:$f_5(1)=\max\begin{cases} r_5(4)-u_5(4) \\ r_5(0)-u_5(0)-c_5(4) \end{cases}=\max\begin{cases} 3-2.5 \\ 5-0.5-3 \end{cases}=1.5\rightarrow x_5=R$

第二步:当 $k=4$ 时,

$$f_4(s_4)=\max\begin{cases} r_4(s_4)-u_4(s_4)+f_5(s_4+1) & \text{当 } x_4=K \\ r_4(0)-u_4(0)-c_4(s_4)+f_5(1) & \text{当 } x_4=R \end{cases}$$

状态变量 s_4 可取 $1,2,3$。

$s_4=1$:$f_4(1)=\max\begin{cases} r_4(1)-u_4(1)+f_5(2) \\ r_4(0)-u_4(0)-c_4(1)+f_5(1) \end{cases}=\max\begin{cases} 4.5-1+2.5 \\ 5-0.5-1.5+3.5 \end{cases}=6.5$

$\rightarrow x_4=R$

$s_4=2$:$f_4(2)=\max\begin{cases} r_4(2)-u_4(2)+f_5(3) \\ r_4(0)-u_4(0)-c_4(2)+f_5(1) \end{cases}=\max\begin{cases} 4-1.5+2 \\ 5-0.5-2.2+3.5 \end{cases}=5.8$

$\rightarrow x_4=R$

$s_4=3$:$f_4(3)=\max\begin{cases} r_4(3)-u_4(3)+f_5(4) \\ r_4(0)-u_4(0)-c_4(3)+f_5(1) \end{cases}=\max\begin{cases} 3.75-2+1.5 \\ 5-0.5-2.5+3.5 \end{cases}=5.5$

$\rightarrow x_4=R$

第三步：当 $k=3$ 时，

$$f_3(s_3)=\max\begin{cases}r_3(s_3)-u_3(s_3)+f_4(s_3+1) & \text{当}\ x_3=K\\ r_3(0)-u_3(0)-c_3(s_3)+f_4(1) & \text{当}\ x_3=R\end{cases}$$

状态变量 s_3 可取 1,2。

$$s_3=1:\ f_3(1)=\max\begin{cases}r_3(1)-u_3(1)+f_4(2)\\ r_3(0)-u_3(0)-c_3(1)+f_4(1)\end{cases}=\max\begin{cases}4.5-1+5.8\\ 5-0.5-1.5+6.5\end{cases}=9.5$$

$$\rightarrow x_3=R$$

$$s_3=2:\ f_3(2)=\max\begin{cases}r_3(2)-u_3(2)+f_4(3)\\ r_3(0)-u_3(0)-c_3(2)+f_4(1)\end{cases}=\max\begin{cases}4-1.5+5.5\\ 5-0.5-2.2+6.5\end{cases}=8.8$$

$$\rightarrow x_3=R$$

第四步：当 $k=2$ 时，

$$f_2(s_2)=\max\begin{cases}r_2(s_2)-u_2(s_2)+f_3(s_2+1) & \text{当}\ x_2=K\\ r_2(0)-u_2(0)-c_2(s_2)+f_3(1) & \text{当}\ x_2=R\end{cases}$$

状态变量 s_2 只能取 1。

$$f_2(1)=\max\begin{cases}r_2(1)-u_2(1)+f_3(2)\\ r_2(0)-u_2(0)-c_2(1)+f_3(1)\end{cases}=\max\begin{cases}4.5-1+8.8\\ 5-0.5-1.5+9.5\end{cases}=12.5$$

$$\rightarrow x_2=R$$

第五步：当 $k=1$ 时，

$$f_1(s_1)=\max\begin{cases}r_1(s_1)-u_1(s_1)+f_2(s_1+1) & \text{当}\ x_1=K\\ r_1(0)-u_1(0)-c_1(s_1)+f_2(1) & \text{当}\ x_1=R\end{cases}$$

状态变量 s_1 只能取 0。

$$f_1(0)=\max\begin{cases}r_1(0)-u_1(0)+f_2(1)\\ r_1(0)-u_1(0)-c_1(0)+f_2(1)\end{cases}=\max\begin{cases}5-0.5+12.5\\ 5-0.5-0.5+12.5\end{cases}=17$$

$$\rightarrow x_1=K$$

上述计算递推回去：

第五步：$s_1=0,x_1=K$；

第四步：由状态转移方程 $s_2=\begin{cases}s_1+1 & \text{当}\ x_1=K\\ 1 & \text{当}\ x_1=R\end{cases}\rightarrow s_2=1\rightarrow x_2=R$；

第三步：由状态转移方程 $s_3=\begin{cases}s_2+1 & \text{当}\ x_2=K\\ 1 & \text{当}\ x_2=R\end{cases}\rightarrow s_3=1\rightarrow x_3=R$；

第二步：由状态转移方程 $s_4=\begin{cases}s_3+1 & \text{当}\ x_3=K\\ 1 & \text{当}\ x_3=R\end{cases}\rightarrow s_4=1\rightarrow x_4=R$；

第一步：由状态转移方程 $s_5=\begin{cases}s_4+1 & \text{当}\ x_4=K\\ 1 & \text{当}\ x_4=R\end{cases}\rightarrow s_5=1\rightarrow x_5=K$。

由此，本例最优策略为 $\{K,R,R,R,K\}$，即第一年年初购买的设备到第二、三、四年年初各更新一次，用到第五年年末，其总效益为 17 万元。

三、复合系统工作可靠性问题

（一）定义

某种机器的工作系统由 n 个部件串联组成，只要有一个部件失灵，整个系统就不能正常工作。为提高系统工作的可靠性，在每个部件上均装有主要组件的备用件，并设计了备用组件自动投入装置。显然备用组件越多，整个系统工作的可靠性越大，但备用组件增多也会导致系统的成本、重量、体积相应增大，工作精度降低。因此，在考虑上述限制条件的情况下，应如何选择各部件的备用组件数，使整个系统的工作可靠性最大？

（二）复合系统工作可靠性问题的静态模型

设部件 $i(i=1,2,\cdots,n)$ 上装有 x_i 个备用组件时，正常工作的概率为 $p_i(x_i)$。因此，整个系统正常工作的可靠性，可用它正常工作的概率来衡量，即

$$P = \prod_{i=1}^{n} p_i(x_i)$$

设一个部件 i 的备用组件费用为 c_i，重量为 w_i，要求整个系统所装备用组件的总费用不超过 C，总重量不超过 W，则这个问题的静态模型如式（7-13）所示：

$$\max P = \prod_{i=1}^{n} p_i(x_i)$$

$$\text{s.t.} \begin{cases} \sum_{i=1}^{n} c_i x_i \leqslant C \\ \sum_{i=1}^{n} w_i x_i \leqslant W \\ x_i \geqslant 0 \text{ 且为整数}(i=1,2,\cdots,n) \end{cases} \tag{7-13}$$

这是一个非线性规划问题，求解比较困难，如用动态规划的方法求解，相对是比较容易的。

（三）复合系统工作可靠性问题的动态规划解法

下面建立动态规划模型。

1. 选择阶段变量

阶段 k 表示系统内部的部件数，系统共有几个部件就分为几个阶段，每个阶段确定一个部件应装备的备用组件数，$k=1,2,\cdots,n$。

2. 选择决策变量

u_k 表示部件 k 上所装的并联部件数 x_k。

3. 选择状态变量

构造动态规划模型，因为有两个约束条件，所以取二维状态变量，两个状态变量符号如下：

s_k 表示第 k 个到第 n 个部件容许使用的总费用；

y_k 表示第 k 个到第 n 个部件容许使用的总重量。

4. 状态转移方程

$$\begin{cases} s_{k+1} = s_k - u_k c_k \\ y_{k+1} = y_k - u_k w_k \end{cases}$$

5. 允许决策集合

$D_k(s_k, y_k) = \{u_k \mid 0 \leqslant u_k \leqslant \min([s_k/c_k], [y_k/w_k]), u_k \text{ 为整数}\}$，其中 $[s_k/c_k]$ 表示不超过 s_k/c_k 的最大整数，意义相同。

6. 阶段指针函数

$p_i(u_i)$ 表示第 k 个部件正常工作的概率。

7. 过程指针函数

$V_{k,n}$ 表示第 k 个部件到第 n 个部件均正常工作的概率。

$$V_{k,n} = \prod_{i=k}^{n} p_i(u_i)$$

8. 最优指针函数

$f_k(s_k, y_k)$ 表示由状态 s_k、y_k 出发，从部件 k 到部件 n 的系统工作可靠性的最大值。

9. 确定动态规划的基本方程

动态规划的基本方程如式(7-14)所示。

$$\begin{cases} f_k(s_k, y_k) = \max_{u_k \in D_k} \{p_k(u_k) \cdot f_{k+1}(s_k - u_k c_k, y_k - u_k w_k)\} \\ f_{n+1}(s_{n+1}, y_{n+1}) = 1 \end{cases} \qquad (7\text{-}14)$$

例 7-10 某厂设计一种电子设备，由三种部件 D_1、D_2、D_3 组成。已知这三种部件的价格和可靠性，如表 7-5 所示，要求在设计中所使用部件的费用不超过 105 元。试问：应如何设计使设备的可靠性达到最大（不考虑重量限制）？

表 7-5　三种部件的价格和可靠性

部　件	价格/元	可靠性
D_1	30	0.9
D_2	15	0.8
D_3	20	0.5

解：按部件种类划分三个阶段，设状态变量 s_k 表示容许用在 D_k 部件至 D_3 部件的总费用，决策变量 x_k 表示 D_k 部件上的并联部件数量，p_k 表示一个 D_k 部件正常工作的概率，$(1-p_k)^{x_k}$ 则为 x_k 个 D_k 部件不正常工作的概率。令最优值函数 $f_k(s_k)$ 表示从状态 s_k 开始由 D_k 部件至 D_3 部件组成的系统的最大可靠性。

（1）建立动态规划基本方程。通过上述分析，建立问题的动态规划基本方程如下。

$$f_3(s_3) = \max_{1 \leqslant x_3 \leqslant [s_3/20]} [1 - (1 - 0.5)^{x_3}]$$

$$f_2(s_2) = \max_{1 \leqslant x_2 \leqslant [s_2/15]} \{[1 - (1 - 0.8)^{x_2}] f_3(s_2 - 15 x_2)\}$$

$$f_1(s_1) = \max_{1 \leqslant x_1 \leqslant [s_1/30]} \{[1-(1-0.9)^{x_1}]f_2(s_1-30x_1)\}$$

（2）求解。因为 $s_1=105$，故此问题求出 $f_1(105)$ 即可。

$$f_1(105) = \max_{1 \leqslant x_1 \leqslant [105/30]} \{[1-(1-0.9)^{x_1}]f_2(105-30x_1)\}$$

$$= \max_{x_1=1,2,3} \{[1-(1-0.9)^{x_1}]f_2(105-30x_1)\}$$

$$= \max\{0.9f_2(75), 0.99f_2(45), 0.999f_2(15)\}$$

由此可知，要求出 $f_1(105)$ 的值，必须先求出 $f_2(75)$、$f_2(45)$ 和 $f_2(15)$ 的值，下面分别来求 $f_2(75)$、$f_2(45)$ 和 $f_2(15)$ 的值。

$$f_2(75) = \max_{1 \leqslant x_2 \leqslant [75/15]} \{[1-(1-0.8)^{x_2}]f_3(75-15x_2)\}$$

$$= \max_{x_2=1,2,3,4,5} \{[1-(1-0.8)^{x_2}]f_3(75-15x_2)\}$$

$$= \max\{0.8f_3(60), 0.96f_3(45), 0.992f_3(30), 0.9984f_3(15)\}$$

由此可知，要求出 $f_2(75)$ 的值，必须先求出 $f_3(60)$、$f_3(45)$、$f_3(30)$ 和 $f_3(15)$ 的值，下面分别来求 $f_3(60)$、$f_3(45)$、$f_3(30)$ 和 $f_3(15)$ 的值。

$$f_3(60) = \max_{1 \leqslant x_3 \leqslant [60/20]} [1-(1-0.5)^{x_2}]$$

$$= \max_{x_3=1,2,3} [1-(1-0.5)^{x_2}] = \max\{0.5, 0.75, 0.875\} = 0.875 \rightarrow x_3 = 3$$

$$f_3(45) = \max_{1 \leqslant x_3 \leqslant [45/20]} [1-(1-0.5)^{x_2}]$$

$$= \max_{x_3=1,2} [1-(1-0.5)^{x_2}] = \max\{0.5, 0.75\} = 0.75 \rightarrow x_3 = 2$$

$$f_3(30) = \max_{1 \leqslant x_3 \leqslant [30/20]} [1-(1-0.5)^{x_2}] = \max_{x_3=1} [1-(1-0.5)^{x_2}] = 0.5 \rightarrow x_3 = 1$$

$$f_3(15) = 0$$

将 $f_3(60)$、$f_3(45)$、$f_3(30)$ 和 $f_3(15)$ 的值代入 $f_2(75)$ 的计算公式，可求出：

$$f_2(75) = \max\{0.8f_3(60), 0.96f_3(45), 0.992f_3(30), 0.9984f_3(15)\}$$

$$= \max\{0.7, 0.72, 0.496, 0\} = 0.72 \rightarrow x_2 = 2 \rightarrow f_3(45)$$

按照相同的方法，可求出：

$$f_2(45) = \max\{0.8f_3(30), 0.96f_3(15)\} = \max\{0.4, 0\} = 0.4 \rightarrow x_2 = 1 \rightarrow f_3(30)$$

$$f_2(15) = 0$$

将 $f_2(75)$、$f_2(45)$ 和 $f_2(15)$ 的值代入 $f_1(105)$ 的计算公式，可求出：

$$f_1(105) = \max\{0.9f_2(75), 0.99f_2(45), 0.999f_2(15)\}$$

$$= \max\{0.648, 0.396, 0\} = 0.648 \rightarrow x_1 = 1 \rightarrow f_2(75)$$

从而求得 $x_1=1$，$x_2=2$，$x_3=2$ 为最优方案，即 D_1 部件用 1 个，D_2 部件用 2 个，D_3 部件用 2 个，其总费用为 100 元，可靠性为 0.648。

四、排序问题

（一）定义

设有 n 个工件需要在机床 A、B 上加工，每个工件都必须经过 A 而后 B 的两道加工工序,以 a_i、b_i 分别表示工件 $i(1 \leqslant i \leqslant n)$ 在 A、B 上的加工时间。问:应如何在两机床上安排各工件加工的顺序,使在机床 A 上加工第一个工件开始到在机床 B 上将最后一个工件加工完,所用的加工总时间最少?

(二)机床 A、B 的排序问题

工件在机床 A 上有加工顺序问题,在机床 B 上也有加工顺序问题。它们在 A、B 两台机床上加工的顺序可以是不同的。

当机床 B 上的加工顺序与机床 A 不同时,意味着在机床 A 上加工完毕的某些工件,不能在机床 B 上立即加工,而是要等到另一个或一些工件加工完毕之后才能加工。这样使机床 B 的等待加工时间加长,从而总的加工时间加长了。

可以证明:最优加工顺序在两台机床上可同时产生。因此,最优排序方案只能在机床 A、B 上加工顺序相同的排序中去寻找。即使如此,所有可能的方案仍有 $n!$ 个,这是一个不小的数,用穷举法是不现实的。下面用动态规划方法来研究同顺序两台机床加工 n 个工件的排序问题。

(三)排序问题的动态规划解法

当加工顺序取定之后,工件在 A 上加工时没有等待时间,而在 B 上则常常等待。因此,寻求最优排序方案只有尽量减少 B 上等待加工的时间,这样才能使总加工时间最短。

设第 i 个工件在机床 A 上加工完毕以后,在 B 上要经过若干时间才能加工完,故对同一个工件来说,在 A、B 上总是出现加工完毕的时间差,我们以它来描述加工状态。

1. 选择阶段变量

在机床 A 上更换工件的时刻表示时段。

2. 选择状态变量

(X,t) 表示描述机床 A、B 在加工过程中的状态变量。

X 表示在机床 A 上等待加工的按取定顺序排列的工件集合。

x 表示不属于 X 的在 A 上最后加工完的工件。

t 表示从在 A 上加工完 x 的时刻算起到 B 上加工完 x 所需的时间。

这样,在 A 上加工完一个工件后,就有 (X,t) 与之对应。

这样选取状态变量,则当 X 包含 s 个工件时,过程尚有 s 段,其时段数已隐含在状态变量之中,因而,指针最优值函数只依赖于状态而不明显依赖于时段数。

3. 最优指针函数

$f(X,t)$:由状态 (X,t) 出发,对未加工的工件采取最优加工顺序后,将 X 中所有工件加工完所需时间。

$f(X,t,i)$:由状态 (X,t) 出发,在 A 上加工工件 i,然后再对以后的加工工件采取最优顺序,把 X 中的工件全部加工完所需要的时间。

$f(X,t,i,j)$:由状态 (X,t) 出发,在 A 上加工工件 i 与 j 后,再对以后的加工工件采取最优顺序,把 X 中的工件全部加工完所需要的时间。

4. 动态规划基本方程

动态规划基本方程如式(7-15)所示。

$$f(X,t,i) = \begin{cases} a_i + f(X/i, t-a_i+b_i) & \text{当 } t \geqslant a_i \text{ 时} \\ a_i + f(X/i, b_i) & \text{当 } t \leqslant a_i \text{ 时} \end{cases} \tag{7-15}$$

式中,X/i 表示集合 X 中去掉工件 i 后剩下的工件集合,状态 t 的转换关系参见图 7-6。

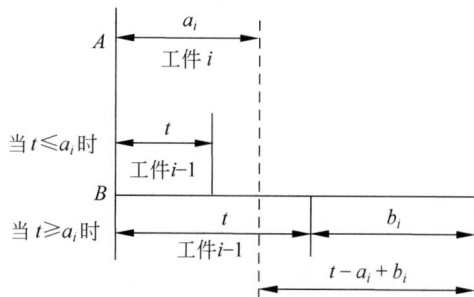

图 7-6 状态 t 的转换关系

(四) 最优排序规则制定

记 $z_i(t) = \max(t-a_i, 0) + b_i$。

式(7-15)可合并写成式(7-16)的形式:

$$f(X,t,i) = a_i + f[X/i, z_i(t)] \tag{7-16}$$

由此可得

$$f(X,t,i,j) = a_i + a_j + f[X/\{i,j\}, z_{ij}(t)] \tag{7-17}$$

其中,$z_{ij}(t)$ 表示从状态 X 出发,在机床 A、B 上相继加工工件 i、j 后,从工件 j 在机床 A 上加工完成的时刻算起,至在机床 B 上相继加工工件 i、j 并完成全部加工所需的时间。故 $(X/\{i,j\}, z_{ij}(t))$ 是在 A 加工 i、j 后所形成的新状态,即在机床 A 上加工 i、j 后由状态 (X,t) 转移到状态 $(X/\{i,j\}, z_{ij}(t))$。

仿照 $z_i(t)$ 的定义,以 $X/\{i,j\}$ 代替 $X/\{i\}$,$z_i(t)$ 代替 t,a_j 代替 a_i,b_j 代替 b_i,则可得

$$\begin{aligned} z_{ij}(t) &= \max[z_i(t)-a_j, 0] + b_j \\ &= \max[\max(t-a_i, 0) + b_i - a_j, 0] + b_j \\ &= \max[\max(t-a_i-a_j+b_i, b_i-a_j), 0] + b_j \\ &= \max[t-a_i-a_j+b_i+b_j, b_i+b_j-a_j, b_j] \end{aligned}$$

将 i、j 对调,可得

$$f(X,t,j,i) = a_i + a_j + f[X/\{i,j\}, z_{ij}(t)]$$
$$z_{ij}(t) = \max[t-a_i-a_j+b_i+b_j, b_i+b_j-a_i, b_i]$$

由于 $f(X,t)$ 为 t 的单调上升函数,故当 $z_{ij}(t) \leqslant z_{ji}(t)$ 时,有

$$f(X,t,i,j) \leqslant f(X,t,j,i)$$

因此,不管 t 为何值,当 $z_{ij}(t) \leqslant z_{ji}(t)$ 时,工件 i 放在工件 j 之前加工可以使总的加工时间短些。而由 $z_{ij}(t)$ 和 $z_{ji}(t)$ 的表达式可知,这只需要下面不等式成立就行,即

$$\max(b_i+b_j-a_j, b_j) \leqslant \max(b_i+b_j-a_i, b_i) \tag{7-18}$$

对式(7-18)两边同时减去 b_i 与 b_j,得

$$\max(-a_j, -b_i) \leqslant \max(-a_i, -b_j) \qquad (7\text{-}19)$$

即有

$$\min(a_i, b_j) \leqslant \min(a_j, b_i) \qquad (7\text{-}20)$$

这个条件就是工件 i 应该排在工件 j 之前的条件,即对于从头到尾的最优排序而言,它的所有前后相邻的两个工件所组成的对,都必须满足不等式(7-20)。根据这个条件得到最优排序的规则如下。

(1) 先作工件的加工时间的工时矩阵:

$$\boldsymbol{M} = \begin{bmatrix} a_1 & a_2 & \cdots & a_n \\ b_1 & b_2 & \cdots & b_n \end{bmatrix}$$

(2) 在工时矩阵 $\boldsymbol{M}$ 中找出最小元素(若最小的不止一个,可任选其一),若它在上行,则将相应的工件排在最前位置;若它在下行,则将相应工件排在最后位置。

(3) 将排定位置的工件所对应的列从 $\boldsymbol{M}$ 中划掉,然后对余下的工件重复按(2)进行,但那时的最前位置(或最后位置)是在已排定位置的工件之后(或之前)。如此继续下去,直至把所有工件都排完。

这个同顺序两台机床加工 n 个工件的最优排序规则,是 S. M. 约翰逊(S. M. Johnson)在1954 年提出的,概括起来说,它的基本思路是:尽量减少在机床 B 上等待加工的时间。因此,把在机床 B 上加工时间长的工件先加工,在 B 上加工时间短的工件后加工。

例 7-11 设有 5 个工件需在机床 A、B 上加工,加工顺序是先 A 后 B,每个工件所需加工时间如表 7-6 所示。问:如何安排加工顺序,使机床连续加工完所有工件的加工总时间最少? 求出总加工时间。

表 7-6　每个工件所需加工时间　　　　　　　　　　　　小时

工件号码	A	B
1	3	6
2	7	2
3	4	7
4	5	3
5	7	4

解:工件的加工工时矩阵为

$$\boldsymbol{M} = \begin{bmatrix} 3 & 7 & 4 & 5 & 7 \\ 6 & 2 & 7 & 3 & 4 \end{bmatrix}$$

根据最优排序规则,最优加工顺序为

工件 1 → 工件 3 → 工件 5 → 工件 4 → 工件 2

故总加工时间为 28 小时。

五、货郎担问题

(一)定义

一个货郎从某城镇出发,经过若干个城镇一次,且仅一次,最后仍回到原出发的城镇,

问应如何选择行走路线使总行程最短,这是运筹学的一个著名问题,实际中有很多问题可以归结为这类问题。

设 $v_1, v_2, \cdots, v_n$ 是 n 个已知城镇,城镇 v_i 到城镇 v_j 的距离为 d_{ij},现在求从 v_i 出发,经各城镇一次且仅一次返回 v_i 的最短路程。

(二)货郎担问题的动态规划解法

若对 n 个城镇进行排列,有 $(n-1)!/2$ 种方案,所以穷举法是不现实的,这里介绍一种动态规划方法。

1. 选择状态变量

S 表示从 v_1 到 v_i 中间所有可能经过的城镇集合(不包括 v_1 和 v_i)。(满足无后效性)

(i, S) 表示从 v_1 点出发,经过集合 S 中所有点一次,最后到达 v_i。

2. 选择指针函数

$f_k(i, S)$ 表示从 v_1 点出发,经过集合 S 中所有点(k 个)一次,最后到达 v_i 的最短距离。

3. 选择决策变量

$P_k(i, S)$ 表示从 v_1 点出发,按最短路径经过集合 S 中所有点(k 个)一次,最后到达城镇 v_i 的前一个城镇。

4. 确定动态规划的基本方程

动态规划基本方程如式(7-21)所示:

$$\begin{cases} f_k(i, S) = \min_{j \in S} \{ f_{k-1}(j, S \backslash \{j\}) + d_{ji} \}, & k = 1, 2, \cdots, n \\ f_0(i, \varnothing) = d_{1i}, & \varnothing \text{ 为空集}(k = 1, 2, \cdots, n-1, i = 2, 3, \cdots, n) \end{cases} \quad (7\text{-}21)$$

例 7-12 已知 4 个城市间距离,如表 7-7 所示,求从 v_1 出发,经其余城市一次且仅一次最后返回 v_1 的最短路径与距离。

表 7-7 4 个城市间距离

从	至			
	1	2	3	4
1	0	6	7	9
2	8	0	9	7
3	5	8	0	8
4	6	5	5	0

解:第一步:

$$f_0(2, \varnothing) = d_{12} = 6 \rightarrow P_0(2, \varnothing) = 1$$

$$f_0(3, \varnothing) = d_{13} = 7 \rightarrow P_0(2, \varnothing) = 1$$

$$f_0(4, \varnothing) = d_{14} = 9 \rightarrow P_0(2, \varnothing) = 1$$

第二步:

$$f_1(2, \{3\}) = f_0(3, \varnothing) + d_{32} = 7 + 8 = 15 \rightarrow P_1(2, \{3\}) = 3$$

$$f_1(2, \{4\}) = f_0(4, \varnothing) + d_{42} = 9 + 5 = 14 \rightarrow P_1(2, \{4\}) = 4$$

$$f_1(3, \{2\}) = f_0(2, \varnothing) + d_{23} = 6 + 9 = 15 \rightarrow P_1(3, \{2\}) = 2$$

$$f_1(3,\{4\})=f_0(4,\varnothing)+d_{43}=9+5=14 \rightarrow P_1(3,\{4\})=4$$

$$f_1(4,\{2\})=f_0(2,\varnothing)+d_{24}=6+7=13 \rightarrow P_1(4,\{2\})=2$$

$$f_1(4,\{3\})=f_0(3,\varnothing)+d_{34}=7+8=15 \rightarrow P_1(4,\{3\})=3$$

第三步：

$$f_2(2,\{3,4\})=\min\begin{Bmatrix}f_1(3,\{4\})+d_{32}\\f_1(4,\{3\})+d_{42}\end{Bmatrix}=\min\begin{Bmatrix}14+8\\15+5\end{Bmatrix}=20 \rightarrow P_2(2,\{3,4\})=4$$

$$f_2(3,\{2,4\})=\min\begin{Bmatrix}f_1(2,\{4\})+d_{23}\\f_1(4,\{2\})+d_{43}\end{Bmatrix}=\min\begin{Bmatrix}14+9\\13+5\end{Bmatrix}=18 \rightarrow P_2(3,\{2,4\})=4$$

$$f_2(4,\{2,3\})=\min\begin{Bmatrix}f_1(3,\{2\})+d_{34}\\f_1(2,\{3\})+d_{24}\end{Bmatrix}=\min\begin{Bmatrix}15+8\\15+7\end{Bmatrix}=22 \rightarrow P_2(4,\{2,3\})=2$$

第四步：

$$f_3(1,\{2,3,4\})=\min\begin{Bmatrix}f_2(2,\{3,4\})+d_{21}\\f_2(3,\{2,4\})+d_{31}\\f_2(4,\{2,3\})+d_{41}\end{Bmatrix}=\min\begin{Bmatrix}20+8\\18+5\\22+6\end{Bmatrix}=23 \rightarrow P_3(1,\{2,3,4\})=3$$

逆推回去,货郎的最短路线是 $1 \rightarrow 2 \rightarrow 4 \rightarrow 3 \rightarrow 1$,最短距离为 23。

对于货郎担问题,当城市数目增加时,用动态规划方法求解,无论是计算量还是存储量都会大大增加,所以本方法只适合 n 较小的情况。

本 章 小 结

本章对物流企业生产和经营管理过程中的多阶段决策过程、动态规划的基本概念和基本原理、动态规划模型的建立与求解、动态规划基本方程的分段求解算法进行了系统介绍,最后对动态规划进行应用案例分析。

本 章 习 题

1. 现有天然气站 A,需铺设管道到用气单位 E,可以选择的设计路线如图 7-7 所示,$B_1,\cdots,D_2$ 各点是中间加压站,各线路的费用已标在线旁(单位：万元),试设计费用最低的路线。

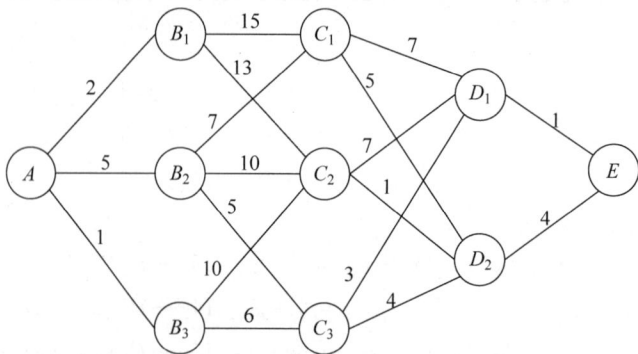

图 7-7　可以选择的设计路线

2. 写出下列问题的动态规划的基本方程：

(1) $\max z = \sum_{i=1}^{n} \varphi_i(x_i)$

$$\text{s. t.} \begin{cases} \sum_{i=1}^{n} x_i = b, & b > 0 \\ x_i \geqslant 0, & i = 1, 2, \cdots, n \end{cases}$$

(2) $\min z = \sum_{i=1}^{n} c_i x_i^2$

$$\text{s. t.} \begin{cases} \sum_{i=1}^{n} a_i x_i \geqslant b, & a_i > 0 \\ x_i \geqslant 0, & i = 1, 2, \cdots, n \end{cases}$$

3. 用动态规划方法求解：

(1) $\max z = x_1 \cdot x_2^2 \cdot x_3$

$$\text{s. t.} \begin{cases} x_1 + x_2 + x_3 = 4 \\ x_i \geqslant 0, i = 1, 2, 3 \end{cases}$$

(2) $\max z = x_1^2 + 2x_2^2 + x_3^2 - 2x_1 - 4x_2 - 2x_3$

$$\text{s. t.} \begin{cases} x_1 + x_2 + x_3 = 3 \\ x_i \geqslant 0, i = 1, 2, 3 \end{cases}$$

(3) $\max z = 4x_1 + 9x_2 + 2x_3^2$

$$\text{s. t.} \begin{cases} 2x_1 + 4x_2 + 3x_3 \leqslant 10 \\ x_i \geqslant 0, i = 1, 2, 3 \end{cases}$$

4. 设某人有 400 万元金额，计划在 4 年内全部用于投资。已知在 1 年内若投资用去 x 万元就能获得 $\sqrt{x}$ 万元的效用。每年没有用掉的金额，连同利息（年利息 10%）可再用于下一年的投资。而每年已打算用于投资的金额不计利息。试制订金额的使用计划，使 4 年内获得的总效用最大？

5. 为保证某设备正常运转，需对串联工作的三种不同零件 A_1, A_2, A_3 分别确定备件数量。若增加备用零件的数量，可提高设备正常运转的可靠性，但费用要增加，而总投资额为 8 000 元。已知备用零件数与可靠性和费用的关系，如表 7-8 所示，备用零件数量各为多少时，可使设备运转的可靠性最高？

表 7-8　备用零件数与可靠性和费用的关系

备用零件数	可靠性			备用零件费用/千元		
	A_1	A_2	A_3	A_1	A_2	A_3
1	0.3	0.2	0.1	1	3	2
2	0.4	0.5	0.2	2	5	3
3	0.5	0.9	0.7	3	6	4

6. 某工厂生产三种产品,各种产品重量与利润的关系如表 7-9 所示,现将此三种产品运往市场出售,运输能力总重量不超过 6 吨,问:运输每种产品多少件可使总利润最大?

表 7-9　各种产品重量与利润的关系

产品	重量/(吨 / 件)	利润/(千元/件)
1	2	80
2	3	130
3	4	180

7. 某汽车公司的一个型号汽车,每辆年均利润函数 $r(t)$ 与年均维修费用函数 $u(t)$ 如表 7-10 所示,购买同型号新汽车每辆 20 万元,如果汽车公司将汽车卖出,其价格如表 7-11 所示,该公司年初有一辆汽车,试给出 4 年盈利最大的更新计划。

表 7-10　每辆年均利润函数 $r(t)$ 与年均维修费用函数 $u(t)$

项　目	役龄			
	0 年	1 年	2 年	3 年
$r(t)$/万元	20	18	17.5	15
$u(t)$/万元	2	2.5	4	6

表 7-11　不同役龄汽车的价格

役龄/年	0	1	2	3
价格/万元	17	16	15.5	15

8. 求解 5 个城市的货郎担问题,已知数据见表 7-12。

表 7-12　5 个城市之间的距离

v_i	v_j				
	1	2	3	4	5
1	0	10	20	30	40
2	12	0	18	30	25
3	23	9	0	5	10
4	34	32	4	0	8
5	45	27	11	10	0

即 测 即 练

第八章

物流图论及应用

图论是应用十分广泛的运筹学分支,现已广泛地应用于物理学控制论、信息论、工程技术、交通运输、经济管理、电子计算机等各个领域。对于科学研究、市场和社会生活中的许多问题,都可以用图论的方法来加以解决。例如,各种通信线路的架设、输油管道的铺设、铁路或者公路交通网络的合理布局等问题,都可以应用图论的方法,简便、快捷地加以解决。随着科学技术的进步,特别是电子计算机技术的发展,图论获得了进一步的发展,应用更加广泛。如果将复杂的工程系统和管理问题用图论加以描述,可以解决许多工程项目和管理决策的最优问题。因此,图论越来越受到工程技术人员和经营管理人员的重视。

第一节　图的基本知识

在现实生产和生活中,人们为了反映一些对象之间的关系,常常在纸上用点和线画出各种各样的示意图。

比如,图 8-1 是我国北京、郑州等 10 个城市的铁路交通线路示意,反映了这 10 个城市间的铁路分布情况。该图用点表示城市,点与点之间的连线代表这两个城市之间的铁路线。

又如,有甲、乙、丙、丁、戊 5 支球队,它们之间的比赛情况可以用图 8-2 表示出来。已知甲队和其他各队都比赛过一次,乙队和甲、丙队比赛过,丙队和乙、丁队比赛过,丁队和丙、戊队比赛过,戊队和甲、丁队比赛过。为了反映此种情况,图 8-2 用 v_1, v_2, v_3, v_4, v_5 分别表示这 5 支球队,某两支队之间比赛过,就在这两支队所对应的点之间连一条线,这条线不过其他点。

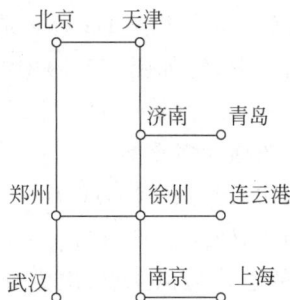

图 8-1　我国 10 个城市间铁路交通线路示意　　图 8-2　5 支球队比赛情况示意

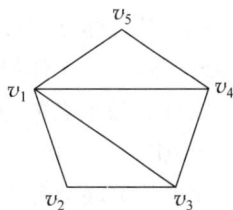

从上述两个例子可知,可以用点及点与点的连线所构成的图,去反映实际生产和生活中某些对象间的某个特定的关系。通常用点代表研究的对象(如城市、球队等),用点与点

的连线表示这两个对象之间的特定关系(如两个城市间有铁路线、两支球队间比赛过等)。

综上所述,一个图是由一些点及一些点之间的连线所组成的。两点之间不带箭头的连线称为边,边的集合用 E 表示,连接点 $v_i,v_j \in V$ 的边记为 $[v_i,v_j]$(或 $[v_j,v_i]$);带箭头的连线称为弧,弧的集合用 A 表示,一条方向从 v_i 指向 v_j 的弧记为 (v_i,v_j)。

定义 8-1　如果一个图 G 是由点和边所构成的,则称为无向图,简称为图,记为 $G=(V,E)$。式中,$V=\{v_i\}$ 和 $E=\{e_j\}$ 分别表示 G 的点集合和边集合,V 中的元素 v_i 叫作顶点,E 中的元素 e_j 叫作边,见图 8-3(a)。

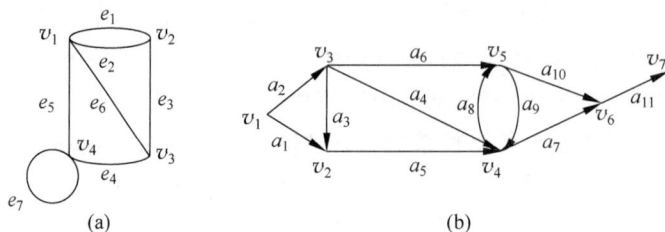

图 8-3　图 G 与图 D 的定义示意
(a) 图 G 的定义;(b) 图 D 的定义

定义 8-2　如果一个图 D 是由点及弧所构成的,则称为有向图,记为 $D=(V,A)$。式中,$V=\{v_i\}$ 和 $A=\{a_k\}$ 分别表示 D 的点集合和弧集合,V 中的元素 v_i 叫作顶点,A 中的元素 a_k 叫作弧,见图 8-3(b)。

图 8-3(a)和图 8-3(b)分别是一个无向图和一个有向图。在 $G=(V,E)$ 中,$V=\{v_1,v_2,v_3,v_4\}$,$E=\{e_1,e_2,e_3,e_4,e_5,e_6,e_7\}$。其中,$e_1=[v_1,v_2]$;$e_2=[v_1,v_2]$;$e_3=[v_2,v_3]$;$e_4=[v_3,v_4]$;$e_5=[v_1,v_4]$;$e_6=[v_1,v_3]$;$e_7=[v_4,v_4]$。在 $D=(V,A)$ 中,$V=\{v_1,v_2,v_3,v_4,v_5,v_6,v_7\}$,$A=\{a_1,a_2,a_3,a_4,\cdots,a_{11}\}$。其中,$a_1=(v_1,v_2)$;$a_2=(v_1,v_3)$;$a_3=(v_3,v_2)$;$a_4=(v_3,v_4)$;$a_5=(v_2,v_4)$;$a_6=(v_3,v_5)$;$a_7=(v_4,v_6)$;$a_8=(v_4,v_5)$;$a_9=(v_5,v_4)$;$a_{10}=(v_5,v_6)$;$a_{11}=(v_6,v_7)$。图 G 或图 D 中的点数记为 $p(G)$ 或 $p(D)$,边(弧)数记为 $q(G)$ 或 $q(D)$。在一般情况下,分别记为 p 和 q。

本节首先介绍一下常用的名词和记号,先考虑无向图 $G=(V,E)$。

若边 $e=[v,u] \in E$,则称 v,u 是 e 的端点,也称 v,u 是相邻的;称 e 是点 v 及点 u 的关联边。若图 G 中某条边 e 的两个端点相同,则称 e 是环[如图 8-3(a)中的 e_7]。若两个点之间有多于一条的边,称这些边为多重边[如图 8-3(a)中的 e_1 和 e_2]。一个无环、无多重边的图称为简单图,一个无环但允许有多重边的图称为多重图。

定义 8-3　以点 v 为端点的边的个数称为 v 的次,记为 $d_G(v)$ 或 $d(v)$,其中在环上的端点的次为 2。在图 8-3(a)中,$d(v_1)=4$,$d(v_2)=3$,$d(v_3)=3$,$d(v_4)=4$。称次为 1 的点为悬挂点,悬挂点的关联边称为悬挂边,次为 0 的点称为孤立点,次为奇数的点称为奇点,次为偶数的点称为偶点。

定义 8-4　给定一个图 $G=(V,E)$ 一个点、边的交错序列 $(v_{i1},e_{i1},v_{i2},e_{i2},\cdots,v_{ir-1},e_{ir-1},v_{ir})$,如果满足 $e_n=[v_{it},v_{it+1}]$,则称为一条连接 v_{i1} 和 v_{ir} 的链,记为 $(v_{i1},v_{i2},\cdots,v_{ir})$。在链 $(v_{i1},v_{i2},\cdots,v_{ir})$ 中,若 $v_{i1}=v_{ir}$,则称一个圈,记为 $(v_{i1},v_{i2},\cdots,v_{ir-1},v_{i1})$。

若链中的点都是不同的,则称为初等链。若圈中的点都是不同的,则称为初等圈。若链或圈中含有的边均不相同,则称为简单链或简单圈。

第二节　欧拉图与中国邮递员问题

一、案例引入

古城哥尼斯堡,景致迷人,碧波荡漾的普瑞格尔河横贯其境。普瑞格尔河的两岸及河中的两个美丽的小岛,由七座桥连接,组成了这座秀色宜人的城市[图 8-4(a)],吸引了无数的游人驻足于此。早在 18 世纪,哥尼斯堡还属于东普鲁士。那时候,哥尼斯堡市民生活富足。市民们喜欢四处散步,于是便产生这样的问题:是否可以设计一种方案,使得人们从自己家里出发,经过每座桥恰好一次,最后回到家里? 这便是著名的"哥尼斯堡七桥问题"。热衷于这个有趣的问题的人们试图解决它,但一段时间内竟然没有人能给出答案。1736 年,瑞士科学家莱昂哈德·欧拉(Leonhard Euler)受邀专门研究了"七桥问题",他得出了确切的答案:通过每座桥一次且仅一次再回到原地是不可能的。

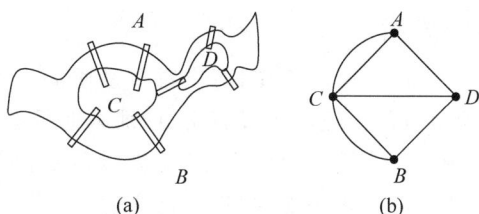

图 8-4　哥尼斯堡七桥问题
(a)步行过桥抽象图;(b)欧拉图

欧拉解决问题的基本步骤是这样的:既然岛与河岸无非是桥梁的连接点,两岸陆地也是桥通往的地点,那就不妨用一个顶点表示一个陆地的区域,用连接相应顶点的线段表示每一座桥,这样的处理,在不改变问题实质的情况下,把现实生活中的人步行过桥问题抽象成图 8-4(b)。于是哥尼斯堡七桥问题的解答就等价于能否一笔画出图 8-4(b)的问题了。接着他考察了这个图的结构特征,他的结论是:在任意顶点处能实现一笔画的结果总是使与该顶点连接的线段一进一出,因此通过该顶点的线段数总是偶数。对整个图来说,至多有两个顶点(相当于人步行的起点和终点)有可能通过奇数条线段,观察图 8-4(b),可立即发现它的四个顶点均与奇数条线段连接,因此,它不可能被一笔画出,从而也就证明了不可能存在通过哥尼斯堡七桥每座桥一次且仅一次再回到原地的走法。

欧拉不仅解决了七桥问题,他在解决七桥问题时所运用的抽象分析方法(把具体问题抽象为结构简单的图形)和所采用的论证方法,经过不断发展,还形成了以仅包括顶点和边的图为工具去解决许多领域中实际问题的新的数学思想方法。

中国邮递员问题是著名的网络论问题之一。邮递员从邮局出发开始送信,要求对辖区内每条街都至少通过一次,再返回邮局。在此条件下,怎样选择一条最短路线? 此问题由中国数学家管梅谷于 1960 年首先研究并给出算法,因此在国际上通常称为"中国邮递员问题"。这个问题实际上就是一类物流配送的最短路径问题。

二、一笔画问题的基本定理

所谓一笔画问题，就是从某一点开始画画，笔不离纸，各条线路仅画一次，最后回到原来的出发点。在一笔画问题中，只有始点与终点的线路是只进不出或只出不进，其他点都是一进一出，所以始点与终点都是奇点，其他点都是偶点。凡是能一笔画出的图，奇点的个数最多有两个；始点与终点重合的一笔画问题，奇点个数必是零。

连通图 G 中，若存在一条道路，经过每边一次且仅一次，则称这条路为欧拉链。若存在一个圈，经过每边一次且仅一次，则称这个圈为欧拉圈。一个图若有欧拉圈，则称为欧拉图。

定理：无向连通图 G 是欧拉图，当且仅当 G 中无奇点。

推论：无向连通图 G 有欧拉链，当且仅当 G 中恰有两个奇点。

上述定理和推论为我们提供了一个识别图能否一笔画出的较为简单的办法。

三、奇偶点图上作业法

（一）确定一个可行方案

某邮递员负责某街区的邮件投递工作，每次都要从邮局出发，走遍他负责的所有街道，再回到邮局，如果在他负责的街道图中没有奇点，那么他所走过的线路必是欧拉图，路程最短，这就是一笔画问题。但实际情况中，往往不能满足欧拉图的要求，即街道图中有奇点，这样他就必须在街道上重复走一次或多次，这样的线路图就不可能一笔画出。

这个问题用图论语言描述：给定一个连通图 G，每边有非负权 $W(g)$，要求一条回路经过每条边一次，且满足总权最小。如果 G 中有奇点，要求连续走过每边至少一次，必然有些边不止一次走过，这相当于在图 G 中对某些边增加一些重复边，使所得到的新图 G' 没有奇点且满足总路程最短。

如图 8-5 所示的街道图中，有 4 个奇点：v_2, v_4, v_6, v_8，所以它不能一笔画出。

当图中添加弧段 (v_1, v_2)，(v_1, v_4)，(v_2, v_8)，(v_6, v_9)，(v_8, v_9) 之后，图中就没有奇点了，则该图就可以一笔画出。例如：$v_1 \rightarrow v_2 \rightarrow v_3 \rightarrow v_6 \rightarrow v_9 \rightarrow v_8 \rightarrow v_7 \rightarrow v_4 \rightarrow v_1 \rightarrow v_2 \rightarrow v_5 \rightarrow v_8 \rightarrow v_9 \rightarrow v_6 \rightarrow v_5 \rightarrow v_4 \rightarrow v_1$。

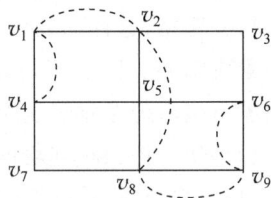

图 8-5　街道布局

这就是说，邮递员只要在添加的弧段上多走一次，就可以从邮局出发，经过各个线路段，完成任务之后，重新回到邮局。所以，求解邮递员问题，首先要确定一条行走线路，方法是在图中的奇点与奇点之间作出一条链，把链中的所有边添加到图中，使图成为欧拉图，自然得到一条邮递员可以行走的线路。

（二）对最优线路的判断

由于奇点与奇点之间增加的链有多种方式，所以得到的线路也有多种表示。要从它们之间找出最优线路，就需要知道如何判断最优线路。

由于任何一条可行线路的总长度等于原线路长度与添加的线路长度之和，所以最优线路必是重复线路中最短的那一条，要求如下。

（1）每条边上最多有一条重复边。

（2）每个圈上重复边的总长度不得超过该圈长度的一半。

因为添加重复边的目的是将图中的所有奇点都变成偶点，使该图成为欧拉图，从而得到一个可行解，所以添加的重复边必须是 1 条、3 条、5 条等奇数条，将多于 1 条的重复边成对划去，并不影响该点的奇偶性，只会缩短重复边的长度，所以在最优线路中，重复边要么没有，要么只有 1 条。

在一个圈上，当重复边的总长度超过该圈总长度的一半时，说明邮递员走了远路，为什么不走没有添加重复边的另一半近的线路呢？

以上两条标准是衡量最优线路的根本标准，凡是不符合其中任何一条的，一定不是最优解。

（三）对最优线路的调整

如何从一条非最优线路开始找到一条最优线路，这是问题的关键。下面举例说明。

例 8-1 如图 8-6 所示，图中有 4 个奇点 v_2，v_4，v_6，v_8。将这 4 个奇点配对，如 v_2 和 v_6 成一对，v_4 和 v_8 成一对。任取一条连接 v_2 和 v_6 的链 $\{v_2, v_9, v_6\}$，并在图中增加该链所对应的边 $[v_2, v_9]$、$[v_9, v_6]$。同样，任取一条连接 v_4 和 v_8 的链 $\{v_8, v_9, v_4\}$，并在图中增加该链所对应的边 $[v_8, v_9]$、$[v_9, v_4]$，则该图为欧拉图，重复边长为 16。

在图 8-6 中，有重复边的圈为 $\{v_1, v_2, v_9, v_8, v_1\}$，总长度为 $7+4+4+2=17$，重复边长为 $2+7=9>17/2$，所以将该圈的重复边调整为该圈的其他边长，如图 8-7 所示。

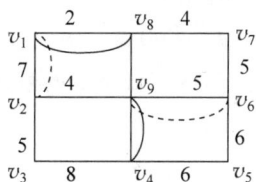

图 8-6 其他边长图

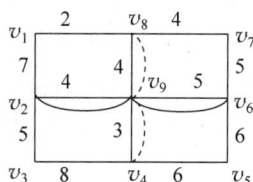

图 8-7 欧拉图

在图 8-6 中的另一个有重复边的圈为 $\{v_4, v_5, v_6, v_9, v_4\}$，总长度为 $6+6+3+5=20$，重复边长为 $3+5=8<10$，符合条件（2），无须调整线路，所以图 8-7 中的线路就是最短线路。

选择最短线路的方法可以归结为下面 3 句话。

先分奇点和偶点，奇点分对连；

每条连线仅一条，多余要去完；

每圈所有连线长，不得过半圈。

四、旅行商问题

旅行商问题又称货郎担问题，也是最基本的路线问题，该问题是寻求单一旅行者从起点出发,通过所有给定的需求点之后,最后再回到原点的最小路径成本。最早的旅行商问题的数学规划是由丹齐格(1959)等人提出的。旅行商问题在物流中的描述是:一个物流配送公司,欲将 n 个客户的订货沿最短路线全部送到,如何确定最短路线?此类问题规则虽然简单,但在地点数目增多后求解却极为复杂。一般当地点数量不太多时,利用动态规划方法求解最方便。下面举例说明。

例 8-2　求解 4 个城市旅行推销员问题,其距离矩阵如表 8-1 所示,推销员从城市 1 出发,经过每个城市一次且仅一次,最后回到城市 1,问:按照怎样的路线走,能使总的行程距离最短?

表 8-1　各城市间距离状况

j	城市 1	城市 2	城市 3	城市 4
城市 1	0	8	5	6
城市 2	6	0	8	5
城市 3	7	9	0	5
城市 4	9	7	8	0

解:按顺序解法的思路求解如下。

(1) 从城市 1 开始,中间经过一个城市到达某城市 i 的最短距离分别是:

当 $i=2$ 时,经过城市 3 的最短距离是 $d_{132}=d_{13}+d_{32}=5+9=14$;

当 $i=2$ 时,经过城市 4 的最短距离是 $d_{142}=d_{14}+d_{42}=6+7=13$;

当 $i=3$ 时,经过城市 2 的最短距离是 $d_{123}=d_{12}+d_{23}=8+8=16$;

当 $i=3$ 时,经过城市 4 的最短距离是 $d_{143}=d_{14}+d_{43}=6+8=14$;

当 $i=4$ 时,经过城市 2 的最短距离是 $d_{124}=d_{12}+d_{24}=8+5=13$;

当 $i=4$ 时,经过城市 3 的最短距离是 $d_{134}=d_{13}+d_{34}=5+5=10$。

(2) 从城市 1 开始,中间经过两个城市(顺序随便)到达某城市 i 的最短距离分别是:

当 $i=2$ 时,经过城市 3、4 的最短距离 $d_{1[34]2}=\min[d_{134}+d_{42},d_{143}+d_{32}]=\min[10+7,14+9]=17$,线路为 $1\rightarrow3\rightarrow4\rightarrow2$;

当 $i=3$ 时,经过城市 2、4 的最短距离 $d_{1[24]3}=\min[d_{124}+d_{43},d_{142}+d_{23}]=\min[13+8,13+8]=21$,线路为 $1\rightarrow2\rightarrow4\rightarrow3$;

当 $i=4$ 时,经过城市 2、3 的最短距离 $d_{1[23]4}=\min[d_{123}+d_{34},d_{132}+d_{24}]=\min[16+5,14+5]=19$,线路为 $1\rightarrow3\rightarrow2\rightarrow4$。

(3) 从城市 1 开始,中间经过 3 个城市(顺序随便)回到城市 1 的最短距离 $d_{1[243]1}=\min[d_{1.342}+d_{21},d_{1.243}+d_{31},d_{1.324}+d_{41}]=\min[17+6,21+7,19+9]=23$。

由此可知,推销员的最短旅行路线是 $1\rightarrow3\rightarrow4\rightarrow2\rightarrow1$,最短总距离是 23。

第三节　树

一、树的基本概念

定义 8-5　一个无圈的连通图称为树。

比如，某大学的部分组织机构如图 8-8 所示。

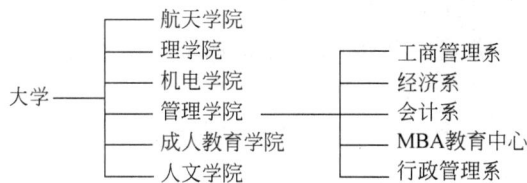

图 8-8　某大学的部分组织机构

如果用图表示，该大学的组织机构就是一个树。

定理 8-1　图 $G=(V,E)$ 作为一个树的充分必要条件是：G 不含圈，且有 $p-1$ 条边。

证明：证明必要性。设 G 是一个树，根据定义，G 不含圈，故只要证明 G 恰有 $p-1$ 条边。对点数 p 施行数学归纳法。$p=1,2$ 时，结论显然成立。

假设对点数 $p\leqslant n$ 时，结论成立。设树 G 含 $n+1$ 个点。G 含悬挂点，设 v_1 是 G 的一个悬挂点，考虑 $G-v_1$ 易见 $p(G-v_1)=n$，$q(G-v_1)=q(G)-1$。因 $G-v_1$ 是一个有 n 个点的树，由归纳假设知 $q(G-v_1)=n-1$，于是

$$q(G)=q(G-v_1)+1=n-1+1=n=p(G)-1$$

证明充分性。只要证明 G 是连通的。用反证法，设 G 不是连通的，G 含 s 个连通分图 $G_1,G_2,\cdots,G_s,(s\geqslant2)$。因每个 $G_1,G_2,\cdots,G_s,(s\geqslant2)$ 是连通的，并且不含圈，故每个 G_i 是树。设 G_i 上有 p_i 个点，则由必要性，G_i 有 p_i-1 条边，于是

$$q(G)=\sum_{s}^{i=1}q(G_i)=\sum_{s}^{i=1}(p_i-1)=\sum_{s}^{i=1}p_i-s=p(G)-s\leqslant p(G)$$

定理 8-2　图 $G=(V,E)$ 作为一个树的充分必要条件是，G 是连通图，并且

$$q(G)=p(G)-1$$

证明：证明必要性。设 G 是树，根据定义，G 是连通图，由定理 8-1 知：

$$q(G)=p(G)-1$$

证明充分性。只要 G 不含圈，对点数实施归纳。$p(G)=1,2$ 时，结论显然成立。设 $p(G)=n(n\geqslant1)$ 时结论成立。现设 $p(G)=n+1$，首先证明 G 必有悬挂点。若不然，因 G 是连通的，且 $p(G)\geqslant2$，故对每个点 v_i，有 $d(v_i)\geqslant2$，从而：

$$q(G)=\frac{1}{2}\sum_{i=1}^{p(G)}d(v_i)\geqslant p(G)$$

这与 $q(G)=p(G)-1$ 矛盾，故 G 必有悬挂点。设 v_1 是 G 的一个悬挂点，考虑 $G-v_1$ 这个图仍是连通的，$q(G-v_1)=q(G)-1=p(G)-2=P(G-v_1)-1$，由归纳假设知 $G-v_1$ 不含圈，于是 G 也不含圈。

定理 8-3　图 G 作为树的充分必要条件是：任意两个顶点之间恰有一条链。

证明：证明必要性。因 G 是连通的，故任意两个点之间至少有一条链。但如果某两个点之间有两条链的话，那么图 G 中含有圈，这与树的定义相矛盾，从而任意两个点之间恰有一条链。

证明充分性。设图 G 中任意两个点之间恰有一条链，那么易见 G 是连通的。若 G 中含有圈，那么这个圈上的两个顶点之间有两条链，这与假设相矛盾。故 G 不含圈，于是

G 是树。

由这个定理,很容易推出如下结论。

(1) 从一个树中删除任意一条边,则余下的图是不连通的。由此可知,在点集合相同的所有图中,树是含边数最少的连通图。

(2) 在树中不相邻的两个点间添上一条边,则恰好得到一个圈。进一步地说,如果再从这个圈上任意去掉一条边,可以得到一个树。

二、图的支撑树

定义 8-6　设图 $T=(V,E')$ 是图 $G=(V,E)$ 的支撑子图,如果图 $T=(V,E')$ 是一个树,则称 T 是 G 的一个支撑树。

若 $T=(V,E')$ 是 $G=(V,E)$ 的一个支撑树,则显然,树 T 中边的个数为 $p(G)-1$,G 中不属于树 T 的边数是 $q(G)-p(G)+1$。

定理 8-4　图 G 有支撑树的充分必要条件是:图 G 是连通图。

证明:必要性是显然的。证明充分性。设图 G 是连通图,若 G 不含圈,那么 G 本身是一个树,从而 G 是它自身的一个支撑树。现设 G 含圈,任取一个圈,从圈中任意地去掉一条边,得到图 G 的一个支撑子图 G_1。如果 G_1 不含圈,那么 G_1 是 G 的一个支撑树(因为易见 G_1 是连通的);如 G_1 仍含圈,那么从 G_1 中任取一个圈,在圈中再任意去掉一条边,得到图 G 的一个支撑子图 G_1,如此重复,可以得到 G 的一个支撑子图 G_r,它不含圈,于是 G_r 是 G 的一个支撑树。

定理 8-4 中充分性的证明,提供了一种寻求连通图的支撑树的方法,就是任取一个圈,从圈中去掉一条边,对余下的图重复这个步骤,直到不含圈,即得到一个支撑树,称这种方法为"破圈法"。

也可以用另一种方法来求连通图的支撑树。在图中任取一条边 e_1,找到一条与 e_1 不构成圈的边 e_2,再找一条与 $\{e_1,e_2\}$ 不构成圈的边 e_3。一般设已有 $\{e_1,e_2,\cdots,e_r\}$,再找到一条与 $\{e_1,e_2,\cdots,e_r\}$ 中任何一条边不构成圈的边 e_{r+1}。重复这个过程,直到不能进行。这时,由所取的边构成的图是一个支撑树,称这种方法为"避圈法"。

实际上,由定理 8-1 和定理 8-2 可知,在"破圈法"中去掉的边数必是 $q(G)-p(G)+1$,在"避圈法"中取出的边数必是 $p(G)-1$。

定义 8-7　给图 $G=(V,E)$,对 G 中的每条边 $[v_i,v_j]$,相应地有一个数 w_{ij},则称这样的图 G 为赋权图,w_{ij} 称为边 $[v_i,v_j]$ 上的权。这里所说的"权",是指与边有关的数量指标。根据实际问题的需要,可以赋予它不同的含义,如表示距离、时间、费用等。

定义 8-8　设有一个连通图 $G=(V,E)$,每一条边 $e=[v_i,v_j]$ 有一个非负权 $w(e)=ww_{ij}(w)$。若 $[v_2,v_4]$ 是 G 的一个支撑树,称 E' 中所有边的权之和为支撑树的权,记为 $w(T)$,即

$$w(T)=\sum_{[v_i,v_j]\in T}w_{ij}$$

如果支撑树 T^* 的权 $w(T^*)$ 是 G 的所有支撑树权的最小值,则称 T^* 是 G 的最小支撑树(简称最小树),即

$$w(T^*) = \min w(T)$$

式中,对 G 所有支撑树 T 取最小。

下面简单介绍一下最小支撑树的算法。

(一) 破圈法

任取一个圈,从圈中去掉一条权最大的边(如果有两条或两条以上都是权最大的边,则任意删去其中一条)。在余下的图中重复这个步骤,直到得到一个不含圈的图,这时的图便是一个最小支撑树。

(二) 避圈法或 Kruskal 法

开始选一条最小权的边,以后每一步中,总从未被选取的边中选一条权最小的边,并使之与选取的边不构成圈(在每一步中,如果有两条或两条以上的边都是权最小的边,则从中任选一条)。

算法的具体步骤如下。

第一步:令 $i=1$,$E_0 = \varnothing$($\varnothing$ 表示空集)。

第二步:选一条边 $e_i \in E \backslash E_i$;使 e_i 是 $\{V, E_{i-u} \bigcup \{e\}\}$ 不含圈的所有边 $e(\in E \backslash E_i)$ 中权最小的边。如果这样的边不存在,则 $T=(V, E_{i-1})$ 是最小树。

第三步:把 i 换成 $i+1$,转入第二步。

例 8-3 某市六市县道路网如图 8-9 所示,已知每条道路的长,要求沿道路铺设联结 6 个市县的煤气管道网,使管道线的总长最小。

解:该问题就是要求图 8-9 所示的赋权图上的最小树。

方法 1:利用破圈法求解。

任取一个圈,如 (v_1, v_2, v_3, v_1),边 $[v_1, v_2]$ 是这个圈中权最大的边,于是去掉 $[v_1, v_2]$;再取圈 (v_2, v_3, v_4, v_2),同理去掉该圈中权最大的边 $[v_3, v_4]$;取圈 (v_2, v_5, v_4, v_2),去掉此圈中权最大的边 $[v_2, v_5]$;取圈 (v_4, v_5, v_6, v_4),边 $[v_5, v_6]$ 是该圈中权最大的边,于是去掉 $[v_5, v_6]$。这时得到一个不含圈的图,即为最小树。管道线总长最小铺设方案如图 8-10 所示,铺设的管道线总长为 14 单位。

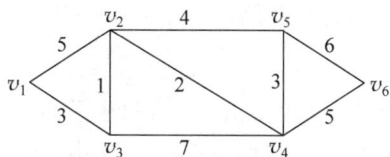

图 8-9　某市六市县道路网　　　　图 8-10　管道线总长最小铺设方案

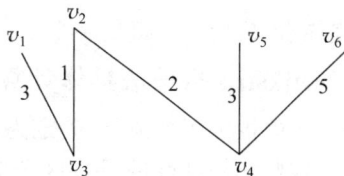

方法 2:利用避圈法求解。

$i=1$,$E_0 = \varnothing$,E 中选最小权边 $[v_2, v_3]$,$E_1 = \{[v_2, v_3]\}$;$i=2$,从 $E \backslash E_1$ 中选最小权边 $[v_2, v_4]$($[v_2, v_4]$ 与 $[v_2, v_3]$ 不构成圈),$E_2 = \{[v_2, v_3], [v_2, v_4]\}$;$i=3$,从 $E \backslash E_2$ 中选最小权边 $[v_1, v_3]$(或选 $[v_4, v_5]$)($(V, E_2 \bigcup \{[v_1, v_3]\})$ 不含圈),令 $E_3 = \{[v_2, v_3], [v_2, v_4], [v_1, v_3]\}$;$i=4$,从 $E \backslash E_3$ 中选最小权边 $[v_4, v_6]$($(V, E_3 \bigcup \{[v_4, v_6]\})$ 不含圈),令

$E_4=\{[v_2,v_3],[v_2,v_4],[v_1,v_3],[v_4,v_5],[v_4,v_6]\}$；$i=5$，这时任意一条未选的边都与已选的边构成圈，所以算法终止，(V,E_5)就是要求的最小树，即铺设管道线的最小长度为14单位。

第四节　最短路（链）问题

一、最短路径问题概述

最短路径问题是网络理论中应用最广泛的问题之一，最普遍的应用是在两个点之间寻找最短路径，许多优化问题可以使用这个模型，如设备更新、管道铺设、线路安排、厂区布局等。

在这里我们所说的路径是一种广义的说法，它可以是"纯距离"意义上的最短路径，可以是"经济距离"意义上的最短路径，也可以是"时间"意义上的最短路径，不同意义下的路径都可以被抽象为网络图中边的权数。因此，最短路径问题就是如何从众多的线路中找出一条权数最小的线路，它是物流中最常见的问题。

二、Dijkstra 标号法

最短路径问题最好的求解方法是1959年艾兹格·迪杰斯特拉（Edsger Dijkstra）提出的标号法，一般称为 Dijkstra 标号法，其优点是不仅可以求出起点到终点的最短路径及其长度，而且可以求出起点到其他任何一个顶点的最短路径及其长度。

（一）Dijkstra 标号法的基本思想和基本方法

Dijkstra 标号法是求最短路径问题的一种简单、有效的算法。它的基本思想是：若某条线路是最短线路，则从这条线路的起点到该线路上的任何一个中间点的线路也必定是最短线路。

从这个基本思想出发，得出求最短线路的基本方法：从起点开始，在从起点到终点的所有线路上，寻找与起点构成最短线路的邻近点，起点与邻近点的线路一定是整个最短线路上的一部分。然后，以邻近点为新的起点，再找出一个与它有最短线路的邻近点，依次下去，直到终点，最后一定得出一个从起点到终点的最短线路。

（二）Dijkstra 标号法具体计算步骤

在网络图中指定两个顶点，确定为起点和终点。从起点开始，给每个顶点标一个数，称为标号。这些标号又可进一步区分为 T 标号和 P 标号两种类型。其中，每个顶点的 T 标号表示从起点到该点的最短路径长度的上界，这种标号为临时标号；P 标号表示从起点到该点的最短路径长度，这种标号为固定标号。

在最短路径计算过程中，对于已经得到 P 标号的顶点，不再改变其标号；凡是没有标上 P 标号的顶点，先给它一个 T 标号，接着就是对顶点的 T 标号逐步修改，将其变为 P 标号。当线路上的所有点都变成 P 标号时，也就找到了最优线路。其具体标号过程如下。

开始，先给 v_1 标上 P 标号，$P(v_1)=0$，其余各点标上 T 标号 $T(v_j)=+\infty(j\neq1)$。

（1）如果刚刚得到 P 标号的点是 v_i，考虑以 v_i 为始点的所有弧段 (v_i,v_j)，当 v_j 是

P 标号时,对 v_j 不标号;当 v_j 是 T 标号时,对 v_j 的标号进行如下修改。

$$T(v_j) = \min\{T(v_j), P(v_j) + w_{ij}\}$$

式中,括号内的 $T(v_j)$ 是 v_j 原有的 T 标号。

（2）在现有的 T 标号中,寻找最小者,并将它改为新的 P 标号。

重复上述两步,直到所有的 T 标号都变成 P 标号。

以图 8-11 为例,说明具体的操作过程。

首先给 v_1 标上 P 标号,$P(v_1)=0$,表示从 v_1 到 v_1 的最短路径为零。其他点$(v_2, v_3, \cdots, v_7)$标上 T 标号,$T(v_j)=+\infty(j=2,3,\cdots,7)$。

第一步：

① v_1 是刚得到 P 标号的点。因为(v_1, v_2),(v_1, v_3),$(v_1, v_4)\in E$,而且 v_2, v_3, v_4 是 T 标号,所以修改这 3 个点的 T 标号如下。

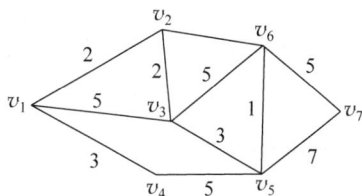

图 8-11　Dijkstra 标号法求解实例

$$T(v_2) = \min[T(v_2), P(v_1)+w_{12}] = \min[+\infty, 0+2] = 2$$
$$T(v_3) = \min[T(v_3), P(v_1)+w_{13}] = \min[+\infty, 0+5] = 5$$
$$T(v_4) = \min[T(v_4), P(v_1)+w_{14}] = \min[+\infty, 0+3] = 3$$

② 在所有 T 标号中,$T(v_2)=2$ 最小,故令 $P(v_2)=2$。

第二步：

① v_2 是刚得到 P 标号的点。因为(v_2, v_3),$(v_2, v_6)\in E$,而且 v_3, v_6 是 T 标号,故修改 v_3 和 v_6 的 T 标号如下。

$$T(v_3) = \min[T(v_3), P(v_2)+w_{23}] = \min[5, 2+2] = 4$$
$$T(v_6) = \min[T(v_6), P(v_2)+w_{26}] = \min[+\infty, 2+7] = 9$$

② 在所有的 T 标号中,$T(v_4)=3$ 最小,故令 $P(v_4)=3$。

第三步：

① v_4 是刚得到 P 标号的点。因为$(v_4, v_5)\in E$,而且 v_5 是 T 标号,故修改 v_5 的 T 标号如下。

$$T(v_5) = \min[T(v_5), P(v_4)+w_{45}] = \min[+\infty, 3+5] = 8$$

② 在所有的 T 标号中,$T(v_3)=4$ 最小,故令 $P(v_3)=4$。

第四步：

① v_3 是刚得到 P 标号的点。因为(v_3, v_5),$(v_3, v_6)\in E$,而且 v_5 和 v_6 为 T 标号,故修改 v_5 和 v_6 的 T 标号如下。

$$T(v_5) = \min[T(v_5), P(v_3)+w_{35}] = \min[8, 4+3] = 7$$
$$T(v_6) = \min[T(v_6), P(v_3)+w_{36}] = \min[9, 4+5] = 9$$

② 在所有的 T 标号中,$T(v_5)=7$ 最小,故令 $P(v_5)=7$。

第五步：

① v_5 是刚得到 P 标号的点。因为(v_5, v_6),$(v_5, v_7)\in E$,而且 v_6 和 v_7 都是 T 标号,故修改它们的 T 标号如下。

$$T(v_6) = \min[T(v_6), P(v_5)+w_{56}] = \min[9, 7+1] = 8$$

$$T(v_7) = \min[T(v_7), P(v_5) + w_{57}] = \min[+\infty, 7+7] = 14$$

② 在所有 T 标号中，$T(v_6) = 8$ 最小，故令 $P(v_6) = 8$。

第六步：

① v_6 是刚得到 P 标号的点。因为 $(v_6, v_7) \in E$，而且 v_7 为 T 标号，故修改它的 T 标号如下。

$$T(v_7) = \min[T(v_7), P(v_6) + w_{67}] = \min[14, 8+5] = 13$$

② 目前只有 v_7 是 T 标号，故令 $P(v_7) = 13$。

因此，从 v_1 到 v_7 之间的最短路径为 $v_1 \rightarrow v_2 \rightarrow v_3 \rightarrow v_5 \rightarrow v_6 \rightarrow v_7$，最短路径长度为 13。

三、Ford 标号法

Dijkstra 标号法仅适用于线路的权数 $w_{ij} \geqslant 0$ 的情况，当 $w_{ij} < 0$ 时，就要使用 Ford 标号法求解，二者的标号过程基本相同，区别是 Ford 标号法的 P 标号不是永久性的标号，在标号过程中，它可以被其他数值所代替，改为 T 标号，以图 8-12 为例来说明它的解法。

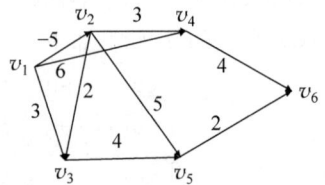

图 8-12 Ford 标号法求解示例

(1) 对起点 v_1 给予 P 标号，$P(v_1) = 0$，其余各点均为 $T(v_j) = 0$。

(2) 考察以 v_1 为始点的弧终点 v_2、v_3、v_4，计算：

$$\begin{cases} P(v_1) + w_{12} = -5 < T(v_2) = \infty \\ P(v_1) + w_{13} = 3 < T(v_3) = \infty \\ P(v_1) + w_{14} = 6 < T(v_4) = \infty \end{cases}$$

所以，将 v_2、v_3、v_4 的标号分别改为 $T(v_2) = -5$、$T(v_3) = 3$、$T(v_4) = 6$，将其中标号最小者 v_2 的标号 $T(v_2)$ 改为 $P(v_2) = -5$。

(3) 考察以新的 P 标号点 v_2 为始点的弧，弧终点分别是 v_3、v_4、v_5，计算：

$$\begin{cases} P(v_2) + w_{23} = -5 + 2 = -3 < T(v_3) = 3 \\ P(v_2) + w_{24} = -5 + 3 = -2 < T(v_4) = 6 \\ P(v_2) + w_{25} = -5 + 5 = 0 < T(v_5) = \infty \end{cases}$$

所以，将 v_3、v_4、v_5 的标号分别改为 $T(v_3) = -3$、$T(v_4) = -2$、$T(v_5) = 0$，将其中标号最小者 v_3 的标号 $T(v_3)$ 改为 $P(v_3) = -3$。

(4) 考察以新的 P 标号点 v_3 为始点的弧 (v_3, v_5)，该弧终点 v_5 的标号为 $T(v_5) = 0$，计算：

$$P(v_3) + w_{35} = -3 + 4 = 1 > T(v_5) = 0$$

所以，v_5 的标号 $T(v_5) = 0$ 不改变。在现有的所有 T 标号中，$T(v_4)$ 最小，故改标号 $P(v_4) = -2$。

(5) 考察以新的 P 标号点 v_4 为始点的弧 (v_4, v_6)，该弧终点 v_6 的标号为 $T(v_6) = 0$，计算 $P(v_4) + w_{46} = -2 + 4 = 2 < T(v_5) = 0$。

所以，v_6 的标号 $T(v) = 2$ 不改变。在现有的所有 T 标号中，仅有 $T(v_5) = 0$，$T(v_6) = 2$，其中 $T(v_5)$ 最小，故改标号 $P(v_5) = 0$。

(6) 考察 v_5，$P(v_5)+w_{56}=0+2=T(v_6)$，所以给 v_6 改标号为 $P(v_6)=2$。

至此，所有点的标号全是 P 标号，因此可求得最短线路：$v_1 \rightarrow v_2 \rightarrow v_4 \rightarrow v_6$ 或 $v_1 \rightarrow v_2 \rightarrow v_5 \rightarrow v_6$。

例 8-4 假设某产品的 6 个销售点及其之间公路连线如图 8-13 所示。每一顶点代表一个销售点，每一条边代表连接两个销售点的公路，每一条边旁的数字代表该条公路的长度。现在要在 6 个销售点中选取一个作为配送服务点。试问：该配送服务点应该设在哪一个销售点（顶点）？

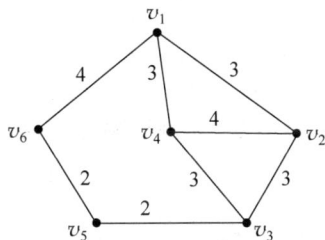

图 8-13 销售点间配送服务点的选择（例 8-4）

解：（1）用标号法求出每个顶点 v_i 至其他各个顶点 v_j 的最短路径长度 $d_{ij}(i,j=1,2,\cdots,6)$，并将它们写成如下的距离矩阵。

$$
\mathbf{D} = \begin{bmatrix}
d_{11} & d_{12} & d_{13} & d_{14} & d_{15} & d_{16} \\
d_{21} & d_{22} & d_{23} & d_{24} & d_{25} & d_{26} \\
d_{31} & d_{32} & d_{33} & d_{34} & d_{35} & d_{36} \\
d_{41} & d_{42} & d_{43} & d_{44} & d_{45} & d_{46} \\
d_{51} & d_{52} & d_{53} & d_{54} & d_{55} & d_{56} \\
d_{61} & d_{62} & d_{63} & d_{64} & d_{65} & d_{66}
\end{bmatrix} = \begin{bmatrix}
0 & 3 & 6 & 3 & 6 & 4 \\
3 & 0 & 3 & 4 & 5 & 7 \\
6 & 3 & 0 & 3 & 2 & 4 \\
3 & 4 & 3 & 0 & 5 & 7 \\
6 & 5 & 2 & 5 & 0 & 2 \\
4 & 7 & 4 & 7 & 2 & 0
\end{bmatrix}
$$

（2）求每个顶点的最大服务距离。显然，它们分别是矩阵 $\mathbf{D}$ 中各行的最大值，即 $e(v_1)=6$、$e(v_2)=7$、$e(v_3)=6$、$e(v_4)=7$、$e(v_5)=6$、$e(v_6)=7$。

（3）判定。因为 $e(v_1)=e(v_3)=e(v_5)=\min\{e(v_i)\}=6$，所以 v_1、v_3、v_5 都是中心点。也就是说，销售点设在 v_1、v_3、v_5 中任何一个顶点上都是可行的。

例 8-5 某产品有 6 个销售点，各销售点所拥有的客户数为 $a(v_i)(i=1,2,\cdots,7)$，以及各销售点之间的距离为 $w_{ij}(i,j=1,2,\cdots,7)$，如图 8-14 所示。现在要在 6 个销售点中选取一个作为配送服务点。问：该配送服务点应该设在哪一个销售点（顶点）？

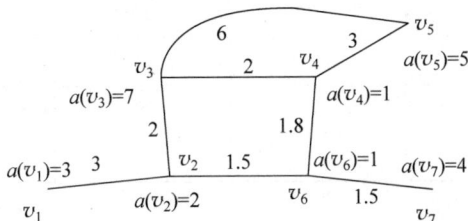

图 8-14 销售点间配送服务点的选择（例 8-5）

解：（1）用标号法求出每个顶点 v_i 至其他各个顶点 v_j 的最短路径长度 $d_{ij}(i=1,2,\cdots,7)$，并将其写成如下距离矩阵。

$$\mathbf{D}=\begin{bmatrix} d_{11} & d_{12} & d_{13} & d_{14} & d_{15} & d_{16} & d_{17} \\ d_{21} & d_{22} & d_{23} & d_{24} & d_{25} & d_{26} & d_{27} \\ d_{31} & d_{32} & d_{33} & d_{34} & d_{35} & d_{36} & d_{37} \\ d_{41} & d_{42} & d_{43} & d_{44} & d_{45} & d_{46} & d_{47} \\ d_{51} & d_{52} & d_{53} & d_{54} & d_{55} & d_{56} & d_{57} \\ d_{61} & d_{62} & d_{63} & d_{64} & d_{65} & d_{66} & d_{67} \\ d_{71} & d_{72} & d_{73} & d_{74} & d_{75} & d_{76} & d_{77} \end{bmatrix}=\begin{bmatrix} 0 & 3 & 5 & 6.3 & 9.3 & 4.5 & 6 \\ 3 & 0 & 2 & 3.3 & 6.3 & 1.5 & 3 \\ 5 & 2 & 0 & 2 & 5 & 3.5 & 5 \\ 6.3 & 3.3 & 2 & 0 & 3 & 1.8 & 3.3 \\ 9.3 & 6.3 & 5 & 3 & 0 & 4.8 & 6.3 \\ 4.5 & 1.5 & 3.5 & 1.8 & 4.8 & 0 & 1.5 \\ 6 & 3 & 5 & 3.3 & 6.3 & 1.5 & 0 \end{bmatrix}$$

（2）以各顶点的载荷（人口数）加权，求每个顶点至其他各个顶点的最短路径长度的加权和。

$$S(v_1)=\sum_{j=1}^{7}a(v_j)d_{1j}=122.3 \quad S(v_2)=\sum_{j=1}^{7}a(v_j)d_{2j}=71.3$$

$$S(v_3)=\sum_{j=1}^{7}a(v_j)d_{3j}=69.5 \quad S(v_4)=\sum_{j=1}^{7}a(v_j)d_{4j}=69.5$$

$$S(v_5)=\sum_{j=1}^{7}a(v_j)d_{5j}=108.5 \quad S(v_6)=\sum_{j=1}^{7}a(v_j)d_{6j}=72.8$$

$$S(v_7)=\sum_{j=1}^{7}a(v_{7j})=95.3$$

（3）判断。因为：

$$S(v_3)=S(v_4)=\min\sum_{j=1}^{7}a(v_j)d_{ij}=69.5$$

所以，v_3 和 v_4 都是图 8-14 的中心点，即配送服务点设在点 v_3 或 v_4 都是可行的。

例 8-6 某工厂使用一台设备，每年年初工厂要作出决定：继续使用，还是购买新的。如果继续使用旧的，要付维修费；若要购买一套新的，要付购买费。若已知设备在各年的购买费及不同机器役龄时的残值与维修费，如表 8-2 所示。试确定一个 5 年计划，使总支出最小。

表 8-2　例 8-6 已知数据

项　　目	第 1 年	第 2 年	第 3 年	第 4 年	第 5 年
购买费/万元	11	12	13	14	14
机器役龄/年	0~1	1~2	2~3	3~4	4~5
维修费/万元	5	6	8	11	18
残值/万元	4	3	2	1	0

解：把这个问题化为最短路径问题。

用点 v_i 表示第 i 年年初购进一台新设备，虚设一个点 v_6，表示第 5 年年底。

边 (v_1,v_j) 表示第 i 年购进的设备一直使用到第 j 年年初（即第 $j-1$ 年年底）。

边 (v_i,v_j) 上的数字表示第 i 年年初购进设备，一直使用到第 j 年年初所需支付的购买、维修的全部费用（可由表 8-2 计算得到）。例如：(v_1,v_4) 边上的 28 是第 1 年年初的购买费 11 加上 3 年的维修费 5、6、8，减去 3 年役龄机器的残值 2；(v_2,v_4) 边上的 20 是第 2 年年初购买费 12 减去机器残值 3 与使用两年维修费 5、6 之和，见图 8-15。

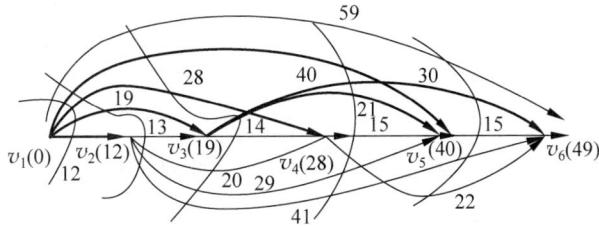

图 8-15　设备更新费用图

这样设备更新问题就变为求从 v_1 到 v_6 的最短路径问题。

(1) $v_1(0)$；

(2) $\min\{(k_{12}),k_{13},k_{14},k_{15},k_{16}\}=12$，给 v_2 标号 (12)，(v_1,v_2) 加粗线；

(3) $\min\{(k_{13}),k_{14},k_{15},k_{16},k_{23},k_{24},k_{25},k_{26}\}=\{19,\cdots,13+12,\cdots\}=19$，给 v_3 标号 (19)，(v_1,v_3) 加粗线；

(4) $\min\{(k_{14}),k_{15},k_{16},k_{23},k_{24},k_{25},k_{26},k_{34},k_{35},k_{36}\}=\{59,\cdots,19+30,\cdots,12+20,\cdots\}=28$，给 v_4 标号 (28)，(v_1,v_4) 加粗线；

(5) $\min\{(k_{15}),k_{16},k_{25},k_{26},(k_{35}),k_{36},k_{45},k_{46}\}=\{40,\cdots,41,\cdots,40,\cdots,43,\cdots\}=40$，对应两条边给 v_5 标号 (40)，(v_1,v_5) 加粗线，(v_3,v_5) 加粗线；

(6) $\min\{k_{16},k_{26},(k_{36}),k_{46},k_{56}\}=\min\{59,53,49,50,55\}=49$，给 v_6 标号 (49)，(v_3,v_6) 加粗线。

计算结果：$v_1 \to v_3 \to v_6$ 为最短路径，路长为 49。

在第 1 年、第 3 年年初各购买一台新设备为最优决策，这时 5 年的总费用为 49。

例 8-7　已知某地区的交通网络，如图 8-16 所示，其中点代表物流中心的可供选择点，l_{ij} 边代表公路，边旁的数字为各点间公路距离。问：物流中心建在哪个点，可使物流中心到其他各点的路程最短？

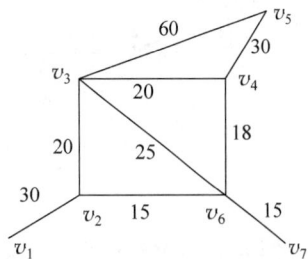

图 8-16　某地区的交通网络

解：这是个选址问题，实际要求出的中心，可化为一系列求最短路径的问题。先求出 v_1 到其他各点的最短路径长 d_j，令：

$$D(v_i)=\max\{d_1,d_2,\cdots,d_7\}$$

表示若物流中心建在 v_1，则距离物流中心最远的点到物流中心的距离为 $D(v_i)$。再依次计算 $v_2,v_3,\cdots,v_7$ 到其余各点的最短路径，类似求出 $D(v_2),D(v_3),\cdots,D(v_7)$，此 7 个值中最小者即为所求。其计算结果见表 8-3。

表 8-3　例 8-7 的计算结果

符号	v_1	v_2	v_3	v_4	v_5	v_6	v_7	$D(v_i)$
v_1	0	30	50	63	93	45	60	93
v_2	30	0	20	33	63	15	30	63
v_3	50	20	0	20	50	25	40	50
v_4	63	33	20	0	30	18	33	63
v_5	93	63	50	30	0	48	63	93
v_6	45	15	25	18	48	0	15	48
v_7	60	30	40	33	63	15	0	63

由于 $D(v_6)=48$ 最小,所以物流中心应建在 v_6,此时离物流中心最远的点 v_5 到物流中心的距离为 48。

第五节　网络最大流问题

研究网络能通过的流量是生产和管理工作经常遇到的实际问题。例如,研究公路系统中车辆的最大通过能力,供水系统中通过的水流量,生产流水线上产品的最大加工能力,信息网络中的信息流,金融系统中的现金流,等等。组成这类系统的弧都具有确定的通过能力,称为容量;而实际通过弧的流量则与系统各弧容量配置相关,有些经常达不到各弧的额定容量值。因此,研究实际能通过的最大流量问题,可以充分发挥各系统的设备能力,并且能明确为使最大流增大应如何改造各系统。

图 8-17(a)是联结某产品产地 v_s 和销地 v_t 的交通图,每弧 (v_i,v_j) 代表从 v_i 到 v_j 的运输线,产品经这条弧由 v_i 输送到 v_j,弧旁括号中的第一个数字表示这条运输线的最大通过能力,第二个数字是现有的运输量情况。产品经过交通图从 v_s 输送到 v_t,现在要制订一个运输方案使从 v_s 运到 v_t 的产品的数量最多。

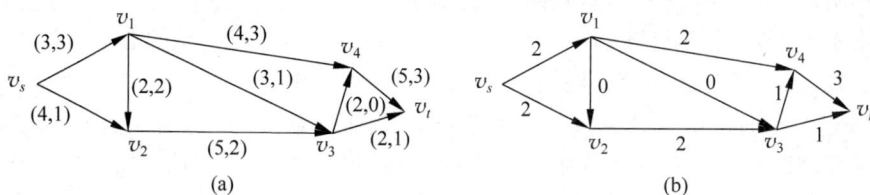

图 8-17　某产品产地与销地交通示意
(a) 交通图;(b) 运输方案

图 8-17(b)给出了一个运输方案,每条弧旁的数字表示在这个方案中,每条运输线上的运输量。这个方案使 4 个单位的产品从 v_s 运到 v_t。在这个交通图上运输量是否还可以增多,或者说这个运输系统中,从 v_s 到 v_t 的最大运输量是多少?

一、概念和基本原理

网络与流的概念和基本原理如下。

定义 8-9 给一个有向图 $D=(V,A)$，在 V 中指定一点，称为发点（记为 v_s），并指定另一点，称为收点（记为 v_t），其余的点称为中间点。对于每一个弧 $(v_i,v_j)\in A$，对应有一个 $c(v_i,v_j)\geqslant 0$（或简写为 c_{ij}），称为弧的容量。通常我们就把这样的 D 叫作一个网络，记作 $D=(V,A,C)$。

所谓网络上的流，是指定义在弧集合 A 上的一个函数 $f=\{f(v_i,v_j)\}$，并称 $f(v_i,v_j)$ 为弧 (v_i,v_j) 上的流量，有时简记作 f_{ij}。

例如图 8-17(a) 就是一个网络，指定 v_s 是发点，v_t 是收点，其他点是中间点。弧旁的数字为 c_{ij}。

在运输网络的实际问题中，我们可以看出，对于流有两个明显的要求：一是每个弧上的流量不能超过该弧的容量；二是中间点的流量为零。因为对于每个点，运出这点的产品总量与运进这点的产品总量之差，是这点的净输出量，我们简称为这一步的流量；由于中间点只起转运作用，所以中间点的流量必为零。易见发点的净输出量和收点的净流入量必相等，也是这个方案的总输出量。因此有：

定义 8-10 满足下列条件的流 f 称为可行流。

(1) 容量限制条件：使每一弧 $(v_i,v_j)\in A$

$$0\leqslant f_{ij}\leqslant c_{ij}$$

(2) 平衡条件。

对于中间点，流出量＝流入量，即对每个 $i(i\neq s,t)$ 有

$$\sum_{(v_{si},v_j)\in A} f_{ij}-\sum_{(v_j,v_i)\in A} f_{ji}=0$$

对于发点 v_s，记

$$\sum_{(v_{si},v_j)\in A} f_{sj}-\sum_{(v_j,v_i)\in A} f_{ji}=v(f)$$

于是对于收点 v_t，记

$$\sum_{(v_{si},v_j)\in A} f_{tj}-\sum_{(v_j,v_i)\in A} f_{ji}=v(f)$$

式中，$v(f)$ 称为这个可行流的流量，即发点的净输出量（或收点的净输入量）。

可行流总是存在的。例如令所有弧的流量 $f_{ij}=0$，就得到一个可行流（称为零流）。其流量 $v(f)=0$。

最大流问题就是求一个流 f_{ij}，使其流量 $v(f)$ 达到最大，并且满足：

① $0\leqslant f_{ij}\leqslant c_{ij}$　　② $(v_i,v_j)\in A$

$$\begin{cases} v(f)(i=s) \\ 0(i\neq s,t) \\ -v(f)(i=t) \end{cases}$$

最大流问题是一个特殊的线性规划问题，即求一组 $\{f_{ij}\}$，在满足条件①和②下使流量达到极大。在本节中，我们将会看到利用图的特点解决这个问题的方法较之线性规划的一般方法要方便、直观得多。

定义 8-11 若给一个可行流 $f=\{f_{ij}\}$，我们把网络中使 $f_{ij}=c_{ij}$ 的弧称为饱和弧，使 $f_{ij}\leqslant c_{ij}$ 的弧称为非饱和弧。把 $f_{ij}=0$ 的弧称为零流弧，$f_{ij}>0$ 的弧称为非零流弧。

如图 8-17(a)所示,(v_s,v_1) 和 (v_1,v_2) 是饱和弧,其他弧为非饱和弧;除 (v_3,v_4) 是零流弧外,其他弧均为非零流弧。

若 μ 是网络中联结发点 v_s 和收点 v_t 的一条链,定义链的方向是从 v_s 到 v_t,则链上的弧被分为两类:一类是弧的方向与链的方向一致,叫作前向弧。前向弧的全体记为 μ^+。另一类弧与链的方向相反,称为后向弧。后向弧的全体记为 μ^-。

定义 8-12 设 f 是一个可行流,μ 是从 v_s 到 v_t 的一条链,若满足下列条件,则称之为(关于可行流 f 的)一条增广链。

在弧 $(v_i,v_j)\in\mu^+$ 上,$0\leqslant f_{ij}<c_{ij}$,即 μ^+ 中每一弧是非饱和弧。

在弧 $(v_i,v_j)\in\mu^-$ 上,$0<f_{ij}\leqslant c_{ij}$,即 μ^- 中每一弧是非零流弧。

在图 8-17(a)中,链 $\mu=(v_s,v_2,v_3,v_1,v_4,v_t)$ 是一条增广链,因为 μ^+ 和 μ^- 中的弧满足增广链的条件。例如:$(v_s,v_2)\in\mu^+$,$f_{31}=1>0$,等等。

定义 8-13 截集与截量。设 $(S,T)\in V,S\cap T=\varnothing$,我们把始点在 S、终点在 T 中的所有弧构成的集合,记为 (S,T)。

给网络 $D=(V,A,C)$,若点集 V 被剖分为两个非空集合 V_1 和 $\bar{v}_1$,使 $v_s\in v_t,v_t\in \bar{v}_1$,则把弧集 $(v_1,\bar{v}_1)$ 称为(分离 v_s 和 v_t 的)截集。

显然,若把一截集的弧从网络中丢去,则从 v_0 到 v 便不存在路。所以,直观上说,截集是 v_s 到 v_t 的必经之路。

给一截集,将截集 $(v_1,\bar{v}_1)$ 中所有弧的容量之和称为这个截集的容量(简称为截量),记为 $c(v_1,\bar{v}_1)$,即

$$c(v_1,\bar{v}_1)=\sum_{(v_i,v_j)\subset(v_1,\bar{v}_1)}c_{ij}$$

不难证明,任何一个可行流的流量 $v(f)$ 都不会超过任一截集的容量,即

$$v(f)\leqslant c(v_1,\bar{v}_1)$$

显然,若对于一个可行流 f^*,网络中有一个截集 $(v_1^*,\bar{v}_1^*)$,使 $v(f^*)=c(v_1^*,\bar{v}_1^*)$,则 f^* 必是最大流,而 $(v_1^*,\bar{v}_1^*)$ 必定是 D 的所有截集中容量最小的一个,即最小截集或最小割。

定理 8-5 可行流 f 是最大流,当且仅当不存在关于 f^* 的增广链。

证明:若 f^* 是最大流,设 D 中存在关于 f^* 的增广链 μ,令

$$\theta=\min\{\min(c_{ij},-f_{ij}),f_{ij}^*\}$$

由增广链的定义可知,$\theta>0$,令

$$f_{ij}^*=\begin{cases}f_{ij}^*+\theta(v_i,v_j)\in\mu^+\\f_{ij}^*-\theta(v_i,v_j)\in\mu^-\\f_{ij}^*(v_i,v_j)\sum_{i=1}^n X_i\notin\mu\end{cases}$$

不难验证 $\{f^*\}$ 是一个可行流,且 $v(f^{**})=v(f^*)+\theta>v(f^*)$。这与 f^* 是最大流的假设矛盾。

现在假设 D 中不存在关于 f^* 的增广链,证明 f^* 是最大流。我们利用下面的方法定

义 v_1^*。令 $v_s \in v_1^*$，若 $v_t \in v_1^*$，且 $f_{ij}^* \leqslant c_{ij}$，则令 $v_j \in v_1^*$。

若 $v_t \in v_1^*$，且 $f_{ij}^* > 0$，则令 $v_j \in v_1^*$。因为不存在关于 f^* 的增广链，故 $v_t \in v_1^*$。

记 $\overline{v}_1^* = v \backslash v_1^*$，于是得到一个截集 $(v_1^*, \overline{v}_1^*)$。显然必有

$$f_{ij}^* = \begin{cases} c_{ij} (v_i, v_j) \in (v_1^*, \overline{v}_1^*) \\ 0 (v_i, v_j) \in (v_1^*, \overline{v}_1^*) \end{cases}$$

所以，$v(f^*) = c(v_1^*, \overline{v}_1^*)$。于是 f^* 必是最大流。定理得证明。

由上述证明可见，若 f^* 是最大流，则网络中必存在一个截集 $(v_1^*, \overline{v}_1^*)$，使

$$v(f^*) = c(v_t^*, \overline{v}_t^*)$$

定理 8-6 最大流量最小截量定理。任一网络 D 中，从 v_s 到 v_t 的最大流量等于分离 v_s、v_t 的最小截集的容量。

定理 8-5 为我们提供了寻求网络中最大流的一种方法。若给了一个可行流 f，只要判断 D 中有无增广链。如果有增广链，则可以按定理 8-5 前半部分证明中的办法，改进 f，得到一个流量增大的新的可行流。如果没有增广链，则得到最大流。而利用定理 8-5 后半部分证明中定义 v_1^* 的办法，可以根据是否属于 v_1^* 来判断 D 中有无增广链。

在实际计算时，用给顶点标号的方法来定义 v_1^*。在标号的过程中，有标号的顶点表示是 v_1^* 中的点，没有标号的点表示不是 v_1^* 中的点。一旦 v_t 有了标号，就表明找到一条增广链；如果标号过程进行不下去，而 v_t 尚未标号，则说明不存在增广链，于是得到最大流，而且同时也得到了一个最小截集。

二、最大流的标号法

从一个可行流出发（若网络中没有给定 f，则可以设 f 是零流），经过标号过程与调整过程。

（一）标号过程

在这个过程中，网络中的点或是标号点（分为已检查和未检查两种），或是未标号的点。每个标号点的标号包含两部分：第一个标号表明它的标号是从哪一点得到的，以便找出增广链；第二个标号是用来确定增广链的调整量 θ 的。

标号过程开始，先给 v_s 标上 $(0, +\infty)$，这时 v_s 是标号而未检查的点，其余都是未标号点。从一般意义上讲，取一个标号而未检查的点 v_i，对一切未标号点 v_j：

(1) 若在弧 (v_i, v_j) 上，$f_{ij} < c_{ij}$，则给 v_j 标号 $(v_i, 1(v_j))$。这里 $1(v_j) = \min[1(v_i), c_{ij} - f_{ij}]$。这时点 v_j 成为标号而未检查的点。

(2) 若在弧 (v_j, v_i) 上，$f_{ji} > 0$，则给 v_j 标号 $(-v_i, 1(v_j))$。这里 $1(v_j) = \min[1(v_i), f_{ji}]$。这时点 v_j 成为标号而未检查的点。

于是 v_i 成为标号而已检查过的点。重复上述步骤，一旦 v_t 被标上号，表明得到一条从 v_s 到 v_t 的增广链 μ，转入调整过程。

若所有标号都是已检查过，而标号过程进行不下去，则算法结束，这时的可行流就是最大流。

（二）调整过程

首先按 v_t 及其他点的第一标号,利用"反向追踪"的方法,找出增广链 μ。例如设 v_t 的第一个标号为 v_k(或 $-v_k$),则弧 (v_k,v_0)[或相应的 (v_t,v_k)]是 μ 上的弧。接下来检查 v_k 的第一个标号,若为 v_j(或 $-v_j$),则找出 (v_i,v_k)[或相应的 (v_k,v_i)]。再检查 v_k 的第一个标号,依次下去,直到 v_s。这时被找出的弧就构成了增广链 μ。令调整量 $\theta = 1(v_t)$,即 v_t 的第二个标号。

$$f_{ij}^* = \begin{cases} f_{ij} + \theta & (v_i, v_j) \in \mu^+ \\ f_{ij} - \theta & (v_i, v_j) \in \mu^- \\ f_{ij} & (v_i, v_j) \notin \mu \end{cases}$$

除去所有的标号,对新的可行流 $f^* = \{f_{ij}^*\}$ 重新进入标号过程。

例 8-8　用标号法求图 8-17(a)所示网络的最大流,弧旁的数字是 (c_{ij}, f_{ij})。

解:

1. 第一次标号过程

(1) 给 v_s 标上 $(0, +\infty)$。

(2) 检查 v_s,在弧 (v_s, v_1) 上,$f_{s1} = c_{s1} = 3$,不满足标号条件。在弧 (v_s, v_2) 上,$f_{s2} = 1$,$c_{s2} = 4$,$f_{s2} < c_{s2}$,则 v_2 的标号为 $(v_s, 1(v_2))$,其中,$1(v_2) = \min[1(v_s), (c_{s2} - f_{s2})] = \min[+\infty, 4-1] = 3$。

(3) 检查 v_2,在弧 (v_2, v_3) 上,$f_{23} = 2$,$c_{23} = 5$,$f_{23} < c_{23}$,则 v_3 的标号为 $(v_2, 1(v_3))$,其中,$1(v_3) = \min[1(v_2), (c_{23} - f_{23})] = \min[3, 5-2] = 3$。

(4) 检查 v_3,在弧 (v_3, v_4) 上,$f_{34} = 0$,$c_{34} = 2$,$f_{34} < c_{34}$,则 v_4 的标号为 $(v_3, 1(v_4))$,其中,$1(v_4) = \min[1(v_3), (c_{34} - f_{34})] = \min[3, 2-0] = 2$。在弧 (v_3, v_t) 上,$f_{3t} = 1$,$c_{3t} = 2$,$f_{3t} < c_{3t}$,则给 v_t 的标号为 $(v_3, 1(v_t))$,这里,$1(v_t) = \min[1(v_3), (c_{3t} - f_{3t})] = \min[3, 2-1] = 1$。因 v_t 有了标号,故转入调整过程。

2. 第一次调整过程

按点的第一个标号找到一条增广链,如图 8-18 中双箭头所示。

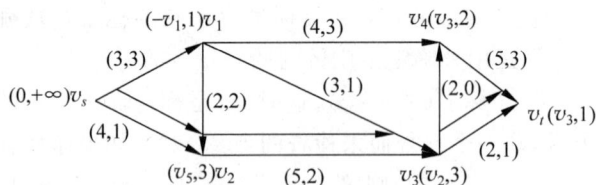

图 8-18　增广链(1)

易见,$\mu^+ = \{(v_s, v_2), (v_2, v_3), (v_3, v_4)\}$。

按 $\theta = 1$ 在 μ 上调整 f。

μ^+ 上：$f_{s2} + \theta = 1 + 1 = 2$

　　　　$f_{23} + \theta = 3 + 1 = 4$

　　　　$f_{3t} + \theta = 1 + 1 = 2$

其余 f_{ij} 不变。

调整后得图 8-19 所示的可行流,对这个可行流进入标号过程,寻找增广链。

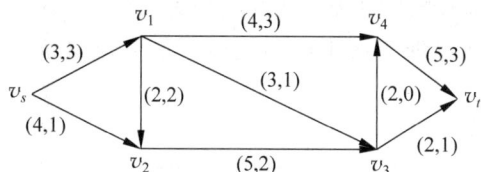

图 8-19　调整后的可行流(1)

3. 第二次标号过程

(1) 开始给 v_s 标以 $(0,+\infty)$,于是检查 v_s,给 v_2 标以 $(v_s,2)$。

(2) 检查 v_2,在弧 (v_2,v_3) 上,$f_{23}=2$,$c_{23}=5$,$f_{23}<c_{23}$,则 v_3 的标号为 $(v_2,1(v_3))$,其中 $1(v_3)=\min[1(v_2),(c_{23}-f_{23})]=\min[2,5-3]=2$。检查 v_3,在弧 (v_3,v_4) 上,$f_{34}=0$,$c_{34}=2$,$f_{34}<c_{34}$,则 v_4 的标号为 $(v_3,1(v_4))$,其中 $1(v_4)=\min[1(v_3),(c_{34}-f_{34})]=\min[2,2-0]=2$。

(3) 检查 v_4,在弧 (v_4,v_t) 上,$f_{4t}=3$,$c_{4t}=5$,$f_{4t}<c_{4t}$,则 v_t 的标号为 $(v_4,1(v_t))$,其中,$1(v_t)=\min[1(v_4),(c_{4t}-f_{4t})]=\min[2,5-3]=2$。因 v_t 有了标号,故转入调整过程。

4. 第二次调整过程

按点的第一个标号又找到一条增广链,如图 8-20 中双箭头所示。

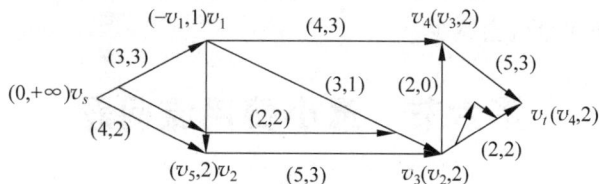

图 8-20　增广链(2)

易见,$\mu^+=\{(v_s,v_2),(v_2,v_3),(v_3,v_4),(v_4,v_t)\}$

按 $\theta=1$ 在 μ 上调整 f。

μ^+ 上:$f_{4t}+\theta=3+2=5$

$f_{s2}+\theta=2+2=4$

$f_{23}+\theta=3+2=5$

$f_{34}+\theta=0+2=2$

其余 f_{ij} 不变。

调整后得图 8-21 所示的可行流,对这个可行流进入标号过程,寻找增广链。

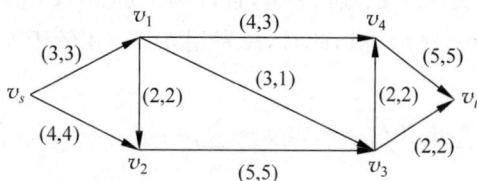

图 8-21　调整后的可行流(2)

再次开始给 v_s 标以 $(0,+\infty)$，于是检查 v_s，弧 (v_s,v_1) 上，$f_{s1}=c_{s1}=3$，弧 (v_s,v_2) 上，$f_{s2}=c_{s2}=4$，均不符合条件，标号过程无法继续下去，算法结束。

这时的可行流（图 8-22）即为所求的最大流。最大流量为 $v(f)=f_{s1}+f_{s2}=f_{3t}+f_{4t}=7$。

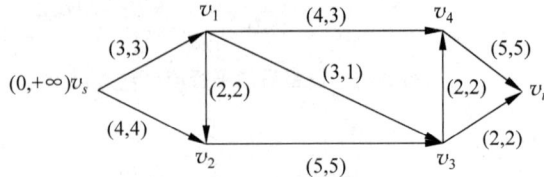

图 8-22　调整后得到最大流

与此同时可找到最小截集 $(v_1,\bar{v}_1)$，其中 v_1 为标号点集合，$\bar{v}_1$ 为未标号点集合。弧集合 $(v_1,\bar{v}_1)$ 即为最小截集或最小割。

上例中，$v_1=\{v_s\}$，$\bar{v}_1=\{v_1,v_2,v_3,v_4,v_t\}$，于是 $(v_1,\bar{v}_1)=\{(v_s,v_t),(v_s,v_2)\}$ 是最小截集，它的容量必也是 7。

由上述实例分析可知，用标号法找增广链以求最大流的结果，同时得到一个最小截集。最小截集容量的大小影响总的输送量的提高。因此，为提高总的输送量，必须首先考虑改善最小截集中各弧的输送情况，提升它们的通过能力。另外，一旦最小截集中弧的通过能力降低，总的输送量就会减少。

第六节　最小费用流问题

第五节讨论了寻求网络最大流的问题。在实际生产和生活中，涉及"流"的问题时，人们考虑的不只是流量，还有"费用"的因素，本节将介绍最小费用情况下的最大流问题。

给网络 $D=(V,A,C)$，每一弧 $(v_i,v_j)\in A$，容量为 c_{ij}，单位流量的费用 $b(v_i,v_j)\geqslant 0$（简记为 b），所谓最小费用最大流问题就是要求一个最大流 f，使得总输送费用：

$$b(f)=\sum_{(v_i,v_j)\in A}b_{ij}f_{ij}$$

取极小值。

从第五节可知，寻求最大流的方法是从某个可行流出发，找到关于这个流的一条增广链 μ，沿着 μ 调整 f，对新的可行流寻求关于它的增广链，如此反复，直至最大流。对于最小费用最大流问题，需进一步考虑费用优化。假设当前可行流为 f，其流量为 $v(f)$，总费用为 $b(f)$。若存在一条关于 f 的增广链 μ，且以调整量 $\theta=1$ 沿 μ 调整流 f 得到新流 f'，则新流的流量为：$v(f')=v(f)+1$，此时，总费用 $b(f')$ 相较于 $b(f)$ 的增量是多少？

不难看出：

$$b(f')-b(f)=\left[\sum_{\mu^+}b_{ij}(f'_{ij},-f_{ij})-\sum_{\mu^-}b_{ij}(f'_{ij},-f_{ij})\right]=\sum_{\mu^+}b_{ij}-\sum_{\mu^-}b_{ij}$$

将 $\sum\limits_{\mu^+}b_{ij}-\sum\limits_{\mu^-}b_{ij}$ 称为这条增广链 μ 的"费用"。

可以证明，若 f 是流量为 $v(f)$ 的所有可行流中费用最小的，而 μ 是关于 f 的所有增广链中费用最小的增广链，那么沿 μ 去调整 f，得到的可行流 f'，就是流量为 $v(f')$ 的所有可行流中的最小费用流。这样，当 f' 是最大流时，它也就是我们所要求的最小费用最大流。

由于 $b_{ij} \geqslant 0$，所以 $f=0$ 必是流量为 0 的最小费用流。这样，总可以从 $f=0$ 开始。一般地，设 f 是流量 $v(f)$ 的最小费用流，余下的问题就是如何去寻求关于 f 的最小费用增广链。为此，本节构造一个赋权有向图 $W(f)$，它的顶点是原网络 D 的顶点，而把 D 中的每一条弧 (v_i, v_j) 变成两个相反方向的弧 (v_i, v_j) 和 (v_j, v_i)。定义 $W(f)$ 中弧的权 w_{ij} 为

$$w_{ij} = \begin{cases} b_{ij} & 若 f_{ij} < c_{ij} \\ +\infty & f_{ij} = c_{ij} \end{cases}$$

$$w_{ij} = \begin{cases} -b_{ij} & 若 f_{ij} > 0 \\ -\infty & f_{ij} = 0 \end{cases}$$

长度为 $+\infty$ 的弧可以从 $W(f)$ 中略去。

于是在网络 D 中寻求关于 f 的最小费用增广链就等价于在赋权有向图 $W(f)$ 中，寻求从 v_s 到 v_t 的最短路。因此有如下算法。

开始取 $f^{(0)}=0$，一般若在第 $k-1$ 步得到最小费用流 $f^{(k-1)}$，则构造赋权有向图 $W(f^{(k-1)})$，在 $W(f^{(k-1)})$ 中寻求从 v_s 到 v_t 的最短路。若不存在最短路（即最短路权是 $+\infty$），则 $f^{(k-1)}$ 就是最小费用最大流；若存在最短路，则在原网络 D 中得到相应的增广链 μ，在增广链 $\mu f^{(k-1)}$ 上进行调整。调整量为

$$\theta = \min\{(c_{ij} - f_{ij}(k-1)), f_{ij}(k-1)\}$$

令

$$f_{ij}^{(k)} = \begin{cases} f_{ij}^{(k-1)} + \theta & (v_i, v_j) \in \mu^+ \\ f_{ij}^{(k-1)} - \theta & (v_i, v_j) \in \mu^- \\ f_{ij}^{(k-1)} & (v_i, v_j) \notin \mu \end{cases}$$

得到新的可行流 $f(k)$，再对 $f(k)$ 重复上述步骤。

例 8-9 以图 8-23 为例，求最小费用最大流。弧旁的数字为 (b_{ij}, c_{ij})。

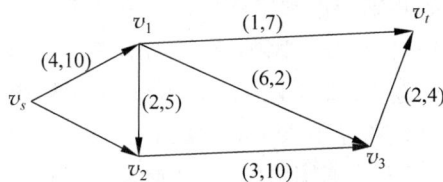

图 8-23　例 8-9 题目

解：（1）取 $f(0)=0$ 为初始可行流。

（2）构造赋权有向图 $W(f^{(0)})$，并求出从 v_s 到 v_t 的最短路 (v_s, v_2, v_1, v_t)，如图 8-24（a）（双箭头即为最短路）所示。

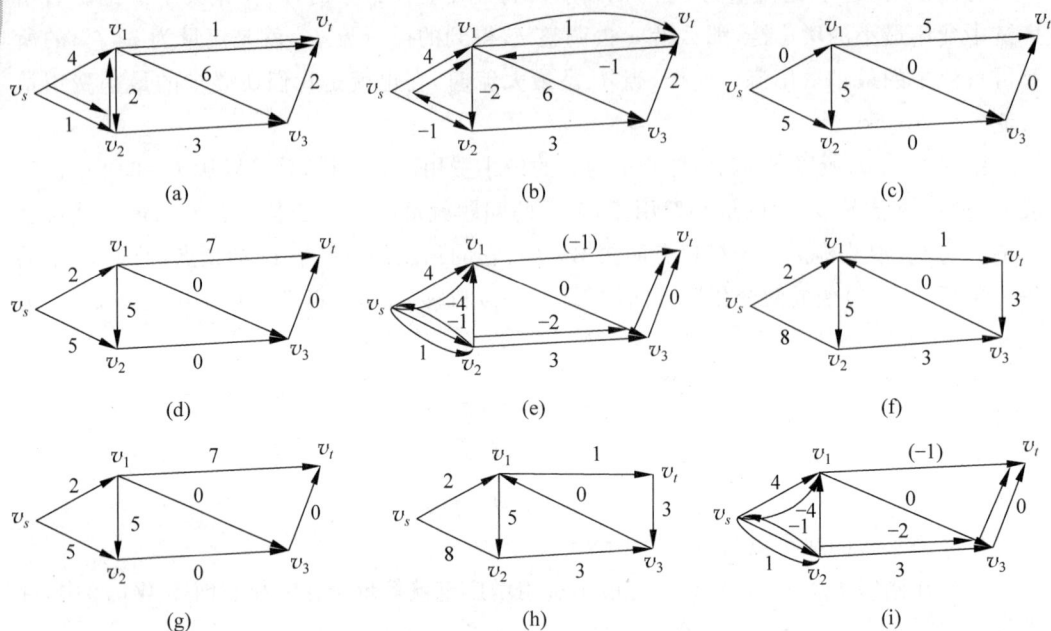

图 8-24　例 8-9 解

(a) $W(f^{(0)})$; (b) $f^{(1)},v(f^{(1)})=5$; (c) $W(f^{(1)})$; (d) $f^{(2)},v(f^{(2)})=7$; (e) $W(f^{(2)})$;

(f) $f^{(3)},v(f^{(3)})=10$; (g) $W(f^{(3)})$; (h) $f^{(4)},v(f^{(4)})=11$; (i) $W(f^{(4)})$

（3）在原网络 D 中，与这条最短路对应的增广链为 $\mu=(v_s,v_2,v_1,v_t)$。

（4）在 μ 上进行调整，$\theta=5$，得 $f^{(1)}$。按照上述算法依次得 $f^{(1)}$、$f^{(2)}$、$f^{(3)}$、$f^{(4)}$，流量依次为 5、7、10、11；构造相应的赋权有向图为 $W(f^{(1)})$、$W(f^{(2)})$、$W(f^{(3)})$、$W(f^{(4)})$，见图 8-24。

注意到 $W(f^{(4)})$ 中已经不存在从 v_s 到 v_t 的最短路，所以 $f^{(4)}$ 为最小费用最大流。

本 章 小 结

本章概述了物流图论的基础理论和广泛应用。首先介绍了图论的基本概念，包括无向图和有向图，并深入探讨欧拉图和中国邮递员问题，展示了图论在解决实际问题中的应用。进一步探讨最短路径问题，详细描述了 Dijkstra 标号法和 Ford 标号法的求解过程，为在网络中寻找两点间的最短路径提供了有效的算法支持。此外，介绍树的属性和支撑树的寻找方法，解释树作为无圈连通图的特性，并通过"破圈法"和"避圈法"展示如何从图中提取支撑树。随后转向网络最大流问题，通过标号法求解网络中的最大流，并引入最小费用流问题，讨论在流量最大化的同时如何考虑成本最小化，对于理解和解决资源分配、运输优化等实际问题具有重要意义。通过实例和习题，强调图论在优化资源分配和运输中的关键作用，体现其在现代物流和网络分析中的重要价值。

本 章 习 题

1. 设 $S = \{v_1, v_2, \cdots, v_n\}$ 是平面上的点集,若点集中任意两点之间的距离 $d_{ij} \geqslant 1$,试证至多有 $3n$ 对点的距离恰好为 1。

2. 求图 8-25 中的点 v_1 到各点的最短路径和最短距离。

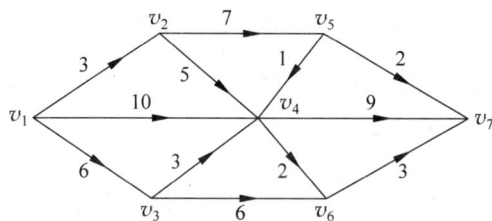

图 8-25 习题 2 各点位置、距离示意

3. 求图 8-26 中的点 v_1 到点 v_{11} 的最短路径及其长度。

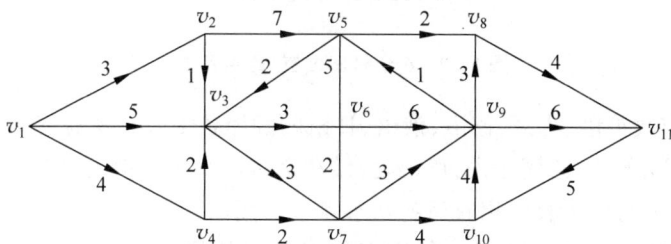

图 8-26 习题 3 各点位置、距离示意

4. 已知某设备今后 5 年内的价格依次为 100 万元、110 万元、115 万元、120 万元、130 万元,购得该设备后第 1、2、3、4、5 年内的维修费用分别为 10 万元、15 万元、30 万元、60 万元、70 万元,现要求制订一个 5 年内的设备更新计划,使得总的费用最小。

5. 求图 8-27 的最小树。

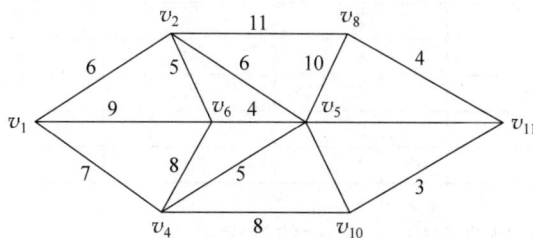

图 8-27 习题 5 各点位置、距离示意

6. 现有 14 座城市,它们的位置和互相之间的距离如图 8-28 所示,试给出在这 14 座城市间修筑铁路的最佳选线。

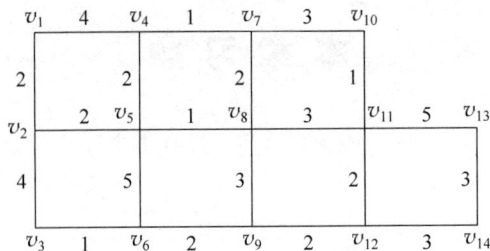

图 8-28　14 座城市位置、距离示意

7. 有 6 个村庄,各村的距离如图 8-29 所示。现要开办一所小学,应建在哪个村庄,使得学生上学所走的总路程最短?

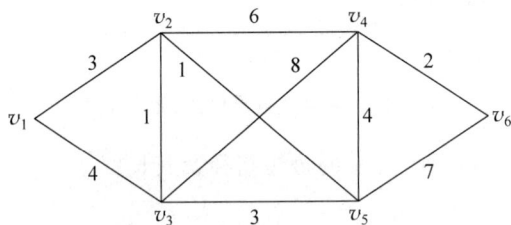

图 8-29　6 个村庄位置、距离示意

8. 某单位招收英语、法语、德语、俄语、日语的翻译各 1 人。现有五人去应聘,已知这五人中,甲懂英语、德语,乙懂法语、德语,丙懂法语、俄语,丁懂俄语,戊懂德语、日语。问:这五人最多有几人得到招收?招收后各从事哪一方面的翻译工作?

9. 有 4 台机床加工四种零件,各机床加工相应的零件所需的费用如表 8-4 所示。表 8-4 中,"∞"表示机床 A_i 不能加工零件 B_j,现要求制订一个加工方案,使得总的加工费用最小。

表 8-4　机床加工零件所需费用

机床	零件				
	B_1	B_2	B_3	B_4	B_5
A_1	10	7	5	6	4
A_2	6	8	∞	6	7
A_3	11	5	6	3	∞
A_4	∞	9	4	∞	0
A_5	9	4	3	4	5

10. 求图 8-30 所示网络中的 v_s 到 v_t 的最大流。

11. 某产品从仓库 $A_i(i=1,2,3)$ 运往市场 $B_j(j=1,2,3,4)$ 销售。已知各仓库的可供量、各市场的需求量及从仓库 A_i 至市场 B_j 最大运输量,如表 8-5 所示。表 8-5 中,"0"表示从仓库 A_i 至市场 B_j 没有直接通路。要求制订一个调运方案,使从各仓库调运产品总量最多。

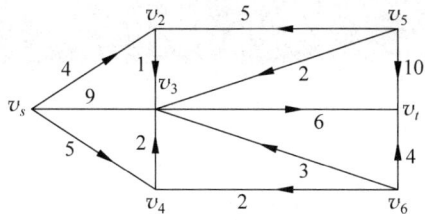

图 8-30 习题 10 各点位置、距离示意

表 8-5 仓库可供量、市场需求量及从仓库 A_i 至市场 B_j 最大运输量

仓库	最大运输量				
	B_1	B_2	B_3	B_4	可供量
A_1	30	20	0	40	20
A_2	0	0	10	50	20
A_3	20	10	40	10	100
需求量	20	20	60	20	

即 测 即 练

第九章

物流排队及应用

在现代物流管理过程中,随着物流网络的不断扩大,物流运输的复杂性也增强,这导致物流排队问题也趋于严重。为了有效地解决这一问题,需要对物流排队论进行深入研究,并结合物流管理的实际应用场景,提出有效的排队优化策略和效率提升方法。

第一节 物 流 排 队

一、物流排队问题

在物流活动中,人们会遇到各种各样的排队问题,如待装卸货车在装卸站等待装卸、铁路列车在编组站等待发车、港口货轮等待通行等。在这些问题中,待装卸货车与装卸站、列车与编组站、货轮与港口等均分别构成一个物流排队系统(表 9-1)。物流排队问题的表现形式往往是拥挤现象,随着生产与服务的日益社会化,由物流排队引起的拥挤现象会越来越普遍。

表 9-1 物流排队系统、服务系统

到达的顾客	要求的服务	服务机构
1. 待装卸货车	装卸货物	装卸站
2. 到达车站的货物列车	列车解体	编组站
3. 提货单	提取货物	仓库管理员
4. 待降落的飞机	降落	跑道指挥机构
5. 到达港口的货轮	装货或卸货	码头

物流排队除了是有形的队列外,还可以是无形的队列。如在下班高峰期几个人在不同的地点通过打车软件(同一个服务软件)打车,但是由于车辆紧缺,他们只得在各自的要车处等待。他们分散在不同地方,却形成了一个无形队列在等待派车。

物流排队的货物可以是人,也可以是物,如物流排队等车的乘客、等待派送的快递、码头上等待装卸的货物等。同时,在一个物流排队系统中,提供服务的可能是人,也可能是物,如售票员、码头。

二、物流排队系统

在排队服务中,将要求得到服务的对象统称为"顾客",将提供服务的服务者统称为"服务员"或"服务机构"。在物流排队系统中,将"顾客"不失一般性地定义为"货物",因此,"货物"与"服务机构(服务员)"是广义的,可根据具体问题而不同。实际的物流排队系统千差万别,但一般地都可以描述如下:货物为了得到某种服务而到达系统,若不能立即获得服务而又允许物流排队等待,则加入等待队伍,待获得服务后离开系统,图 9-1~图 9-4 分别描述了单服务台物流排队系统；n 个服务台、1 个队列的物流排队系统；n 个服务台、n 个队列的物流排队系统；n 个服务台的串联物流排队系统。尽管类似地还可画出许多其他形式的物流排队系统,但都可由图 9-5 加以描述。

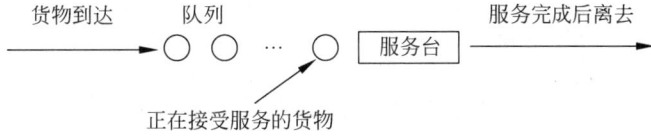

图 9-1　单服务台物流排队系统

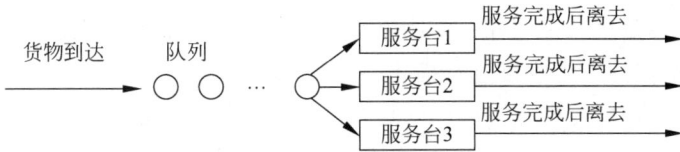

图 9-2　n 个服务台、1 个队列的物流排队系统

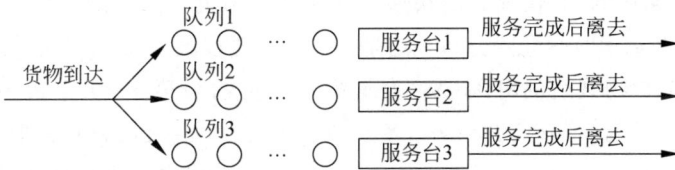

图 9-3　n 个服务台、n 个队列的物流排队系统

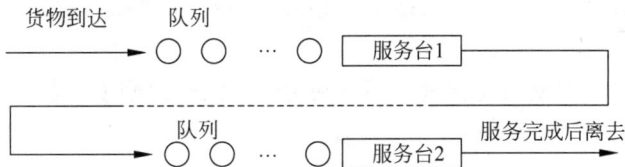

图 9-4　n 个服务台的串联物流排队系统

图 9-5　随机服务物流系统

三、物流排队系统的特点

随机性是物流排队系统的主要特点。图 9-5 表示的系统为一个随机聚散服务物流系统,任一物流排队系统都是一个随机聚散服务物流系统。这里,"聚"表示货物的到达,"散"表示货物的离去,所谓随机性则是物流排队系统的一个普遍特点,是指货物的到达情况(如相继到达时间间隔)与每个货物接受服务的时间往往是事先无法确切知道的,或者说是随机的。一般来说,所研究的物流排队系统中,货物相继到达时间间隔和服务时间这两个量中至少有一个是随机的。

第二节　物流排队系统的描述

一、物流排队系统的组成

物流排队系统有四个基本组成部分,分别为货物输入过程、物流排队分类、物流排队规则和货物服务机制,下面将分别进行介绍。

(一) 货物输入过程

货物输入过程是用来说明在一个物流排队系统中,货物是按照怎样的规律到达系统的,这一过程一般按照三个维度进行描述。

(1) 货物总体数。货物总体数可以是有限的,也可以是无限的。例如港口码头物流排队通过的货轮可以看作无限的,而一次需要转运的货物量是有限的。

(2) 到达方式。货物可以是单个到达的,也可以是成批到达的。例如高速收费站的车辆一般是单个到达的,而快递站的快递件一般是整车批次到达的。

(3) 货物相继到达时间间隔分布。这是描述输入过程最重要、最鲜明的内容。令 $T_0 = 0$, T_n 表示第 n 个货物到达的时刻, X_n 表示第 n 个货物与第 $n-1$ 个货物到达的时间间隔。那么则有 $T_0 \leqslant T_1 \leqslant \cdots \leqslant T_n \leqslant \cdots$, $X_n = T_n - T_{n-1}$, $n = 1, 2, \cdots$, 同时一般假定 $\{X_n\}$ 是独立同分布的,并记其分布函数为 $A(t)$。关于 $\{X_n\}$ 的分布,物流排队系统中经常用到的有以下两种。

① 定长分布(D)。定长分布是指货物相继到达时间间隔为确定的常数。例如公交车每 20 分钟发一次车。

② 泊松流(M)。泊松流是指货物相继到达时间间隔的密度函数为

$$A(t) = \begin{cases} \lambda e^{-\lambda t}, & t \geqslant 0 \\ 0, & t < 0 \end{cases} \tag{9-1}$$

(二) 物流排队分类

物流排队分为有限物流排队和无限物流排队两类。有限物流排队是指物流排队系统中的货物数是有限的,即系统的空间是有限的,当系统被占满时,后面再来的货物将不能进入系统。无限物流排队是指物流排队系统中的货物数可以是无限的,队列可以排到无限长,货物到达系统后均可进入系统物流排队或接受服务,这类系统又称为等待制物流排队系统。

有限物流排队系统可进一步分为两种。

(1) 损失制物流排队系统。损失制物流排队系统是指该系统中不允许物流排队,当货物到达系统时,发现所有服务台都是占用状态,则自动从物流排队系统中离去。

(2) 混合制物流排队系统。混合制物流排队系统可以看作是介于损失制物流排队与无限物流排队之间的一种系统,一方面允许有部分物流排队;另一方面当物流排队超过限制时,则会失去货物。其具体又可以分为三种。

① 队长有限物流排队系统。队长有限物流排队系统是指该物流排队系统等待空间是有限的。最多只能容纳 K 个货物的物流排队系统,当新货物到达时,若系统中的货物数小于 K,则可进入系统物流排队;否则,便离开系统,并不再回来。

② 等待时间有限物流排队系统。等待时间有限物流排队系统是货物在系统中的等待时间不超过某一给定的长度 T,当等待时间超过时间 T,货物将自动离去,并不再回来。例如生鲜物资的库存问题,超过一定存储时间被自动认为失效。

③ 逗留时间有限物流排队系统。逗留时间是指货物的等待时间与服务时间之和,即货物在系统中的等待时间与服务时间之和不超过某一给定的长度 T,当等待时间与服务时间之和超过时间 T 时,货物将自动离去,并不再回来。例如高炮射击敌机,当敌机飞越高炮射击有效区域的时间为 T,若在这个时间内未击落,也就不可能再击落了。

物流排队结构如图 9-6 所示。

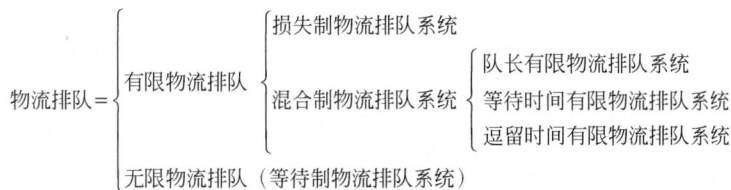

图 9-6　物流排队结构

损失制和等待制可以看作混合制的一种特殊形式。如记 K 为物流排队系统允许物流排队的货物数,当 $K=0$ 时,系统为损失制物流排队系统;当 $K=\infty$ 时,系统为等待制物流排队系统。

(三)物流排队规则

当货物到达时,系统的所有服务台都被占用,并且系统允许物流排队,则货物进入等待队列。服务台对等待货物进行服务时遵循的规则一般有以下几项。

(1)先到先服务(FCFS):按货物到达的先后对货物进行服务。

(2)后到先服务(LCFS):后到达的货物先进行服务。如当需求发生时,总是先取出后存入仓库的货物满足需求。

(3)具有优先权的服务(PS):服务台根据货物的优先权进行服务,优先权高的先接受服务。如加急的货物应优先处理。

(四)货物服务机制

物流排队系统的服务机制主要包括:服务员的数量及其连接形式(串联或并联);货物是单个还是成批接受服务;服务时间的分布。在上述因素中,服务时间的分布尤为重要,故进一步说明如下。记某服务台的服务时间为 V,其分布函数为 $B(t)$,密度函数为 $b(t)$,则常见的分布有以下几种。

(1)定长分布(D):每个货物接受服务的时间是一个确定的常数。

(2)负指数分布(M):每个货物接受服务的时间相互独立,具有相同的负指数分布(negative exponential distribution):

$$b(t) = \begin{cases} \mu e^{-\mu t}, & t \geqslant 0, \mu > 0, \text{为一常数} \\ 0, & t < 0 \end{cases} \tag{9-2}$$

（3）k 阶爱尔朗（Erlang）分布（E_k）：每个货物接受服务的时间服从 k 阶爱尔朗分布，其密度函数为

$$b(t) = \frac{(k\mu t)^{k-1}}{(k-1)!} k\mu e^{-k\mu t} \tag{9-3}$$

不难发现，当 $k = 1$ 时，爱尔朗分布即为负指数分布；当 k 增大时，爱尔朗分布逐渐变为对称分布；当 $k > 30$ 时，爱尔朗分布近似于正态分布；当 $k \to \infty$ 时，爱尔朗分布为完全非随机分布。由此可知，爱尔朗分布可看成是完全随机与完全非随机之间的分布，能更广泛地适用于现实世界。

二、物流排队系统的符号表示

根据输入过程、物流排队规则和服务机制的变化对物流排队模型进行描述或分类，可给出很多物流排队模型。为了方便对众多模型进行描述，D. G. 肯德尔（D. G. Kendall）提出了一种目前在物流排队论中被广泛采用的"Kendall 记号"，其一般形式为

$$X/Y/Z/A/B/C$$

其中，X 表示货物相继到达时间间隔的分布；Y 表示服务时间的分布；Z 表示并联服务台的个数；A 表示系统的容量，即最多可容纳的货物数；B 表示货物源的数目；C 表示服务规则。例如，$M/M/1/\infty/\infty/FCFS$ 表示一个货物的到达时间间隔服从相同的负指数分布、服务时间为负指数分布、单个服务台、系统容量为无限（等待制）、货物源无限、物流排队规则为先到先服务的物流排队模型。在物流排队论中，一般约定如下：如果 Kendall 记号中略去后 3 项，即指 $X/Y/Z/\infty/\infty/FCFS$ 的情形。例如 $M/M/1/\infty/\infty/FCFS$ 可表示为 $M/M/1$；$M/M/n/K$ 则表示一个货物相继到达时间间隔服从相同的负指数分布、服务时间为负指数分布、n 个服务台、系统容量为 K、货物源无限、先到先服务的物流排队模型，等等。

三、物流排队系统的主要数量指标

研究物流排队系统的目的是通过了解系统运行的状况，对系统进行调整和控制，使系统处于最优运行状态。因此，首先需要弄清系统的运行状况。描述一个物流排队系统运行状况的主要数量指标有以下几个。

（一）队长

这是指排队系统中等待的货物数和正在接受服务的货物数之和。队长为一随机变量。

（二）排队长

这是指排队系统中等待的货物数。物流排队长为一随机变量。

（三）等待时间

这是指从货物到达时刻起到它开始接受服务这段时间。等待时间为一随机变量。

（四）逗留时间

这是指从货物到达时刻起到它接受服务完成这段时间。逗留时间为一随机变量。

（五）忙期

这是指从货物到达空闲的服务机构起,到服务机构再次成为空闲的这段时间。忙期为一随机变量。

（六）闲期

这是指服务机构连续保持空闲的时间。

（七）系统的状态

这是指排队系统中货物数,如果系统中有 n 个货物,就说系统的状态是 n。

四、物流排队系统的主要数量指标的常用记号

下面给出上述一些主要指标的常用记号。

（一）系统的瞬时数量指标

系统的瞬时数量指标与系统所处时刻有关。

$L(t)$：时刻 t 系统中的货物数,即队长;

$L_q(t)$：时刻 t 的物流排队长;

$W(t)$：时刻 t 到达系统的货物在系统中的逗留时间;

$W_q(t)$：时刻 t 到达系统的货物在系统中的等待时间;

$p_n(t)$：时刻 t,系统中有 n 个货物的概率。

上述指标一般都是和系统运行时间有关的随机变量,求这些随机变量的瞬时分布一般都是很困难的。

相当一部分物流排队系统,在运行了一定时间后,都会趋于一个平稳状态（或称平衡状态）,平稳状态下这些指标和系统所处的时刻无关。

（二）系统的平稳数量指标

L：系统处于平稳状态时的队长,即平均队长;

L_q：系统处于平稳状态时的物流排队长,即平均物流排队长;

W：系统处于平稳状态时的货物逗留时间,即平均逗留时间;

W_q：系统处于平稳状态时的货物等待时间,即平均等待时间;

p_n：系统处于平稳状态时,系统中有 n 个货物的概率。

研究一个物流排队系统也就是确定该物流排队系统的平稳数量指标（L、L_q、W、W_q）的取值,如果该物流排队系统的平稳数量指标值都确定下来了,则该物流排队系统也就确定了。分析物流排队系统的关键就是求解这些平稳数量指标（L、L_q、W、W_q）的值,故对这些指标进一步说明如下。

（1）平均队长 L：物流排队系统中的货物平均数,也即物流排队系统中货物数的数学期望值。由数学期望的含义可知：

$$L = \sum_{n=0}^{\infty} n p_n \qquad (9\text{-}4)$$

（2）平均物流排队长 L_q：物流排队系统中正在等待的货物平均数,也即物流排队系

统中正在等待的货物数的数学期望值。由数学期望的含义可知：

$$L_q = \sum_{n=0}^{\infty} (n-1)p_n \qquad (9\text{-}5)$$

由此可以看出，确定一个物流排队系统的平稳数量指标（L、L_q、W、W_q）的值的关键是确定物流排队系统中有 $n(n=0,\cdots,n)$ 个货物的概率，即 p_n 的值。

（3）p_n 值的确定要用到如下两个参数。

① λ_n：当系统状态为 n 时，新来货物的平均到达率（单位时间内来到系统的平均货物数）。当 λ_n 为常数时，记为 λ。

② μ_n：当系统状态为 n 时，整个系统的平均服务率（单位时间内可以服务完的货物数）。当 μ_n 为常数时，记为 μ。

五、物流排队论研究的基本问题

物流排队论研究的首要问题是物流排队系统主要数量指标的概率规律，即系统的整体性质，然后进一步研究系统的优化问题。与这两个问题相关的还包括物流排队系统的统计推断问题。

（1）物流排队系统的整体性质：主要数量指标在瞬时或平稳状态下的概率分布及其数字特征。

（2）物流排队系统的优化问题：检验系统是否达到平稳状态，检验货物相继到达时间间隔的相互独立性，确定服务时间分布，从而建立物流排队模型。

（3）物流排队系统的统计推断问题：又包括最优设计问题和最优运营问题，其内容很多，如最少费用问题、服务率的控制问题、服务台的开关策略问题、货物（或服务）根据优先权的最优排序问题等。

第三节　到达时间间隔分布和服务时间分布

解决物流排队问题首先要根据原始资料作出货物到达时间间隔和服务时间的经验分布，然后按照统计学的方法确定合于哪种理论分布，并估计参数值。以下将介绍物流排队系统中常见的几种概率分布。

一、经验分布

经验分布，又称经验概率分布，是根据观测数据直接得到的分布。它不像某些典型的概率分布（如泊松分布、指数分布等）有固定的数学形式，而是直接反映了数据的实际分布情况。它为数据分析提供了一种直观、易于理解的方法，有助于揭示数据背后的模式与趋势，经验分布不假定数据服从某种特定的分布形式，更加灵活和普适。这使它可以应用于各种复杂的实际情况，尤其适用于数据量大、分布不明确的场景。

经验分布在物流排队系统中的常用数量指标的常用记号如下。

τ_i：第 i 批货物到达时刻；

s_i：第 i 批货物的服务时间；

w_i：第 i 批货物物流排队等待时间；

τ_{i+1}：第 $i+1$ 批货物到达时刻；

s_{i+1}：第 $i+1$ 批货物的服务时间。

（1）下一批货物在前一批货物还在等待的时刻到达，则有

① 相继到达的两批货物的间隔时间 t_i，满足：

$$t_i = \tau_{i+1} - \tau_i \tag{9-6}$$

② 相继到达的两批货物的等待时间的关系，满足：

$$w_{i+1} = w_i + s_i - t_i \tag{9-7}$$

（2）下一批货物在前一批货物正在接受服务的时刻到达，则有

① 相继到达的两批货物的间隔时间 t_i，满足：

$$t_i = \tau_{i+1} - \tau_i \tag{9-8}$$

② 相继到达的两批货物的等待时间的关系，满足：

$$w_{i+1} = w_i + s_i - t_i \tag{9-9}$$

（3）下一批货物在前一批货物服务完成后到达，则有

① 相继到达的两批货物的间隔时间 t_i，满足：

$$t_i = \tau_{i+1} - \tau_i \tag{9-10}$$

② 下一批到达货物的等待时间，满足：

$$w_{i+1} = 0 \tag{9-11}$$

例 9-1 某服务机构是单服务台，先到先服务，对 41 个货物记录到达时刻 τ 和服务时间 s（单位为分钟），如表 9-2 所示，在表中，以第一批货物到达时刻为 0，全部服务时间为 127 分钟，试求该系统的平均间隔时间、平均到达率、平均服务时间、平均服务率。

表 9-2　单服务台货物到达时刻及服务时间表

(1)i	(2)τ_i	(3)s_i	(4)t_i	(5)w_i	(1)i	(2)τ_i	(3)s_i	(4)t_i	(5)w_i
1	0	5	2	0	17	65	1	5	0
2	2	7	4	3	18	70	3	2	0
3	6	1	5	6	19	72	4	8	1
4	11	9	1	2	20	80	3	1	0
5	12	2	7	10	21	81	2	2	2
6	19	4	3	5	22	83	3	3	2
7	22	3	4	6	23	86	6	2	2
8	26	3	10	5	24	88	5	4	6
9	36	1	2	0	25	92	1	3	7
10	38	2	7	0	26	95	3	6	5
11	45	5	2	0	27	101	2	4	2
12	47	4	2	3	28	105	2	1	0
13	49	1	3	5	29	106	1	3	1
14	52	2	9	3	30	109	2	5	0
15	61	1	1	0	31	114	1	2	0
16	62	2	3	0	32	116	8	1	0

续表

(1)i	(2)τ_i	(3)s_i	(4)t_i	(5)w_i	(1)i	(2)τ_i	(3)s_i	(4)t_i	(5)w_i
33	117	4	4	7	38	133	5	2	7
34	121	2	6	7	39	135	2	4	10
35	127	1	2	3	40	139	4	3	8
36	129	6	1	2	41	142	1		9
37	130	3	3	7					

解：货物到达时间间隔分布表和货物时间分布表见表9-3。

表 9-3　货物到达时间间隔分布表和货物时间分布表

到达时间间隔/分钟	次　数	服务时间/分钟	次　数
1	6	1	10
2	10	2	10
3	8	3	7
4	6	4	5
5	3	5	4
6	2	6	2
7	2	7	1
8	1	8	1
9	1	9 以上	1
10 以上	1	合　计	41
合　计	40		

则有：

(1) 平均间隔时间：142/40＝3.55(分钟/批)。

(2) 平均到达率：41/142≈0.29(批/分钟)。

(3) 平均服务时间：127/41≈3.10(分钟/批)。

(4) 平均服务率：41/127≈0.32(批/分钟)。

二、泊松流

泊松流(又称为泊松过程)是物流排队论中经常用到的用来描述货物到达规律的特殊随机过程。它与概率论中的泊松分布和负指数分布有密切的联系。下面结合物流排队论的术语,给出泊松流的定义。

设 $N(t)$ 为时间区间 $[0,t]$ 内到达的货物数, $p_n(t_1,t_2)$ 为在时间区间 $[t_1,t_2]$ 内有 n 个货物到达的概率,即

$$p_n(t_1,t_2)=p\{N(t_2)-N(t_1)=n\} \tag{9-12}$$

当 $p_n(t_1,t_2)$ 合于下列三个条件时,称货物到达形成泊松流：

(1) 在不相重叠的时间区间内货物到达数是相互独立的;

(2) 对充分小的 Δt,在时间区间 $[t,t+\Delta t]$ 内有 1 个货物到达的概率与 t 无关,而约与区间长 Δt 成正比,即

$$p_1(t, t+\Delta t) = \lambda \Delta t + o(\Delta t) \tag{9-13}$$

（3）对充分小的 Δt，在时间区间 $[t, t+\Delta t)$ 内有 2 个或 2 个以上货物到达的概率极小，以至于可以忽略，即

$$\sum_{n=2}^{\infty} p_n(t, t+\Delta t) = o(\Delta t) \tag{9-14}$$

由式（9-13）与式（9-14）可得在时间区间 $[t, t+\Delta t)$ 内有 0 个货物到达的概率为

$$p_0(t, t+\Delta t) = 1 - p_1(t, t+\Delta t) - \sum_{n=2}^{\infty} p_n(t, t+\Delta t)$$

$$= 1 - \lambda \Delta t - o(\Delta t) \tag{9-15}$$

则在各时间区间内货物到达的概率如表 9-4 所示。

表 9-4　各时间区间内货物到达的概率

[0, t)		[t, t+Δt)		[0, t+Δt)	
货物数	概率	货物数	概率	货物数	概率
n	$p_n(0, t)$	0	$1 - \lambda \Delta t - o(\Delta t)$	n	$p_n(0, t)[1 - \lambda \Delta t]$
$n-1$	$p_{n-1}(0, t)$	1	$\lambda \Delta t + o(\Delta t)$	n	$p_{n-1}(0, t)\lambda \Delta t$
$n-2$	$p_{n-2}(0, t)$	2	$o(\Delta t)$	n	$p_{n-2}(0, t)o(\Delta t)$
$n-3$	$p_{n-3}(0, t)$	3	$o(\Delta t)$	n	$o(\Delta t)$
…	…	…	…	…	…
0	$p_0(0, t)$	n	$o(\Delta t)$	n	$o(\Delta t)$

同时考察在时间区间 $[0, t+\Delta t)$ 内有 n 个货物到达的概率为

$$p_n(0, t+\Delta t) = p_n(0, t)p_0(t, t+\Delta t) + p_{n-1}(t, t+\Delta t)$$

$$+ \sum_{i=2}^{n} p_{n-1}(0, t)p_i(t, t+\Delta t) \tag{9-16}$$

$$= p_n(0, t)(1 - \lambda \Delta t) + p_{n-1}(0, t)\lambda \Delta t + o(\Delta t)$$

并令 $p_n(0, t)$ 简记为 $p_n(t)$，表示长为 t 的时间区间内到达 n 个货物的概率；令 $p_n(0, t+\Delta t)$ 简记为 $p_n(t+\Delta t)$，表示长为 $t+\Delta t$ 的时间区间内到达 n 个货物的概率，则有

$$p_n(t+\Delta t) = p_n(t)(1 - \lambda \Delta t) + p_{n-1}(t)\lambda \Delta t + o(\Delta t) \tag{9-17}$$

对 $p_n(t)$ 求微分，则有

$$\frac{\mathrm{d}p_n(t)}{\mathrm{d}t} = \lim_{\Delta t \to 0} \frac{p_n(t, t+\Delta t) - p_n(t)}{\Delta t}$$

$$= \lim_{\Delta t \to 0} \frac{p_n(t)(1 - \lambda \Delta t) + p_{n-1}(t)\lambda \Delta t + o(\Delta t) - p_n(t)}{\Delta t} \tag{9-18}$$

$$= \lim_{\Delta t \to 0} \frac{-\lambda \Delta t p_n(t) + p_{n-1}(t)\lambda \Delta t + o(\Delta t)}{\Delta t}$$

$$= -\lambda p_n(t) + \lambda p_{n-1}(t)$$

则

$$\frac{\mathrm{d}p_n(t)}{\mathrm{d}t} + \lambda p_n(t) - \lambda p_{n-1}(t) = 0 \tag{9-19}$$

于是

$$p_n(t) = \frac{(\lambda t)^n}{n!} e^{-\lambda t}, t > 0, n = 0, 1, 2, \cdots \tag{9-20}$$

式(9-20)即为在符合泊松流货物到达规律下,长为 t 的时间区间内到达 n 个货物的概率。

并且当货物的到达过程符合泊松分布时,其数学期望值为

$$E[L(t)] = \lambda t \tag{9-21}$$

表示的含义为长度为 t 的时间内平均到达的货物数为 λt,单位时间内平均到达的货物数为 λ(货物平均到达率)。

三、货物相继到达时间间隔的负指数分布

负指数分布是连续型的概率分布之一,它用来描述在独立同分布的事件中,发生某一事件的间隔时间。

随机变量 T 的概率密度若是

$$f_T(t) = \begin{cases} \lambda e^{-\lambda t}, & t \geq 0 \\ 0, & t < 0 \end{cases} \tag{9-22}$$

则称 T 服从负指数分布,并且其分布函数为

$$F_T(t) = \begin{cases} 1 - e^{-\lambda t}, & t \geq 0 \\ 0, & t < 0 \end{cases} \tag{9-23}$$

如货物相继到达时间间隔为负指数分布,则具有如下性质。

(1) 货物到达的间隔时间是独立的,证明如下。

记 T 为物流排队系统中一个货物到达的间隔时间,s 为物流排队系统中过去一个货物到达的间隔时间,则有

$$P\{T > t + s \mid T > s\} = \frac{P\{T > t + s\} \bigcap P\{T > s\}}{P\{T > s\}} = \frac{P\{T > t + s\}}{P\{T > s\}} \tag{9-24}$$

其中,

$$P\{T > s\} = 1 - P\{T \leq s\} = 1 - (1 - e^{-\lambda s}) = e^{-\lambda s}$$
$$P\{T > t + s\} = 1 - P\{T \leq t + s\} = 1 - (1 - e^{-\lambda(t+s)}) = e^{-\lambda(t+s)}$$

于是式(9-24)可以表示为

$$\frac{P\{T > t + s\}}{P\{T > s\}} = \frac{e^{-\lambda(t+s)}}{e^{-\lambda s}} = e^{-\lambda t} = 1 - (1 - e^{-\lambda t})$$
$$= 1 - P\{T \leq t\}$$
$$= P\{T > t\}$$

即

$$P\{T > t + s \mid T > s\} = P\{T > t\} \tag{9-25}$$

式(9-25)说明一个货物到达所需时间与过去一个货物到达所需时间 s 无关,即货物到达的间隔时间是独立的。

（2）当货物到达过程形成泊松流时，货物相继到达的间隔时间 T 必须服从负指数分布，证明如下。

因为货物到达过程形成泊松流，故 $[0,t)$ 时间内有 n 个货物到达的概率为

$$p_n(t) = \frac{(\lambda t)^n}{n!} e^{-\lambda t}, \quad t > 0, n = 0, 1, \cdots \tag{9-26}$$

则 $[0,t)$ 区间内有货物到达的概率为

$$1 - p_0(t) = 1 - \frac{(\lambda t)^0}{0!} e^{-\lambda t} = 1 - e^{-\lambda t}, t > 0 \tag{9-27}$$

即间隔时间 t 后，下一批货物到达的概率为 $1 - e^{-\lambda t}$，从而可知货物相继到达间隔时间 T 的概率分布函数为

$$P\{T \leqslant t\} = 1 - e^{-\lambda t} \tag{9-28}$$

式（9-28）是负指数分布的分布函数，即货物到达符合泊松流时，货物相继到达的间隔时间 T 服从负指数分布。

当货物到达过程形成泊松流，由式（9-20）可知其数学期望为 $E[L(t)] = \lambda t$，其表示的含义为 t 时间内平均到达的货物数为 λt，即单位时间内平均到达的货物数为 λ。

当货物相继到达时间独立且为负指数分布，由式（9-23）可知，负指数分布的数学期望值 $E[T] = \frac{1}{\lambda}$，其表示的含义为货物相继到达的平均时间为 $\frac{1}{\lambda}$。

四、货物服务时间的负指数分布

货物服务时间也可以服从负指数分布，其分布函数和密度函数分别为

$$F_v(t) = \begin{cases} 1 - e^{-\mu t}, & t \geqslant 0 \\ 0, & t < 0 \end{cases} \tag{9-29}$$

$$f_v(t) = \begin{cases} \mu e^{-\mu t}, & t \geqslant 0 \\ 0, & t < 0 \end{cases} \tag{9-30}$$

同样地，如果货物服务时间为负指数分布，则具有如下性质。

（1）货物服务时间是独立的。

（2）当货物服务过程形成泊松流时，货物服务时间 v 必须服从负指数分布。

当货物服务过程形成泊松流，即

$$p_n(t) = \frac{(\mu t)^n}{n!} e^{-\mu t}, \quad t > 0, n = 0, 1, \cdots \tag{9-31}$$

其数学期望值为 $E[N(t)] = \mu t$，其表示的含义为 t 时间内完成服务后离开的货物数为 μt，即单位时间内平均服务后离开的货物数为 μ。

当货物服务时间独立且为负指数分布时，由式（9-29）可得负指数分布的数学期望值 $E[T] = \frac{1}{\mu}$，其表示的含义为货物的平均服务时间为 $\frac{1}{\mu}$。

五、k 阶爱尔朗分布

k 阶爱尔朗分布是指数分布的一个推广，用于描述 k 个相同过程的总等待时间，其中

每个过程的持续时间都遵循相同的指数分布。

设 $v_1,\cdots,v_k$ 是 k 个相互独立的随机变量,均服从参数为 $k\mu$ 的负指数分布,则

$$T = v_1 + \cdots + v_k \tag{9-32}$$

若其符合概率密度:

$$f_T(t) = \frac{(\mu k t)^{k-1}}{(k-1)!} \mu k \, e^{-\mu k t}, \quad t > 0 \tag{9-33}$$

则称随机变量 T 服从 k 阶爱尔朗分布,可看成是完全随机与完全非随机之间的分布。

如串行排列的 k 个服务台,每个服务台的服务时间相互独立,且均服从相同的负指数分布,则一个货物走完 k 个服务台所需要的总服务时间就服从 k 阶爱尔朗分布。

第四节　单服务台负指数分布物流排队系统

本节讨论单服务台的物流排队系统,并设定:货物到达过程服从泊松分布,货物服务时间服从负指数分布。

按下述三种情况讨论。

标准的模型:$M/M/1/\infty/\infty/\text{FCFS}$。

系统容量有限的模型:$M/M/1/N/\infty/\text{FCFS}$。

货物源有限的模型:$M/M/1/\infty/m/\text{FCFS}$。

一、单服务台等待制物流排队系统

(一)单服务台等待制物流排队模型

单服务台等待制物流排队模型 $M/M/1/\infty/\infty/\text{FCFS}$ 适合下列条件的物流排队系统。

(1)到达过程:货物源无限,货物单批到来,相互独立,一定时间内到达数服从泊松分布。

(2)排队规则:单队,队长没有限制,先到先服务。

(3)服务机构:单服务台,货物服务时间相互独立,服从相同的负指数分布。

(4)系统容量:没有限制。

单服务台等待制物流排队系统如图 9-7 所示。

图 9-7　单服务台等待制物流排队系统

当货物到达过程服从参数为 λ 的泊松分布,在 $[t, t+\Delta t)$ 时间区间内:

(1)有 1 批货物到达的概率为:$p_1(t, t+\Delta t) = \lambda \Delta t + o(\Delta t)$;

(2)没有货物到达的概率为:$p_0(t, t+\Delta t) = 1 - \lambda \Delta t - o(\Delta t)$;

(3)多于 1 批货物到达的概率为:$o(\Delta t)$。

当货物服务时间服从参数为 μ 的负指数分布,货物的服务过程形成泊松流,即货物服务完离开的过程服从参数为 μ 的泊松分布,在 $[t,t+\Delta t)$ 时间区间内:

(1) 当货物到达时,前 1 批货物服务完离去的概率为

$$p_1(t,t+\Delta t)=\mu\Delta t+o(\Delta t)$$

(2) 当货物到达时,前 1 批货物没有离去的概率为

$$p_0(t,t+\Delta t)=1-\mu\Delta t-o(\Delta t)$$

(3) 当货物到达时,多于 1 批货物离去的概率为

$$o(\Delta t)$$

(二) 在时刻 $t+\Delta t$,不同货物数的情况

(1) 时刻 $t+\Delta t$,系统中有 $n(n\geqslant1)$ 批货物存在四种情况,见表 9-5。

表 9-5　时刻 $t+\Delta t$,系统中有 $n(n\geqslant1)$ 批货物存在的四种情况

情况	时刻 t 货物数	区间 $[t,t+\Delta t)$		时刻 $t+\Delta t$ 货物数
		到达货物	离开货物	
A	n	无货物	无货物	n
B	$n+1$	无货物	1 批货物	n
C	$n-1$	1 批货物	无货物	n
D	n	1 批货物	1 批货物	n

表 9-5 所示四种情况发生概率见表 9-6。

表 9-6　时刻 $t+\Delta t$,系统中有 $n(n\geqslant1)$ 批货物存在的四种情况的发生概率

情况	时刻 t 货物数	区间 $[t,t+\Delta t)$		概　率
		到达货物	离开货物	
A	n	无货物	无货物	$p_n(t)(1-\lambda\Delta t)(1-\mu\Delta t)$
B	$n+1$	无货物	1 批货物	$p_{n+1}(t)(1-\lambda\Delta t)\mu\Delta t$
C	$n-1$	1 批货物	无货物	$p_{n-1}(t)\lambda\Delta t(1-\mu\Delta t)$
D	n	1 批货物	1 批货物	$p_n(t)\lambda\Delta t\mu\Delta t$

$$
\begin{aligned}
p_n(t+\Delta t) &=p_n(t)(1-\lambda\Delta t)(1-\mu\Delta t)+p_n(t)\lambda\Delta t\mu\Delta t+\\
&\quad p_{n+1}(t)(1-\lambda\Delta t)\mu\Delta t+p_{n-1}(t)\lambda\Delta t(1-\mu\Delta t)\\
&=p_n(t)(1-\lambda\Delta t-\mu\Delta t)+p_{n+1}(t)\mu\Delta t-p_{n+1}(t)\mu\Delta t\lambda\Delta t+\\
&\quad p_{n-1}(t)\lambda\Delta t-p_{n+1}(t)\mu\Delta t\lambda\Delta t\\
&=p_n(t)(1-\lambda\Delta t-\mu\Delta t)+p_{n+1}(t)\mu\Delta t-p_{n+1}(t)\lambda\Delta t+o(\Delta t)
\end{aligned}
$$

$$
\begin{aligned}
\frac{\mathrm{d}p_n(t)}{\mathrm{d}t} &=\lim_{\Delta t\to0}\frac{p_n(t+\Delta t)-p_n(t)}{\Delta t}\\
&=\lim_{\Delta t\to0}\frac{\mu p_{n+1}(t)\Delta t-\lambda p_{n-1}(t)\Delta t-(\lambda+\mu)p_n(t)\Delta t+o(t)}{\Delta t}\\
&=\mu p_{n+1}(t)+\lambda p_{n-1}(t)-(\lambda+\mu)p_n(t)
\end{aligned}
$$

所以,

$$\frac{\mathrm{d}p_n(t)}{\mathrm{d}t} = \mu p_{n+1}(t) + \lambda p_{n-1}(t) - (\lambda + \mu)p_n(t) \tag{9-34}$$

解上述方程是很困难的。这里只研究系统达到平稳状态的情况,即系统运行了无限长时间之后,状态概率分布不再随时间变化,显然此时 $\frac{\mathrm{d}p_n(t)}{\mathrm{d}t} = 0$。

由此可得,当 $n \geqslant 1$ 时:

$$\lambda p_{n-1} + \mu p_{n+1} - (\lambda + \mu)p_n = 0, n \geqslant 1 \tag{9-35}$$

(2)时刻 $t + \Delta t$,系统中有 $n(n=0)$ 批货物存在三种情况,见表 9-7。

表 9-7 时刻 $t+\Delta t$,系统中有 $n(n=0)$ 批货物存在的三种情况

情况	时刻 t 货物数	区间 $[t, t+\Delta t]$		时刻 $t+\Delta t$ 货物数
		到达货物	离开货物	
A	0	无货物	无货物	0
B	1	无货物	1批货物	0
D	0	1批货物	1批货物	0

上述三种情况发生的概率见表 9-8。

表 9-8 时刻 $t+\Delta t$,系统中有 $n(n=0)$ 批货物存在的三种情况的发生概率

情况	时刻 t 货物数	区间 $[t, t+\Delta t]$		概 率
		到达货物	离开货物	
A	0	无货物	无货物	$p_0(t)(1-\lambda\Delta t)$
B	1	无货物	1批货物	$p_1(t)(1-\lambda\Delta t)\mu\Delta t$
D	0	1批货物	1批货物	$p_0(t)\lambda\Delta t\mu\Delta t$

$$\begin{aligned} p_0(t+\Delta t) &= p_0(t)(1-\lambda\Delta t) + p_0(t)\lambda\Delta t\mu\Delta t + p_1(t)(1-\lambda\Delta t)\mu\Delta t \\ &= p_0(t)(1-\lambda\Delta t) + p_0(t)\lambda\Delta t\mu\Delta t + p_1(t)\mu\Delta t - p_1(t)\mu\Delta t\lambda\Delta t \\ &= p_0(t)(1-\lambda\Delta t) + p_1(t)\mu\Delta t + o(t) \end{aligned}$$

$$\begin{aligned} \frac{\mathrm{d}p_0(t)}{\mathrm{d}t} &= \lim_{\Delta t \to 0} \frac{p_0(t+\Delta t) - p_0(t)}{\Delta t} \\ &= \lim_{\Delta t \to 0} \frac{-\lambda p_0(t)\Delta t + \mu p_1(t)\Delta t + o(t)}{\Delta t} \\ &= -\lambda p_0(t) + \mu p_1(t) \end{aligned}$$

所以,

$$\frac{\mathrm{d}p_0(t)}{\mathrm{d}t} = -\lambda p_0(t) + \mu p_1(t) \tag{9-36}$$

解上述方程是很困难的。这里只研究系统达到平稳状态的情况,即系统运行了无限长时间之后,状态概率分布不再随时间变化,显然此时 $\frac{\mathrm{d}p_0(t)}{\mathrm{d}t} = 0$。

由此可得,当 $n = 0$ 时:

$$-\lambda p_0 + \mu p_1 = 0 \tag{9-37}$$

综上所述,可得

$$\begin{cases} -\lambda p_0 + \mu p_1 = 0 \\ \lambda p_{n-1} + \mu p_{n+1} - (\lambda + \mu) p_n = 0, n \geq 1 \end{cases} \tag{9-38}$$

(三) 解释式(9-38)

(1) 从 $-\lambda p_0 + \mu p_1 = 0$ 可得 $\mu p_1 = \lambda p_0$(图 9-8)。

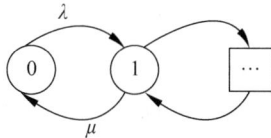

图 9-8　$\mu p_1 = \lambda p_0$ 单位时间内进入离开状态 0 图

状态 0:单位时间内进入状态 0 的平均次数=单位时间内离开状态 0 的平均次数;

单位时间内进入系统的货物数为 λ;

单位时间内服务完离开系统的货物数为 μ;

系统中没有货物的概率为 p_0;

系统中有 1 批货物的概率为 p_1。

由其他状态转移到系统中货物数为 0 的状态只有一种情况:系统中货物数为 1 的状态→系统中货物数为 0 的状态,计算其转移率为:μp_1。

由系统中货物数为 0 的状态转移到其他状态只有一种情况:系统中货物数为 0 的状态→系统中货物数为 1 的状态,计算其转移率为:λp_0。

由其他状态转移到系统中货物数为 0 的状态的转移率=由系统中货物数为 0 的状态转移到其他状态的转移率,即 $\mu p_1 = \lambda p_0$。

(2) 从 $\lambda p_{n-1} + \mu p_{n+1} - (\lambda + \mu) p_n = 0$ 可得 $(\lambda + \mu) p_n = \lambda p_{n-1} + \mu p_{n+1}$(图 9-9)。

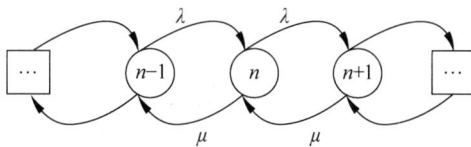

图 9-9　$\mu p_1 = \lambda p_0$ 单位时间内进入离开状态 n 图

状态 n:单位时间内进入状态 n 的平均次数=单位时间内离开状态 n 的平均次数;

单位时间内进入系统的货物数为 λ;

单位时间内服务完离开系统的货物数为 μ;

系统中货物数为 $n-1$ 的概率为 p_{n-1};

系统中货物数为 n 的概率为 p_n;

系统中货物数为 $n+1$ 的概率为 p_{n+1}。

由其他状态转移到系统中货物数为 n 的状态只有两种情况:系统中货物数为 $n-1$ 的状态→系统中货物数为 n 的状态,计算其转移率为:λp_{n-1};系统中货物数为 $n+1$ 的状态→系统中货物数为 n 的状态,计算其转移率为:μp_{n+1}。

由系统中货物数为 n 的状态转移到其他状态只有两种情况：系统中货物数为 n 的状态→系统中货物数为 $n+1$ 的状态，计算其转移率为：λp_n；系统中货物数为 n 的状态→系统中货物数为 $n-1$ 的状态，计算其转移率为：μp_n。

由其他状态转移到系统中货物数为 n 的状态的转移率＝由系统中货物数为 n 的状态转移到其他状态的转移率，即 $(\lambda+\mu)p_n=\lambda p_{n-1}+\mu p_{n+1}$。

（四）生灭过程

式(9-38)所表现的系统状态随时间的变化过程称为生灭过程。生灭过程是一类特殊的随机过程，在生物学、物理学、运筹学中有广泛的应用。在排队论中，如果 $N(t)$ 表示时刻 t 系统中的货物数，则 $\{N(t),t\geqslant 0\}$ 就构成了一个随机过程。如果用"生"表示货物到达，"灭"表示货物离去，则对许多排队过程来说，$\{N(t),t\geqslant 0\}$ 就是一类特殊的随机过程——生灭过程。下面结合排队论的术语给出生灭过程的定义。

设 $\{N(t),t\geqslant 0\}$ 为一个随机过程，若 $N(t)$ 的概率分布具有以下性质，则称 $\{N(t),t\geqslant 0\}$ 为一个生灭过程。

(1) 假设 $N(t)=n$，则从时刻 t 到下一批货物到达时刻的时间服从参数为 λ 的负指数分布，$n=0,1,\cdots$。

(2) 假设 $N(t)=n$，则从时刻 t 到下一批货物离去时刻的时间服从参数为 μ 的负指数分布，$n=0,1,\cdots$。

(3) 同一时刻只有一批货物到达或离去。

一般来说，得到 $N(t)$ 的分布 $p_n(t)=P\{N(t)=n\}(n=0,1,2,\cdots)$ 是比较困难的，因此通常是求当系统达到平稳状态后的状态分布，记为 $p_n,n=0,1,2,\cdots$。

当生灭过程达到平稳状态后，对于任一状态 n 来说，单位时间内进入该状态的平均次数和单位时间内离开该状态的平均次数应该相等，即在平稳状态下，流入＝流出。

（五）求解式(9-38)

方程 $\begin{cases} -\lambda p_0+\mu p_1=0 \\ \lambda p_{n-1}+\mu p_{n+1}-(\lambda+\mu)p_n=0,n\geqslant 1 \end{cases}$

(1) $-\lambda p_0+\mu p_1=0$

$$p_1=\frac{\lambda}{\mu}p_0 \tag{9-39}$$

(2) $\lambda p_{n-1}+\mu p_{n+1}-(\lambda+\mu)p_n=0,n\geqslant 1$

当 $n=1$ 时，$\lambda p_0+\mu p_2-(\lambda+\mu)p_1=0$

$$p_2=\frac{\lambda+\mu}{\mu}p_1-\frac{\lambda}{\mu}p_0$$

$$=\frac{\lambda+\mu}{\mu}\frac{\lambda}{\mu}p_0-\frac{\lambda}{\mu}p_0$$

$$=\left(\frac{\lambda}{\mu}\right)^2 p_0$$

当 $n=2$ 时，$\lambda p_1+\mu p_3-(\lambda+\mu)p_2=0$

$$p_3 = \frac{\lambda + \mu}{\mu} p_2 - \frac{\lambda}{\mu} p_1$$

$$= \frac{\lambda + \mu}{\mu} \left(\frac{\lambda}{\mu}\right)^2 p_0 - \left(\frac{\lambda}{\mu}\right)^2 p_0$$

$$= \left(\frac{\lambda}{\mu}\right)^3 p_0$$

以此类推,可得

$$p_n = \left(\frac{\lambda}{\mu}\right)^n p_0, \quad n \geqslant 1 \tag{9-40}$$

令 $\rho = \dfrac{\lambda}{\mu}$,式(9-40)可写为

$$p_n = \rho^n p_0, \quad n \geqslant 1 \tag{9-41}$$

又因为, $\displaystyle\sum_{n=0}^{\infty} p_n = 1$,则 $\displaystyle\sum_{n=0}^{\infty} p_n = \sum_{n=0}^{\infty} \rho^n p_0 = p_0 \sum_{n=0}^{\infty} (\rho^n) = p_0 \frac{1}{1-\rho} = 1$。

由此可得

$$p_0 = 1 - \rho \tag{9-42}$$

将式(9-42)代入式(9-41),可得

$$p_n = (1-\rho)\rho^n \tag{9-43}$$

综上所述,可得

$$\begin{cases} p_0 = 1 - \rho \\ p_n = (1-\rho)\rho^n, n \geqslant 1 \end{cases} , \quad \rho = \frac{\lambda}{\mu} \tag{9-44}$$

ρ 是没有实际意义的;

$\rho = \dfrac{\lambda}{\mu}$:平均到达率与平均服务率之比;

$\rho = \dfrac{\dfrac{1}{\mu}}{\dfrac{1}{\lambda}}$:每批货物的平均服务时间与平均到达时间之比,又称为服务强度或话务强度;

ρ 取不同大小的值,将会产生货物与货物服务员不同的反应或矛盾,通常来说,取值范围为 $\rho < 1$,否则队列将排至无限远。

(六)几个主要数量指标

当系统达到稳定状态之后,系统的各平稳数量指标如下:

L:平均队长;

L_q:平均排队长;

W:平均逗留时间;

W_q:平均等待时间。

对单服务台等待制物流排队系统,由已得到的平稳状态下的队长的分布,可以得到平均队长 L 为

$$L = \sum_{n=0}^{\infty} n p_n = \sum_{n=0}^{\infty} n(1-\rho)\rho^n = \sum_{n=0}^{\infty}(n\rho^n - n\rho^{n+1})$$

$$= (\rho + 2\rho^2 + 3\rho^3 + \cdots) - (\rho^2 + 2\rho^3 + 3\rho^4 \cdots)$$

$$= \rho + \rho^2 + \rho^3 + \cdots$$

$$= \frac{\rho}{1-\rho}$$

$$L = \frac{\rho}{1-\rho} = \frac{\frac{\lambda}{\mu}}{1-\frac{\lambda}{\mu}} = \frac{\lambda}{\mu-\lambda} \tag{9-45}$$

平均排队长 L_q 为

$$L_q = \sum_{n=0}^{\infty}(n-1)p_n = \sum_{n=0}^{\infty}(n-1)(1-\rho)\rho^n = \sum_{n=0}^{\infty}((n-1)\rho^n - (n-1)\rho^{n+1})$$

$$= (\rho^2 + 2\rho^3 + 3\rho^4 + \cdots) - (\rho^3 + 2\rho^4 + 3\rho^5 \cdots)$$

$$= \rho^2 + \rho^3 + \cdots$$

$$= \frac{\rho^2}{1-\rho}$$

$$L_q = \frac{\rho^2}{1-\rho} = \frac{\frac{\lambda^2}{\mu^2}}{1-\frac{\lambda}{\mu}} = \frac{\lambda}{\mu-\lambda} \cdot \frac{\lambda}{\mu} = \frac{\lambda^2}{\mu(\mu-\lambda)} = \frac{\rho\lambda}{\mu-\lambda} \tag{9-46}$$

下面来确定当系统达到稳定状态之后，系统的平均逗留时间 W 和平均等待时间 W_q。设一批货物到达时，系统已有 n 批货物，按先到先服务的规则，这批货物的逗留时间 W_n 就是原有各批货物的服务时间 T_i 和这批货物服务时间 T_{n+1} 之和，即 $W_n = T_1 + T_2 + \cdots + T_n + T_{n+1}$。

又因为 $T_1, T_2, \cdots, T_{n+1}$ 均服从参数为 μ 的负指数分布，故 W_n 服从爱尔朗分布：$f(w|n+1) = \frac{(\mu w)^n}{(n)!}\mu e^{-\mu w}$。

从而，W 的密度函数为

$$f_w(w) = \sum_{n=0}^{\infty} p_n f(w|n+1) = \sum_{n=0}^{\infty}(1-\rho)\rho^n \frac{(\mu w)^n}{(n)!}\mu e^{-\mu w}$$

$$= (1-\rho)\mu e^{-\mu w}\sum_{n=0}^{\infty}\frac{(\rho\mu w)^n}{(n)!} = \frac{\mu-\lambda}{\mu}\mu e^{-\mu w}\sum_{n=0}^{\infty}\frac{\left(\frac{\lambda}{\mu}\mu w\right)^n}{(n)!}$$

$$= (\mu-\lambda)e^{-\mu w}\sum_{n=0}^{\infty}\frac{(\lambda w)^n}{(n)!} = (\mu-\lambda)e^{-\mu w}\frac{1}{e^{-\lambda w}}\sum_{n=0}^{\infty}\frac{(\lambda w)^n}{(n)!}e^{-\lambda w}$$

$$= (\mu-\lambda)e^{-\mu w}\frac{1}{e^{-\lambda w}} = (\mu-\lambda)e^{-(\mu-\lambda)w}$$

W 的密度函数为：$f_w(w) = (\mu-\lambda)e^{-(\mu-\lambda)w}$，也就是说货物在系统中的逗留时间 W

服从参数为 $\mu-\lambda$ 的负指数分布。

因此,平均逗留时间 W 为

$$W = E[W] = \frac{1}{\mu-\lambda} \tag{9-47}$$

因为货物在系统中的逗留时间为等待时间和接受服务时间之和,即

$$T = T_q + V$$

其中,V 为服务时间,故由

$$W = E[W] = E(T_q) + E(V) = W_q + \frac{1}{\mu} \tag{9-48}$$

可得平均等待时间 W_q 为

$$W_q = W - \frac{1}{\mu} = \frac{1}{\mu-\lambda} - \frac{1}{\mu} = \frac{\lambda}{\mu(\mu-\lambda)} = \frac{\rho}{\mu-\lambda} \tag{9-49}$$

从式(9-45)和式(9-47)可发现平均队长 L 与平均逗留时间 W 具有如下关系:

$$L = \lambda W \tag{9-50}$$

同样,从式(9-46)和式(9-49)可发现平均排队长与平均等待时间有如下关系:

$$L_q = \lambda W_q \tag{9-51}$$

式(9-50)和式(9-51)通常称为 Little 公式,是排队论中非常重要的公式。

(七)Little 公式总结

Little 公式总结见表 9-9。

表 9-9 Little 公式总结

$L = \dfrac{\lambda}{\mu-\lambda}$	$L = \lambda W$
$L = L_p + \dfrac{\lambda}{\mu}$	$W = \dfrac{1}{\mu-\lambda}$
$L_q = \dfrac{\rho\lambda}{\mu-\lambda}$	$W = W_q + \dfrac{1}{\mu}$
$L_q = \lambda W_q$	$W_q = \dfrac{\rho}{\mu-\lambda}$

例 9-2 考虑一个铁路列车编组站,设待编列车到达时间间隔服从负指数分布,平均到达 2 列/小时;服务台是编组站,编组站服务时间服从负指数分布,平均每 20 分钟可编一组。已知编组站上共有 2 股道,当均被占用时,不能接车,再来的列车只能停在站外或前方站。求:在平稳状态下编组站中的列车平均数;等待编组列车平均数;列车平均停留时间;列车平均等待编组时间。

解:用系统容量有限制的排队模型处理本问题,已知:

$$\lambda = 2, \quad \mu = 3, \quad \rho = \frac{\lambda}{\mu} = \frac{2}{3}$$

由 Little 公式,可计算出编组站中的列车平均数、等待编组列车平均数、列车平均停留时间、列车平均等待编组时间:

$$L = \frac{\lambda}{\mu - \lambda} = 2(列) \quad L_q = \frac{\rho\lambda}{\mu - \lambda} = \frac{4}{3}(列)$$

$$W = \frac{1}{\mu - \lambda} = 1(小时) \quad W_q = \frac{\rho}{\mu - \lambda} = \frac{2}{3}(小时)$$

例 9-3　某仓库根据货物到来和完成货物储存时间的记录,任意抽查 100 个工作小时,每小时到来的货物数 n 的出现次数如表 9-10 所示。又任意抽查了 100 个完成货物储存的记录,所用时间 v(小时)出现的次数如表 9-11 所示。

表 9-10　每小时到来的货物数

到达货物数 n	次数
0	10
1	28
2	29
3	16
4	10
5	6
6 以上	1
合计	100

表 9-11　货物完成储存的时间

储存时间/小时	次数
0～0.2	38
0.2～0.4	25
0.4～0.6	17
0.6～0.8	9
0.8～1.0	6
1.0～1.2	5
1.2 以上	0
合计	100

解:本例可看成一个 $M/M/1/\infty/\infty/FCFS$ 排队问题。

(1) 平均每小时货物到达率:

$$\frac{0 \times 10 + 1 \times 28 + 2 \times 29 + 3 \times 16 + 4 \times 10 + 5 \times 6 + 6 \times 1}{100} = 2.1$$

通过统计检验方法可以认为货物的到达数服从参数为 2.1 的泊松分布,即 $\lambda = 2.1$。

(2) 平均货物储存时间:

$$\frac{0.1 \times 38 + 0.3 \times 25 + 0.5 \times 17 + 0.7 \times 9 + 0.9 \times 6 + 1.1 \times 5}{100} \approx 0.37$$

即平均每小时完成储存的货物数 $= \frac{1}{0.37} \approx 2.7$(人/小时)。通过统计检验方法可以认为货物储存时间服从参数为 2.7 的负指数分布,即 $\mu = 2.7$。

(3) 由 Little 公式,可计算出仓库中的平均货物数、排队等待货物数、货物逗留时间、货物排队等待时间:

$$L = \frac{\lambda}{\mu - \lambda} = 3.5(人) \quad L_q = \frac{\rho\lambda}{\mu - \lambda} = 2.7(人)$$

$$W = \frac{1}{\mu - \lambda} = 1.7(小时) \quad W_q = \frac{\rho}{\mu - \lambda} = 1.3(小时)$$

二、单服务台混合制物流排队系统(系统容量有限制)

(一)系统容量有限制的单服务台混合制物流排队模型

系统容量有限制的单服务台混合制物流排队模型 $M/M/1/N/\infty/FCFS$ 适合下列条件的排队系统。

（1）到达过程：货物源无限，货物单批到来，相互独立，一定时间内到达数服从泊松分布；

（2）排队规则：单队，队长由系统容量所限制，先到先服务；

（3）服务机构：单服务台，货物服务时间相互独立，服从相同的负指数分布；

（4）系统容量：系统容量为 N，排队等待的货物最多为 $N-1$，在某一时刻货物到达时，如系统中已有 N 批货物，那么这批货物就被拒绝进入系统（图 9-10）。

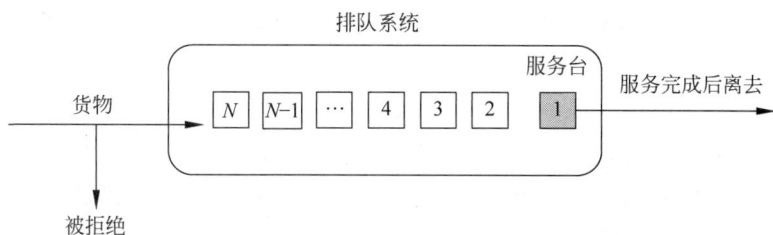

图 9-10　系统容量有限制的单服务台混合制物流排队系统

$$M/M/1/N/\infty/\text{FCFS} \begin{cases} N=1\ \text{时：}M/M/1/1/\infty/\text{FCFS} \\ \text{即时制} \\ N=\infty\ \text{时：}M/M/1/\infty/\infty/\text{FCFS} \\ \text{容量无限制} \end{cases}$$

（二）系统状态概率的稳态方程

$\mu p_1 = \lambda p_0$ 单位时间内进入离开状态 0 的平均次数图如图 9-11 所示。

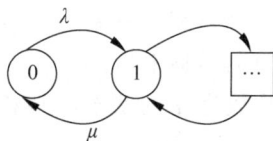

图 9-11　$\mu p_1 = \lambda p_0$ 单位时间内进入离开状态 0 的平均次数图

$$\mu p_1 = \lambda p_0$$

状态 0：单位时间内进入状态 0 的平均次数＝单位时间内离开状态 0 的平均次数；

单位时间内进入系统的货物数为 λ；

单位时间内服务完离开系统的货物数为 μ；

系统中没有货物的概率为 p_0；

系统中有一批货物的概率为 p_1。

由其他状态转移到系统中货物数为 0 的状态只有一种情况：系统中货物数为 1 的状态→系统中货物数为 0 的状态，计算其转移率为：μp_1。

由系统中货物数为 0 的状态转移到其他状态只有一种情况：系统中货物数为 0 的状态→系统中货物数为 1 的状态，计算其转移率为：λp_0。

由其他状态转移到系统中货物数为 0 的状态的转移率＝由系统中货物数为 0 的状态转移到其他状态的转移率，即 $\mu p_1 = \lambda p_0$。

$\lambda p_{n-1}+\mu p_{n+1}=(\lambda+\mu)p_n$,$1\leqslant n\leqslant N-1$ 单位时间内进入离开状态 n 图如图 9-12 所示。

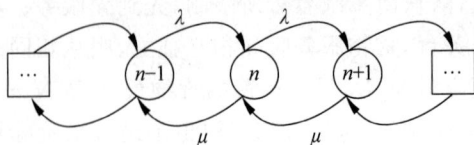

图 9-12　$\lambda p_{n-1}+\mu p_{n+1}=(\lambda+\mu)p_n$,$1\leqslant n\leqslant N-1$ 单位时间内进入离开状态 n 图

$$\lambda p_{n-1}+\mu p_{n+1}=(\lambda+\mu)p_n,1\leqslant n\leqslant N-1$$

状态 n：单位时间内进入状态 n 的平均次数＝单位时间内离开状态 n 的平均次数；

单位时间内进入系统的货物数为 λ；

单位时间内服务完离开系统的货物数为 μ；

系统中货物数为 $n-1$ 的概率为 p_{n-1}；

系统中货物数为 n 的概率为 p_n；

系统中货物数为 $n+1$ 的概率为 p_{n+1}。

由其他状态转移到系统中货物数为 n 的状态只有两种情况：系统中货物数为 $n-1$ 的状态→系统中货物数为 n 的状态,计算其转移率为：λp_{n-1}；系统中货物数为 $n+1$ 的状态→系统中货物数为 n 的状态,计算其转移率为：μp_{n+1}。

由系统中货物数为 n 的状态转移到其他状态只有两种情况：系统中货物数为 n 的状态→系统中货物数为 $n-1$ 的状态,计算其转移率为：λp_n；系统中货物数为 n 的状态→系统中货物数为 $n+1$ 的状态,计算其转移率为：μp_n。

由其他状态转移到系统中货物数为 n 的状态的转移率＝由系统中货物数为 n 的状态转移到其他状态的转移率,即 $(\lambda+\mu)p_n=\lambda p_{n-1}+\mu p_{n+1}$。

$\mu p_N=\lambda p_{N-1}$ 单位时间内进入离开状态 N 图如图 9-13 所示。

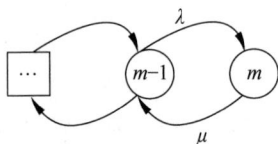

图 9-13　$\mu p_N=\lambda p_{N-1}$ 单位时间内进入离开状态 N 图

$$\mu p_N=\lambda p_{N-1}$$

状态 N：单位时间内进入状态 N 的平均次数＝单位时间内离开状态 N 的平均次数；

单位时间内进入系统的货物数为 λ；

单位时间内服务完离开系统的货物数为 μ；

系统中有 $N-1$ 批货物的概率为 p_{N-1}；

系统中有 N 批货物的概率为 p_N。

由其他状态转移到系统中货物数为 N 的状态只有一种情况：系统中货物数为 $N-1$ 的状态→系统中货物数为 N 的状态,计算其转移率为:λp_{N-1}。

由系统中货物数为 N 的状态转移到其他状态只有一种情况：系统中货物数为 N 的状态→系统中货物数为 $N-1$ 的状态,计算其转移率为:μp_N。

由其他状态转移到系统中货物数为 N 的状态的转移率＝由系统中货物数为 N 的状态转移到其他状态的转移率,即 $\mu p_N = \lambda p_{N-1}$。

因此,系统状态概率的稳态方程为

$$\begin{cases} \mu p_1 = \lambda p_0 \\ \lambda p_{n-1} + \mu p_{n+1} = (\lambda + \mu) p_n, \quad 1 \leqslant n \leqslant N-1 \\ \mu p_N = \lambda p_{N-1} \end{cases} \tag{9-52}$$

用递推法求解式(9-52),为

(1) $\mu p_1 = \lambda p_0$

$$p_1 = \frac{\lambda}{\mu} p_0 \tag{9-53}$$

(2) $\lambda p_{n-1} + \mu p_{n+1} = (\lambda + \mu) p_n, 1 \leqslant n \leqslant N-1$

当 $n=1$ 时,$\lambda p_0 + \mu p_2 = (\lambda + \mu) p_1$,

$$p_2 = \frac{\lambda + \mu}{\mu} p_1 - \frac{\lambda}{\mu} p_0 = \frac{\lambda + \mu}{\mu} \frac{\lambda}{\mu} p_0 - \frac{\lambda}{\mu} p_0 = \left(\frac{\lambda}{\mu}\right)^2 p_0$$

当 $n=2$ 时,$\lambda p_1 + \mu p_3 = (\lambda + \mu) p_2$,

$$p_3 = \frac{\lambda + \mu}{\mu} p_2 - \frac{\lambda}{\mu} p_1 = \frac{\lambda + \mu}{\mu} \left(\frac{\lambda}{\mu}\right)^2 p_0 - \left(\frac{\lambda}{\mu}\right)^2 p_0 = \left(\frac{\lambda}{\mu}\right)^3 p_0$$

以此类推,可得

$$p_n = \left(\frac{\lambda}{\mu}\right)^n p_0, 1 \leqslant n \leqslant N-1 \tag{9-54}$$

令 $\rho = \frac{\lambda}{\mu}$,

$$p_n = \rho^n p_0, 1 \leqslant n \leqslant N-1 \tag{9-55}$$

(3) $\mu p_N = \lambda p_{N-1}$

$$p_N = \frac{\lambda}{\mu} p_{N-1}$$

又因为 $\sum_{n=0}^{N} p_n = 1$,则

$$\sum_{n=0}^{N} p_n = \sum_{n=0}^{N-1} (\rho^n p_n) + p_0 = p_0 \sum_{n=0}^{N-1} (\rho^n) + \rho p_{N-1}$$

$$= p_0 \sum_{n=0}^{N-1} (\rho^n) + \rho \rho^{N-1} p_0 = p_0 \sum_{n=0}^{N-1} (\rho^n) + \rho^N p_0$$

$$= p_0 \sum_{n=0}^{N} (\rho^n) = p_0 \frac{1 - \rho^{N+1}}{1 - \rho} = 1$$

由此可得，$p_0 = \dfrac{1-\rho}{1-\rho^{N+1}}$。

将 $p_0 = \dfrac{1-\rho}{1-\rho^{N+1}}$ 代入式(9-55)，可得

$$p_n = \frac{1-\rho}{1-\rho^{N+1}}\rho^n, \quad n \leqslant N \tag{9-56}$$

综上所述，可得

$$\begin{cases} p_0 = \dfrac{1-\rho}{1-\rho^{N+1}} \\ p_n = \dfrac{1-\rho}{1-\rho^{N+1}}\rho^n, \quad n \leqslant N \end{cases}, \quad \rho = \frac{\lambda}{\mu} \tag{9-57}$$

（三）几个主要数量指标

确定当系统达到稳定状态之后，系统的各平稳数量指标，具体如下。

L：平均队长；

L_q：平均排队长；

W：平均逗留时间；

W_q：平均等待时间。

（1）系统中平均货物数（平均队长）：

$$L = \sum_{n=0}^{N} np_n = \sum_{n=0}^{N} n\left(\frac{1-\rho}{1-\rho^{N+1}}\rho^n\right) = \frac{1}{1-\rho^{N+1}}\sum_{n=0}^{N}(n\rho^n - n\rho^{n+1})$$

$$= \frac{1}{1-\rho^{N+1}}\big[(\rho + 2\rho^2 + 3\rho^3 + \cdots + N\rho^n) - (\rho^2 + 2\rho^3 + 3\rho^4 + \cdots + N\rho^{N+1})\big]$$

$$= \frac{1}{1-\rho^{N+1}}(\rho + \rho^2 + \rho^3 + \cdots + \rho^N - N\rho^{N+1})$$

$$= \frac{1}{1-\rho^{N+1}}\left(\frac{\rho - \rho^{N+1}}{1-\rho} - N\rho^{N+1}\right)$$

$$= \frac{1}{1-\rho^{N+1}}\left(\frac{\rho - \rho^{N+1}}{1-\rho} + \rho^{N+1} - (N+1)\rho^{N+1}\right)$$

$$= \frac{1}{1-\rho^{N+1}}\left(\frac{\rho(1-\rho^{N+1})}{1-\rho} - (N+1)\rho^{N+1}\right)$$

$$= \frac{\rho}{1-\rho} - \frac{(N+1)\rho^{N+1}}{1-\rho^{N+1}}$$

所以，

$$L = \frac{\rho}{1-\rho} - \frac{(N+1)\rho^{N+1}}{1-\rho^{N+1}} \tag{9-58}$$

（2）系统中排队等待的平均货物数（平均排队长）：

$$L_q = \sum_{n=1}^{N}(n-1)p_n = L - (1-p_0) \tag{9-59}$$

$$p_0 = \frac{1-\rho}{1-\rho^{N+1}}$$

（3）系统货物的平均逗留时间：

$$W = E(W) = \frac{1}{\mu(1-p_0)} \tag{9-60}$$

（4）系统货物的平均等待时间：

$$W_q = W - \frac{1}{\mu} \tag{9-61}$$

（5）Little 公式：

$$\begin{cases} L = \dfrac{\rho}{1-\rho} - \dfrac{(N+1)\rho^{N+1}}{1-\rho^{N+1}} \\[2mm] L_q = L - (1-p_0) \\[2mm] W = \dfrac{1}{\mu(1-p_0)} \\[2mm] W_q = W - \dfrac{1}{\mu} \end{cases}$$

例 9-4 单车货物运输公司有 6 辆车接待货物排队等待运输。当 6 辆车都排满时，后来到的货物不进公司就离开。货物平均到达率为 3 车/小时，运输需时平均 15 分钟。求：

（1）货物一到达就能运输的概率。

（2）需要等待的平均货物数。

（3）货物在运输公司的平均逗留时间。

（4）货物不等待就离开的概率。

解：本例可看成一个 $M/M/1/N/\infty/FCFS$ 排队问题。

系统容量：$N = 7$

单位时间货物平均到达数：$\lambda = 3$（车/小时）

单位时间货物平均服务数：$\mu = \dfrac{60}{15} = 4$（车/小时）

（1）货物一到达就能运输的概率，即运输公司内货物数为 0 的概率 p_0：

$$p_0 = \frac{1-\rho}{1-\rho^{N+1}} = \frac{1-\dfrac{3}{4}}{1-\left(\dfrac{3}{4}\right)^{7+1}} \approx 0.277\,8$$

（2）需要等待的平均货物数，即系统的排队长 L_q：

$$L = \frac{\rho}{1-\rho} - \frac{(N+1)\rho^{N+1}}{1-\rho^{N+1}} = \frac{\dfrac{3}{4}}{1-\dfrac{3}{4}} - \frac{(7+1)\left(\dfrac{3}{4}\right)^{7+1}}{1-\left(\dfrac{3}{4}\right)^{7+1}} \approx 2.11$$

$$L_q = L - (1-p_0) = 2.11 - (1-0.277\,8) \approx 1.39$$

（3）货物在运输公司内逗留的平均时间，即 W：

$$W = \frac{1}{\mu(1-p_0)} = \frac{1}{4(1-0.277\ 8)} \approx 0.35（小时）$$

（4）货物不等待就离开的概率，即系统中有 7 车货物的概率 p_7：

$$p_7 = \frac{\lambda}{\mu}p_6 = \left(\frac{\lambda}{\mu}\right)^7 p_0 = \left(\frac{3}{4}\right)^7 \times 0.277\ 8 \approx 0.037$$

三、单服务台混合制物流排队系统（货物源有限制）

（一）货物源有限制的单服务台混合制物流排队模型

货物源有限制的单服务台混合制物流排队模型 $M/M/1/\infty/m/\text{FCFS}$ 适合下列条件的排队系统。

到达过程：货物源为 m 个，货物单批到来，相互独立，一定时间内到达数服从泊松分布；

排队规则：单队，队长由货物源数限制，先到先服务；

服务机构：单服务台，货物服务时间相互独立，服从相同的负指数分布；

系统容量：没有限制，但因货物源为 m，系统容量永远不会超过 m，故系统容量也为 m。

$M/M/1/\infty/m/\text{FCFS}$ 模型 $= M/M/1/m/m/\text{FCFS}$ 模型。

货物源有限制的单服务台混合制物流排队系统如图 9-14 所示。

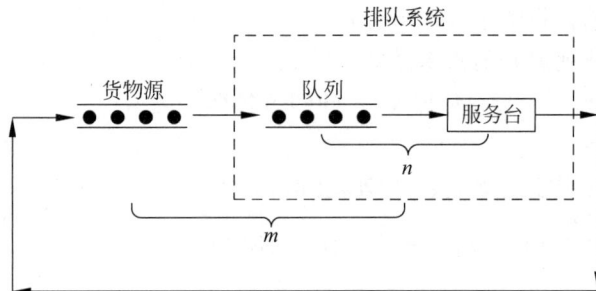

图 9-14　货物源有限制的单服务台混合制物流排队系统

货物总体只有 m 批，但每批货物到来并经过服务后，仍回到原来总体。

仓库机器故障问题：仓库机器因故障停机表示货物"到达"，仓库内待修机器形成队列，仓库的修理工人是货物服务员，同一台机器出了故障（到来）并经修好（服务完了）仍可再出故障。

货物到达率：λ，即仓库每台机器单位时间内发生故障的平均次数。这里设定每台机器单位时间内发生故障的平均次数均相等，都为 λ。

货物服务率：μ，即单位时间内修理完机器的平均次数。

服务强度为：$\rho = m\dfrac{\lambda}{\mu}$。

（二）系统状态概率的稳态方程

$\mu p_1 = m\lambda p_0$ 单位时间内进入离开状态 0 图如图 9-15 所示。

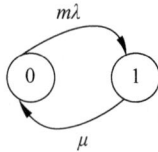

图 9-15　$\mu p_1 = m\lambda p_0$ 单位时间内进入离开状态 0 图

$$\mu p_1 = m\lambda p_0$$

状态 0：单位时间内进入状态 0 的平均次数＝单位时间内离开状态 0 的平均次数；

单位时间内修理完的机器数为 μ；

单位时间内一台机器发生故障次数为 λ；

仓库系统中故障机器数为 0 的概率为 p_0；

仓库系统中故障机器数为 1 的概率为 p_1。

由其他状态转移到仓库系统中故障机器数为 0 的状态只有一种情况：系统中故障机器数为 1 的状态→系统中故障机器数为 0 的状态，计算其转移率为 μp_1。

由仓库系统中故障机器数为 0 的状态转移到其他状态只有一种情况：系统中故障机器数为 0 的状态→系统中故障机器数为 1 的状态，计算其转移率为 $m\lambda p_0$。

由其他状态转移到仓库系统中故障机器数为 0 的状态的转移率＝由系统中故障机器数为 0 的状态转移到其他状态的转移率，即 $\mu p_1 = m\lambda p_0$。

$(m-n+1)\lambda p_{n-1} + \mu p_{n+1} = [(m-n)\lambda + \mu]p_n, 1 \leqslant n \leqslant m-1$ 单位时间内进入离开状态 n 图如图 9-16 所示。

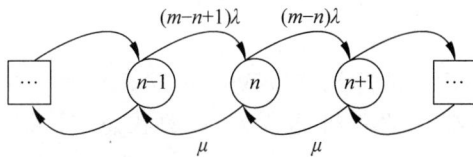

图 9-16　$(m-n+1)\lambda p_{n-1} + \mu p_{n+1} = [(m-n)\lambda + \mu]p_n, 1 \leqslant n \leqslant m-1$ 单位时间内进入离开状态 n 图

$$(m-n+1)\lambda p_{n-1} + \mu p_{n+1} = [(m-n)\lambda + \mu]p_n, 1 \leqslant n \leqslant m-1$$

状态 n：单位时间内进入状态 n 的平均次数＝单位时间内离开状态 n 的平均次数；

单位时间内修理完的机器数为 μ；

单位时间内一台机器发生故障的次数为 λ；

仓库系统中故障机器数为 $n-1$ 的概率为 p_{n-1}；

仓库系统中故障机器数为 n 的概率为 p_n；

仓库系统中故障机器数为 $n+1$ 的概率为 p_{n+1}。

由其他状态转移到仓库系统中故障机器数为 n 的状态只有两种情况：系统中故障机器数为 $n-1$ 的状态→系统中故障机器数为 n 的状态，计算其转移率为：$[m-(n-1)]\lambda p_{n-1}$；系统中故障机器数为 $n+1$ 的状态→系统中故障机器数为 n 的状态，计算其转移率为：μp_{n+1}。

由仓库系统故障机器数为 n 的状态转移到其他状态只有两种情况：系统中故障机器数为 n 的状态→系统中故障机器数为 $n-1$ 的状态，计算其转移率为 μp_n；系统中故障机器数为 n 的状态→系统中故障机器数为 $n+1$ 的状态，计算其转移率为 $(m-n)\lambda p_n$。

由其他状态转移到仓库系统中故障机器数为 n 的状态的转移率＝由系统中故障机器数为 n 的状态转移到其他状态的转移率，即 $[m-n+1]\lambda p_{n-1}+\mu p_{n+1}=[(m-n)\lambda+\mu]p_n$。

$\mu p_m=\lambda p_{m-1}$ 单位时间内进入离开状态 m 图如图 9-17 所示。

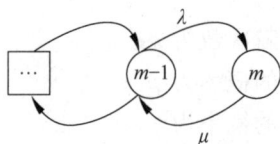

图 9-17　$\mu p_m=\lambda p_{m-1}$ 单位时间内进入离开状态 m 图

$$\mu p_m=\lambda p_{m-1}$$

状态 m：单位时间内进入状态 m 的平均次数＝单位时间内离开状态 m 的平均次数；

单位时间内修理完的机器数为 μ；

单位时间内每台机器发生故障次数为 λ；

系统中故障机器数为 $m-1$ 的概率为 p_{m-1}；

系统中故障机器数为 m 的概率为 p_m。

由其他状态转移到系统中故障机器数为 m 的状态只有一种情况：系统中故障机器数为 $m-1$ 的状态→系统中故障机器数为 m 的状态，计算其转移率为 $[m-(m-1)]\lambda p_{m-1}$。

由系统中故障机器数为 m 的状态转移到其他状态只有一种情况：系统中故障机器数为 m 的状态→系统中故障机器数为 $m-1$ 的状态，计算其转移率为：μp_m。

由其他状态转移到系统中故障机器数为 m 的状态的转移率＝由系统中故障机器数为 m 的状态转移到其他状态的转移率，即 $\mu p_m=\lambda p_{m-1}$。

系统状态概率的稳态方程：

$$\begin{cases}\mu p_1=m\lambda p_0\\ [m-n+1]\lambda p_{n-1}+\mu p_{n+1}=[(m-n)\lambda+\mu]p_n,1\leqslant n\leqslant m-1\\ \mu p_m=\lambda p_{m-1}\end{cases}\quad(9\text{-}62)$$

利用递推法可以求解式(9-62)，参考式(9-38)和式(9-52)的过程，可得

$$\begin{cases} p_0 = \cfrac{1}{\sum\limits_{i=0}^{m} \cfrac{m!}{(m-i)!}\left(\cfrac{\lambda}{\mu}\right)^i} \\[2em] p_n = \cfrac{m!}{(m-n)!}\left(\cfrac{\lambda}{\mu}\right)^n p_0, 1 \leqslant n \leqslant m \end{cases}$$

(9-63)

（三）几个主要数量指标

确定当系统达到稳定状态之后，系统的各平稳数量指标，具体如下。

L：平均队长；

L_q：平均排队长；

W：平均逗留时间；

W_q：平均等待时间。

Little 公式：

$$\begin{cases} L = m - \cfrac{\lambda}{\mu}(1-p_0) \\[1em] L_q = m - \cfrac{(\lambda+\mu)(1-p_0)}{\lambda} = L - (1-p_0) \\[1em] W = \cfrac{m}{\mu(1-p_0)} - \cfrac{1}{\lambda} \\[1em] W_q = W - \cfrac{1}{\mu} \end{cases}$$

(9-64)

例 9-5 某仓库配送车间有 5 台机器，每台机器的连续运转时间服从负指数分布，平均连续运转时间 15 分钟，有一个修理工，每次修理时间服从负指数分布，平均每次 12 分钟，求：

（1）修理工空闲的概率。

（2）5 台机器都出故障的概率。

（3）出故障的平均台数。

（4）等待修理的平均台数。

（5）机器平均停工时间。

（6）机器平均等待修理时间。

解：用货物源有限制物流排队模型处理本问题。已知

货物源：$m = 5$

单位时间机器发生故障的平均次数：$\lambda = \cfrac{60}{15} = 4$（次/小时）

单位时间平均修理的机器数量：$\mu = \cfrac{60}{12} = 5$（台/小时）

（1）修理工空闲的概率，即维修队列为 0 的概率 p_0：

$$p_0 = \cfrac{1}{\sum\limits_{i=0}^{m} \cfrac{m!}{(m-i)!}\left(\cfrac{\lambda}{\mu}\right)^i}$$

$$= \left[\frac{5!}{(5-0)!} \left(\frac{4}{5} \right)^0 + \frac{5!}{(5-1)!} \left(\frac{4}{5} \right)^1 + \frac{5!}{(5-2)!} \left(\frac{4}{5} \right)^2 + \frac{5!}{(5-3)!} \left(\frac{4}{5} \right)^3 + \right.$$

$$\left. \frac{5!}{(5-4)!} \left(\frac{4}{5} \right)^4 + \frac{5!}{(5-5)!} \left(\frac{4}{5} \right)^5 \right]^{-1}$$

$$= \frac{1}{136.8} \approx 0.007\ 3$$

（2）5 台机器都出现故障的概率，即维修队列为 5 的概率 p_5：

$$p_5 = \frac{m!}{(m-i)!} \left(\frac{\lambda}{\mu} \right)^5 p_0$$

$$= \frac{5!}{(5-5)!} \left(\frac{4}{5} \right)^5 \times 0.007\ 3$$

$$\approx 0.287$$

（3）出故障的平均台数，即队长 L：

$$L = m - \frac{\mu}{\lambda} (1 - p_0)$$

$$= 5 - \frac{5}{4} (1 - 0.007\ 3)$$

$$\approx 3.76 （台）$$

（4）等待修理的平均台数，即排队长 L_q：

$$L_q = L - (1 - p_0)$$

$$= 3.76 - (1 - 0.007\ 3)$$

$$\approx 2.77 （台）$$

（5）机器平均停工时间，即机器平均逗留时间 W：

$$W = \frac{m}{\mu (1 - p_0)} - \frac{1}{\lambda}$$

$$= \frac{5}{5(1 - 0.007\ 3)} - \frac{1}{4}$$

$$= 0.757\ 4 （小时） \approx 45 （分钟）$$

（6）机器平均等待修理时间，即机器平均等待时间 W_q：

$$W_q = W - \frac{1}{\mu}$$

$$= 0.757\ 4 - \frac{1}{5}$$

$$= 0.557\ 4 （小时） \approx 33 （分钟）$$

第五节　多服务台负指数分布物流排队系统

本节讨论多服务台的物流排队系统，并设定：货物到达过程服从泊松分布，货物服务时间服从负指数分布。按下述三种情况讨论。

（1）标准的模型：$M/M/c/\infty/\infty/$FCFS。

（2）系统容量有限的模型：$M/M/c/N/\infty/$FCFS。

（3）货物源有限的模型：$M/M/c/\infty/m/$FCFS。

一、多服务台等待制物流排队系统

（一）标准 $M/M/c/\infty/\infty/$FCFS 物流排队模型

标准 $M/M/c/\infty/\infty/$FCFS 物流排队模型适合下列条件的物流排队系统。

（1）到达过程：货物源无限，货物单个到来、相互独立，一定时间内到达数服从泊松分布。

（2）排队规则：单队，队长没有限制，先到先服务。

（3）服务机构：c 个服务台，各服务台工作相互独立，且平均服务率相同，$\mu_1=\mu_2=\cdots=\mu$。

（4）系统容量：没有限制。

（5）当服务强度（$\rho=\lambda/c\mu$）<1 时：不会排成无限队列。

多服务台等待制物流排队系统如图 9-18 所示。

共 c 个服务台，各服务台工作相互独立，且平均服务率相同，$\mu_1=\mu_2=\cdots=\mu$。

当货物数 $n\geqslant$ 服务台数 c 时：整个服务机构的平均服务率为 $c\mu$。

当货物数 $n<$ 服务台数 c 时：整个服务机构的平均服务率为 $n\mu$。

单位时间内进入状态 0 图如图 9-19 所示。

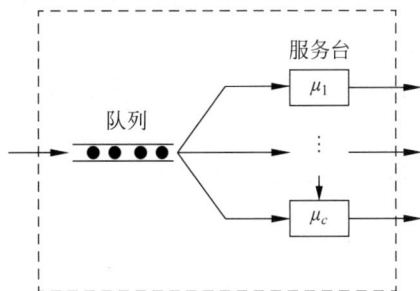

图 9-18　多服务台等待制物流排队系统

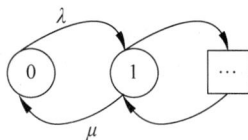

图 9-19　单位时间内进入状态 0 图

状态 0：单位时间内进入状态 0 的平均次数等于单位时间内离开状态 0 的平均次数。

单位时间内进入系统的货物数为 λ。

单位时间内服务完离开系统的货物数为 μ。

系统中没有货物的概率为 p_0。

系统中有一个货物的概率为 p_1。

由其他状态转移到系统中货物数为 0 的状态只有一种情况：系统中货物数为 1 的状态→系统中货物数为 0 的状态，计算其转移率为 μp_1。

由系统中货物数为 0 的状态转移到其他状态只有一种情况：系统中货物数为 0 的状态→系统中货物数为 1 的状态，计算其转移率为 λp_0。

由其他状态转移到系统中货物数为 0 的状态的转移率等于由系统中货物数为 0 的状

态转移到其他状态的转移率,即 $\mu p_1 = \lambda p_0$。

(1) 当 $n \leqslant c$ 时,如图 9-20 所示。

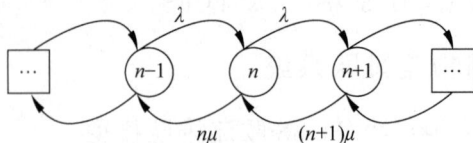

图 9-20　$\lambda p_{n-1} + (n+1)\mu p_{n+1} = (\lambda + n\mu)p_n$,$1 \leqslant n \leqslant c$ 单位时间内进入离开状态 n 图

$$\lambda p_{n-1} + (n+1)\mu p_{n+1} = (\lambda + n\mu)p_n,\ 1 \leqslant n \leqslant c \tag{9-65}$$

状态 n:单位时间内进入状态 n 的平均次数=单位时间内离开状态 n 的平均次数。

系统中货物数为 $n-1$ 的概率为 p_{n-1}。

系统中货物数为 n 的概率为 p_n。

系统中货物数为 $n+1$ 的概率为 p_{n+1}。

由其他状态转移到系统中货物数为 n 的状态只有两种情况:系统中货物数为 $n-1$ 的状态→系统中货物数为 n 的状态,计算其转移率为 λp_{n-1};系统中货物数为 $n+1$ 的状态→系统中货物数为 n 的状态,计算其转移率为 $(n+1)\mu p_{n+1}$。

由系统中货物数为 n 的状态转移到其他状态只有两种情况:系统中货物数为 n 的状态→系统中货物数为 $n-1$ 的状态,计算其转移率为 $n\mu p_n$;系统中货物数为 n 的状态→系统中货物数为 $n+1$ 的状态,计算其转移率为 λp_n。

由其他状态转移到系统中货物数为 n 的状态的转移率等于由系统中货物数为 n 的状态转移到其他状态的转移率,即

$$\lambda p_{n-1} + (n+1)\mu p_{n+1} = (\lambda + n\mu)p_n,\ 1 \leqslant n \leqslant c$$

(2) 当 $n > c$ 时,如图 9-21 所示。

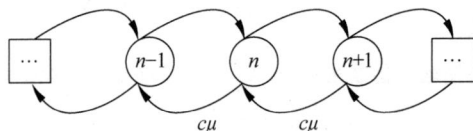

图 9-21　$\lambda p_{n-1} + c\mu p_{n+1} = (\lambda + c\mu)p_n$,$n > c$ 单位时间内进入离开状态 n 图

$$\lambda p_{n-1} + c\mu p_{n+1} = (\lambda + c\mu)p_n,\ n > c \tag{9-66}$$

状态 n:单位时间内进入状态 n 的平均次数等于单位时间内离开状态 n 的平均次数。

由其他状态转移到系统中货物数为 n 的状态只有两种情况:系统中货物数为 $n-1$ 的状态→系统中货物数为 n 的状态,计算其转移率为 λp_{n-1};系统中货物数为 $n+1$ 的状态→系统中货物数为 n 的状态,计算其转移率为 $c\mu p_{n+1}$。

由系统中货物数为 n 的状态转移到其他状态只有两种情况:系统中货物数为 n 的状

态→系统中货物数为 $n-1$ 的状态,计算其转移率为 $c\mu p_n$;系统中货物数为 n 的状态→系统中货物数为 $n+1$ 的状态,计算其转移率为 λp_n。

由其他状态转移到系统中货物数为 n 的状态的转移率等于由系统中货物数为 n 的状态转移到其他状态的转移率,即

$$\lambda p_{n-1} + c\mu p_{n+1} = (\lambda + c\mu) p_n, \quad n > c$$

系统状态概率的稳态方程:

$$\begin{cases} \mu p_1 = \lambda p_0 \\ \lambda p_{n-1} + (n+1)\mu p_{n+1} = (\lambda + n\mu)p_n, \quad 1 \leqslant n \leqslant c \\ \lambda p_{n-1} + c\mu p_{n+1} = (\lambda + c\mu)p_n, \quad c < n \end{cases} \tag{9-67}$$

利用递推法来求解上述方程:

$$\begin{cases} p_0 = \left[\sum_{k=0}^{c-1} \dfrac{1}{k!}\left(\dfrac{\lambda}{\mu}\right)^k + \dfrac{1}{c!} \cdot \dfrac{1}{1-\rho} \cdot \left(\dfrac{\lambda}{\mu}\right)^c \right]^{-1} \\[2mm] p_n = \begin{cases} \dfrac{1}{n!}\left(\dfrac{\lambda}{\mu}\right)^n p_0, \quad n \leqslant c \\[2mm] \dfrac{1}{c! \, c^{n-c}}\left(\dfrac{\lambda}{\mu}\right)^n p_0, \quad n > c \end{cases} \\[2mm] \rho = \dfrac{\lambda}{c\mu} \end{cases} \tag{9-68}$$

(二) 几个主要数量指标

下面来确定当系统达到稳定状态之后,系统的各平稳数量指标,具体如下。

L:平均队长;

L_q:平均排队长;

W:平均逗留时间;

W_q:平均等待时间;

Little 公式:

$$\begin{cases} L = L_q + \dfrac{\lambda}{\mu} \\[2mm] L_q = \sum_{n=c+1}^{\infty} (n-c)p_n = \dfrac{(c\rho)^c \rho}{c! \, (1-\rho)^2} p_0 \\[2mm] W = \dfrac{L}{\lambda} \\[2mm] W_q = \dfrac{L_q}{\lambda} \end{cases} \tag{9-69}$$

例 9-6 某货物分发中心有三个装卸区,货物的到达服从泊松过程,平均到达率为每分钟 0.9 批,处理(分发)时间服从负指数分布,平均处理率为每分钟 0.4 批。现设货物到达后排成一队,空闲的装卸区依次分发货物。求:

(1) 整个分发中心空闲的概率。

(2) 平均队长和平均排队长。

（3）平均等待时间和平均逗留时间。

解：

服务台数：$c = 3$

单位时间货物到达数：$\lambda = 0.9$（批/小时）

单位时间货物离开数：$\mu = 0.4$（批/小时）

$\rho = \lambda / c\mu = 0.9/(3 \times 0.4) = 0.75$

（1）整个分发中心空闲的概率，即系统中货物量为 0 的概率 p_0。

$$p_0 = \left[\sum_{k=0}^{c-1} \frac{1}{k!} \left(\frac{\lambda}{\mu} \right)^k + \frac{1}{c!} \cdot \frac{1}{1-\rho} \cdot \left(\frac{\lambda}{\mu} \right)^c \right]^{-1}$$

$$= \frac{1}{\frac{1}{0!} \left(\frac{0.9}{0.4} \right)^0 + \frac{1}{1!} \left(\frac{0.9}{0.4} \right)^1 + \frac{1}{2!} \left(\frac{0.9}{0.4} \right)^2 + \frac{1}{3!} \frac{1}{1-0.75} \left(\frac{0.9}{0.4} \right)^3}$$

$$= 0.0748$$

（2）平均排队长和平均队长，即 L_q 和 L。

$$L_q = \frac{(c\rho)^c \rho}{c!\,(1-\rho)^2} p_0 = \frac{(3 \times 0.75)^3 \cdot 0.75}{3!\,(1-0.75)^2} \times 0.0748 = 1.7 （列）$$

$$L = L_q + \frac{\lambda}{\mu} = 1.7 + \frac{0.9}{0.4} = 3.95 （列）$$

（3）平均逗留时间和平均等待时间，即 W 和 W_q。

$$W = \frac{L}{\lambda} = \frac{3.95}{0.9} \approx 4.39 （分钟）$$

$$W_q = \frac{L_q}{\lambda} = \frac{1.7}{0.9} \approx 1.89 （分钟）$$

$M/M/3/\infty/\infty/\text{FCFS}$ 与 3 个 $M/M/1/\infty/\infty/\text{FCFS}$ 的比较，如图 9-22 和图 9-23 所示。

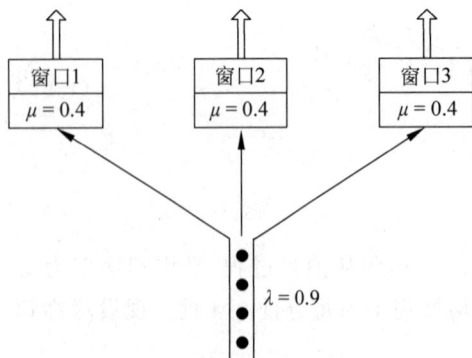

图 9-22　$M/M/3/\infty/\infty/\text{FCFS}$ 模型图

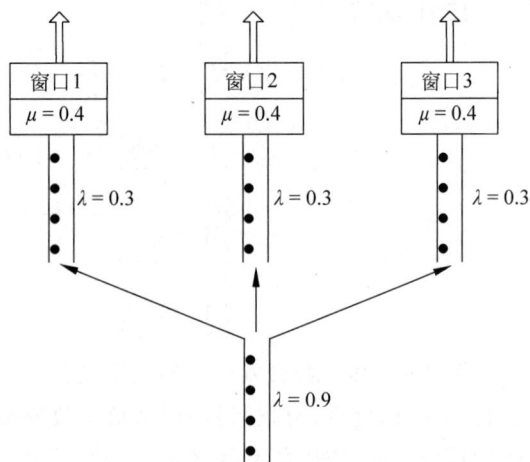

图 9-23　3 个 $M/M/1/\infty/\infty/\text{FCFS}$ 模型图

解：$\lambda = 0.3, \mu = 0.4, \rho = \dfrac{\lambda}{\mu} = \dfrac{3}{4}$。

由 Little 公式，可计算出平均队列数、平均排队数、平均逗留时间、平均等待时间。

$$L = \frac{\lambda}{\mu - \lambda} = 3（列） \qquad L_q = \frac{\rho\lambda}{\mu - \lambda} = 2.25（列）$$

$$W = \frac{1}{\mu - \lambda} = 10（分钟） \quad W_q = \frac{\rho}{\mu - \lambda} = 7.5（分钟）$$

由表 9-12 可以看出，单队比三队有显著优越性，在安排排队方式时应该注意。

表 9-12　M/M/3 和 3 个 M/M/1 的比较

模　　型	M/M/3 型	M/M/1 型
分发中心空闲的概率 p_0	0.074 8	0.25（每个队列）
平均排队长	1.7	2.25（每个队列）
平均队长	3.95	3（每个队列）
平均逗留时间	4.39 分钟	10 分钟（每个队列）
平均等待时间	1.89 分钟	7.5 分钟（每个队列）

二、系统容量有限制的多服务台混合制物流排队系统

$M/M/c/N/\infty/$FCFS 物流排队模型适合下列条件的物流排队系统。

（1）到达过程：货物源无限，货物单个到来、相互独立，一定时间内到达数服从泊松分布。

（2）排队规则：单队，队长由系统容量所限制，先到先服务。

（3）服务机构：c 个服务台，各服务台工作相互独立，且平均服务率相同，$\mu_1 = \mu_2 = \cdots = \mu$。

（4）系统容量：系统容量为 $N(N \geqslant c)$，排队等待的货物最多为 $N - c$，在某一时刻货物到达时，如系统中已有 N 批货物，那么这批货物就被拒绝进入系统。

由图 9-24 可以看出以下内容。

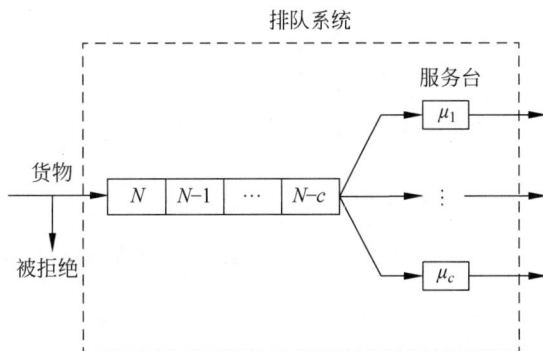

图 9-24　系统容量有限制的多服务台混合制物流排队系统

（1）c 个服务台，各服务台工作相互独立，且平均服务率相同，$\mu_1 = \mu_2 = \cdots = \mu$。

（2）当货物数 $n \geqslant$ 服务台数 c 时：整个服务机构的平均服务率为 $c\mu$。

(3) 当货物数 $n <$ 服务台数 c 时：整个服务机构的平均服务率为 $n\mu$。

(4) 服务强度为：$\rho = \lambda / c\mu$。

对 $M/M/c/N/\infty/FCFS$ 模型分两种情况进行讨论。

(1) 当 $N > c$ 时，$M/M/c/N/\infty/FCFS$ 容量无限制。

$$
\begin{cases}
p_0 = \left[\sum_{k=0}^{c} \frac{1}{k!} (c\rho)^k + \frac{c^c}{c!} \cdot \frac{\rho(\rho^c - \rho^N)}{1-\rho} \right]^{-1} \\
p_n = \begin{cases} \frac{1}{n!} (c\rho)^n p_0, & n \leqslant c \\ \frac{c^c}{c!} \rho^n p_0, & c < n < N \end{cases} \\
\rho = \frac{\lambda}{c\mu}
\end{cases}
\tag{9-70}
$$

下面来确定当系统达到稳定状态之后，系统的各平稳数量指标，具体如下。

L：平均队长；

L_q：平均排队长；

W：平均逗留时间；

W_q：平均等待时间。

Little 公式：

$$
\begin{cases}
L = L_q + c\rho(1 - p_N) \\
L_q = \frac{(c\rho)^c \rho}{c! (1-\rho)^2} p_0 \left[1 - \rho^{N-c} - (N-c)\rho^{N-c}(1-\rho) \right] \\
W = W_q + \frac{1}{\mu} \\
W_q = \frac{L_q}{\lambda(1 - p_N)}
\end{cases}
\tag{9-71}
$$

(2) $N = c$ 时，$M/M/c/N/\infty/FCFS$ 即时制。

$$
\begin{cases}
p_0 = \left[\sum_{k=0}^{c} \frac{1}{k!} (c\rho)^k \right]^{-1} \\
p_n = \frac{1}{n!} (c\rho)^n p_0, & n \leqslant c \\
\rho = \frac{\lambda}{c\mu}
\end{cases}
\tag{9-72}
$$

下面来确定当系统达到稳定状态之后，系统的各平稳数量指标，具体如下。

L：平均队长；

L_q：平均排队长；

W：平均逗留时间；

W_q：平均等待时间。

Little 公式：

$$\begin{cases} L = c\rho(1 - p_c) \\ L_q = 0 \\ W = \dfrac{1}{\mu} \\ W_q = 0 \end{cases} \tag{9-73}$$

例 9-7 某物流中心准备建造仓库,货物到达为泊松流,每天平均到 6 批货物,货物平均逗留时间为 2 天,试就该仓库在具有 8 个货物存放区的条件下,分别计算:

(1) 货物存放区满员概率。

(2) 每天货物存放区平均占用数。

解:

因为在货物存放区满员的条件下,货物显然不能排队等待,该排队系统为即时制排队系统,故:

该排队系统的排队长 $L_q = 0$,队长 L 就是在货物存放区内的货物总数(正在存放的货物);

该排队系统的等待时间 $W_q = 0$,逗留时间 W 就是货物在货物存放区内的逗留时间,即 $1/\mu = 2$ 天。

服务台数:$c = 8$

单位时间货物到达数:$\lambda = 6$(批/天)

单位时间货物离开数:$\mu = 1/2 = 0.5$(批/天)

$$\rho = \lambda/c\mu = 6/(8 \times 0.5) = 1.5$$

(1) 满员概率,即系统中货物数为 8 的概率 p_8。

$$p_0 = \left[\sum_{k=0}^{c} \frac{1}{k!}(c\rho)^k \right]^{-1} = \left[\sum_{k=0}^{8} \frac{1}{k!}(8 \times 1.5)^k \right]^{-1} = 252\,000$$

$$p_8 = \frac{1}{8!}(c\rho)^8 p_0 = \frac{1}{8!}(8 \times 1.5)^8 \times 252\,000 = 0.42$$

(2) 每天货物存放区平均占用数,即队长 L。

$$L = c\rho(1 - p_c) = 8 \times 1.5 \times (1 - p_8) = 8 \times 1.5 \times (1 - 0.42) = 6.96$$

三、货物源有限制的多服务台混合制物流排队系统

(一)$M/M/c/\infty/m/FCFS$ 物流排队模型

$M/M/c/\infty/m/FCFS$ 物流排队模型适合下列条件的物流排队系统。

(1) 到达过程:货物源为 m 批,货物单批到来、相互独立,一定时间内到达数服从泊松分布。

(2) 排队规则:单队,队长由货物源数限制,先到先服务。

(3) 服务机构:c 个服务台,各服务台工作相互独立,且平均服务率相同,$\mu_1 = \mu_2 = \cdots = \mu$。

(4) 系统容量:没有限制,但因货物源为 m,系统容量永远不会超过 m,故系统容量也为 $m(m \geq c)$,排队等待的货物最多为 $m - c$。

货物源有限制的多服务台混合制物流排队系统如图 9-25 所示。

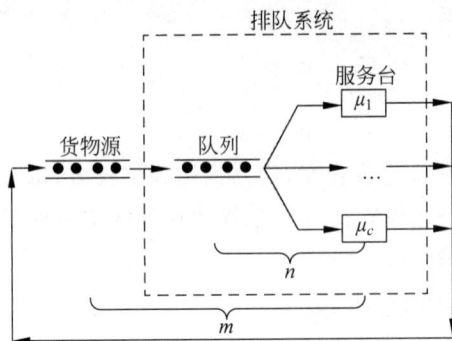

图 9-25　货物源有限制的多服务台混合制物流排队系统

货物总体只有 m 批，但每批货物到来并经过服务后，仍回到原来总体。

机器故障问题：机器因故障停机表示货物"到达"，待修机器形成队列，修理工人是服务员，同一台机器出了故障（到来）并经修好（服务完了）仍可再出故障。

货物到达率：λ，即每台机器单位时间内发生故障的平均次数。这里设定每台机器单位时间内发生故障的平均次数均相等，都为 λ。

货物服务率：μ，即单位时间内修理完机器的平均次数。设定 c 个修理工的修理技术相同，修理时间都服从参数为 μ 的负指数分布。

n：出故障的机器台数。

c：修理工人数（即服务台的数量）。

$n \leqslant c$ 时：n 台故障机器都在被修理，有 $c - n$ 个修理工人空闲。整个服务机构的平均服务率为 $n\mu$。

$c < n \leqslant m$ 时：c 台机器正在被修理，$n - c$ 台机器在等待修理，所有修理工都在繁忙状态。整个服务机构的平均服务率为 $c\mu$。

服务强度为：$\rho = m\lambda / c\mu$。

$$
\begin{cases}
p_0 = \dfrac{1}{m!} \cdot \dfrac{1}{\displaystyle\sum_{k=0}^{c} \dfrac{1}{k!(m-k)!} \left(\dfrac{c\rho}{m}\right)^k + \dfrac{c}{c!} \sum_{k=c+1}^{m} \dfrac{1}{(m-k)!} \left(\dfrac{\rho}{m}\right)^k} \\[4mm]
p_n = \begin{cases} \dfrac{m!}{(m-n)!\,n!} \left(\dfrac{\lambda}{\mu}\right)^n p_0, & 0 \leqslant n \leqslant c \\[3mm] \dfrac{m!}{(m-n)!\,c!\,c^{n-c}} \left(\dfrac{\lambda}{\mu}\right)^n p_0, & c+1 \leqslant n \leqslant m \end{cases} \\[6mm]
\rho = \dfrac{m\lambda}{c\mu}
\end{cases}
\tag{9-74}
$$

（二）几个主要数量指标

下面来确定当系统达到稳定状态之后，系统的各平稳数量指标，具体如下。

L：平均队长；

L_q：平均排队长；

W：平均逗留时间；

W_q：平均等待时间。

Little 公式：

$$\begin{cases} L = \sum_{n=1}^{m} n p_n \\[2mm] L_q = \sum_{n=c+1}^{m} (n-c) p_n \\[2mm] W = \dfrac{L}{\lambda(m-L)} \\[2mm] W_q = \dfrac{L_q}{\lambda(m-L)} \end{cases} \qquad (9\text{-}75)$$

例 9-8 设有两个修理工人,负责 5 台机器的正常运行,每台机器平均损坏率为每运转小时 1 次,两工人能以相同的平均修复率 4 次/小时修好机器。求：

(1) 需要修理的机器平均数。

(2) 等待修理的机器平均数。

(3) 机器停工时间。

(4) 机器等待修理时间。

解：

服务台数：$c = 2$

货物源：$m = 5$

单位时间每台机器损坏次数：$\lambda = 1$(次/小时)

单位时间修复机器数：$\mu = 4$(次/小时)

$$\rho = m\lambda / c\mu = 5 \times 1/(2 \times 4) = 0.625$$

$$p_0 = \frac{1}{m!} \cdot \frac{1}{\displaystyle\sum_{k=0}^{c} \frac{1}{k!(m-k)!}\left(\frac{c\rho}{m}\right)^k + \frac{c}{c!}\sum_{k=c+1}^{m} \frac{1}{(m-k)!}\left(\frac{\rho}{m}\right)^k}$$

$$= \frac{1}{5!} \cdot \frac{1}{\displaystyle\sum_{k=0}^{2} \frac{1}{k!(5-k)!}\left(\frac{2 \times 0.625}{5}\right)^k + \frac{2}{2!}\sum_{k=3}^{5} \frac{1}{(5-k)!}\left(\frac{0.625}{5}\right)^k}$$

$$\approx 0.331$$

$$p_n = \frac{m!}{(m-n)!n!}\left(\frac{\lambda}{\mu}\right)^n p_0, n \leqslant c$$

$$= \frac{5!}{(5-n)!n!}\left(\frac{1}{4}\right)^n \times 0.331, n \leqslant 2$$

$$p_1 = \frac{5!}{(5-1)!1!}\left(\frac{1}{4}\right)^1 \times 0.331 \approx 0.414$$

$$p_2 = \frac{5!}{(5-2)!2!}\left(\frac{1}{4}\right)^2 \times 0.331 \approx 0.207$$

$$p_n = \frac{m!}{(m-n)!c!c^{n-c}}\left(\frac{\lambda}{\mu}\right)^n p_0, c+1 \leqslant n \leqslant m$$

$$= \frac{5!}{(5-n)!2!2^{n-2}}\left(\frac{1}{4}\right)^n \times 0.331, 3 \leqslant n \leqslant 5$$

$$p_3 = \frac{5!}{(5-3)!2!2^{3-2}}\left(\frac{1}{4}\right)^3 \times 0.331 \approx 0.078$$

$$p_4 = \frac{5!}{(5-4)!2!2^{4-2}}\left(\frac{1}{4}\right)^4 \times 0.331 \approx 0.019$$

$$p_5 = \frac{5!}{(5-5)!2!2^{5-2}}\left(\frac{1}{4}\right)^5 \times 0.331 \approx 0.002$$

(1) 需要修理的机器平均数,即队长 L。

$$L = \sum_{n=1}^{m} np_n = p_1 + 2p_2 + 3p_3 + 4p_4 + 5p_5 \approx 1.15$$

(2) 等待修理的机器平均数,即排队长 L_q。

$$L_q = \sum_{n=c+1}^{m}(n-c)p_n = \sum_{n=3}^{5}(n-2)p_n = p_3 + 2p_4 + 3p_5 = 0.122$$

(3) 机器停工时间,即逗留时间 W。

$$W = \frac{L}{\lambda(m-L)} = \frac{1.15}{1 \times (5-1.15)} \approx 0.299(\text{小时})$$

(4) 机器等待修理时间,即等待时间 W_q。

$$W_q = \frac{L_q}{\lambda(m-L)} = \frac{0.122}{1 \times (5-1.15)} \approx 0.032(\text{小时})$$

第六节　一般服务时间 $M/G/1$ 物流排队模型

前面研究的排队系统的服务时间都为负指数分布,本节讨论服务时间是任意分布的情况:设定货物到达过程服从泊松分布;货物服务时间服从任意分布。

按下述三种情况讨论。

(1) 一般服务时间:$M/G/1/\infty/\infty/\text{FCFS}$。

(2) 定长服务时间:$M/D/1/\infty/\infty/\text{FCFS}$。

(3) 爱尔朗服务时间:$M/E_k/1/\infty/\infty/\text{FCFS}$。

一、一般服务时间物流排队模型

(一) 标准 $M/G/1/\infty/\infty/\text{FCFS}$ 物流排队模型

标准 $M/G/1/\infty/\infty/\text{FCFS}$ 物流排队模型适合下列条件的物流排队系统。

(1) 到达过程:货物源无限,货物单批到来、相互独立,一定时间内到达数服从泊松分布。

(2) 排队规则:单队,队长没有限制,先到先服务。

（3）服务机构：单服务台，货物服务时间相互独立，分布是一般的，但其期望值 $E[T]$ 和方差 $Var[T]$ 已知。

（4）系统容量：没有限制。

（二）几个主要数量指标

下面来确定当系统达到稳定状态之后，系统的各平稳数量指标，具体如下。

L：平均队长；

L_q：平均排队长；

W：平均逗留时间；

W_q：平均等待时间。

Pollaczek-Khintchine(P-K)公式：

$$L = \rho + \frac{\rho^2 + \lambda^2 Var[T]}{2(1-\rho)}, \quad \rho = \frac{\lambda}{\mu} = \lambda E[T] \tag{9-76}$$

由 P-K 公式可知：不管服务时间 T 符合什么样的分布，只要知道 λ、$E[T]$ 和 $Var[T]$，就能求出队长。

由 $M/M/1$ 模型的 Little 公式可知：

$$\begin{cases} L = \rho + \dfrac{\rho^2 + \lambda^2 Var[T]}{2(1-\rho)} \\ L_q = L - \rho \\ W = L/\lambda \\ W_q = L_q/\lambda \end{cases} \tag{9-77}$$

例 9-9 有一货物分拣中心，已知货物按平均 2 分 30 秒的时间间隔的负指数分布到达。货物在分拣中心平均分拣时间为 2 分钟。

（1）若分拣时间也服从负指数分布，求货物为分拣所需的平均逗留时间和平均等待时间。

（2）若经过调查，货物在分拣中心至少要占用 1 分钟，且认为分拣时间服从负指数分布是不恰当的，而应由以下概率密度分布，求货物的逗留时间和等待时间。

$$f(y) = \begin{cases} e^{-y+1}, & y \geq 1 \\ 0, & y < 1 \end{cases}$$

解：

单位时间货物到达数：$\lambda = 1/2.5 = 0.4$（批/分钟）

单位时间货物离开数：$\mu = 1/2 = 0.5$（批/分钟）

$$\rho = \lambda/\mu = 0.4/0.5 = 0.8$$

（1）平均逗留时间和平均等待时间，即 W 和 W_q。

$$W = \frac{1}{\mu - \lambda} = \frac{1}{0.5 - 0.4} = 10（分钟）$$

$$W_q = \frac{\rho}{\mu - \lambda} = \frac{0.8}{0.5 - 0.4} = 8（分钟）$$

（2）对分拣时间的概率分布函数进行分析，可求得该分布函数的期望值和方差。

$$E[Y]=2 \quad \text{Var}[Y]=1$$

根据 P-K 公式：

$$\rho=\lambda E[T]=0.4 \times 2=0.8$$

$$L=\rho+\frac{\rho^2+\lambda^2 \text{Var}[T]}{2(1-\rho)}=0.8+\frac{0.8^2+0.4^2 \times 1}{2 \times (1-0.8)}=2.8$$

根据 Little 公式：

$$L_q=L-\rho=2.8-0.8=2$$

$$W=L/\lambda=2.8/0.4=7$$

$$W_q=L_q/\lambda=2/0.4=5$$

二、定长服务时间物流排队模型

（一）标准 $M/D/1/\infty/\infty/\text{FCFS}$ 物流排队模型

标准 $M/D/1/\infty/\infty/\text{FCFS}$ 物流排队模型适合下列条件的物流排队系统。

（1）到达过程：货物源无限，货物单批到来、相互独立，一定时间内到达数服从泊松分布。

（2）排队规则：单队，队长没有限制，先到先服务。

（3）服务机构：单服务台，货物服务时间为定长分布。

（4）系统容量：没有限制。

（二）几个主要数量指标

下面来确定当系统达到稳定状态之后，系统的各平稳数量指标，具体如下。

L：平均队长；

L_q：平均排队长；

W：平均逗留时间；

W_q：平均等待时间。

因为服务时间 T 为间隔 D 的定长分布，故 $E(T)=D$ 和 $\text{Var}[T]=0$。由 P-K 公式可知：

$$L=\rho+\frac{\rho^2+\lambda^2 \text{Var}[T]}{2(1-\rho)}, \quad \rho=\lambda E[T]$$

$$=\rho+\frac{\rho^2}{2(1-\rho)} \tag{9-78}$$

由 $M/M/1$ 模型的 Little 公式可知：

$$\begin{cases} L=\rho-\dfrac{\rho^2}{2(1-\rho)} \\ L_q=L-\rho \\ W=L/\lambda \\ W_q=L_q/\lambda \end{cases} \tag{9-79}$$

例 9-10 某物流中心有一台自动分拣机器，要求货物按泊松分布到达，每小时平均 4 批货物，分拣每批货物所需时间为 6 分钟，求：

(1) 在分拣中心内机器台数。

(2) 等候分拣的机器台数。

(3) 每批货物在分拣中心内消耗时间。

(4) 每批货物平均等待分拣的时间。

解：分拣时间为定长分布，其分布函数的期望值和方差分别为

$$E[T] = 6(\text{分钟}) = 0.1(\text{小时}) \quad \text{Var}[T] = 0$$

根据 P-K 公式：

$$\rho = \lambda E[T] = 4 \times 0.1 = 0.4$$

$$L = \rho + \frac{\rho^2 + \lambda^2 \text{Var}[T]}{2(1-\rho)} = 0.4 + \frac{0.4^2 + 4^2 \times 0}{2 \times (1-0.4)} \approx 0.533$$

根据 Little 公式：

$$L_q = L - \rho = 0.533 - 0.4 = 0.133$$

$$W = L/\lambda = 0.533/4 \approx 0.133$$

$$W_q = L_q/\lambda = 0.133/4 \approx 0.033$$

三、爱尔朗服务时间物流排队模型

（一）标准 $M/E_k/1/\infty/\infty/\text{FCFS}$ 物流排队模型

标准 $M/E_k/1/\infty/\infty/\text{FCFS}$ 物流排队模型适合下列条件的物流排队系统。

(1) 到达过程：货源无限，货物单批到来、相互独立，一定时间内到达数服从泊松分布。

(2) 排队规则：单队，队长没有限制，先到先服务。

(3) 服务机构：k 个服务台串联，每个服务台的服务时间相互独立，并服从相同的负指数分布。

(4) 系统容量：没有限制。

设 $T_1, \cdots, T_k$ 是 k 个服务台的服务时间，每个服务台的服务时间均服从参数为 $k\mu$ 的负指数分布（即每个服务台的服务时间均为 $1/k\mu$），则这 k 个服务台的总服务时间 T 服从 k 阶爱尔朗分布，其概率密度为

$$f_T(t) = \frac{(\mu k t)^{k-1}}{(k-1)!} \mu k e^{-\mu k t}, t > 0 \quad T = T_1 + \cdots + T_k \tag{9-80}$$

负指数分布：

$$f_T(t) = k\mu e^{-k\mu t}, t \geqslant 0, \quad E[T] = \frac{1}{k\mu}, \quad \text{Var}[T] = \frac{1}{k^2\mu^2} \tag{9-81}$$

k 阶爱尔朗分布：

$$f_T(t) = \frac{(\mu k t)^{k-1}}{(k-1)!} \mu k e^{-\mu k t}, t > 0, \quad E[T] = \frac{1}{\mu}, \quad \text{Var}[T] = \frac{1}{k\mu^2} \tag{9-82}$$

（二）几个主要数量指标

下面来确定当系统达到稳定状态之后，系统的各平稳数量指标，具体如下。

L：平均队长；

L_q：平均排队长；

W：平均逗留时间；

W_q：平均等待时间。

因为服务时间 T 为 k 阶爱尔朗分布，故 $E(T)=1/\mu$ 和 $\mathrm{Var}[T]=1/k\mu^2$。由 P-K 公式可知：

$$L=\rho+\frac{\rho^2+\lambda^2\mathrm{Var}[T]}{2(1-\rho)}, \quad \rho=\lambda E[T]$$

$$=\rho+\frac{\rho^2+\lambda^2/k\mu^2}{2(1-\rho)}=\rho+\frac{(k+1)\rho^2}{2k(1-\rho)} \tag{9-83}$$

由 $M/M/1$ 模型的 Little 公式可知：

$$\begin{cases} L=\rho+\dfrac{(k+1)\rho^2}{2k(1-\rho)} \\[2mm] L_q=L-\rho=\dfrac{(k+1)\rho^2}{2k(1-\rho)} \\[2mm] W=L/\lambda \\[2mm] W_q=L_q/\lambda \end{cases} \tag{9-84}$$

例 9-11　某工厂有一条生产线用于加工货物，每批货物需经过 4 个不同工序，4 个工序完成后才开始做另一批。每一工序的时间均服从负指数分布，期望值为 2 小时。货物到来服从泊松分布，平均订货率为 5.5 批/周（设一周 6 天，每天 8 小时）。问：一货物等待完成所有工序的期望时间有多长？

解：服务时间为 4 阶爱尔朗分布。

$$\lambda=5.5（批/周）$$

$$1/4\mu=2（小时），\mu=1/8（批/小时）=6（批/周）$$

其分布函数的期望值和方差分别为

$$E[T]=1/\mu=1/6（周） \quad \mathrm{Var}[T]=1/k\mu^2=1/(4\times6^2)$$

根据 P-K 公式：

$$\rho=\lambda E[T]=5.5\times\frac{1}{6}=\frac{5.5}{6}$$

$$L=\rho+\frac{\rho^2+\lambda^2\mathrm{Var}[T]}{2(1-\rho)}=\frac{5.5}{6}+\frac{\left(\dfrac{5.5}{6}\right)^2+5.5^2\times\dfrac{1}{4\times6^2}}{2\times\left(1-\dfrac{5.5}{6}\right)}\approx7.218\,8$$

根据 Little 公式：

$$W=L/\lambda=7.218\,8/5.5\approx1.3$$

本 章 小 结

本章从物流排队系统的输入过程、排队规则和服务机制等要素引入，学习了物流排队系统的分类与规则，同时对负指数分布的单服务台和多服务台物流排队系统进行了绩效考核,并进一步探讨一般服务时间物流排队系统。

本 章 习 题

1. 指出下列物流排队系统中的货物与服务机构：①机场起飞的飞机；②十字路口等待通过的车辆；③按订单进行加工的加工车间。

2. 对 $M/M/1/\infty/\infty$ 的物流排队系统,请根据下列表达式分别解释其含义：①λ/μ；②$P\{i>0\}$；③$L_s - L_q$；④$W_s - W_q$。

3. 设有两个售票厅,先考虑每分钟平均到达 6.4 人的泊松分布,服务时间服从负指数分布,平均每分钟可服务 4 人。求系统中无人的概率、系统中平均人数、排队等候的平均人数、顾客等候的平均时间。

4. 某物流服务公司每小时到达货物 10 批,每小时服务货物 12 批,试求系统中期望的货物批数、平均等待时间、系统中无货物或者有 1 批货物的概率。（单通道服务）

5. 某仓库修理站只有一个修理工,且站内最多只能停放 4 台等待修理的机器,设等待修理的机器按泊松流到达修理站,平均每分钟到达 1 台；修理时间服从负指数分布,平均每 1.25 分钟可以修理 1 台,试求该系统的有关指标。

6. 某货物有两套装卸机械,每小时平均有 10 辆车要求卸货。每次卸货平均需要 16 分钟。到达次数是泊松分布,服务时间是指数分布。试求：系统的有关参数,无货物的概率,有 2 批货物或者 2 批以上货物的概率,有 3 批货物的概率,物流排队平均长度,服务前平均等待时间,平均消耗时间,平均货物数。

7. 某运输车辆服务站设有两个运输车辆服务台,运输车按泊松流到达,平均每分钟到达 2 辆；运输车服务时间服从负指数分布,平均服务时间为 2 分钟。又知服务台最多只能服务 3 辆运输车,运输车到达时,若已满员,则必须开到别的服务台去,试对该系统进行分析。

即 测 即 练

物流设施建设项目的网络计划

物流设施建设项目涉及众多环节和复杂的流程,因此构建一个详尽的计划网络至关重要。这个计划网络不仅包含了项目从规划、设计、施工到验收的各个环节,还详细规划了每个阶段的具体任务、时间节点和资源分配。通过精确制定并有效执行计划网络,可以确保物流设施建设项目的顺利进行,及时发现并解决问题,避免不必要的延误和成本超支。一个精心设计的计划网络是物流设施建设项目成功的重要保障。

第一节 网络图的基本概念与网络图的绘制

一、网络图的基本概念

(一)网络图的定义和组成

网络图(network planning),又称网络拓扑图或网络计划图,是一种用图形方式表示项目或工程活动中各项工作(或工序、作业)之间的逻辑关系及先后顺序的图解模型。它通过将工作表示为箭线,将工作的开始或结束表示为节点(或事项),并将这些箭线和节点按照一定的逻辑关系连接起来,形成一个网络状的图形。网络图不仅能够清晰地展示各项工作之间的时间关系,还能帮助管理者进行进度控制、资源调配和风险管理。

网络图主要由箭线(工作)、节点(事项)和权三个因素组成,可以直观地表示某项工作的流程及其相互之间的关系。

箭线表示一项工作,箭尾表示工作的起始节点,箭头表示工作的结束。箭线上方通常标注工作的名称,下方标注工作的持续时间或所需要的资源等,有些工作不消耗资源也不占用时间,称为虚工作,用虚箭线表示,主要用于表明事件之间的逻辑依存关系。

节点表示一个事项,它是一个工作的开始或结束以及工作之间的连接状态,它不消耗任何资源和时间,仅作为活动的分界点。在网络图中,节点用圆圈"○"表示,它是两条或两条以上箭线的交结点,又称为结点。网络图中的第一个节点称为网络的起始事项,表示一项计划或工程的开始;最后一个节点称为网络的终点事项,表示一项计划或工程的完成;介于始点与终点之间的节点称为中间事项,它既表示前一项工作的完成,又表示后一项工作的开始。节点的编号通常从小到大按顺序进行,以便识别和追踪。

权是与箭线相关联的数值,它代表了完成工作所需的时间、资源或其他成本。这些数值是项目管理中进行时间、资源和成本估算的重要依据。

例如,某工作 a 可以表示为图 10-1。

图 10-1 中,i 为节点,表示工作 a 的开始;j 为节点,表示工作 a 的结束;箭线上的数字 5 表示完成本工作所需要的时间。

图 10-1 某工作 a 的表示

线路是指自网络始点开始,顺着箭线的方向,经过一系列连续的工作和事项直至网络终点的通道。一条线路上各项工作的时间之和是该线路的总长度(路长)。在一个网络图中有很多条线路,其中总长度最长的线路称为"关键线路"(critical path),关键线路上的各工作为关键工作,关键工作的周期等于整个工程的总工期。

(二)网络图中的工作

网络图中的工作,也称为工序或活动,是计划任务按需要粗细程度划分而成的一个消耗时间也消耗资源的子项目或子任务。网络图中的工作可以是单位工程、分部工程、分项工程,也可以是一个施工过程。这些工作按照项目计划的需要进行划分,以便于管理和控制。

1. 紧前工作、紧后工作、平行工作和虚工作

在网络图中,工作之间存在多种逻辑关系,其中紧前工作、紧后工作、平行工作、虚工作是描述工作间相互关系的重要概念。

紧前工作是网络图中某些工作开始前必须完成的工作。如图 10-2 中,工作 C 和工作 D 需待工作 A 完成后才能紧接着开始,则工作 A 就是工作 C、D 的紧前工作。紧前工作体现了工作中必须遵守的先后顺序。

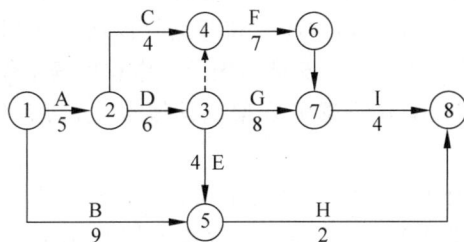

图 10-2 存在紧前工作、紧后工作、平行工作和虚工作的网络图

紧后工作是网络图中紧跟着某项工作而开展的工作。如图 10-2 中,工作 C 和工作 D 在工作 A 完成后紧跟着开始进行,则工作 C、D 就是工作 A 的紧后工作。紧后工作同样体现了工作中的先后顺序和依赖关系。

紧前工作与紧后工作共同构成了网络图中的工作流,明确了各项工作之间的先后顺序和依赖关系。紧前工作是后续工作的前提和基础,而紧后工作则依赖于紧前工作的完成。

平行工作是指在网络图中,相对于某工作而言,可以与该工作同时进行的工作。这些工作之间不存在直接的先后顺序,而是可以同时进行,以提高整体工作效率。通过合理安排平行工作,可以充分利用资源,提高项目的整体执行效率。平行工作之间的协调和管理也是项目管理中的重要内容。如图 10-2 中,工作 A 和工作 B 是平行工作,工作 C 和工作 D 也是平行工作。

在网络图中,虚工作只表示其相邻的前后工作之间相互制约、相互依存的逻辑关系,是既不占用时间也不消耗资源的一种虚拟工作。虚工作用虚箭线表示,主要用于描述工作间的逻辑关系,避免逻辑错误。虚工作虽然不消耗实际的时间和资源,但它在网络图中起着至关重要的作用。它帮助项目管理者清晰地了解工作间的逻辑关系,避免逻辑错误

和进度冲突。如图 10-2 中，节点 3 和节点 4 之间用了虚工作，表示工作 D 要先于工作 F，即工作 D 完成后才能进行工作 F。

这些逻辑关系决定了工作的先后顺序和相互依赖关系，是绘制网络图和进行项目计划的基础。

2. 先行工作和后续工作

先行工作是指在网络图中，对于某项特定工作而言，从网络图的起点节点（或某个中间节点）开始，顺箭头方向经过一系列箭线与节点到达该工作之前的所有工作。这些工作构成了该工作的前置条件，必须在它们全部完成后，该工作才能开始。如图 10-2 中，工作 A、工作 B、工作 D 和工作 E 都是工作 H 的先行工作；工作 A、工作 C、工作 D、工作 F 和工作 G 都是工作 I 的先行工作。

后续工作则是指在网络图中，从某项特定工作之后开始，顺箭头方向经过一系列箭线与节点到达网络图终点节点（或某个中间节点）的所有工作。这些工作依赖于该工作的完成，只有在该工作完成后，它们才能开始或继续进行。如图 10-2 中，工作 C、工作 D、工作 E、工作 F、工作 G、工作 H 和工作 I 都是工作 A 的后续工作；工作 H 是工作 B 的后续工作。

在网络图中，先行工作通常位于某项工作之前，通过箭线和节点与该项工作相连。后续工作则位于该项工作之后，同样通过箭线和节点与该项工作相连。这种表示方式清晰地展示了工作之间的逻辑关系和顺序安排。先行工作和后续工作在网络图中是紧密相连的，它们共同构成了项目工作流的逻辑框架。具体来说，两者的联系体现在以下几个方面。

（1）顺序性：先行工作和后续工作体现了项目中各项工作之间的先后顺序。没有先行工作的完成，后续工作就无法开始；同样，后续工作的存在也要求先行工作必须按时完成。

（2）依赖性：先行工作是后续工作的基础和前提，后续工作则依赖于先行工作的完成。这种依赖性确保了项目工作流的连续性和稳定性。

（3）逻辑性：在网络图中，先行工作和后续工作的设置必须符合项目的实际逻辑关系和工艺要求。只有这样，才能确保项目计划的合理性和可行性。

二、网络图的绘制

（一）网络图的绘制原则

（1）明确各项工作之间的逻辑关系。在绘制网络图之前，首要任务是清晰定义所有工作任务，并明确它们之间的逻辑关系。这包括识别哪些任务是独立的、哪些任务是相互依赖的，以及这些依赖关系的性质，如紧前、平行或条件依赖。如图 10-3 所示，A、B、C、D、E、F 六项工作，A 完成后 B、C、D 开始，B、C 完成后 F 开始，D 完成后 E 开始。

（2）网络图只能有一个起始事项、一个终点事项。网络图中必须有一个明确的起始点，即没有任何箭线射入的事项。这代表项目的开始，所有后续工作都直接或间接地依赖于它。同样，网络图中也应有一个明确的终止点，即没有任何箭线射出的事项。这代表项目的结束，所有前置工作都汇聚于此。例如，图 10-4 中有两个起点事项①和⑦，有三个终点事项④、⑥和⑨，这样的画法是错误的。

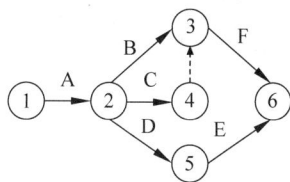

图 10-3　存在明确逻辑关系的网络图

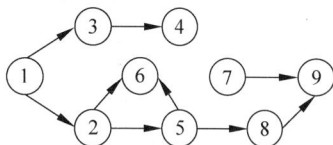

图 10-4　存在多起点事项、多终点事项的非网络图

（3）网络图中严禁出现循环回路，即不能从一个事项出发，沿着箭线方向前进，最终又回到该事项。循环回路会导致逻辑上的矛盾，使项目无法顺利进行。例如，图 10-5 中存在一条回路，这样的画法是错误的。

（4）箭线的唯一性。两个相邻事项之间最多只能由一条箭线连接，这有助于保持网络图的清晰和简洁。如果两个事项之间存在多种依赖关系或多种执行路径，应通过其他方式（如引入虚工作）来表达，而不是增加额外的箭线。例如，图 10-6 中事项①与②之间存在两个箭线，这样的画法是错误的。

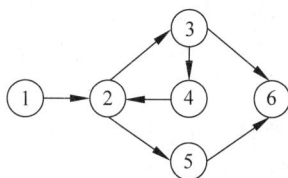

图 10-5　存在循环回路的非网络图

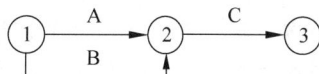

图 10-6　存在非唯一箭线的非网络图

（5）箭线两端必有事项。箭线在网络图中必须是有头有尾的，即每条箭线都必须从一个事项指向另一个事项。这确保了网络图中的每个部分都是连接且有意义的。

（6）合理利用虚工作。虚工作在网络图中表示事项之间的逻辑关系，而不代表实际的工作内容或时间消耗。其通常用于连接平行工作或交叉工作，以避免出现多条箭线直接相连的情况，从而保持网络图的清晰和可读性。如前面不符合规则的图 10-4、图 10-6 用添加虚工作的方法分别改为图 10-7、图 10-8 后就是正确的。

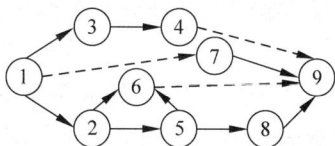

图 10-7　图 10-4 更正后的网络图

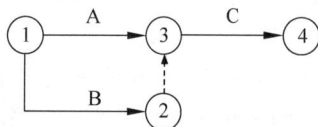

图 10-8　图 10-6 更正后的网络图

（7）避免箭线交叉。在网络图中，箭线代表工作之间的依赖关系或时间顺序，而节点则代表工作本身或工作的开始与结束。保持箭线清晰无交叉，可以大大提高网络图的条理性和可读性。当遇到必须交叉的箭线时，可以采用暗桥法、断线法，如图 10-9、图 10-10 所示。

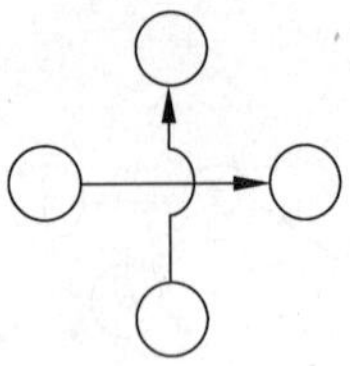

图 10-9　暗桥法

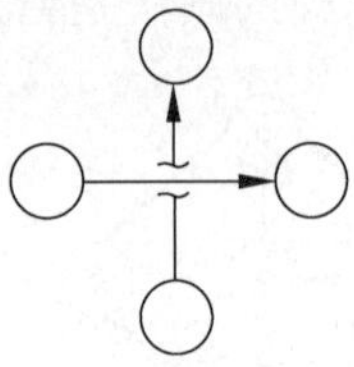

图 10-10　断线法

遵循上述绘制网络图的原则,是为了保证网络图的正确性,确保项目计划的准确性和可执行性,有助于项目管理者更好地理解和控制项目进度。

(二)网络图的绘制步骤

在运筹学中,网络图的绘制是一个关键环节,它有助于清晰地展示项目任务之间的依赖关系和时间顺序。整个绘图过程可以大致分为任务分解、画网络图和事项编号三个主要阶段。

1. 任务分解

在运筹学的项目管理和任务规划中,任务分解是绘制网络图之前至关重要的一个步骤。它不仅有助于将复杂的项目或生产任务拆解为更小、更具体的任务单元,还能够帮助识别任务之间的依赖关系和所需时间,从而为后续的项目管理和执行提供清晰的指导。以下是任务分解步骤的详细阐述。

第一,将一项工程或生产任务根据需要分解为一定数目的工作。这一步是任务分解的基础,旨在将整个项目或任务细化为若干个相对独立但又相互关联的子任务或工作包。分解的粒度应根据项目的复杂性和管理需求来确定,既要确保每个工作包都足够具体以便于分配和管理,又要避免过度细化导致管理成本增加。

第二,分析并确定各项工作之间的先后衔接关系。在任务分解的基础上,需要进一步分析各项工作之间的逻辑关系,即它们之间的先后衔接关系。通过明确这些逻辑关系,可以构建出项目任务之间的依赖网络,为后续绘制网络图提供基础。

第三,确定完成每项工作所需的必要时间——工时。在分析了工作之间的逻辑关系后,需要为每项工作分配必要的工时。工时是指完成该工作所需的时间单位(如小时、天、周等),它反映了工作的复杂性和所需资源的多少。确定工时的方法可以是基于历史数据、专家判断或工作量估算等方法。准确的工时估算对于制订项目计划和预测项目进度至关重要。

第四,编制网络工作明细表。最后一步是编制网络工作明细表,将任务分解的结果、工作之间的逻辑关系以及每项工作的工时等信息整理成表格形式。网络工作明细表是绘制网络图的重要输入,它提供了所有必要的信息来构建项目的网络图。在明细表中,可以清晰地看到每项工作的名称、紧前工作、紧后工作、平行工作以及所需的工时等信息,这些信息将用于后续的网络图绘制和项目分析。通过以上步骤的任务分解,可以为绘制网络图提供全面、准确的信息基础,有助于项目管理者更好地理解和控制项目的进度和资源分配。

以某物流分拣中心建设的准备工作为例。假设物流分拣中心建设项目包含以下子项目：土地平整（A，持续 30 天）、基础施工（B，持续 60 天，紧随 A 之后开始）、设备采购（C，与 B 平行进行，持续 45 天）、设备安装（D，紧随 B 和 C 之后开始，持续 30 天）、系统调试（E，紧随 D 之后开始，持续 15 天）、人员培训（F，与 E 平行，持续 15 天）、项目验收（G，紧随 E 和 F 之后开始，持续 5 天）。列出该项目的工作明细表，如表 10-1 所示。

表 10-1　物流分拣中心建设的工作明细表

工作代号	工作内容	紧前工作	工时/天
A	土地平整		30
B	基础施工	A	60
C	设备采购	A	45
D	设备安装	B、C	30
E	系统调试	D	15
F	人员培训	D	15
G	项目验收	E、F	5

2. 画网络图

在任务分解的基础上，接下来的步骤是绘制网络图。

第一步：勾画草图，通常有前进法和后退法两种方法。

前进法适用于已知紧前工作。①识别初始事项：从网络工作明细表中找出所有没有紧前工作（即开始节点）的事项，这些事项是项目的起点。②绘制初始节点和第一条箭线：在图纸上画出初始节点（通常用圆圈表示），并从该节点出发，根据明细表，画出第一条指向后续工作的箭线，在箭线末端绘制表示该工作的圆圈。③逐一添加后续工作：对于已画出的每项工作，根据明细表中列出的紧前工作关系，逐一在其后添加新的工作和相应的箭线，直到所有工作都被包含在图中。④指向终止事项：将所有没有后续工作（即结束节点）的事项指向一个共同的终止事项，表示项目的结束。

后退法适用于已知紧后工作。①识别终止事项：与前进法相反，确定所有没有紧后工作的事项，即项目的终点。②从终止事项反向绘制：从终止事项出发，根据明细表中列出的紧后工作关系，反向绘制箭线和事项圆圈，直至所有工作都被涵盖。③调整初始节点：确保所有工作的起点都连接到一个共同的初始节点，表示项目的开始。

第二步：对草图进行检查纠正。

①逻辑检查：确保所有箭线的方向都正确，且每项工作都按照正确的顺序连接。②完整性检查：确认网络图中包含了明细表中的所有工作，没有遗漏。③避免循环依赖：检查网络图中是否存在任何循环路径，即一项工作直接或间接地指向自己。

第三步：调整布局。

①优化箭线方向：尽量使箭线方向一致，便于阅读。②减少交叉：通过调整节点位置和箭线路径，尽量减少箭线之间的交叉。

第四步：绘制正图。

使用专业工具：如果可能，使用项目管理软件或绘图工具来绘制正式的网络图，这些工具通常提供了丰富的功能和模板来辅助绘制。

①标注清晰：确保网络图中的每个节点和箭线都有清晰的标注，包括工作名称、持续时间、资源需求等信息。②审核确认：在最终确定网络图之前，让项目团队成员进行审核和确认，以确保其准确性和完整性。

3. 事项编号

事项编号是在绘制和分析网络图时，为了明确区分、有序排列以及便于后续识别、检查和计算而赋予每个独立事项的唯一标识符。这一编号系统不仅确保了每个事项在网络图中的唯一性，还通过逻辑清晰的编号顺序反映了事项之间的先后顺序和依赖关系。它简化了对复杂项目结构的理解，使项目管理者能够迅速定位到任何特定事项，并在需要时进行调整或分析。事项编号的采用提高了项目管理的效率和准确性，是项目管理中不可或缺的一环。以下是关于事项编号的详细说明。

1）编号原则

唯一性：每个事项在网络图中只能有唯一的编号，以避免混淆。

连续性：编号通常按照一定的顺序进行，如从小到大，以便于排序和查找。但也可以根据需要留出一些编号，以便于后续修改和调整。

逻辑性：编号应反映事项之间的逻辑关系，如始点编号通常较小，终点编号通常较大，中间事项的编号则介于两者之间。

2）编号方法

一种常用的编号方法是"去点去线编号法"，这种方法侧重于根据事项的先后顺序和逻辑关系进行编号，具体来说，可以按照以下步骤进行。

确定起始事项：找到网络图中的起始事项（即没有紧前工作的事项），通常编号为1或较小的数字。

顺序编号：从起始事项开始，按照事项的先后顺序和逻辑关系，逐一给后续事项编号。编号时，确保每个事项的编号都大于其所有紧前事项的编号。

留出编号：在编号过程中，可以根据需要留出一些编号，以便于后续添加新的事项或进行修改。

3）编号的注意事项

避免重复：在编号过程中，要仔细检查，确保每个事项的编号都是唯一的，避免出现重复编号的情况。

逻辑清晰：编号应反映事项之间的逻辑关系，如并行工作、串行工作等，以便于理解和分析网络图。

易于识别：编号应简洁明了，易于识别和记忆，避免使用过于复杂或难以理解的编号方式。

4）编号的作用

便于识别：通过编号，可以快速地识别出网络图中的每个事项，减少混淆和错误。

便于计算：在之后进行时间参数计算时，可以通过编号来查找和引用相关的事项，提高计算的准确性和效率。

便于管理：通过编号，可以对网络图中的事项进行统一管理和调整，如修改计划、添加新工作等。

根据表 10-1 中各工作的逻辑关系,结合网络图的绘制规则和步骤作出物流分拣中心建设项目的网络图,如图 10-11 所示。

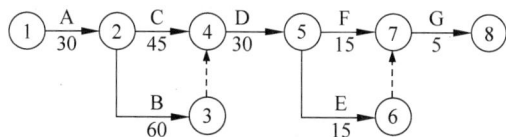

图 10-11 物流分拣中心建设项目的网络图

第二节　物流设施建设项目网络计划的关键线路

在物流设施建设项目中,网络计划技术是一种重要的管理工具,它通过对项目活动的逻辑关系和时间参数的详细分析,帮助项目管理者制订合理的项目进度计划。其中,关键线路作为网络计划的核心,直接决定了项目的总工期和进度控制的关键点。下面将详细介绍关键线路的概念和求解,以及网络时间参数的概念与计算。

一、关键线路的概念

线路是指在网络图中,从起点节点开始,沿箭头方向通过一系列箭线与节点,最后到达终点节点的通路。这些通路代表了项目中各项工作之间的逻辑关系和执行顺序。线路既可依次用该线路上的节点编号来表示,也可依次用该线路上的工作名称来表示。

关键线路(又称关键路径)是指在网络图中,总的工作持续时间(总工期)最长的线路。这条线路上的任何活动的延误都会导致整个项目工期的延误。

在网络计划中,关键线路的特点包括以下几个。

(1) 工期最长。在所有可能的线路中,关键线路的工期是最长的。

(2) 影响全局。关键线路上的任何活动都是项目进度的关键,任何延误都会直接影响项目的整体进度。

(3) 可能不唯一。一个项目中可能存在多条关键线路,这些线路共同决定了项目的最短完成时间。

关键线路上的工作称为关键工作,这些工作对于项目的进度控制至关重要,因为它们没有额外的机动时间。关键工作的实际进度提前或拖后,都会对总工期产生影响。关键工作是项目进度控制的重点,因为它们直接影响项目的整体进度。在网络计划的实施过程中,关键工作可能会因为非关键工作的延误而转化为非关键工作;反之亦然。

示例:假设某物流企业正在进行一个大型物流仓库的建设项目,该项目包括多个关键阶段,如场地准备、基础施工、钢结构安装、内外装修以及设备调试等。每个阶段都包含多个具体的工作任务,这些任务之间存在着复杂的逻辑关系和时间依赖。在这样一个复杂的项目中,寻找关键线路是至关重要的。关键线路是指从项目开始到结束,耗时最长的一系列连续活动组成的路径。它决定了整个项目的最短完成时间,即项目的总工期。找到关键线路后,项目管理者可以清晰地识别出哪些活动是项目的瓶颈,哪些活动的延误将直接导致整个项目的延期。

以物流仓库建设项目为例,通过绘制网络图并计算各条线路的长度,找到了项目的关键线路。这条关键线路可能包括"基础施工→钢结构安装→屋顶防水处理"等一系列连续的工作。这些工作紧密相连,任何一个环节的延误都将影响后续工作的进行,从而延误整个项目的完成时间。

找到这条关键线路后,项目管理者可以采取相关管理措施:①优先保障关键资源。如确保钢结构材料及时到位,调配专业的施工队伍进行钢结构安装等。②加强进度控制。对关键线路上的工作进行更加严格的进度监控,确保每个环节都能按计划完成。③制订应急预案。针对可能出现的风险和问题,制订应急预案,确保在出现问题时能够迅速响应并解决问题。

通过这些措施,项目管理者可以确保物流仓库建设项目按计划顺利进行,避免不必要的延误和成本超支,最终实现项目的交付。

二、关键线路的求解

确定物流设施建设项目网络计划的关键线路,通常需要完成以下步骤。

第一步,项目分解。将物流设施建设项目分解成若干项相对独立的工作或任务,明确每项工作的具体内容、开始时间、结束时间和所需资源等。

第二步,绘制网络图。使用项目管理软件或手绘工具,根据工作的逻辑关系(如紧前关系、紧后关系等),绘制出项目的网络图。网络图应清晰地展示所有工作之间的依赖关系和时序关系。

第三步,计算时间参数。这一步骤是识别关键线路的基础,为网络图中的每项工作计算最早开始时间、最早完成时间、最迟开始时间和最迟完成时间等时间参数,为后续的识别工作提供了数据支持。网络时间参数的具体计算方法见后文。

第四步,识别关键线路。通过比较各条路径上所有工作的总持续时间,找出持续时间最长的那条路径,即关键线路。关键线路上的所有工作都是关键工作。

三、网络时间参数的概念

网络时间参数是项目管理中网络计划技术的重要组成部分,其用于描述项目活动中各项工作之间的时间关系和进度状态。网络图的时间参数包括:工作持续时间,工作的最早、最迟时间,节点的最早、最迟时间及时差等。进行时间参数计算不仅可以得到关键线路,确定和控制整个任务在正常的进度下的最早完工期,而且可以在掌握非关键工作的基础上进行人、财、物等资源的合理安排和网络计划的优化。

(一)工作持续时间

工作持续时间(duration,D)是指一项工作从开始到完成所需的时间。在网络计划中,工作 $i-j$ 的持续时间用 D_{i-j} 表示。工作持续时间是确定其他时间参数的基础。

（二）工作的时间参数

1. 最早开始时间

最早开始时间（earliest start time，EST）是指在其所有紧前工作全部完成后，本工作有可能开始的最早时刻。在网络计划中，工作 $i-j$ 的最早开始时间用 ES_{i-j} 表示。

2. 最早完成时间

最早完成时间（earliest finish time，EFT）是指在其所有紧前工作全部完成后，本工作有可能完成的最早时刻。在网络计划中，工作 $i-j$ 的最早完成时间用 EF_{i-j} 表示。最早完成时间等于工作最早开始时间与其持续时间之和，即

$$EF_{i-j} = ES_{i-j} + D_{i-j} \tag{10-1}$$

3. 最迟开始时间

最迟开始时间（latest start time，LST）是指在不影响整个任务按期完成的前提下，本工作必须开始的最迟时刻。在网络计划中，工作 $i-j$ 的最迟开始时间用 LS_{i-j} 表示。

4. 最迟完成时间

最迟完成时间（latest finish time，LFT）是指在不影响整个任务按期完成的前提下，本工作必须完成的最迟时刻。在网络计划中，工作 $i-j$ 的最迟完成时间用 LF_{i-j} 表示。最迟完成时间等于工作最迟开始时间与其持续时间之和，即

$$LF_{i-j} = LS_{i-j} + D_{i-j} \tag{10-2}$$

（三）节点的时间参数

1. 节点最早时间

节点最早时间是指以该节点为开始节点的各项工作的最早开始时间。其通常用 ET_i（i 为节点编号）表示，其值是一个时间点或时间戳。

2. 节点最迟时间

节点最迟时间是指以该节点为完成节点的各项工作的最迟完成时间。其通常用 LT_i（i 为节点编号）表示，其值同样是一个时间点或时间戳。

（四）时差参数

1. 总时差

总时差（total float，TF）是指在不影响总工期的前提下，本工作可以利用的机动时间。在网络计划中，工作 $i-j$ 的总时差用 TF_{i-j} 表示。

总时差＝最迟完成时间－最早完成时间＝最迟开始时间－最早开始时间，即

$$TF_{i-j} = LF_{i-j} - EF_{i-j} = LS_{i-j} - ES_{i-j} \tag{10-3}$$

2. 自由时差

自由时差（free float，FF）是指在不影响其紧后工作最早开始时间的前提下，本工作可以利用的机动时间。在网络计划中，工作 $i-j$ 的自由时差用 FF_{i-j} 表示。

自由时差＝紧后工作的最早开始时间－本工作的最早完成时间，即

$$FF_{i-j} = ES_{j-k} - EF_{i-j} \tag{10-4}$$

（五）工期

时间参数中的工期（time limit for a project，T）是一个重要的概念，它涉及项目或任

务完成所需的时间。工期可以分为三种不同的类型：计算工期(T_c)、要求工期(T_r)和计划工期(T_p)。以下是对这三种工期的详细解释。

（1）计算工期(T_c)。计算工期是根据网络计划时间参数计算而得到的工期。它表示在没有任何外部约束或特殊要求的情况下，按照项目内部逻辑和资源安排，项目可能完成的最长时间。计算工期是项目管理中的一个基础参数，它反映了项目内部活动的逻辑关系和资源利用情况。

（2）要求工期(T_r)。要求工期是任务委托人所提出的指令性工期，即项目或任务必须完成的期限。它通常是由项目外部因素（如合同、客户需求等）决定的，要求工期具有强制性，项目管理者必须按照这一期限来安排项目活动，以确保项目按时完成。

（3）计划工期(T_p)。计划工期是指根据要求工期和计算工期所确定的作为实施目标的工期。它综合考虑了项目内部条件和外部要求，是项目实际执行中所追求的工期目标。

当已规定要求工期时，计划工期不应超过要求工期，即 $T_p \leqslant T_r$。这意味着项目管理者需要在满足外部要求的前提下，合理安排项目活动，以确保项目按时完成。当未规定要求工期时，可令计划工期等于计算工期，即 $T_p = T_c$。在这种情况下，项目管理者可以根据项目内部条件和资源情况，自主确定项目完成的期限。

这些时间参数共同构成了网络计划技术的基础，通过它们可以清晰地了解项目进度的实际情况和潜在问题，为项目管理者提供决策支持。

四、网络时间参数的计算

计算网络图中有关的时间参数，主要的目的是找出关键线路，为网络计划的优化、调整和执行提供明确的时间概念。这有助于管理者在工作中抓住主要矛盾，将有限的资源（如时间、人力、物力）优先分配给关键工作，确保项目能够按时完成。

网络时间参数既可以按工作来计算，也可以按节点来计算，还可以按标号来计算。

（一）工作计算法

工作计算法以网络计划中的具体工作为对象，通过考虑工作之间的逻辑关系、持续时间和时间约束，系统地计算出每项工作的时间参数。这些时间参数不仅反映了工作的进度安排，还揭示了工作之间的依赖关系和项目的整体进度状况。

1. 确定工作顺序和持续时间

首先，需要明确网络计划图中各项工作的顺序和持续时间。工作顺序反映了工作之间的逻辑关系，而持续时间则是指完成该工作所需的时间长度。

2. 计算最早时间参数

最早时间参数从网络计划的起点节点开始，顺着箭线方向依次进行计算。对于起点工作，其最早开始时间通常设为0或项目启动的特定时间点。非起点工作的最早开始时间取决于其所有紧前工作的最早完成时间。具体计算时，需找出所有紧前工作的最早完成时间中的最大值，并作为本工作的最早开始时间。最早完成时间由最早开始时间和工作持续时间相加得出。

最早开始时间（ES_{i-j}）：对于起点工作，$\text{ES}_{i-j}=0$；对于非起点工作，$\text{ES}_{i-j}=\max\{\text{ES}_{h-i}+D_{h-i}\}$，其中 $h-i$ 表示 $i-j$ 工作的所有紧前工作。

最早完成时间（EF_{i-j}）：$\text{EF}_{i-j}=\text{ES}_{i-j}+D_{i-j}$，其中 D_{i-j} 表示 $i-j$ 工作的持续时间。

3. 计算最迟时间参数

最迟时间参数从网络计划的终点节点开始，逆着箭线方向依次进行计算。对于终点工作，其最迟完成时间通常等于项目的计划总工期。其他工作的最迟完成时间取决于其所有紧后工作的最迟开始时间。具体计算时，需考虑所有紧后工作的最迟开始时间（由最迟完成时间减去紧后工作的持续时间得出）和本工作的持续时间，取其中的最小值作为本工作的最迟完成时间。最迟开始时间由最迟完成时间和工作持续时间相减得出。

最迟完成时间（LF_{i-n}）：对于终点工作，$\text{LF}_{i-n}=T_p$（计划总工期）；对于其他工作，$\text{LF}_{i-j}=\min\{\text{LF}_{j-k}-D_{j-k}\}$，其中 $j-k$ 表示 $i-j$ 工作的所有紧后工作。

最迟开始时间（LS_{i-j}）：$\text{LS}_{i-j}=\text{LF}_{i-j}-D_{i-j}$，其中 D_{i-j} 表示 $i-j$ 工作的持续时间。

4. 计算总时差和自由时差

总时差（TF）：$\text{TF}_{i-j}=\text{LF}_{i-j}-\text{EF}_{i-j}$ 或 $\text{TF}_{i-j}=\text{LS}_{i-j}-\text{ES}_{i-j}$。

自由时差（FF）：对于有紧后工作的工作：$\text{FF}_{i-j}=\min\{\text{ES}_{j-k}-\text{EF}_{i-j}\}$，其中 $j-k$ 表示 $i-j$ 工作的所有紧后工作。对于无紧后工作的工作，即以终点节点为完成节点的工作：$\text{FF}_{i-n}=T_p-\text{EF}_{i-n}$。

5. 确定关键工作和关键线路

在网络计划中，总时差最小的工作，即那些几乎没有缓冲时间的工作，被称为关键工作。如果项目的计划完成日期（即希望或要求的完成日期）与网络计划通过计算得出的最早完成日期（计算工期）相同，即计划工期等于计算工期，那么总时差为零的工作就是关键工作。这是因为这些工作没有任何额外的缓冲时间，必须按时完成，以确保整个项目按计划完成。

将网络计划中的所有关键工作按顺序首尾相连，形成一条从起点节点（项目开始）到终点节点（项目结束）的通路，这条通路就是关键线路。关键线路不仅包含实际执行的工作（实工作），还可能包含不消耗资源、不占用时间的虚工作。虚工作的存在是为了表示工作之间的逻辑关系，确保项目流程的合理性。

关键线路上各项工作的持续时间总和应等于网络计划的计算工期。这是判断一条线路是否为关键线路的重要准则。

在网络计划的绘制和分析过程中，为了清晰地表示每项工作的时间参数，通常会采用六时标注法。这种方法将每项工作的六个关键时间参数（如最早开始时间、最早完成时间、最迟开始时间、最迟完成时间、总时差和自由时差）直接标注在图中，以便项目管理者进行时间管理和进度控制，如图 10-12 所示。

ES_{i-j}	LS_{i-j}	TF_{i-j}
EF_{i-j}	LF_{i-j}	FF_{i-j}

i —— 工作名称 —→ j
持续时间

图 10-12　六时标注法

例 10-1　已知各工作的逻辑关系，如表 10-2 所示，试计算该网络计划的时间参数及关键线路。

表 10-2　各工作的逻辑关系

工作	A	B	C	D	E	F
紧前工作	—	A	A	B	B,C	D,E
时间	2	5	3	4	8	5

解：根据表 10-2 所示的逻辑关系，绘制出网络图，如图 10-13 所示。

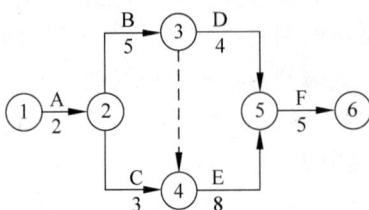

图 10-13　例 10-1 网络图

下面按照工作计算法来计算各时间参数，计算结果如下：

$ES_{1-2}=0$ 　　　　　　　$EF_{1-2}=ES_{1-2}+D_{1-2}=0+2=2$

$ES_{2-3}=EF_{1-2}=2$ 　　　$EF_{2-3}=ES_{2-3}+D_{2-3}=2+5=7$

$ES_{2-4}=EF_{1-2}=2$ 　　　$EF_{2-4}=ES_{2-4}+D_{2-4}=2+3=5$

$ES_{3-4}=EF_{2-3}=7$ 　　　$EF_{3-4}=ES_{3-4}+D_{3-4}=7+0=7$

$ES_{3-5}=EF_{2-3}=7$ 　　　$EF_{3-5}=ES_{3-5}+D_{3-5}=7+4=11$

$ES_{4-5}=\max\{EF_{2-4},EF_{3-4}\}=7$ 　　$EF_{4-5}=ES_{4-5}+D_{4-5}=7+8=15$

$ES_{5-6}=\max\{EF_{3-5},EF_{4-5}\}=15$ 　$EF_{5-6}=ES_{5-6}+D_{5-6}=15+5=20$

$LF_{5-6}=T_p=20$ 　　　　$LS_{5-6}=LF_{5-6}-D_{5-6}=20-5=15$

$LF_{4-5}=LS_{5-6}=15$ 　　$LS_{4-5}=LF_{4-5}-D_{4-5}=15-8=7$

$LF_{3-5}=LS_{5-6}=15$ 　　$LS_{3-5}=LF_{3-5}-D_{3-5}=15-4=11$

$LF_{3-4}=LS_{4-5}=7$ 　　　$LS_{3-4}=LF_{3-4}-D_{3-4}=7-0=7$

$LF_{2-4}=LS_{4-5}=7$ 　　　$LS_{2-4}=LF_{2-4}-D_{2-4}=7-3=4$

$LF_{2-3}=\min\{LS_{3-4},LS_{3-5}\}=7$ 　$LS_{2-3}=LF_{2-3}-D_{2-3}=7-5=2$

$LF_{1-2}=\min\{LS_{2-3},LS_{2-4}\}=2$ 　$LS_{1-2}=LF_{1-2}-D_{1-2}=2-2=0$

$TF_{1-2}=LF_{1-2}-EF_{1-2}=2-2=0$ 　$FF_{1-2}=ES_{2-3}-EF_{1-2}=2-2=0$

$TF_{2-3}=LF_{2-3}-EF_{2-3}=7-7=0$ 　$FF_{2-3}=ES_{3-5}-EF_{2-3}=7-7=0$

$TF_{2-4}=LF_{2-4}-EF_{2-4}=7-5=2$ 　$FF_{2-4}=ES_{4-5}-EF_{2-4}=7-5=2$

$TF_{3-4}=LF_{3-4}-EF_{3-4}=7-7=0$ 　$FF_{3-4}=ES_{4-5}-EF_{3-4}=7-7=0$

$TF_{3-5}=LF_{3-5}-EF_{3-5}=15-11=4$ 　$FF_{3-5}=ES_{5-6}-EF_{3-5}=15-11=4$

$TF_{4-5}=LF_{4-5}-EF_{4-5}=15-15=0$ 　$FF_{4-5}=ES_{5-6}-EF_{4-5}=15-15=0$

$TF_{5-6}=LF_{5-6}-EF_{5-6}=20-20=0$ 　$FF_{5-6}=T_p-EF_{5-6}=20-20=0$

将上述计算结果标注在网络图中，如图 10-14 所示。

可知，关键线路为：1→2→3→4→5→6，关键工作为 A、B、E、F。

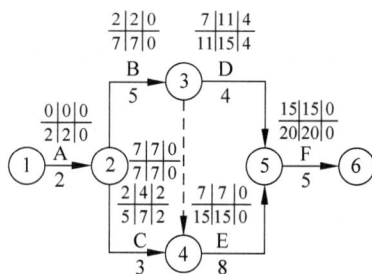

图 10-14　例 10-1 标注计算结果的网络图

（二）节点计算法

节点计算法是一种在项目管理中用于计算网络图时间参数的方法，它主要先计算网络计划中各个节点的最早时间和最迟时间，然后再据此计算各项工作的时间参数。以下是节点计算法的详细步骤。

1. 准备阶段

绘制网络图：需要绘制出项目的网络图，明确各项活动之间的逻辑关系，包括紧前工作和紧后工作。

确定参数符号：明确时间参数的符号表示，如最早开始时间（ES）、最早完成时间（EF）、最迟开始时间（LS）、最迟完成时间（LF）、总时差（TF）和自由时差（FF）等。

2. 计算节点最早时间

网络图的起始节点的最早时间（ET）通常设为 0。

顺向计算其他节点的最早时间：从起点节点开始，顺着箭线方向（即工作方向）依次计算每个节点的最早时间（ET）。对于非起点节点，其最早时间等于其所有紧前节点的最早时间加上相应工作的持续时间中的最大值，即

$$ET_j = \max\{ET_i + D_{i-j}\} \tag{10-5}$$

其中，ET_j 是节点 j 的最早时间；ET_i 是节点 j 的紧前节点 i 的最早时间；D_{i-j} 是节点 i 到节点 j 的工作持续时间。

3. 计算节点最迟时间

设定终点节点的最迟时间：网络图的终点节点的最迟时间（LT）通常等于项目的计划工期（T_p），即

$$LT_n = T_p \tag{10-6}$$

逆向计算其他节点的最迟时间：从终点节点开始，逆着箭线方向依次计算每个节点的最迟时间（LT）。对于非终点节点，其最迟时间等于其所有紧后节点的最迟时间减去相应工作的持续时间中的最小值，即

$$LT_j = \min\{LT_k - D_{i-k}\} \tag{10-7}$$

其中，LT_j 是节点 j 的最迟时间；LT_k 是节点 j 的紧后节点 k 的最迟时间；D_{i-k} 是节点 j 到节点 k 的工作持续时间。

第十章　物流设施建设项目的网络计划

4. 计算工作的时间参数

工作的最早开始时间(ES)等于该工作开始节点的最早时间。对于工作 $i-j$,

$$\mathrm{ES}_{i-j} = \mathrm{ET}_i \tag{10-8}$$

工作的最早完成时间(EF)等于该工作开始节点的最早时间加上工作持续时间,即

$$\mathrm{EF}_{i-j} = \mathrm{ET}_i + D_{i-j} \tag{10-9}$$

工作的最迟开始时间(LS)等于该工作紧后节点的最迟时间减去工作持续时间,即

$$\mathrm{LS}_{i-j} = \mathrm{LT}_j - D_{i-j} \tag{10-10}$$

工作的最迟完成时间(LF)等于该工作的紧后节点的最迟时间,即

$$\mathrm{LF}_{i-j} = \mathrm{LT}_j \tag{10-11}$$

在计算出所有节点的最迟时间后,可以计算每项工作的总时差(TF)。工作的总时差等于该工作最迟完成时间与最早完成时间之差,或该工作最迟开始时间与最早开始时间之差。

$$\mathrm{TF}_{i-j} = \mathrm{LF}_{i-j} - \mathrm{EF}_{i-j} = \mathrm{LT}_j - (\mathrm{ET}_i + D_{i-j}) = \mathrm{LT}_j - \mathrm{ET}_i - D_{i-j} \tag{10-12}$$

由式(10-12)可知,工作的总时差还可以用该工作完成节点的最迟时间减去该工作开始节点的最早时间再减去该工作的持续时间来计算。

在计算完所有节点的最早时间后,可以进一步计算每项工作的自由时差(FF)。该工作的自由时差等于该工作紧后节点的最早时间减去该工作开始节点的最早时间再减去该工作的持续时间,即

$$\mathrm{FF}_{i-j} = \mathrm{ET}_j - \mathrm{ET}_i - D_{i-j} \tag{10-13}$$

5. 标注时间参数

将计算出的各项时间参数(包括节点的最早时间、最迟时间及各项工作的最早开始时间、最早完成时间、最迟开始时间、最迟完成时间、总时差和自由时差)标注在网络图上或相应的表格中,以便于后续的项目管理和进度控制。

6. 确定关键线路和关键工作

根据计算出的时间参数,可以确定项目的关键线路。

例 10-2 以表 10-2 所示的逻辑关系,利用节点计算法来计算时间参数和求解关键线路。

解:节点的最早时间和最迟时间计算如下:

$\mathrm{ET}_1 = 0$	$\mathrm{ET}_2 = \mathrm{ET}_1 + D_{1-2} = 0 + 2 = 2$
$\mathrm{ET}_3 = \mathrm{ET}_2 + D_{2-3} = 2 + 5 = 7$	$\mathrm{ET}_4 = \max\{\mathrm{ET}_2 + D_{2-4}, \mathrm{ET}_3 + D_{3-4}\} = 7$
$\mathrm{ET}_5 = \max\{\mathrm{ET}_3 + D_{3-5}, \mathrm{ET}_4 + D_{4-5}\} = 15$	$\mathrm{ET}_6 = \mathrm{ET}_5 + D_{5-6} = 15 + 5 = 20$
$\mathrm{LT}_6 = T_p = 20$	$\mathrm{LT}_5 = \mathrm{LT}_6 - D_{5-6} = 20 - 5 = 15$
$\mathrm{LT}_4 = \mathrm{LT}_5 - D_{4-5} = 15 - 8 = 7$	$\mathrm{LT}_3 = \min\{\mathrm{LT}_5 - D_{3-5}, \mathrm{LT}_4 - D_{3-4}\} = 7$
$\mathrm{LT}_2 = \min\{\mathrm{LT}_3 - D_{2-3}, \mathrm{LT}_4 - D_{2-4}\} = 2$	$\mathrm{LT}_1 = \mathrm{LT}_2 - D_{1-2} = 2 - 2 = 0$
$\mathrm{ES}_{1-2} = \mathrm{ET}_1 = 0$	$\mathrm{ES}_{2-3} = \mathrm{ET}_2 = 2$
$\mathrm{ES}_{2-4} = \mathrm{ET}_2 = 2$	$\mathrm{ES}_{3-4} = \mathrm{ET}_3 = 7$
$\mathrm{ES}_{3-5} = \mathrm{ET}_3 = 7$	$\mathrm{ES}_{4-5} = \mathrm{ET}_4 = 7$
$\mathrm{ES}_{5-6} = \mathrm{ET}_5 = 15$	$\mathrm{EF}_{1-2} = \mathrm{ET}_1 + D_{1-2} = 0 + 2 = 2$

$EF_{2-3} = ET_2 + D_{2-3} = 2 + 5 = 7$ $EF_{2-4} = ET_2 + D_{2-4} = 2 + 3 = 5$

$EF_{3-4} = ET_3 + D_{3-4} = 7 + 0 = 7$ $EF_{3-5} = ET_3 + D_{3-5} = 7 + 4 = 11$

$EF_{4-5} = ET_4 + D_{4-5} = 7 + 8 = 15$ $EF_{5-6} = ET_5 + D_{5-6} = 15 + 5 = 20$

$LF_{5-6} = LT_6 = 20$ $LF_{4-5} = LT_5 = 15$

$LF_{3-5} = LT_5 = 15$ $LF_{3-4} = LT_4 = 7$

$LF_{2-4} = LT_4 = 7$ $LF_{2-3} = LT_3 = 7$

$LF_{1-2} = LT_2 = 2$ $LS_{5-6} = LT_6 - D_{5-6} = 20 - 5 = 15$

$LS_{4-5} = LT_5 - D_{4-5} = 15 - 8 = 7$ $LS_{3-5} = LT_5 - D_{3-5} = 15 - 4 = 11$

$LS_{3-4} = LT_4 - D_{3-4} = 7 - 0 = 0$ $LS_{2-4} = LT_4 - D_{2-4} = 7 - 3 = 4$

$LS_{2-3} = LT_3 - D_{2-3} = 7 - 3 = 4$ $LS_{1-2} = LT_2 - D_{1-2} = 2 - 2 = 0$

$TF_{1-2} = LF_{1-2} - EF_{1-2} = 2 - 2 = 0$ $FF_{1-2} = ET_2 - ET_1 - D_{1-2} = 2 - 0 - 2 = 0$

$TF_{2-3} = LF_{2-3} - EF_{2-3} = 7 - 7 = 0$ $FF_{2-3} = ET_3 - ET_2 - D_{2-3} = 7 - 2 - 5 = 0$

$TF_{2-4} = LF_{2-4} - EF_{2-4} = 7 - 5 = 2$ $FF_{2-4} = ET_4 - ET_2 - D_{2-4} = 7 - 2 - 3 = 2$

$TF_{3-4} = LF_{3-4} - EF_{3-4} = 7 - 7 = 0$ $FF_{3-4} = ET_4 - ET_3 - D_{3-4} = 7 - 7 - 0 = 0$

$TF_{3-5} = LF_{3-5} - EF_{3-5} = 15 - 11 = 4$ $FF_{3-5} = ET_5 - ET_3 - D_{3-5} = 15 - 7 - 4 = 4$

$TF_{4-5} = LF_{4-5} - EF_{4-5} = 15 - 15 = 0$ $FF_{4-5} = ET_5 - ET_4 - D_{4-5} = 15 - 7 - 8 = 0$

$TF_{5-6} = LF_{5-6} - EF_{5-6} = 20 - 20 = 0$ $FF_{5-6} = ET_6 - ET_5 - D_{5-6} = 20 - 15 - 5 = 0$

根据以上计算结果可知,关键线路为:1→2→3→4→5→6,关键工作为 A、B、E、F。

(三)标号计算法

标号计算法,顾名思义,是通过在网络计划图的每个节点上赋予特定标号值,来求解项目计算工期和确定关键线路的一种方法。这一方法的核心在于利用节点之间的逻辑关系和活动的持续时间,通过数学计算的方式,找到从起点到终点的最长路径,即项目的计算工期,并据此确定关键线路。下面详细解释标号计算法的步骤。

1. 初始化

标号计算法计算过程的第一步是初始化。在网络计划图中,起始节点(通常表示为节点 1 或 V_1)的标号值被设定为 0,这表示从起点到起点的路径长度为 0。

2. 计算其他节点的标号值

按照节点编号从小到大的顺序,逐一计算其他节点的标号值。这一步骤是标号计算法的核心,也是最为复杂的部分。对于每个非起点节点,其标号值等于所有指向该节点的箭线(即活动)的起始节点的标号值加上相应活动的持续时间中的最大值。这一计算过程体现了网络图中节点之间的依赖关系和活动持续时间的累加效应。

对于网络图中的其他节点(假设为节点 j),其标号值 b_j 可根据式(10-14)计算:

$$b_j = \max\{b_i + D_{i-j}\} \tag{10-14}$$

其中,b_i 是节点 j 的前驱节点 i 的标号值;D_{i-j} 是从节点 i 到节点 j 的活动的持续时间。

在计算过程中,还需要记录每个节点的源节点信息,即用来确定该节点标号值的前驱节点。如果有多个源节点导致相同的标号值,则应将所有源节点都记录下来,以便后续分析。

3. 确定计算工期和关键线路

当所有节点的标号值都计算完成后,网络计划的计算工期即为终点节点的标号值。这是因为终点节点的标号值代表了从起点到终点的最长路径的长度,也就是项目的计算工期。

接下来,从终点节点开始,逆着箭线方向回溯,根据每个节点的源节点信息,可以确定构成关键线路的所有节点和活动。这条线路上的所有工作都是关键工作,它们的任何延误都会导致整个项目工期的延误。

例 10-3 已知某工作的逻辑关系,如表 10-3 所示,试计算该网络计划的工期,确定关键线路。

表 10-3 某工作的逻辑关系

工作	A	B	C	D	E	F
紧前工作	—	—	A	B	B	C、D
工时/天	2	3	4	2	1	3

解:根据表 10-3 所示的逻辑关系,绘制出网络图,如图 10-15 所示。

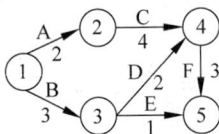

图 10-15 例 10-3 网络图

(1) 初始化。节点 1(起点)的标号值为 0。

(2) 计算其他节点的标号值。按节点编号顺序计算:

节点 2:$b_2 = \max\{b_1 + D_{12}\} = 0 + 2 = 2$(源节点为 1)

节点 3:$b_3 = \max\{b_1 + D_{13}\} = 0 + 3 = 3$(源节点为 1)

节点 4:需要考虑所有到达节点 4 的路径:

$$b_4 = \max\{b_2 + D_{24}, b_3 + D_{34}\} = \max\{2+4, 3+2\} = \max\{6, 5\} = 6\text{(源节点为 2 和 3)}$$

节点 5:同样考虑所有到达节点 5 的路径:

$$b_5 = \max\{b_3 + D_{35}, b_4 + D_{45}\} = \max\{3+1, 6+3\} = \max\{4, 9\} = 9\text{(源节点为 3 和 4)}$$

(3) 确定计算工期和关键线路。

计算工期:终点节点 5 的标号值为 9,因此计算工期为 9 天。

确定关键线路:从节点 5 开始,其源节点为节点 3 和 4。由于 b_5 是通过 $b_4 + D_{45}$ 得到的(9=6+3),我们优先回溯到节点 4。节点 4 的源节点为节点 2 和 3。由于 b_4 是通过 $b_2 + D_{24}$ 得到的(6=2+4),我们回溯到节点 2。节点 2 的源节点只有节点 1,因此继续回溯到节点 1。同时,我们也可以检查从节点 3 到节点 5 的路径(尽管它不是最长路径),但这不是关键线路的一部分。

因此,关键线路是:1→2→4→5,关键工作为 A、C 和 F。

第三节　物流设施建设项目网络优化

网络优化是指在网络计划的初始可行方案基础上,通过调整和优化各项活动的持续时间、资源分配等,以满足项目目标(如工期、成本、资源等)的约束条件,并寻求最优方案的过程。在网络优化中,时间优化、时间-费用优化以及资源优化是核心的优化方向,它们分别关注项目工期的缩短、工期与成本的平衡以及资源利用率的提高。以下将详细阐述这三种优化方法的概念和具体实施步骤。

一、时间优化

(一)时间优化的基本概念

时间优化,又称为工期优化,是指在满足既定条件下,通过不断改善网络计划的初始方案,并按最短时间指标来寻求最优方案的过程。其目标是在确保项目质量和资源限制的前提下,通过调整活动安排来缩短项目的总工期。

时间优化的基本思路在于识别并压缩网络计划中的关键线路,因为关键线路上的任何工作延误都会导致整个项目的延期。压缩关键工作可以通过增加资源投入、改进工作方法、采用更高效的技术或并行作业等方式实现。

(二)时间优化步骤与方法

1. 找出关键线路,求出计算工期

首先,通过绘制项目网络图,明确各项任务之间的逻辑关系。然后,使用网络计划技术找出关键线路。计算关键线路的总持续时间,即为项目的计算工期(T_c)。

2. 按要求工期计算应缩短的时间

对比计算工期(T_c)与要求工期(T_r),确定需要缩短的总时间差 ΔT。

$$\Delta T = T_c - T_r \tag{10-15}$$

3. 选择应优先缩短持续时间的关键工作

在关键线路上,根据工作的可压缩性、资源需求、费用变化等因素,选择需要压缩持续时间的工作。一般来说,应优先选择那些对质量和安全影响小、资源充足、费用率低的活动进行压缩。在关键线路上,可以根据以下因素选择优先缩短持续时间的工作。

(1)对工程质量和施工安全影响不大。

(2)有充足资源储备,如人力资源、材料、设备等。

(3)缩短持续时间所需增加的费用最少,考虑成本效益。

(4)评估每项工作的可压缩性,即考虑其最短可能持续时间,并计算如果压缩该工作能节省多少时间。

4. 缩短工作持续时间并重新评估关键线路

将选定的关键工作缩短至其最短持续时间,并重新计算整个网络计划,确定新的关键线路。如果被压缩的工作在缩短后变成了非关键工作,且项目的总工期仍然不满足要求,可能需要适当延长该工作的持续时间,以确保其再次成为关键工作的一部分,从而保持项目的整体进度压力。

5. 重复优化过程

重复上述步骤,继续寻找并压缩其他关键工作,直到项目的总工期满足要求工期或无法再通过缩短关键工作持续时间来进一步缩短工期。

6. 考虑其他措施

如果通过上述步骤仍无法达到要求工期,可能需要考虑采用加快施工的技术措施(如采用更高效的施工方法、增加工作班次等)或组织措施(如调整工作流程、优化资源配置等)来调整原施工方案。

(1)重新编制进度计划,并再次评估是否满足工期要求。

(2)重新确定要求工期目标:如果经过所有努力后,仍然无法满足原定的要求工期,可能需要与项目相关方沟通,重新确定更为合理和可行的工期目标。

例 10-4 某公司计划建设一座大型物流设施,包括仓库建设、设备安装、系统调试等多个阶段。项目计划工期为 260 天。为了确保项目按时完成,公司制定了详细的网络计划图,并希望通过时间优化来缩短总工期。表 10-4 为物流设施建设项目的部分关键工作及其逻辑关系。

表 10-4　物流设施建设项目的部分关键工作及其逻辑关系

工作代号	工 作 内 容	工时/天	可压缩性/天	紧前工作
A	土地准备	15	不可压缩	—
B	建筑设计	30	不可压缩	A
C	主体结构施工	90	15	B
D	内部装修	60	10	C
E	仓库设备安装	45	8	D
F	办公区装修	45	8	D
G	信息系统安装与调试	30	5	E,F
H	试运行与验收	15	不可压缩	G

解:(1)绘制网络图,如图 10-16 所示,找出关键线路,求出计算工期。

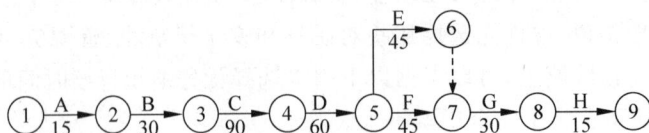

图 10-16　例 10-4 网络图

关键线路为 A→B→C→D→E→G→H,计算工期 $T_c = 15+30+90+60+45+30+15 = 285$ 天。

(2)按要求工期计算应缩短的时间(ΔT):

$$\Delta T = T_c - T_r = 285 - 260 = 25(天)$$

(3)选择应优先缩短持续时间的关键工作。

主体结构施工(C)可压缩 15 天,且对质量和安全影响相对较小,资源需求大但通常可调配,是首选压缩对象。

内部装修(D)可压缩 10 天,紧随 C 之后进行压缩。

仓库设备安装(E)和办公区装修(F)虽然也可压缩,但它们是并行的,且压缩它们不会直接缩短关键路径的总时间(除非它们压缩后影响了 G 的开始时间)。由于它们都有可压缩性,且后续活动 G 依赖于它们,因此也可以考虑压缩。

(4)缩短工作持续时间并重新评估关键线路。

将 C 活动缩短 15 天至 75 天。

将 D 活动缩短 10 天至 50 天。

重新计算工期:15+30+75+50+45+30+15=260 天。此时已达到要求工期,无须进一步压缩。

二、时间-费用优化

(一)时间-费用优化的基本概念

时间-费用优化是指在项目管理中,根据项目的具体要求和资源限制,通过调整项目的工作时间和资源分配,以寻求项目总费用最低且工期最合理的方案。这种优化方法旨在平衡项目的直接费用和间接费用,确保项目在满足时间要求的同时,实现成本效益的最大化。

时间-费用优化的主要目的包括:通过合理调整项目活动的时间和资源分配,减少不必要的费用支出,降低项目的总费用;在保证项目质量的前提下,通过优化项目活动的时间和顺序,缩短项目的整体工期;通过合理分配项目资源,提高资源的利用效率,减少资源浪费;通过时间-费用优化,使项目计划更加合理、可行,增强项目执行过程中的可控性。

时间-费用优化的基本思路在于平衡项目的工期和成本。一方面,通过压缩关键工作来缩短项目的总工期;另一方面,通过优化资源配置和成本控制策略来降低项目的总成本。在平衡这两个目标时,需要考虑项目的实际情况和约束条件(如资源限制、技术条件、市场需求等)。

(二)项目的费用

项目的费用一般包括直接费用和间接费用两部分。

1. 直接费用

直接费用指直接用于工程建设工作的耗费,包括生产工人的工资及附加费、设备能源、工具及材料消耗等直接与完成工作有关的费用。这些费用与工程的实际施工过程和方案密切相关。当施工方案确定后,如果工期发生变化,直接费用也会相应调整。

在工期延长的情况下,虽然人工、材料和机械的总体使用量可能增加,但由于施工过程的分散,可能不需要额外增加高效但昂贵的设备或加班费用,因此直接费用的增加可能相对平缓。而当工期需要缩短时,为了加快施工进度,往往需要增加高效但成本较高的设备、采用更先进的施工技术、支付加班费给工人等,这些都会导致直接费用的显著增加。因此,直接费用曲线在工期缩短时通常会呈现上升趋势。

直接费用与工作所需工期相关,假定直接费用与工期为线性关系,如图 10-17 所示。其中,m_{ij} 为极限费用,指当工期缩短到一定程度,再增加直接费用,工期也不能再缩短时的费用;M_{ij} 为正常费用,指当工期延长到一定程度,直接费用不能再随之下降时的费用;M 为压缩后的直接费用;d_{ij} 为极限工期,指对应极限费用(m_{ij})的工期;D_{ij} 为正常工期,指对应正常费用(M_{ij})的工期;d 为压缩后的工作时间。

工作 $i-j$ 每缩短或延长一个单位时间所需增加或减少的费用称为直接费用变动率,用 c_{ij} 表示。

$$c_{ij} = \frac{m_{ij} - M_{ij}}{D_{ij} - d_{ij}} \tag{10-16}$$

2. 间接费用

间接费用指为组织和管理工程的生产经营活动所发生的费用,包括管理人员的办公费、采购费用、设备租金及固定资产折旧等。这些费用并不直接与工程的施工过程相关,而是与企业的整体运营和管理水平有关。

一般来说,随着工期的缩短,企业的管理费用可能会因为项目周期的缩短而有所减少。然而,这种减少可能并不显著,因为间接费用中的很多部分(如固定成本)并不随工期的变化而线性变化。

设单位时间间接费用额为 C_j,则工期 T_x 对应的间接费用 C_J 为

$$C_J = C_j \cdot T_x \tag{10-17}$$

工程的费用与工期的关系如图 10-18 所示。

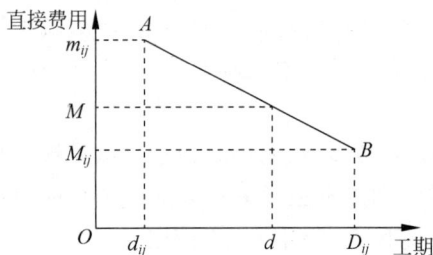

图 10-17　直接费用-工期图

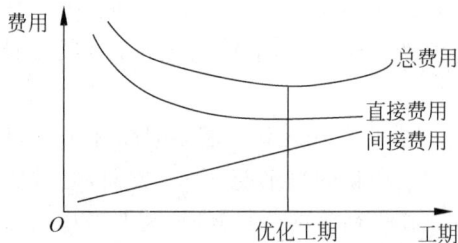

图 10-18　工程的费用与工期的关系

(三) 时间-费用优化的实施步骤

1. 计算基础数据

计算正常作业条件下的工期:根据现有的施工方案和组织方法,计算出工程网络计划的总工期。

确定关键线路:识别出影响总工期的关键路径,即所有工作都必须按时完成,否则将延误整个项目的路径。

计算总费用:包括总直接费用和总间接费用。直接费用基于每项工作的资源消耗(如人工、材料、机械等),而间接费用则与项目的整体管理和运营相关。

2. 分析费用率

计算各项工作的直接费用率:直接费用率是某项工作的直接费用与其持续时间的比

值。这个指标有助于识别哪些工作在时间压缩时成本增加最多。

3. 选择压缩对象

在关键线路上选择压缩对象：优先考虑直接费用率（或组合直接费用率，如果涉及多项工作的组合）最小且不超过工程间接费用率的工作作为压缩对象。这样做的目的是在尽量不增加总成本的前提下缩短工期。

4. 实施压缩

将被压缩对象压缩至最短：如果压缩对象是一组工作，则将它们压缩相同的时间量，以保持工作之间的逻辑关系不变。

检查关键线路：每次压缩后，重新检查关键线路，确保优化后的网络计划仍然有效。

调整非关键工作：如果被压缩对象变成了非关键工作，需要适当延长其持续时间，以保持其关键性，从而确保整个项目的工期不受影响。

5. 重新评估

重新计算和确定总费用：每次压缩后，重新计算总直接费用、总间接费用和总费用，以评估优化效果。

6. 迭代优化

重复步骤 3 至步骤 5：继续寻找并压缩直接费用率或组合直接费用率最小的工作，直到找不到满足条件的压缩对象。此时，总费用达到最低，对应的工期即为最优工期。

例 10-5 已知某物流设施建设项目施工进度的网络图，如图 10-19 所示，网络计划中各工作的正常工时和极限工时及相应费用如表 10-5 所示，间接费用率为 0.33 万元/天，直接费用单位为万元。试对该项目进行网络优化，在总费用最低的情况下，工期最短。

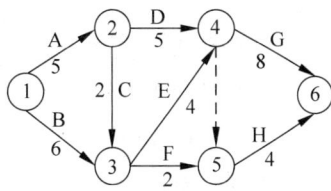

图 10-19 例 10-5 网络图 1

表 10-5 网络计划中各工作的正常工时和极限工时及相应费用

工作	正常工时		极限工时		费用率/（万元/天）
	工时/天	费用/万元	工时/天	费用/万元	
A	5	7	3	7.4	0.2
B	6	8	4	11	1.5
C	2	5.7	1	6	0.3
D	5	5.5	4	6.5	1
E	4	4	3	5	1
F	2	5.5	1	6.3	0.8
G	8	7.5	6	8.6	0.55
H	4	6.5	2	6.8	0.15

解： 首先，计算出计算工期 T_c，找到关键线路和关键工作，如图 10-20 所示，$T_p = 19$，关键线路为 1→2→3→4→6，关键工作为 A→C→E→G，同时可计算出正常工时下的总费用为 49.7 万元。

其次，选择关键线路上直接费用率最小的工作进行优化。在关键工作 A、C、E 和 G

中,工作 A 的费用率最小,且费用率为 0.2 万元/天<0.33 万元/天,则首先压缩工作 A 的工时。根据表 10-5 可知,工作 A 最多可缩短 2 天,即取工作 A 的新工时为 5-2=3 天。重新计算网络图时间参数,结果如图 10-21 所示,关键线路为 1→3→4→6,工期为 18 天,实际只缩短了 1 天。这意味着工作 A 没有必要减少 2 天,工作 A 的工时应取 5-1=4 天。此时总费用=49.7+0.2-0.33=49.57 万元。

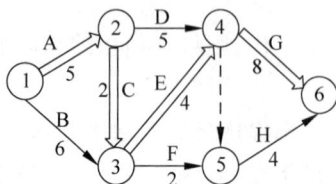

图 10-20　例 10-5 网络图 2

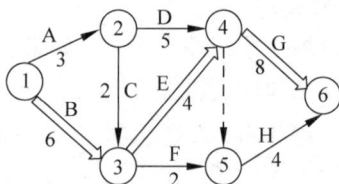

图 10-21　例 10-5 网络图 3

优化后的网络图如图 10-22 所示,总工期为 18 天,有两条关键线路:1→2→3→4→6 与 1→3→4→6。可以看出,现有四种优化方案。

(1) 同时压缩 A、B、C 三项工作 2 天,费用率为 2 万元/天。

(2) 压缩 B、C 工作 1 天,费用率为 1.8 万元/天。

(3) 压缩 E 工作 1 天,费用率为 1 万元/天。

(4) 压缩 G 工作 2 天,费用率为 0.55 万元/天。

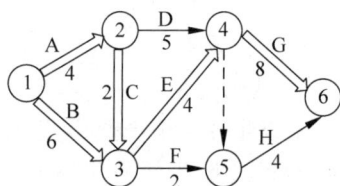

图 10-22　例 10-5 网络图 4

由于间接费用每减少 1 天缩短 0.33 万元,上述方案每缩短 1 天增加的费用均大于间接费用,继续缩短工期并不能减少总费用,因此停止计算。

根据上述优化方案可以发现,如果想要成本最低,则优化一次即可,此时总费用为 49.57 万元,工期为 18 天;如果想要抓紧工期,不计较成本,则优化五次即可达到最理想的工期。

三、资源优化

(一) 资源优化的基本概念

资源优化,简而言之,就是通过调整项目活动的开始时间和完成时间,使资源在时间上的分配更加合理,以实现优化目标。这里的优化目标可以是缩短工期、降低成本、提高资源利用率等。在进行资源优化时,需要明确几个前提条件。

(1) 不改变工作逻辑关系:项目中的各项活动之间存在着严格的逻辑关系,这些关系决定了活动的先后顺序和依赖关系。在资源优化过程中,必须保持这些逻辑关系的稳定,不能随意更改。

(2) 不改变工作持续时间:在大多数情况下,项目活动的持续时间是由其本身的性质和技术要求决定的,因此在资源优化过程中,通常不会改变活动的持续时间。

(3) 资源强度为常数且合理:资源强度是指单位时间内某项活动所需的资源数量。

在资源优化过程中,需要假设资源强度为常数且合理,即不考虑资源强度的波动和异常情况。

(4)工作连续性:除非特别规定可以中断工作,一般要求项目活动保持连续性,不能随意中断或暂停。

(二)资源优化的类型

在资源优化过程中,我们主要关注两种类型的优化:"资源有限,工期最短"优化和"工期固定,资源均衡"优化。

1. "资源有限,工期最短"优化

"资源有限,工期最短"优化是指在资源总量有限的情况下,通过调整项目活动的开始时间,使项目工期尽可能缩短,同时确保资源需用量不超过资源限量的优化方法。这种优化方法通常适用于资源紧张、工期紧迫的项目。以下是该优化方法的具体步骤。

(1)绘制时标网络计划图。时标网络计划图是一种将时间刻度与网络图相结合的项目管理工具,能够清晰地展示项目活动的开始时间、结束时间和持续时间。在绘制时标网络计划图时,需要确保所有活动的逻辑关系正确无误,并且时间刻度设置合理。

(2)逐时段计算资源需用量。这通常需要根据时标网络计划图,统计每个时段内所有活动所需的资源总量。在计算过程中,需要注意对不同种类的资源分别进行统计,并计算出每种资源的总需用量。

(3)检查资源冲突。在计算出每个时段的资源需用量后,需要将其与资源限量进行比较,以检查是否存在资源冲突。如果某个时段的资源需用量超过了资源限量,则说明该时段存在资源冲突,需要进行调整。

(4)调整工作开始时间。对于存在资源冲突的时段,需要根据活动的总时差(浮动时间)进行调整。在调整过程中,应优先调整总时差最小的工作,因为这些工作对总工期的影响最大。通过推迟或提前这些工作的开始时间,可以减少该时段的资源需用量,从而缓解资源冲突。

(5)迭代优化。"资源有限,工期最短"的优化过程往往需要进行多次迭代。在每次迭代中,都需要重新计算资源需用量并检查资源冲突。如果仍然存在资源冲突,则需要继续调整工作开始时间。不断迭代优化,直到所有时段的资源需用量均不超过资源限量。

例 10-6 已知某物流设施建设工程网络计划图,如图 10-23 所示,图中箭线上方数字为工作的资源强度,箭线下方数字为工作的持续时间。假定资源限量 $R_a = 12$,试对其进行"资源有限,工期最短"的优化。

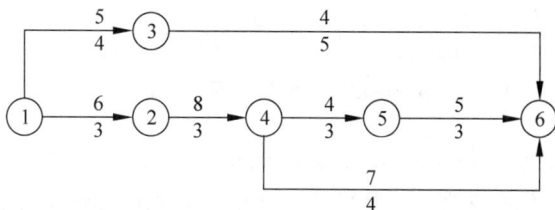

图 10-23 某物流设施建设工程网络计划图

解：

（1）计算网络计划中每个时间单位的资源需用量，绘出资源需用量动态曲线，如图 10-24 下方曲线所示。

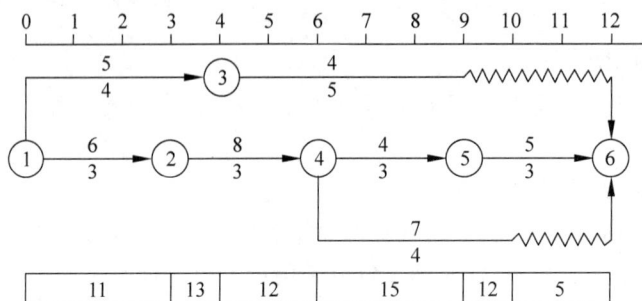

图 10-24   绘出资源需用量动态曲线的网络计划图

（2）逐时段将资源需用量与资源限量进行对比，从计划开始日期起，经检查发现第二个时段[3,4]存在资源冲突，即资源需用量超过资源限量，故应首先调整该时段。

（3）在时段[3,4]有工作 1—3 和工作 2—4 两项工作平行作业，计算两项工作的总时差，结果如表 10-6 所示。

表 10-6   两项工作总时差的计算结果

序号	工作代号	最早完成时间	最迟完成时间	总时差
1	1—3	4	3	1
2	2—4	6	3	3

根据计算结果可知，工作 1—3 的总时差最小，说明将工作 2—4 安排在工作 1—3 之后进行，工期延长最短，只延长 1，因此，将工作 2—4 安排在工作 1—3 之后进行，调整后的网络计划如图 10-25 所示。

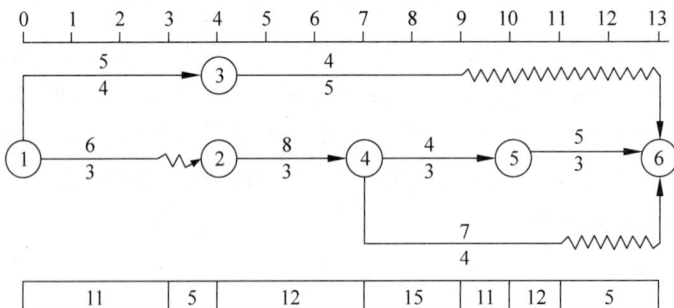

图 10-25   调整后的网络计划

（4）重新计算调整后的网络计划中每个时间单位的资源需用量，绘出资源需用量动态曲线，如图 10-25 下方曲线所示。从图 10-25 中可知，在第四时段[7,9]存在资源冲突，故应调整该时段。

（5）在时段[7,9]有工作 3—6、工作 4—5 和工作 4—6 三项工作平行作业，比较三项工作的总时差。将工作 4—6 安排在工作 3—6 之后进行,工期不延长,调整后的网络计划如图 10-26 所示。

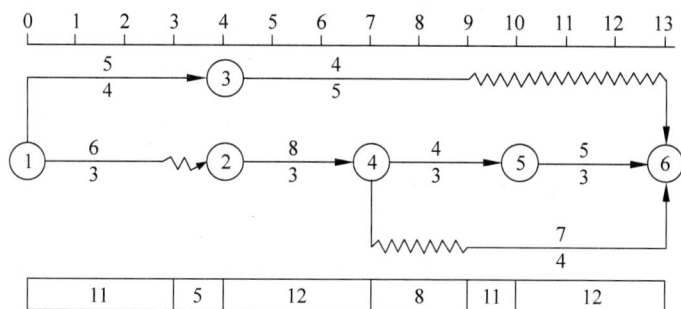

图 10-26　最优方案

(6) 重新计算调整后的网络计划中每个时间单位的资源需用量,绘出资源需用量动态曲线,如图 10-26 下方曲线所示。由于此时整个工期范围内的资源需用量均未超过资源限量,故图 10-26 所示方案即为最优方案,其最短工期为 13。

2. "工期固定,资源均衡"优化

"工期固定,资源均衡"优化是指在项目工期已经确定的情况下,通过调整项目活动的开始时间和完成时间,使资源在工期内的分配尽可能均衡的优化方法。这种优化方法通常适用于资源波动较大或需要保持资源稳定供应的项目。以下是该优化方法的具体步骤。

(1) 绘制时标网络计划图,计算资源需用量。在绘制时标网络计划图时,需要为每个活动分配资源,并计算整个项目期间的资源需用量。

(2) 计算资源均衡性指标,用均方差值来衡量资源均衡程度。资源均衡性是指项目资源需求在时间上的分布是否均匀。如果资源需求在某个时间段内过高,而在其他时间段内过低,就会导致资源的不均衡使用。

衡量资源均衡程度的指标:不均衡系数(K)、极差值和均方差值。

不均衡系数 K 的公式:

$$K = \frac{Q_{\max}}{Q_m} \tag{10-18}$$

其中,$Q_{\max}$ 表示资源需用量的最大值;Q_m 表示资源需用量的平均值,计算方式如下:

$$Q_m = \frac{1}{T}(Q_1 + Q_2 + \cdots + Q_n) \tag{10-19}$$

极差值的公式:

$$\Delta Q = \max\{|Q_t - Q_m|\} \tag{10-20}$$

其中,Q_t 是任意时刻的资源需用量;Q_m 是资源需用量的平均值或特定参照值。

均方差值:

$$\sigma^2 = \frac{1}{T}\sum_t^T (Q_t - Q_m)^2 \quad \sigma^2 = \frac{1}{T}\sum_t^T Q_t^2 - Q_m^2 \tag{10-21}$$

(3) 从网络计划的终点节点开始,按非关键工作最早开始时间的先后顺序进行调整

（关键工作不得调整）。

在项目执行过程中，由于各种原因（如资源限制、优先级调整等），可能需要对原计划进行调整。调整时，通常从网络计划的终点节点开始，逆序进行。非关键工作是指那些不影响项目总工期的工作，因此它们的开始时间可以在一定范围内进行调整。

（4）绘制调整后的网络计划。

（三）资源优化的实践策略

在实际的项目管理中，资源优化不仅仅是一种技术手段，更是一种管理艺术。为了有效实施资源优化，可以采取以下实践策略。

（1）建立完善的资源管理体系：制定明确的资源管理制度和流程，明确资源的分配、使用、监督和考核等方面的规定和要求。通过制度保障和资源管理系统的支持，实现资源的有效配置和利用。

（2）加强项目团队的沟通与协作：资源优化需要项目团队中各个成员的密切合作和有效沟通。通过加强团队建设和沟通机制建设，提高团队成员之间的协作能力和默契程度，为资源优化提供有力支持。

（3）灵活应对资源变化：在项目实施过程中，资源需求可能会随着项目进展和外部环境的变化而发生变化。因此，需要保持高度的敏感性和灵活性，及时调整优化策略以应对资源变化带来的挑战。

（4）引入先进的项目管理工具和技术：利用现代化的项目管理工具和技术手段（如项目管理软件、仿真模拟技术等）可以大大提高资源优化的效率和准确性。通过引入这些工具和技术手段，可以更加精确地掌握资源需求情况并制订相应的优化方案。

（5）注重风险管理计划和应对措施的制订：在资源优化过程中可能会遇到各种风险和问题（如资源短缺、工期延误等）。为了有效应对这些风险和问题，需要制订详细的风险管理计划和应对措施，并在项目实施过程中密切关注风险情况的变化，以便及时调整应对策略。

本 章 小 结

本章详细阐述了物流设施建设项目的网络计划的构建过程；通过介绍网络图的基本概念、组成要素及其绘制方法，以及箭线、节点与权的定义，展示了如何清晰表示项目工作的逻辑关系及时间顺序；同时，强调了关键线路与关键工作对项目总工期的影响，最后给出了网络计划优化的方向。

本 章 习 题

1. 网络图由哪些基本元素组成？请解释它们在网络计划中的作用。
2. 描述绘制网络图时需要遵循的基本原则，并举例说明。
3. 阐述绘制网络计划图的步骤。

4. 什么是关键线路？如何求解关键线路？它对物流设施建设项目有何重要性？

5. 根据表 10-7 中给出的工作明细内容,绘制网络图。

表 10-7　习题 5 工作明细表

工作代号	紧前工作	工时
A	—	5
B	—	2
C	A	2
D	A	2
E	B	3
F	C	2
G	D、E	5
H	D、E	3
I	H	4

6. 某物流企业要进行一工程项目,其工作明细表如表 10-8 所示。

表 10-8　习题 6 工作明细表

工作	A	B	C	D	E	F	G
紧前工作	—	—	A、B	A、B	B	C	D、E
工时	4	2	3	4	3	1	2

根据以上资料:

(1) 绘制网络图;

(2) 计算该网络图的网络时间参数;

(3) 确定关键线路和总工期。

7. 设有图 10-27 所示的网络图,分别用工作计算法和节点计算法计算网络时间参数,并求出关键线路。

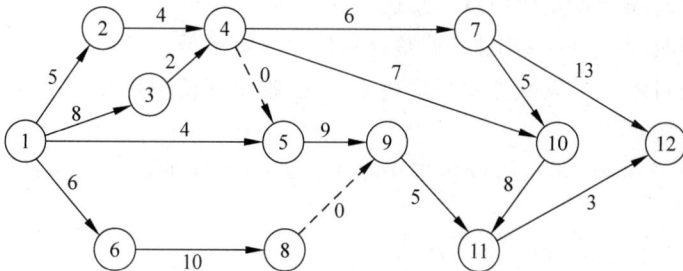

图 10-27　习题 7 网络图

8. 已知某工程有关数据,如表 10-9 所示,设间接费用为 15 元/天,试对该网络图进行网络优化,使在总费用最低的情况下,工期最短。

表 10-9　某工程有关数据

工作代号	正常工时		极限工时	
	工时	费用/元	工时	费用/元
①→②	6	100	4	120
②→③	9	200	5	280
②→④	3	80	2	110
③→④	0	0	0	0
③→⑤	7	150	5	180
④→⑥	8	250	3	375
④→⑦	2	120	1	170
⑤→⑧	1	100	1	100
⑥→⑧	4	180	3	200
⑦→⑧	5	130	2	220

9. 表 10-10 给出了工作的正常、应急的工时和成本。

表 10-10　工作的正常、应急的工时和成本

工作	紧前工作	时间/天		成本/万元		时间的最大缩量/天	应急增加成本/（万元/天）
		正常	应急	正常	应急		
A	—	15	12	50	65	3	5
B	A	12	10	100	120	2	10
C	A	7	4	80	89	3	3
D	B、C	13	11	60	90	2	15
E	D	14	10	40	52	4	3
F	C	16	13	45	60	3	5
G	E、F	10	8	60	84	2	12

（1）绘制项目网络图，按正常时间计算完成项目的总成本和工期。

（2）按应急时间计算完成项目的总成本和工期。

（3）按应急时间的项目完工期，调整计划使总成本最低。

（4）已知项目缩短 1 天额外获得奖金 4 万元，减少间接费用 2.5 万元，求总成本最低的项目完工期。

10. 继续讨论表 10-10。假设各工作在正常时间条件下需要的人员数分别为 9、12、12、6、8、17、14 人。

（1）画出时标网络计划图。

（2）按正常时间计算项目的完工期，以及按期完工需要多少人。

（3）在保证按期完工的前提下，如何采取应急措施，使总成本最小的同时又使总人数最少？请对计划进行系统优化分析。

即 测 即 练

第十一章

物流存储问题及应用

物流存储作为供应链管理的关键环节,致力于通过精细的存储策略与高效的流程管理,确保货物的安全储存与及时供应。其核心理论——存储论,专注于在复杂多变的供需环境下,精准制定订货策略,以最小化包括采购成本、仓储费用及缺货损失在内的总体成本。作为运筹学的重要分支,存储论凭借其简洁的模型与深刻的原理,自诞生以来便在各个领域得到广泛应用。随着现代物流技术的飞速发展,存储论的研究不断深化,其在优化资源配置、提升供应链响应速度方面的作用日益凸显。因此,持续探索存储论的最新进展,并将其有效融入物流实践,对于推动物流行业的转型升级与可持续发展具有重要意义。

第一节　物流存储问题的提出

一、物流管理中的存储问题

在物流管理的实践探索中,企业决策者致力于推动企业持续成长并巩固其竞争优势,这要求他们具备高度的敏锐性与决策力,持续评估环境,精准施策,以有效降低物流成本,特别是聚焦于仓储成本、采购开支及缺货损失等关键领域。针对物流库存管理,企业面临双重挑战:既要通过减少库存量来削减仓储费用,又要控制库存补充频次以节约采购成本。然而,这两者之间存在着矛盾,因为对于年度需求量恒定的物资而言,库存水平的降低往往伴随着补货频率的提升;反之亦然。因此,如何在库存管理的这一对矛盾中寻求最佳平衡点,成为提升物流管理效率与效益的核心议题。

值得注意的是,我们研究物流库存管理的初衷在于深入剖析存储系统的本质特征,增进对关键要素间相互关系的理解。构建基础存储模型的目的,并非直接提供解决现实问题的现成答案或精确公式,尽管偶尔有实际案例能高度契合某一基础模型,但这仅是特例。相反,这些模型的价值在于为我们提供洞察存储系统运作规律的钥匙,培养针对特定情境构建定制化模型的能力,从而更有效地应对库存管理中的实际问题,推动物流管理实践的科学化、精细化发展。

二、存储论研究的对象

存储论聚焦于两大核心议题:订货时机与订货量,即"何时补"与"补多少",这精准捕捉了存储管理中的"期"与"量"要素。面对多样化的存储挑战,企业虽需灵活应对,但均遵循经济合理或特定条件,依托丰富的统计数据,将实际问题抽象化,构建并优化存储数学模型。这一过程旨在求订货时机与订货量的最优解,为存储决策提供科学依据。

在探讨这两个议题时,存在两大出发点:经济性考量下,企业致力于分析存储费、订货费与缺货费之间的微妙平衡,力求在总成本最小化的前提下,确定最优订货量;而安全性视角则强调生产流程的连续性与稳定性,通过合理设定库存水平,既避免缺货风险,又防止库存积压,确保物资供应与生产需求的精准对接。

三、存储论的基本概念

在工业生产流程中,原料的储备是不可或缺的环节,这一过程涉及"存储"的概念,即预先储备生产原材料。随着生产活动的持续进行,原材料被逐步消耗,导致存储量相应减少。为确保生产的连续性和稳定性,当存储量降至一定阈值时,必须实施补充措施,以防原材料枯竭、中断生产流程。

存储论作为指导原料管理的理论基础,引入了多个核心概念,构建了一个由需求、补充、费用及存储策略交织的动态资源系统。在这一系统中,存储量随生产需求而动态变化,既因需求消耗而减少,也因及时补给而恢复,从而维系了生产的平稳运行。

存储系统包括补充(输入)、存储、需求(输出)三部分。最简单的存储系统只有一个存储点(仓库),复杂存储系统可以有多个存储点。存储系统具体分为串联、并联和串并联三种形式,各种存储系统如图 11-1 所示。

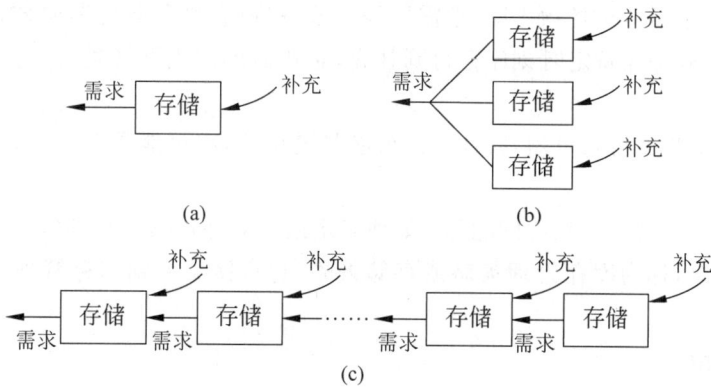

图 11-1 各种存储系统

(a)串联系统;(b)并联系统;(c)串并联系统

(一)需求

为了保障生产流程的顺畅进行,库存需持续向需求单位供给原料或产品,此过程即视为库存的输出,其核心在于满足各类需求。单位时间内的需求量或需求速率,常用符号 d 来量化表示。在实际操作中,库存的输出模式可能呈现为均匀且连续的流动,亦可能表现为间断性的即时供应。图 11-2 为这两种不同输出方式的示意图。

图 11-2(a)和图 11-2(b)分别表示 t 时间内的输出量为 $S-W$,但两者的输出方式不同。图 11-2(a)表示输出是间断的,图 11-2(b)表示输出是连续的。

部分需求展现出确定性特征,如物流公司依据合同条款,每月稳定输出 10 吨货物。而另一部分需求则呈现出随机性,如超市书籍的日销售量,可能波动于 800 本至 1 000 本之间。然而,通过广泛的统计分析,我们可以揭示这些随机性需求背后隐藏的统计规律,

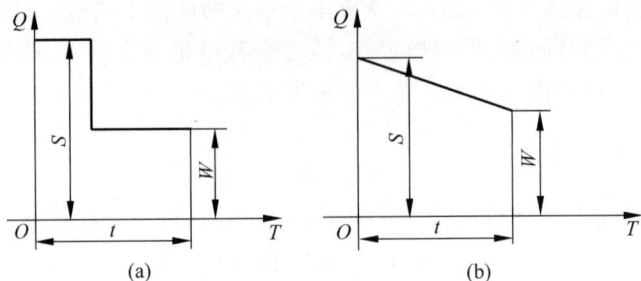

图 11-2　两种不同输出方式示意图

（a）间断输出；（b）连续输出

即它们遵循着某种特定的随机分布模式。对于此类随机性需求,关键在于深入理解其发生时间及数量的统计特性,以便更有效地进行预测与管理。

（二）补充

库存因需求消耗而持续减少,故需适时进行补充,以确保供应不断,否则终将难以满足市场需求。补充行为本质上是对库存的输入。补充方式多样,可能涉及向外部厂商采购,此过程自订单下达至货物入库,常需历经一段备货期,亦称前置期或准备时间。从另一维度审视,为确保在特定时刻库存得到补充,企业需提前规划订货,此时的前置期亦可理解为提前期。

备货时间的长度可长可短,其性质既可能是随机的,亦可能是确定的,取决于多种因素的综合影响。

存储论致力于解决的核心问题是:如何确定最佳的补货频率与补货量。这一决策过程所依据的策略,称为库存管理策略或存储策略,它直接关系到库存管理的效率与成本优化。

（三）费用

在企业的持续生产经营活动中,资源的消耗是不可或缺的环节。鉴于资源供给与需求之间在时间与空间维度上常存在不匹配现象,企业有必要预先储备一定量的资源,以确保运营的连续性和稳定性。这类为支持未来生产经营需求而预先积蓄的资源,我们称之为存储。

存储系统的运营成本构成复杂,主要包括存储费用（即维持库存所需的费用）、采购费用（与资源采购直接相关的费用）、缺货费用（因库存不足导致的生产中断或销售损失所产生的费用）,以及生产费用等其他相关支出。

1. 存储费用

存储费用涵盖了多个方面,主要包括因储存资源占用资本而产生的利息成本,以及直接关联于仓库运营的各项开支,如仓库设施的维护与使用费、保管物资所需的人力成本及因货物保管不当可能导致的损坏、变质等损失费用。

2. 采购费用

采购费用由两大类别构成:首要的一类是订购成本,这涵盖了每次采购活动所涉及的各类间接费用,如手续费、通信费以及派遣采购人员外出的相关支出等。此类费用与采购活动的频次直接相关,而与单次采购的数量无直接联系。另一类别则是货物本身的成本,这取决于订的数量,包括货物的单价、运输费用等要素。具体而言,若货物单价为 K 元,单次订购固定费用为 C 元,且订购数量为 Q,总采购成本理论上为 C(订购费用)＋ KQ(货物成本)。

3. 缺货费用

缺货费用,即库存无法满足市场需求时所引发的经济损失,涵盖机会成本的流失、生产线因缺料而停滞的间接损失,以及因违约而承担的罚款等。这些损失不仅与缺货的数量紧密相关,还受到缺货持续时间的显著影响。在严格的零缺货管理策略下,任何缺货情况都被视为极端不利,因此在费用评估中,缺货费用常被设定为极大值或视为无穷大,以此强调维持充足库存、避免缺货对企业运营稳定的重要性。

4. 生产费用

在补充库存的过程中,若选择由企业内部生产而非外部采购,将涉及两类主要费用。一类是与产品直接生产成本相关的变动费用,这包括但不限于原材料费用、加工费用等,这些费用会随着生产量的增减而相应变化。另一类则是固定性质的装配费用,也被称为准备或结束费用,它涵盖了为生产准备所需的一系列非经常性开支,如更换生产夹具所需的人工时间、增设特定生产设备或工具的投入等。在探讨存储管理策略时,为了简化分析并聚焦于核心决策要素,我们往往仅将装配费用纳入重点考虑范畴,而相对忽略随产量变动的直接生产成本。

(四)存储策略

对于一个存储系统而言,其核心功能在于响应并服务于需求,因此,无论需求是确定性的还是随机性的,它本身并不直接作为系统的控制目标。特别是随机性需求,其不可预测性更决定了其难以直接控制的特性。所以,需求控制的仅仅是存储的输入过程。而这里有两个基本问题需要作出决策:

(1)何时补充?成为"期"的问题;

(2)补充多少?成为"量"的问题。

存储策略,简而言之,即在何种条件下启动库存补充及其数量的决策机制。深入分析库存动态,我们不难发现,实际库存量的波动主要归因于两大维度:一是物资的消耗速率与周期,二是采购活动的数量安排与时机选择。鉴于需求满足是库存管理的基本使命,因此,在制定库存策略时,应聚焦于通过精准调控采购的数量及时点来优化库存水平。

下面讨论四种比较常见的存储策略。在各种策略中,Q 表示订货量,R 表示订货点,S 表示最大库存量,t 表示时间。

1. (Q,R)策略

该策略的基本思想在于实施对库存的持续监控,一旦库存量降至预设的订货点 R 水平,即触发订货操作,且每次订货量均维持恒定,即固定订货量 Q。其中,将订货量 Q 优化设定为经济批量,以平衡成本与效率。此策略的核心在于对库存实施持续监控,确保在库存水平触及订货点时迅速响应,从而有效避免缺货情况的发生。同时,通过经济批量采购的策略,不仅保障了供应的稳定性,还致力于实现库存总成本的最小化。

2. (R, S)策略

此策略与(Q, R)策略相似,均强调对库存状态的持续监控,一旦库存量滑落至预设的订货点R,即触发订货流程。其不同之处在于,该策略在订货后维持最大库存量S为恒定值,而非固定订货量。具体而言,若订货时库存剩余为I,则订货量动态调整为S与I之差,这确保了对库存水平的灵活管理。对于库存结构中的B类物资,此策略尤为适用,它通过不间断的库存检查确保了供应的连续性,同时,每次补货至最大库存量,虽使得平均库存水平相较于(Q, R)策略偏高,但显著减少了订货频次,从而降低了管理复杂度。

3. (t, S)策略

此策略采用周期性检查库存的方式,将当前库存量提升至预设的最大库存水平S。若检查时的库存量为I,则相应的订货量即为S与I之差。随后,经过一个可能变化的订货提前期,库存将增加$S - I$的量。随着新一轮检查周期的到来,库存量达到新的水平I_2,并再次触发订货流程,以此类推,形成周期性的库存补给循环。对于库存结构中的C类物资,此策略尤为适宜,因为它通过降低连续监控的频率,显著降低了库存管理的工作难度。尽管每次补货至最大库存会导致平均库存量的上升,但该策略尤其适合管理那些数量庞大而价值相对较低的物品。

4. (t, R, S)策略

(t, R, S)策略巧妙融合了(t, S)策略与(R, S)策略的核心要素,构建了一个综合性的补给方案。该方案明确了固定的审查周期t,设定了库存上限S,并引入了一个重要的订货点R。在每次检查周期完成时,系统会评估当前库存水平,若该水平滑落至订货点R之下,则自动触发订货流程;若库存仍维持在R之上,则维持现状,不进行补货操作。补货量的计算基于库存上限S与即时库存量之间的差额,此策略广泛适用于库存结构中的B类与C类物资管理,通过定期而非连续的库存检查,有效降低了管理复杂度,尤其适合处理数量多但价值相对较低的物品。同时,引入订货点R的设置,既保留了减少平均库存量的优势,又弥补了单纯(t, S)策略可能导致的库存积压问题。

经济订购模型与定期订货模型的比较见表 11-1。

表 11-1　经济订购模型与定期订货模型的比较

特　　征	经济订购模型 Q	定期订货模型 P
订购量	Q是固定的(每次订购量相同)	Q是变化的(每次订货量不同)
何时订购	R,即在库存量降到再订购点时	T,即在盘点期到来时
库存记录	每次出库都做记录	只在盘点期记录
库存大小	比定期订货规模小	比定量订货规模大
维持所需时间	由于记录持续,所以较长	较短
物资类型	昂贵、关键或重要物资	普通物质

四、运营费用

评估存储策略性能优劣的核心量化标准通常聚焦于运营费用(operational costs),这一综合指标涵盖了进货费用(inputting costs)、保管费用(holding or carrying costs)以及缺货费用(shortage loss costs 或 stock out costs)。

(一) 进货费用

进货费用指补充存储而发生的费用,记为 c_i,其一般形式为

$$C_i \begin{cases} C_0 + cQ, & Q \geqslant 0 \\ 0, & Q = 0 \end{cases}$$

式中,C_0 为每次进货的固定费用,与进货批量 Q 的大小无关;c 为单位变动费用;而 cQ 则是变动费用,与进货量 Q 有关。

因为进货分为外部订购与内部生产两种方式,所以解释如下。

(1) 订购费用:订货与购货而发生的费用。这时称:C_0 为涵盖了诸如手续费、通信费用、采购人员的差旅开支、货物运输的最低起运门槛费用,以及货物到达后的检验与验收费用等,这些费用并不随进货批量 Q 的增减而变动,是独立于订货数量之外的固定支出。c 为货物每单位的购置费用,涵盖了货物本身的定价、分摊至每单位货物上的运输费用等额外开销。cQ 为货物购置费用,直接关联于订货批量 Q。

(2) 生产费用:与货物生产过程直接相关的各项支出。这时称:C_0 为每批次的装配费用(或准备、结束费用),这类费用涵盖了诸如生产线设备调整、专用工具配置等一次性投入,它们对于任何规模的生产批次都是必需的,因此与生产批量 Q 无直接关联。c 为单位产品的生产费用,系指制造单个产品时所累积的各项直接费用总和,这些费用涵盖了原材料的采购成本、能源的消耗、劳动力薪资以及包装材料的费用等。cQ 为一批产品的变动生产费用,与生产批量 Q 有关。

(二) 保管费用

保管费用,亦称持货或存储费用,源于货物持有期间产生的各项开销。此费用集合了仓库租赁与管理成本、货物维护与修理费、保险保障及依法缴纳的税费等直接支出。同时,它还涵盖了因资金被库存占用而产生的间接成本,如利息损失与资金占用费。此外,存货还可能因长期积压而面临陈旧、变质、损耗及市场降价等风险,进而引发额外损失。

C_h 为保管费用,与单位时间存储量有关。h 为单位时间内单位货物的保管费用。

(三) 缺货费用

缺货费用指因库存不足而引发的一系列经济损失。这包括:因物料短缺导致的生产停滞,进而造成的直接生产效益损失;缺货引发的市场机会错失,即潜在销售收入的减少;延迟交货所面临的违约金支付;长期缺货导致的客户信任度下降,进而对企业商誉造成的无形损害。

C_s 为缺货费用,与单位时间的缺货量有关。

I 为单位货物在单位时间的缺货损失费。

运营费用即为上述多项费用之和,可统称为总费用,记为 C_r,则 $C_r = C_i + C_h + C_s$,又记 f 为单位时间的平均(或期望)运营费用。

经济批量 Q^* 是使运营费用 f 最小化的进货批量,研究者针对确定性库存系统已导出精确计算此值的公式,即经济批量模型,广泛应用于存储领域。

第二节　确定型物流存储模型

模型一　不允许缺货，备货时间很短

该模型又称为古典经济采购批量模型。为了促进模型的简化、增强可理解性并提高计算效率，我们对其基本框架进行了一系列假设：

（1）缺货费用无穷大；

（2）当存储量降至零时，立即得到补充；

（3）需求是连续的、均匀的，即单位时间的需求量为实数；

（4）每次订货所订购的数量保持一致，且由此产生的订购成本（或称装配成本）亦维持恒定；

（5）单位存储费不变。

存储量变化情况如图 11-3 所示。

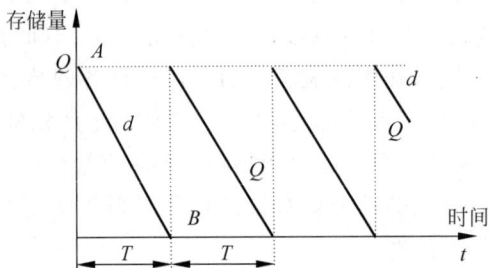

图 11-3　存储量变化情况

初始库存设定为 Q，随后以恒定速率 d 进行均匀输出，直至库存由 A 点降至 B 点即耗尽。此时，通过及时订货操作，库存能够即刻回补至初始量 Q，避免了缺货情况的发生。这一周期性的消耗与补充过程循环往复。特定地，以速率 d 完全消耗 Q 单位库存所需的时间跨度被定义为 T，根据定义有 $T=Q/d$。

为了探寻使总成本降至最低的最优订货量及其对应的订货间隔，我们引入了存储成本函数 $C(Q)$ 的概念。在无缺货风险且补货及时（即补充时间为零）的情境下，该成本函数无须考虑缺货成本及额外的装配费用。具体而言，$C(Q)$ 由两部分构成：一是固定的每次订货成本乘以订货频次；二是单位周期内的平均存储成本乘以存储周期数，即 $C(Q)=$ 订货费＋存储费＝每次订货费×订货次数＋单周期存储费×存储次数。

在每隔时间 T 即进行库存补充操作的条件下，假设每次订货量固定为 Q，并且单位货物在单位时间内的存储成本为 C_1，每次订货还伴随着固定的费用 C_3。因此在时间 t 内，订货次数 n 应依据总需求量与单次订货量 Q 的比例来确定，即

$$n=\frac{td}{Q}$$

由图 11-3 可知，在一个周期内的存储量为 $0.5QT$，则：

$$C(Q)=C_3 \cdot n+C_1 \cdot \frac{1}{2}QT \cdot n=C_3 \cdot \frac{td}{Q}+C_1 \cdot \frac{Q^2}{2d} \cdot \frac{td}{Q}=\frac{C_3 td}{Q}+\frac{C_1 tQ}{2}$$

式中, C 为 Q 的函数, 求导有

$$C'(Q) = -\frac{C_3 td}{Q^2} + \frac{C_1 t}{2}$$

$$C'(Q) = \frac{2C_3 td}{Q^3}$$

令 $C'(Q)=0$; 且 $C'(Q)>0$; 故 $C(Q)$ 有最小值, 得

$$Q = \sqrt{\frac{2C_3 d}{C_1}} \tag{11-1}$$

式(11-1)为存储理论领域标志性的经济订购量(economic ordering quantity, EOQ)公式, 亦被称作"平方根公式"或"经济批量公式", 从而推导出经济订货周期、计划期内的订货次数及 $C(Q)$ 最小费用公式:

$$T = \frac{Q}{d} = \sqrt{\frac{2C_3}{dC_1}} \tag{11-2}$$

$$n = \frac{td}{Q} = t\sqrt{\frac{C_1 d}{2C_3}} \tag{11-3}$$

$$C(Q) = \frac{C_3 td}{Q} + \frac{C_1 tQ}{2} = t\sqrt{2C_1 C_3 d} \tag{11-4}$$

例 11-1 某企业需要物流公司为其存储生产原料, 即库存的问题。假设原料以"件"为单位进行采购。生产线对原料的周需求量为 128 件, 且要求零缺货风险。在此情境下, 每次补货伴随的固定费用(涵盖簿记、交易及经销等多项开支)为 25 元。同时, 原料的存储费用亦不容忽视, 每件原料每周需承担 1 元的存储费用, 该费用涵盖了仓储租赁、保险保障及资金占用利息等。计算该原料的经济采购批量及补充时间间隔。

解: 由题意可知 $d=128, C_3=25, C_1=1$, 利用式(11-1)有

$$Q = \sqrt{\frac{2C_3 d}{C_1}} = \sqrt{\frac{2 \times 25 \times 128}{1}} = 80(\text{件})$$

利用式(11-2)有

$$T = \frac{Q}{d} = \sqrt{\frac{2 \times 25}{128 \times 1}} = 0.625(\text{周})$$

该原料的经济采购批量为 80 件, 采购的间隔时间为 0.625 周。

物流管理分析:

在企业物流中, 作为企业物流部门或承包该企业物流的物流公司, 关注和确定该公司原材料的采购批量十分重要, 采购间隔的确定也是必要的, 否则会出现短货或溢货的现象, 这是物流仓储管理中不愿意看到的现象。

例 11-2 某造纸厂计划每月生产复印纸 5 000 吨, 每吨每月的存储费用为 4 元。每组织一批生产, 需要 2 500 元的固定费用, 问: 应如何安排生产?

解: 若该厂每月生产复印纸一批, 批量为 5 000 吨, 那么全年费用为

$$12 \times \left(2\ 500 + 4 \times \frac{5\ 000}{2}\right) = 150\ 000(\text{元})$$

若按经济批量模型计算经济生产批量有

$$Q = \sqrt{\frac{2C_3 d}{C_1}} = \sqrt{\frac{2 \times 2\,500 \times 5\,000}{4}} = 2\,500(\text{吨})$$

每月生产的批数：$n = \dfrac{d}{Q} = \dfrac{5\,000}{2\,500} = 2(\text{批})$

利用式(11-4)计算全年费用为

$$C(Q) = t\sqrt{2C_1 C_3 d} = 12\sqrt{2 \times 2\,500 \times 5\,000 \times 4} = 120\,000(\text{元})$$

物流管理分析：

两者比较，按经济批量模型组织生产每年可节约 3 万元的费用。可见科学的物流仓储管理对企业的发展起着不可低估的作用。

模型二　不允许缺货，补货需要一定时间

本模型的假设条件，除了补货需要一定时间外，其余皆与模型一相同。

在生产系统中，我们设定了一个特定的生产批量 Q，该批量需在既定的生产周期 T 内完成。基于这一设定，我们可以推导出生产速度 p，其计算公式为 $p = Q/T$，即生产总量 Q 除以所需时间 T。此模型聚焦于生产批量的管理，我们称之为生产批量管理模型。其存储动态如图 11-4 所示。

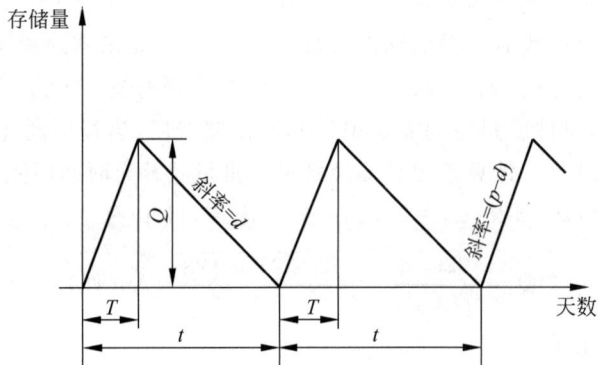

图 11-4　存储动态(模型二)

图 11-4 中 T 线段描绘的是生产活动持续进行的时间段，与此同时，市场需求也在不间断且稳定地增长。生产过程中，所产出的产品一部分及时满足了市场需求，而剩余部分则作为库存储备，进入存储流程。设定 p 代表生产效率，且假设 p 大于市场需求率 d，以确保生产的连续性。为简化分析，我们以"零"库存状态作为分析的起点。鉴于生产与需求同时进行，库存的净增长率可表达为 $p-d$，意味着库存量将随时间线性增长至 T 点，T 即为完成一个生产批次的完整周期。

若以 Q 表示该生产周期内的生产批量，则 T 可通过 Q 与 p 的关系表示为 $T = Q/p$。进一步分析，最大库存量 S 可视为库存净增长率 $p-d$ 在 T 时间内的累积，即 $S = T(p-d)$，简化后得 $S = Q(1-d/p)$。值得注意的是，生产批量 Q 在数值上等同于 T 时间内的总产量 pT，同时也是同一周期内市场需求所消耗的量 Td，因此有 $Q = pT = Td$ 成立。

接下来，我们考虑存储量的计算，其平均值为存储周期内库存量的时间平均值，即 $1/2 \times ST$。利用前述最大库存量 S 的表达式，我们可以推导出平均存储量的具体形式。进一步地，构建费用率方程，该方程反映了生产、存储与需求之间的经济关系。为了确定最优的生产批量 Q 及相应的最低费用率 C，我们对费用率方程关于 Q 求导，并令该导数为零，从而求解出经济生产批量 Q 及相应的最低费用率 C：

$$Q = \sqrt{\frac{2C_3 pd}{C_1(p-d)}} \tag{11-5}$$

$$S = (p-d)\frac{Q}{p} = \sqrt{\frac{2C_3 d(p-d)}{C_1 p}} \tag{11-6}$$

$$T = \frac{Q}{d} = \sqrt{\frac{2C_3 p}{C_1 d(p-d)}} \tag{11-7}$$

$$n = \frac{td}{Q} = t\sqrt{\frac{C_1 d(p-d)}{2C_3 p}} \tag{11-8}$$

$$C(Q) = \frac{C_3 td}{Q} + \frac{C_1 tQ(p-d)}{2} = t\sqrt{\frac{2C_1 C_3 d(p-d)}{p}} \tag{11-9}$$

例 11-3 某企业物流部门得知：企业每月生产需要甲零件 100 件，自己组织该零件的生产，生产速度为每月 500 件，每批生产的固定费用为 500 元，每月每件产品存储费为 0.4 元，求经济生产批量、最低费用率以及生产间隔期。

解：由题意可知，$d=100$，$p=500$，$C_3=500$，$C_1=0.4$，

$$Q = \sqrt{\frac{2C_3 pd}{C_1(p-d)}} = \sqrt{\frac{2 \times 500 \times 500 \times 100}{0.4(500-100)}} \approx 560(件)$$

最低费用率为单位时间内的最低费用，故取 $t=1$，有

$$C(Q) = t\sqrt{\frac{2C_1 C_3 d(p-d)}{p}} = \sqrt{\frac{2 \times 0.4 \times 500 \times 100(500-100)}{500}}$$
$$\approx 179(元/月)$$

$$T = \frac{Q}{d} = \sqrt{\frac{2C_3 p}{C_1 d(p-d)}} = \frac{560}{100} = 5.6(月)$$

$$T_p = \frac{Q}{p} = \frac{560}{500} = 1.12(月)$$

$$T_k = T - T_p = 5.6 - 1.12 = 4.48(月)$$

物流管理分析：

企业物流部门通过计算，生产批量约为 560 件，每月生产所需最低固定费用及存储费用约为 179 元，生产周期为 5.6 个月，每次生产 1.12 个月，间隔期约为 4.48 个月。企业物流部门可以通知企业的相关部门进行合理的采购和生产计划安排。

模型三 允许缺货，备货时间很短

模型一与模型二均是在严格避免缺货的前提下推导得出的。相比之下，本模型则放

宽了这一限制,允许缺货情况的发生,并对由此产生的缺货损失进行量化分析。允许缺货的策略赋予了企业更大的灵活性,即当库存降至零后,企业可选择延迟订货时间,这不仅能够减少订货的固定成本支出,还能在一定程度上降低存储费用。在多数情况下,若顾客对缺货较为宽容,即不会因此遭受显著损失,且企业仅需承担小额的缺货赔偿,那么适度地允许缺货反而可能成为企业优化成本结构、提升运营效益的一种策略。

除了允许缺货这一核心差异外,本模型的其他假设条件均沿袭了模型一的设定,确保了分析的一致性和可比性。

在图形表达上,尽管本模型仍呈现出"锯齿"状的存储动态特征,但由于允许缺货的存在,其图形会部分延伸至水平线以下,如图 11-5 所示。这一变化直观地反映了"售出"但尚未"交付"的货物状态,即缺货期间已承诺销售但尚未实际交付给客户的货物量,以负库存的形式在图 11-5 中得到体现。

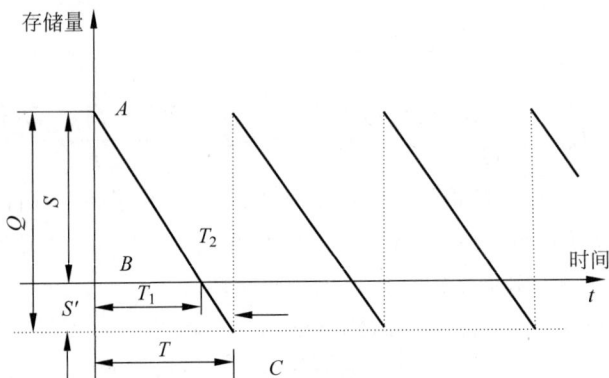

图 11-5　存储动态(模型三)

在假定 C_2 为单位缺货时间内的损失、d 为出货速率、Q 为订货量、S 为补货后的最大库存量、S' 为缺货量,且 $t=nT$ 为规划周期(T 为库存周期,n 为计划期内的周期次数)的背景下,图 11-5 展示了库存的动态变化。周期内,T 被划分为 T_1 与 T_2 两个阶段: T_1 为无缺货期,货物以速率 d 均匀出库至零库存;随后进入 T_2 缺货期,直至下一周期订货补足 S' 与 S,完成一轮库存循环。其中,$T=Q/d$,$T_1=S/d$,$T_2=(Q-S)/d=S'/d$,$n=td/Q$。其费用函数为

$$C(Q,S) = 订货费 + 存储费 + 缺货费$$

$$= 每次订货费 \times 订货次数 + 单周期存储费 \times 存储次数 +$$

单周期缺货费 $\times$ 周期次数

$$= \frac{C_3 td}{Q} + \frac{C_1 tS^2}{2Q} + \frac{C_2 t(Q-S)^2}{2Q}$$

式中,C 为 Q 和 S 的函数。分别对 Q 和 S 求偏导并令其为"0",求解方程组可得

$$Q = \sqrt{\frac{2C_3 d(C_1+C_2)}{C_1 C_2}} \tag{11-10}$$

$$S = \sqrt{\frac{2C_3 dC_2^2}{C_1(C_1+C_2)}} \tag{11-11}$$

进一步求得

$$T = \frac{Q}{d} = \sqrt{\frac{2C_3(C_1 + C_2)}{dC_1C_2}} \qquad (11\text{-}12)$$

$$C(Q) = t\sqrt{\frac{2C_1C_3dC_2}{C_1 + C_2}} \qquad (11\text{-}13)$$

在对比允许缺货与不允许缺货的条件时,发现前者能显著降低最小费用率,相较于后者更为经济。然而,这一策略也导致了采购时间间隔的相应延长。

例 11-4 只将例 11-1 中不允许缺货改为允许缺货,而且令单位缺货在一周里的损失为 3 元,试求此时的经济采购批量、最大的存储量和采购间隔期。

解: 由题意可知,$d=128$,$C_3=25$,$C_2=3$,$C_1=1$,利用式(11-10)有

$$Q = \sqrt{\frac{2C_3d(C_1 + C_2)}{C_1C_2}} = \sqrt{\frac{2 \times 25 \times 128(1+3)}{1 \times 3}} \approx 92(件)$$

利用公式(11-11)有

$$S = \sqrt{\frac{2C_3dC_2}{C_1(C_1 + C_2)}} = \sqrt{\frac{2 \times 25 \times 128 \times 3}{1(1+3)}} \approx 69(件)$$

利用公式(11-12)有

$$T = \frac{Q}{d} = \sqrt{\frac{2C_3(C_1 + C_2)}{dC_1C_2}} = \sqrt{\frac{2 \times 25 \times (1+3)}{128 \times 1 \times 3}} \approx 0.72(周)$$

物流管理分析:

此时的经济采购批量约为 92 件,最大的存储量约为 69 件,采购间隔期约为 0.72 周。在实际企业生产中不可避免地出现缺货现象,利用可缺货的条件合理制定物流仓储采购批量的件数和库存件数,掌握采购间隔时间,是科学地进行物流企业管理的必要手段。

模型四　允许缺货、补货需要一定时间

该模型除允许缺货、生产需要一定时间这一假设条件外,其余条件同模型一,其存储动态如图 11-6 所示。

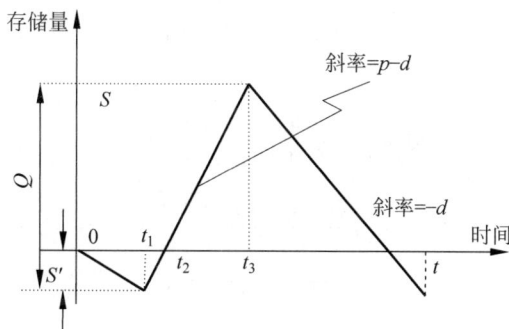

图 11-6　存储动态(模型四)

取 $[0,t]$ 为一个周期;$[t_1, t_3]$ 为生产期(即一批产品生产所持续的时间);$[0, t_2]$ 时间里存储量为"0",S 为最大缺货量;$[t_1, t_2]$ 时间内除满足需求外,还要补足 $[0, t_1]$ 时间内

的缺货；$[t_2,t_3]$时间内满足需求后的产品进入存储，存储量以 $p-d$ 的速度增加；$[t_3,t]$ 时间内存储量以需求速度 d 减少。S 表示存储量，t_3 时刻存储量达到最大，并停止生产。由图 11-6 容易知道：

$$S' = d \times t_1 = (p-d)(t_2-t_1)$$

即

$$t_1 = \frac{p-d}{p}t_2$$
$$S = (p-d)(t_3-t_2) = d(t-t_3)$$

即

$$t_3 = \left(\frac{d}{p}\right)t + \left(1-\frac{d}{p}\right)t_2 \quad 或 \quad t_3-t_2 = \frac{d}{p}(t-t_2)$$

设单位存储费用为 C_1，单位缺货在单位时间里的损失为 C_2，每次订货费用为 C_3。存储周期各种费用如下。

存储费用：$\frac{1}{2}(p-d)(t_3-t_2)^2 C_1$

缺货费用：$\frac{1}{2}dt_1^2 C_2$

固定费用：C_3

则存储周期内的平均费用率：

$$C(t_1,t_2) = \frac{1}{t}\left[\frac{dC_1}{2p}(p-d)(t-t_2)^2 + \frac{dC_2}{2p}(p-d)t_2^2 + C_3\right]$$
$$= \frac{d}{2p}(p-d)\left[C_1t - 2C_1t_2 + (C_1+C_2)\frac{t_2^2}{t}\right] + \frac{C_3}{t}$$

对 C 求偏导可得

$$t = \sqrt{\frac{2C_3 p(C_1+C_2)}{dC_1C_2(p-d)}}$$
$$t_2 = \sqrt{\frac{2C_3 pC_1}{dC_2(C_1+C_2)(p-d)}}$$

相应有

$$Q = \sqrt{\frac{2C_3 dp(C_1+C_2)}{C_1C_2(p-d)}} \tag{11-14}$$
$$S = \sqrt{\frac{2C_3 dC_2(p-d)}{C_1 p(C_1+C_2)}} \tag{11-15}$$
$$S' = \sqrt{\frac{2C_3 dC_1(p-d)}{C_2 p(C_1+C_2)}} \tag{11-16}$$
$$C(Q) = \sqrt{\frac{2C_3 dp(C_1+C_2)}{C_1C_2 d(p-d)}} \tag{11-17}$$

例 11-5 某企业物流部门得知：月需求甲零件 100 件，企业内产能力达 500 件/月，每批次生产伴随500元固定成本。每件产品月存储费为0.4元,且策略允许缺货,单位缺货费用定为1.6元/月。其他条件不变。试求经济生产批量、最大的存储量和最大的缺货量。

解:由题意可知,$d=100$,$p=500$,$C_3=500$,$C_2=1.6$,$C_1=0.4$,利用式(11-14)有

$$Q=\sqrt{\frac{2C_3dp(C_1+C_2)}{C_1C_2(p-d)}}=\sqrt{\frac{2\times500\times100\times500(0.4+1.6)}{0.4\times1.6(500-100)}}=625(件)$$

利用式(11-15)有

$$S=\sqrt{\frac{2C_3dC_2(p-d)}{C_1p(C_1+C_2)}}=\sqrt{\frac{2\times500\times100\times1.6(500-100)}{0.4\times500(0.4+1.6)}}=400(件)$$

利用式(11-16)有

$$S'=\sqrt{\frac{2C_3dC_1(p-d)}{C_2p(C_1+C_2)}}=\sqrt{\frac{2\times500\times100\times0.4(500-100)}{1.6\times500(0.4+1.6)}}=100(件)$$

物流管理分析:

企业物流部门通过分析计算可知:经济生产批量为625件,最大存储量为400件,而最大缺货量为100件。企业物流部门可以通知企业的相关部门进行合理的采购和生产计划安排。

模型五　货物单价发生变化(存在折扣)

货物单价用$k(Q)$表示,设$k(Q)$按三个数量等级变化,如图11-7所示。此外,其余条件皆与模型一的假设相同时,我们来讨论如何构建一个存储策略。

当订货量为Q时,一个采购周期内所发生的费用为:$\dfrac{Q}{2}\cdot C_1\cdot\dfrac{Q}{d}+C_3+K(Q)Q$

当$Q\in(0,Q_1)$时,周期费用为:$\dfrac{Q}{2}\cdot C_1\cdot\dfrac{Q}{d}+C_3+K_1Q$

当$Q\in(Q_1,Q_2)$时,周期费用为:$\dfrac{Q}{2}\cdot C_1\cdot\dfrac{Q}{d}+C_3+K_2Q$

当$Q\in(Q_2,+\infty)$时,周期费用为:$\dfrac{Q}{2}\cdot C_1\cdot\dfrac{Q}{d}+C_3+K_3Q$

平均单位货物所需要的费用(图11-8)如下。

当$Q\in(0,Q_1)$时:$C^{(1)}(Q)=\dfrac{C_1Q}{2d}+\dfrac{C_3}{Q}+K_1$

当$Q\in(Q_i,Q)$时:$C^{(2)}(Q)=\dfrac{C_1Q}{2d}+\dfrac{C_3}{Q}+K_2$

当$Q\in(Q,+\infty)$时:$C^{(3)}(Q)=\dfrac{C_1Q}{2d}+\dfrac{C_3}{Q}+K_3$

如果不考虑$C^{(1)}(Q)$、$C^{(2)}(Q)$和$C^{(3)}(Q)$的定义域,它们之差是一个常数,因此它们的导数函数具有相同的形式。对图11-8的直观观察,可以启发我们考虑$C^{(2)}(Q_1)$和$C^{(3)}(Q_2)$哪一个更小的问题。设经济批量为Q^*,对$C^{(1)}(Q)$在不考虑定义域的情况下求其极小点Q_0。若$Q_0<Q_1$,求$C^{(1)}(Q_0)$、$C^{(2)}(Q_1)$和$C^{(3)}(Q_2)$,由$\min\{C^{(1)}(Q_0),C^{(2)}(Q_1),C^{(3)}(Q_2)\}$

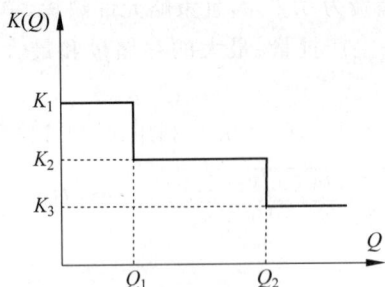

图 11-7 分段函数图

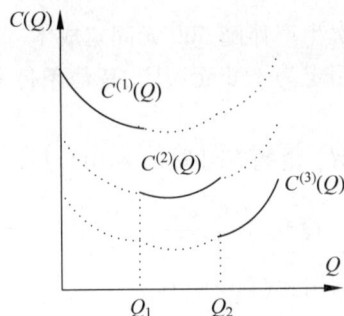

图 11-8 订货量曲线图

决定 Q^* 的取值；若 $Q_1 \leqslant Q_0 < Q_2$，求 $C^{(2)}(Q_0)$ 和 $C^{(3)}(Q_2)$，由 $\min\{C^{(2)}(Q_0), C^{(3)}(Q_2)\}$ 决定 Q^* 的取值；若 $Q_0 \geqslant Q_2$，则取 $Q^* = Q_0$。以上步骤不难推广到单价折扣具有 m 个等级的情况。

例 11-6 某企业年度需采购特定零件共计 10 000 件，每次的采购费是 100 元，且每件零件的年保管费用设定为 1.5 元，不允许缺货。零件单价随采购数量的不同而变化：当采购量低于 1 000 件时，单价为 10 元；若采购量在 1 000～1 999 件之间，单价降至 8 元；而采购量达到或超过 2 000 件时，单价进一步优惠至 7 元。需要物流管理人员确定经济采购批量。

解：由题意可知，

$$d = 10\,000, C_3 = 100, C_1 = 1.5, p(Q) = \begin{cases} 10, & Q < 1\,000 \\ 8, & 1\,000 \leqslant Q < 2\,000 \\ 7, & Q \geqslant 2\,000 \end{cases}$$

$$Q_0 = \sqrt{\frac{2C_3 d}{C_1}} = \sqrt{\frac{2 \times 100 \times 10\,000}{1.5}} \approx 1\,155 (件)$$

因为 $Q_1 \leqslant Q_0 < Q_2$，所以分别计算 $C^{(2)}(Q_0)$ 和 $C^{(3)}(Q_2)$：

$$C^{(3)}(Q_2) = \frac{1}{2} \times 1.5 \times \frac{2\,000}{10\,000} + \frac{100}{2\,000} + 7 = 7.20 (元 / 件)$$

$$C^{(2)}(Q_0) = \frac{1}{2} \times 1.5 \times \frac{1\,155}{10\,000} + \frac{100}{1\,155} + 8 \approx 8.17 (元 / 件)$$

由 $C(2\,000) < C(1\,155)$ 可知，经济采购批量 $Q^* = 2\,000$ 件。

物流管理分析：

根据采购批量的不同，采购周期（相邻两次采购的时间间隔）的长短也不一样，所以上述分析利用了单位货物费来比较方案的优劣。当然也可以利用不同批量下的年度费用来比较方案的优劣，物流管理人员要根据各自企业的具体情况来决策。

下面讨论例 11-6 在这一准则下的结果。

设采购批量为 Q 时的年度费用是 F_q，于是：

$$F_{1\,155} = \frac{1}{2} \times 1.5 \times 1\,155 + \frac{10\,000}{1\,155} \times 100 + 10\,000 \times 8 \approx 81\,732 (元)$$

$$F_{2\,000} = \frac{1}{2} \times 1.5 \times 2\,000 + \frac{10\,000}{2\,000} \times 100 + 10\,000 \times 7 = 72\,000 (元)$$

$$F_Q > 2\,000 = \frac{1}{2} \times 1.5 \times Q + \frac{10\,000}{Q} \times 100 + 10\,000 \times 7$$

$$= \frac{3}{4}Q + \frac{1\,000\,000}{Q} + 70\,000(元)$$

$$\frac{\mathrm{d}F_{Q>2\,000}}{\mathrm{d}Q} = \frac{3}{4} - \frac{1\,000\,000}{Q^2} > 0$$

物流管理分析：

由于 $F_{2\,000} < F_{1\,155}$，而当 $Q > 2\,000$ 时年度费用单调增加，所以最小的年度费用为 $F_{2\,000}$，即经济采购批量 $Q^* = 2\,000$ 件。这与采用单位货物费用准则所得到的结果完全一致。因此，物流管理人员要具体问题具体分析来比较方案的优劣。

例 11-7　某企业生产每年需要某种零件 10 000 件，每次的采购费是 100 元，每件每年的保管费用为 1.5 元，且严格禁止缺货情况发生。零件采购成本依据采购量实施阶梯式折扣策略：低于 1 000 件时单价为 10 元；介于 1 000 件和 1 999 件间单价降为 8 元；达到或超过 2 000 件则单价进一步优惠至 7 元。用折扣方式加以调整，折扣价只对超出限额部分有效（例如，如果采购批量为 2 050 件，那么前 1 000 件的价格是 10 元，中间 1 000 件的价格是 8 元，最后 50 件的价格是 7 元），试确定经济采购批量。

解：利用单位货物费用准则有

$$Q_0 = \sqrt{\frac{2C_3 d}{C_1}} = \sqrt{\frac{2 \times 100 \times 10\,000}{1.5}} \approx 1\,155(件)$$

$$C(Q_0 = 1\,155) = \frac{1}{2} \times 1.5 \times \frac{1\,155}{10\,000} + \frac{100}{1\,155} + \frac{1\,000 \times 10 + (1\,155 - 1\,000) \times 8}{1\,155}$$

$$\approx 9.90(元／件)$$

当 $Q \in (1\,000, 2\,000)$ 时：

$$C(Q) = \frac{1}{2} \times 1.5 \times \frac{Q}{10\,000} + \frac{100}{Q} + \frac{1\,000 \times 10 + (Q - 1\,000) \times 8}{1\,155}$$

$$\frac{\mathrm{d}C(Q)}{\mathrm{d}Q} = \frac{1.5}{20\,000} - \frac{2\,100}{Q^2} < 0$$

因此有 $C(2\,000) = 9.2(元/件)$

当 $Q > 2\,000$ 时：

$$C(Q) = \frac{1}{2} \times 1.5 \times \frac{Q}{10\,000} + \frac{100}{Q} + \frac{1\,000 \times 10 + 1\,000 \times 8 + (Q - 2\,000) \times 7}{Q}$$

令 $\dfrac{\mathrm{d}C(Q)}{\mathrm{d}Q} = \dfrac{1.5}{20\,000} - \dfrac{4\,100}{Q^2} = 0$

有 $Q^* = 7\,394(件)$

$C(7\,394) \approx 8.10(元/件)$

经济采购批量 $Q^* = 7\,394$ 件。

当 $Q \in (1\,000, 2\,000)$ 时，利用年度费用准则有

$$F_Q = \frac{1}{2} \times 1.5 \times Q + \frac{10\,000}{Q} \times 100 + \frac{10\,000}{Q}(2\,000 + 8Q)$$

$$\frac{\mathrm{d}F_Q}{\mathrm{d}Q} = \frac{1.5}{2} - \frac{21 \times 10^6}{Q^2} < 0$$

因此有

$$F_{2\,000} = 92\,000(\text{元／年})$$

当 $Q > 2\,000$ 时，利用年度费用准则有

$$F_Q = \frac{1}{2} \times 1.5 \times Q + \frac{10\,000}{Q} \times 100 + \frac{10\,000}{Q}(4\,000 + 7Q)$$

令 $\dfrac{\mathrm{d}F_Q}{\mathrm{d}Q} = \dfrac{1.5}{2} - \dfrac{41 \times 10^6}{Q^2} = 0$

有 $Q^* = 7\,394(\text{件})$

因此有 $F_{7\,394} \approx 81\,000$ 元/年，经济采购批量 $Q^* = 7\,394$ 件。

物流管理分析：

用折扣方式加以调整，折扣价只对超出限额部分有效，在物流管理的实际操作层面，应充分考量价格折扣存储模型的适用性。市场往往存在货物单价（或生产成本）随订购（或生产）数量而变化的现象，此刻的存储策略，就选择使用这种分析计算方法。

第三节　单周期的随机型物流存储模型

前述模型均基于一个理想化假设，即各时段需求量是确定的，但在现实应用场景中，需求往往展现出显著的不确定性，这促使我们转向随机存储模型以应对这一挑战。随机存储模型的核心在于将需求视为随机变量，其特点在于仅能通过概率分布或相关概率特性来把握需求的不确定性。鉴于这一背景，本节接下来的讨论将聚焦于单阶段需求模型，暂不深入探讨更为复杂的多阶段随机存储模型。

模型一　需求为离散型随机变量

存在一类特殊的存储管理问题，其特点在于整个需求周期内仅有一个采购决策时机，即库存一旦减少至耗尽便无再补机会。鉴于此期间需求的不确定性，决策者常面临决策困境：一方面，为最大化潜在收益，需确保采购批量充裕；另一方面，为规避库存过剩导致的损失，又需控制批量不至过大。这类问题中的经典案例便是街角报童的售报难题。

报童每日报纸销量具有随机性，其每售出一份报纸可获得的利润固定，而滞销报纸则每份带来固定亏损。基于过往经验，已知每日销售数量 r 的概率分布 $p(r)$。为最大化盈利预期，或最小化由滞销引发的损失与缺货造成的销售机会损失之和，报童需精准确定每日最佳报纸准备量 Q。

现在用使损失期望值最小的办法求解。

设售出报纸数量为 r，概率为 $p(r)$，有

$$\sum_{r=0}^{\infty} p(r) = 1$$

供过于求时（$r \leqslant Q$），因报纸不能售出而承担的损失，其期望值为

$$\sum_{r=0}^{Q} h(Q-r)p(r)$$

供不应求时($r>Q$),因缺货而少赚钱的损失,其期望值为

$$\sum_{r=Q+1}^{Q} k(r-Q)p(r)$$

综合上述两种情况,当订货量为 Q 时,损失的期望值为

$$E(C(Q))=h\sum_{r=0}^{Q}(Q-r)p(r)+k\sum_{r=Q+1}^{\infty}(r-Q)p(r)$$

现在最重要的就是确定 Q 数值,使 $E(C(Q))$ 最小。

鉴于报童订购报纸的数量必须为整数,且销售量 r 作为离散变量处理,因此,传统的导数方法在此情境下无法直接应用于求解最优值。为此,我们设定报童每日订购报纸的最佳数量为 Q,其损失期望值应有

(1) $E(C(Q))\leqslant E(C(Q+1))$。

(2) $E(C(Q))\leqslant E(C(Q-1))$。

从(1)出发进行推导有

$$h\sum_{r=0}^{Q}(Q-r)p(r)+k\sum_{r=Q+1}^{\infty}(r-Q)p(r)\leqslant h\sum_{r=0}^{Q+1}(Q+1-r)p(r)+k\sum_{r=Q+2}^{\infty}(r-Q-1)p(r)$$

经化简整理后得

$$\sum_{r=0}^{Q}p(r)\geqslant\frac{k}{k+h}$$

从(2)出发进行推导有

$$h\sum_{r=0}^{Q}(Q-r)p(r)+k\sum_{r=Q+1}^{\infty}(r-Q)p(r)\leqslant h\sum_{r=0}^{Q-1}(Q-1-r)p(r)+k\sum_{r=Q}^{\infty}(r-Q+1)p(r)$$

经化简整理后得

$$\sum_{r=0}^{Q}p(r)\geqslant\frac{k}{k+h}$$

报童应该准备的报纸最佳数量 Q 应该按照不等式(11-18)确定:

$$\sum_{r=0}^{Q-1}p(r)<\frac{k}{k+h}\leqslant\sum_{r=0}^{Q}p(r) \tag{11-18}$$

若从最大化盈利的角度出发来考量报童应准备的报纸数量,其结论将与上述分析相同。显然,尽管在报童问题中,最小化损失期望值与最大化盈利期望值在数值上可能不同,但两者在决定最佳报纸准备量 Q 的条件上是一致的,即遵循相同的优化逻辑。下面我们利用一个示例演示这一模型的应用。

例 11-8 超市新年计划售葡萄酒,千瓶盈利 7 万元,未售则亏 4 万元。依据历史数据,市场需求概率已知(表 11-2)。每年只能订货一次,问:应订购葡萄酒几千瓶放在仓储物流中心才能使获利的期望值最大?

表 11-2 葡萄酒市场需求概率

需求量 r/千瓶		0	1	2	3	4	5
概率 $p(r)$	$\sum_{r=0}^{5}p(r)=1$	0.05	0.10	0.25	0.35	0.15	0.10

解：由题意可知，$k=7,h=4$，则

$$\frac{k}{k+h} \approx 0.636$$

而 $p(0)=0.05,p(1)=0.10,p(2)=0.25,p(3)=0.35,p(4)=0.15,p(5)=0.10$

$$\sum_{r=0}^{2} p(r)=0.40 < 0.636 < \sum_{r=0}^{3} p(r)=0.75$$

例 11-9 某大型企业物流部门为企业规划分析购进进口设备事项，每件成本 50 万元，售价 70 万元，未售设备可 40 万元返销。已知销售量 x 是一个服从泊松分布的随机变量，即存在 $p(x)=\dfrac{e^{-\lambda}\lambda^x}{x!}$。据以往经验，需求的期望值 $\lambda=6$，问：该企业应采购多少件设备？

解：由题意可知，$k=70-50=20,h=50-40=10$，则

$$\frac{k}{k+h} \approx 0.667$$

$p(x)=\dfrac{e^{-6}\lambda^x}{x!}$，$\sum\limits_{x=0}^{Q} p(x)$ 记作 $F(Q)$，可查统计表。

$$F(6)=\sum_{r=0}^{6} \frac{e^{-6}6^r}{r!}=0.606\,3, \quad F(7)=\sum_{r=0}^{7} \frac{e^{-6}6^r}{r!}=0.744\,0$$

此时，

$$F(6) < \frac{k}{k+h} < F(7)$$

物流管理分析：

具体的商业物流管理对采购量更加敏感，故最佳的采购量 $Q^*=7$，即该企业应购进 7 件设备，此时的期望收益最大。

模型二 需求为连续型随机变量

在实践应用中，存储模型的需求类型不仅限于上述的离散型随机变量，还广泛涉及连续型随机变量。例如，水电站对水库蓄水量的需求即展现出连续性的特征，这类模型在处理上需采用与离散型不同的分析方法。

设货物单位成本为 K，单位售价为 P，单位存储费为 C_1，需求 r 是连续的随机变量，其密度函数为 $f(r)$，分布函数 $F(a)=\displaystyle\int_0^a f(r)\mathrm{d}r$，由概率论的知识可知 $F(a)$ 表示随机变量 r 在区间 $(0,a)$ 上取值的概率。那么订购或生产货物量 Q 为多少，才能使盈利的期望值最大或损失的期望值最小？

当 $r \leqslant Q$ 时，因商品供过于求造成积压所应承担的存储费用的期望值为

$$\int_Q^\infty P(r-Q)f(r)\mathrm{d}r \int_0^Q C_1(Q-r)f(r)\mathrm{d}r$$

当 $r > Q$ 时，因订货量过少造成缺货所带来的少赚钱的机会损失的期望值为

$$\int_Q^\infty P(r-Q)f(r)\mathrm{d}r$$

综合上述两种情况,当订货量为 Q 时,其总支出的期望值为

$$E(C(Q)) = \int_0^Q C_1(Q-r)f(r)\mathrm{d}r + \int_Q^\infty P(r-Q)f(r)\mathrm{d}r + KQ$$

因 Q 是连续型随机变量,所以可以用微分法求 $E(C(Q))$ 的最小值:

$$F(Q) = \int_0^Q f(r)\mathrm{d}r = \frac{P-K}{C_1+P} \qquad (11\text{-}19)$$

根据式(11-19)和微积分的知识,我们可以求得最优订货数量 Q。由密度函数的性质知 $F(Q)>0$,若 $P<K$,可知等式不成立,此时取 $Q=0$,这表示当销售价格小于单位成本时不能订货。

如果不考虑存储成本则式(11-19)可变为

$$F(Q) = \int_0^Q f(r)\mathrm{d}r = \frac{m}{m+h} \qquad (11\text{-}20)$$

其中,m 为利润;h 为损失。

如多考虑缺货损失 C_2,式(11-20)可变为

$$F(Q) = \int_0^Q f(r)\mathrm{d}r = \frac{C_2-K}{C_1+C_2} \qquad (11\text{-}21)$$

例 11-10 某五金商店在某个时期内经营某种型号的线材,已知每单位线材的进价为 5 元,销售价格为 7 元,每单位线材在该时期内的存储费用为 0.1 元。统计资料表明,该线材的需求服从区间 $(0,1\,000)$ 上的均匀分布,问:该店的订货数量最好应为多少?

解:由题意可知,$P=7,K=5,C_1=0.1$,由概率论的知识可知需求量 r 的密度函数为

$$f(r) = \begin{cases} \dfrac{1}{1\,000} & (0<r<1\,000) \\ 0 & (其他) \end{cases}$$

利用式(11-19):

$$F(Q) = \int_0^Q \frac{1}{1\,000}\mathrm{d}r = \frac{7-5}{0.1+7}$$

有

$$\frac{Q}{1\,000} = \frac{2}{7.1}$$

$$Q \approx 282$$

即该商店线材的订货数量最好应为 282 单位。

例 11-11 某产品的需求量服从正态分布,$p(x) = \dfrac{1}{\sigma\sqrt{2\pi}}\mathrm{e}^{\frac{(x-\mu)^2}{2\sigma^2}}$,其中,$\mu=150,\sigma=25$。已知每个产品的进价为 8 元,售价为 15 元。如销售不完按每个 5 元退回原单位。问:该产品的订货量应为多少,才能使预期的利润最大?

解:由题意可知,$P=15,K=8,P'=5,m=15-8=7,h=8-5=3$
根据式(11-20)有

$$\int_0^Q f(r)\,\mathrm{d}r = \int_0^Q \frac{1}{\sigma\sqrt{2\pi}} \mathrm{e}^{\frac{(x-\mu)^2}{2\sigma^2}}\,\mathrm{d}x = \frac{P-K}{C_1+P} = \frac{P-K}{P-K+K-P'}$$

即

$$\Phi\left(\frac{Q-150}{25}\right) = 0.7$$

查表求得

$$Q = 163$$

即该产品的订货量应为 163 个。

第四节　案例分析：库存管理的重要性

一、库存的含义及类型

库存，作为社会物资流动的关键环节，旨在确保流动过程的连贯性与平衡性，广泛涵盖各领域内储备的物资。具体而言，它代表了企业在运营过程中，为当前及未来生产、销售活动所储备的资源集合。这一概念的外延还扩展至处于加工阶段及运输途中的物品，需要注意的是，库存物品并非仅限于仓库之内，亦可存在于生产线、交通枢纽乃至运输路径的任何一环，体现了其空间分布的灵活性。而库存的停滞状态，则可能源自多种因素，包括主动的战略储备、被动的仓储需求乃至完全性的积压等。

二、库存的必要性分析

很多原因可以解释为什么供应渠道必须要有库存，但近年来，也有很多人对库存的必要性提出了质疑，认为库存是一种资源的浪费。下面我们将从库存的功用和弊端两方面论述库存的必要性。

（一）库存的功用

（1）库存的产生源于生产管理的过程，其主要功能在于为企业生产和销售的稳定运行提供支持。对于生产企业而言，其生产活动通常以市场预测为依据，并依据销售订单制订生产计划，从而安排采购计划。然而，市场变化中的不确定性因素可能会导致供应商延迟交货时间，进而影响企业的正常生产，导致生产不稳定。而为了确保生产的高效运转，企业通常会增加材料库存量。对于销售型企业而言，由于市场需求难以准确预测，其只能保持一定量的库存以应对市场销售和变化。然而，随着供应链管理的兴起，这种库存逐渐减少并消失。

现代市场变幻莫测，物品涨价、正常变更的情况时有发生。另外，季节、人为等原因也容易造成物品短缺或积压。合理的库存战略能够保障供应来源，避免由于紧急情况而出现的停产，从而使企业的生产和销售保持连续性和高效性。现代企业，特别是能源工业、化工工业以及半导体集成电路工业，为了保证高生产效率，往往要 24 小时不间断生产，而客户的需求却是间断的。因此，保持一定量的库存是十分必要的。

（2）在现代企业运营体系中，库存是调节物流、优化成本的关键要素。它横跨原材料采购、生产流程、半成品管理及成品销售的物流全链条,有效平衡了企业的资金流动。通过减少频繁订货所带来的额外费用,并维持适度的原材料与半成品库存,库存策略不仅降低了生产转换的复杂度,还显著提升了作业效率。因此,企业需要在库存规模与资金效率之间寻求动态平衡,并构建与之匹配的精细化控制系统,以实现最优管理。

(二)库存的弊端

库存的弊端主要表现在以下几个方面。

(1)库存在企业的资金占用比例可高达 20%~40%,甚至更高。若库存管理策略失当,资金易大量滞留,此现象非但未能直接促进产品价值的增加,反而构成了一种资源的低效利用,不利于企业的资金流转与增值目标的实现。

(2)库存不仅抬高产品成本,还加重了企业管理负担。随着库存物资增多,产品成本攀升,同时库存管理所需设备、人力等资源亦相应增加,提高了管理成本。若这些资金转而投入提升生产效率和竞争力,或将带来更为可观的收益。

(3)库存掩盖了企业管理短板,如规划失当、采购低效、生产波动、质量不稳及销售乏力。质量问题浮现时,依赖库存清理或可应急,却拖延了问题根源的解决进程。

总的来说,库存的存在会对企业的生产和经营产生一定的负面影响。因此,我们需要采取措施来克服库存的不良影响,使之更有利于企业的生产和经营。目前,零库存已经成为一种趋势。所谓的零库存,是指以仓库储存形式存在的某种或某些物品的数量很低或者为"零"的一种概念。零库存乃企业层面的特定策略,需以充足社会储备为基石。其优势虽众,但在社会再生产全局中,仅作为理想追求,难以全面实现,实为特定情境下的理想化构想。

三、库存管理的意义

库存管理的宗旨在于以最优成本,在恰当时机与地点,确保物料、半成品及成品等资源的适量供应,从而平衡库存持有量与补货频次,优化企业资金配置,最终驱动盈利增长。

在企业运营的各个环节中,库存扮演着不可或缺的角色,它贯穿于采购、生产至销售的整个循环链条中,为各个环节间相对独立的经济活动提供了必要的缓冲与支撑。库存不仅使这些环节能够各自独立运作,还通过其调节功能,有效应对供求双方在品种与数量上的不匹配,从而确保了采购、生产、销售三者之间的紧密衔接与顺畅流转。然而,在企业内部,不同部门对于库存的认知与管理目标却往往存在差异。库存管理部门聚焦于资金效率,致力于通过维持最低库存水平来减少资金占用,进而降低整体运营成本。相比之下,销售部门则更加注重顾客体验与满意度,倾向于保持较高的库存量及丰富的商品种类,以防止缺货情况的发生,保障市场供应的稳定与及时。制造部门倾向于通过规模化生产来优化成本结构,对于同一产品倾向于进行长时间、大批量的生产,以分摊固定成本,但这一策略往往伴随着库存水平的上升。而运输部门则出于降低单位运输成本的考量,倾向于组织大批量运输,利用规模效应争取批量折扣,这同样会导致运输过程中库存水平的暂时性上升。

由此可见,库存管理部门与其他部门之间在库存管理目标上存在一定的冲突与分歧。

为了实现库存管理的最优化,企业需推动跨部门的沟通与协作,促使各部门在追求自身职能高效实现的同时,以提升企业整体效益为最终目标。

库存管理中最常出现的是不能及时出货和积压产品过多两个问题。企业不能及时出货就意味着客户不能及时获得所需服务,从而导致企业利润的下滑甚至客户的流失。如果产品存在配送商,它也会对企业与配送商的合作产生不良影响。而企业的积压产品过多,就会导致企业库存成本上升,破坏正常的资金流动。通常,产品积压的原因是市场预测不准、生产和物流控制不当。

企业的库存管理效能直接关乎其能否按照既定的服务标准精准调控库存水平。对于众多企业而言,库存资金往往占据其财务结构的重要比重,因此,优化库存管理、提升控制绩效不仅是财务管理的关键一环,更是企业增强市场竞争力、确保可持续发展的核心要素。

四、库存管理结构方法

(一)ABC 分类法

对库存物料实施 ABC 分类后,仓库管理者需结合企业策略与物料特性,差异化地管理 A、B、C 三类物料。ABC 分类管理的措施如下。

1. A 类

A 类物料虽种类有限,却占据企业库存资金的显著比例,被视为至关重要的战略资源,因此需采取重点管理措施。

(1)在确保充分满足用户物料需求的基础上,企业应致力于最小化库存数量,通过提升订货频率来细化订货批量,并相应降低安全库存水平,以此来规避高昂的仓储保管费用及资金积压风险。

(2)构建与供应商的紧密合作伙伴关系,尽可能缩短订货至交货的时间周期,确保供应商供货的稳定性与连续性,降低物料供应的波动性,从而保障生产所需物料的及时、充足供应。

(3)实施严格的物料盘点规程,定期进行核查,强化监控力度,以提升库存物料数据的准确性。

(4)深化与用户间的沟通与交流,准确把握物料需求趋势,力求精准预测需求量,以优化库存管理。

(5)强化物料的维护与保管措施,确保物料质量在存储期间得到有效保持,满足生产使用标准。

2. B 类

B 类物料在品种数与资金占用上介于 A、C 两类之间,属企业一般性重要物资。管理此类物料时,应采取适度策略,即常规管理,既不过于精细,也不过于粗放。针对库存资金占比较大的 B 类物料,可灵活应用定期订货法或结合定量订货策略。同时,鉴于其需求预测精度要求较低,仅需日常记录物料变动,并于达到订货点时,依据经济订货量原则进行采购,以维持合理库存水平。

3. C类

C类物料以其庞大的品种数量与相对较少的库存资金占用,被视为企业不太重要的物料,适用于实施简便高效的管理策略。

(1)为优化管理流程,可适当减少对此类物料的盘点频次,特别是对于数量庞大而价值微薄的物料,可免于日常盘点流程,同时设定合理的最低出库限额,旨在降低物料出库操作的频繁度。

(2)为确保供应稳定性,防止因偶然短缺影响生产,对于C类物料可适当提升库存持有量,采取减少订货频次、增大订货批量的策略,并设立适当的安全库存缓冲区,从而在保障供应的同时,减少订货费用。

(3)物料出库流程亦需简化,以便领料人员快捷高效地完成领料作业。采用"双堆存储法"等直观管理方式。

4. ABC分类管理的注意事项

ABC分类控制策略的核心在于将物料依据其重要性进行明确区分,并据此实施差异化的管理策略。企业在实施这一分类控制过程中,还需细致考量以下几个关键方面。

(1)ABC分类体系依据库存资金占用综合考量,非单一物料单价所定。A类物料资金占用大,或因单价适中而需求巨量,或因单价高昂而需求有限。C类物料则可能单价低或需求少,单价与需求间无必然联系。对于高价物料,企业应实施更严格的管理控制,设定低安全库存系数,并通过强化监控与调控机制,有效应对安全库存减少可能带来的风险,确保物料管理的稳健与高效。

(2)单纯依据库存资金占用情况对物料进行ABC分类,有时难以全面反映物料的实际重要性。因此,有必要将物料的重要性作为分类的补充,物料的重要性主要体现在三个方面:一是缺货可能直接导致生产线停滞或显著干扰正常生产流程;二是缺货可能危及生产安全或产品质量安全;三是缺货后难以迅速或经济地补充。针对这些重要物料,应采取更为审慎的管理策略,设定高于一般物料的安全库存系数,通常介于普通物料安全系数的1.2倍和1.5倍之间,以此提升供应链的可靠性,并通过加强监控与控制手段,有效减少因缺货带来的潜在损失与风险。

(3)在执行ABC分类策略时,还需深入考量一系列额外因素,如采购难度、潜在的盗窃风险、预测准确性挑战、物料的变质与陈旧速度、仓储容量限制、需求量的波动性以及物料在业务运营中的紧急需求程度等。这些因素均需被细致评估,以便为每种物料类别提供更加精确与合理的划分依据。

(4)企业可根据自身运营实际,灵活设定库存物料的分类体系,不必拘泥于传统的A、B、C三类框架,以更贴合实际需求。

(5)所设定的分类体系并不直接体现物料的需求紧迫性,亦不直接揭示其对企业盈利能力的贡献程度。

基于ABC分类体系构建的库存管理策略概览如下(表11-3、表11-4)。

表 11-3　库存物资 ABC 分级比重

级　　别	年消耗金额/%	品种数/%
A	60～80	10～20
B	15～40	20～30
C	5～15	50～70

表 11-4　不同类型库存的管理策略

库存类型	特点(按货币量占用)	管理方法
A	品种数占 10%～20%,成本占 60%～80%	进行重点管理。现场管理要更加严格,应放在更安全的地方;为了保证库存记录的准确,要经常进行检查和盘点;预测时要更仔细
B	品种数占 20%～30%,成本占 15%～40%	进行次重点管理。现场管理不必投入比 A 类更多的精力;库存检查和盘点的周期可以比 A 类长一点
C	品种数占 50%～70%,成本占 5%～15%	只进行一般管理。现场管理可以更粗放些;但是由于品种多,差错出现的可能性也比较大,因此也必须定期进行库存检查和盘点,周期可以比 B 类长一些

(1) 在资金分配上,针对 A 类库存的投资应显著超过 C 类库存。

(2) 对于 A 类库存的现场管理,需采取更为严苛的标准,确保其存放于更为安全稳妥的环境中,同时,为维持库存记录的精确无误,应增加对其的检验频次,实施更为严密的监控措施。

(3) 相较于其他类别库存,A 类库存的预测工作应更加细致入微、深思熟虑。

(二)关键因素分析法

关键因素分析法,亦称 CVA 分类法,旨在弥补 ABC 分类法在 C 类物资管理上的不足引发生产中断的隐患。关键因素分析法通过更为精细的划分,将物资分为四个优先级别:最高、较高、中等及较低,每一级别对应着不同的缺货容忍度,以此作为对 ABC 分类法的有效补充与深化详细,见表 11-5。

表 11-5　CVA 分类法库存种类及管理策略

库存类型	特　　点	管理措施
最高优先级	经营管理中的关键物品,或 A 类重点客户的存货	不允许缺货
较高优先级	生产经营中的基础性物品,或 B 类客户的存货	允许偶尔缺货
中等优先级	生产经营中比较重要的物品,或 C 类客户的存货	允许合理范围内缺货
较低优先级	生产经营中需要,但可替代的物品	允许缺货

本 章 小 结

本章对存储问题进行了概览性的介绍,但鉴于实际场景的多样性,存储领域的模型与应用远不止于此,解决策略亦纷繁复杂。具体而言,针对多阶段存储问题,动态规划技术成为有效的求解路径;而对于随机性较强的存储挑战,则可能需借助电子计算机的模拟能力进行深入探索。此外,本章所述方法同样具备迁移性,能够应用于与存储管理相类似的其他问题领域。比如,在特定设备的制造过程中,其专属零部件若不在设备生产时同步制造,将导致高昂的额外成本。此时,关于零部件备件管理的决策,包括是否储备及储备量的确定,便可借鉴报童问题模型中的策略思维来求解,从而实现成本效益的最优化。

当前,我国企业在追求经济效益最大化的过程中,对存储管理的重视程度显著提升。存储问题已成为众多企业关注的焦点。ABC 分类法作为一种有效的库存管理工具,已被广泛采纳于企业实践之中,并进一步激发了企业对电子计算机在库存管理领域应用的探索热情。随着企业管理精细化与智能化水平的提升,存储问题的重要性愈发凸显,社会各界对其给予了更多关注。为解决实践中不断涌现的新问题,学术界与业界正携手并进,深入研究并开发新的存储模型与管理策略,这一趋势无疑将推动存储理论和实践的不断进步与发展。

本 章 习 题

1. 设某工厂年需原料 1 800 吨,非日供但需持续,假设保管费每吨每月 60 元,订购费每次 200 元。试求最佳订购量。

2. 某公司实行零安全存储策略,年零件需求 10 万件,单位年保管费 30 元,单次订购成本 600 元,试求:①经济订购批量;②订购次数。

3. 设某工厂年需零件 18 000 个,月产 3 000 个。每次装配费 5 000 元,零件储存费用 1.5 元/(年·件)。需优化生产量减少总成本。求每次生产的最佳批量。

4. 某产品月需 4 件,装配费 50 元,月储存费用 8 元/件。求最佳生产量及最小费用。若月产 10 件,求每次最佳生产量及最小费用。

5. 月需某种机构零件 2 000 件,单价成本 150 元,年储存费用 16% 的成本,订购费 100 元/次。求 EOQ 及最小费用。

6. 在第 5 题中,如允许缺货,求库存量 s 及最大缺货量,设缺货费为 $C_2 = 200$ 元。

7. 某制造厂每周购进某种机构零件 50 件,订购费为 40 元,每周保管费为 3.6 元。

(1) 求 EOQ。

(2) 该厂为少占用流动资金,希望将存储量控制在最低水平,并允许总费用比最低费用高出 4%。此时的订购批量应为多少?

8. 某公司采用零安全库存策略,年需电感 5 000 个,单次订购成本 500 元,年保管费每件 10 元,严禁缺货。采购单价随量调整,少于 1 500 个单价 30 元,超则 18 元。该公司每次应采购多少个?

(提示:本题属于订货量大,价格有折扣的类型,即订货费 $C_3 + KQ$,K 为阶梯函数。)

9. 一个允许缺货的 EOQ 模型的费用绝不会超过一个具有相同存储费、订购费,但不允许缺货的 EOQ 模型的费用,试说明之。

即测即练

第十二章

物流企业竞争的对策论应用

随着社会需求的不断增加,我国物流行业正处于增速放缓、市场环境转变以及社会需求不断调整的关键时期,物流企业之间的揽货竞争越来越白热化。对此,科学选择竞争对策以应对市场威胁成为物流企业关注的焦点。其在金融学、证券学、生物学、经济学、国际关系、计算机科学、政治学、军事战略和其他很多学科都有广泛的应用。

第一节　物流企业竞争的对策概念

一、对策论的发展简史

对策论也称博弈论、竞赛论,是研究具有斗争或竞争性质现象的数学理论和方法。对策论的发展主要分为三个阶段。

(1)古典对策论思想:对策也称博弈,是自古以来的政治家和军事家都很注意的问题。博弈论是两人在平等的对局中各自利用对方的策略变换自己的对抗策略,达到取胜的目的。博弈论思想古已有之,中国古代的《孙子兵法》不仅是一部军事著作,而且算是最早的一部博弈论著作。博弈论最初主要研究象棋、桥牌、赌博中的胜负问题,人们对博弈局势的把握只停留在经验上,没有向理论化发展。

(2)现代系统博弈理论的初步形成:1944年,冯·诺依曼(von Neumann)与奥斯卡·摩根斯特恩(Oskar Morgenstern)的《博弈论与经济行为》一书出版,标志着现代系统博弈理论的初步形成。冯·诺依曼与摩根斯特恩的《博弈论与经济行为》提出标准型、扩展型和合作型博弈模型解的概念和分析方法,奠定了这门学科的理论基础,其理论成为使用严谨数学模型研究冲突对抗条件下最优决策问题的理论。但其研究成果过于抽象,应用范围受到很大限制。

(3)博弈的新时代:20世纪50年代,约翰·纳什(John Nash)建立了非合作博弈的"纳什均衡"理论,标志着博弈的新时代开始,纳什成为继冯·诺依曼之后最伟大的博弈论大师之一。1994年,纳什获得了诺贝尔经济学奖,他提出的纳什均衡概念在非合作博弈理论中起着核心作用。

二、物流企业竞争的对策行为

在现代物流市场竞争中,决策者们为了谋求自身的不断发展,保持自身的竞争优势,必须不断地审时度势、不停地进行选择和作出决策,以保证最大限度地降低物流成本、提高物流效率和服务水平。他们的决策会影响到竞争对手的决策结果,同样,竞争对手的决策也直接影响着他们的决策结果。

（一）对策论在物流管理中的应用

对策论在现代物流管理中的应用主要有物流项目投资、物流市场竞争对策、物流服务价格策略、物流中心选址、物流运输规划、物流仓储优化等内容。以下仅就本书涉及的有关对策论中矩阵对策的案例进行介绍。

案例一

物流市场竞争博弈

两个竞争对手甲公司和乙公司，都计划在某一个城市增加产品的销售点，地点可选择安排在城市中心或城市郊区。如果两个对手都决定在城市中心建立销售点，那么每年甲公司产品的利润要比乙公司产品的利润多 10 000 元；如果两个公司都决定在城市郊区建立销售点，那么甲公司产品的利润要比乙公司产品的利润少 20 000 元；如果甲公司安排在城市郊区，而乙公司安排在城市中心，那么甲公司的利润要比乙公司的利润多 40 000 元；如果甲公司安排在城市中心，而乙公司安排在城市郊区，那么甲公司的利润要比乙公司少 30 000 元。试问：各公司安排销售点的最好位置是哪里？在选择自己销售点位置时，不得不考虑对手销售点的选择，因为它对我们的销售会产生很大的影响。最好位置的含义是使双方都能发挥最大的能力，而不是使总销售额达到最高，当然，所谓"最好"在这里也是相对的。此外对位置的选择可以有不同的解释，这就是博弈了。

案例二

物流仓储优化问题

某仓储供应中心为其下游的一家生产企业供应某种原料。生产企业根据产品订单情况对原料的需求进行分析，分别有淡季、旺季和正常三种情况，在正常情况下需要原料 15 吨，在淡季和旺季情况下分别需要原料 10 吨和 20 吨；而原料的价格与原料市场的需求有关，在淡季、正常、旺季三种情况下，每吨原料的价格分别为 100 元、150 元和 200 元，已知此时每吨原料的价格为 100 元。问：在生产企业对原料的需求没有确定预知的条件下，此时应采购多少吨原料才能使仓储供应中心的总成本最少（不计存储费用）？

这个问题可看成一个博弈问题，即仓储供应中心针对可能出现的三种不同的原料需求状况，运用三种储量策略来进行应对，通过对各种情况下成本费用的计算，找出最佳的策略。在现代物流管理中，这种不同策略的相互应对非常普遍，如投资与外包等。

案例三

物流货运对策分析

甲、乙两个货物运输公司在同一地区从事运输。两个公司都想通过改革经营管理来获取更大的运输市场份额。甲公司考虑的策略措施有：①降低运输价格；②提高运输质量；③推出新的运输方式。乙公司考虑的策略措施有：①增加广告费用；②增设服务网；

③改进原有设备。假定市场份额一定，由于各自采取的策略措施不同，相应的两个公司的市场占有份额将会发生变化。如经预测，当甲公司采用①策略、乙公司采用①策略时，甲公司市场份额会有10%的增长，相应还会有其他各种策略对应的预测值。那么甲、乙两公司的选择是什么呢？

和上面的案例一样，我们通过竞争对策分析，就可以确定两个公司的最优策略了。由此可见，博弈就是竞争的过程，参与的物流企业在竞争中理性地选择自身策略。那么有效地预测对手的策略，全面地分析策略的得失，是博弈取胜的关键。

（二）物流企业中的对策行为

在物流企业中具有竞争或对抗性质的行为称为对策行为。

在这类行为中，参加斗争或竞争的物流企业各自具有不同的目标和利益，为了达到各自的目标和利益，各方必须考虑对手的各种可能的行动方案，并力图选取对自己最有利或最合理的方案。

例如，在一个城市有两个物流公司经营相同的业务，为争夺市场份额，两个公司互相竞争，其配送服务互相影响，即一物流公司提高配送服务则会夺取对方的部分收入。若二者同时提高配送服务，收入增加很少但成本增加。但若不提高配送服务，市场份额又会被对方夺走。

此两个物流公司可以有两个选择。

（1）互相达成协议，统一配送服务质量。（合作）

（2）提高服务费用，提升配送服务质量，压倒对方。（背叛）

若两个物流公司不信任对方，无法合作，背叛成为支配性策略，两个公司将陷入商战，而服务成本的增加损害了两公司的收益，这就是陷入囚徒困境。在现实中，要两个互相竞争的公司达成合作协议是较为困难的，多数都会陷入囚徒困境中。

对策论，本身就是在长期的对策行为中逐渐演化而来的，是研究对策行为中斗争各方是否存在最合理行动方案，以及如何找到最合理行动方案的数学理论和方法。

三、物流企业竞争的对策模型

在物流企业竞争中，具有对策行为的模型，称为对策模型。对策模型的种类很多，但本质上都包括如下三个基本要素：物流企业、策略集、赢得函数。当这三个基本要素确定后，一个对策模型也就给定了。

在上面给出的物流市场竞争博弈案例中，对策模型三要素如下。

（一）物流企业

物流企业是在物流企业竞争中，有权决定自己行动方案的对策参加者。通常用 I 表示物流企业的集合。如果有 n 个物流企业，则 $I = \{1, 2, \cdots, n\}$。一般要求一个对策模型中至少有两个物流企业。

在界定物流企业的时候需要注意以下两个问题。

（1）在对策行为中，利益完全一致的参加者只能看成一个物流企业，如两个利益一致的物流企业达成联盟，在市场上与另一物流企业进行决策竞争，三个企业参与博弈，但只能算有两个物流企业。

（2）在对策行为中,总是假定每一个物流企业都是理智的决策者,即对任一物流企业,不存在利用其他物流企业决策的失误来扩大自身利益的可能性。

在物流市场竞争博弈案例中,对策模型的物流企业为甲公司和乙公司。

（二）策略集

在一个物流企业竞争过程中,可供物流企业选择的实际可行的完整的行动方案称为一个策略集。参加对策行为的每一个物流企业 i 都有自己的策略集 S_i。一般,每一物流企业的策略集中至少应包括两个策略。

在物流市场竞争博弈案例中,甲公司的策略集为

$$S_甲 = \{\alpha_1 = (在城市中心建立销售点), \alpha_2 = (在城市郊区建立销售点)\}$$

乙公司的策略集为

$$S_乙 = \{\beta_1 = (在城市中心建立销售点), \beta_2 = (在城市郊区建立销售点)\}$$

（三）赢得函数

在定义赢得函数前,先明确局势的含义。一局对策中,各物流企业选定的策略形成的策略组称为一个局势。如 n 个物流企业各自选定策略后所形成的局势:

$$S = \{S_1, S_2, \cdots, S_n\}$$

甲公司任一策略 α_i 和乙公司任一策略 β_j 就形成了一个局势 S_{ij}。如 $\alpha_1 = $（在城市中心建立销售点）,$\beta_1 = $（在城市中心建立销售点）,则形成一个局势 S_{11}。

当一个局势出现后,物流企业 i 可以得到一个赢得值 $H_{i(S)}$,称为第 i 个物流企业的赢得函数。如 S_{11} 局势下甲公司的赢得值为 $H_{甲(S_{11})} = 10\,000$,乙公司的赢得值为 $H_{乙(S_{11})} = -10\,000$。

四、物流企业竞争的对策分类

为了便于分析对策问题,结合对策的构成要素,可以对物流企业竞争中对策进行分类。

（一）单企业对策、两企业对策和多企业对策

按物流企业竞争中参与企业数目的多少,可将对策分为单企业对策、两企业对策和多企业对策。

单企业对策即只存在一个物流企业,不存在与其他物流企业之间的作用与反作用的对策。

两企业对策就是存在两个各自独立决策,但策略和利益具有相互依存与制约关系的物流企业的决策问题。两企业对策是对策问题中最常见、研究最多的对策类型。前面介绍的物流仓储优化问题案例、物流货运对策分析案例都是两企业对策问题。对于两企业对策应注意以下问题。

第一,两企业对策中的两个物流企业并不总是对抗的,有时候也会出现两物流企业利益一致的情形。

第二,在两企业对策中,掌握信息较多并不能保证利益也一定较多。例如信息较多的物流企业常常更清楚过度竞争的危险,因此为了避免不理智的恶性过度竞争、两败俱伤,

只能采取较为保守的策略,从而也只能得到较少的利益。相反那些信息较少、对危险了解较少的物流企业却可能因为不会顾忌后果而掌握了主动,从而得到更多的利益。这与现实生活中的许多现象是非常吻合的。

第三,企业追求最大自身利益的行为,常常并不能导致社会的最大利益,也常常不能真正实现企业的最大利益。今后我们遇到的许多对策也都能说明这一点。

实际上,以上几个特性都不仅是在两企业对策问题中存在,在两企业以上的多企业对策中,这些结论一般也是成立的。

多企业对策是指有三个或三个以上物流企业参加的对策。多企业对策也是物流企业在意识到其他物流企业的存在,以及其他物流企业对自己决策的反应和反作用存在的情况下,寻求自身最大利益的决策活动,只是现在其他物流企业不是一个,而是两个或更多。因而,它们的基本性质和特征与两企业对策是相似的,我们常常可以用与研究两企业对策同样的思路和方法来研究它们,或将两企业对策分析中得到的结论直接推广到多企业对策。

当然,由于多企业对策中有比两企业对策更多的追求自身利益的独立决策者,因此多企业对策中策略和利益的相互依存关系也更为复杂,任一物流企业的决策及其所引起的反应比两企业对策中要复杂得多。

(二)零和对策、常和对策和变和对策

在物流企业竞争中,按参加对策的各个物流企业从对策中所获得的利益的总和,可将对策分为零和对策、常和对策和变和对策。

零和对策是所有物流企业的得益总和始终为 0 的对策,是常见的对策类型,同时也是被研究得最早、最多的对策问题。在这种对策问题中,物流企业之间的利益始终是对立的,一方的收益必定是另一方的损失,某些物流企业的赢肯定是来源于其他物流企业的输。

常和对策是所有物流企业的得益总和始终为某一非零常数的对策,也是很普遍的对策类型。常和对策也是一类有特殊意义的对策。常和对策可以看作零和对策的扩展,零和对策则可以看作常和对策的特例。与零和对策一样,常和对策中各物流企业之间利益关系也是对立的,物流企业之间的基本关系也是竞争关系。不过,由于常和对策中利益的对立性体现在各自得到利益的多少,结果可能出现大家分得合理或满意的一份,因此也比较容易相互妥协。

零和对策和常和对策以外的所有对策都称为"变和对策"。变和对策在不同策略组合(结果)下各物流企业的利益之和往往是不相同的。变和对策是最一般的对策类型,常和对策和零和对策都是它的特例。变和对策的结果存在社会总得益大小方面的区别。这也就意味着在物流企业之间存在相互配合(不是指串通,而是指各物流企业在利益驱动下各自自觉、独立采取的合作态度和行为),争取较大社会总利益和企业利益的可能性。因此,这种对策的结果可以从社会总得益的角度分为"有效率的""无效率的""低效率的",即可以站在社会利益的立场上对它们做效率方面的评价。

(三)合作对策、非合作对策

按对策模型中是否允许物流企业进行合作,可将对策分为合作对策和非合作对策。

例如寡头形成卡特尔集团就是一种合作对策。

（四）有限对策和无限对策

按各物流企业可选策略数量的多少，可将对策分为有限对策和无限对策。

有限对策是指各个物流企业的可选策略都是有限的对策。有限对策只有有限种可能的结果，可用支付矩阵法、扩展型法或简单罗列的办法，将所有的策略、结果及对应的支付列出。

无限对策是指至少有某些物流企业的策略是无限多个的对策。这种对策的全部策略、结果或支付一般只能用数集或函数加以表示。

（五）静态对策和动态对策

按参与企业行动的先后顺序，可将对策分为静态对策和动态对策。

静态对策是指所有物流企业同时或可看作同时选择策略的对策，即各物流企业是同时决策的，或者虽然各物流企业决策的时间不一定真正一致，但在它们作出选择之前不允许知道其他物流企业的策略，在知道其他物流企业的策略之后则不能改变自己的选择，从而各物流企业的选择仍然可以看作是同时作出的。

动态对策指的是参与企业的行动有先后顺序，而且后行动者能够观察到先行动者所选择的行动的对策。除了各物流企业同时决策的静态对策以外，也有大量现实决策活动构成的对策中，各物流企业的选择和行动不仅有先后次序，而且后选择、后行动的物流企业在自己选择或行动之前，可以看到其他物流企业的选择、行动，甚至包括自己的选择和行动。这种对策无论从哪种意义上都无法看作是同时决策的静态对策，我们称其为"动态对策"，也称"多阶段对策"。经济活动中有大量的动态对策问题，如经常见到的商业大战，因为常常是各家轮流出新招，所以也是动态对策问题；还有如各种商业谈判、讨价还价，也常常是双方或者多方之间你来我往很多回合的较量，因此也属于动态对策问题。

（六）矩阵对策、连续对策、微分对策、阵地对策、凸对策、随机对策等

根据对策模型中的数学特征，可将对策分为矩阵对策、连续对策、微分对策、阵地对策、凸对策、随机对策等。

第二节　矩阵对策的最优纯策略

一、矩阵对策的模型

矩阵对策又称两企业有限零和对策，是指只有两个参加竞争的企业，每个企业都只有有限个策略可供选择，且在任一局势下，两个企业的赢得之和总是 0，即双方的利益是激烈对抗的。

用 I 和 II 分别表示两个物流企业，并设：

物流企业 I 的策略集为 $S_1 = \{\alpha_1, \alpha_2, \cdots, \alpha_m\}$，该策略集含有 m 个纯策略；

物流企业 II 的策略集为 $S_2 = \{\beta_1, \beta_2, \cdots, \beta_n\}$，该策略集含有 n 个纯策略。

当物流企业 I 选定纯策略 α_i、物流企业 II 选定纯策略 β_j 后，形成一个纯局势 $(\alpha_i,$

β_j),那么这样的局势一共有 $m \times n$ 个,对任一纯局势 (α_i, β_j),记物流企业 I 的赢得值为 a_{ij},并称

$$A = \begin{bmatrix} a_{11} & a_{12} & \cdots & a_{1n} \\ a_{21} & a_{22} & \cdots & a_{2n} \\ \vdots & \vdots & & \vdots \\ a_{m1} & a_{m2} & \cdots & a_{mn} \end{bmatrix} \tag{12-1}$$

A 为物流企业 I 的赢得矩阵(或为物流企业 II 的支付矩阵)。由于假定对策为零和的,故物流企业 II 的赢得矩阵就是 $-A$。

当物流企业 I、II 的策略集 S_1、S_2 及物流企业 I 的赢得矩阵 A 确定后,一个矩阵对策也就给定了,记为

$$G = \{S_1, S_2; A\}$$

在第一节给出的物流市场竞争博弈案例中,甲公司的赢得矩阵为

$$A_{\text{甲公司}} = \begin{bmatrix} 10\,000 & -30\,000 \\ 40\,000 & -20\,000 \end{bmatrix}$$

乙公司的赢得矩阵为

$$A_{\text{乙公司}} = \begin{bmatrix} -10\,000 & 30\,000 \\ -40\,000 & 20\,000 \end{bmatrix}$$

二、矩阵对策的最优纯策略选取原理

当矩阵对策模型给定后,各物流企业面临的问题便是:如何选择对自己最有利的纯策略以取得最大的赢得(或最少所失)?

下面用一个例子来分析各物流企业应如何选择最有利策略。

例 12-1 设有一矩阵对策 $G = \{S_1, S_2; A\}$,$S_1 = \{\alpha_1, \alpha_2, \alpha_3, \alpha_4\}$,$S_2 = \{\beta_1, \beta_2, \beta_3\}$,赢得矩阵为

$$A = \begin{bmatrix} -6 & 1 & -8 \\ 3 & 2 & 4 \\ 2 & -1 & -10 \\ -3 & 0 & 6 \end{bmatrix}$$

下面对该对策行为中,两家物流企业的理智行为进行分析。

(一)物流企业 I 的理智行为分析

(1)物流企业 I 的最大赢得是 9,要想得到这个赢得,它就得选择纯策略 α_3。

(2)物流企业 II 考虑到物流企业 I 打算出 α_3 的心理,便准备以 β_3 应对之,使物流企业 I 不但得不到 9,反而失掉 10。

(3)物流企业 I 猜到物流企业 II 的心理,故而出 α_4 来应对,使物流企业 II 得不到 10,反而失掉 6。

(4)如果双方都不想冒险,都不存在侥幸心理,而是考虑到对方必然会设法使自己所得最少这一点,就应该从各自可能出现的最不利的情形中选择一个最有利的情形作为决

策的依据,这就是所谓"理智行为",也是对策双方实际上可以接受并采取的一种稳妥的方法。

(5) 物流企业 I 在各纯策略下可能得到的最少赢得分别为:$-8,2,-10,-3$。最少赢得中的最好结果是 2。

由上述分析可得:无论物流企业 II 选择什么样的纯策略,物流企业 I 只要以 α_2 参加对策,就能保证它的收入不会少于 2,而出其他任何纯策略,都有可能使其收入少于 2,甚至输给对方。

(二) 物流企业 II 的理智行为分析

物流企业 II 在各纯策略下可能的最大支付分别为:$9,2,6$。最大支付中的最好结果是 2。

由上述分析可得:无论物流企业 I 选择什么样的纯策略,物流企业 II 只要以 β_2 参加对策,就能保证它的支出不会多于 2,而出其他任何纯策略,都有可能使其支出多于 2。

(三) 最优策略的得出

上述分析表明,物流企业 I、II 的"理智行为"分别是选择纯策略 α_2 和 β_2,这时,物流企业 I 的赢得值和物流企业 II 的所失值的绝对值相等,物流企业 I 得到了其预期的最少赢得 2,而物流企业 II 也不会给物流企业 I 带来比 2 更多的所得,相互的竞争使对策出现了一个平衡局势,这个局势就是双方均可接受的,且对双方来说都是一个最稳妥的结果。

因此,α_2 和 β_2 分别是物流企业 I 和 II 的最优策略。

通过例 12-1 的分析,我们发现物流企业选取最优策略的原则是:从最不利的情形中选取最有利的结果。

三、矩阵对策的最优纯策略确定方法

设 $G=\{S_1,S_2;A\}$ 为一矩阵对策,其中,$S_1=\{\alpha_1,\cdots,\alpha_m\}$,$S_2=\{\beta_1,\cdots,\beta_n\}$,$A=(a_{ij})_{m\times n}$。若

$$\max_i \min_j a_{ij} = \min_j \max_i a_{ij} \tag{12-2}$$

成立,记其值为 V_G,则称 V_G 为对策的值,称使式(12-2)成立的纯局势 (α_{i*},β_{j*}) 为 G 在纯策略意义下的解(或平衡局势),称 α_{i*} 和 β_{j*} 分别为物流企业 I 和 II 的最优纯策略。

从例 12-1 还可看出,矩阵 A 中平衡局势 (α_2,β_2) 对应的元素 a_{22} 既是其所在行的最小元素,又是其所在列的最大元素,即有

$$a_{i2} \leqslant a_{22} \leqslant a_{2j} \quad i=1,2,3,4 \quad j=1,2,3 \tag{12-3}$$

将这一事实推广到一般矩阵对策,可得到如下定理。

定理 12-1　矩阵对策 $G=\{S_1,S_2;A\}$ 在纯策略意义下有解的充要条件是:存在纯局势 (α_{i*},β_{j*}),使得对任意 i 和 j,有

$$a_{ij*} \leqslant a_{i*j*} \leqslant a_{i*j} \tag{12-4}$$

证明:先证充分性,由式(12-4),有

$$\max_i a_{ij*} \leqslant a_{i*j*} \leqslant \min_j a_{i*j}$$

而

$$\min_j \max_i a_{ij} \leqslant \max_i a_{ij*}$$

$$\min_j a_{i*j} \leqslant \max_i \min_j a_{ij}$$

所以

$$\min_j \max_i a_{ij} \leqslant a_{i*j*} \leqslant \max_i \min_j a_{ij} \tag{12-5}$$

另外,对任意 i, j 有

$$\min_j a_{ij} \leqslant a_{ij} \leqslant \max_i a_{ij}$$

所以

$$\min_j \max_i a_{ij} \leqslant \max_i \min_j a_{ij} \tag{12-6}$$

由式(12-5)和式(12-6),有

$$\min_j \max_i a_{ij} = \max_i \min_j a_{ij} = a_{i*j*}$$

且

$$V_G = a_{i*j*}$$

现证必要性,设有 i^*, j^* 使得

$$\min_j a_{i*j} = \max_i \min_j a_{ij}$$

$$\max_i a_{ij*} = \min_j \max_i a_{ij}$$

则由

$$\max_i \min_j a_{ij} = \min_j \max_i a_{ij}$$

有

$$\max_i a_{ij*} = \min_j a_{i*j} \leqslant a_{i*j*} \leqslant \min_j a_{i*j} \leqslant a_{i*j}$$

证毕。

对任意矩阵 A,称使式(12-4)成立的元素 a_{i*j*} 为矩阵 A 的鞍点。在矩阵对策中,矩阵 A 的鞍点也称为对策的鞍点。

定理 12-1 中式(12-4)的对策意义是:一个平衡局势 $(\alpha_{i*}, \beta_{j*})$ 应具有这样的性质:当物流企业 I 选择了纯策略 α_{i*} 后,物流企业 II 为了使其所失最少,只能选择纯策略 β_{j*},否则就可能失的最多;相反,当物流企业 II 选择了纯策略 β_{j*} 后,物流企业 I 为了得到最大的赢得也只能选择纯策略 α_{i*},否则就会赢得更少,双方的竞争在局势 $(\alpha_{i*}, \beta_{j*})$ 下达到了一个平衡状态。

对于式(12-4)的直观解释为:如果 a_{i*j*} 既是赢得矩阵 A 中第 i^* 行的最小值,又是第 j^* 列的最大值,则 a_{i*j*} 即为对策的值,且 $(\alpha_{i*}, \beta_{j*})$ 就是对策的解。

例 12-2 设有矩阵对策 $G = \{S_1, S_2; A\}$,其中,

$$A = \begin{bmatrix} 6 & 5 & 6 & 5 \\ 1 & 4 & 2 & -1 \\ 8 & 5 & 7 & 5 \\ 0 & 2 & 6 & 2 \end{bmatrix}$$

直接在 A 提供的赢得表上计算,有

$$\max_i \min_j a_{ij} = \min_j \max_i a_{ij} = a_{i*j*} = 5, \quad i^* = 1,3, \quad j^* = 2,4$$

故$(\alpha_1, \beta_2), (\alpha_1, \beta_4), (\alpha_3, \beta_2), (\alpha_3, \beta_4)$都是对策的解,且$V_G = 5$。

由例 12-2 可知,一般对策的解可以是不唯一的,当解不唯一时,解之间的关系具有下面两条性质。

性质 1(无差别性)　若$(\alpha_{i1}, \beta_{j1})$和$(\alpha_{i2}, \beta_{j2})$是对策 G 的两个解,则

$$a_{i1j1} = a_{i2j2}$$

性质 2(可交换性)　若$(\alpha_{i1}, \beta_{j1})$和$(\alpha_{i2}, \beta_{j2})$是对策 G 的两个解,则$(\alpha_{i1}, \beta_{j2})$和$(\alpha_{i2}, \beta_{j1})$也是对策 G 的解。

这两条性质表明:矩阵对策的值是唯一的,即当一个物流企业选择了最优纯策略后,它的赢得值不依赖于对方的纯策略。

在本章第一节给出的案例一中,可以建立赢得矩阵,其中物流企业分别为甲公司和乙公司,两物流企业的策略分别是将销售点建在城市中心或者城市郊区。下面建立赢得矩阵,将行作为甲公司的策略,列作为乙公司的策略,并且用正值表示甲公司超过乙公司的利润,用负值表示乙公司超过甲公司的利润,其中每个元素都以万元为单位。那么其赢得矩阵为

乙公司

$$\begin{array}{cc} & \text{城市中心}\quad\text{城市郊区} \\ \text{甲公司} \begin{array}{c} \text{城市中心} \\ \text{城市郊区} \end{array} & \begin{bmatrix} 10\,000 & -30\,000 \\ 40\,000 & -20\,000 \end{bmatrix} \end{array}$$

则

$$\max_i \min_j a_{ij} = \min_j \max_i a_{ij} = a_{22} = -20\,000$$
$$\max_i a_{i2} = \min_j a_{ij} = a_{i2} = -20\,000$$
$$V_G = -20\,000$$

因此,此对策是有鞍点的,鞍点是(α_2, β_2),对策值为$-20\,000$,即当两个公司都安排在城市郊区时,达到最好的竞争状态。

在本章第一节给出的案例二中,将仓储供应中心与生产企业看作两个物流企业,对仓储供应中心来说有 3 个策略:分别购买 10 吨、15 吨、20 吨原料,分别记为$\alpha_1, \alpha_2, \alpha_3$。对另一个物流企业生产企业也有 3 个策略:出现淡季、正常和旺季三种原料需求的情况,分别记为$\beta_1, \beta_2, \beta_3$。可以得到赢得矩阵如下:

$$\begin{array}{c} \\ \alpha_1 \\ \alpha_2 \\ \alpha_3 \end{array} \begin{array}{ccc} \beta_1 & \beta_2 & \beta_3 \\ \begin{bmatrix} -1\,000 & -1\,750 & -3\,000 \\ -1\,500 & -1\,500 & -2\,500 \\ -2\,000 & -2\,000 & -2\,000 \end{bmatrix} \end{array}$$

由

$$\max_i \min_j a_{ij} = \min_j \max_i a_{ij} = a_{33} = -2\,000$$

知该对策的解为(α_3, β_3),即仓储供应中心备原料 20 吨较好。

第三节 矩阵对策的混合策略

最优策略解存在的条件可以说是苛刻的,即必须满足 $a_{ij^*} \leqslant a_{i^*j^*} \leqslant a_{i^*j}$,那么当纯策略的解不存在时,怎么描述策略模型呢?本节将会介绍物流企业竞争的混合策略,主要分为四个部分,分别是无最优策略解的情况分析、矩阵对策的混合策略定义和矩阵对策的混合策略解以及矩阵对策的基本定理。

一、无最优策略解的情况分析

由上面的讨论可知,在一个矩阵对策 $G = \{S_1, S_2; A\}$ 中,物流企业 I 能保证

$$v_1 = \max_i \min_j a_{ij}$$

物流企业 II 能保证的至多所失是

$$v_2 = \max_j \min_i a_{ij}$$

一般,物流企业 I 的赢得不会多于物流企业 II 的所失,故总有

$$v_1 \leqslant v_2$$

当 $v_1 = v_2$ 时,矩阵对策在纯策略意义下有解,且 $V_G = v_1 = v_2$。然而,实际中出现的更多情形是 $v_1 < v_2$,这时,对策不存在纯策略意义下的解。例如,对赢得矩阵

$$A = \begin{bmatrix} 3 & 6 \\ 5 & 4 \end{bmatrix}$$

的对策来说:

$$v_1 = \max_i \min_j a_{ij} = 4, \quad i^* = 2$$
$$v_2 = \min_j \max_i a_{ij} = 5, \quad j^* = 1$$
$$v_2 = 5 > 4 = v_1$$

于是,当双方从最不利情形中选择最有利的纯策略时,应分别选择 α_2 和 β_1,此时物流企业 I 的赢得为 5,比其预期的最多赢得 $v_1 = 4$ 还多,原因在于物流企业 II 选择了 β_1,使物流企业 I 得到了本不该得的赢得,故 β_1 对物流企业 II 来说不是最优的,因此它会考虑出 β_2。物流企业 I 会采取相应的办法,改出 α_1,以使赢得为 6,而物流企业 II 又可能仍取策略 β_1 来应对物流企业 I 的策略 α_1。这样,物流企业 I 出 α_1 和 α_2 的可能性及物流企业 II 出 β_1 或 β_2 的可能性都不能排除,对物流企业来说,不存在一个双方都可以接受的平衡局势,即不存在纯策略意义下的解。这种情况下,一个比较自然且合乎实际的想法是:既然物流企业没有最优策略可出,是否可以给出一个选择不同策略的概率分布。如物流企业 I 可制定这样一种策略:分别以概率 x 和 $(1-x)$ 选取纯策略 α_1 和 α_2,称这种策略为一个混合策略。同样,物流企业 II 也可以制定这样一种混合策略:分别以概率 y 和 $(1-y)$ 选取纯策略 β_1, β_2。下面,给出矩阵对策混合策略及其在混合策略意义下解的定义。

二、矩阵对策的混合策略定义

设有矩阵对策 $G = \{S_1, S_2; A\}$,其中,

$$S_1 = \{\alpha_1, \cdots, \alpha_m\}, \quad S_2 = \{\beta_1, \cdots, \beta_n\}, \quad \boldsymbol{A} = (a_{ij})_{m \times n}$$

记

$$S_1^* = \left\{ x \in E^m \,\middle|\, x_i \geqslant 0, i = 1, \cdots, m; \sum_{i=1}^m x_i = 1 \right\}$$

$$S_2^* = \left\{ y \in E^n \,\middle|\, y_j \geqslant 0, j = 1, \cdots, n; \sum_{j=1}^n y_i = 1 \right\}$$

则分别称 S_1^* 和 S_2^* 为物流企业Ⅰ和Ⅱ的混合策略集（或策略集）；对 $x \in S_1^*$ 和 $y \in S_2^*$，称 x 和 y 为混合策略（或策略），(x, y) 为混合局势（或局势）。物流企业Ⅰ的赢得函数记成

$$E(\boldsymbol{x}, \boldsymbol{y}) = \boldsymbol{x}^\mathrm{T} \boldsymbol{A} \boldsymbol{y} = \sum_i \sum_j a_{ij} x_i y_j \tag{12-7}$$

称 $\boldsymbol{G}^* = \{S_1^*, S_2^*; E\}$ 为对策 G 的混合扩充。

不难看出，纯策略是混合策略的一个特殊情形。一个混合策略 $\boldsymbol{x} = (x_1, \cdots, x_m)^\mathrm{T}$ 可理解为：如果进行多局对策 G 的话，物流企业Ⅰ分别选取纯策略 $\alpha_1, \cdots, \alpha_m$ 的频率；若只进行一次对策，则反映物流企业Ⅰ对各纯策略的偏爱程度。

下面，讨论混合策略意义下解的概念。

三、矩阵对策的混合策略解

设两个物流企业仍如前所述那样进行理智的对策，则当物流企业Ⅰ选择混合策略 x 时，它的预期所得（最不利的情形）是 $\min\limits_{y \in S_2^*} E(\boldsymbol{x}, \boldsymbol{y})$，因此，物流企业Ⅰ应选取 $x \in S_1^*$，使得

$$v_1 = \max_{x \in S_1^*} \min_{y \in S_2^*} E(\boldsymbol{x}, \boldsymbol{y}) \tag{12-8}$$

同理，物流企业Ⅱ可保证的所失的期望值至多是

$$v_2 = \min_{y \in S_2^*} \max_{x \in S_1^*} E(\boldsymbol{x}, \boldsymbol{y}) \tag{12-9}$$

显然，有 $v_1 \leqslant v_2$。

设 $\boldsymbol{G}^* = \{S_1^*, S_2^*; E\}$ 是矩阵对策 $G = \{S_1, S_2; \boldsymbol{A}\}$ 的混合扩充。如果：

$$\max_{x \in S_1^*} \min_{y \in S_2^*} E(\boldsymbol{x}, \boldsymbol{y}) = \min_{y \in S_2^*} \max_{x \in S_1^*} E(\boldsymbol{x}, \boldsymbol{y}) \tag{12-10}$$

记其值为 V_G，则称 V_G 为对策 G 的值，称使式(12-10)成立的混合局势 $(\boldsymbol{x}^*, \boldsymbol{y}^*)$ 为 G 在混合策略意义下的解（或平衡局势），称 $\boldsymbol{x}^*$ 和 $\boldsymbol{y}^*$ 分别为物流企业Ⅰ和Ⅱ的最优混合策略。

以下约定，对矩阵对策 G 及其混合扩充 G^* 一般不加区别，都用 $G = \{S_1, S_2; \boldsymbol{A}\}$ 来表示。当 G 在纯策略意义下的解是不存在的时，自然认为讨论的是在混合策略意义下的解。

和定理 12-1 类似，可给出矩阵对策 G 在混合策略意义下解存在的鞍点型充要条件。

定理 12-2 矩阵对策 G 在混合策略意义下有解的充要条件是：存在 $\boldsymbol{x} \in S_1^*$ 和 $\boldsymbol{y} \in S_2^*$，有

$$E(\boldsymbol{x}, \boldsymbol{y}^*) \leqslant E(\boldsymbol{x}^*, \boldsymbol{y}^*) \leqslant E(\boldsymbol{x}^*, \boldsymbol{y}) \tag{12-11}$$

例 12-3 考虑矩阵对策 $G = \{S_1, S_2; \boldsymbol{A}\}$，其中，

$$A = \begin{bmatrix} 3 & 6 \\ 5 & 4 \end{bmatrix}$$

由前面讨论已知 G 在纯策略意义下无解,故设 $x = (x_1, x_2)$ 和 $y = (y_1, y_2)$ 分别为物流企业 I 和 II 的混合策略,则

$$S_1^* = \{(x_1, x_2) \mid x_1, x_2 \geqslant 0, x_1 + x_2 = 1\}$$

$$S_2^* = \{(y_1, y_2) \mid y_1, y_2 \geqslant 0, y_1 + y_2 = 1\}$$

物流企业 I 的赢得期望是

$$E(x, y) = 3x_1 y_1 + 6x_1 y_2 + 5x_2 y_1 + 4x_2 y_2$$

$$= 3x_1 y_1 + 6x_1(1 - y_1) + 5(1 - x_1)y_1 + 4(1 - x_1)(1 - y_1)$$

$$= -4\left(x_1 - \frac{1}{4}\right)\left(y_2 - \frac{1}{2}\right) + \frac{9}{2}$$

取 $x^* = \left(\dfrac{1}{4}, \dfrac{3}{4}\right)$,$y^* = \left(\dfrac{1}{2}, \dfrac{1}{2}\right)$,则 $E(x^*, y^*) = \dfrac{9}{2}$,$E(x^*, y) = E(x, y^*) = \dfrac{9}{2}$,即有

$$E(x, y^*) \leqslant E(x^*, y^*) \leqslant E(x^*, y)$$

故 $x^* = \left(\dfrac{1}{4}, \dfrac{3}{4}\right)$ 和 $y^* = \left(\dfrac{1}{2}, \dfrac{1}{2}\right)$ 分别为物流企业 I 和 II 的最优策略,对策的值(物流企业 I 的赢得期望值)$V_G = \dfrac{9}{2}$。

四、矩阵对策的基本定理

定义 12-1 设物流企业竞争中有矩阵对策 $G = \{S_1, S_2; A\}$(以下称矩阵对策 G 或对策 G),其中,$S_1 = \{\alpha_1, \alpha_2, \cdots, \alpha_m\}$,$S_2 = \{\beta_1, \beta_2, \cdots, \beta_n\}$,$A = (a_{ij})_{m \times n}$,记:

$$S_1^* = \left\{ x_i \,\middle|\, x_i \geqslant 0, i = 1, \cdots, m, \sum_{i=1}^{m} x_i = 1 \right\}$$

$$S_2^* = \left\{ y_j \,\middle|\, y_j \geqslant 0, j = 1, \cdots, n, \sum_{j=1}^{n} y_j = 1 \right\}$$

则称 S_1^* 和 S_2^* 分别为竞争中的物流企业 I、II 的混合策略集(或策略集);$x = (x_1, x_2, \cdots, x_m)$ 为物流企业 I 的混合策略(或策略);$y = (y_1, y_2, \cdots, y_n)$ 为物流企业 II 的混合策略(或策略);称 (x, y) 为一个混合局势,物流企业 I 的赢得函数记为

$$E(x, y) = \sum_i \sum_j a_{ij} x_i y_j$$

这样,记矩阵对策 $G^* = \{S_1^*, S_2^*; E\}$ 为对策 G 的混合扩充。

定理 12-3 (x^*, y^*) 为矩阵对策 G 在竞争中物流企业的混合策略下的解的充要条件是:对于任意 $i = 1, \cdots, m$ 和 $j = 1, \cdots, n$,恒有

$$E(i, y^*) \leqslant E(x^*, y^*) \leqslant E(x^*, j) \tag{12-12}$$

$$E(i, y^*) = \sum_j a_{ij} y_j \tag{12-13}$$

$$E(\boldsymbol{x}^*, j) = \sum_i a_{ij} x_i \tag{12-14}$$

例 12-4　考虑矩阵对策 $\boldsymbol{G} = \{S_1, S_2; \boldsymbol{A}\}$，其中 $\boldsymbol{A} = \begin{bmatrix} 3 & 6 \\ 5 & 4 \end{bmatrix}$，策略 $\boldsymbol{x}^* = \left(\dfrac{1}{4}, \dfrac{3}{4}\right)$，

$\boldsymbol{y}^* = \left(\dfrac{1}{2}, \dfrac{1}{2}\right)$ 是否为 $\boldsymbol{G}$ 在混合策略下的解？

解：策略 $\boldsymbol{x}^* = \left(\dfrac{1}{4}, \dfrac{3}{4}\right), \boldsymbol{y}^* = \left(\dfrac{1}{2}, \dfrac{1}{2}\right)$

$$E(\boldsymbol{x}, \boldsymbol{y}) = \sum_i \sum_j a_{ij} x_i y_j = 3x_1 y_1 + 6x_1 y_2 + 5x_2 y_1 + 4x_2 y_2$$

$$E(\boldsymbol{x}^*, \boldsymbol{y}^*)\Big|_{\boldsymbol{x}^* = \left(\frac{1}{4}, \frac{3}{4}\right), \boldsymbol{y}^* = \left(\frac{1}{2}, \frac{1}{2}\right)} = \frac{9}{2}$$

$$E(i, \boldsymbol{y}^*) = \begin{cases} E(1, \boldsymbol{y}^*) = \dfrac{1}{2} \times 3 + \dfrac{1}{2} \times 6 = \dfrac{9}{2} \\ E(2, \boldsymbol{y}^*) = \dfrac{1}{2} \times 5 + \dfrac{1}{2} \times 4 = \dfrac{9}{2} \end{cases}$$

$$E(\boldsymbol{x}^*, j) = \begin{cases} E(\boldsymbol{x}^*, 1) = \dfrac{1}{4} \times 3 + \dfrac{3}{4} \times 5 = \dfrac{9}{2} \\ E(\boldsymbol{x}^*, 2) = \dfrac{1}{4} \times 6 + \dfrac{3}{4} \times 4 = \dfrac{9}{2} \end{cases}$$

故对于任意 $i = 1, \cdots, m$ 和 $j = 1, \cdots, n$，恒有

$$E(i, \boldsymbol{y}^*) \leqslant E(\boldsymbol{x}^*, \boldsymbol{y}^*) \leqslant E(\boldsymbol{x}^*, j)$$

从而策略 $\boldsymbol{x}^* = \left(\dfrac{1}{4}, \dfrac{3}{4}\right), \boldsymbol{y}^* = \left(\dfrac{1}{2}, \dfrac{1}{2}\right)$ 是 $\boldsymbol{G}$ 在混合策略下的解。

定理 12-4　$(\boldsymbol{x}^*, \boldsymbol{y}^*)$ 为矩阵对策 $\boldsymbol{G}$ 在竞争中物流企业的混合策略下的解的充要条件是：存在数 v，使得 $\boldsymbol{x}^*$ 和 $\boldsymbol{y}^*$ 分别是下列不等式组的解，且 $v = V_G$：

$$\begin{cases} \sum_i a_{ij} x_i \geqslant v \\ \sum_i x_i = 1 \\ x_i \geqslant 0 \quad (i = 1, \cdots, m) \end{cases} \tag{12-15}$$

$$\begin{cases} \sum_j a_{ij} y_j \leqslant v \\ \sum_j y_j = 1 \\ y_j \geqslant 0 \quad (j = 1, \cdots, n) \end{cases} \tag{12-16}$$

$$v = \max_{\boldsymbol{x} \in S_1^*} \min_{\boldsymbol{y} \in S_2^*} E(\boldsymbol{x}, \boldsymbol{y}) = \min_{\boldsymbol{y} \in S_2^*} \max_{\boldsymbol{x} \in S_1^*} E(\boldsymbol{x}, \boldsymbol{y}) \tag{12-17}$$

例 12-5　考虑矩阵对策 $\boldsymbol{G} = (S_1, S_2; \boldsymbol{A})$，其中 $\boldsymbol{A} = \begin{bmatrix} 7 & 3 \\ 4 & 6 \end{bmatrix}$，求 $\boldsymbol{G}$ 在混合策略下的解 $(\boldsymbol{x}^*, \boldsymbol{y}^*)$。

解：根据定理 12-4，G 在混合策略下的解满足如下不等式约束：

$$\begin{cases} 7x_1 + 4x_2 \geqslant v \\ 3x_1 + 6x_2 \geqslant v \\ x_1 + x_2 = 1 \\ x_1, x_2 \geqslant 0 \end{cases} \quad \begin{cases} 7y_1 + 3y_2 \leqslant v \\ 4y_1 + 6y_2 \leqslant v \\ y_1 + y_2 = 1 \\ y_1, y_2 \geqslant 0 \end{cases}$$

定理 12-5 对任一矩阵对策 $G = (S_1, S_2; A)$，一定存在混合策略意义下的解。

证明：由定理 12-3，只要证明存在 $\boldsymbol{x}^* \in S_1^*$，$\boldsymbol{y}^* \in S_2^*$，使得式(12-15)成立。为此，考虑如下两个物流企业竞争的线性规划问题：

$$(P) \begin{cases} \max w \\ \displaystyle\sum_i a_{ij} x_i \geqslant w \quad j = 1, \cdots, n \\ \displaystyle\sum_i x_i = 1 \\ x_i \geqslant 0 \qquad\qquad i = 1, \cdots, m \end{cases} \tag{12-18}$$

和

$$(D) \begin{cases} \min w \\ \displaystyle\sum_j a_{ij}' y_j \leqslant v \quad i = 1, \cdots, m \\ \displaystyle\sum_j y_j = 1 \\ y_j \geqslant 0 \qquad\qquad j = 1, \cdots, n \end{cases} \tag{12-19}$$

验证得到，问题 (P) 和 (D) 是互为对偶的线性规划，而且

$$\boldsymbol{x} = (1, 0, \cdots, 0)^{\mathrm{T}} \in E^m \quad w = \min_j a_{1j}$$

是问题 (P) 的一个可行解；

$$\boldsymbol{y} = (1, 0, \cdots, 0)^{\mathrm{T}} \in E^n \quad v = \max_i a_{i1}$$

是问题 (D) 的一个可行解。由线性规划对偶定理可知，问题 (P) 和 (D) 分别存在最优解 $(\boldsymbol{x}^*, w^*)$ 和 $(\boldsymbol{y}^*, v^*)$，且 $w^* = v^*$，即存在 $\boldsymbol{x}^* \in S_1^*$，$\boldsymbol{y}^* \in S_2^*$ 和数 v^*，使得对任意 $i = 1, \cdots, m$ 和 $j = 1, \cdots, n$，有

$$\sum_j a_{ij} y_j^* \leqslant v^* \leqslant \sum_i a_{ij} x_i^* \tag{12-20}$$

或

$$E(i, \boldsymbol{y}^*) \leqslant v^* \leqslant E(\boldsymbol{x}^*, j) \tag{12-21}$$

又由

$$E(\boldsymbol{x}^*, \boldsymbol{y}^*) = \sum_i E(i, \boldsymbol{y}^*) x_i^* \leqslant v^* \sum_i x_i^* = v^*$$

$$E(\boldsymbol{x}^*, \boldsymbol{y}^*) = \sum_j E(\boldsymbol{x}^*, j) y_j^* \geqslant v^* \sum_j y_j^* = v^*$$

得到 $v^* = E(\boldsymbol{x}^*, \boldsymbol{y}^*)$，故由式(12-21)知式(12-12)成立，证毕。

定理 12-5 的证明是构造性的，不仅证明了矩阵对策解的存在性，同时给出了利用线性规划方法求解矩阵对策的思路。

下面的定理 12-6 至定理 12-9 讨论了矩阵对策及其解的若干重要性质，它们在矩阵对策的求解时将起重要作用。

定理 12-6 设 (x^*, y^*) 是矩阵对策 G 在竞争中物流企业的混合策略意义下的解，$v = V_G$，则：

(1) 若 $x_i^* > 0$，则 $\sum_j a_{ij} y_j^* = v$；

(2) 若 $y_j^* > 0$，则 $\sum_i a_{ij} x_i^* = v$；

(3) 若 $\sum_j a_{ij} y_j^* < v$，则 $x_i^* = 0$；

(4) 若 $\sum_i a_{ij} x_i^* > v$，则 $y_j^* = 0$。

证明： 由

$$v = \max_{x \in S_1^*} E(x, y^*)$$

有

$$v - \sum_j a_{ij} y_j^* = \max_{x \in S_1^*} E(x, y^*) - E(i, y^*) \geqslant 0$$

又因

$$\sum_i x_i^* (v - \sum_j a_{ij} y_j^*) = v - \sum_i \sum_j a_{ij} x_i^* y_j^* = 0$$

所以，当 $x_i^* > 0$ 时，必有 $\sum_j a_{ij} y_j^* = v$；当 $\sum_j a_{ij} y_j^* < v$ 时，必有 $x_i^* = 0$，(1)，(3) 得证。同理可证 (2)，(4)，证毕。

例 12-6 考虑矩阵对策 $G = (S_1, S_2; A)$，其中 $A = \begin{bmatrix} 7 & 3 \\ 4 & 6 \end{bmatrix}$，求 G 在混合策略下的解 (x^*, y^*)。

解： 设 G 在混合策略下的解 $x^* > 0, y^* > 0$，则根据定理 12-6：

$$x_1 > 0 \to 7y_1 + 3y_2 = v \quad x_2 > 0 \to 4y_1 + 6y_2 = v$$
$$y_1 > 0 \to 7x_1 + 4x_2 = v \quad y_2 > 0 \to 3x_1 + 6x_2 = v$$

又因为 $x_1 + x_2 = 1, y_1 + y_2 = 1$，联立可求得

$$x_1^* = \frac{1}{3}, x_2^* = \frac{2}{3}, y_1^* = \frac{1}{2}, y_2^* = \frac{1}{2}, \quad v = 5$$

以下，记 $T(G)$ 为矩阵对策 G 的解集，定理 12-7 至定理 12-9 是关于矩阵对策解的性质的主要结果。

定理 12-7 设有两个物流企业竞争中的矩阵对策 $G_1 = \{S_1, S_2; A_1\}$，$G_2 = \{S_1, S_2; A_2\}$，其中，$A_1 = (a_{ij})$，$A_2 = (a_{ij} + L)$，L 为一常数，则：

(1) $V_{G_2} = V_{G_1} + L$（该式表示矩阵对策 G_2 的值比矩阵对策 G_1 的值多 L）；

(2) $T(G_1) = T(G_2)$ [$T(G)$ 表示矩阵对策 G 的解，该式表示矩阵对策 G_2 的解也就是矩阵对策 G_1 的解]。

例 12-7 考虑矩阵对策 $G_1 = (S_1, S_2; A_1)$，其中 $A_1 = \begin{bmatrix} 7 & 3 \\ 4 & 6 \end{bmatrix}$，在混合策略下的解 $x^* = \left(\dfrac{1}{3}, \dfrac{2}{3} \right)$，$y^* = \left(\dfrac{1}{2}, \dfrac{1}{2} \right)$，$v = V_{G_1} = 5$。矩阵对策 $G_2 = \{S_1, S_2; A_2\}$，其中 $A_2 = \begin{bmatrix} 10 & 6 \\ 7 & 9 \end{bmatrix}$，求矩阵对策 G_2 在混合策略下的解。

解：根据定理 12-7：

$$V_{G_2} = V_{G_1} + 3 = 5 + 3 = 8$$
$$T_{G_2} = T_{G_1}$$

即矩阵对策 G_2 和矩阵对策 G_1 同解。

定理 12-8 设有两个矩阵对策 $G_1 = \{S_1, S_2; A\}$，$G_2 = \{S_1, S_2; \alpha A\}$，其中 $\alpha > 0$，则：

（1）$V_{G_2} = \alpha V_{G_1}$（该式表示矩阵对策 G_2 的值是矩阵对策 G_1 的 α 倍）；

（2）$T(G_2) = T(G_1)$［$T(G)$ 表示矩阵对策 G 的解，该式表示矩阵对策 G_2 的解也就是矩阵对策 G_1 的解］。

例 12-8 已知矩阵对策 $G_1 = \{S_1, S_2; A_1\}$，其中 $A_1 = \begin{bmatrix} 7 & 3 \\ 4 & 6 \end{bmatrix}$，在混合策略下的解 $x^* = \left(\dfrac{1}{3}, \dfrac{2}{3} \right)$，$y^* = \left(\dfrac{1}{2}, \dfrac{1}{2} \right)$，$v = V_{G_1} = 5$。矩阵对策 $G_2 = \{S_1, S_2; A_2\}$，其中 $A_2 = \begin{bmatrix} 21 & 9 \\ 12 & 18 \end{bmatrix}$，求矩阵对策 G_2 在混合策略下的解。

解：根据定理 12-8：

$$V_{G_2} = 3 \times V_{G_1} = 3 \times 5 = 15$$
$$T_{G_2} = T_{G_1}$$

即矩阵对策 G_2 和矩阵对策 G_1 同解。

定理 12-9 设有矩阵对策 $G_1 = \{S_1, S_2; A\}$，且 $A = -A^{\mathrm{T}}$（称赢得矩阵 A 为斜对称矩阵，该对策也称为对称对策），则：

（1）$V_G = 0$（矩阵对策 G 的值为 0）；

（2）$T_1(G) = T_2(G_1)$（矩阵对策 G 中物流企业 Ⅰ 的最优策略和物流企业 Ⅱ 的最优策略相同）。

例 12-9 已知矩阵对策 $G = \{S_1, S_2; A\}$，其中 $A = \begin{bmatrix} 7 & 3 \\ -3 & 6 \end{bmatrix}$，因为该矩阵对策的赢得矩阵 $A = -A^{\mathrm{T}}$，即该对策为对称对策，则，$v = V_G = 0$。

定义 12-2 设有矩阵对策 $G = \{S_1, S_2; A\}$，其中，$S_1 = \{\alpha_1, \alpha_2, \cdots, \alpha_m\}$，$S_2 = \{\beta_1, \beta_2, \cdots, \beta_m\}$，$A = (a_{ij})_{m \times n}$。

如果对于一切 $j = 1, \cdots, n$ 都有 $a_{i^0 j} \geqslant a_{k^0 j}$，即矩阵 A 的第 i^0 行的元素均不小于第 k^0 行对应的元素，则称物流企业 Ⅰ 的纯策略 α_{i^0} 优超于 α_{k^0}；若对于一切 $i = 1, \cdots, m$ 都有 $a_{i j^0} \geqslant a_{i i^0}$，即矩阵 A 的第 i^0 列的元素均不大于第 j^0 列的对应元素，则称物流企业 Ⅱ 的纯策略 β_{i^0} 优超于 β_{j^0}。

例 12-10 已知矩阵对策 $G=\{S_1,S_2;A\}$，其中 $A=\begin{bmatrix}3&2&0&3&0\\5&0&2&5&9\\7&3&9&5&9\\4&6&8&7&5.5\\6&0&8&8&3\end{bmatrix}$。

由定义可知：

第 3 行优超于第 2 行，第 4 行优超于第 1 行［即对于物流企业 Ⅰ 来说，纯策略 α_3 优超于纯策略 α_2，纯策略 α_3 优超于纯策略 $x^*=(0,0,x_4,x_5)$］；

第 2 列优超于第 4 列（即对于物流企业 Ⅱ 来说，纯策略 β_2 优超于纯策略 β_4）。

定理 12-10 设有矩阵对策 $G=\{S_1,S_2;A\}$，其中，$S_1=\{\alpha_1,\alpha_2,\cdots,\alpha_m\}$，$S_2=\{\beta_1,\beta_2,\cdots,\beta_n\}$，$A=(a_{ij})_{m\times n}$。

如果纯策略 α_1 被其余纯策略 $\alpha_2,\cdots,\alpha_m$ 中之一优超，则由 G 可得到一个新矩阵对策 G'，$G'=\{S',S_2;A'\}$；其中，

$S'=\{\alpha_2,\cdots,\alpha_m\}$，$A'=(a'_{ij})_{(m+1)\times n}$，$a_{ij}=a_{1j}$，$i=2,\cdots,m$，$j=1,\cdots,n$，于是有：

（1）$V_{G'}=V_G$；

（2）G' 中物流企业 Ⅱ 的最优策略就是其在 G 中的最优策略；

（3）若 $(x_2^*,\cdots,x_m^*)^T$ 是 G' 中物流企业 Ⅰ 的最优策略，则 $(0,x_2^*,\cdots,x_m^*)^T$ 便是其在 G 中的最优策略。

定理 12-10（推论） 若纯策略 α_1 不是被纯策略 $\alpha_2,\cdots,\alpha_m$ 中之一优超，而是为纯策略 $\alpha_2,\cdots,\alpha_m$ 的某个凸线性组合所优超，定理结论仍然成立。

定理 12-10 及其推论给出了一个简化赢得矩阵 A 的原则，称为优超原则。

当物流企业 Ⅰ 的某个纯策略 α_i 被其他纯策略或纯策略的凸线性组合所优超时，可在矩阵 A 中划去第 i 行得到一个与原对策 G 等价但赢得矩阵阶数较小的矩阵对策 G'，而矩阵对策 G' 的求解往往比 G 的求解容易些，通过求解 G' 而得到 G 的解。

当物流企业 Ⅱ 的某个纯策略 β_j 被其他纯策略或纯策略的凸线性组合所优超时，可在矩阵 A 中划去第 j 列得到一个与原对策 G 等价但赢得矩阵阶数较小的矩阵对策 G'，而矩阵对策 G' 的求解往往比 G 的求解容易些，通过求解 G' 而得到 G 的解。

例 12-11 已知矩阵对策 $G=\{S_1,S_2;A\}$，其中 $A=\begin{bmatrix}3&2&0&3&0\\5&0&2&5&9\\7&3&9&5&9\\4&6&8&7&5.5\\6&0&8&8&3\end{bmatrix}$，矩阵对策 G

中物流企业 Ⅰ 的最优策略为 $x^*=(x_1,x_2,x_3,x_4,x_5)$；物流企业 Ⅱ 的最优策略为 $y^*=(y_1,y_2,y_3,y_4,y_5)$。

由定义可知：

第 3 行优超于第 2 行，第 4 行优超于第 1 行，故可划去第 1 行和第 2 行，从而得到新的赢得矩阵 A_1：

$$\boldsymbol{A}_1 = \begin{bmatrix} 7 & 3 & 9 & 5 & 9 \\ 4 & 6 & 8 & 7 & 5.5 \\ 6 & 0 & 8 & 8 & 3 \end{bmatrix} \begin{matrix} \alpha_3 \\ \alpha_4 \\ \alpha_5 \end{matrix}$$

从而矩阵对策 $\boldsymbol{G}' = \{S_1', S_2; \boldsymbol{A}_1\}$，矩阵对策 $\boldsymbol{G}$ 中物流企业 I 的最优策略为 $\boldsymbol{x}^* = (0,$ $0, x_3, x_4, x_5)$；物流企业 II 的最优策略仍为 $\boldsymbol{y}^* = (y_1, y_2, y_3, y_4, y_5)$。

矩阵对策 $\boldsymbol{G}' = \{S_1', S_2; \boldsymbol{A}_1\}$，

$$\boldsymbol{A}_1 = \begin{bmatrix} 7 & 3 & 9 & 5 & 9 \\ 4 & 6 & 8 & 7 & 5.5 \\ 6 & 0 & 8 & 8 & 3 \end{bmatrix} \begin{matrix} \alpha_3 \\ \alpha_4 \\ \alpha_5 \end{matrix}$$

由定义可知：

第 1 列优超于第 3 列，第 2 列优超于第 4 列，故可划去第 3 列和第 4 列，从而得到新的赢得矩阵 $\boldsymbol{A}_2$：

$$\begin{matrix} & \beta_1 & \beta_2 & \beta_5 \end{matrix}$$
$$\boldsymbol{A}_2 = \begin{bmatrix} 7 & 3 & 9 \\ 4 & 6 & 5.5 \\ 6 & 0 & 3 \end{bmatrix} \begin{matrix} \alpha_3 \\ \alpha_4 \\ \alpha_5 \end{matrix}$$

矩阵对策 $\boldsymbol{G}'' = \{S_1'', S_2'; \boldsymbol{A}_2\}$，

$$\begin{matrix} & \beta_1 & \beta_2 & \beta_5 \end{matrix}$$
$$\boldsymbol{A}_2 = \begin{bmatrix} 7 & 3 & 9 \\ 4 & 6 & 5.5 \\ 6 & 0 & 3 \end{bmatrix} \begin{matrix} \alpha_3 \\ \alpha_4 \\ \alpha_5 \end{matrix}$$

原矩阵对策 $\boldsymbol{G}$ 中物流企业 I 的最优策略为 $\boldsymbol{x}^* = (0, 0, x_3, x_4, x_5)$；物流企业 II 的最优策略为 $\boldsymbol{y}^* = (y_1, y_2, 0, 0, y_5)$。

矩阵对策 $\boldsymbol{G}'' = \{S_1'', S_2'; \boldsymbol{A}_2\}$，

$$\begin{matrix} & \beta_1 & \beta_2 & \beta_5 \end{matrix}$$
$$\boldsymbol{A}_2 = \begin{bmatrix} 7 & 3 & 9 \\ 4 & 6 & 5.5 \\ 6 & 0 & 3 \end{bmatrix} \begin{matrix} \alpha_3 \\ \alpha_4 \\ \alpha_5 \end{matrix}$$

由定义可知：

第 1 行优超于第 3 行，故可划去第 3 行，从而得到新的赢得矩阵 $\boldsymbol{A}_3$：

$$\begin{matrix} & \beta_1 & \beta_2 & \beta_5 \end{matrix}$$
$$\boldsymbol{A}_3 = \begin{bmatrix} 7 & 3 & 9 \\ 4 & 6 & 5.5 \end{bmatrix} \begin{matrix} \alpha_3 \\ \alpha_4 \end{matrix}$$

矩阵对策 $\boldsymbol{G}''' = \{S_1''', S_2''; \boldsymbol{A}_3\}$，

$$\begin{matrix} & \beta_1 & \beta_2 & \beta_5 \end{matrix}$$
$$\boldsymbol{A}_3 = \begin{bmatrix} 7 & 3 & 9 \\ 4 & 6 & 5.5 \end{bmatrix} \begin{matrix} \alpha_3 \\ \alpha_4 \end{matrix}$$

原矩阵对策 $\boldsymbol{G}$ 中物流企业 I 的最优策略为 $\boldsymbol{x}^{*}=(0,0,x_3,x_4,0)$；物流企业 II 的最优策略为 $\boldsymbol{y}^{*}=(y_1,y_2,0,0,y_5)$。

矩阵对策 $\boldsymbol{G}'''=\{S_1''',S_2'';\boldsymbol{A}_3\}$，

$$\boldsymbol{A}_3 = \begin{array}{c} \begin{array}{ccc} \beta_1 & \beta_2 & \beta_5 \end{array} \\ \begin{bmatrix} 7 & 3 & 9 \\ 4 & 6 & 5.5 \end{bmatrix} \begin{array}{c} \alpha_3 \\ \alpha_4 \end{array} \end{array}$$

由定义可知：

第 1 列优超于第 3 列，故可划去第 3 列，从而得到新的赢得矩阵 $\boldsymbol{A}_4$：

$$\boldsymbol{A}_4 = \begin{array}{c} \begin{array}{cc} \beta_1 & \beta_2 \end{array} \\ \begin{bmatrix} 7 & 3 \\ 4 & 6 \end{bmatrix} \begin{array}{c} \alpha_3 \\ \alpha_4 \end{array} \end{array}$$

矩阵对策 $\boldsymbol{G}''''=\{S_1'''',S_2''';\boldsymbol{A}_4\}$，原矩阵对策 $\boldsymbol{G}$ 中物流企业 I 的最优策略为 $\boldsymbol{x}^{*}=(0,0,x_3,x_4,0)$；物流企业 II 的最优策略为 $\boldsymbol{y}^{*}=(y_1,y_2,0,0,0)$。

$$\boldsymbol{A}_4 = \begin{array}{c} \begin{array}{cc} \beta_1 & \beta_2 \end{array} \\ \begin{bmatrix} 7 & 3 \\ 4 & 6 \end{bmatrix} \begin{array}{c} \alpha_3 \\ \alpha_4 \end{array} \end{array}$$

例 12-12 已知矩阵对策 $\boldsymbol{G}=\{S_1,S_2;\boldsymbol{A}\}$，其中 $\boldsymbol{A}=\begin{bmatrix} 3 & 2 & 0 & 3 & 0 \\ 5 & 0 & 2 & 5 & 9 \\ 7 & 3 & 9 & 5 & 9 \\ 4 & 6 & 8 & 7 & 5.5 \\ 6 & 0 & 8 & 8 & 3 \end{bmatrix}$，求上述矩阵对策 $\boldsymbol{G}$ 在混合策略下的解。

解：通过上述分析可知，利用定理 12-10 的优超原则，对矩阵对策的赢得矩阵进行简化可得

$$\boldsymbol{A}_4 = \begin{array}{c} \begin{array}{cc} \beta_1 & \beta_2 \end{array} \\ \begin{bmatrix} 7 & 3 \\ 4 & 6 \end{bmatrix} \begin{array}{c} \alpha_3 \\ \alpha_4 \end{array} \end{array}$$

又根据定理 12-6：

$$x_3 > 0 \rightarrow 7y_2 + 3y_5 = v \quad x_4 > 0 \rightarrow 4y_2 + 6y_5 = v$$
$$y_1 > 0 \rightarrow 7x_3 + 4x_4 = v \quad y_2 > 0 \rightarrow 3x_3 + 6x_4 = v$$

又因为 $x_3 + x_4 = 1$，$y_1 + y_2 = 1$，联立可求得

$$x_3^* = \frac{1}{2}, \quad x_4^* = \frac{2}{3}, \quad y_1^* = \frac{1}{2}, \quad y_2^* = \frac{1}{2}, \quad v = 5$$

从而原矩阵对策 $\boldsymbol{G}$ 中物流企业 I 的最优策略为 $\boldsymbol{x}^{*}=\left(0,0,\dfrac{1}{3},\dfrac{2}{3},0\right)$；物流企业 II 的最优策略为 $\boldsymbol{y}^{*}=\left(\dfrac{1}{2},\dfrac{1}{2},0,0,0\right)$。

$V_G = 5$。

例 12-13 已知矩阵对策 $G = \{S_1, S_2; A\}$，其中 $A = \begin{bmatrix} 3 & 2 & 0 & 3 & 0 \\ 5 & 0 & 2 & 5 & 9 \\ 7 & 3 & 9 & 5 & 9 \\ 4 & 6 & 8 & 7 & 5.5 \\ 6 & 0 & 8 & 8 & 3 \end{bmatrix}$，求上述矩

阵对策 G 在混合策略下的解。

解：由定义可知：

第 3 行优超于第 2 行，第 4 行优超于第 1 行，故可划去第 1 行和第 2 行，从而得到新的赢得矩阵 A_1：

$$A_1 = \begin{bmatrix} 7 & 3 & 9 & 5 & 9 \\ 4 & 6 & 8 & 7 & 5.5 \\ 6 & 0 & 8 & 8 & 3 \end{bmatrix} \begin{matrix} \alpha_3 \\ \alpha_4 \\ \alpha_5 \end{matrix}$$

赢得矩阵 A_1 中第 1 列优超于第 3 列，第 2 列优超于第 4 列，故可划去第 3 列和第 4 行，从而得到新的赢得矩阵 A_2：

$$A_2 = \begin{matrix} \beta_1 & \beta_2 & \beta_5 \\ \begin{bmatrix} 7 & 3 & 9 \\ 4 & 6 & 5.5 \\ 6 & 0 & 3 \end{bmatrix} & & \end{matrix} \begin{matrix} \alpha_3 \\ \alpha_4 \\ \alpha_5 \end{matrix}$$

赢得矩阵 A_2 中第 1 列 $\times \dfrac{1}{3} +$ 第 2 列 $\times \dfrac{2}{3}$ 优超于第 3 列，故可划去第 3 列，从而得到新的赢得矩阵 A_3：

$$A_3 = \begin{matrix} \beta_1 & \beta_2 \\ \begin{bmatrix} 7 & 3 \\ 4 & 6 \\ 6 & 0 \end{bmatrix} & \end{matrix} \begin{matrix} \alpha_3 \\ \alpha_4 \\ \alpha_5 \end{matrix}$$

赢得矩阵 A_3 中第 1 行优超于第 3 行，故可划去第 3 行，从而得到新的赢得矩阵 A_4：

$$A_4 = \begin{matrix} \beta_1 & \beta_2 \\ \begin{bmatrix} 7 & 3 \\ 4 & 6 \end{bmatrix} & \end{matrix} \begin{matrix} \alpha_3 \\ \alpha_4 \end{matrix}$$

又根据定理 12-6：

$$x_3 > 0 \rightarrow 7y_1 + 3y_2 = v \qquad x_4 > 0 \rightarrow 4y_1 + 6y_2 = v$$
$$y_1 > 0 \rightarrow 7x_3 + 4x_4 = v \qquad y_2 > 0 \rightarrow 3x_3 + 6x_4 = v$$

又因为 $x_3 + x_4 = 1, y_1 + y_2 = 1$，联立可求得

$$x_3^* = \frac{1}{2}, \quad x_4^* = \frac{2}{3}, \quad y_1^* = \frac{1}{2}, \quad y_2^* = \frac{1}{2}, \quad v = 5$$

从而原矩阵对策 G 中物流企业 I 的最优策略为 $x^* = \left(0, 0, \dfrac{1}{3}, \dfrac{2}{3}, 0\right)$；

物流企业 II 的最优策略为 $\boldsymbol{y}^* = \left(\dfrac{1}{2}, \dfrac{1}{2}, 0, 0, 0\right)$。

$V_G = 5$。

第四节　矩阵对策的解法

一、线性方程组法

定理 12-11　设 $(\boldsymbol{x}^*, \boldsymbol{y}^*)$ 是矩阵对策 G 在混合策略意义下的解，$v = V_G$，则

(1) 若 $x_i^* > 0$，则 $\sum\limits_j a_{ij} y_j^* = v$；

(2) 若 $y_j^* > 0$，则 $\sum\limits_i a_{ij} x_i^* = v$；

(3) 若 $\sum\limits_j a_{ij} y_j^* < v$，则 $x_i^* = 0$；

(4) 若 $\sum\limits_i a_{ij} x_i^* > v$，则 $y_j^* = 0$。

根据定理 12-11，如果最优策略 x_i^* 和 y_j^* 均不等于 0，则可将上述两个不等式组转化为如下两个方程组：

$$\begin{cases} \sum\limits_i a_{ij} x_i = v \\ \sum\limits_i x_i = 1 \end{cases} \tag{12-22}$$

$$\begin{cases} \sum\limits_j a_{ij} y_j = v \\ \sum\limits_j y_j = 1 \end{cases} \tag{12-23}$$

如果利用方程组求出的解 $\boldsymbol{x}^* > 0$ 和 $\boldsymbol{y}^* > 0$，则得到的就是对策的一个解。

如果利用方程组求出的解 $\boldsymbol{x}^*$ 和 $\boldsymbol{y}^*$ 中有负分量，则需将上述方程组中的某些等式改为不等式，继续试算求解，直到求出的解均为非负分量，即可得到对策的一个解。具体将哪些等式改为不等式无规律可循。

该方法事先假设 $\boldsymbol{x}^*$ 和 $\boldsymbol{y}^*$ 中均无 0 分量，如有 0 分量的话，利用上述方程组通常无法得到非负解，需进行反复试算。

例 12-14　某仓库用三种不同的装卸设备 α_1、α_2 和 α_3 处理三种不同的产品 β_1、β_2、β_3，已知三种设备分别处理三种产品时，单位时间内创造的价值由表 12-1 给出。

表 12-1　三种设备处理三种产品单位时间内创造的价值

使用设备	被处理的产品		
	β_1	β_2	β_3
α_1	3	−2	4
α_2	−1	4	2
α_3	2	2	6

出现负值是由于设备的消耗大于创造的价值。在上述条件下,求出一个合理的处理方案。

解:由赢得矩阵可知该矩阵对策没有最优纯策略。

采用三种装卸设备的混合策略为

$$\boldsymbol{x}^* = (x_1, x_2, x_3)$$

选择三种产品的混合策略为

$$\boldsymbol{y}^* = (y_1, y_2, y_3)$$

简化矩阵对策赢得矩阵:

$$\boldsymbol{A}' = \boldsymbol{A} - 2 = (a_{ij} - 2)_{3 \times 3} = \begin{bmatrix} 1 & -4 & 2 \\ -3 & 2 & 0 \\ 0 & 0 & 4 \end{bmatrix}$$

以 $\boldsymbol{A}'$ 为赢得矩阵的矩阵对策和以 $\boldsymbol{A}$ 为赢得矩阵的矩阵对策同解。

$$\begin{cases} x_1 - 3x_2 = v' \\ -4x_1 + 2x_2 = v' \\ 2x_1 + 4x_3 = v' \\ x_1 + x_2 + x_3 = 1 \end{cases}$$

$$\begin{cases} y_1 - 4y_2 + 2y_3 = v' \\ -3y_1 + 2y_2 = v' \\ 4y_3 = v' \\ y_1 + y_2 + y_3 = 1 \end{cases}$$

经运算可得

$$x_1 = 1, \quad x_2 = 1, \quad x_3 = -1, \quad v' = -2$$
$$y_1 = 1, \quad y_2 = 1/2, \quad y_3 = -1/2, \quad v' = -2$$

该解不是非负解,说明该矩阵对策的解中有 0 分量,需进行试算,将方程组中的某些等式变为不等式。

$$\begin{cases} x_1 - 3x_2 = v' \\ -4x_1 + 2x_2 = v' \\ 2x_1 + 4x_3 > v' \\ x_1 + x_2 + x_3 = 1 \end{cases}$$

$$\begin{cases} y_1 - 4y_2 + 2y_3 < v' \\ -3y_1 + 2y_2 = v' \\ 4y_3 = v' \\ y_1 + y_2 + y_3 = 1 \end{cases}$$

根据定理 12-11,可得

$$x_1 = 0, y_3 = 0$$

将此结果代入上述方程组,经运算可得

$$x_2 = 0, \quad x_3 = 1, \quad v' = 0;$$

$$y_1 = 2/5, \quad y_2 = 3/5, \quad v' = 0。$$

$$\boldsymbol{x}^* = (0,0,1), \quad \boldsymbol{y}^* = (2/5,3/5,0), \quad V_G = v' + 2 = 2$$

二、线性规划方法

定理 12-12 $(\boldsymbol{x}^*, \boldsymbol{y}^*)$ 为矩阵对策 $\boldsymbol{G}$ 在混合策略下的解的充要条件是：存在数 v，使得 $\boldsymbol{x}^*$ 和 $\boldsymbol{y}^*$ 分别是下列不等式组的解，且 $v = V_G$：

$$\begin{cases} \sum_i a_{ij} x_i \geqslant v \\ \sum_i x_i = 1 \\ x_i \geqslant 0 \quad (i = 1, \cdots, m) \end{cases}$$

$$\begin{cases} \sum_j a_{ij} y_j \leqslant v \\ \sum_j y_j = 1 \\ y_j \geqslant 0 \quad (j = 1, \cdots, n) \end{cases}$$

$$v = \max_{\boldsymbol{x} \in S_1^*} \min_{\boldsymbol{y} \in S_2^*} E(\boldsymbol{x}, \boldsymbol{y}) = \min_{\boldsymbol{y} \in S_2^*} \max_{\boldsymbol{x} \in S_1^*} E(\boldsymbol{x}, \boldsymbol{y})$$

令 $x_i' = \dfrac{x_i}{v}$ 和 $y_i' = \dfrac{y_i}{v}$，并将其代入上式可得

$$\begin{cases} \sum_i a_{ij}(x_i/v) \geqslant 1 \\ \sum_i (x_i/v) = 1/v \\ x_i \geqslant 0 \quad (i = 1, \cdots, m) \end{cases}$$

$$\begin{cases} \sum_j a_{ij}(y_j/v) \leqslant 1 \\ \sum_j (y_j/v) = 1/v \\ y_j \geqslant 0 \quad (j = 1, \cdots, n) \end{cases}$$

解得

$$\begin{cases} \min z = \sum_i x_i' \\ \sum_i a_{ij} x_i' \geqslant 1 \\ x_i' \geqslant 0 \quad (i = 1, \cdots, m) \end{cases} \tag{12-24}$$

$$\begin{cases} \max w = \sum_j y_j' \\ \sum_j a_{ij} y_j' \leqslant 1 \\ y_j' \geqslant 0 \quad (j = 1, \cdots, n) \end{cases} \tag{12-25}$$

此二模型互为对偶。

例 12-15 两家物流企业进行竞争,在一项竞争中,它们需要独立地选择从三个不同的供应渠道中运输货物。每家企业可以从渠道 1、2、3 中选择一个进行运输。如果两家企业选择的渠道之和为偶数,则物流企业 Ⅱ 支付给物流企业 Ⅰ 金额等于所选渠道之和的报酬;如果渠道之和为奇数,则物流企业 Ⅰ 支付给物流企业 Ⅱ 相应的报酬。请确定两家企业的最佳竞争策略。

解:物流企业 Ⅰ 的赢得矩阵为

$$\boldsymbol{A} = \begin{matrix} & \beta_1 & \beta_2 & \beta_3 \\ & \begin{bmatrix} 2 & -3 & 4 \\ -3 & 4 & -5 \\ 4 & -5 & 6 \end{bmatrix} & \begin{matrix} \alpha_1 \\ \alpha_2 \\ \alpha_3 \end{matrix} \end{matrix}$$

可知无纯策略意义下的解,下面求其在混合策略下的解,$\boldsymbol{A}$ 的各元素都加上 6,得到:

$$\boldsymbol{A}' = \begin{bmatrix} 8 & 3 & 10 \\ 3 & 10 & 1 \\ 10 & 1 & 12 \end{bmatrix}$$

建立线性规划模型如下:

$$\min x_1 + x_2 + x_3$$

$$\text{s. t.} \begin{cases} 8x_1 + 3x_2 + 10x_3 \geqslant 1 \\ 3x_1 + 10x_2 + x_3 \geqslant 1 \\ 10x_1 + x_2 + 12x_3 \geqslant 1 \\ x_1, x_2, x_3 \geqslant 0 \end{cases}$$

$$\max y_1 + y_2 + y_3$$

$$\text{s. t.} \begin{cases} 8y_1 + 3y_2 + 10y_3 \leqslant 1 \\ 3y_1 + 10y_2 + y_3 \leqslant 1 \\ 10y_1 + y_2 + 12y_3 \leqslant 1 \\ y_1, y_2, y_3 \geqslant 0 \end{cases}$$

得到:

$$x_1 = 0.042, x_2 = 0.083, x_3 = 0.042$$
$$y_1 = 0.042, y_2 = 0.083, y_3 = 0.042 \quad v' = 6$$
$$x_1' = 0.25, x_2' = 0.50, x_3' = 0.25$$
$$y_1' = 0.25, y_2' = 0.50, y_3' = 0.25$$

即此对策的解为

$$\boldsymbol{x}^* = (0.25, 0.50, 0.25)^{\mathrm{T}}$$
$$\boldsymbol{y}^* = (0.25, 0.50, 0.25)^{\mathrm{T}}$$
$$V_G = V_G' - k = 0$$

例 12-16 利用线性规划方法求解赢得矩阵为 $\boldsymbol{A}$ 的矩阵对策。

$$\boldsymbol{A} = \begin{bmatrix} 7 & 2 & 9 \\ 2 & 9 & 0 \\ 9 & 0 & 11 \end{bmatrix}$$

解：求解问题可化成两个互为对偶的线性规划问题：

$$\min x'_1 + x'_2 + x'_3$$

$$\text{s. t.} \begin{cases} 7x'_1 + 2x'_2 + 9x'_3 \geqslant 1 \\ 2x'_1 + 9x'_2 \geqslant 1 \\ 9x'_1 + 11x'_3 \geqslant 1 \\ x'_1, x'_2, x'_3 \geqslant 0 \end{cases}$$

$$\max y'_1 + y'_2 + y'_3$$

$$\text{s. t.} \begin{cases} 7y'_1 + 2y'_2 + 9y'_3 \leqslant 1 \\ 2y'_1 + 9y'_2 \leqslant 1 \\ 9y'_1 + 11y'_3 \leqslant 1 \\ y'_1, y'_2, y'_3 \geqslant 0 \end{cases}$$

$$\boldsymbol{x}' = \left(\frac{1}{20}, \frac{1}{10}, \frac{1}{20}\right) \quad \frac{1}{v} = x'_1 + x'_2 + x'_3 = \frac{1}{5}$$

$$\boldsymbol{y}' = \left(\frac{1}{20}, \frac{1}{10}, \frac{1}{20}\right) \quad \frac{1}{v} = y'_1 + y'_2 + y'_3 = \frac{1}{5}$$

$$v = 5$$

$$\boldsymbol{x} = v \cdot \boldsymbol{x}' = \left(\frac{1}{4}, \frac{1}{2}, \frac{1}{4}\right)$$

$$\boldsymbol{y} = v \cdot \boldsymbol{y}' = \left(\frac{1}{4}, \frac{1}{2}, \frac{1}{4}\right)$$

本 章 小 结

本章主要是物流企业竞争中的对策论应用，对物流企业竞争中的对策论的基本概念、矩阵对策的最优纯策略和混合策略、物流企业中矩阵对策的基本定理详细阐述，最后给出物流企业竞争中矩阵对策的解法。

本 章 习 题

1. 在定理 12-3 中，(x^*, y^*) 为矩阵对策 $\boldsymbol{G}$ 在混合策略下的解的充要条件是什么？

2. 有物流公司甲和乙，甲有三个策略 $\alpha_1, \alpha_2, \alpha_3$；乙有四个策略 $\beta_1, \beta_2, \beta_3, \beta_4$，根据获利情况建立甲公司的益损值赢得矩阵 $\boldsymbol{A} = \begin{bmatrix} -3 & 0 & -2 & 0 \\ 2 & 3 & 0 & 1 \\ -2 & -4 & -1 & 3 \end{bmatrix}$。问：甲公司采取什么策略比较适合？

3. 某物流的采购员在秋季时要决定冬季取暖用煤的采购量。已知在正常气温条件下需要用煤 15 吨，在较暖和较冷气温条件下需要用煤 10 吨和 20 吨。假定冬季的煤价随着天气寒冷的程度而变化，在较暖、正常、较冷气温条件下每吨煤价为 100 元、150 元、

200 元。又秋季每吨煤价为 100 元。在没有关于当年冬季气温情况下,秋季应购多少吨煤,使总支出最少?

4.(订货计划)某厂制造和销售一种新仪器,需要外购一种配件。现有三个厂生产这种配件,牌号为Ⅰ、Ⅱ、Ⅲ。Ⅰ配件每只 10 元,但有次品,装配的仪器也是次品,每台损失 100 元;Ⅱ配件每只 55 元,也有次品,但装配的仪器出售后在保修期内稍加修理就能使用,修理费 55 元;Ⅲ配件每只 118 元,没有次品。问:该厂应如何购置各种配件,使总费用(包括损失费和修理费)最少?

5.(费用分摊问题)假设沿某河流有相邻的三个城市:甲、乙、丙。各城市都想建立自来水厂解决用水问题。各城市可单独建立自来水厂,也可合作建一个大水厂,再用管道送到各城市。经估计,合作建一个大水厂比单独建三个自来水厂的总费用少。三个城市有意合作,但是否实施,要看总费用的分摊是否合理。如何合理分摊费用,使合作建立大水厂的方案得以实现?

6.(拍卖问题)拍卖形式是先由拍卖商对拍卖品描述一番,然后提出第一个报价,接下来由买者报价,每一次都比前次高,最后谁出的价格高,拍卖品即归谁所有。假设报价为 $p_1, p_2, \cdots, p_{n-1}$,设 $p_1 < p_2 < \cdots < p_{n-1} < p_n$,买主只要报价略高于 p_{n-1},就能买到。问题是,各买主可能知道他人的估价,也可能不知道他人的估价,每人如何报价对自己能以较低的价格得到拍卖品最为有利?

7.(囚犯难题)设有两个犯罪嫌疑人被拘留,警察分别对两人进行审讯。根据法律,如果两人都承认此案是他们干的,则每人各判刑 7 年;如果两人都不承认,则由于证据不足,两人各判刑 1 年;如果只有一人承认,则承认者以宽大处理,当场释放,而不承认者判刑 9 年。因此,对两个犯罪嫌疑人来说,面临着"承认"和"不承认"两个策略之间选择的难题。

即 测 即 练

第十三章

物流决策分析

物流决策分析是一种综合性的方法,旨在帮助决策者在面对不确定性和复杂性时,通过分析、评估和预测,作出最优的物流决策,以适应不断变化的市场和社会经济环境。其具体过程包括:在深入调查研究物流环境与需求的基础上,明确物流活动的目标,设计多个可行方案;运用物流评价标准和方法,挑选出最优的物流运作方案。物流决策是物流活动顺利开展的前提,有效的物流操作源于精准的物流决策。精确的物流决策必须建立在深刻理解物流问题内部联系、外部环境以及物流系统运作规律的基础上。首先,要全面掌握物流对象的动态规律,收集和整理关键的物流数据和信息。其次,还需熟练运用物流决策分析的技术和工具,遵循科学的决策流程和步骤,以确保物流决策的科学性、合理性和有效性。

第一节 概 述

一、物流决策的概念

决策在管理活动中具有十分重要的地位。1978 年诺贝尔经济学奖的获得者赫伯特·A.西蒙(Herbert A. Simon)认为:决策是管理的中心,贯穿管理的全过程,所以既可以说"决策就是管理",也可以说"管理就是决策"。朴素的决策思想自古就有,但在落后的生产方式和技术条件下,决策主要凭借个人的智慧和经验。随着生产和科学技术的发展,对决策问题的分析已形成了一套科学的方法和程序。

由于人的社会活动是多方面、多领域、多层次的,因而,有关的决策问题和决策活动也是多方面、多领域、多层次的。无论是政治、经济、军事、文化、教育,还是工程技术、经济管理、交通运输等各个领域,都存在大量的决策问题。物流决策就是在物流管理中与物流活动相关的决策问题,如物流中心选址决策、物流经济决策等。

物流决策是指在物流管理过程中,个人或集体为了实现特定的物流目标,从多个备选的物流方案中,选择出最适宜的方案并推动其实施的活动。这一过程是物流活动高效进行和物流目标顺利实现的基础。物流决策不仅涉及物流中心的选址、物流网络的布局、运输方式的选择等战略层面的问题,还包括物流成本控制、库存管理、配送路线优化等运营层面的决策。物流决策是物流管理中不可或缺的一部分,对于提升物流效率、降低物流成本、增强企业竞争力具有重要意义。

二、物流决策的分类

勒内·笛卡儿(René Descartes,1596—1650)说过,分类是使事物(研究对象)条理化的方法,应该"将试图解决的问题,尽可能按你便于解决的需要划分为许多问题"。戈特弗里德·威廉·莱布尼兹(Gottfried Wilhelm Leibniz,1646—1716)则认为笛卡儿的方法不切实际,因为划分的艺术无法说明。笛卡儿强调了分类的重要性,而莱布尼兹强调了分类的困难性和分类方法的多样性。基于前文经验,我们对物流决策问题进行分类。

(一) 按决策参与者、目标数量划分

按涉及决策者的数量,物流决策可以分为以下两类:单人决策,指物流决策由单个决策者独立完成,如仓库管理员对库存管理进行的决策。多人决策(群决策),指物流决策涉及多个决策者共同参与,如物流团队对企业整体物流战略的制定。

按物流决策涉及的目标数量,物流决策可以分为单目标决策和多目标决策。单目标决策指物流决策过程中只追求一个目标的决策,如最小化运输成本。多目标决策指物流决策过程中需要同时考虑多个目标的决策,如同时优化运输成本、服务质量和服务速度。

(二) 按信息完备程度划分

按物流决策时所掌握的信息完备程度,物流决策可以分为确定型决策、风险型决策和严格不确定型决策。确定型决策指物流决策中所有相关信息都是已知的决策,如确定性的库存补充决策。风险型决策指物流决策中存在不确定性,但可以估计各方案发生的概率的决策,如运输方式选择。严格不确定型决策指物流决策中存在高度不确定性,无法估计各方案发生的概率的决策,如突发事件下的物流调度。

本书将重点讨论物流领域的单目标风险型决策和严格不确定型决策问题、确定型的多目标决策问题(包括离散型决策变量和连续型决策变量)以及多人决策问题,以帮助读者更好地理解和掌握物流决策的分类及其应用。

(三) 按涉及面的宽窄划分

按物流决策问题涉及面的宽窄,亦即决策所要解决的问题的性质,物流决策可以分为战略决策(strategic decision)、管理(行政)决策(administrative decision)和业务(日常事务)决策(operating decision)三类。三类物流决策问题的特点与差异见表 13-1。

表 13-1　三类物流决策问题的特点与差异

项　　目	战略决策	管理(行政)决策	业务(日常事务)决策
决策权	集中	集中与分散结合	分散
所需信息	不全	较全	完全
问题结构	不良	一般	良好
涉及的风险	大	一般	小
决策的组织工作	复杂	一般	简单
决策程序	复杂	一般	简单
目标数量	多	中等	少
时限	长期	中期	短期

战略决策是物流组织为了适应不断变化的环境或谋求发展而进行的决策。这类决策具有总体性、重大性和长远目标的特点,通常由组织中的最高管理层负责。例如,决定是否扩大物流网络、选择新的市场进入策略等。

管理(行政)决策是为了实现既定物流战略而进行的计划、实施、控制与管理的决策。这些决策关注如何有效地利用资源,确保战略目标的实现。例如,优化物流中心的运营流程、制订物流成本控制措施等。

业务(日常事务)决策是物流部门针对具体业务操作以提高工作质量与效率而进行的决策。这些决策通常是日常性的,直接影响业务操作和客户服务。例如,日常库存管理、运输路线规划、货物装卸安排等。

(四) 按决策环境划分

按决策环境的不同,物流决策可以分为确定性环境决策、动态环境决策和复杂环境决策。确定性环境决策,物流决策中的外部条件稳定且可预测,如长期供应链合作中的标准化库存补货。动态环境决策,物流决策需应对频繁变化的实时条件,如需求波动、资源可用性。例如,电商促销期间的弹性配送调度。复杂环境决策,物流决策涉及多主体协作、多约束交互或跨区域协调,如跨境多式联运的路径规划与关务协同。

(五) 按决策依据是否可以量化划分

按决策依据是否可以量化,物流决策可以分为定量决策和定性决策。定量决策,是指当决策对象的指标可以量化时,采用定量决策方法。这通常涉及数学模型和统计分析。定性决策,是指当决策对象的指标难以量化时,采用定性决策方法。这通常依赖于专家意见、主观评价和经验判断。

(六) 按决策的结构划分

按决策的结构,物流决策可以分为程序化决策和非程序化决策。程序化决策,即针对常规和重复出现的问题,可以依据既定的规则、程序和方法进行的决策。例如,日常的库存管理和订单处理。非程序化决策,指针对独特、不常见或复杂的问题,需要采取新的方法和步骤进行的决策。例如,应对市场突变或技术创新的物流策略调整。

(七) 按决策过程的连续性划分

按决策过程的连续性,物流决策可以分为单项决策和序贯决策。单项决策,即整个决策过程只需进行一次即可得出结果。例如,决定是否购买新的物流设备。序贯决策,是指整个决策过程由一系列相互关联的决策组成的决策。在物流管理中,虽然活动通常涉及一系列决策,但可以将关键决策环节视为单项决策来处理。

(八) 按性质的重要性划分

按性质的重要性,物流决策可以分为战略决策、策略决策和执行决策。战略决策,指涉及企业长期发展和整体方向的决策,具有全局性和长远性。例如,物流网络的布局和扩张。策略决策,指为实现战略目标而进行的决策,涉及具体操作和资源配置。例如,选择物流合作伙伴和运输方式。执行决策,指根据策略决策的具体要求,对执行方案进行细化和实施的决策。例如,日常的运输调度和库存控制。

三、物流决策过程

一项重大决策的形成,首先要进行一系列的调查研究和分析论证工作,然后还要把决策意图,通过指令信息系统传递到执行系统,这是一个完整的动态决策过程。

(一)决策过程一般包含的基本步骤

1. 确定目标

在重大事件的决策过程中,首先要确定目标。一旦目标建立起来,接下来便是决策过程的开始。所确定的目标一定要具体,避免抽象、含糊。

2. 拟订多个可行方案

决策研究工作的中心任务是通过各种调查研究和综合分析,产生各种可供选择的决策方案。

3. 预测未来的状态

知识和信息是决策科学化的基础。要想使决策达到预期的目标,必须收集足够的相关信息,并进行必要处理。收集信息要有针对性,根据决策目标的具体要求,确定信息的范围和数量,提出各种专题性报告或背景资料。

预测是决策过程的一个重要环节,必须建立在信息工作的基础上。预测是通过事物的历史和现状资料,推测事物的未来发展状态。预测的任务是根据决策目标的要求,研究在实现决策目标的过程中将要出现的影响因素,指出事件在不同条件下的发展结果。预测研究的主要使命是通过科学方法,为决策目标和决策方案的选择提供科学依据。

对于一般的决策问题,可以利用决策收益表或决策树计算出各种方案的期望值,为比较各方案的价值提供参考信息。

4. 进行决策分析,选择最优方案

首先,对于待选的各种方案,由专业技术人员运用运筹学、数理统计等科学方法进行定量分析比较,找出初步的"最优方案"。

然后,业务主管部门组织方案论证,对专业人员拟订的初步"最优方案"进行论证。这种论证是决策的一个必要程序,不能省略或马虎。初步的"最优方案"并不一定是实际最优方案,因为决策模型是对事物的理想化描述,一般不可能考虑影响事物的所有因素。组织方案论证,就是弥补理论分析的这种不足。

最后,由决策领导者对经过论证的方案进行抉择,决定是否采纳。最终决策是整个决策的关键,要求担负这一职责的主要领导人具有良好的个人素质、分析判断能力和丰富的管理决策经验。

决策形成以后,由职能部门编制计划、组织实施。

(二)求解一个实际的决策问题的步骤

(1)构造决策问题。这一步要为决策问题提供可能的方案(或行动)并标定目标。对于一些简单的决策问题,可供采用的决策和要实现的目标都是非常清楚的,如在带伞问题中,可采用的决策仅有两种(带伞和不带伞)。而希望实现的目标是在尽可能少地增加决策人负担的情况下不被淋湿。但在复杂的情况下,构造决策问题并不容易。例如,有的决策问题的备选方案很多,其中许多并不是好的决策。这时如有办法删除那些"劣"的备选方案,就十分有利于下一步的分析。而有的决策问题,初看起来似乎没有合理的方案,这时需要启发人们的创造性,根据问题的目标来形成有效的方案。

(2)确定各种决策可能的后果并设定各种后果发生的概率。

(3)确定各种后果对决策人的实际价值,即确定决策人对后果的偏好。

（4）对备选方案进行评价和比较。

这一步的目的是在以上三步的基础上选择决策人最满意的决策。对一般的决策问题,评价方案优劣的依据是计算各种决策的期望效用,并根据冯·诺依曼和摩根斯特恩的效用理论,选择期望效用最大的方案;也可以根据问题的特点,选择其他评价准则。

决策问题的各求解步骤之间的关系见图 13-1。一个复杂的决策问题往往有多个不确定因素影响决策的后果,所以它有多个状态变量。例如产品的销售额,不仅决定于顾客的爱好,还决定于该产品的质量、价格等。这些因素在开始研制产品时都是不确定的,要比较准确地估计所有状态的概率是很困难的。因此,如果能把状态用它的标称值作为一个确定的量处理,分析起来就容易得多。

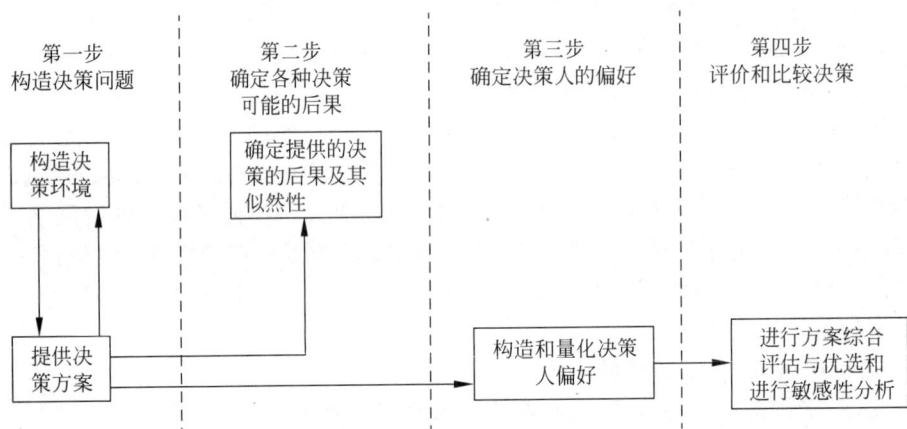

图 13-1 决策分析的基本步骤

四、物流决策中的几个问题

（一）决策必须有资源做保证

决策要考虑人力、资金、设备、动力、原材料、技术、时间、市场管理能力等方面的条件,只有这些条件得到满足,决策才有实现的可能。

（二）一个好的决策必须有应对变化的能力

客观情况总是变化的,经济管理决策面对的是环境多变的可能性。决策者不仅要认识到这种可能性,而且要事先考虑到一些应变措施,使决策具有一定的弹性、留有回旋的余地。

（三）应充分考虑到决策所面临的风险

不冒任何风险的决策,客观上是不存在的。决策总是面对未来的,而未来总是带有不确定性的,因此决策多少得冒一定的风险。有时获得大成就的决策,往往要冒较大的风险。所以对决策者来说,问题不在于要不要冒风险,而是要估计一个界限,可以冒多大程度的风险,要使风险损失不至于引起灾难性的、不可挽回的后果。

（四）决策的方式和范围

决策的方式可以是复杂的,也可以是简单的,这两种方式都要用,但有个范围问题。如果是重大问题,事关整个企业的兴衰,如投资、厂址选择、设备更新、产品种类及产量、市场、价格、成本、人事等,需要用到复杂的方式;而一般的日常工作或小问题,就不必用复杂方式进行决策,只要用简单方式就可以了。

(五)个人决策与集体决策

一个人的思路和知识总是有限的,在决策过程中要充分发挥集体的智慧,参与的人多了,考虑问题就相对全面,作出的决策一般来说比一个人作出的决策成功的概率要大。决策过程是一个复杂的过程,要用到数学、运筹学、经济学、心理学、社会学及电子计算机等方面的知识,而且决策人的主观因素也在起作用,因此需要决策者精通有关的知识和技术,并通过反复实践才能作出好的决策。

第二节   不确定型物流决策

情境案例

某企业计划贷款修建一个仓库,初步考虑了三种修建仓库的方案:修建大型仓库、修建中型仓库和修建小型仓库,且当货物量不同时,对不同规模的仓库而言,其获利情况、支付贷款利息和营运费用都不同。经初步估算,该企业编制了每种方案在不同的货物量下的损益值,如表 13-2 所示。试问:如何进行方案的决策?

表 13-2   不同货物量的损益值

方案货物量	损益值/万元		
	货物量大	货物量中	货物量少
建大型仓库	90	40	20
建中型仓库	50	70	40
建小型仓库	30	50	60

不确定型决策是决策者在对环境情况一无所知时,根据自己的主观倾向所进行的决策。决策者面临多种可能的自然状态,但未来自然状态出现的概率不可预知,由于无法确定何种状态出现,决策者只能依据一定的决策准则来进行决策分析。常用的决策准则有悲观准则、乐观准则、等可能性准则、折中准则和最小后悔值准则等。对于同一个决策问题,运用不同的决策准则,得到的最优方案有所不同。

一、悲观准则

1949 年,美国统计学家 A. 瓦尔德(A. Wald)提出了基于不确定型环境的悲观准则决策方法。随后,D. A. 科德和 E. C. 帕尔姆将该方法应用到了联合测试平等和不平等的限制问题,拉德鲍在研究自我效能感和社会行为时运用了悲观准则决策方法等。

决策者面对两种或两种以上的可行方案,每一种方案都对应着几种不同的自然状态。决策者将每一种方案在各种自然状态下的收益值中的最小值选出,然后比较各种方案在不同的自然状态下所可能取得的最小收益,从各个最小收益中选出最大者,那么这个最小收益当中的最大者所对应的就是采用悲观准则决策法所要选用的方案。如果决策方案所对应的损益值表现为收益值,那么决策的形式表现为小中取大,如果决策方案所对应的损益值表现为损失值,那么决策的形式则表现为大中取小。

这个准则在某些场合下适用,如企业规模较小,资金薄弱,经不起大的经济冲击;决策者认为最坏状态发生的可能性很大,对好状态缺乏信心。在某些行动可能导致重大损失,如人的伤亡、企业倒闭时,人们也往往愿意采用这种较为稳妥的方法进行决策。但是,这条准则常引导人们失去信心,甚至无所作为。

悲观准则的决策过程是先从每个方案中选出一个最小损益值,再从这些最小损益值中选出最大损益值,对应的方案就是决策方案。

它的思路是考察采取行动 $a_i, i = 1, 2, \cdots, m$ 时可能出现的最坏后果,即最大的损失 s_i,亦即

$$s_i = \max_{i=1}^{m} l = (\theta_i, a_i) \tag{13-1}$$

决策人应选择行动 a_k 使最大的损失 s_i 尽可能小,即选择 a_k 使

$$s_k = \min_{i=1}^{m}\{s_i\} = \min_{i=1}^{m} \max_{j=1}^{n}\{l_{ji}\} \tag{13-2}$$

根据式(13-2),这一准则称作极小化极大的理由是显而易见的。

当决策表中的元素是效用值 u_{ij} 或价值函数 v_{ij} 时,悲观准则是使各行动的最小效用(价值)最大化,即极大化极小效用。选择 a_k 使

$$s'_k = \max_{i=1}^{m}\{s'_i\} = \max_{i=1}^{m} \min_{j=1}^{n}\{u_{ij}\} \tag{13-3}$$

采用该准则者极端保守,是悲观主义者,认为老天总跟自己作对,总是假设会发生最糟的情况并且被自己遇上。

利用悲观准则对本节情境案例中所提出的问题进行决策,结果如表 13-3 所示。决策结果是建中型仓库,收益为 40 万元。

表 13-3　悲观准则决策结果

方案货物量	损益值/万元			最小收益值
	货物量大	货物量中	货物量少	
建大型仓库	90	40	20	20
建中型仓库	50	70	40	40
建小型仓库	30	50	60	30
max{20,40,30}=40				

二、乐观准则

如果决策者不放弃任何机会,以乐观冒险的精神寄希望于出现对自己最有利的自然状态,自己作出的决策有时能取得最好的结果,这种准则就称为乐观准则。乐观准则的核心是"好中选好",所以该准则又叫大中取大准则。乐观准则的决策过程是先从每个方案中选出一个最大损益值,再从这些最大损益值中选出最大值,该最大值对应的方案就是决

策所选定的方案。

利用乐观准则对本节情境案例中所提出的问题进行决策,结果如表 13-4 所示。决策结果是建大型仓库,收益为 90 万元。

表 13-4　乐观准则决策结果

方案货物量	损益值/万元			最大收益值
	货物量大	货物量中	货物量少	
建大型仓库	90	40	20	90
建中型仓库	50	70	40	70
建小型仓库	30	50	60	60
$\max\{90,70,60\}=90$				

三、等可能性准则

等可能性准则又称拉普拉斯准则。该准则认为当一个决策者面对各种自然状态时,如果没有什么特殊的理由来说明这个状态比那个状态出现的可能性更大,则只能认为所有状态发生的机会是相等的。因此,决策者就应赋予每个状态相同的发生概率,即每一状态发生的概率都是同一个值。

等可能性准则的决策过程是决策者计算各方案的收益期望值,然后在所有这些期望值中选择最大者,以它对应的策略为决策策略。

利用等可能性准则对本节情境案例中所提出的问题进行决策,结果如表 13-5 所示。决策结果是建中型仓库,收益期望值为 53.3 万元。

表 13-5　等可能性准则决策结果

方案货物量	损益值/万元			最大收益值
	货物量大	货物量中	货物量少	
建大型仓库	90	40	20	50
建中型仓库	50	70	40	53.3
建小型仓库	30	50	60	46.7
$\max\{50,53.3,46.7\}=53.3$				

四、折中准则

这种准则是介于悲观准则与乐观准则之间的一个折中准则。在决策过程中,最好和最差的自然状态都有可能出现,决策者对未来事物的判断不能盲目乐观,也不可盲目悲观。因此,可以把两种决策准则予以综合,通过一个乐观系数 $\alpha(0\leqslant\alpha\leqslant1)$ 将悲观结果与乐观结果加权平均,以此来确定每个方案的收益值。

折中准则的决策过程是,决策时,决策者根据自己的愿望、经验和历史数据,先给出乐观系数 α,按下式计算每个方案的折中收益值:

$$折中收益值＝\alpha \times 最大收益值＋(1-\alpha) \times 最小收益值$$

再从各方案的折中收益值中选择数值最大者,对应的方案就是决策方案。若取乐观系数 $\alpha=0.7$,利用折中准则对本节情境案例中所提出的问题进行决策,结果如表 13-6 所示。决策结果是建大型仓库,折中收益为 69 万元。

表 13-6　折中准则决策结果

方案货物量	损益值/万元			最小收益	最大收益	折中收益值 $\alpha=0.7$
	货物量大	货物量中	货物量少			
建大型仓库	90	40	20	20	90	69
建中型仓库	50	70	40	40	70	61
建小型仓库	30	50	60	30	60	51

$$\max\{69,61,51\}=69$$

五、最小后悔值准则

由于自然状态的不确定性,在决策实施后决策者很可能会觉得如果采取了其他方案将会有更好的收益,决策者由此所造成的损失价值,称为后悔值。根据最小后悔值准则,每个自然状态下的最高收益值为理想值,该状态下每个方案的收益值与理想值之差作为后悔值。最小后悔值准则就是为达到后悔值最小的目的而设计的一种决策方法。

最小后悔值准则的决策过程是,决策时,首先,根据损益表计算出每个状态、每个方案的后悔值,构成后悔值矩阵;其次,在后悔值矩阵中对每一方案选出最大后悔值;最后,从这些最大后悔值中选出最小后悔值,它所对应的方案为选定的决策方案。利用最小后悔值准则对本节情境案例中所提出的问题进行决策,如表 13-7 和表 13-8 所示。表 13-7 中用"*"标出不同状态下的最大收益值,表 13-8 中计算得到了后悔值矩阵,从中确定的最小后悔值为 40 万元,对应的决策结果是建大型仓库或中型仓库均可。

表 13-7　不同状态下的最大收益值

方案货物量	损益值/万元		
	货物量大	货物量中	货物量少
建大型仓库	90*	40	20
建中型仓库	50	70*	40
建小型仓库	30	50	60*

表 13-8　最小后悔值准则决策结果

方案货物量	损益值/万元			最大后悔值
	货物量大	货物量中	货物量少	
建大型仓库	0	30	40	40
建中型仓库	40	0	20	40
建小型仓库	60	20	0	60

$$\min\{40,40,60\}=40$$

第三节　风险物流决策

情境案例

某物流公司准备在 A 市新建一个货物转运仓库,初步考虑了三种修建仓库的方案:修建小型仓库、修建中型仓库和修建大型仓库。当货物转运需求量不同时,不同规模的仓库的获利情况都不同。经市场调研,未来一年中,A 市货物转运需求有三种情况:出现较低需求的概率为 $p(s_1)$,此情况下建立小、中、大型仓库的年盈利情况分别为 25 万元、-5 万元和 -10 万元;出现中等需求的概率为 $p(s_2)$,此情况下建立小、中、大型仓库的年盈利情况分别为 4 万元、35 万元和 8 万元;出现较高需求的概率为 $p(s_3)$,此情况下建立小、中、大型仓库的年盈利情况分别为 0 万元、6 万元和 40 万元。试问:如何进行方案的决策?

此案例同样体现了决策过程中需要有两个及以上的备选方案,并且这些方案需方向明确、相互独立。

一、最大收益期望值决策准则

最大收益期望值(expected monetary value,EMV)决策准则是进行风险型决策分析常用的一种方法,用这种方法进行决策是选择期望报酬值最大(或损失最小)的方案为最优方案。一般地,用这种方法进行决策的步骤如下。

第一步:明确决策目标,收集与决策问题有关的信息。

第二步:找出可能出现的自然状态 $S=(s)$,并根据有关资料和经验确定各种自然状态发生的概率 $P(s)$。

第三步:列出可供选择的不同方案 $A-(a)$。

第四步:确定报酬函数 $C(a,s)$。

第五步:建立决策矩阵,计算每个方案的期望报酬值 $E(C(a,s))$。当状态变量 s 是离散型随机变量时,则

$$E(C(a,s)) = \sum_{s \in S} p(s)C(a,s) \qquad (13\text{-}4)$$

当状态变量 s 是连续型随机变量且其概率密度函数是 $P(s)$ 时,则

$$E(C(a,s)) = \int_s^\infty C(a,s)p(s)\mathrm{d}x \qquad (13\text{-}5)$$

第六步:确定决策准则,找出最优方案。决策准则为

$$\varnothing: \max_{a \in A}\{E(C(a,s))\} \qquad (13\text{-}6)$$

下面用最大收益期望值决策准则解本节情境案例中所给出的问题。

假设根据各方面专家的判断,状态 s_1 出现的概率为 0.2,状态 s_2 出现的概率为 0.3,状态 s_3 出现的概率是 0.5。在此例中因为各状态的概率已给出,故是一个典型的风险型决策问题。其决策矩阵或损益矩阵见表 13-9。

表 13-9　损益矩阵表

方案状态概率	s_1	s_2	s_3
	$p(s_1)=0.2$	$p(s_2)=0.3$	$p(s_3)=0.5$
a_1	25	4	0
a_2	-5	35	6
a_3	-10	8	40

各状态的概率已知,于是:

$$\sum_{j=1}^{3}p(s_j)C(a_1,s_j)=(25\times0.2+4\times0.3+0\times0.5)=6.2$$

$$\sum_{j=1}^{3}p(s_j)C(a_2,s_j)=(-5\times0.2+35\times0.3+6\times0.5)=12.5$$

$$\sum_{j=1}^{3}p(s_j)C(a_3,s_j)=(-10\times0.2+8\times0.3+40\times0.5)=20.4$$

计算结果见表 13-10。

表 13-10　计算结果

方案状态概率	s_1	s_2	s_3	EMV
	$p(s_1)=0.2$	$p(s_2)=0.3$	$p(s_3)=0.5$	
a_1	25	4	0	6.2
a_2	-5	35	6	12.5
a_3	-10	8	40	20.4←max

这时,根据该决策准则有 $\max(6.2,12.5,20.4)=20.4$,即选择方案 a_3。

二、决策树法

决策树法是风险决策最常用的一种方法,它将决策问题按从属关系分为几个等级,用一种树状的网络图形(即决策树)形象地表示出来。通过决策树能统观整个决策的过程,从而对决策方案进行全面的计算、分析和比较。决策树法既可以解决单阶段的决策问题,还可以解决决策表无法表达的多阶段序列决策问题。在管理上,这种方法多用于较复杂问题的决策。决策树的结构如图 13-2 所示。决策点在图中以方块表示,决策者必须在决

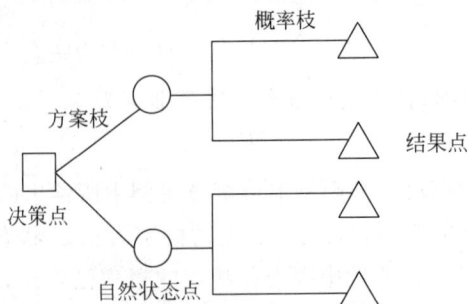

图 13-2　决策树的结构

策点处进行最优方案的选择；从决策点引出的若干条线,代表若干个方案,称为方案枝；方案枝末端的圆圈称为自然状态点；从自然状态点引出的线条代表不同的自然状态,称为概率枝；概率枝末端的三角形称为结果点。

为了说明决策树法的决策过程,我们用决策树法对表 13-9 所提出的问题进行决策,其决策收益及各状态的概率如表 13-11 所示。

表 13-11　决策收益及各状态的概率

方案状态概率	底需求 s_1	中需求 s_2	高需求 s_3
	$p(s_1)=0.2$	$p(s_2)=0.3$	$p(s_3)=0.5$
建小型仓库 a_1	25	4	0
建中型仓库 a_2	−5	35	6
建大型仓库 a_3	−10	8	40

用决策树法进行决策分析的步骤基本上与最大收益期望值法相同,只是用决策树来代替决策表。由前述的计算可知,各方案的期望值为 6.2、12.5 和 20.4,则该问题的决策树如图 13-3 所示。

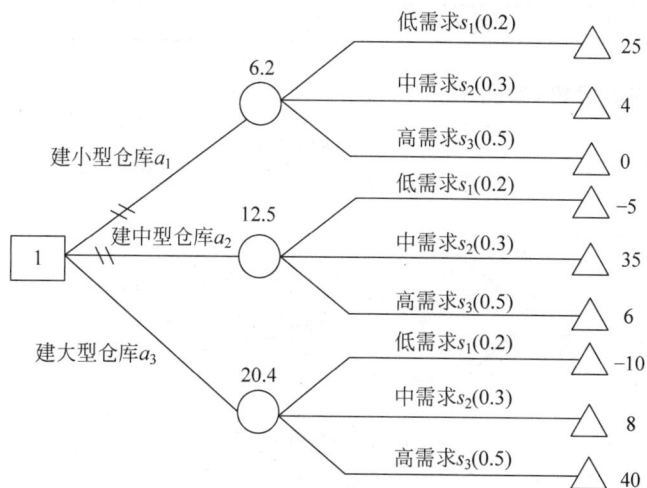

图 13-3　决策树绘制图

图 13-3 中符号的意义如下。

□表示决策点。从该点引出方案分支,每一个分支表示一个行动方案,分支上注明方案名(如建小型仓库)或代号(如 a_1)。

每个方案分支的端点都对应一个"○",称为方案节点。节点上方的数字表示该方案的期望收益值。从各方案节点引出的分支称为状态分支(也称概率分支),每一个分支代表一个状态,分支上注明状态名(如低需求水平)或代号(如 s_1)及其出现的概率(写在括号内)。

△表示结果点(或称为树梢),其旁边的数字表示各方案在相应状态下的损益值(收益或机会损失)。

利用决策树进行决策的具体步骤如下。

（1）画出决策树。按从左到右的顺序画决策树，画决策树的过程本身就是对决策问题的再分析过程。

（2）按从右到左的顺序计算各方案的期望值，并将结果写在相应方案节点的上方。

（3）选择期望收益最大（或期望损失最小）的方案作为最优方案，并将其对应的期望值写在决策点上。

图 13-2 所描述的是一个单级决策问题，有些决策问题包括两级以上的决策，即所谓的多级决策（也称序贯决策）问题，对这类决策问题用决策树法可以有效地加以解决。

例 13-1 一个外商携风险资金来某城市，欲投资于电脑行业，目前有两种方案可供选择：一是建设大工厂，二是建设小工厂，两者的使用期都是 8 年。建设大工厂需要投资 500 万元，建设小工厂需要投资 260 万元。两个方案的每年损益值及自然状态的概率如表 13-12 所示。试应用决策树法评选出合理的决策方案。

表 13-12　两个方案的每年损益值及自然状态的概率

概率	自然状态	建大工厂年收益/万元	建小工厂年收益/万元
0.7	销路好	200	80
0.3	销路差	−40	60

画出本问题的决策树，如图 13-4 所示。

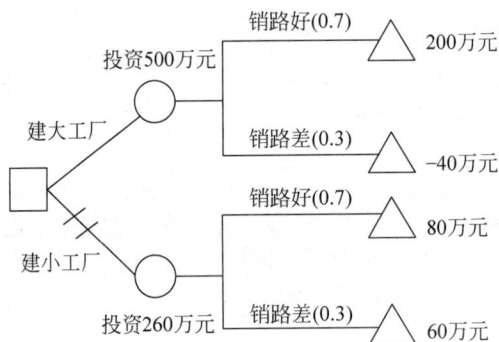

图 13-4　决策树示意

各点的期望值计算如下。

$$0.7 \times 200 \times 8 + 0.3 \times (-40) \times 8 - 500(投资) = 524(万元)$$
$$0.7 \times 80 \times 8 + 0.3 \times 60 \times 8 - 260(投资) = 332(万元)$$

比较不同方案的期望值，得到决策结果为建设大工厂，收益值为 524 万元，并在图中剪去期望值较小的方案分支。

例 13-2 为了适应市场需求，某企业提出了在未来 3 年内扩大生产规模的 3 个方案：新建一条生产线，需要投资 100 万元；扩建原生产线，需要投资 70 万元；收购现存生产线，需要投资 40 万元。3 个方案在不同自然状态下的年收益值如表 13-13 所示，试应用决策树法评选出合理的决策方案。

表 13-13　3 个方案收益值和概率 　　　　　　　　　　　　　　　　　万元

可行方案	高需求（概率 0.2）	中等需求（概率 0.5）	低需求（概率 0.3）
新建生产线	180	80	0
扩建生产线	110	60	10
收购生产线	90	30	15

解：根据已知条件画出决策树,并把各方案概率枝上的收益值相加,填入相应的状态点上,如图 13-5 所示。

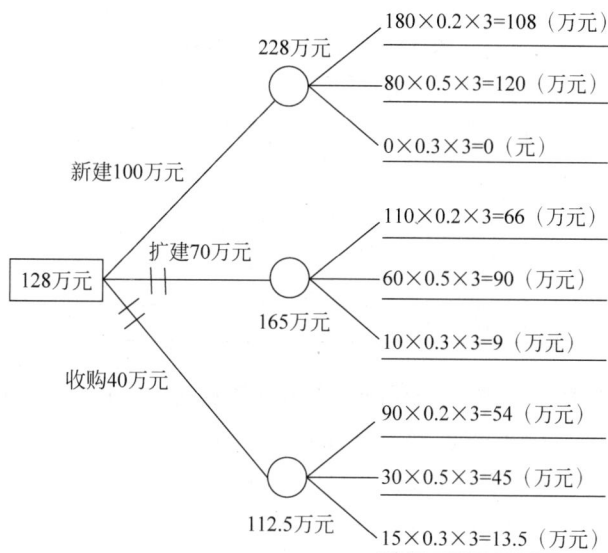

图 13-5　决策树示意

比较 3 个方案在 3 年内的净收益值如下。

新建生产线：228－100＝128(万元)

扩建生产线：165－70＝95(万元)

收购生产线：112.5－40＝72.5(万元)

如果以最大净收益值作为评价标准,应选择新建生产线的方案,净收益值为 128 万元,其余两个方案枝应剪去。

三、多阶段决策

很多实际决策问题需要决策者进行多次决策,这些决策按先后次序分为几个阶段,后阶段的决策内容依赖于前一阶段的决策结果及前一阶段决策后所出现的状态。在做前一次决策时,也必须考虑到后一阶段的决策情况,这种决策称为多阶段决策。下面用一个两阶段决策问题的例子来说明决策树在多阶段决策中的应用。

在供应链管理的条件下,核心企业产品开发能力的强弱直接关系到整个供应链上企业群体的命运。核心企业的产品开发能力强,就能够不断推出新品种,不断引导用户产生新的消费热点,即始终有一种延续其在市场上发展的能力,不致因一种产品被市场淘汰而导致全线崩溃。

例 13-3 某物流企业需要在是否开发新立体化仓储设施设备问题上进行决策。开始时有开发新设备和不开发新设备两种方案。若开发新设备，又面临其他物流企业的竞争，估计有其他企业参与竞争的概率为 0.8，没有其他企业参与竞争的概率为 0.2。在无竞争的情况下，企业可以给产品确定高价、中价和低价的三种方案，其相应的收益分别为500 万元、300 万元和 100 万元。在有竞争的情况下，企业也可给产品确定高价、中价和低价的三种方案。但此时各方案的收益大小要受到竞争企业的产品定价的影响，有关数据如表 13-14 所示。试用决策树法进行决策。

表 13-14 决策树法数据表

竞争企业定价方案			高价	中价	低价
本企业定价方案	高价	概率	0.3	0.5	0.2
		收益/万元	150	0	−200
	中价	概率	0.1	0.6	0.3
		收益/万元	250	100	−50
	低价	概率	0.1	0.2	0.7
		收益/万元	100	50	−100

解：首先画出决策树，如图 13-6 所示，决策计算从右向左进行，具体如下。

节点 5：$(150 \times 0.3) + (0 \times 0.5) + (-200 \times 0.2) = 5$

节点 6：$(250 \times 0.1) + (100 \times 0.6) + (-50 \times 0.3) = 70$

节点 7：$(100 \times 0.1) + (50 \times 0.2) + (-100 \times 0.7) = -50$

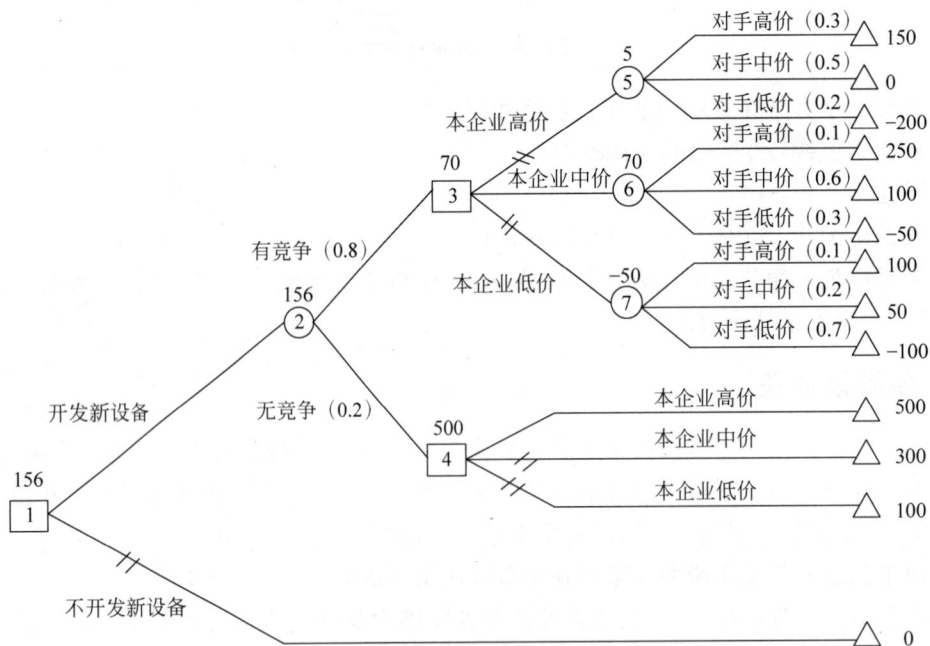

图 13-6 决策树示意图

节点 3(二级决策点)：max{5,70,−50}=70,即在有竞争的情况下,本企业给产品制定中价为最优方案,期望收益为 70 万元。

节点 4(二级决策点)：max{500,300,100}=500,即在无竞争的情况下,本企业给产品制定高价为最优方案,收益为 500 万元。

节点 2：(70×0.8)+(500×0.2)=156

节点 1(一级决策点)：max{156,0}=156,即企业应采取开发新设备的方案,该方案相应的期望收益为 156 万元。

从上述讨论可以看出,决策树方法可以通过一个简单的决策过程,使决策者有顺序、有步骤地周密考虑各有关因素,从而进行决策。对于较复杂的多级决策问题,可以画出树形图,以便集体讨论、集体决策。

例 13-4 在例 13-1 中,如果增加一个考虑方案,即先建设小工厂,如销路好,3 年以后扩建。根据计算,扩建需要投资 300 万元,可使用 5 年,每年盈利 190 万元。那么这个方案与前两个方案比较,优劣如何?

解：这个问题可分前 3 年和后 5 年两期来考虑,画出决策树,如图 13-7 所示。

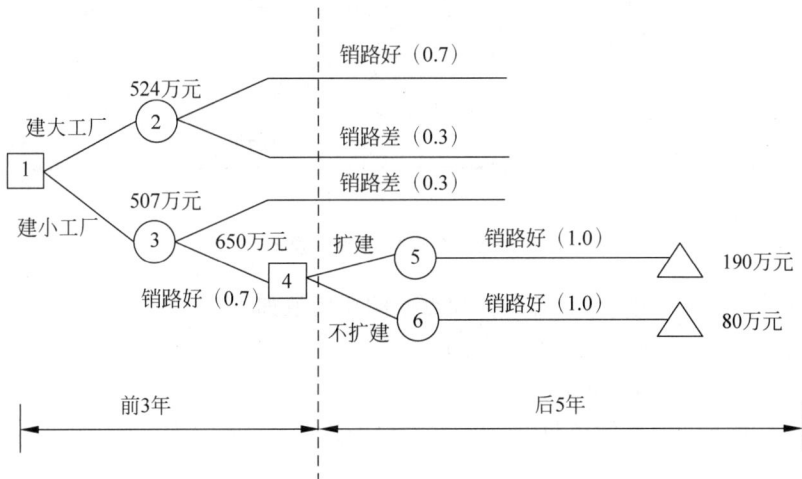

图 13-7 多阶段决策示意图

各点的期望利润值如下。

点 2：0.7×200×8+0.3×(−40)×8−500(投资)=524(万元)

点 5：1.0×190×5−300(投资)=650(万元)

点 6：1.0×80×5=400(万元)

由于点 5(650 万元)与点 6(400 万元)相比,点 5 的期望收益值较大,因此应采用扩建的方案,而舍弃不扩建的方案,然后可以计算出点 3 的期望收益值如下。

点 3：0.7×80×3+0.7×650+0.3×60×8−260(投资)=507(万元)

由于点 3(507 万元)与点 2(524 万元)相比,点 2 的期望收益值较大,因此取点 2 而舍点 3。这样相比之下,建设大工厂的方案是最优方案。

例 13-5 某仓库为适应日益扩大的业务量,拟定以下三种方案。

（1）新建一座仓库，投资 300 万元。据估计，如果仓储业景气，每年可获利 90 万元，如果不景气，将亏损 20 万元。仓库服务期限为 10 年。

（2）扩建旧仓库，投资 140 万元。如果仓储业景气，每年可获利 40 万元，如果不景气，仍可获利 30 万元。

（3）先扩建旧仓库，3 年后如果仓储业景气，再建新仓库，投资 200 万元，服务期限为 7 年，每年估计获利 90 万元。根据物流市场预测，仓储业景气的概率为 0.7，不景气的概率为 0.3，试选择最优方案。

按照题意可画出决策树，如图 13-8 所示。

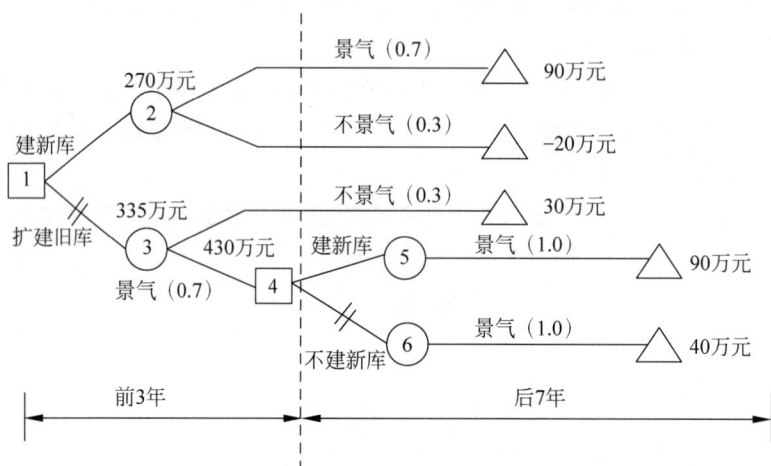

图 13-8　多阶段决策示意图

决策分析由右向左进行，状态点 5 和点 6 的期望值如下。

点 5：$1.0 \times 90 \times 7 - 200 = 430$（万元）

点 6：$1.0 \times 40 \times 7 = 280$（万元）

比较点 5 和点 6 的期望值可知，点 5 的期望值较大，所以第二阶段决策应采取投资 200 万元建新仓库的方案。

第一阶段决策涉及点 2 和点 3 的期望值，它们的期望值分别如下。

点 2：$0.7 \times 90 \times 10 - 0.3 \times 20 \times 10 - 300 = 270$（万元）

点 3：$0.7 \times 430 + 0.7 \times 40 \times 3 + 0.3 \times 30 \times 10 - 140 = 335$（万元）

对比三种方案，应选择先扩建旧仓库，经 3 年后，仓储业景气时再投资 200 万元建新仓库，再经营 7 年。这种方案在整个 10 年期间共计获得期望收益 335 万元。

四、贝叶斯决策

贝叶斯（Bayes）分析是决策分析最重要的方法。由贝叶斯定理，就可以利用随机试验中获得的新信息去修正自然状态的先验分布，得到更接近实际状态、更准确的后验概率分布，这对于提高贝叶斯分析的精度具有重要的实际价值。

（一）条件概率

设 A、B 为随机试验 E 中的两个事件，在事件 B 发生条件下事件 A 发生的概率称为

条件概率,记作 $\pi(A|B)$,且

$$\pi(A \mid B) = \pi(AB)/\pi(B) \tag{13-7}$$

由全概率公式,若 $A_j, j = 1, \cdots, n$ 是 n 个互不相容事件,且 $\pi(A_j) > 0, j = 1, \cdots, n$,$\bigcup_{j=1}^{n} A_j = S$,则 $A_j, j = 1, \cdots, n$ 是样本空间 S 的一个划分,对任一事件 B,有

$$\pi(B) = \sum_{j=1}^{n} \pi(B \mid A_j)\pi(A_j) \tag{13-8}$$

(二) 贝叶斯定理

将式(13-7)代入式(13-8),得贝叶斯公式,亦即贝叶斯定理:

$$\pi(A_k \mid B) = \frac{\pi(A_k B)}{\pi(B)} = \frac{\pi(B \mid A_k) \cdot \pi(A_k)}{\sum_{j=1}^{n} \pi(B \mid A_k)\pi(A_j)} \tag{13-9}$$

其中,B 是随机试验的结果或称观察值,$\pi(A_1), \cdots, \pi(A_n)$ 称为先验概率(亦称验前概率),$\pi(A_1|B), \cdots, \pi(A_n|B)$ 称为后验概率(或验后概率)。

在实际的决策分析过程中,需要准确估计的随机变量是未来的自然状态 θ,通过随机试验所观察到的往往是与之相关的另一个随机变量 X 的值。对连续型随机变量 θ, X,条件概率密度函数为

$$\pi(\theta \mid x) = \frac{f(x \mid \theta) \cdot \pi(\theta)}{m(x)} \tag{13-10}$$

其中,$\pi(\theta)$ 是 θ 的先验概率密度函数;$f(x|\theta)$ 是 θ 出现时,x 的条件概率密度,又称似然函数;$m(x)$ 是 x 的边缘密度,或称预测密度:

$$m(x) = \int_{\theta \in \pi(\theta)} f(x \mid \theta)\pi(\theta)\mathrm{d}\theta \tag{13-11}$$

对离散型随机变量:

$$m(x_k) = \sum_i p(x_k \mid \theta_i)\pi(\theta_i) \tag{13-12}$$

$\pi(\theta|x)$ 是观察值为 x 时的后验概率密度函数。

例 13-6 设某工厂有甲、乙、丙三个车间生产同一种产品,已知各车间的产量分别占全厂产量的 25%、35%、40%,而且各车间的次品率依次为 5%、4%、2%。现从待出厂的产品中检查出一个次品,试判断它是由甲车间生产的概率。

解: 设 A_1, A_2, A_3 分别表示产品由甲、乙、丙车间生产,B 表示产品为次品。显然,A_1, A_2, A_3 构成完备事件组,依题意,有

$$\pi(A_1) = 25\%, \pi(A_2) = 35\%, \pi(A_3) = 40\%,$$
$$\pi(B \mid A_1) = 5\%, \pi(B \mid A_2) = 4\%, \pi(B \mid A_3) = 2\%$$
$$\pi(A_1 \mid B) = \frac{\pi(A_1)\pi(B \mid A_1)}{\pi(A_1)\pi(B \mid A_1) + \pi(A_2)\pi(B \mid A_2) + \pi(A_3)\pi(B \mid A_3)}$$
$$= \frac{0.25 \times 0.05}{0.25 \times 0.05 + 0.35 \times 0.04 + 0.4 \times 0.02} \approx 0.362$$

下面我们通过例子来说明观察值如何修正先验概率。

例 13-7　设有 A 和 B 两个外形相同、装有足够数量黑白小球的不透明坛子，A 坛中装有白球 30%、黑球 70%；B 坛中装有白球 70%、黑球 30%。从中任取一坛，做放回摸球 12 次，观察的记录是摸出白球 4 次、黑球 8 次，求所取为 A 坛的概率。

解：把放回摸球摸出 4 白 8 黑这一事件记为 x；所取为 A 坛记作 θ_1，所取为 B 坛记作 θ_2。在未做观察时，两坛外形相同，不能判定取到 A 坛的概率 $\pi(\theta)$ 会小于或大于取到 B 坛的概率 $\pi(\theta_2)$，所以设定先验概率 $\pi(\theta_1) = \pi(\theta_2) = 0.5$ 是合理的。

在做随机试验获得观察值 x 后，所取的坛子为 A 坛的后验概率：

$$\pi(\theta_1 \mid x) = \frac{\pi(x \mid \theta_1) \cdot \pi(\theta_1)}{\pi(x \mid \theta_1) \cdot \pi(\theta_1) + \pi(x \mid \theta_2) \cdot \pi(\theta_2)} \tag{13-13}$$

由于 A 坛中装有白球 30%、黑球 70%，每次摸到白球的概率为 0.3，摸到黑球的概率为 0.7，所以取到 A 坛时观察值为 x 的概率 $\pi(x|\theta_1) = 0.3^4 \times 0.7^8$；同理 $\pi(x|\theta_2) = 0.3^8 \times 0.7^4$。因此

$$\pi(\theta_1 \mid x) = \frac{0.3^4 \cdot 0.7^8 \cdot 0.5}{0.3^4 \cdot 0.7^8 \cdot 0.5 + 0.3^8 \cdot 0.7^4 \cdot 0.5} = 0.967$$

$$\pi(\theta_2 \mid x) = 0.033$$

在进行随机试验之前，由于不能判定取到 A 坛的概率 $\pi(\theta_1)$ 会小于或大于取到 B 坛的概率 $\pi(\theta_2)$，只能设定取到 A 坛的可能性是 50%[先验概率 $\pi(\theta_1) = 0.5$]；在通过随机试验获得观察值 x 后，所取为 A 坛的可能性（验后概率）增加到 96.7%。

从这一例子可以看出，通过试验和观察，可以修正先验分布，获得关于自然状态的更准确的判断，由此可以理解贝叶斯定理在决策分析过程中的重要作用。

本 章 小 结

本章探讨了物流决策分析的理论基础和实践应用，揭示了决策问题的复杂性，并介绍了应对复杂性的方法，阐述了物流决策的分类和过程，分析了决策分析与决策制定之间的区别，为读者建立科学的决策思维奠定了基础。

本 章 习 题

1. 什么是物流决策？什么是物流决策分析？

2. 物流决策问题可以分为哪几类？各有什么特点？

3. 查资料，分析国美和苏宁这两大家电连锁企业在选择第三方配送公司时所考虑的决策要素有哪些、各有什么特点、为什么要进行这样的决策。

4. 某书店希望订购最新出版的图书出售。根据以往经验，新书的销售量可能为 50 本、100 本、150 本或 200 本。假定每本书的订购价为 4 元，销售价为 6 元，剩书处理价为每本 2 元。要求：①建立条件收益矩阵；②分别依据悲观主义、乐观主义及等可能性决策准则，决定该书店应订购新书的数量；③建立机会损失矩阵，并依据最小机会损失的决策准则决定订购数量。

5. 某钢材物流园准备购置一种新设备,以增强小型板材的加工能力,这种板材市场售价为 10 元,购置新设备有三种方案:方案 I 需一次投资 10 万元,以后生产一块板材的费用为 5 元;方案 II 需一次投资 16 万元,以后生产一块板材的费用为 4 元;方案 III 需一次投资 25 万元,以后生产一块板材的费用为 3 元。对该种板材的需求为未知,但有三种可能:S——30 000;S——120 000;S——20 000。

要求:①建立这个问题的收益矩阵;②分别用悲观主义、乐观主义和等可能性决策准则来决定该钢材物流园应采取哪一种购置方案;③建立机会损失矩阵,并用最小机会损失的决策准则决定采取哪一种购置方案。

6. 某物流公司规划建一座现代化仓库,使用年限为 10 年。建大仓库的投资费用为 280 万元,建小仓库的投资费用为 140 万元。预期未来该地区销售状况的离散分布状态如下:高需求量的可能性为 0.5;中等需求量的可能性为 0.3;低需求量的可能性为 0.2。公司进行了成本-产量-利润分析,在仓库规模和市场容量的组合下,它们的条件收益如下:

大仓库,高需求,每年获利 100 万元;

大仓库,中等需求,每年获利 60 万元;

大仓库,低需求,由于容量不足,亏损 20 万元;

小仓库,高需求,每年获利 25 万元(供不应求引起销售损失较大);

小仓库,中等需求,每年获利 45 万元(销售损失引起的费用较低);

小仓库,低需求,每年获利 55 万元(因仓库规模和市场容量配合得好)。

用决策树法进行决策。

7. 用决策树表示下列问题。

(1) 火灾保险。

(2) 易腐品进货问题。

(3) 油井钻探问题。某公司拥有一块可能有油的土地,该公司可以自己钻井,也可以出租给其他公司开采。若出租土地,租约有两种形式:①无条件出租,租金 45 万元。②有条件出租,租金依产量而定:产量在 20 万桶或以上时,每桶提成 5 元;产量不足 20 万桶时不收租金。设钻井费用为 75 万元,有油时需另加采油设备费 25 万元,油价为 15 元/桶。油井产量简化为四种状态:无油、产油 5 万桶、产油 20 万桶、产油 50 万桶。

8. 设油井钻探问题如下:每次钻井费用 10 万元,有油时售油收入为 100 万元,有油的概率为 0.2。问:无油时是否该继续钻井?若应该,钻几次仍无油时就要停止钻井?画出此决策问题的决策树。讨论结果的合理性,实际情况下你做何决策?

即 测 即 练

参 考 文 献

[1] 陈峰.运筹学在整车物流智能调度决策支持系统中的研究与应用[J].运筹学学报,2021(3).

[2] 运筹学教材编写组.运筹学[M].4版.北京:清华大学出版社,2012.

[3] 侯光明,李存金.管理博弈论[M].北京:北京理工大学出版社,2005.

[4] 张丽,李程,邓世果.高级运筹学[M].南京:南京大学出版社,2021.

[5] 徐光辉.运筹学基础手册[M].北京:科学出版社,1999.

[6] 徐选华,谭春桥,马本江,等.管理运筹学[M].北京:人民邮电出版社,2018.

[7] 胡运权.运筹学基础及应用[M].6版.北京:高等教育出版社,2014.

[8] 沈家骅.现代物流运筹学[M].北京:电子工业出版社,2004.

[9] 刘锋主.物流运筹学[M].上海:上海交通大学出版社,2005.

[10] 刘会茹,张红梅.运筹学在现代物流中的应用[J].科技视界,2015(34).

[11] 马振华.现代应用数学手册:运筹学与最优化理论卷[M].北京:清华大学出版社,1998.

[12] 崔荣升.运筹学在物流配送中心优化布局的应用综述[J].物流工程与管理,2015(11).

[13] 郭耀煌,等.运筹学原理与方法[M].成都:西南交通大学出版社,1994.

[14] 肖瑾,何方玉,苏维东,等.线性规划对偶理论的矩阵形式的推导[J].贵阳学院学报(自然科学版),2015(3).

[15] 郭耀煌,等.运筹学与工程系统分析[M].北京:中国建筑工业出版社,1986.

[16] 靳向兰.经济运筹学[M].北京:人民出版社,1994.

[17] 龙子泉.管理运筹学[M].武汉:武汉大学出版社,2002.

[18] 谢识予.经济博弈论[M].上海:复旦大学出版社,2002.

[19] 陈华友,周礼刚,刘金培.运筹学[M].北京:人民邮电出版社,2015.

[20] 胡运权.运筹学习题集[M].4版.北京:清华大学出版社,2010.

[21] 宣家骥,方爱群.目标规划及其应用[M].合肥:安徽教育出版社,1987.

[22] 唐应辉,唐小我.排队论——基础与应用[M].成都:电子科技大学出版社,2000.

[23] 束金龙,闻人凯.线性规划理论与模型应用[M].北京:科学出版社,2003.

[24] 彭秀兰,毛磊.物流运筹方法与工具[M].北京:机械工业出版社,2006.

[25] 卢卫.现代经济预测的理论与实践[M].天津:天津社会科学院出版社,2004.

[26] 邢光军,孙建敏,巩永华,等.实用运筹学[M].北京:人民邮电出版社,2015.

[27] 王日爽,徐兵,魏权龄.应用动态规划[M].北京:国防工业出版社,1987.

[28] 苏帆.物流运输组合优化模型及求解算法[J].统计与决策,2009(12).

[29] 田丰,马仲蕃.图与网络流理论[M].北京:科学出版社,1987.

[30] 冯文权.经济预测与决策技术[M].武汉:武汉大学出版社,2002.

[31] 杨家其.现代物流与运输[M].北京:人民交通出版社,2003.

[32] 宋伟刚.物流工程及应用[M].北京:机械工业出版社,2003.

[33] 任志霞.物流配送系统中的运筹学问题及方法研究[J].物流科技,2007(3).

[34] 卢开澄.图论及其应用[M].北京:清华大学出版社,1981.

[35] 王众托,等.网络计划技术[M].沈阳:辽宁人民出版社,1984.

[36] 汝宜红.物流学[M].北京:中国铁道出版社,2003.

[37] 王转,程国全,冯爱兰.物流系统工程[M].北京:高等教育出版社,2004.

[38] 储雪俭.现代物流管理教程[M].上海:上海三联书店,2002.

[39] 杨海荣.现代物流系统与管理[M].北京:北京邮电出版社,2003.

[40] 秦明森.动态规划与投资分配[J].物流技术,2004(3).

［41］ 华罗庚.统筹方法平法及补充［M］.北京:中国工业出版社,1965.

［42］ 张维迎.博弈论与信息经济学［M］.上海:上海三联书店,1996.

［43］ 刘建军.领导学原理［M］.上海:复旦大学出版社,2001.

［44］ 袁声莉.现代企业管理［M］.武汉:华中科技大学出版社,2002.

［45］ 韩明亮.关于对偶理论中互补松弛定理的使用方法探讨［J］.中国民航学院学报,1997(3).

［46］ 徐光辉.随机服务系统［M］.北京:科学出版社,1980.

［47］ 顾基发,魏权龄.多目标决策问题［J］.应用数学与计算数学,1980(1).

［48］ 弗登博格,梅若尔.博弈论［M］.黄海,等译.北京:中国人民大学出版社,2002.

［49］ 梁工谦.运筹学典型题解析及自测试题［M］.西安:西北工业大学出版社,2002.

教师服务

感谢您选用清华大学出版社的教材！为了更好地服务教学，我们为授课教师提供本书的教学辅助资源，以及本学科重点教材信息。请您扫码获取。

>> **教辅获取**

本书教辅资源，授课教师扫码获取

106609

>> **样书赠送**

物流与供应链管理类重点教材，教师扫码获取样书

清华大学出版社

E-mail: tupfuwu@163.com
电话：010-83470332 / 83470142
地址：北京市海淀区双清路学研大厦 B 座 509

网址：http://www.tup.com.cn/
传真：8610-83470107
邮编：100084